INHALT

Ja, alles war elendig normal.

*Wer sagt denn, daß die Welt schon
entdeckt ist?*

Peter Handke, Die Stunde der
wahren Empfindung

Die Keimzelle dieser Untersuchung ist ein simples Leseerlebnis. Als ich vor Jahren mit der romantischen Dichtung, besonders der erzählenden Dichtung der Romantik Bekanntschaft machte, wunderte ich mich, daß diese Texte, in ganz überschwenglichem Maße vor allem die Erzählungen E. T. A. Hoffmanns, so überaus häufig Ausdrücke wie »wunderlich«, »seltsam«, »sonderbar«, »merkwürdig«, »außerordentlich« oder »kurios« verwenden. Es ging mir wie dem Erzähler Theodor in einem von Hoffmanns Nachtstücken, dem in einer belebten Allee einer großen Stadt »eines Tages plötzlich ein Haus ins Auge fiel, das auf ganz wunderliche seltsame Weise von allen übrigen abstach«, und der nun zu sinnieren beginnt, was es mit dem Haus für eine Bewandtnis habe. So hob sich auch die Dichtung der Romantik auf sonderbare, merkwürdige Weise von allen übrigen Epochen der deutschen Literatur ab, nur daß ich meinerseits mich gewissermaßen in zweiter Potenz verwunderte: darüber, daß Theodor das Haus so wunderlich findet und daß er dies so betont.
Wie bei Theodor hielt die Verwunderung – glücklicherweise – an, und ich begann gleichfalls über die Bewandtnis des Befundes zu sinnieren. Jedoch ist das, was ich als Ergebnis herausgefunden zu haben glaube, viel simpler, banaler, unromantischer als das, was Theodor im Verlauf der Erzählung herausbekommt. Ich glaube, daß die Romantiker deshalb so häufig und mit so auffälliger Betonung »seltsam«, »wunderlich«, »sonderbar« usw. sagen, weil sie einfach das, was nicht seltsam, nicht wunderlich, nicht sonderbar ist, also das genaue Gegenteil, verdrängen und vergessen möchten. Auch für dieses Gegenteil haben sie besondere Namen oder Begriffe, z. B. das »Alltägliche« oder das »Gewöhnliche«, Namen, die sich freilich durch einen einzigen umfassenden Begriff ersetzen lassen (siehe Titel und Motto dieser

Untersuchung). Anders gesagt: Wie es auf der einen Seite eine romantische Vorliebe für Dinge gibt, die zum Staunen anregen, so auf der anderen einen romantischen Verdruß an Dingen, die bekannt und gewöhnlich wirken, wobei die Vorliebe für das eine und der Verdruß am anderen nur zwei Seiten ein und derselben Medaille sind.

Manche werden erklären, daß nichts selbstverständlicher sei und daß sie das schon immer gewußt hätten. Darauf ist zu erwidern, daß man sich deshalb nicht der Mühe enthoben fühlen sollte, der Sache etwas näher auf den Grund zu gehen. Gerade am scheinbar Selbstverständlichen – und das kann man von den Romantikern lernen – ist das Vertrackte, daß mit ihm die Probleme nicht enden, sondern erst richtig beginnen.*

* Eine erste Fassung der Arbeit wurde 1972 von der Philosophisch-Historischen Fakultät der Universität Basel als Habilitationsschrift angenommen. Die Universität Trier gewährte mir im Winter 1977/78 ein Forschungsfreisemester und ermöglichte mir damit dankenswerterweise die zweite Niederschrift.

Das berühmte Postulat von Novalis »Die Welt muß romantisirt werden«[1] ist im einfachsten Sinne Ausdruck eines Ungenügens. Es besagt, daß die Wirklichkeit, wie sie erscheint, unzulänglich ist und daß sie darum so nicht bleiben sollte. Veränderung ist nötig, und wenn Novalis diese Veränderung »Romantisiren« nennt, so gibt er ihr erstens gleich den Namen, der sie als Aufgabe einer bestimmten Epoche, der Romantik, ausweist, zweitens die genauere Bestimmung, die sie unverwechselbar von anderen Arten der Veränderung abhebt.

Aber was bedeutet hier »Welt«? Novalis erläutert seine Forderung auch, und derselbe Satz, mit dem er den Begriff des Romantisierens erklärt, sagt zugleich etwas über den Gegenstand der Veränderung: »Indem ich dem Gemeinen einen hohen Sinn, dem Gewöhnlichen ein geheimnißvolles Ansehn, dem Bekannten die Würde des Unbekannten, dem Endlichen einen unendlichen Schein gebe so romantisire ich es«[2]. Sieht man einmal von dem Begriff des Endlichen ab, der zu unspezifisch ist, als daß er zur näheren Charakterisierung dienen könnte, so ist Welt also definiert als das »Gemeine«, das »Gewöhnliche«, das »Bekannte«. Hätte Novalis noch einige andere, ähnlich gelagerte Begriffe hinzugefügt: die des »Alltäglichen«, des »Ein-« oder »Gleichförmigen« und des »Konventionellen«, so wären schon die wichtigsten und in der Romantik gebräuchlichsten Kategorien für dasjenige beisammen, was das ganz Unromantische ist und was es demnach zu »romantisiren« gilt.

Die genannten Begriffe haben alle etwas gemeinsam und bilden insofern eine Einheit. Sie sind untereinander zwar nicht völlig identisch, treffen sich aber in einem Oberbegriff, der sie alle umfaßt und den wir daher als

1 Novalis, Schriften II 545.
2 Ebd.

entscheidenden Zielpunkt der romantischen Wirklichkeitskritik ansehen: in dem Begriff der Normalität. Zwar kommen von »Norm« abgeleitete Wörter in romantischen Texten nicht eben häufig vor[3], der Sache nach aber ist mit den zitierten Umschreibungen Normalität gemeint.

Es ist dieser Sachlage ebenso wie der Intention unserer Untersuchung angemessen, wenn man bei dem Begriff »normal« vor allem an zwei, auch dem heutigen Sprachgebrauch konforme Grundbedeutungen denkt: an die Bedeutung »gewöhnlich« (die in romantischen Texten außerordentlich häufig auch durch eben dieses Wort dokumentiert ist) und an die Bedeutung »Normen entsprechend, von Normen bestimmt«[4]. Eine dritte Bedeutungsvariante, nämlich »(geistig) gesund«, kann

3 Einige Belege: Der Ausdruck »Normalwelt« bei Wackenroder (Werke 232); bei Hoffmann finden sich »Normalprinzipien« (Werke II 320), »Norm« (II 378), »abnorm« (II 321, 490, 491); bei Eichendorff »Normal-Verfassung« (Werke IV 1111), »abnorm« (IV 1292), »Norm« (IV 1294), »der Normaldeutsche« (IV 1317).
4 Vgl. die sinngemäße Entsprechung in Duden, Fremdwörterbuch, 3. Aufl., Mannheim 1974, Stichwort »normal« (S. 499). Von den einschlägigen Wörter- und Handbüchern der Soziologie wird der Begriff kaum diskutiert (Ausnahme: A Dictionary of the Social Sciences, ed. by Julius Gould/William L. Kolb, New York 1964, Stichwort »abnormal«, S. 1 f.). Allerdings reicht das populäre Verständnis von Normalität für den Zweck unserer Untersuchung aus. Eine reichhaltige wissenschaftliche Literatur existiert dagegen über ›Norm‹, ›Normen‹. Aus philosophischer Sicht vgl. Annemarie Pieper: Artikel ›Norm‹, in: Handbuch philosophischer Grundbegriffe, hg. von Hermann Krings, Hans Michael Baumgartner und Christoph Wild, Studienausgabe in 6 Bänden, München 1973, Bd. 4, S. 1009-1021. Aus soziologischer Sicht R. König: Artikel ›Soziale Normen‹, in: Wörterbuch der Soziologie, hg. von Wilhelm Bernsdorf, Taschenbuchausgabe in 3 Bänden, Frankfurt am Main 1972 (= Fischer 6131-33), Bd. 3, S. 734-739. Die genaueste definitorische Erörterung von ›Norm‹ bei Theodor Geiger: Vorstudien zu einer Soziologie des Rechts, Neuwied und Berlin 1970, zuerst 1947 (= Soziologische Texte 20), S. 57 ff. Zu der für unsere Arbeit wichtigen Differenz zwischen ›Norm‹ und ›Wert‹ vgl. Rüdiger Lautmann: Wert und Norm. Begriffsanalysen für die Soziologie, 2. Aufl., Opladen 1971 (= Beiträge zur soziologischen Forschung 5). Siehe dazu auch Anm. 1 zu Teil II unserer Untersuchung.

ebenfalls nicht unberücksichtigt bleiben, jedoch tritt sie in dieser Arbeit, die mehr dem Wirklichkeits- als dem Menschenbild der Romantik gilt, in den Hintergrund. Die beiden erstgenannten Bedeutungen unterscheiden sich vor allem darin, daß die zweite weit mehr als die erste auf Notwendigkeit, Zwang, Unterordnung anspielt. Der spezifisch normative Charakter der Normalität wird greifbar, etwa wenn, wie zum Beispiel häufig bei E. T. A. Hoffmann, die Geltung der »Konvenienz« oder der »konventionellen Verhältnisse« zur Sprache kommt. Hoffmann hat dabei unter anderem Zwänge im Auge, wie sie von einem Kanon expliziter Vorschriften und Verbote, zum Beispiel für das Verhalten im Umgang, ausgehen.[5]

Beim Begriff Norm ist darüber hinaus aber nicht nur

5 Vgl. dazu G. Heilfurth im Wörterbuch der Soziologie, aaO., unter dem Stichwort ›Konvention‹ (Bd. 2, S. 471): »K. bezeichnet die äußerlich-normative, auf Gegenseitigkeit (›Übereinkommen‹) gegründete Verhaltensregelung der ›Gesellschaft‹, der sie idealtypisch zugeordnet ist, während die Sitte als ›haltende Macht‹ das sozialkulturelle Ganze übergreift. Sie stellt ein Ordnungsmodell dar, dessen ›Geltung äußerlich garantiert ist durch die Chance, bei Abweichung innerhalb eines angebbaren Menschenkreises auf eine (relativ) allgemeine und praktisch fühlbare Mißbilligung zu stoßen‹ (M. Weber). In dieser Weise ist K. eine gesellschaftliche Erwartungsnorm. Dahinter steht der wirkungsvolle Komplex der höfisch-städtischen Modellierungsformen mit seinen Kategorien der Höflichkeit, Courtoisie, civilité und Urbanität, deren Namen schon ihre Herkunft verraten. (...) K. gerät leicht in die Nähe des nur Formelhaften, dessen Inhalt nicht aus sich selbst eine Verpflichtung bewirkt. In dieser Hinsicht wird K. zur ›Kunstsitte‹ (Sartori) und zu bestimmten Verhaltensmechanismen. Als kodifizierte Formen von K. sind Zeremonie und Etikette anzusprechen.« – Wenn Normen als »Konventionen« eingestuft werden, so drückt sich darin bereits eine ablehnende Haltung aus. Vgl. Arnold Gehlen: »während ungebrochene Kulturstilisierungen so empfunden werden, als ob sie aus dem eigenen Willen, aus der innersten Natur der Beteiligten kämen, werden erschütterte oder überständig gewordene erst als Konventionen ansprechbar. Konventionell heißt dann die Willkürlichkeit eines Geltungsanspruchs, den man nicht mehr als einzige Möglichkeit, als natürlich und selbstverständlich empfindet, sondern von dem man sich zu distanzieren beginnt.« Über Kultur, Natur und Natürlichkeit, in: A. G.: Anthropologische Forschung, Reinbek bei Hamburg 1961 (= rowohlts deutsche enzyklopädie 138), S. 78-92, S. 81.

an die Gesellschaft, sondern auch an die Natur zu denken. Naturgesetze drücken zwar primär nicht ein Sollen, sondern ein Sein oder Geschehen aus, sind aber insofern normativ, als sie ›gelten‹ und als sie implizit oder explizit seit der Aufklärung auch als Handlungs- oder Verhaltens- oder Bewertungsmaximen eine Rolle spielen: »die Urtheile der Vernunft über unsre Handlungen richten sich nach der Natur und Beschaffenheit der Dinge, und sind daher allgemein und unveränderlich«[6]. Der aufklärerische Anspruch, daß Gesetze wie etwa das Kausalprinzip allgemein und absolut gelten, wird von der Romantik überdies nur der Konvenienz subsumiert. Sie sieht darin eine relativierbare Übereinkunft, die nur anerkennen will, was der Vernunft und der Mehrheit der Vernünftigen einleuchtet. Es ist daher keineswegs so, daß die Natur von dem Diktum »Die Welt muß romantisirt werden« ausgenommen wäre. Der romantische Begriff der Normalität erstreckt sich vielmehr sowohl auf den außermenschlichen wie auf den gesellschaftlichen Bereich.

Die Bedeutung »gewöhnlich« ist weniger spezifisch als die Bedeutung »von Normen bestimmt«. Sie bezieht sich auf das, was in Zeit und Raum ständig wiederkehrt, ohne daß dabei gleich an die Befolgung von Regeln gedacht wäre. Gewöhnlich ist, was sich als alltägliche Erfahrung manifestiert, im privaten Leben sowohl wie im Leben der Gesellschaft. Im sozialen Bereich gehört dazu auch das Mittelmaß, der statistische Durchschnitt[7].

Wenn wir zwischen einer normativen und nichtnormativen Variante des Normalen unterschieden haben, so

6 Siehe Anm. 61 zu Teil III, 5-7. Vgl. auch Peter Pütz: Die deutsche Aufklärung, Darmstadt 1978 (= Erträge der Forschung 81), S. 35.
7 Vgl. Annemarie Pieper: Norm, aaO. S. 1009: »Wenn immer eine Sache als normal beurteilt wird, gilt sie als durchschnittlich, mittelmäßig, der Erwartung entsprechend und wird damit einem durch Generalisierung aus empirischen Data herausgehobenen Häufigkeitstypus zugeordnet (Typische Beispiele: der Durchschnittsengländer, die deutsche Hausfrau, der Lebensstandard des Beamten, Otto Normalverbraucher u. a.)«.

sollte man sich allerdings im klaren darüber sein, daß diese Unterscheidung nur theoretischen Wert hat. In der Praxis und von der Wirkung her besteht zwischen dem, was einfach gewöhnlich ist, und ausgesprochenen Normen kein so großer Unterschied. Es ist eine alte, auch romantische Erfahrung, daß das Gewöhnliche sich nicht darauf beschränkt, gewöhnlich zu sein, sondern ebenfalls einen Anpassungsdruck ausübt. Damit erscheint es so normativ wie explizite Regeln. Umgekehrt schlägt sich die Wirkung von Regeln auf die Dauer als das Gewöhnliche, Übliche nieder, zumal Regeln mit der Zeit als Gewohnheiten internalisiert werden. So treffen die beiden Grundbedeutungen des Begriffs »normal« wieder zusammen. Gänzlich ununterscheidbar sind sie, wenn man beim Gewöhnlichen gerade die zeitliche Dauer veranschlagt und es dementsprechend als das »Hergebrachte«, »Überkommene« versteht. Das Hergebrachte besteht aus Gewohnheiten, die zu Normen geworden sind, und aus Normen, die zu Gewohnheiten geworden sind.

Ist das Hergebrachte der Normalität zu subsumieren, so doch – aus romantischer Perspektive – nicht ohne jede Einschränkung. Es wäre auch absurd, behaupten zu wollen, daß eine Epoche, die ein notorisches Faible für die »gute alte Zeit« besitzt, alles Alte als bloß gewöhnlich einstufe und damit abqualifiziere. Vielmehr rechnet die Romantik das Überkommene nur dann zur Normalität, wenn es inneres Leben und den Impuls der Erneuerung vermissen läßt. Es ist durchaus im romantischen Sinn, wenn man diese Art von Gewöhnlichkeit mit Schiller als das »ewig Gestrige« bezeichnet.

Insofern nimmt die Romantik gegenüber der Vergangenheit eine differenzierte Haltung ein. Nicht alles Alte erscheint ihr ehrwürdig, und es erscheint ihr nur dann ehrwürdig, wenn es nicht in dem vorhin zitierten Hoffmannschen Sinne »konventionell« ist. Entsprechend ist der Begriff Tradition in der Romantik ambivalent und je nach Wertung mit Konvention identisch oder

nicht identisch. Wo Tradition nur das »ewig Gestrige«
vermittelt, bedeutet sie dem Romantiker nicht viel anderes als Konvention. Sofern sie das ehrwürdige Alte
vermittelt, bedeutet sie ihm alles andere als Konvention.
Wenn Tradition in bloße Konvention mündet, ist sie
für die Romantik nicht nur nicht ehrwürdig, sondern
auch nicht bewahrenswert. Darum erscheint auch die
Einstufung der Romantik als »konservativ« anfecht-
bar[8]. Die Romantiker waren konservativ, sie waren
es aber auch nicht[9]. Sie waren konservativ – je nachdem. Nicht anders verhält es sich, wenn man ihre Einstellung gegenüber neueren Entwicklungen überprüft:
»progressiv« waren sie ebenfalls nur bedingt – Grund
genug, sich zu fragen, ob es hier überhaupt sinnvoll ist,
sich solcher Kategorien zu bedienen.
Wenn es maßgeblich ist für das romantische Verhältnis
zum Alten wie zum Neuen wie zur Wirklichkeit überhaupt, ob aus romantischer Sicht an dem jeweiligen
Gegenstand Züge des »Gewöhnlichen«, »Alltäglichen«,
»Gemeinen« – oder wie immer die Umschreibungen
der Normalität lauten mögen – erkennbar werden, so
ist doch freilich auch die Kategorie des Normalen selbst
alles andere als unproblematisch. Wir haben es hier
eher mit einem fragwürdigen Begriff zu tun, und bezeichnend, daß sich heute kaum jemand getraut ihn
anders zu gebrauchen als in ironischen Anführungszei-
chen. Dabei ist es innerhalb der modernen Geistes- und
Sozialgeschichte vor allem die Romantik, die mit ihrem
Ungenügen zu seiner Problematisierung entscheidend
beiträgt. Wo frühere Generationen, von avantgardisti-

8 Das ist der Vorbehalt, den wir gegenüber der grundlegenden Arbeit
von Karl Mannheim: Das konservative Denken, in: K. M.: Wissenssoziologie. Auswahl aus dem Werk, hg. von Kurt H. Wolff, 2. Aufl.,
Neuwied und Berlin 1970 (= Soziologische Texte 28), S. 408-508, an-
melden müssen. Zugleich betone ich, daß ich dieser Arbeit von Mannheim
für das Verständnis der Romantik sehr viel verdanke.
9 Eindeutig konservativ ist eher der von der Romantik kritisierte und
verspottete Philister. Siehe dazu 1,5,c dieser Arbeit.

schen Gruppen wie etwa den Stürmern und Drängern abgesehen, die Regelung des Lebens durch Normen und Gewohnheiten als selbstverständlich akzeptiert und Abweichungen vom Normalen zumeist als Krankheit, Narrheit oder sonst eine Deformation, mithin als Bestätigung des Normalen gewertet hatten, stellt die Romantik das Normale in Frage, und zwar nicht nur eine bestimmte Art von Normalität, sondern jede Normalität schlechthin. So gerät der Begriff bzw. seine Umschreibung ins Zwielicht.

Andererseits wird diese Kategorie gerade dann griffig, wenn sie anfängt, fragwürdig zu werden. Ihre problematische Qualität hebt sie voll ins Bewußtsein, wo sie nicht wäre, wenn sie unproblematischerweise bloß das Selbstverständliche repräsentierte. Eben weil die Romantik das Normale problematisiert, gewinnt es die Kontur eines Kriteriums, an dem sich die Geister scheiden: Sage mir, wie du es mit dem Normalen hältst, und ich sage dir, was du bist, ein Künstler oder ein Philister.

Wird das Problematische des Normalen durch Ungenügen an der Normalität signalisiert, so muß man das, was diese Formel bezeichnet, als etwas komplex Zusammengesetztes begreifen. Im groben besteht es aus drei Komponenten: 1) der Erfahrung der Wirklichkeit als normal, 2) der Erfahrung der Normalität als ungenügend und 3) dem Bedürfnis, das Ungenügen zu kompensieren. Auf dieser Dreigliedrigkeit beruht auch die Gliederung der vorliegenden Untersuchung. Mit dieser Zerlegung ist aber noch nicht die größtmögliche Differenzierung erreicht. Jede der drei Komponenten ist in sich wiederum etwas Komplexes, und besonders im II. Teil wird sich erweisen, daß die Komplexität bis zur Widersprüchlichkeit gehen kann.

Ist das Normale in früheren Epochen, d. h. bevor es problematisiert wird, eine Selbstverständlichkeit gewesen, so ist es andererseits wiederum nicht selbstverständlich, daß die Wirklichkeit stets auch als normal erfahren worden ist. Zwar hat es zu allen Zeiten die Herrschaft von Normen, die Herrschaft des Gewöhnlichen gegeben[10]. Aber nicht zu allen Zeiten war davon auch gleich das gesamte Wirklichkeitsverständnis, die gesamte Weltanschauung geprägt. Nun hat auch schon die Aufklärung die Welt als von Normen bestimmt und geordnet, ja als etwas Alltägliches, Gewöhnliches erfahren, und insofern knüpft die Romantik an bereits Vorgeprägtes an. Neu ist jedoch, daß in der Romantik diese Erfahrung, abgesehen davon, daß sie Ungenügen auslöst, sich radikalisiert und daß sie den Charakter einer sowohl totalen, d. h. alle Lebensbereiche umfassenden, wie zwanghaften Heimsuchung annimmt. Es gibt für den Romantiker unter den greifbaren Dingen dieser Welt schlechthin nichts, was nicht den Charakter der Normalität annehmen kann. Und es gibt darum auch keinen Ort, wo er vor dieser Erfahrung sicher wäre. Hier wird zu fragen sein, welche historischen Voraussetzungen zu dieser Entwicklung beisteuern, eine Frage, die mit dem Hinweis auf die Aufklärung offenbar nicht schon als beantwortet gelten kann.

Vielmehr bedarf der Eindruck, daß das Wirklichkeitsbild, welches für die romantische Reaktion verantwortlich ist, vom Rationalismus vermittelt wurde, einer Korrektur. Daß dieser Eindruck zum Teil richtig ist, soll natürlich nicht bestritten werden, und unsere Untersuchung wird diese Teilrichtigkeit selber belegen. Aber es gibt doch gute Gründe anzunehmen, daß mit der Genese aus dem Rationalismus nicht alles erklärt ist. Man sollte sich in dieser Hinsicht auch von den Selbstaussagen der Romantik nicht täuschen lassen. Ihre Vertreter sind zwar nicht müde geworden, immer wieder diesen einen Gegner zum Sündenbock zu stempeln. Es ist aber nicht zu übersehen, daß sie eine fast

10 Sehr früh ist über das Gewöhnliche auch bereits nachgedacht worden. Vgl. Gerhard Funke: Gewohnheit, 2. Aufl., Bonn 1961 (= Archiv für Begriffsgeschichte 3).

ebenso wichtige, wenn auch verbal nicht so genau bezeichnete Auseinandersetzung mit dem vorromantischen Subjektivismus führen, einer Richtung, die nicht rationalistischen, sondern empfindsamen Ursprungs ist und die als mitverantwortlich für das romantische Normalitätserlebnis einbezogen werden muß.

Neben der Frage nach den historischen Voraussetzungen stellt sich die nach den historischen Vorläufern. Solche sind besonders im Bereich des vorromantischen Geheimnisromans zu suchen, wo das Thema des Ungenügens bereits eine erhebliche Rolle spielt. Wir werden hierauf zwar nicht näher eingehen, machen uns aber die Ergebnisse der Forschungsliteratur zunutze, die – zum Teil erst in jüngster Zeit – zu diesem Gegenstand erschienen ist[11]. Was im übrigen unsere spezielle Fragestellung und diese Fragestellung als ganze anlangt, so ist das Problem bisher kaum jemals systematisch angepackt worden[12]. Hilfreiche Studien liegen nur zu

11 Neben der älteren, immer noch wichtigen Arbeit von Marianne Thalmann: Der Trivialroman des 18. Jahrhunderts und der romantische Roman. Ein Beitrag zur Entwicklungsgeschichte der Geheimbundmystik, Berlin 1923 (= Germanistische Studien 24), sind hier vor allem zu nennen:
Richard Alewyn: Die Lust an der Angst, in: R. A.: Probleme und Gestalten, Frankfurt am Main 1974, S. 307-330 (veränderte und erweiterte Fassung des Vortrags ›Die literarische Angst‹, in: Aspekte der Angst, Starnberger Gespräche, hg. von Hoimar von Ditfurth, Stuttgart 1965); James Trainer: Ludwig Tieck. From Gothic to Romantic, The Hague 1964 (= Anglica Germanica VIII); Klaus Müller-Dyes: Der Schauerroman und Ludwig Tieck. Über die dichterische Fiktion im ›Blonden Eckbert‹ und ›Runenberg‹. Ein Beitrag zur Wechselbeziehung von Trivialliteratur und Dichtung, (masch.) Diss. Göttingen 1965; Garleff Zacharias-Langhans: Der unheimliche Roman um 1800, Bonn 1968, Diss. von 1967; Jürgen Viering: Schwärmerische Erwartung bei Wieland, im trivialen Geheimnisroman und bei Jean Paul, Köln Wien 1976 (= Literatur und Leben N. F. 18), Diss. von 1972. Wie auch sonst das »Romantische« allmählich aus der Literatur des 18. Jahrhunderts hervorwächst, untersucht auf komparatistischer Basis ausgezeichnet Raymond Immerwahr: Romantisch. Genese und Tradition einer Denkform, Frankfurt am Main 1972 (= Respublica Literaria 7).
12 Das heißt nicht, daß sich unsere Untersuchung nicht mit anderen Ansätzen in mancher Hinsicht berührt. Außer für die in Anm. 11 ge-

21

Einzelaspekten vor. Auf sie wird im Laufe der Untersuchung hingewiesen.

Wie bereits in vorromantischer Literatur, ist unser
Thema andererseits auch in nachromantischer Literatur
zu finden. In direkter Abstammung von der Romantik zeigt dies etwa der Detektivroman[13] oder das Werk
Georg Büchners[14], in weiterer Distanz zum Beispiel
die Literatur des Expressionismus (mit dem die Romantik sonst wenig gemein hat) oder die des Surrealismus.
Es scheint geradezu ein Kennzeichen der Moderne zu
sein, daß dieses Motiv hier allenthalben wiederkehrt,
auch natürlich im außerdeutschen Bereich. Das soll
indes nicht heißen, daß man alle diese Nachweise über
einen Leisten schlagen könne und daß eine Aktuali-
sierung der Romantik so billig zu haben sei. Wenn das

nannten Beiträge gilt das für Arbeiten wie Friedrich Brie: Exotismus
der Sinne. Eine Studie zur Psychologie der Romantik, Heidelberg 1920
(= Sitzungsberichte der Heidelberger Akademie der Wissenschaften, Phi-
losophisch-historische Klasse 3), einen erstaunlich frühen Versuch, die
Romantik aus dem Lebensgefühl des »ennui« abzuleiten, oder etwa
Mario Praz: Liebe, Tod und Teufel. Die schwarze Romantik, aus dem
Italienischen von Lisa Rüdiger, 2 Bde., München 1970, zuerst 1930
(= dtv 4051/52), eine Arbeit, die, ohne freilich auf das Problem der
Normalität einzugehen, die hauptsächlich in der außerdeutschen Roman-
tik virulente Vorliebe für abnorme erotische Vergnügungen behandelt.
Berührungen ergeben sich ferner mit Untersuchungen zum Problem und
zur Tradition des Manierismus. Dazu gibt es eine Reihe von Arbeiten,
die allerdings nicht alle mit der Romantik zu tun haben. Vgl. etwa
Ernst Robert Curtius: Europäische Literatur und lateinisches Mittelalter,
3. Aufl., Bern und München 1961, S. 277 ff.; Gustav René Hocke:
Manierismus in der Literatur. Sprach-Alchimie und Esoterische Kombinationskunst. Beiträge zur Vergleichenden Europäischen Literaturge-
schichte, Hamburg 1959 (= rowohlts deutsche enzyklopädie 82/83);
Marianne Thalmann: Romantik und Manierismus, Stuttgart 1963
(= Sprache und Literatur 7); Arnold Hermann Ulbrich: Manieristische
Züge in E. T. A. Hoffmanns ›Der goldne Topf‹, ›Prinzessin Brambilla‹,
›Der Sandmann‹, ›Rat Krespel‹ und ›Die Abenteuer der Silvesternacht‹,
Univ. of Massachusetts 1969.
13 Über den Zusammenhang zwischen Romantik und Detektivroman
vgl. besonders Richard Alewyn: Ursprung des Detektivromans, in: R.
A.: Probleme und Gestalten, aaO., S. 341-360; Ders.: Anatomie des
Detektivromans, ebd., S. 361-394.
14 Siehe besonders die Langeweile-Thematik in ›Leonce und Lena‹.

Ungenügen an der Normalität auch so etwas wie ein Leitmotiv der Literatur von der zweiten Hälfte des 18. Jahrhunderts bis in die jüngste Zeit, bis hin zu Thomas Bernhard und Peter Handke, zu sein scheint, so ist doch die historische Differenz nicht zu leugnen, die die romantischen Beispiele von den älteren oder jüngeren Verwandten trennt. Was sich als romantisch konstituiert, ist in seinen Voraussetzungen und Ausprägungen im strengen Sinne historisch einmalig und unwiederholbar, und wenn auch vieles Romantische modern anmutet und den heutigen Zeitgenossen als Vorwegnahme seiner eigenen Probleme anspricht, so begegnet ihm diese Periode der Vergangenheit doch andererseits, wie alles Vergangene, als etwas Fremdes und Seltsames.

So wenig wie ein bloß romantisches Phänomen ist das Ungenügen an der Normalität ferner bloß ein literarisches Phänomen. Lebenszeugnisse der Romantiker wie Briefe und Tagebücher zeigen, daß es auch einen »Sitz im Leben« hat. Mehr noch, da der Ausdruck der Unzufriedenheit mit dem Gewöhnlichen nicht auf einzelne beschränkt ist, da Klagen vor allem über die Langeweile des alltäglichen Daseins bei erstaunlich vielen laut werden, hat dieses Ungenügen offenbar eine sozialpsychologische Dimension.

Die vorliegende Untersuchung bezieht sich allerdings weniger auf Lebenszeugnisse als auf poetische Texte. Sie geht von der Voraussetzung aus, daß Wirklichkeitserfahrungen, seelische Zustände sowie Kompensationsbedürfnisse nirgendwo so gut dokumentiert sind wie in der Dichtung, zumindest seit dem 18. Jahrhundert, und sie will andererseits dazu beitragen, die Poesie der Romantik besser zu verstehen. Selbstverständlich ist es unmöglich, das vorhandene Material in extenso auszuschöpfen. Um die Stoffülle zu bewältigen, erscheint es unumgänglich, exemplarisch vorzugehen und von vornherein den Schwerpunkt auf einen begrenzten und noch überschaubaren Textbereich zu legen. So konzentrieren wir uns über weite Strecken der Darstellung auf die erzählende Prosa dreier Autoren: Tiecks, E. T. A. Hoffmanns und Eichendorffs. Mehrfach jedoch, wie besonders im I. Teil, wird diese Begrenzung überschritten, und es kommen auch Texte anderer Romantiker zu Wort.

Da von Tieck hauptsächlich das Frühwerk herangezogen wird, von Hoffmann und Eichendorff andererseits die Gesamtheit der Erzählungen und Romane einschließlich der späten Werke, reicht unsere Auswahl in zeitlicher Hinsicht von den anarchisch anmutenden Anfängen der Romantik bis zu ihren poetischen Höhepunkten, ja bis zu ihren teilweise schon biedermeierlichen Ausläufern. Sich auf eine solche Spannweite einzulassen, ist gewiß ein Wagnis. Tatsächlich aber scheint das Ungenügen an der Normalität die Klammer zu sein, die Frühromantik und Hochromantik verbindet – bei allen Differenzen, die zwischen den beiden Phasen bestehen und sehr wohl ins Auge zu fassen sind.

Wenn eine literaturwissenschaftliche Analyse nicht einen einzelnen Autor zum Gegenstand hat, sondern das Lebensgefühl einer ganzen literarischen Epoche zu erfassen sucht, so kann sie es kaum vermeiden, zum Teil summarische Urteile zu fällen. Unterschiedliches, Individuelles kommt dabei zu kurz. Auf der anderen Seite fragt man sich, wie sich die Literaturwissenschaft als Wissenschaft im weiteren wie als historische Disziplin im engeren Sinne überhaupt legitimieren wollte, wenn sie nicht bestrebt wäre, für Einzelnes einen gemeinsamen Nenner zu finden. Wenn es noch einen Sinn haben soll, von Epochen zu reden und also auch einen Epochenbegriff wie »Romantik« zu verwenden, so muß es gleichfalls sinnvoll erscheinen zu bemerken, daß zwischen so verschiedenen Dichtern wie etwa E. T. A. Hoffmann und Eichendorff nicht nur beträchtliche Unterschiede bestehen (was schon dem naiven Leser nicht entgeht), sondern daß sie sich auch in wichtigen Punkten auf eine manchmal überraschende Weise treffen.

I. Teil:
Die Wirklichkeit als Normalität

Im I. Teil der Darstellung geht es zunächst darum, die romantische Wirklichkeitserfahrung soweit zu belegen und zu analysieren, wie sie den Eindruck der Normalität wiedergibt. Der Aspekt des Ungenügens und überhaupt der Aspekt der Wertung soll dabei noch möglichst ausgeklammert werden. Gewiß gibt es kaum eine Textstelle, wo die Erfahrung des Normalen nicht von vornherein mit einer negativen seelischen Reaktion verbunden, ja mit dieser praktisch eins wäre, und es wird sich auch kaum vermeiden lassen, solche Reaktionen, wenn nicht gleich mitzubehandeln, so doch mitzuzitieren. Unser Ziel ist aber, als erstes darzulegen, daß, wenn die Normalität Gegenstand eines romantischen Grundgefühls ist, dieser Gegenstand sich im Bewußtsein auch als solcher konstituiert. Er ist einerseits wohl kaum denkbar ohne die Koppelung an jenes Ungenügen. Sicher gilt – soviel läßt sich im Vorgriff sagen –, daß die Romantik die Normalität deshalb so drastisch erfährt, weil sie sie als ungenügend empfindet. Es gilt andererseits aber auch, daß sie sie deshalb als ungenügend empfindet, weil sie sich ihrer in aller Drastik überhaupt bewußt wird. Wir haben schon in der Einleitung betont, daß diese Erfahrung keine Selbstverständlichkeit ist. Man kann die Wirklichkeit auch anders erleben. Das hängt auf der einen Seite von der Beschaffenheit der Wirklichkeit selbst, auf der anderen von der Beschaffenheit des erfahrenden Subjekts ab.

Wie ebenfalls bereits erwähnt, ist dieses Erlebnis ein totales, es erstreckt sich im Endergebnis auf die Wirklichkeit in ihrer Gesamtheit. Es setzt sich aber aus Einzelerfahrungen zusammen, die sich auf einzelne Bereiche und Aspekte beziehen, so daß sich die als romantisches Erlebnis vermittelte Normalität auf fünferlei Art erfassen läßt: als Lebensform, als Weltbild, als

Umwelt, als Erfahrungszwang oder ›Verhängnis‹ und als Gesinnung.

Jedem romantischen Text ist diese Wirklichkeitsrezeption als Hintergrund mitgegeben, und erst auf dieser Folie ist er voll verständlich. Dennoch findet man direkte Aussagen über das »Gewöhnliche«, »Gemeine«, »Bekannte«, »Alltägliche« nicht unbedingt in jedem Werk und keineswegs auf jeder Seite. Das liegt an der besonderen Funktion der romantischen Poesie. Wie einige andere Literaturbereiche der neueren Zeit, liefert auch sie viel weniger ein Abbild als ein Gegenbild der Wirklichkeitserfahrung. Sie spiegelt nicht so sehr wider, was der Erfahrung nach ist, als was dem Wunsche nach sein sollte. Und es ist in dieser kompensatorischen Funktion der romantischen Poesie begründet, daß sie viel mehr die Flucht vor der Normalität oder Alternativen zur Normalität darstellt als diese selbst. Freilich liegt auch in dieser Tendenz der Darstellung der – indirekte – Beweis, wie sehr die im Sinne von Novalis »romantisierte« Welt eine höchst triviale Weltanschauung zur Voraussetzung hat. Wer die Welt zu romantisieren versucht, hat sie zunächst einmal als gewöhnlich erfahren.

1. Lebensform

a) Alltag

Poetisches Medium dieser Erfahrung sind nicht jene Figuren, die in der Gewöhnlichkeit zu Hause sind (und sie gerade deshalb nicht durchschauen), die sogenannten Philister, sondern diejenigen, die sie meiden oder doch Mühe haben, sich in ihr einzurichten: etwa Tiecks William Lovell oder Franz Sternbald, E. T. A. Hoffmanns Kapellmeister Kreisler oder dessen Vorbild, Wackenroders Berglinger, Gestalten wie Brentanos Godwi oder Eichendorffs reisende Grafen, Glücksritter und Poeten.

Wie verschieden diese Figuren untereinander auch sein mögen, sie haben gemeinsam, daß ihnen das Dasein geradezu zwanghaft stets seine graue nüchterne Seite zukehrt, wenn sie ihm nicht mit den Künsten romantisierender Verwandlung beikommen, und daß es dies naturgemäß vor allem in jenem Bereich tut, der der Erfahrung am unmittelbarsten und stetigsten zugewandt ist: im Alltagsleben.

»Alltag« ist, wie der Name sagt, eine zeitliche Kategorie. Sie bezeichnet die regelmäßige Wiederkehr von Dingen, Vorgängen, Handlungen, Erfahrungen in der Zeit. Man könnte daher auch sagen: Das Alltägliche ist das Gewöhnliche im ›diachronischen‹ Sinne. Alltäglich ist, was alle Tage vorkommt oder was ein Mensch alle Tage tut und erlebt. Dabei ist alltägliche Wirklichkeit nicht nur im gesellschaftlichen Raume anzusiedeln. Den Alltag konstituieren auch die regelmäßig wiederkehrenden äußeren Naturvorgänge wie etwa der Wechsel der Tageszeiten, und ein alltägliches Leben kann auch der außerhalb der Gesellschaft Lebende, auch der völlig Isolierte führen.

Deshalb begegnet Alltagsleben den genannten Gestalten keineswegs nur im ›bürgerlichen‹ Milieu, wenn es im Bereich von Haus, Familie, Beruf auch besonders spürbar ist. Die »Wiederkehr der gleichförmigen Tage«, den »ununterbrochenen leisen Fluß der Zeit, der mich so unvermerkt in's Alter hineintrüge«, erlebt zum Beispiel Sternbald auch bei einem Einsiedler[1], und überhaupt erstreckt sich die Erfahrung des Alltags auf alle Bezirke, wo das Leben in irgendeiner Weise durch Wiederholung in der Zeit geprägt ist. Es wäre ja auch sonst kaum erklärbar, wie Gestalten, die kein bürgerlich stetiges Leben führen, dennoch diese Erfahrung machen können.

Das Leben in Haus, Familie, Beruf ist ihnen andererseits keineswegs fremd. Sie kennen es aus ihrer Kindheit oder, wie Kreisler, aus ihrem beruflichen Werde-

1 Tieck, Schriften XVI 308.

gang. Und zudem treten sie, auch wenn sie in ihm nicht mehr verwurzelt sind, häufig mit ihm in Kontakt.

Dem Romantik-Leser ist all dies bekannt, und er wird dafür leicht Dutzende von Beispielen finden. Wir brauchen uns daher zu Beginn nicht damit aufzuhalten, wo und wann im einzelnen Alltagsleben zur Erfahrung gelangt, zumal dieser Gesichtspunkt ohnehin noch verschiedentlich eine Rolle spielen und in allen folgenden Kapiteln zur Geltung kommen wird. Wichtiger ist zunächst zu fragen, *wie* vom Romantiker der Alltag erlebt wird (jedoch ohne dabei gleich den Aspekt des Ungenügens als solchen zu berühren), um daraus eine erste genauere Bestimmung romantischer Normalitätserfahrung zu gewinnen, eine Bestimmung, die sich im übrigen in den folgenden Kapiteln, d. h. auch auf den anderen Ebenen der Betrachtung bestätigen wird.

Wenn sich dem Gemüt der genannten Gestalten vom gewöhnlichen Leben immer nur der Eindruck der Regelmäßigkeit aufdrängt, so ist das scheinbar selbstverständlich. Nicht so selbstverständlich ist es, daß dieser Eindruck sich gegen jede andere Auffassung des Alltagslebens durchsetzt und etwa die Ansicht, daß es im alltäglichen Lauf der Dinge auch das Moment des Wechsels gibt, alsbald verdrängt. Der Aspekt der Wiederkehr schlägt stets durch, ja dieser Aspekt nimmt zumeist das Gesicht der Monotonie an. So schreibt William Lovell in einem seiner Briefe: »Wie die Fäden eines Weberstuhls flimmert und zittert das menschliche Leben vor meinen Augen, ein ewiges Wechseln und Durcheinanderschießen, und dabei doch das langweilige, ewige Einerlei!«[2]

Wackenroders Tonkünstler Berglinger billigt dem Geschehen eines zu Ende gehenden Tages eine gewisse Farbigkeit zu, findet aber im Leben der Menschen, ja im Leben der ganzen Welt dann doch wieder nichts als unaufhörliche Wiederholung: »Freude, Schmerz, Arbeit und Streit, alles hatte nun Waffenstillstand, um

2 Tieck, Schriften VI 321.

morgen von neuem wieder loszubrechen – und so
immer fort, bis in die fernsten Nebel der Zeiten, wo
wir kein Ende absehen. – Ach! dieser unaufhörliche,
eintönige Wechsel der Tausende von Tagen und Näch-
ten, – daß das ganze Leben des Menschen, und das
ganze Leben des gesamten Weltkörpers nichts ist, als
so ein unaufhörliches, seltsames Brettspiel solcher weißen und schwarzen Felder, wobei am Ende keiner gewinnt als der leidige Tod, – das könnte einem in manchen Stunden den Kopf verrücken.«[3] Wird hier noch
ein Unterschied zwischen »weißen« und »schwarzen
Feldern« gemacht, wenn auch der Wechsel »eintönig«
erscheint, so ist das Alltagsleben in der folgenden Definition E. T. A. Hoffmanns aus dem *Öden Haus* nurmehr als ganz und gar monotone Drehbewegung verstanden: »Was ist denn aber gewöhnliches Leben? –
Ach das Drehen in dem engen Kreise, an den unsere
Nase überall stößt, und doch will man wohl Courbetten versuchen im taktmäßigen Paßgang des Alltagsge-
schäfts.«[4]
Hoffmann hat diese Definition einer Nebenfigur in
den Mund gelegt. Er hätte sie aber auch von Kreisler
äußern lassen können; denn wenn eine Gestalt der
romantischen Dichtung das Alltägliche des Daseins
erfahren hat und sich in »Courbetten« versucht, so ist
es der extravagante Kapellmeister. Wer Kreislers sonderbares Wesen kausal, nicht als Ergebnis einer Kompensation, zu verstehen sucht, muß annehmen, daß
dieser exzentrische Charakter ein buntes, von Aben-
teuern erfülltes Leben hinter sich hat. Aber das Gegenteil ist der Fall. Wie er mit seiner Lebensgeschichte
selbst darlegt, kann er dem, »der vielleicht das Außerordentliche erwartete, nur Gemeines, wie es sich tausendmal im Leben wiederholt, auftischen«, und er weist
darauf hin, daß es einfach »der gewöhnlichste Lauf

3 Wackenroder, Werke 217.
4 Hoffmann, Werke I 459 f.

der Dinge« war, der ihn »fortschob«[5]. Dabei hat er die Erfahrung des Gewöhnlichen schon in früher Jugend gemacht. Nicht aber, daß sie sich deshalb von der Erfahrung des reifen Mannes unterschiede. Schon in der Alltagserfahrung des jungen Menschen dominiert der Eindruck der Monotonie: »meine Jugendzeit gleicht einer dürren Heide ohne Blüten und Blumen, Geist und Gemüt erschlaffend im trostlosen Einerlei!«[6]

Von ähnlich frühen Erfahrungen berichten auch andere romantische Figuren. Brentanos Godwi etwa dichtet in der *Szene aus meinen Kinderjahren*:

> Oft war mir schon als Knaben alles Leben
> Ein trübes träges Einerlei. Die Bilder,
> Die auf dem Saal und in den Stuben hingen,
> Kannt ich genau; ja selbst der Büchersaal,
> Mit Sandrat, Merian, den Bilderbüchern,
> Die ich kaum heben konnte, war verachtet,
> Ich hatte sie zum Ekel ausbetrachtet.
>
> So daß ich mich hin auf die Erde legte
> Und in des Himmels tausendförmgen Wolken,
> Die luftig, Farben wechselnd oben schwammen,
> Den Wechsel eines flüchtgen Lebens suchte.[7]

Nehmen wir noch hinzu, daß eine Gestalt wie Kreisler oder Godwi bis zu einem gewissen Grade und besonders von dieser Seite Spiegel ihres Autors ist, so wird deutlich, daß die geschilderten Eindrücke keineswegs nur etwas Literarisches, sondern eine Lebenserfahrung sind. Am offensichtlichsten belegen die Tagebücher Hoffmanns, wie sehr der Dichter die Gefühle und das Bewußtsein seiner Helden teilt. Mit erstaunlicher Genauigkeit führt der Autor über seine Alltagserfahrung Buch. »Dito miserables Einerley!« heißt es etwa unter dem 14. 10. 1803 aus der Zeit in Plock[8]. »Wann werd'

5 Hoffmann, Werke II 381.
6 Ebd. 371.
7 Brentano, Werke II 142.
8 E. T. A. Hoffmanns Tagebücher und literarische Entwürfe. Mit Erläuterungen und ausführlichen Verzeichnissen hg. von Hans von Müller.

ich mehr als das ewige todte Einerley hier wiederholen dürfen«, unter dem 16. 10. 1803[9]. »Die Geschäfte – das Alltagsleben ekelt mir mit jedem Tage mehr an!« unter dem 11. 1. 1804[10]. Zahlreich sind die Eintragungen, die solche innere Verfassung in die lakonische Formel »Dies tristis« oder »Dies ordinarius atque tristis« oder »Dies ordinarius atque miserabilis« kleiden[11].

Wenn man diese und die früher zitierten Stellen auf das ihnen Gemeinsame überprüft, so heben sich zwei Momente heraus: das der Wiederholung und das der Ein- oder Gleichförmigkeit. Auffällig ist besonders die Übereinstimmung darin, daß alltägliche Wirklichkeit hier nicht anders erfahren wird denn als »Einerlei« oder gar »ewiges Einerlei«. Sie erscheint damit als gestalt- und farblose Masse, als Gebilde ohne Unebenheiten und Konturen, vergleichbar der eintönigen und endlos scheinenden Fläche des Meeres bei Windstille, wie es Eichendorff in der *Meerfahrt* beschrieben hat und wie er es auch metaphorisch verwendet, wenn er etwa in *Dichter und ihre Gesellen* erzählt, wie ein in den Alltag gebanntes Landfräulein sich »in der Meeresstille ihrer einförmigen Einsamkeit«[12] nach Abwechslung sehnt.

Man könnte auf den ersten Blick meinen, daß kein anderes Ergebnis zu erwarten war; denn eine Lebensform, die alle Tage dasselbe Gesicht zeigt, scheint den Eindruck der Uniformität geradezu zu erzwingen. Genauer betrachtet, kann man von einer solchen Erfahrungsweise aber auch behaupten, daß sie ihrem Gegenstand nicht durchaus gerecht wird. Wenn sich beim Alltagsleben auch Gleiches wiederholt, so entbehrt die-

Erster Band, enthaltend die Texte der Tagebücher und ein Verzeichnis der darin genannten Werke Hoffmanns, Berlin 1915, S. 14.
9 Ebd.
10 Ebd. 23.
11 Ebd. 16, 24, 44, 50, 63, 90, 159, 169, 174, 180, 182, 232, 236, 244, 262, 263, 264.
12 Eichendorff, Werke II 574.

ses Leben, wie bereits vorhin angedeutet, doch nicht der Verschiedenheit. Tag und Nacht, um das Beispiel Berglingers zu nehmen, kehren zwar ständig wieder, sie sind aber nicht untereinander gleich, so wenig wie andere Abschnitte des Alltags. Deshalb mutet eine Wahrnehmung, der sich alles nur als »Einerlei« darbietet, einseitig und nivellierend an. Indem sie nur Gleichartiges registriert, unterdrückt sie oder ebnet sie das Verschiedenartige ein, mit der Wirkung, daß das Leben nicht nur monoton, sondern daß es geradezu völlig leer erscheint. Denn der Anblick der Einförmigkeit, wie beim windstillen Meer, ist so gut wie der Eindruck des Nichts. Es sind denn auch immer wieder Bilder der Leere, der Öde, mit denen die romantische Dichtung die Erfahrung des Alltagslebens beschreibt. Wenn Kreisler seine Jugend mit einer »dürren Heide ohne Blüten und Blumen« vergleicht, so ist das eine Veranschaulichung, die außer im Bilde des Meeres noch in vielen anderen Varianten wiederkehrt. Solche finden sich besonders in Tiecks *William Lovell*. In »Wüsten von Sand, in verdorrte Gegenden des Waldes« sieht Lovell den Pfad seines Lebens münden[13], und vor allem das Bild der Wüste wiederholt sich mehrfach[14].

Selbst das Moment der Wiederholung, das mit dem der Gleichförmigkeit zusammenhängt, ist nicht ausschließlich im Gegenstand, sondern auch im erlebenden Bewußtsein verankert. Es ist nämlich auch eine Erfahrungsweise denkbar, welche das, was sich ihr Tag für Tag darbietet, nicht immer nur auf den identischen Vorläufer rückbezieht (und damit eben Wiederholung registriert), sondern auf jenen Punkt der unmittelbaren Vergangenheit, gegenüber dem der gegenwärtige Augenblick relativ neu und anders wirkt. Würde Berglinger das Eintreten der Nacht hauptsächlich im Verhältnis zum voraufgegangenen Tage erleben, so würde er primär den Wechsel und weniger die Wiederholung

13 Tieck, Schriften VI 217.
14 Ebd., z. B. 178, 179, 344.

spüren, und so brauchte er die Alltäglichkeit dieses Phänomens nicht zu empfinden oder doch in geringerem Maße. Da er bei der Rückkoppelung des Gegenwärtigen aber offenbar einen größeren Zeitsprung macht bis zu dem, was in gleicher Weise schon einmal und immer da war, ja da er vor allem beim zu Ende gehenden Tag im zeitlichen Vorgriff an alle folgenden Tage denkt, »bis in die fernsten Nebel der Zeiten«, so wird die Abwechslung von der Wiederholung überlagert, und es entsteht der Eindruck eines Wechsels, der »eintönig« ist. Es ist, als ob hier ein allzu ausgreifendes, sowohl in die Vergangenheit wie in die Zukunft reichendes, Beziehungsvermögen die Hingabe an die Einzigkeit des Augenblicks, in diesem Fall an die Festlichkeit des Feierabends, verhindere oder aber, als ob umgekehrt die Unfähigkeit, sich dem Augenblick hinzugeben und den Augenblick zu genießen, zu jenem Ausgreifen führe.

Etwas Weiteres kommt hinzu. Wenn für Berglinger die heutige Nacht nicht anders als die gestrige, der heutige Tag nicht anders als der morgige ist, wenn »Freude, Schmerz, Arbeit und Streit« sich nicht ändern, sondern in der Wiederholung immer gleich sind, so erlebt er die Phänomene und Verrichtungen der alltäglichen Wirklichkeit gewissermaßen als Typus. Er erlebt sie in dem, worin sie übereinstimmen, nicht in dem, worin sie voneinander abweichen. Der Umstand, daß auch das Alltägliche eines Lebenslaufes im strengen Sinne nicht immer ein und dasselbe ist und nicht die perfekte Identität maschineller Abläufe erreicht, ist für sein Bewußtsein so wenig relevant wie etwa für einen Biologen die Tatsache, daß kein Blatt eines Baumes mit einem anderen völlig übereinstimmt. Da aber Nuancen, individuelle Abweichungen für die Wahrnehmung ausscheiden, gewinnen die Schritte des Alltagslebens aus dieser Sicht den Charakter des bloß Abgemessenen. Der Alltag besitzt nicht eigentlich einen Rhythmus, sondern nur ein Metrum, er ist »metrisches

Leben«[15], wie Godwi in einem seiner Briefe schreibt. Und da er auf Grund dieser Bestimmung ebensowohl etwas Lebloses an sich hat, so daß Berglinger der Gedanke an den Tod anwandelt, nimmt er das Kennzeichen des Mechanischen an. Lovell spricht deshalb von der »widrigen Maschinerie des menschlichen Lebens, wo alle Räder und alle Getriebe so kreischend hervorschreien«[16].

Normalität als Gegenstand romantischer Erfahrung läßt sich damit definieren als mechanische Wiederkehr des Gleichen, eine Bestimmung, die, wie sich später zeigen wird, nicht nur für den Bereich des Alltagslebens gilt. Und die Begriffe, mit denen die Romantik das Normale umschreibt, haben nachweislich eben diesen Sinn. Wenn Novalis, wie einleitend zitiert, die Aufgabe des Romantisierens auf das »Gewöhnliche«, das »Gemeine«, das »Bekannte« münzt, so gleicht das Gewöhnliche nach Hoffmanns Erklärung im *Öden Haus* einem »taktmäßigen Paßgang«, so ist das Gemeine, wie Kreisler meint, das, was »sich tausendmal im Leben wiederholt«, so sieht Godwi im Bekannten den Grund dafür, daß ihm schon als Knaben alles Leben ein trübes träges Einerlei war (»Die Bilder, / Die auf dem Saal und in den Stuben hingen, / Kannt ich genau«). Auch im bildhaften Ausdruck wird dieser Sinn deutlich. Das Symbol, das die mechanische Wiederkehr des Gleichen am evidentesten offenbart, ist die geometrische Figur des Kreises. Nicht nur in dem früher genannten Beispiel, auch sonst spricht Hoffmann häufig von dem »enge gezogenen Kreise des gewöhnlichen Treibens«[17], von dem »engen Kreise gewöhnlicher Alltäglichkeit«[18]. Ein geometrisches Sinnbild von Regelmäßigkeit und Gleichförmigkeit ist ferner die gerade Linie oder der »gerade Weg«. »(...) durch mein ganzes Leben einen geraden

15 Brentano, Werke II 40.
16 Tieck, Schriften VII 57.
17 Hoffmann, Werke IV 185.
18 Ebd. 229.

Weg vor mir zu haben«[19], »fein im geraden Wege (zu) bleiben«[20], bedeutet genauso ein Leben bloß im Gewöhnlichen zu führen wie das früher zitierte »Drehen in dem engen Kreise«.

Man könnte die Definition freilich auch abkürzen und die Normalität einfach als das in sich immer und überall Gleiche bezeichnen. Das entspräche dem Erlebnis des »Einerlei«. Der Eindruck der Wiederholung überlagert so sehr den Eindruck des Wechsels, der Eindruck des Ähnlichen so sehr den des Verschiedenen, daß sich das Wiederkehren zum Immergleichbleiben radikalisiert, ungefähr so, wie wenn sich eine regelmäßige Wellenlinie zur Geraden streckte.

Es ist darüber hinaus etwas Prinzipielles zu dem Verhältnis zwischen Normalität – unter dem hier behandelten Gesichtspunkt: dem Alltag – und dem erfahrenden Subjekt zu sagen.

Ist die mechanische Wiederkehr des Gleichen die Struktur des Alltags, so konstituiert sich diese Struktur doch auf Grund seiner *Wirkung*. Der Anteil des Subjekts an der beschriebenen Erfahrung zeigt, daß wir es hier nicht mit einem Sachverhalt zu tun haben, der sich einfach als ›objektiv‹ klassifizieren ließe. Er ist fundiert in der Sache, aber er ist auch fundiert im erlebenden Bewußtsein. Umgekehrt wäre darum auch die Einstufung ›subjektiv‹ einseitig. Allerdings wird ein späterer Abschnitt erweisen, wie sehr die Voraussetzung einer spezifischen Subjektivität berechtigt ist. –

Andeutungsweise zeigte sich bereits, daß das romantische Normalitätserlebnis mit dem Problem der Zeit zusammenhängt. In der Tat ist es mit einem bestimmten Zeitempfinden verbunden. Dieses Empfinden hat die Eigenschaft, bewußt zu sein, so bewußt wie überhaupt alles, was zu jenem Erleben gehört.

Daß die Romantik wie kaum eine andere Epoche vorher Zeitbewußtsein zur Geltung bringt, und zwar als

19 Tieck, Schriften VII 194.
20 Hoffmann, Werke II 409.

Bewußtsein der inneren, erlebten Zeit[21], ist der Forschung seit längerem gegenwärtig[22]. Dokumentiert ist dieses Bewußtsein in auffälligem Maße bereits in den frühesten poetischen Texten der Romantik, so in Tiecks *William Lovell,* so auch in Wackenroders *Märchen von einem nackten Heiligen.* Wie dieser Heilige in seiner Einöde unaufhörlich nichts anderes als das »Rad der Zeit«[23] sausen hört und wie eine gewaltige Angst ihn treibt, an diesem Rade in der größten Anstrengung mitzudrehen, »damit die Zeit ja nicht in die Gefahr komme, nur einen Augenblick stillzustehn«[24], das deutet auf eine Obsession und also darauf, daß dem romantischen Bewußtsein das Problem der Zeit nicht nur gegenwärtig ist, sondern daß es sich ihm auch nicht zu entziehen vermag.

Der Alltag freilich gibt dem Romantiker nicht gerade die sausende, sondern eher die lautlose Zeit zu spüren. Auch im Alltag dreht sich die Zeit im Kreise, aber sie wird dabei alt und welk, »taub und blind«, wie Tieck in dem Aufsatz *Die Töne,* den er zu den *Aufsätzen*

21 Im Sinne von Eugène Minkowski: Le temps vécu. Etudes phénoménologiques et psychopathologiques, Paris 1933.
22 Vgl. etwa Emil Staiger: Die Zeit als Einbildungskraft des Dichters. Untersuchungen zu Gedichten von Brentano, Goethe und Keller, 2. Aufl., Zürich 1953 (zuerst 1939); André Gottrau: Die Zeit im Werk des jungen Tieck, Diss. Zürich 1947; Georges Poulet: Timelessness and Romanticism, in: Journal of the History of Ideas XV, 1954, S. 3-22; Richard Alewyn: Brentanos ›Geschichte vom braven Kasperl und dem schönen Annerl‹, in: R. A.: Probleme und Gestalten, aaO., S. 133-197 (zuerst 1957), bes. S. 160 ff.; Peter Küpper: Die Zeit als Erlebnis des Novalis, Köln Graz 1959 (= Literatur und Leben N. F. 5); Oskar Seidlin: Versuche über Eichendorff, Göttingen 1965, S. 99 ff.; Friedrich Carl Scheibe: Aspekte des Zeitproblems in Tiecks frühromantischer Dichtung, in: Germanisch-romanische Monatsschrift N. F. 15, 1965, S. 50-63; Peter Paul Schwarz: Aurora. Zur romantischen Zeitstruktur bei Eichendorff, Bad Homburg v. d. H. – Berlin – Zürich 1970 (= Ars poetica, Studien 12); Manfred Frank: Das Problem ›Zeit‹ in der deutschen Romantik. Zeitbewußtsein und Bewußtsein von Zeitlichkeit in der frühromantischen Philosophie und in Tiecks Dichtung, München 1972.
23 Wackenroder, Werke 197.
24 Ebd. 198.

38

Joseph Berglingers in den *Phantasien über die Kunst* beisteuerte, des längeren ausführt: »Es geschieht oft, daß die Menschen über Alltäglichkeit ihres Lebenslaufs klagen, daß sie jeden Zeitvertreib erhaschen, um die drückende Zeit zu verkürzen. Alle fühlen einen Hang nach dem Wunderbaren in ihrem Busen, und fast alle klagen, daß so gar nichts Wunderbares vor ihren Augen geschehe: daher die unersättliche Neugier, die wilde, ungezähmte Begier, etwas Unerhörtes zu hören, etwas Niegesehenes zu sehn. (...) Über diese unselige Leidenschaft spottet daher auch der Prediger Salomo mit seinem erhabenen Gemüte: ›Das Auge sieht sich nimmer satt, und das Ohr höret sich nimmer satt. Was ist's, das geschehen ist? Eben das hernach geschehen wird. Was ist's, das man getan hat? Eben das man hernach wieder tun wird. Und geschieht nichts Neues unter der Sonnen. Geschieht auch etwas, davon man sagen möchte: Siehe, das ist neu? dann ist es vor auch geschehen, in vorigen Zeiten, die vor uns gewesen sind.‹ –

> So wandelt sie, im ewig gleichen Kreise
> Die Zeit nach ihrer alten Weise,
> Auf ihrem Wege taub und blind,
> Das unbefangne Menschenkind
> Erwartet stets vom nächsten Augenblick
> Ein unverhofftes seltsam neues Glück.
> Die Sonne geht und kehret wieder,
> Kömmt Mond und sinkt die Nacht hernieder,
> Die Stunden die Wochen abwärts leiten,
> Die Wochen bringen die Jahreszeiten.
> Von außen nichts sich je erneut,
> In dir trägst du die wechselnde Zeit,
> In dir nur Glück und Begebenheit.[25]

Ist im äußeren Leben schon immer alles dagewesen – eine Einsicht, die Tieck auch im *Sternbald* mit den Worten des Predigers Salomo 1, 3-9 belegt[26] –, so geht die Zeit monoton im Kreis. Diese Kreisbewegung aber ist

25 Ebd. 241 f.
26 Tieck, Schriften XVI 123.

gleichbedeutend mit Zeitstillstand oder Zeitleere. Wenn es in Eichendorffs *Krieg den Philistern* heißt:

> Ist's doch, als stände Uhr und Welt und Zeit –
> Mir graut in der zermalm'nden, schwülen Stille.[27]

so gibt dies genau das romantische Zeitgefühl gegenüber dem Gewöhnlichen wieder. Da es sich um erlebte Zeit handelt, ist es andererseits möglich, die Monotonie von innen heraus zu überwinden (»In dir trägst du die wechselnde Zeit«). Es kommt nur darauf an, daß der am Alltag Leidende seinen inneren Zeitsinn aktiviert und damit die Zeit wieder in Fluß bringt. Aber das ist bereits Thema des III. Teils unserer Arbeit. –
Die alltagsspezifische Seite der romantischen Normalitätserfahrung zeichnet sich noch durch eine Besonderheit aus. Bei Tieck und Eichendorff fällt auf, daß als Beispiel und Schauplatz des Alltagslebens gar nicht so häufig, wie man erwarten könnte, die Stadt, sondern fast häufiger das Land genannt wird. Dies könnte man bei Eichendorff noch damit erklären, daß er aus dem Landadel stammte, aber Tieck war ein Stadtkind und hat sich meistens in Städten aufgehalten, und auch Eichendorff lebte zu lange in der Stadt, als daß die stärkeren Eindrücke von der Eintönigkeit des Daseins nicht von hier hätten herrühren sollen. Man könnte weiterhin daran erinnern, daß die Helden der romantischen Erzählung sich meistens auf Wanderschaft befinden und überwiegend ländliche Gegenden berühren. Aber auch diese Erklärung reicht nicht aus, da sie oft genug doch auch in Städten Station machen: Lovell z. B. in Paris, Sternbald in Leiden und Antwerpen, Graf Friedrich in *Ahnung und Gegenwart* in einer größeren Residenz. Nun erscheint ihnen zwar die Stadt in der Regel weder behaglich noch interessant, sondern zumeist als »furchtbare klippenvolle Einöde«[28] oder

---

27 Eichendorff, Werke I 548.
28 Tieck, Schriften XVI 85.

als »flimmernd aufgeschmücktes, großes Grab«[29]. Aber mehr als die Monotonie des Lebens gewahren sie hier Lärm und Unruhe[30], »Verwirrung«[31] und »Gewühl«[32]. Einem traditionellen Topos entsprechend, erscheint die Stadt ferner als Ort des Vergnügens und der Zerstreuung. Im Kontrast dazu wird die Schilderung des Landlebens als »Einerlei« freilich zum Teil verständlich: »Nicht wahr, Du siehst mir das langweilige Leben hier auf dem Lande schon an? – So abgetrieben war mein Witz nicht, als ich in Euren lustigen Gesellschaften in London war, wo Wein, Gesang, Tanz und Küsse von den reizendsten Lippen uns begeisterten, wo unsre Laune mit sechs muntern Pferden über die ebne Chaussee des Leichtsinns und der Vergessenheit aller Wichtigkeiten und Armseligkeiten dieses Lebens dahinrollte, – nun, wir werden uns wiedersehen! – Hier komm' ich mir vor wie eine Schnecke, die nur immer furchtsam und mit halbem Leibe ihre Behausung verläßt, und langsam und schwerfällig von einem Grashalm zum andern kriecht (...) So leb' ich hier einen Tag fort, wie den andern, zuweilen bekommen wir Besuche und erwiedern sie, – und so leben wir im ganzen nicht unangenehm. Wenn nur das ewige Einerlei nicht wäre!«[33] Immer wieder wird auch bei Eichendorff auf die Gleichförmigkeit dieses Lebens verwiesen[34], immer wieder ist dabei vom einförmigen »Picken« der Wanduhren

---

29 Eichendorff, Werke II 62. In ›Ahnung und Gegenwart‹ heißt es von dem »Weltmarkt großer Städte« ferner: »Da haben sie den alten, gewaltigen Strom in ihre Maschinen und Räder aufgefangen, daß er nur immer schneller und schneller fließe, bis er gar abfließt, da breitet denn das arme Fabrikleben in dem ausgetrockneten Bette seine hochmütigen Teppiche aus, deren inwendige Kehrseite ekle, kahle, farblose Fäden sind« (II 164).

30 Tieck, Schriften VI 27.

31 Ebd.

32 Tieck, Schriften XVI 160.

33 Karl Wilmont an Mortimer in ›William Lovell‹. Tieck, Schriften VI 4 f.

34 Eichendorff, Werke, z. B. II 71, 75, 98, 193.

die Rede[35], das in seinem Gleichtakt im Grunde den Stillstand der Zeit signalisiert, mehrfach kleidet der Dichter den überwältigenden Eindruck des ewig Gleichen paradoxerweise sogar in das Bild unaufhörlichen vegetativen Wucherns: »Und wie nun so der Amtmann täglich um dieselbe Stunde auf das Feld hinausritt und wieder zurückkehrte, und Florentine ihre Tauben fütterte und ihre Blumen band, und ringsum in der ländlichen Stille allmählich alles wuchs und wuchs, als wollte das Grün die Menschen begraben – es war mir nicht anders, als säß' ich viele hundert Klaftern tief im Meer und hörte die Abendglocken meiner Heimat von weitem über mir.«[36]

Insgesamt genommen stehen diese Schilderungen bei Eichendorff wie schon bei Tieck allerdings im Zeichen einer uneinheitlichen Bewertung. Wie bereits im *Lovell* der Alltag auf dem Lande oftmals in einem anziehenden Licht erscheint, wie hier einigen der Briefkorrespondenten sogar das erstaunliche Wort von der »schönen Einförmigkeit« des Landlebens in die Feder fließt[37], so spricht auch Eichendorff sinngemäß oder wörtlich etliche Male von der »Wohltat« dieser Lebensform[38], und zwar nicht etwa aus der Sicht derer, die in ihr dauernd zu Hause und mit ihr zufrieden sind, sondern gerade derjenigen, die diese Zufriedenheit nicht finden können. Diese Ambivalenz, die in einem späteren Kapitel noch genauer zu beleuchten ist, deutet an, daß das ewige Einerlei, eben weil es »ewig« ist und in einer überraschend sich einstellenden Assoziation an das Paradies als Ersatz oder Vorschein überirdischer Ruhe anmutet, nicht nur Gegenstand eines Ungenügens, sondern paradoxerweise auch einer Sehnsucht ist.

Nur darum aber eignet sich der Alltag auf dem Lande für diese Doppelfunktion, weil das Landleben, anders

35 Ebd. z. B. 58, 191, 234, 236.
36 So Otto in ›Dichter und ihre Gesellen‹. Ebd. 571. Vgl. auch 572, 637.
37 Tieck, Schriften VI 311, 337; vgl. auch VII 47.
38 Eichendorff, Werke II 75; vgl. auch 193, 231.

als das Stadtleben, für den Romantiker außergesell-
schaftlich und damit unphiliströs ist. Es stellt die Lebensform von Menschen dar, die zwar gesellig leben,
aber nicht im engeren Sinne zur Gesellschaft gehören, –
›Gesellschaft‹ im Tönniesschen, an die Romantik angelehnten Sinne als »mechanisches Aggregat und Artefact«
verstanden[39].

Damit wird auch deutlich, daß man gut daran tut,
alltägliche Wirklichkeit und gesellschaftliche Wirklichkeit nicht von vornherein gleichzusetzen. Alltag läßt
sich, wie bereits vorhin bemerkt, nicht nur im gesellschaftlichen Leben und nicht nur überhaupt im Zusammenleben erfahren. Deshalb auch ist für den Romantiker eine Flucht aus dem Alltag nicht schon dann ge-
glückt, wenn er aus der Gesellschaft geflohen ist.

b) Konvention

Jedoch wird die alltagsspezifische Erfahrung der Nor-
malität durch gesellschaftliche Erfahrung potenziert.
Denn im gesellschaftlichen Raum wird das Leben nicht
nur durch Alltäglichkeit bestimmt, sondern auch durch
Konventionen geregelt. Zum »Drehen in dem engen
Kreise« des Gewöhnlichen treibt hier das normative
Element des »du sollst«, »du mußt« an.

Damit steigert sich auch der Eindruck der Uniformität,
dessen entscheidendes Symptom immer die Langeweile
ist. »Man gewinnt nichts in jener sogenannten großen
Welt«, heißt es in *William Lovell*, »(...) man verliert
sein Leben in einem langweiligen Spiele, man lernt keine Freude des Herzens kennen, man findet im Entbehren seinen Stolz und ein eingebildetes konventionelles
Glück.«[40] An derselben Stelle: »wir vergehn alle in

39 Ferdinand Tönnies: Gemeinschaft und Gesellschaft. Grundbegriffe
der reinen Soziologie, Darmstadt 1963 (fotomech. Nachdr. der 8. Aufl.
Leipzig 1935), S. 5.
40 Tieck, Schriften VI 87.

Einer Langenweile, weil es die strenge Mode so fordert«[41]. Eine Äußerung Kreislers, die sich Kater Murr in seinen Bekenntnissen zu eigen macht, besagt, daß »die sogenannte höhere gesellschaftliche Kultur (...) auf nichts anders hinausläuft als auf das Bemühen, alle Ecken, Spitzen wegzuhobeln, alle Physiognomien zu einer einzigen zu gestalten die eben deshalb aufhört eine zu sein«[42]. Zwar sind, wie Meister Abraham bemerkt, »gewisse Normalprinzipien« für die Gesellschaft notwendig, »da sonst alles blind und toll durcheinanderrennen und es überall vertrackte Rippenstöße und garstige Beulen setzen, eine Gesellschaft überhaupt nicht denkbar sein würde«, für wünschenswert hält Abraham, der hier sicher die Meinung Hoffmanns vertritt, solche Prinzipien aber nur im Sinne der »natürlichen Artigkeit« im Gegensatz zur »konventionellen«[43]. Vermutlich meint er damit eine Artigkeit, die das Richtige spontan und aus freien Stücken tut, nicht nur aus Zwang und als bloße Gebotserfüllung[44].

41 Ebd.
42 Hoffmann, Werke II 640.
43 Ebd. 320. Vgl. Novalis, Schriften II 489: »Ohne Etikette kann kein Hof bestehn. Es giebt aber eine natürliche Etiquette, die schöne, und eine erkünstelte, modische, die häßliche.«
44 Dieser Begriff der natürlichen Artigkeit scheint sich weitgehend, jedoch nicht ganz mit dem zu decken, was F. Tönnies unter »Sitte« versteht. Schon in ›Gemeinschaft und Gesellschaft‹ rechnet Tönnies die Sitte der Gemeinschaft, die Konvention der Gesellschaft zu (aaO. S. 219 ff., 241 ff., bes. 251), d. h. er sieht zwischen Sitte und Konvention einen Gegensatz. In der Schrift ›Die Sitte‹, Frankfurt am Main 1909 (= Die Gesellschaft 25), geht er dann auf dieses Problem genauer ein. Sitte ist historisch gewachsene Gestalt des Volkswillens. Sehr romantisch heißt es dabei vom Volk: »Das Volk ist ein geheimnisvolles Wesen, nicht leicht zu begreifen.« (S. 14) So geht auch Sitte im Grunde aus unbegreiflicher Urzeit hervor. Weil sie das Uralte ist, ist sie auch das Natürliche, und sie ist lebendig wie die Natur. Sie existiert nicht als geschriebene Satzung, sondern nur als geübte Praxis (geschriebenes »Recht wird gesprochen, Sitte wird befolgt«, S. 35). Wieder wird auch betont, daß der soziologische Ort der Sitte nicht die »Gesellschaft«, die »Zivilisation« sei (S. 86 ff.). Hier herrscht vielmehr die bloße »Mode«, das geschriebene Gesetz, die Enge und bevormundende Gewalt polizei-

44

Wie es um die »konventionellen Verhältnisse«[45] oder um die »Konvenienz«[46] bestellt ist, hat Hoffmann am anschaulichsten in seinem Kreisler-Roman gezeigt. Schauplatz gesellschaftlichen Lebens ist hier der Duodez-Hof des Fürsten Irenäus. Dieser Hof befindet sich nicht in einer größeren Stadt, als Residenz dient ihm nur der Marktflecken Sieghartsweiler. Darum verrät er aber nichts weniger als den Einfluß ländlichen natürlichen Lebens. Als Hort des strengsten Zeremoniells beherbergt er neben dem »Höllengeist der Langenweile«[47] auch den Geist der »Etikette« und damit ein »Ungeheuer«, das sich wie ein Alp auf die Brust legt und alles innere Leben erstickt[48].

Die Personen, die die »Hofmaschine«[49] repräsentieren, angefangen beim Fürsten, machen denn auch den Eindruck unwandelbarer Starrheit. Wie sie an die »Ewigkeit der Verträge« glauben, die sie »über die Gestaltung des Lebens geschlossen«, so ist ihr Herz »ewig zum Tode erstarrt«[50]. Der Fürst, obwohl nicht ohne einen Hang zum Seltsamen, ist doch Opfer des »hölzernen Gestelles, das Oberhofmeister, Hofmarschälle, Kammerherrn, in seinem Innern mühsam zusammengerichtet«[51]. Bei der Fürstin, die »sonst Gemüt und Herz« hatte, sind diese ursprünglichen Fähigkeiten verkümmert[52]. Die Rätin Benzon, von Kreisler »die kälteste regungsloseste Prosa des Lebens« gescholten[53], umgibt sich mit dem »Fichu vortrefflicher Artigkeit

---

licher Vorschriften. Die Sitte macht den Menschen frei, drückt sich in ihrer Befolgung doch eine freie Entscheidung aus. Die zivilisierte Gesellschaft dagegen macht ihn unfrei.

45 Hoffmann, Werke II 351, 498, 500.
46 Ebd. 413, 414.
47 Ebd. 331.
48 Ebd. 492.
49 Ebd. 331.
50 Ebd. 499.
51 Ebd. 328.
52 Ebd. 492.
53 Ebd. 500.

und Konvenienz«[54] wie mit einem Harnisch. Selbst der verblödete Sohn des Fürsten, Prinz Ignaz, ist ein Sinnbild der Bewegungslosigkeit und des Stillstands der Zeit, denn wenn er in seinem zwanzigsten Lebensjahr nur Kinderspiele zu spielen vermag, so ist er ein altes Kind, »zu ewiger Kindheit verdammt«[55].

Der eigentliche Beweis für die Leblosigkeit dieser Welt und die Pointe ihrer Schilderung liegt aber darin, daß der Hof von Irenäus gar keine historische Legitimation besitzt. Die politische Entwicklung hat seine äußere Verfassung überholt. Längst hat der Fürst sein Ländchen verloren und verzehrt in Sieghartsweiler nur seine Apanage. Wenn er nun dennoch weiter so tut, als sei er regierender Herr, wenn er die ganze Hofhaltung beibehält, Cour gibt, Hofbälle veranstaltet, »die meistenteils aus zwölf bis funfzehn Personen bestanden, da auf die eigentliche Courfähigkeit strenger geachtet wurde, als an den größten Höfen«[56], so nährt er nur eine Illusion[57].

Mit den konventionellen Verhältnissen wird hier Gewöhnliches im Sinne von Hergebrachtem konserviert. Aber der Scheincharakter dieser Verhältnisse zeigt schon, daß die Pflege solchen Herkommens sinnentleert ist. Das Konservieren ist hier kein Lebendigerhalten, sondern nur das Mumifizieren von längst Abgestorbenem. Es wird damit ein Zustand aufrechterhalten, an dem die Zeit keinen Anteil mehr hat, weder die erlebte noch die historische Zeit. Bezeichnenderweise heißt es

54 Ebd. 414.
55 Ebd. 328.
56 Ebd. 326.
57 Zur Darstellung dieser Scheinwelt vgl. auch Hans-Georg Werner: E. T. A. Hoffmann. Darstellung und Deutung der Wirklichkeit im dichterischen Werk, Weimar 1962 (= Beiträge zur deutschen Klassik 13), S. 174 ff. Über Kreislers Verhältnis zu dieser Welt, insbesondere über Kreislers Langeweile-Erfahrung am Irenäischen Hof vgl. Karin Lindemann: Das verschlossene Ich und seine Gegenwelt. Studien zu Thomas Mann, Sören Kierkegaard und E. T. A. Hoffmann, Diss. Erlangen 1964, bes. S. 207 ff., 261 ff.

denn auch von Irenäus, daß die »neuere Zeit« an ihm vorübergehe, ohne daß er auf ihre Ideen einzugehen vermag[58], ja es sieht danach aus, daß er sie gar nicht bemerkt oder doch nicht bemerken will.

Ähnlich schildert Eichendorff die Adelsgesellschaft des Ancien Régime in der Erzählung *Das Schloß Dürande*. Während die Gewitterschwüle der drohenden Revolution über dem Lande liegt und sich überall Neues, wenn auch nicht unbedingt Erfreuliches ankündigt, verharrt der die konventionelle Ordnung repräsentierende Adel im alten Zustand, ignoriert er wie in Hoffmanns Beispiel die Zeichen der Zeit. Ebenfalls wie bei Hoffmann, jedoch in einer dezenteren Symbolik, erscheint das höfische Leben im Schimmer eines »lügenhaft« und »falsch« den Sommer nachspiegelnden Wintertages[59]. Aber deutlicher noch als der Autor des Kreisler-Romans unterstreicht Eichendorff das Stillstehen der Zeit und das Mumienhafte des Konservierten: »Währenddes schnurrten im Schloß Dürande die Gewichte der Turmuhr ruhig fort, aber die Uhr schlug nicht, und der verrostete Weiser rückte nicht mehr von der Stelle, als wäre die Zeit eingeschlafen auf dem alten Hofe beim einförmigen Rauschen der Brunnen. Draußen, nur manchmal vom fernen Wetterleuchten zweifelhaft erhellt, lag der Garten mit seinen wunderlichen Baumfiguren, Statuen und vertrockneten Bassins wie versteinert im jungen Grün, das in der warmen Nacht schon von allen Seiten lustig über die Gartenmauer kletterte und sich um die Säulen der halbverfallenen Lusthäuser schlang, als wollt' nun der Frühling alles erobern. Das Hausgesinde aber stand heimlich untereinander flüsternd auf der Terrasse, denn man sah es hie und da brennen in der Ferne; der Aufruhr schritt wachsend schon immer näher über die stillen Wälder von Schloß zu Schloß. Da hielt der kranke alte Graf um die gewohnte Stunde einsam Tafel im Ahnensaal,

58 Hoffmann, Werke II 328.
59 Eichendorff, Werke II 832.

die hohen Fenster waren fest verschlossen, Spiegel, Schränke und Marmortische standen unverrückt umher wie in der alten Zeit, niemand durfte, bei seiner Ungnade, der neuen Ereignisse erwähnen, die er verächtlich ignorierte. So saß er, im Staatskleide, frisiert, wie eine geputzte Leiche, am reichbesetzten Tisch vor den silbernen Armleuchtern und blätterte in alten Historienbüchern, seiner kriegerischen Jugend gedenkend. Die Bedienten eilten stumm über den glatten Boden hin und her, nur durch die Ritzen der Fensterladen sah man zuweilen das Wetterleuchten, und alle Viertelstunden hakte im Nebengemach die Flötenuhr knarrend ein und spielte einen Satz aus einer alten Opernarie.«[60]

Diese Darstellung bezieht sich auf den Adel im Dienste oder unter dem Einfluß des Hofes, nicht auf den Landadel, der aus Eichendorffs historisch durchaus richtiger Sicht nicht zur Großen Welt gehört. Gestalten wie der alte Dürande haben ihre historischen Wurzeln wiederum nicht nur im 18. und 17. Jahrhundert, sondern in einer viel tieferen Vergangenheit. Wenn man die zum Sterben »alte Zeit« hier in ihrem vollen Sinn versteht, so ist es, wie das Blättern in alten Historienbüchern und wie zumal Eichendorffs Essay *Der Adel und die Revolution* zweifellos nahelegt, »die mürb und müde gewordene Ritterzeit«[61]. Im alten Dürande spiegelt sich also nicht nur die Erstarrung der vorrevolutionären Gesellschaft, sondern die des mittelalterlichen Rittertums wider, dem Eichendorff nachsagt, mit der Ablösung von dem ursprünglichen Sinn der Lehenstreue und dem Übergang zum bloßen Dienstadel auch die »bewegende Seele« verloren zu haben[62]. Daß sich das

60 Ebd. 834 f. Über diese Abgelebtheit und entsprechende Parallelen in der ›Entführung‹ vgl. auch Detlev W. Schumann: Betrachtungen über zwei Eichendorffsche Novellen ›Das Schloß Dürande‹ – ›Die Entführung‹, in: Jahrbuch der deutschen Schiller-Gesellschaft 18, 1974, S. 466-481.
61 Eichendorff, Werke II 1023.
62 Ebd.

Leben dieses Standes um so mehr ins Gewohnheitsmä-
ßige und streng Geregelte verschoben hat, daß es erstarrte, indem und weil es sich normalisierte, wirft ein
Licht darauf, wie sehr nach romantischen Begriffen eine
Konventionalisierung der Sitten die Verbindung zu den
lebendigen Ursprüngen abschneidet.

Aber ist es nur der höfische oder im höfischen Stil lebende Adel, an dem die Charakteristika gesellschaft-
licher Normalität deutlich werden? In dem eben genannten Essay meint Eichendorff, daß das Bürgertum
in der neueren Zeit längst »dieselbe retrograde Bewegung« gemacht habe wie der Adel[63]. Seine ursprüngliche
Bedeutung und Aufgabe sei »die Wiederbelebung der
allmählich stagnierenden Gesellschaft durch neue bewegende Elemente, mit einem Wort: die Opposition gegen
den verknöcherten Aristokratismus« gewesen[64]. Nachdem der Bürgerstand diese Funktion zur Zeit der Gotik
und der Hanse wahrgenommen habe, sei er in der Folge
aber zu materieller Gewinnsucht abgesunken. Das geistige Leben sei erstarrt, statt Dome zu errichten, sei
man dazu übergangen, Fabriken und Arbeiterkasernen
zu bauen und »klappernde Maschinen zum Spinnen
und Weben« zu erfinden[65], und von der »lebendigen
Gliederung« des Bürgertums in Korporationen sei nur
die »pedantische Schablone« übriggeblieben[66].

Eichendorff hält den Geist der bürgerlichen Gesellschaft in ihrer aktuellen Verfassung damit für genauso
steril wie den des verknöcherten Adels. Sehen wir nun
zu, ob sich die bürgerliche Parallele nicht auch in der
Erzählung vom Schloß Dürande ausmachen läßt.

Nicht als ob hier von bürgerlichem Materialismus und
vom aufkommenden Maschinenzeitalter die Rede wäre.
Das Problem liegt auf der moralischen Ebene, und das
Element der engherzigen Pedanterie, sicheres Symptom

63 Ebd. 1040.
64 Ebd. 1040 f.
65 Ebd. 1041.
66 Ebd.

konventionellen Denkens, macht sich in der klassisch bürgerlichen Besorgnis um den guten Ruf und in der Angst vor der Schande geltend. Bürgerliche Welt tritt dem Leser hier in dem Verhältnis des Jägers Renald zu seiner Schwester Gabriele entgegen. Renald, der vom sterbenden Vater den Auftrag erhalten hat, das Mädchen zu behüten und diese Aufgabe offenbar mit autoritärer Strenge verfolgt – denn er gestattet ihr nur den Weg in die Kirche, »wo er sie niemals aus den Augen verlor«[67] –, spielt somit in der Tat weniger die Rolle eines Bruders als die eines Pater familias. Mehr noch, als ein Liebesverhältnis Gabriele ins Gerede bringt und er so wenig Vertrauen in ihre Tugend und so wenig Verständnis für das Bedürfnis ihres Herzens aufbringt, daß ihm nichts anderes einfällt, als sie ins Kloster zu stecken, wird deutlich, daß er bloß der ebenso kleinliche und kleinmütige wie kalte und allzu »stolze«[68] Hüter eines bürgerlichen Prinzips ist.

In solch rigorosem Moralismus liegt von vornherein ebensowenig Heil und Hoffnung für die Zukunft wie in dem höfischen Formalismus des Adels. Eher das Gegenteil. Darum nimmt Renald, wenn seine konservative Gesinnung später in revoltierende Leidenschaft umschlägt, eine Entwicklung, die ihn zwar völlig verwandelt, aber doch mit seiner ursprünglichen Rolle und Verfassung zu tun hat. Wie bei Kohlhaas, der »einer der rechtschaffensten zugleich und entsetzlichsten Menschen seiner Zeit« ist, sind auch hier zwei Extreme eng benachbart: der blindwütige Starrsinn, mit dem der pedantische Tugendwächter auf die Erfüllung der Norm, auf das »Recht« pocht, und die anarchische Wildheit, mit der dieselbe Rechtschaffenheit schließlich die bestehende Ordnung, Glück und Leben Gabrieles und auch sich selbst zerstört. Nicht unmöglich, daß der Ausbruch der zerstörerischen Wut als Reaktion auf eine

---

67 Ebd. 811.
68 Ebd. 815.

Verdrängung zu deuten ist, als Enthemmung gewaltsam zurückgestauter Kräfte, die sich für die Unterdrückung nunmehr rächen. Ein solches Erklärungsmuster bietet Eichendorff selbst an, wenn er in seiner Schrift *Die Aufhebung der geistlichen Landeshoheit*... schreibt: »Weit eher könnten manche Zeichen der neuesten Zeit die Besorgnis erregen, daß die Phantasie, in ihren natürlichen tiefen Lebensströmen gehemmt, sich anderswo unnatürlich Luft mache, und, als fade Schwärmerei oder politischer Wahnsinn, alle ernsten Verhältnisse verwirrend unter Wasser setze, das innerlich kalt und farblos auf der Oberfläche ein falsches, lügenhaftes Leben spiegelt.«[69]

Weil es auch der Welt der bürgerlichen Konvenienz an echtem inneren Leben mangelt, sei dieses erstorben oder unterdrückt, empfindet Gabriele ihrerseits ihren Zustand als Stagnation. Sie meint nicht nur ihre Gefangenschaft im Kloster, sondern ihr Leben unter der fatalen Obhut des Bruders, wenn sie das Märchen von der verzauberten Prinzessin erzählt, das gleichnishaft ihre eigene Situation beschreibt. Wieder, wie schon bei der gespenstischen Szene im Schloß des alten Grafen, handelt es sich um Bilder, die die mechanische Wiederholung des Gleichen, den Stillstand der Zeit, Leere und Langeweile sowie Hinfälligkeit und Todesnähe ausdrücken. Das Tor des Schlosses wird von einem Riesen (dem Bruder) bewacht, der nicht spricht noch schläft, sondern nur auf und ab wandert »wie der Perpendikel einer Turmuhr«. In den prächtigen Sälen, in denen es sich herrlich leben läßt, ist jedoch niemand zu sehen und zu hören, »kein Lüftchen ging und kein Vogel sang in den verzauberten Bäumen im Hofe, die Figuren auf den Tapeten waren schon ganz krank und bleich geworden in der Einsamkeit, nur manchmal warf sich das trockne Holz an den Schränken vor Langeweile, daß es weit durch die öde Stille schallte, und auf der hohen

69 Eichendorff, Werke IV 1109.

Schloßmauer draußen stand ein Storch, wie eine Vedette den ganzen Tag auf einem Bein.«⁷⁰
Daß dieser Zustand für Gabriele nicht anhält, ist ein Verdienst der Liebe, die, wie die Prinzessin im Märchen den eines Tages eingeschlafenen Riesen, die Schranken der Konvention überwindet. Jedoch wird darin keine Möglichkeit gezeichnet, die in der Realität eine Chance hätte. Das tragische Ende der Erzählung scheint sagen zu wollen, daß einer Liebe außerhalb der Norm Erfüllung nur im Tod beschieden ist.
An den Untergang des Ancien Régime, das wie die Liebenden der Revolution zum Opfer fällt, knüpft sich ebenfalls kein Optimismus. Wie Eichendorff in *Der Adel und die Revolution* bemerkt, setzt das neue Prinzip der Gleichheit an die Stelle der alten erstarrten Formen nichts weniger als freie Entfaltungsmöglichkeit. Sofern der zur Herrschaft gelangende Kosmopolitismus alle Geschichte, alles Nationale und Eigentümliche »verwischt« habe, bedeute »Diese barbarische Gleichmacherei, dieses Verschneiden des frischen Lebensbaumes nach einem eingebildeten Maße« nicht Freiheit, sondern »die größte Sklaverei«⁷¹.
Die stagnierende alte und die fortschrittliche neue Gesellschaft sind somit grundsätzlich nicht verschieden. Das Gleichheitsprinzip stellt nicht nur eine ins Extrem getriebene Gleichförmigkeit her. Das moderne Bürgertum ist auch genauso statisch wie das Ancien Régime. Zwar scheint das Moment des Fortschreitens dem zu widersprechen. Aber der Augenschein der Bewegung trügt. »Diese Leute schreiten fleißig von einem Meßkataloge zum andern mit der Zeit fort, aber man spürt nicht, daß die Zeit auch nur um einen Zoll durch sie weiter fortrückte.«⁷²
Gemeinsam ist den beiden Gesellschaftsstufen dementsprechend der Gegensatz zum »Leben« und zum sozio-

70 Eichendorff, Werke II 818.
71 Ebd. 1040.
72 Ebd. 153.

logischen Ort, wo Leben allein möglich ist: zur Gemeinschaft – ›Gemeinschaft‹ im Tönniesschen, wiederum an romantisches Denken angelehnten Sinne als »lebendiger Organismus« verstanden[73]. Die Romantik muß aber bis zu den Korporationen des Mittelalters zurückgehen, wenn sie Zusammenleben dieser Art antreffen will. Besser gesagt: es ist ihr frommer Glaube, daß die mittelalterliche Ständegesellschaft ein solch lebendiger Organismus gewesen sei und daß also das Konventionelle und überhaupt Gewöhnliche im Mittelalter keinen Platz gehabt habe.

Gegenüber dem erstarrten Herkommen der jüngsten Vergangenheit sind Epochen einer älteren und tieferen Vergangenheit wie das Mittelalter der Hort dessen, was der romantische Sinn für Überliefertes allein als wahre und bewahrenswerte Tradition gelten läßt. Zugleich zeigt sich hier, daß das ursprünglich lebendige Erbe der Vorfahren, wenn man es Tradition nennt, nicht auch auf den Namen Konvention getauft werden darf. Der heutige laxe Sprachgebrauch, der beide Begriffe häufig synonym verwendet, sollte hier nicht als Maßstab dienen. Lebendige Tradition – das Bild vom »frischen Lebensbaum« deutet es an – wird als Inbegriff von Wachstum verstanden[74], Konvention als Inbegriff des Stillstands, der Langeweile, der Leere. Die Tradition stirbt, wenn, um mit Hoffmann zu reden, die »natürliche Artigkeit« sich zur »konventionellen« verkehrt, was im weiteren Sinne nichts anderes heißt, als wenn Leben zur Normalität wird. Es ist dies der Verfall des Wachstums zur bloßen Wiederholung, des Gewachsenen zum Gewöhnlichen, des Organischen zum Mechanischen.

Es ist dies überhaupt der Verfall des Historischen.

---

73 Tönnies: Gemeinschaft und Gesellschaft, aaO. S. 5.
74 An einer Stelle in seiner ›Geschichte der poetischen Literatur Deutschlands‹ sagt Eichendorff, daß »die lebendige Tradition, solange sie wirklich lebendig, notwendig in einer beständigen Fortbildung begriffen ist.« Werke IV 90.

Wenn Wachstum nicht nur der Inbegriff lebendiger Vergangenheit, sondern auch lebendiger Gegenwart und Zukunft ist, wenn nicht nur Tradition, sondern überhaupt Geschichte nur dort waltet, wo sich etwas bewegt, verändert, so bedeutet die Normalisierung des Lebens auch dessen Enthistorisierung. Leben, das normal wird, verliert den Bezug zur Geschichte, es wird geschichtslos. Der Gang der Historie verharrt damit im stehenden Jetzt, so wie der Zeiger der Zeit an der Turmuhr des Schlosses Dürande stehengeblieben ist.

Der Normalität kommt nun nicht etwa der Wert des Beständigen, des Bleibenden zu, wenn die Romantik auch in einem Fall – beim Landleben – einer solchen Bewertung zuneigt. Auf der gesellschaftlichen Ebene jedenfalls wird dem Anspruch, den die Vertreter der Konvenienz ihrerseits auf immerwährende Dauer erheben, deutlich widersprochen. »Er will die Ewigkeit der Verträge, die ihr über die Gestaltung des Lebens geschlossen, nicht anerkennen«, heißt es von Kreisler[75]. Und ist der Glaube an die Beständigkeit des Bestehenden, wie Leontin in *Ahnung und Gegenwart* zu bedenken gibt, nicht überhaupt Torheit: »Das alte große Racheschwert haben sie sorglich vergraben und verschüttet, und keiner weiß den Fleck mehr, und darüber auf dem lockern Schutt bauen sie nun ihre Villen, Parks, Eremitagen und Wohnstuben, und meinen in ihrer vernünftigen Dummheit, der Plunder könne so fortbestehn.«[76]

Die konventionelle Gesellschaft ist der Geschichte also nicht geradezu enthoben. Sie besitzt zwar keinen Anteil am historischen Leben, und ihre Repräsentanten haben den Gedanken an die Historie, wie Leontin andeutet, verdrängt und vergessen. Aber wenn sie sich damit auch dem geschichtlichen Sein und Bewußtsein entzogen haben, so doch nicht der geschichtlichen Bedingtheit. Die bewegenden Kräfte der Geschichte sind nicht vernichtet,

75 Hoffmann, Werke II 499.
76 Eichendorff, Werke II 293.

sondern nur vergraben und verschüttet, und sie wirken unterirdisch fort.

Wir können diesen Abschnitt damit beschließen. Zwar sind zu den zitierten Texten viele Fragen offengeblieben. Aber es war nicht der Sinn der vorstehenden Ausführungen, die Problematik der Beispiele von allen Seiten, sondern nur von einer Seite zu beleuchten. An zwei exemplarischen Fällen sollte bloß gezeigt werden, inwieweit in der Romantik Konvention als gesellschaftliche Erfahrung thematisiert wird.

Eine Erzählung wie Eichendorffs *Schloß Dürande* ist im übrigen für unser Thema zu wichtig, als daß sie nur einmalig und zu einem einzigen Aspekt heranzuziehen wäre. Wir werden im Laufe der Untersuchung noch mehrfach auf sie zurückkommen, unter anderem um auch auf die Frage nach Eichendorffs Verhältnis zur Revolution einzugehen (s. III, 7, b).

2. Weltbild

Man kann nicht genug betonen, daß romantische Dichtung, wenn sie nicht nur genossen, sondern auch ›verstanden‹ werden soll, nach dem Grundsatz gelesen werden muß, den wir als Ausgangspunkt unserer Betrachtung formuliert haben: ›Wer die Welt zu romantisieren versucht, hat sie zunächst einmal als gewöhnlich erfahren.‹ Und daß, wenn man dies nicht bedenkt, sondern sich vorbehaltlos der Vorspiegelung des schönen Scheins überläßt, man den tristen Hintergrund romantischer Texte nicht wahrnimmt oder sich über ihn täuscht.

Der Reiz romantischer Romane und Erzählungen besteht ja zu einem guten Teil darin, daß sie die Welt als farbig und bewegt oder als schaurig und geheimnisvoll darstellen. Diese schon immer für ›typisch romantisch‹ gehaltene Sicht der Dinge ist jedoch kein Erlebnis aus erster Hand wie etwa jenes Staunen und Sichfürchten, mit dem naive Kindlichkeit die Welt wahrnimmt, und beruht ursprünglich also nicht auf unmittelbarer Erfahrung. Sondern sie ist die bewußt inszenierte Kompensation oder Negation eines Weltbildes, das gerade die entgegengesetzten Merkmale: eintönige Normiertheit und nüchterne Alltäglichkeit, aufweist und das die Romantik vom 18. Jahrhundert ererbt.

Es wird, um diese Erbschaft ins Licht zu rücken, im folgenden nötig sein, einige zentrale Aspekte der Geistes- und Seelengeschichte des 18. Jahrhunderts zu umreißen. Der Leser sei aber darauf vorbereitet, daß dies hier nur in sehr verkürzter Form, nur in großen und groben Zügen, zu leisten ist und daß zudem vieles als bekannt vorausgesetzt werden muß, anderes aus Vorarbeiten bloß summarisch referiert werden kann.

Der zusammenfassende Aufriß wird jedoch nicht so weit gehen, daß er sämtliche Tendenzen des 18. Jahrhunderts, die die Romantik auf eine komplizierte Weise sowohl aufnimmt wie ablehnt, auf einen gemeinsamen Nenner ›Aufklärung‹ reduziert. Es ist ein Manko der traditionellen Romantik-Forschung, daß sie als geistesgeschichtliche Folie, von der sich die Romantik abhebt, immer nur die Botschaft und Bewegung der Vernunft in Rechnung stellt. Wir schlagen demgegenüber vor, als Konstituens dieser Folie auch die Empfindsamkeit in ihrer subjektivistischen, durch den Sturm und Drang gesteigerten Spätform zu begreifen, und zwar nicht als Zweig der Aufklärung, sondern als Sonderbewegung, die sich gerade in – offener oder nur heimlicher – Opposition zur Aufklärung entwickelt und gegen die dann wiederum nach einem Übergang, in dem alle Frustrationen, die sich mit dem subjektivistischen Selbstgenuß verbinden, erfahren werden, auch die Romantik opponiert.

Insofern gehen wir auch anders vor als jene Romantik-Arbeiten, die die Gefühlskultur des 18. Jahrhunderts bloß als ›Vorbereitung‹ der Romantik begreifen. Gewiß, das ist sie auch. Aber sie ist dies nicht in dem einfachen Sinne, daß sie Haltungen und Ansichten

entwickelt, die die Romantik übernimmt oder fort-
führt, sondern auch und mehr noch dadurch, daß sie zu
einer Radikalisierung des Ungenügens am Normalen
beiträgt, eine Welle romantischen Spotts und Wider-
standes auslöst und als Stachel zu völliger Neuorien-
tierung fungiert. So stellt sich die Romantik gegenüber
der Empfindsamkeit auch als Absetzbewegung dar.

Daß wir innerhalb der Geistesgeschichte des 18. Jahrhunderts Aufklärung und Empfindsamkeit differen-
zieren, läuft gewissen neueren Forschungstendenzen, die
Geistesgeschichte des 18. Jahrhunderts zu ›vereinheit-
lichen‹, zuwider. Es geht aber, wenn man Verstandeskultur und Gefühlskultur zu einer Einheitsära ›Aufklärung‹ integriert, allzuviel verloren. Man verunklärt
nicht nur die Bewegungen und Begriffe und begibt sich
nicht nur der Möglichkeit, von den Verhältnissen ein
differenziertes Bild zu gewinnen, man entschärft und
banalisiert auch die Dramatik der Geschichte, indem
man den antithetischen Spannungsreichtum des 18.
Jahrhunderts, der sich oft in ein und demselben Œuvre,
ja in ein und demselben Text manifestiert, zu einer
friedlichen Koexistenz oder womöglich gar zu einer
kleinbürgerlichen, auf Ausgleich von »Kopf« und
»Herz« bedachten, Idylle verharmlost.

a) Das Erbe der Aufklärung

Was die Aufklärung – sagen wir es unmißverständlich:
die rationalistische Aufklärung – zu jenem für die
Romantik so anstößigen Weltbild beisteuert, sind vor
allem die Aspekte der gesetzlichen Ordnung und der
Gewöhnlichkeit.

Noch das Barock versteht die Welt als das schlechthin
Unregelmäßige und Ungewöhnliche. Ein Indiz dafür
ist der Umstand, daß die Romanliteratur des 17. Jahrhunderts einseitig entweder nur das ganz Hohe (im
Heroischen Roman) oder das ganz Niedere (im Picaro-

roman) darstellt, daß hier dagegen der Durchschnitt, die Mitte, »nämlich die Darstellung alltäglichen Lebens, in dem sich Edles und Gemeines, Schönes und Häßliches, Gutes und Böses mischen, so gut wie nicht vertreten ist.«[77] Ein anderes Indiz ist die barocke Anschauung, daß die Welt von der Göttin Fortuna beherrscht wird, d. h. daß in ihr der ständige Wechsel regiert oder daß, wie es im *Simplizissimus* heißt, nichts beständig ist als die Unbeständigkeit. Auch das Barock beruft sich bei dieser Ansicht auf die Worte des Predigers Salomo, daß »alles ganz eitel« sei (Kap. 1, 2). Aber anders als der Romantiker Tieck nimmt es die Ausführungen Salomos über den Kreislauf alles Bestehenden nicht als Beleg für die beständige Wiederkehr des Gleichen, sondern im Gegenteil als Zeugnis für Veränderung und Auflösung, Wechsel und Unbeständigkeit.

Sogar der bereits der Aufklärung verbundene Johann Adolf Hoffmann schreibt noch in seinem belehrenden Werk *Von der Zufriedenheit*: »Wissen wir nicht, daß Salomon darum alles Eitel (. . .) nennet, weil das Feuer der Bewegung alle Dinge beständig in einem Cräyß nicht sowohl umtreibt, als zugleich ihre Nichtigkeiten verdufften macht, und dieselben in einem Dampf auflöst? Diß ist die Selbständigkeit deiner Güter, mein Mensch, darauf du dich verläst. Ein Dampf! was ist nichtiger? ein stetes Umlauffen! Was ist unbeständiger? Alles dreht und wältzt sich herum in einem beständigen Circul, und indem es kommt kehrt es wieder dahin, von wannen es entstand. Die Sonne, der Mond, die Sterne, das Wasser, das Feuer, die Lufft, der Wind, werden verschlungen von ihrem Untergange, und gebohren von ihrem Aufgange. Darum hat GOTT solche durchläuchtige Lehrmeister an das Firmament gestellt, daß sie dich durch ihre gläntzende Bewegung der Unbeständigkeit aller irdischen Herrlichkeit erinnern möch-

77 Richard Alewyn: Gehalt als Gestalt: Der Roman des Barock, in: R. A.: Probleme und Gestalten, aaO., S. 117-132, S. 126.

ten. Leyd und Freude, Lachen und Weinen, Leben und Sterben, will alles seine Zeit haben; und GOTT hat durch diese Abwechselungen der Natur den Menschen sowohl ergötzen als üben wollen.«[78]

Als aufgeklärt hätte sich Hoffmann an dieser Stelle bewährt, wenn er den Kreislauf der Welt als Walten einer verläßlichen, berechenbaren und den Bestand der Dinge garantierenden Gesetzlichkeit ausgelegt hätte; denn dies ist bekanntlich die entscheidende Einsicht, mit der die Aufklärung ein ganz neues Weltbild begründet.

Sie tut dies auf der philosophischen Ebene, indem sie von dem Axiom ausgeht, daß die Seinsgesetze den Denkgesetzen entsprächen und daß also die ontische Sphäre ein Spiegel der Logik sei. So sieht Christian Wolff das Gesetz des zureichenden Grundes (principium rationis sufficientis), das Leibniz in die Philosophie eingeführt hatte, überall in der Welt als Kausalprinzip wirksam. Desgleichen leitet ihn das logische Prinzip des Widerspruchs (principium contradictionis) dazu, die ein für allemal gesetzten Dinge als widerspruchsfrei, mit sich identisch und unveränderbar zu begreifen. Damit stellt sich ihm die Welt zum einen als lückenlose Kette von Ursachen und Wirkungen dar, zum anderen als statisches, in sich ruhendes, klar überschaubares Gebäude; denn wie das Kausalprinzip alles Unbegründete und Unerklärliche wie Zufall und Wunder ausschaltet, so das Gesetz des Widerspruchs die Wechselhaftigkeit der Dinge, ihre Bewegung und Verwirrung[79].

78 Johann Adolf Hoffmann: Zwey Bücher Von der Zufriedenheit, 5. Aufl., Hamburg 1731, Bd. I, S. 193 f.
79 Vgl. Christian Wolff: Philosophia prima sive ontologia. Gesammelte Werke, hg. von Jean Ecole und H. W. Arndt, II. Abt.: Lateinische Schriften, Bd. 3, Hildesheim 1962, § 27 ff. Zu den klassischen Grundgesetzen der formalen Logik, denen analoge Seinsgesetze entsprechen, gehören auch das Gesetz der Identität und das des ausgeschlossenen Dritten. Sie werden von Wolff hier nicht eigens aufgeführt, da sie sich unter das Widerspruchsgesetz subsumieren lassen. Zu der Entsprechung

Berücksichtigt man zudem, daß die Aufklärungsphilosophie versucht, das Weltgeschehen nicht nur als gesetzlich, sondern als Ausdruck *einiger weniger* Gesetze, vor allem des Kausalprinzips, zu begreifen und die Mannigfaltigkeit der äußeren Erscheinungswelt auf einige wenige einheitliche Grundbausteine zurückzuführen; bedenkt man weiter, daß der Trend zur Reduktion des Vielen auf das Eine durch die Erkenntnisse und quantifizierenden Verfahren der aufkommenden Naturwissenschaften Bestätigung und Ergänzung erfährt, so wird insgesamt hinter der rationalistisch inspirierten Neubestimmung des Universums der Wille zur Uniformität spürbar. Die Anschauung der Realität mit den Mitteln der Vernunft läuft darauf hinaus, alles Sein als Wiederkehr identischer Aufbaueinheiten und alles Geschehen als Wiederkehr identischer Grundvorgänge zu verstehen – zwangsläufig auf Kosten der Identität, besser: Individualität, des Einzelnen. Horkheimer/Adorno haben daher nicht unrecht, wenn sie in ihrer Kritik an der Aufklärung meinen: »Bezahlt wird die Identität von allem mit allem damit, daß nichts zugleich mit sich selber identisch sein darf.«[80] Wir halten diese Kritik, mit der wir uns keineswegs unbedingt identifizieren, aber deshalb für besonders erwähnenswert, weil sie sich vorzüglich dazu eignet, zum romantischen Standpunkt überzuleiten; denn gerade die Wiederkehr des Gleichen ist es, was dem romantischen Bewußtsein auch auf der Ebene der Weltanschauung

---

von Seinsgesetzen und Denkgesetzen aus der Sicht des Rationalismus vgl. auch Johannes Hessen: Lehrbuch der Philosophie, 3 Bde., München – Basel 1947-50, Bd. III, S. 70 ff. Genaueres zum philosophischen Weltbild der Aufklärung z. B. bei Ernst Cassirer: Die Philosophie der Aufklärung, 2. Aufl., Tübingen 1932; Hans M. Wolff: Die Weltanschauung der deutschen Aufklärung in geschichtlicher Entwicklung, 2. Aufl. durchgesehen und eingeleitet von Karl S. Guthke, Bern/München 1963.
80 Max Horkheimer und Theodor W. Adorno: Dialektik der Aufklärung. Philosophische Fragmente, Frankfurt am Main 1969, S. 18. Über die Tendenz zur Nivellierung vgl. auch Cassirer: Die Philosophie der Aufklärung, aaO. S. 33 ff.

als störend ins Auge fällt. Das wird gleich an einigen Texten zu belegen sein. So wiederholt sich hier, was wir schon als romantische Reaktion auf Alltagsleben und gesellschaftliche Konvention kennengelernt haben.

Es kommt noch hinzu und verstärkt den Bezug zu dem im vorigen Kapitel Erörterten, daß auch die weltanschauliche Normalität aufklärerischerseits ihre Evidenz zum Teil aus Alltag und Konvention bezieht. Wenn in Wielands *Don Sylvio* der Titelheld schließlich über die Unhaltbarkeit seiner schwärmerischen Vorstellung von Feen und anderen Wundern aufgeklärt wird, muß er sich den »allgemeinen Grundsatz« vorhalten lassen: »Daß alles und jedes, was keine Analogie mit dem ordentlichen Lauf der Natur, in so fern sie unter unsern Sinnen liegt, oder mit demjenigen hat, was der größte Teil des menschlichen Geschlechts alle Tage erfährt, eben deswegen die allerstärkste und gewisser maßen eine unendliche Präsumption der Unwahrheit wider sich habe; ein Grundsatz, den das allgemeine Gefühl des menschlichen Geschlechts rechtfertigt, ob er gleich der ganzen Feerei mit allen ihren Zubehörden auf einmal das Leben abspricht.«[81]

Es kommt für Wieland, wie man sieht, auf eins heraus, ob man als Maßstab für Wahrheit und Wirklichkeit die Naturerkenntnis oder aber das, »was der größte Teil des menschlichen Geschlechts alle Tage erfährt«, heranzieht, und wenn man das »allgemeine Gefühl des menschlichen Geschlechts«, das diesen Maßstab wiederum sanktioniert, dem Kontext angemessen deutet, so beruft sich Wieland hier offenbar auf den sensus communis, den von ihm selbst häufig so genannten »gemeinen Menschensinn«.

Einen legitimen Platz im Weltbild kann also beanspruchen, was nicht nur den Normen (»dem ordentlichen Lauf«) der Natur entspricht, sondern was auch

81 Christoph Martin Wieland: Werke, hg. von Fritz Martini und Werner Seiffert, Bd. I, München 1964, S. 345.

in der Alltagserfahrung der Gesellschaft wiederkehrt. Das in diesem gesellschaftlichen Sinn Gewöhnliche aber bezieht seine eigene Legitimation gewissermaßen aus sich selbst. Denn ein Sinn, der, wie jener common sense, sich allgemeiner Verbreitung erfreut und für verbindlich erklärt, was gewöhnlich ist, ist seinerseits nur sowohl ein gewöhnlicher Sinn wie ein Sinn für das Gewöhnliche.

Was nun die Rezeption des so etablierten Weltbildes durch die Romantik angeht, so erwähnten wir bereits, daß sich das romantische Augenmerk auch auf dieser Erfahrungsebene auf die Wiederkehr des Gleichen richtet, und zwar, wie wir ergänzen müssen, in jenem ganz präzisen Sinn einer mechanischen Wiederkehr, als welche die Normalität aus romantischer Perspektive zu definieren ist. In der Tat geht der von Christian Wolff proklamierte Vergleich des total normierten Universums mit einer Maschine[82] in nicht wenige romantische Texte ein. Das menschliche Leben hat, wie es etwa in Tiecks *Lovell* heißt, die Eigenschaft einer »blinden, von Nothwendigkeiten umgetriebenen Mühle«, in der der Mensch »irgendwo als umgetriebenes und treibendes Rad steckt«[83]. Im Bild der Mühle drückt sich natürlich auch Spott und Kritik aus. Wie Novalis in *Die Christenheit oder Europa* schreibt: Die moderne Denkungsart »machte die unendliche schöpferische Musik des Weltalls zum einförmigen Klappern einer ungeheuren Mühle, die vom Strom des Zufalls getrieben und auf ihm schwimmend, eine Mühle an sich, ohne Baumeister und Müller und eigentlich ein ächtes Perpetuum mobile, eine sich selbst mahlende Mühle sey.«[84]

Daß Novalis ausgerechnet den Zufall, den die Aufklärung eliminiert hatte, für den Antrieb verantwortlich macht, zielt überdies darauf ab, dieses Weltbild ad

82 Vgl. Hans M. Wolff, aaO. S. 103.
83 Tieck, Schriften VI 243.
84 Novalis, Schriften III 515.

absurdum zu führen. Ein solcher Hieb rührt gewissermaßen an die Ehre der Aufklärung. Nicht weniger
mußte es einer Richtung, die sich um die Ausrottung
irrationaler Überzeugungen von Geistern und Gespenstern verdient gemacht hatte, ins Gesicht schlagen, sich
ihrerseits als abergläubisch eingestuft zu sehen. Für
»philosophischen Aberglauben« nämlich hält Eichendorff eine Anschauung, die »die Welt wie ein mechanisches, von selbst fortlaufenden Uhrwerk sich gehörig
zurechtgestellt«[85].

Mit der Wiederkehr des Gleichen im Lauf der Natur
drängt sich dem romantischen Bewußtsein folgerichtig
auch der Eindruck der Zeitleere auf. In den *Lehrlingen
zu Sais* sagt Novalis, daß »die Natur zur einförmigen
Maschine ohne Vorzeit und Zukunft, erniedrigt« worden sei[86]. Er verfällt auf diesen Gedanken, weil er
nicht nur der Gesellschaft, sondern auch der Natur die
historische Dimension zubilligt: »Alles Göttliche hat
eine Geschichte und die Natur, dieses einzige Ganze,
womit der Mensch sich vergleichen kann, sollte nicht
so gut wie der Mensch in einer Geschichte begriffen sein
oder, welches eins ist, einen Geist haben?«[87] So meint
er offensichtlich, daß die kausalgesetzlich geordnete
Natur des Rationalismus eine von ihrer Historie ent-
fremdete Natur sei.

Es tut sich hier derselbe Gegensatz zwischen Normalität
und Geschichte auf wie auf der gesellschaftlichen Ebene.
Man muß ferner annehmen, daß Novalis dem aufklärerischen Weltbild nur eine historisch begrenzte, in der
Zukunft aufhebbare Geltung zuerkennt, während die
Aufklärung ihr Weltbild als zeitlos im Sinne von ewig
gültig versteht. Immerhin befindet er in seinen Frag-
menten: »Sollten die unabänderlichen Gesetze der Natur nicht Täuschung – nicht höchst unnatürlich seyn.
Alles geht nach Gesetzen und nichts geht nach Gesetzen.

85 Eichendorff, Werke IV 702.
86 Novalis, Schriften I 99.
87 Ebd.

Ein Gesetz ist ein einfaches, leicht zu übersehendes Verhältniß – Aus Bequemlichkeit suchen wir nach Gesetzen.«[88]

Machen wir einen Schritt von der Ebene abstrakten Denkens zu der konkreten Gegenständlichkeit der romantischen Dichtung, so wird man eine bedeutsame Spiegelung des rationalistischen Weltbildes vor allem in einem Motiv erkennen, das die Literatur der Gartenkunst verdankt: in der Darstellung des regelmäßigen französischen oder, um mit Eichendorff zu sprechen, des »alten« Gartens. Da gerade das Bild der geometrisch beschnittenen Natur eine sprechende Veranschaulichung der normierten Wirklichkeit ist und von der Romantik so verstanden wurde, verdient es hier (wie auch in späteren Kapiteln) eine kurze Betrachtung, wobei wir uns vornehmlich auf Eichendorff beziehen; denn kein anderer Romantiker hat diesen Gartentyp in seinen Dichtungen so häufig geschildert und in seinen theoretischen Schriften so häufig zur Illustration geistiger Bezüge verwendet.

Es ist dazu zunächst vorauszuschicken, daß der Gartenkunst schon lange vor der Romantik eine sinnbildliche Funktion zuerkannt war[89]. Während des ganzen 18. Jahrhunderts bereits wurde der gartengestalterische Geschmack als Ausdruck geistiger, politischer, sozialer Verhältnisse verstanden. In England beispielsweise sah Shaftesbury in der französischen Gartenkultur das Sinnbild von Absolutismus und Scholastik, in Frankreich nannte Rousseau den französischen Garten gesellschaftskritisch eine Usurpation der Natur durch den Menschen und ein Denkmal der Eitelkeit[90]. In Deutschland und im unmittelbaren Vorfeld der Romantik ist es

---

88 Novalis, Schriften III 601.
89 Vgl. z. B. Dieter Hennebo/Alfred Hoffmann: Geschichte der deutschen Gartenkunst, 3 Bde., Hamburg 1962 f., Bd. III, S. 13 ff.; Gisela Dischner: Ursprünge der Rheinromantik in England. Zur Geschichte der romantischen Ästhetik (= Studien zur Philosophie und Literatur des 19. Jahrhunderts 17), S. 82 ff.; Immerwahr, aaO. S. 47 ff.
90 Hennebo/Hoffmann, aaO., Bd. III, S. 14.

unter anderen Schiller, der den repräsentativen, symbolischen Wert der Gartenkunst zu würdigen weiß. In einer Anmerkung zu seinem Aufsatz *Zerstreute Betrachtungen über verschiedene ästhetische Gegenstände* stellt er eine Analogie zwischen Garten und Drama her[91], und in dem sechsten der Schemata *Über den Dilettantismus* erklärt er es geradezu zur Aufgabe der Gartenkunst, »ein Bild aus der Wirklichkeit zu machen«[92].

Im Bereich der Romantik selbst macht sich vor Eichendorff vor allem Tieck das Gartenmotiv zu eigen. Im *Lovell* schöpft Tieck die Assoziationen aus, die sich mit diesem Motiv verbinden[93], in den Rahmengesprächen des *Phantasus* diskutiert er ziemlich ausführlich den Gegensatz zwischen der geometrischen Gartenanlage und dem »natürlichen« Landschaftsgarten[94]. Sogar dort, wo man es kaum erwartet, wird diese Polarität thematisiert: bei E. T. A. Hoffmann, in der Erzählung *Das steinerne Herz*[95].

Man wird es sich also nicht so leicht machen können, Eichendorffs Vorliebe für den »alten Garten«, wenn er selbst auch gern sich auf Erinnerungen an Heimat und Kindheit beruft, einfach auf Biographisches zurückzuführen. Er kann das Motiv geradesogut aus der Literatur statt aus dem Leben haben, und gerade die traditionelle Auffassung vom Garten als Spiegel einer bestimmten Geisteshaltung mag für ihn anregend gewesen sein[96].

91 Nationalausgabe, Bd. XX, S. 237 f.
92 Nationalausgabe, Bd. XXI, Falttafel im Anhang.
93 Siehe vor allem Tieck, Schriften VII 241 f., 246 f., 259 f., 280, 284, 285 f.
94 Tieck, Schriften IV 57-58, 77-87, 123-127.
95 Hoffmann, Werke I 588.
96 Der Gegensatz zwischen geometrischem Garten und »natürlicher« Landschaft spielt erklärlicherweise schon in der Literatur des Rokoko eine Rolle. Vgl. etwa Geßners ›Menalkas und Äschines‹. Äschines fordert Menalkas auf, mit ihm in die Stadt zu kommen: »Komm mit mir, Hirt! dort hat man auch Bäume und Blumen; dort hat sie die Kunst in

Es ist weiterhin vorauszuschicken, daß der alte Garten von Eichendorff ambivalent dargestellt wird. Er ist einerseits Gegenstand der Sehnsucht und wehmütiger Erinnerung[97], andererseits Ursache und Ort der Langeweile. Es handelt sich um dieselbe Ambivalenz, die auch bei den Schilderungen des »einförmigen« Landlebens auffällt und auf die wir in anderem Zusammenhang genauer zu sprechen kommen werden. Darüber hinaus besitzt derselbe Gartentyp sogar eine mythische Funktion, soweit er nämlich dem Eichendorffschen Venusgarten zugrunde liegt[98].

Inwiefern nun ist dieses Motiv an nicht wenigen Stellen in Eichendorffs Werk[99] das, als was wir ihn vorhin bereits gekennzeichnet haben: ein Sinnbild der Normalität? Gruppiert man die wiederkehrenden Details der Schilderungen zu einem Idealtypus, so vereinigt dieser, ganz dem realen Vorbild entsprechend (Eichendorff schwebt als Modell besonders Versailles vor),

gerade Gänge gepflanzet, und in schön geordnete Betten gesammelt; dort hat man auch Quellen; Männer und Nymphen von Marmor giessen sie in grosse marmorne Becken.« Darauf erwidert Menalkas: »Schöner ist der ungekünstelte schattichte Hain mit seinen gekrümmten Gängen; schöner sind die Wiesen mit tausendfältigen Blumen geschmückt« usw. Salomon Gessner: Sämmtliche Werke, Teil III, Wien 1789, S. 65 f.

97 Zur Zeit der Romantik war dieser Gartentyp bereits unzeitgemäß. Als Ausdruck einer rationalistischen Ordnung konnte er noch Geltung haben, aber als Ausdruck der absolutistischen Monarchie und der höfischen Kultur war er das Sinnbild einer versunkenen Epoche. So besaß er für die Romantik den Reiz des Vergangenen, ja des Altertümlichen, obwohl seit dem Ableben des Ancien Régime noch nicht so viele Jahre verstrichen waren. Der im ›Phantasus‹ beschriebene französische Garten, der zum Landhaus Manfreds gehört, mutet den Besucher schon an »wie ein helles Miniaturbild aus beschriebenen Pergamentblättern alter Vorzeit« (Tieck, Schriften IV 77). Vgl. auch Oskar Seidlin: ›Der alte Garten‹, in: O. S.: Versuche über Eichendorff, aaO., S. 74-98.

98 Zu den verschiedenen Aspekten des alten Gartens bei Eichendorff vgl. besonders Walther Rehm: Prinz Rokoko im alten Garten. Eine Eichendorffstudie, in: W. R.: Späte Studien, Bern 1964, S. 122-214.

99 In den Romanen, Erzählungen und autobiographischen Schriften z. B. Werke II 47 f., 517 f., 558, 661, 823 f., 834 f., 853, 912, 942, 963, 1020 ff., 1029 f. In den literarhistorischen Schriften z. B. Werke IV 17, 95, 101, 209, 429 (= 209), 454 (= 209), 555, 699, 702.

folgende Elemente: Symmetrie und Geradlinigkeit, abgezirkelte Beete und künstliche Figuren aus Buchsbaum, beschnittene Hecken und Baumgänge, marmorne Statuen und Wasserkünste. Unschwer werden hier Züge erkennbar, die wir schon früher an anderen Darstellungen des Normalen beobachten konnten. Die geometrischen Figuren Gerade und Kreis bürgen für den Eindruck des Einförmigen, einen Eindruck, der durch das meist einförmige Rauschen oder Plätschern der Wasserkünste verstärkt wird. Die Symmetrie, die ganze Architektonik, verleiht dem Garten den Aspekt des Statischen, Bewegungslosen, die beschnittenen Hecken den des zurückgedrängten, unter dem Zwang der Regel gehaltenen Lebens. Nimmt man hinzu, daß der alte Garten bei Eichendorff vielfach schon von Verfall und Verlassenheit gezeichnet ist, daß die Statuen, ohnehin nur ein bleiches und stummes Personal, zum Teil zertrümmert, die Wasserbecken ausgetrocknet sind, so wirkt er zudem tot und öde.

Den Bezug zwischen dem Bild des französischen Gartens und der Vorstellung, daß die Welt in das Zeitalter der Normalität eingetreten sei, hat Eichendorff häufig genug selber hergestellt. In seiner *Geschichte der poetischen Literatur Deutschlands* veranschaulicht er mit dem französischen Gartenmodell zunächst den Wandel von einer, wie er meint, zum Teil frei gewachsenen Poesie im Mittelalter zu einer reglementierten Literatur in der Neuzeit: »Als sodann die mathematische Philosophie aufkam, ward auch sofort der freie Dichterwald zu einem wunderlichen französischen Garten mit geometrisch abgezirkelten Bäumen, Alleen und Scherbenbeeten verschnitten, wo die Musen in Reifröcken die ungezogene Natur bewachten«[100]. In einer anderen literarhistorischen Schrift, *Zur Geschichte des Dramas,* knüpft er, wie bereits Schiller, eine Analogie zwischen der klassizistischen Tragödie aus dem Zeit-

100 Eichendorff, Werke IV 17.

alter Ludwigs XIV. und den »versailler Gärten«[101]. Aber die metaphorische oder symbolische Bedeutung des französischen Gartens beschränkt sich nicht auf den Wandel der Poesie im besonderen. Sie bezieht sich in weiterem Umfang überhaupt auf die »allgemeine Herabstimmung des Lebens«. Das vollständige Zitat lautet hier: »Noch widerlicher aber berührt uns die allgemeine Herabstimmung des Lebens, die sich hier kundgibt. Die frische, kühne, wildfreie Waldeinsamkeit erscheint jetzt als ein französischer Lustgarten mit verschnittenen Bäumen, bunten Scherbenbeeten und geradlinigen Alleen; die ungezogenen Gebirgsquellen sind eingefangen, um unten als Fontänen artige Kunststücke zu machen, die Berg- und Waldgeister haben sich in bleiche stumme Statuen heidnischer Götter und Allegorien, die ganze Natur in einen großen Konversationssaal verwandelt.«[102]

Innerhalb dieses weiteren Rahmens ist der französische Garten zunächst Sinnbild der in der Konvention erstarrten Gesellschaft. Beim Schloß Dürande bezeichnet es die Verfassung der Bewohner, wenn »der Garten mit seinen wunderlichen Baumfiguren, Statuen und vertrockneten Bassins wie versteinert«[103] liegt. Nicht minder aber vermittelt ein derartiger Anblick einen Eindruck von der rationalistischen Auffassung der Welt. Als Herr eines solchen Gartens tritt in der Satire *Libertas und ihre Freier* der Baron Pinkus auf, eine

101 Ebd. 555. Siehe auch folgende Bemerkung in Eichendorffs ›Der deutsche Roman . . .‹: »Und derselbe philosophische Aberglauben, nachdem er die Welt wie ein mechanisches, von selbst fortlaufendes Uhrwerk sich gehörig zurechtgestellt, zog nun auch seine mathematischen Figuren durch den ganzen Garten der Poesie, namentlich auf dem Felde des Schauspiels, das mit seiner courfähigen Leidenschaft, seinen abgezirkelten Redeblumen und symmetrischen Novantiken täuschend dem versailler Hofgarten Ludwigs XIV. glich.« Ebd. 702.

102 Ebd. IV 101.

103 Eichendorff, Werke II 834. Alfred Riemen: Eichendorffs Garten und seine Besucher, in: Aurora 30/31, 1970/71, S. 23-33, betont sehr richtig, daß sich angesichts des französischen Gartens bei Eichendorff geradezu die Vorstellung von einem Totenreich aufdrängt (S. 24 f.).

Verkörperung der Aufklärung in der Phase der Restauration. Pinkus hat den Nachlaß des »seligen Nicolai« erstanden[104] und läßt sich im Sinne des bewunderten Vorbilds die Bindung der Freiheit und die Einschränkung der lebendigen Naturkräfte auf die geregelte Ordnung seines Ziergartens angelegen sein.

Wenn irgendwo bei den Beispielen dieses Typs der Eindruck der Gleichförmigkeit und des Stillstands der Zeit unübersehbar ist, so besonders hier: »in der schillernden Mittagsschwüle plätscherten die Wasserkünste wieder wie blödsinnig immerfort in endloser Einförmigkeit; die Statuen sahen die Buchsbäume, die Buchsbäume die Statuen an, und die Sonne vertrieb sich die Zeit damit, auf den Marmorplatten vor dem Schlosse glitzernde Schnörkel und Ringe zu machen; es war zum Sterben langweilig.«[105]

Indessen zeigt sich auch in diesem Zusammenhang, daß der Geltung des aus dem 18. Jahrhundert überlieferten Weltverständnisses aus romantischer Sicht nur eine begrenzte Frist beschieden ist. Denn der französische Garten ist bei Eichendorff in den meisten Fällen nicht nur vom Verfall, sondern vom Verwildern, d. h. von der Rückeroberung durch die lebendige Natur, bedroht. –

Es ist ein Spezifikum der Romantik, daß sie das aufklärerische Weltbild, wie schon die Symbolik und Metaphorik der beschnittenen und unterdrückten Natur andeutet, als Resultat einer Verdrängung und Verarmung begreift. Insbesondere denkt sie dabei an die Eliminierung des Wunderbaren und Geheimnisvollen.

In Hoffmanns Märchen *Klein Zaches* wird zu Beginn erzählt, wie in dem Land, in dem die Geschichte spielt, von dem jungen Herrscher Paphnutius die Aufklärung eingeführt wird. Dabei geht die Erzählung auch auf die früheren Verhältnisse unter dem Vorgänger, dem Fürsten Demetrius, ein. Unter Demetrius herrschten

104 Eichendorff, Werke II 938.
105 Ebd. 963.

Zustände wie im Paradies. Mit »seinen grünen, duftenden Wäldern, mit seinen blumigen Auen, mit seinen
rauschenden Strömen und lustig plätschernden Spring-
quellen« glich das Ländchen einem »wunderbar herrlichen Garten«. Vor allem aber hatten sich hier »verschiedene vortreffliche Feen« angesiedelt, und es war
ein Merkmal der guten alten Zeit, daß sich »beinahe
in jedem Dorfe, vorzüglich aber in den Wäldern, sehr
oft die angenehmsten Wunder begaben«[106].

Gerade den Feen nun ergeht es unter Paphnutius
schlecht. Nicht nur heißt Aufklärung: »die Wälder
umhauen, den Strom schiffbar machen, Kartoffeln an-
bauen, die Dorfschulen verbessern, Akazien und Pap-
peln anpflanzen, die Jugend ihr Morgen- und Abend-
lied zweistimmig absingen, Chausseen anlegen und die
Kuhpocken einimpfen lassen«[107]. Die wichtigste Maßnahme besteht darin, die Feen auszubürgern, oder die,
die nicht ausgebürgert werden, zu »nützlichen Mitgliedern des aufgeklärten Staates umzuschaffen«, denn
sie »treiben ein gefährliches Gewerbe mit dem Wunderbaren und scheuen sich nicht, unter dem Namen der
Poesie, ein heimliches Gift zu verbreiten, das die Leute
ganz unfähig macht zum Dienste in der Aufklärung.«[108]

Es fehlt nicht an gleichartigen Belegen aus anderen
romantischen Dichtungen. So lesen wir etwa bei Eichendorff, der den Verlust des Wunderbaren freilich auch
immer als Glaubensverkümmerung im religiösen Sinne
bewertet: »Die Burgen sind geschleift, die Wälder aus-
gehauen, alle Wunder haben Abschied genommen, und
die Erde schämt sich recht in ihrer fahlen, leeren
Nacktheit vor dem Kruzifixe, wo noch eines einsam
auf dem Felde steht«[109]. Oder: »Keine Glockenklänge
wehen mehr fromm über die Felder, die Wolken zu

106 Hoffmann, Werke IV 15.
107 Ebd. 16.
108 Ebd. 17.
109 Eichendorff, Werke II 253.

zerteilen, der Glaube ist tot, die Welt liegt stumm, und viel Teures wird untergehen, eh die Brust wieder frei aufatmet.«[110]

Es kommt hier aber nicht darauf an, Zitate zu einem Sachverhalt zu häufen, der in seiner allgemeinen Form jedem Romantikleser ohnehin geläufig ist. Spezifisch hervorzuheben ist daran vielmehr die in Attributen wie »fahl«, »leer«, »tot«, »stumm« zum Ausdruck kommende Einengung des Befundes auf Merkmale, die dem Begriff des Normalen entsprechen. Das will sagen: Die aufklärerische Entzauberung der Welt durch die Vertreibung von Geheimnis und Wunder bedeutet aus romantischer Sicht nicht einfach die Reduzierung auf das ›Wirkliche‹. Dieser allzu weite und darum fast nichtssagende Begriff ist zur Bezeichnung dessen, was der Romantik als bedrückende Ausgangserfahrung zugrunde liegt, viel zu allgemein. Es bleibt zu beachten, daß sich das romantische Ungenügen nicht an der Wirklichkeit schlechthin entzündet, sondern nur an dem, was an ihr »gewöhnlich«, »gemein«, »bekannt« anmutet, oder wie sonst die Umschreibungen für das Normale lauten mögen. Nicht alles Wirkliche ist darum Gegenstand des Ungenügens, genausowenig wie alles Wunderbare Medium der Kompensation. Das Wunderbare muß sich vielmehr, wie später zu zeigen sein wird, durch den Gegensatz eben zum Normalen ausweisen, einen Gegensatz, der genausowenig eine Selbstverständlichkeit ist wie die Normalität des Wirklichen.

Schon Schiller hatte, als er in seinem Gedicht *Die Götter Griechenlands* (1. Fassung 1788) die Entmythisierung der Welt beklagte, den Blick auf die Zeichen der Wiederholung gelenkt. Stillstand der Zeit, ewiges Einerlei sind schon in Schillers Sicht das Los der entgötterten Welt:

110 Ebd. 175.

gleich dem todten Schlag der Pendeluhr,
dient sie knechtisch dem Gesetz der Schwere
die entgötterte Natur!

Morgen wieder neu sich zu entbinden,
wühlt sie heute sich ihr eignes Grab,
und an ewig gleicher Spindel winden
sich von selbst die Monde auf und ab.[111]

Erst recht aus der Sicht der Romantik: Entzauberung
bedeutet hier vor allem Normalisierung. »Ach, die
goldenen Zeiten der Musen sind auf ewig verschwunden!« heißt es in einem Brief William Lovells. »Als
sich noch die Götter voll Milde auf die Erde herabließen, als die Schönheit und Fruchtbarkeit noch in
gleichgefälligen Gewändern auf den bunten Wiesen
verschlungen tanzten, als die Horen noch mit goldenem
Schlüssel Auroren ihre Bahn aufschlossen und segnende
Gottheiten mit dem wohlthätigen Füllhorne durch ihre
lachende Schöpfung wandelten, – ach damals war das
Große und Schöne noch nicht zum Reizenden herabgewürdiget.«[112]
Lovell schließt diese sehr an Schiller erinnernde Klage
jedoch mit einer Bemerkung, die an dem Wandel nicht
so sehr die Verniedlichung, sondern eher die Trivialisierung der Welt hervorhebt; denn er findet, daß die
Moderne allen Zauber dreist »enträthselt«[113] und den
ehemals »romantischen« Dämmer in nüchternes Tageslicht verwandelt habe: »Ich hasse die Menschen, die mit
ihrer nachgemachten kleinen Sonne in jede trauliche
Dämmerung hineinleuchten und die lieblichen Schattenphantome verjagen, die so sicher unter der gewölbten
Laube wohnten. In unserm Zeitalter ist eine Art von
Tag geworden, aber die romantische Nacht- und Morgenbeleuchtung war schöner, als dieses graue Licht des
wolkigen Himmels; den Durchbruch der Sonne und das

111 Nationalausgabe, Bd. I, S. 194 f.
112 Tieck, Schriften VI 50.
113 Ebd.

reine Aetherblau müssen wir erst von der Zukunft
erwarten.«[114]

Es ist also keine Sonnenhelle, in die die Aufklärung
die Wirklichkeit versetzt. Es handelt sich nur um das
graue Licht des Alltags, eine Ansicht, die Novalis teilt,
wenn er meint, daß die neuere Zeit »das einförmige
und unbedeutendere Bild eines allgemeinen Tages darbietet.«[115] Alltag wiederum ist romantisch verstanden
nur eine Chiffre für ewiges Einerlei. Insofern ist es
gleichbedeutend zu sagen, daß die Entzauberung und
Enträtselung der Welt auf die mechanische Wiederkehr
des Gleichen hinauslaufen. Bei Novalis heißt es denn
auch: »Ehemals war alles Geistererscheinung. Jezt sehn
wir nichts, als todte Wiederholung, die wir nicht ver-
stehn. Die Bedeutung der Hieroglyfe fehlt.«[116]

Es stimmt mit diesem Befund, der sich durch verbale
Indizien stützen läßt[117], überein, daß die Romantik

114 Ebd. 51.
115 Novalis, Schriften I 204.
116 Novalis, Schriften II 545.
117 Es scheint in diesem Zusammenhang nicht überflüssig, auf die romantische Wortwahl zu verweisen. Gerade in Opposition zu »wunderbar« und Äquivalentem weisen romantische Texte nicht so häufig Wörter
wie »wirklich«, »endlich« oder »irdisch« auf, sondern meist Ausdrücke
wie »gewöhnlich«, »alltäglich«, z. B. (Hervorhebungen von mir): »Die
wunderbarste Zeit des Alterthums mit allen ihren ungeheuren Mährchen,
dünkte ihm, wäre ihm nahe getreten, hätte ihn berührt, und sein *gewöhnliches* Leben sei auf ewig völlig entschwunden.« (Tieck, Schriften
XVI 380) – »Schweben nicht über die ganze Natur wohlthätige Geister, die nur *Seltsamkeiten* aushauchen, nur in einer Atmosphäre von
Unbegreiflichkeiten leben, und so wie der Mensch alles sich gleich oder
ähnlich macht, sie eben so alle Elemente umher, wenn sie noch so feindselig sind, noch so träge in der *Alltäglichkeit* sich herumbewegen, anrüh-
ren und in *Wunder* umschaffen.« (Ebd. 399 f.) – »das *Wunderbarste*
vermischte sich mit dem *Gewöhnlichsten*, die Welt um ihn her war ver-
zaubert« (Tieck, Schriften IV 168 f.). – »das *Seltsamste* und das *Gewöhnliche* war so in einander vermischt, daß er es unmöglich sondern
konnte.« (Ebd. 225) – »Alle Morgen, wenn die Natur in ihrer Pracht
vor ihnen ausgebreitet lag, saß er mit ihm im Garten und machte ihn
mit dem großen *wunderreichen* Lebenswandel des Erlösers bekannt und
fand, ganz dem Gange der Zeit zuwider, das Gemüt des Knaben weit
empfänglicher für das Verständnis des *Wunderbaren* als des *Alltäglichen*

ihre Feinde vor allem in solchen Aufklärern erblickte, die das Alltägliche und Gewöhnliche auf ihre Fahne geschrieben und die sich des Prinzips des Gewöhnlichen als einer Art Heilslehre angenommen hatten. Sie fand diese Propagandisten des »gemeinen« Menschenverstandes und der Mittelmäßigkeit vornehmlich unter den in Berlin ansässigen Vertretern der Spätaufklärung, die sich um den alten Friedrich Nicolai geschart hatten.

Aufklärer wie Lessing wurden von der romantischen Kritik hingegen weitgehend verschont, ja mit Sympathie bedacht. Nicolai und seine Parteigänger rechneten Lessing zwar auch zu den ihren. Friedrich Schlegel bestritt ihnen aber entrüstet das Recht, sich als Nachfolger und Erben des geachteten Mannes zu betrachten. Lessing, so heißt es in Schlegels Aufsatz *Über Lessing,* »würde doch erstaunen, daß gerade die poetischen Mediocristen, literarischen Moderantisten und Anbeter der Halbheit, welche er, so lange er lebte, nie aufhörte eifrigst zu hassen und zu verfolgen, es haben wagen dürfen, ihn als einen Virtuosen der goldnen Mittelmäßigkeit zu vergöttern, und ihn sich ausschließend gleichsam zuzueignen, als sei er einer der ihrigen!«[118]

Man geht wohl nicht fehl in der Annahme, daß die

und *Gewöhnlichen.*« (Eichendorff, Werke II 78) – »So war das ganze Studentenleben eigentlich ein wildschönes *Märchen,* dem gegenüber die übrige Menschheit, die altklug den Maßstab des *gewöhnlichen* Lebens daran legte, notwendig, wie Sancho Pansa neben Don Quijote, philisterhaft und lächerlich erscheinen mußte.« (Ebd. 1049) – »Es gibt keinen höheren Zweck der Kunst, als, in dem Menschen diejenige Lust zu entzünden, welche sein ganzes Wesen von aller irdischen Qual, von allem niederbeugenden Druck des *Alltagslebens,* wie von unsaubern Schlacken befreit, und ihn so erhebt, daß er, sein Haupt stolz und froh emporrichtend, das *Göttliche* schaut, ja mit ihm in Berührung kommt.« (Hoffmann, Werke I 132) – »jener sechste bewundrungswürdige Sinn vermag an jeder Erscheinung, sei es Person, Tat oder Begebenheit, sogleich dasjenige Exzentrische zu schauen, zu dem wir in unserm *gewöhnlichen* Leben keine Gleichung finden und es daher *wunderbar* nennen.« (Ebd. 459)

118 F. Schlegel, KA II 102 f.

Aufklärung der Romantik dann am anstößigsten erscheint, wenn in ihren Vertretern sich nicht nur Rationalismus, sondern noch ein weiteres Element geltend macht: das Element der Bürgerlichkeit. Eine Maxime wie das »goldene Mittelmaß« ist ein bürgerliches Ideal und viel älter als die Aufklärung, eine Forderung wie die Anpassung an das Gewöhnliche ist, wenn auch gesamtgesellschaftlich verbreitet und fundiert, am stärksten und tiefsten im Mittelstand verwurzelt. Das normative Denken des Rationalismus, jünger als die bürgerliche Gesinnung, hat solchen älteren Prinzipien aber die Weihe der rationalen Rechtfertigung verliehen.

Daß das, was der Romantik an der Aufklärung am wenigsten behagt, vor allem deren bürgerlicher Aspekt oder deren Koalition mit der Bürgerlichkeit ist[119], zeigt sich auch an der Erbitterung, die sie über die »Lehre von der alleinseligmachenden Nützlichkeit«[120] empfindet. Auch das Nützlichkeitsprinzip ist ein genuin bürgerlicher Grundsatz, den aufklärerisches Denken zur offiziellen Ideologie erhoben hat. Und gerade in diesem

119 Es versteht sich damit auch, daß die Romantik unbürgerlich ist bzw. daß ›romantisch‹ und ›bürgerlich‹ Gegenbegriffe sind. Auf Grund einschlägiger Erfahrung ist Verf. allerdings gewärtig, daß diese These bestritten und ›Bürgertum‹ wieder einmal als Universallösungsmittel für alle literarisch-sozialgeschichtlichen Probleme der frühen Moderne bemüht wird. Gewiß erleidet die Romantik später (genau wie die Empfindsamkeit) das Schicksal der Verbürgerlichung. Aber das ist kein Grund, sie von vornherein für bürgerlich zu halten. Auch daß die meisten Romantiker weitgehend ein bürgerliches Leben führten, macht ihre Literatur noch nicht bürgerlich. Man sollte zwischen Leben und Literatur nicht immer eine Analogie annehmen, – es sei denn, man ist festgelegt auf den Grundirrtum, daß zwischen ›Sein‹ und ›Bewußtsein‹ immer ein Kausalverhältnis besteht. – Die These, daß die Romantik eine bürgerliche Bewegung sei, wäre übrigens keineswegs neu. Sie findet sich schon bei Arnold Hauser: Sozialgeschichte der Kunst und Literatur, 2 Bde., 2. Aufl., München 1953, Bd. II, S. 185 f. Allerdings begnügt sich Hauser weitgehend mit pauschalen Behauptungen, ohne die Beweise zu liefern. Vgl. dagegen die differenzierte Behandlung des Problems bei Peter Coulmas: Bürgertum und Unbürgerlichkeit in der Romantik, in: Universitas 2, 1947, S. 529-542.
120 Eichendorff, Werke II 1072.

Prinzip finden Aufklärung und Bürgertum ein gemeinsames Ideal. Wenn Hoffmann in *Klein Zaches* die Ansicht verspottet, daß der Wald dazu da sei, um dem Menschen Holz zu liefern, der Strom, um Schiffe zu befördern, der Mensch, um dem Staat zu dienen, so sieht man sich sowohl an bürgerlich nüchterne Praxisverbundenheit wie an Christian Wolffs berüchtigten Versuch erinnert, das Dasein eines jeden Dinges durch seinen Nutzen zu rechtfertigen. Aus dem Stand der Sonne etwa erkennt man, »wenn es Mittag ist (...) und dadurch / daß man diese Zeit genau erkennet / lassen sich die Uhren richtig stellen / daran absonderlich in der Astronomie viel gelegen ist.«[121] Die Erde ist »in allem so zugerichtet (...) / daß Menschen und Thiere alles finden / was zur Nothdurfft und Bequemlichkeit ihres Lebens gehöret.«[122] Der Mond und die Sterne sind dazu da, des Nachts zu leuchten[123].

Der Aufklärer Wolff erweist sich gleichsam als Bürger oder kommt dem Bürger entgegen, wenn er sogar die Kausalgesetzlichkeit im Sinne des Nützlichkeitsprinzips deutet. Den Begriff Nutzen als »Zweck«, »Absicht« auslegend, geht er so weit, die Ursache-Wirkung-Beziehung auch als Mittel-Zweck-Relation zu verstehen: »Ich habe erwiesen / daß in der Welt alles der Zeit und dem Raume nach mit einander verknüpfft ist und ein jedes einen zureichenden Grund in sich hat / warum das andere neben ihm zu gleich ist (...) oder nach ihm folget (...) Und dieses ist die Ursache / daß eines zur Absicht / das andere zum Mittel werden kan (...) Wenn nun diese Verknüpfung durch den gantzen Raum und durch die gantze Zeit durchgehet; so lässet sich auch immer eine Absicht zum Mittel der ferneren machen. Ja wenn dasjenige / was jetzund geschiehet / durch alles das determiniret wird / was vorhergegangen (...) so

121 Christian Wolff: Vernünfftige Gedancken von den Absichten der natürlichen Dinge, 2. Aufl., Frankfurt und Leipzig 1726, S. 82.
122 Ebd. 96.
123 Ebd. 106.

wird alles vorhergehende ein Mittel zu der folgenden Absicht«[124]. So will Wolff in seiner Erklärung der Welt nicht nur zeigen, wie eines aus dem anderen hervorgeht, sondern auch, »wie eines in der Welt immer um des andern Willen ist / damit wir begreiffen lernen / was eines in der Welt dem andern nutzet / und warum ein jedes geschiehet.«[125]

Wohl keine Idee der Aufklärung hat heftigere Reaktionen bei der Romantik ausgelöst als eben diese, und bei keinem heftiger als bei Schleiermacher in seinen Reden *Über die Religion*. Wenn jeder Gegenstand und jede Tätigkeit nur unter dem Gesichtspunkt von »Absicht und Zweck«[126] betrachtet wird, so ist das nach Schleiermacher der hauptsächliche Grund dafür, daß der Sinn für das »Unendliche«[127] oder für das »Übernatürliche und Wunderbare«[128] stirbt; denn die Frage nach dem Zweck vereitelt einesteils die »ruhige, hingegebene Beschauung«[129] und mißachtet andernteils die »eigentümliche Natur« und »Vollendung«[130] der Dinge, d. h. untergräbt sowohl die subjektive wie die objektive Voraussetzung der Religion.

Damit stellt sich auch – so geht indirekt aus Schleiermachers Ausführungen hervor – die Gleichförmigkeit ein, die ein Konstituens der Normalität ist. Wenn die Individualität alles Bestehenden ausgelöscht und sein Sinn darauf reduziert ist, einen Zweck zu haben, so sind alle Dinge eben darin gleich, daß sie nützen. »Nur einen Gesichtspunkt zu wissen für Alles ist gerade das Gegenteil von dem Alle zu haben für jedes, es ist der Weg, sich in grader Richtung vom Universum zu ent-

---

124 Ebd. 18 f.
125 Ebd. 3.
126 Friedrich Schleiermacher: Über die Religion. Reden an die Gebildeten unter ihren Verächtern, hg. von Carl Heinz Ratschow, Stuttgart 1969 (= Reclam 8313-15), S. 99.
127 Ebd. passim.
128 Ebd. 98.
129 Ebd. 99.
130 Ebd. 102.

fernen und, in die jämmerlichste Beschränkung versunken, ein wahrer glebae adscriptus des Flecks zu werden, auf dem man eben von ohngefähr stehe.«[131]

Auch zeigt sich Schleiermacher dessen bewußt, daß vor allem die bürgerliche Seite der Aufklärung für diese Weltsicht verantwortlich ist. Wenn er zu seinem Angriff auf das Nützlichkeitsprinzip ansetzt und fragt: »Wer hindert das Gedeihen der Religion?«, so sind es nach seiner Ansicht weder die »Zweifler und Spötter« noch die »Sittenlosen«, also weder die Vertreter der freigeistigen noch die der mondänen Aufklärung. Es sind vielmehr »die Verständigen und praktischen Menschen, diese sind in dem jetzigen Zustande der Welt das Gegengewicht gegen die Religion, und ihr großes Übergewicht ist die Ursache, warum sie eine so dürftige und unbedeutende Rolle spielt.«[132]

b) Das Erbe der Empfindsamkeit

Es wäre einseitig und durch das Textmaterial kaum zu rechtfertigen, wollte man das Weltbild, das die Romantik vom 18. Jahrhundert ererbt, ausschließlich als Resultat der bürgerlichen Aufklärung verstehen. Insbesondere soweit die Welt einförmig oder gar leer anmutet, soweit sie den Eindruck einer Wüste oder eines windstillen Meeres macht, fließt dieser Zug auch aus einer anderen Quelle: dem empfindsamen Subjektivismus.

Auf die Tendenz, in allen Erscheinungen nur ein »ewiges Einerlei« wahrzunehmen, stießen wir schon bei dem Erlebnis des Alltags. Es zeigte sich bereits in diesem Zusammenhang, daß die romantische Normalitätserfahrung auf einer nivellierenden Rezeption beruht. Während selbst noch das eintönigste Leben das Moment des Wechsels enthält, sei es auch nur des Wechsels

131 Ebd.
132 Ebd. 96 f.

78

der Tages- und Jahreszeiten, und während in jeder Lebenswirklichkeit bei aller Gleichheit auch immer noch ein gewisses Maß an Verschiedenartigkeit besteht, spielt dies doch für jene Erfahrung offenbar keine Rolle. Erlebt wird nur die Wiederkehr des Gleichen, zurück bleibt damit nur der Eindruck der Uniformität.

Darauf, daß hier eine gewisse Subjektivität im Spiele ist, die mit der von der rationalistischen Aufklärung zu differenzierenden Gefühlskultur des 18. Jahrhunderts zusammenhängt, verweist uns kein geringerer als Goethe. Wir meinen jene berühmte Stelle aus dem 13. Buch von *Dichtung und Wahrheit,* wo Goethe auf seinen Jugendroman *Die Leiden des jungen Werther* zu sprechen kommt und wo er den Lebensüberdruß charakterisiert, der einen wesentlichen Teil des Romaninhalts ausmacht: »Alles Behagen am Leben ist auf eine regelmäßige Wiederkehr der äußeren Dinge gerichtet. Der Wechsel von Tag und Nacht, der Jahreszeiten, der Blüten und Früchte, und was uns sonst von Epoche zu Epoche entgegentritt, damit wir es genießen können und sollen, diese sind die eigentlichen Triebfedern des irdischen Lebens. Je offener wir für diese Genüsse sind, desto glücklicher fühlen wir uns; wälzt sich aber die Verschiedenheit dieser Erscheinungen vor uns auf und nieder, *ohne daß wir daran teilnehmen,* sind wir gegen so holde Anerbietungen *unempfänglich*: dann tritt das größte Übel, die schwerste Krankheit ein, man betrachtet das Leben als eine ekelhafte Last. Von einem Engländer wird erzählt, er habe sich aufgehangen, um nicht mehr täglich sich aus- und anzuziehn. Ich kannte einen wackeren Gärtner, den Aufseher einer großen Parkanlage, der einmal mit Verdruß ausrief: ›Soll ich denn immer diese Regenwolke von Abend gegen Morgen ziehen sehn!‹ Man erzählt von einem unserer trefflichsten Männer, er habe mit Verdruß das Frühjahr wieder aufgrünen gesehn, und gewünscht, es möchte zur Abwechslung einmal rot erscheinen. Dieses sind eigentlich die Symptome des Lebensüberdrusses, der nicht selten in den Selbstmord ausläuft, und bei denkenden in sich gekehrten Menschen häufiger war, als man glauben kann.«[133]

Für das Behagen am Leben nennt Goethe zwei Bedingungen: zum einen die Regelmäßigkeit auf seiten der äußeren Dinge – man könnte im weiteren Sinn wohl »Ordnung« sagen –, zum anderen ein Offensein auf seiten des erlebenden Menschen. Das Offensein darf man als Hingabe verstehen, als Bereitschaft und Fähigkeit, die regelmäßig wiederkehrenden Gegenstände in sich aufzunehmen und sich an ihnen zu erfreuen; nicht also eigentlich sie bloß danach zu beurteilen, daß sie schon einmal dagewesen sind und immer wiederkehren werden, sondern sie in ihrer Gegenwärtigkeit zu erfahren. Zwar spielt die Freude an der Wiederkehr als solcher ebenfalls eine Rolle. Es ist Erwartungsfreude und Freude an der erfüllten Erwartung. Jedenfalls wird die Wiederkehr aber nicht zum Konstituens eines »ewigen Einerleis«. Die Welt bewahrt bei dieser Erfahrungsweise ihre Verschiedenheit. Die Dinge verschmelzen nicht zu einer uniformen Masse, sondern bleiben in ihrem Ansichsein (das gewisse individuelle Nuancen einschließt) bestehen, und so ist das Erleben nicht nur durch Wiederkehr, sondern auch durch Wechsel bestimmt. Darum auch können die äußeren Dinge »Genüsse« sein.

Zum Lebensüberdruß wird ihre Wiederkehr hingegen, wenn das Subjekt für die Verschiedenheit der Erscheinungen »unempfänglich ist«, wenn ihm jene Hingabe an die Sache und jener Sinn für ihre Gegenwärtigkeit abgehen. Damit entspricht Goethes Charakteristik genau dem Befund, den wir aus der Analyse einiger Textstellen zum romantischen Alltagsleben gewinnen konnten. Denn unempfänglich oder, wie es im Goetheschen Text auch heißt, ohne Teilnahme für das Verschiedene zu sein, läuft darauf hinaus, dieses aus dem Bild der Realität auszustreichen, und subjektive Un-

133 Hamburger Ausgabe, Bd. IX, S. 578. Hervorhebung von mir.

empfänglichkeit bedeutet somit im Endeffekt nichts anderes, als die Dinge auf den Nenner des Immergleichen zu reduzieren.

Nun ist dies offenbar ein nicht vom Denken, sondern vom Fühlen, vom seelischen Erleben bewirktes Ergebnis. Und es ist dies zweifellos ein Ergebnis, wie es nicht von einem ›naiv‹ Fühlenden erwartet werden könnte. Goethe bezieht sich ja auch nicht auf einen Jedermann, sondern auf Werther, von dem wir wissen, daß er seiner psychischen Konstitution nach aus der Tradition der Empfindsamkeit (bzw. deren Vorstufe: dem Pietismus) hervorgeht. So liegt es nahe, einmal zu versuchen, das offenbar sehr wichtige Moment der Teilnahms- oder Beziehungslosigkeit aus der Struktur des empfindsamen Gefühls zu erklären.

Ich bemerke dazu im voraus, daß ich mich hier einiger Gedanken bediene, die ich bereits in einer früheren Arbeit zum Problem der Empfindsamkeit entwickelt habe[134]. Ohne auf Einzelheiten einzugehen, sei aus diesem früheren Versuch nur soviel mitgeteilt, wie für das Verständnis jener gleichmachenden Beziehungslosigkeit nötig ist, vor allem einige Beobachtungen zur Reflexionsstruktur des empfindsamen Fühlens und zu deren Konsequenzen.

Das empfindsame Gefühl ist ein bewußtes oder reflektiertes Gefühl, das ist das einfachste und zugleich wichtigste, was man davon sagen kann. Als charakteristische Vertreter solchen Gefühls stelle man sich Menschen vor, die sich – zum ersten Mal in der Geistes- und Seelengeschichte – in vollem Umfang der Tatsache bewußt sind, daß sie über die Fähigkeit spezifisch seelischen Erlebens verfügen und sich nach innen in einer

---

134 Siehe dazu die Ausführungen in meiner Arbeit »Bürgerliches Trauerspiel« und Empfindsamkeit, Köln/Graz 1966 (= Literatur und Leben N. F. 9), S. 75 ff. Durch die Einwände von Gerhard Sauder: Empfindsamkeit, Bd. I, Stuttgart 1974, bes. S. 170 ff., 190 f., halte ich diese Ausführungen nicht für widerlegt. Es ist hier jedoch nicht der Ort für eine Auseinandersetzung mit Sauder. Das wird an anderer Stelle zu geschehen haben.

Sphäre individueller ›Innerlichkeit‹ zu entfalten vermögen. Man stelle sich vor, daß diese sehr Seelenkundigen – wir nennen sie einfach ›Empfindsame‹ – zum ersten Mal ein Bewußtsein davon entwickeln, daß der Mensch im Innern nicht nur einerseits aus »Kopf« und »Gedanken«, andererseits aus blindwütigen zerstörerischen Leidenschaften besteht, sondern daß er auch ein sanft und wohltuend schlagendes, zu ethischen Leistungen inspirierendes Herz besitzt. Und man mag dann ermessen, welche Versuchung aus solcher Entdeckung für diese Menschen erwachsen mußte. Es war die Versuchung, sich dieses neue kostbare Gut immer wieder vor Augen zu führen, d. h. sich immer wieder bewußt zu machen, es zu hegen und zu pflegen. Es war die Versuchung, es unter Gesinnungsgenossen in intimen Zirkeln einander vorzuzeigen und zu bereden. Es war die Versuchung, sich seines Besitzes zu rühmen und solchen Besitz zur Bedingung gegenseitiger Anerkennung in Freundschaft und Liebe zu erheben. Es war schließlich und vor allem die Versuchung, diesen Besitz auszukosten, zu genießen und sich mit diesem Genuß nicht nur eine neue Art sublimen Vergnügens, sondern auch jenen gesteigerten Grad von Selbstgefühl zu verschaffen, der in dem Bewußtsein beschlossen liegt: Ich fühle, darum bin ich, und ich bin um so mehr, je mehr ich fühle und je mehr ich mir sage, daß ich es bin, der fühlt.

Wenn das Bewußtsein von Gefühl so sehr auf sich selbst bezogen ist und autistischen Neigungen frönt, darf man sich allerdings fragen, ob denn dann noch ein Interesse für etwas außerhalb des Ichs übrig bleibt. Wie steht es mit der Beziehung zum Du, zur Gesellschaft, zur Wirklichkeit überhaupt? Gibt es dann noch eine solche Beziehung, oder – wenn es sie gibt – ist sie dann mehr als der Versuch, jegliches Objekt bloß als Spiegel des Ichs oder gar nur als bloßen Anreiz zum Fühlen zu gebrauchen? Hier sind wir an den Punkt gelangt, wo wir den Begriff der Unempfänglichkeit oder Teilnahmslosigkeit, den Goethe zweifellos aus eigenen, der Wertherkrise entstammenden Erfahrungen ableitet, wieder aufgreifen können. Und gewiß fällt es jetzt nicht schwer, sich auf Grund der selbstgenießerischen Reflexionsstruktur des empfindsamen Fühlens ein Bild davon zu machen, daß es mit dieser seltsamen Stumpfheit gegenüber der Vielfalt der Objekte in der Tat etwas auf sich hat.

Denn wenn man auch nicht über die literarischen Belege verfügte, die dies plausibel machen (einen davon zitieren wir in der nächsten Anmerkung etwas ausführlicher), so liegt es doch schon in der Natur dieses Fühlens, daß sich zwischen dem Objekt, welches die Empfindung auslöst (und irgendeinen Gefühlsauslöser muß es ja immer geben), und dem fühlenden Subjekt gar keine unmittelbare Beziehung herstellen kann. Wenn das Gefühl reflektiert wird, wird es vielmehr gebrochen, und wenn das Subjekt in der Reflexion sich weniger auf den Gegenstand des Gefühls als auf die Tatsache des Fühlens als solche konzentriert, ist das empfindsame Gefühl erwünschterweise, aber auch notgedrungen mehr ein Icherlebnis als ein Wirklichkeitserlebnis. Nicht daß die Wirklichkeit völlig unwichtig wäre; aber sie hat nicht die Funktion, Erlebnisinhalt, sondern nur Erlebnisreiz zu sein. Daher der merkwürdige Umstand, daß Objekte, die an sich Unlust auslösen, wie etwa Leid oder gewisse Schrecknisse der Natur, zu Lustobjekten umfunktioniert werden, zu Objekten, die dem fühlenden Subjekt die Gelegenheit verschaffen, nicht nur zu erleben, sondern sich mit dem eigenen Erleben zu beschäftigen. Daher die zahlreichen Texte, die das Phänomen der »vermischten Empfindungen« bereden und preisen, Empfindungen, bei denen aus Leid und vor allem Mitleiden eine stille Wollust, aus Trauer ein sanftes Vergnügen, aus der Betrachtung von Gräbern und anderen Schauerlichkeiten ein angenehmes Rieseln auf der Seelenhaut geschöpft wird. Man denke nur etwa an das rührende Drama, an die Friedhofspoesie oder an den ganzen Komplex schaurig-lustvoller Naturbeschreibungen.

Es liegt auf der Hand, daß bei einem solch sublim ausbeuterischen Verhältnis gegenüber der Wirklichkeit »Fülle des Herzens« mit Armut an Welt, das gesteigerte Gefühl der eigenen Subjektivität mit der verminderten Empfänglichkeit für die Realität der Objekte bezahlt wird. Und man ist darum nicht überrascht, wenn etwa der empfindsame Herder sich darüber beklagt, bloß »Schatten zu sehen, statt würkliche Dinge mir zu erfühlen«[135], und wenn er die Wilden um ihre Sinnlichkeit beneidet. Der Hunger nach sinnlicher Wirklichkeit, nach sinnlichem Leben, der den Sturm und Drang Herders und anderer jüngerer Zeitgenossen auszeichnet, ist in der Tat nicht nur eine Reaktion auf die Abstraktheit aufklärerischen Denkens, sondern auch auf die Abstraktheit empfindsamen Fühlens.

Indes ist der Sturm und Drang von einer neuen objektiven Wirklichkeitsbezogenheit weit entfernt. Er setzt die Kultivierung der subjektiven Empfindungen fort – Werther hegt und pflegt sein Herz wie ein krankes Kind –, nur daß er überwiegend nicht das sanfte, sondern das schöpferisch starke, dynamische Gefühl feiert. In demselben Maße aber, wie ein gesteigerter Subjektivismus die Gärungen und vor allem Schwankungen des Gefühls erlebt, wird er auch der Unzuverlässigkeit beseligender Naturerfahrungen und des Absturzes glückhafter Naturverbundenheit in Trostlosigkeit inne.

135 Sehr erhellend ist eine Stelle aus Herders ›Journal meiner Reise‹, wo Herder von der Bekanntschaft mit einem jungen Schweden in Nantes berichtet, dessen »Gefühl von Realität« ihn auf einen entscheidenden Mangel seiner eigenen Natur aufmerksam machte: »Dieser junge Mensch hatte vielen Geschmack am Wahren, Guten und Würklich-Schönen! Ich hab' es oft bei ihm gesehen, daß sein Auge und sein Geist mehr für das Richtige geschaffen war als meines; daß er in allem ein gewisses Gefühl von Realität hatte, das ihn nicht mit Hypothesen sättigte; daß er nicht aus Büchern Sachen lernen wollte, die auf Erfahrung und Praxis beruhen, sondern zur Tat schritt. Zeichnen, Geometrie, wahre Mathematik, Physik, Algebra, Augenschein der Kunst – werde ich's nie lernen, und immer die Akademie der Wissenschaften nur aus Fontenelle kennen?

Wer die Welt mit seinen Empfindungen überzieht und sie zum Spiegel seiner Innerlichkeit macht, muß es in Kauf nehmen, daß sie nicht nur die Fülle, sondern auch die Leere des Herzens widerspiegelt. Wenn dem innerlich abgestorbenen Werther im Zweiten Buch auch die Außenwelt nichts mehr sagt, »wenn da diese herrliche Natur so starr vor mir steht wie ein lackiertes Bildchen«[136], so liegt das an derselben Unfähigkeit zur Objektivität, mit der er einstmals aus der Natur ein Übermaß an Seligkeit geschöpft hatte.

Ist es, im positiven wie im negativen Sinne, die Übermacht der Innerlichkeit, die Werther hindert, die Welt als Reichtum individueller Farbe und Gestalt wahrzunehmen; bringt er es, trotz des Briefes vom 10. Mai,

Womit habe ich's in meinem vergangenen Zustande verdient, daß ich nur bestimmt bin, *Schatten zu sehen,* statt *würkliche Dinge* mir zu erfühlen? Ich genieße wenig, d. i. zu viel, im Übermaß und also ohne Geschmack: der Sinn des Gefühls und die Welt der Wollüste – ich habe sie nicht genossen: ich sehe, *empfinde in der Ferne,* hindere mir selbst den Genuß durch unzeitige Präsumption und durch Schwäche und Blödigkeit im Augenblick selbst. In der Freundschaft und Gesellschaft: zum voraus unzeitige Furcht oder übergroße fremde Erwartung, von denen jene mich im Eintritt hindert, diese mich immer trügt und zum Narren macht. Überall also eine aufgeschwellte Einbildungskraft zum voraus, die vom Wahren abirrt und den Genuß tötet, ihn matt und schläfrig macht und mir nur nachher wieder fühlen läßt, daß ich ihn nicht genossen, daß er matt und schläfrig gewesen. So selbst in der Liebe: die immer platonisch, in der Abwesenheit mehr als in der Gegenwart, in Furcht und Hoffnung mehr als im Genuß, in Abstraktionen, in Seelenbegriffen mehr als in Realitäten empfindet.« Sturm und Drang. Kritische Schriften, hg. von Erich Loewenthal, Heidelberg 1949, S. 383. – An diesem Bekenntnis fällt auch der Begriff der »unzeitigen Präsumption« auf. Erfahren und Genießen der Wirklichkeit setzt die Fähigkeit zur Hingabe voraus, Hingabe aber schließt das Ergreifen, nicht das Vorwegnehmen des Augenblicks ein. Wenn die Einbildungskraft dem Gefühl Erregungen bereitet, welche die Zukunft antizipieren – und antizipiert wird die Zukunft auch deshalb, weil die Gegenwart nicht genügt oder »vergnügt« – so wird die Gegenwart doppelt unbefriedigend, weil sie dem Genuß nachhinkt und nicht mehr Inhalt des Genusses werden kann. Die lebendige Erfahrung ist somit gleichgültig geworden und, weil sie nicht mehr wirkt, unwirklich.

136 Hamburger Ausgabe, Bd. VI, S. 85.

eigentlich nur dahin, die Natur als großes verschwimmendes Ganzes oder aber als totes Bild oder gar als »ewig verschlingendes, ewig wiederkäuendes Ungeheuer«[137] zu erleben, so wird die Einschränkung auf das eigene Ich und damit die Entfremdung von der Außenwelt durch gesellschaftliche Erfahrungen verstärkt. Werther gerät überall an die Schranken der Konvention. In der Liebe muß er das Vorrecht des bürgerlichen Albert respektieren, in der Großen Welt stößt er an die Privilegien des Adels. Freilich erlebt er das Öde des Zeremoniells und das Mechanische dieser Marionettenwelt um so eindringlicher, je unbedingter er auf den Anspruch des Herzens pocht und je weniger er dazu gestimmt ist, sich mit der Gesellschaft zu arrangieren. Wenn hier überhaupt von ›Schuld‹ die Rede sein kann, dann liegt sie nicht minder auf seiten des auftrumpfenden Gefühls als auf seiten der kleinlichen Konvention.

Deutlicher noch als im *Werther*, jedoch unter ähnlichen Voraussetzungen, treten die verödenden und nivellierenden Züge empfindsamer Wirklichkeitserfahrung in Karl Philipp Moritzens *Anton Reiser* zutage. Hatte bereits Werther unter dem 30. November geschrieben: »Die Welt ist überall einerlei«[137a], so wird dieses »Einerlei« bei Anton Reiser zum dominierenden Eindruck. Unzweifelhaft besteht zwischen diesem Eindruck und Reisers Empfindsamkeit ein ursächlicher Zusammenhang. Ein Aufsatz Reisers beklagt die »Wüste des Lebens« und stellt fest: »Wie öde, wie traurig ist hier alles um mich her!«[138] In einem Gedicht Reisers heißt es: »Mein Pfad geht über dürre Heide,/ Hier flieht mich höhnend jede Freude,/ Und läßt nur Eckel mir zurück.«[139] In einem anderen Gedicht schreibt er: »War's verbitternder Ekel/ Vor diesen schaalen un-

137 Ebd. 53.
137a Ebd. 91.
138 Karl Philipp Moritz: Anton Reiser, Heilbronn 1886 (= Deutsche Litteraturdenkmale des 18. und 19. Jahrhunderts 23), S. 239.
139 Ebd. 247.

schmackhaften Freuden des Lebens, der dir einst/ Den blumigten Schauplatz der Welt zur traurigen Einöde machte«[140]. Zuletzt wird von ihm berichtet, daß ihm »am Ende nichts als die leere Wirklichkeit übrig blieb, welche ihn in ein lautes Hohngelächter über sich selbst ausbrechen ließ.«[141]

Der empfindsame Subjektivismus bestimmt noch die Phase der Frühromantik. Wenn William Lovell sich so häufig in einer kahlen, dürren Wirklichkeit erblickt, so ist das, nicht anders als bei Anton Reiser, eine Wirkung reflektierten Fühlens. Wie schon H. A. Korff bemerkte, ist Lovell zwar gefühls- und erlebnissüchtig, zum wirklichen Erleben aber gar nicht fähig[142]. Da auch bei ihm das Fühlen nur dem Ich-Genuß dient, vermitteln ihm die Gefühle nicht die Wirklichkeit, sondern lassen ihn im Gegenteil der Wirklichkeit immer mehr verlustig gehen. Im selben Maße, wie sein Ich-Bewußtsein wächst, verödet die Realität für ihn, und so heißt es bezeichnenderweise in einem seiner Gedichte:

> Ich komme mir nur selbst entgegen
> in einer leeren Wüstenei.[143]

Korff hat allerdings kaum recht, wenn er meint, daß Lovell deshalb zum Ich-Besessenen wird, weil er »über die Fichtesche Philosophie gerät, die das Ich zum Prinzip der Welt erhebt.«[144]

Weder ist nachweisbar, daß der junge Tieck zu jener Zeit Fichte gekannt hat, noch ist der Bezug zu Fichte für die Erklärung des Textes überhaupt nötig[145]. Lovells Erleben ist psychologisch, nicht philosophisch be-

140 Ebd. 405.
141 Ebd. 427.
142 H. A. Korff: Geist der Goethezeit, III. Teil, Leipzig 1949, S. 54.
143 Tieck, Schriften VI 178.
144 Korff, aaO. S. 52.
145 Siehe zu dieser Frage Fritz Brüggemann: Die Ironie als entwicklungsgeschichtliches Moment. Ein Beitrag zur Vorgeschichte der deutschen Romantik, Darmstadt 1976 (repr. Nachdr. der Ausgabe Jena 1909), S. 10 f.

dingt, erscheint als ein Spätprodukt der Empfindsamkeit und ist schon in Tiecks 1792 abgeschlossenem Jugendroman *Abdallah* belegt, wo der Titelheld meint:
»Jedes Wesen lebt nur in und für sich selbst in einer
großen Leere, jeder einzelne Mensch ist das letzte Ziel,
auf das sich alle Bestrebungen der Natur beziehen.«[146]

Man kann im übrigen die Vermutung wagen, daß die
Bekanntschaft mit Fichte, spielte sie denn eine Rolle,
die Abhängigkeit vom ichbezogenen Gefühlskult nur
bestätigen würde. Denn es sieht ganz danach aus, daß
der Kerngedanke der Fichteschen Philosophie, die Begründung des ganzen Systems auf dem Begriff des Ich,
aus empfindsamer Tradition erwächst. Der Verdacht
liegt nicht fern, daß diese Philosophie im wesentlichen
nicht viel anderes ist als die Empfindsamkeit in ideologisierter Form. Fichte hätte ja kaum auf einige der
Frühromantiker so stark wirken können, wenn sie für
seine Gedanken seelisch nicht bereits disponiert gewesen
wären.

Generell erkennt man fast im gesamten Denken der
Frühromantik die Subjektbezogenheit und Wirklichkeitsarmut des empfindsamen Fühlens wieder. Carl
Schmitt hat in seinem Buch *Politische Romantik* darauf
hingewiesen, daß die romantische Produktivität im
Grunde objektlos ist[147]. Sie nehme alles Reale nur zum
»Anlaß« oder »Inzitament« oder »Vehikel«, um realitätsferne Spekulationen zu entwickeln. Die ganze Welt
sei für die Romantik nur eine »Occasio« zur Entfaltung des subjektiven Phantasiespiels. Weil aber die
Objekte zu »Occasiones« degradiert werden, verlieren
sie ihre Substanz, ja lassen sich auch nicht mehr unterscheiden. In ihrer Funktion als Occasio werden sie, wie
z. B. bei gewissen politischen Spekulationen, alle gleich:

146 Tieck, Schriften VIII 183.
147 Carl Schmitt: Politische Romantik, 3. Aufl., Berlin 1968 (zuerst
1919), bes. S. 115 ff.

»die Königin, der Staat, die Geliebte, die Madonna«[148].

Was Schmitt als romantischen »Occasionalismus« definiert, ist in der Tat nicht nur dem empfindsamen Fühlen analog, das ja auch die Wirklichkeit zum bloßen Anlaß degradiert, dieser Occasionalismus hat, wie man sieht, auf die Wirklichkeit auch die gleiche entsubstantialisierende und nivellierende Wirkung. Allerdings läßt sich Schmitts These nur für die Frühromantik akzeptieren. Die Hochromantik, die Schmitt mit der Frühromantik auf die gleiche Stufe stellt, ist zwar ebenfalls noch der Erfahrung der Uniformität und Leere ausgesetzt, entwickelt aber, wie im III. Teil genauer zu zeigen sein wird, ein neues Verhältnis zur Wirklichkeit, bei dem die Objektwelt wieder ernst genommen und nicht mehr als bloße »Occasio« betrachtet wird.

In letzter Konsequenz führt die subjektivistische Uniformierung und Entleerung der Welt zum Nihilismus[149]. Wenn das Ich in der Welt nur eine Gelegenheit zur Selbstbestätigung und Selbstverwirklichung sieht oder, was auf dasselbe hinausläuft, sie nur dazu benutzt, um sich in ihr zu spiegeln, dann »annihiliert« es die Welt, wie ein beliebter Ausdruck der Frühromantik lautet, dann wird die Welt zum Nichts.

Es macht im Endeffekt offenbar keinen Unterschied, ob man die Wirklichkeit, wie der normativ gesinnte Aufklärer, rational schematisiert, oder ob man ihr, wie der empfindsame Subjektivist, emotional beziehungslos gegenübersteht. Am Ende verliert sie hier wie dort an individueller Verschiedenheit und verflacht zur Wiederkehr des Gleichen. Es erscheint jedoch paradox, daß gerade die Empfindsamkeit zur Uniformierung der

148 Ebd. 123.
149 Vgl. Dieter Arendt: Der ›poetische Nihilismus‹ in der Romantik. Studien zum Verhältnis von Dichtung und Wirklichkeit in der Frühromantik, 2 Bde., Tübingen 1972 (= Studien zur deutschen Literatur 29/30), Bd. I, S. 14 u. passim.

Wirklichkeit beiträgt, denn schon die Empfindsamkeit ist, zumindest in ihrer Spätphase, normalitätsfeindlich, schon in ihr entwickeln sich Ungenügen sowohl wie Kritik an der Normalität. Gestalten wie Werther oder Anton Reiser oder wie Jacobis Eduard Allwill und Woldemar fliehen den Alltag und die Sphäre der gesellschaftlichen Konvention und folgen einem Hang zum Sonderbaren. Darum allerdings auch ist der Beitrag der Empfindsamkeit vom Ursprung her besehen keineswegs der normierenden Tendenz der rationalistischen Aufklärung vergleichbar. Er beruht nicht, wie beim Rationalismus, auf genuin normierendem und die Abweichung unterdrückendem Denken, sondern im Gegenteil auf einem normsprengenden und die Abweichung kultivierenden Fühlen, und wenn als Resultat dasselbe oder gar ein schlimmeres »Einerlei« herauskommt, wenn die vom Rationalismus geschaffene Normalität durch den empfindsamen Subjektivismus geradezu radikalisiert und potenziert wird, so ist dieses Ergebnis nicht gewollt und kalkuliert, sondern unwillkürlich und unvorhergesehen.

In gleicher Weise verstärkt die Empfindsamkeit die Normalitätserfahrung noch auf einer zweiten Ebene: auf der des Schwärmertums. In seiner Untersuchung *Schwärmerische Erwartung bei Wieland, im trivialen Geheimnisroman und bei Jean Paul* charakterisiert J. Viering den Schwärmer als einen Typ, bei dem erstens die Einbildungskraft stärker ist als seine Vernunft, der zweitens einen Hang zum »Wunderbaren« hat und der drittens von dem Bewußtsein durchdrungen ist, aus zwei verschiedenen Naturen zusammengesetzt zu sein[150]. Von diesen drei Bestimmungen interessieren in unserem Zusammenhang vor allem die erste und die zweite. Wenn der Schwärmer zum einen über eine ausschweifende Phantasie verfügt, so gebraucht er seine Phantasie zum anderen, um sich aus der Wirklichkeit in die Erwartung oder in die Vorstellung eines imagi-

150 Viering, aaO. S. 38.

nären Wunderreichs zu flüchten. Weiter weist Viering nach, daß das Schwärmertum des 18. Jahrhunderts aus der Empfindsamkeit hervorgeht[151]. Die »schwärmerische Erwartung«, das Phantasieren von Wundern und Geheimnissen, ist gleichbedeutend mit einem seelischen Geschehen, einem Rausch, bei dem sowohl das Gefühl wie die Phantasie in Erregung gesetzt wird. Und dieser Gefühlsrausch hat die Struktur des empfindsamen Fühlens. Er ist einesteils ein Fühlen ohne reales Objekt oder ein Fühlen, für das die äußere Wirklichkeit nur als Auslöser fungiert, er dient andernteils dem – reflektierten – Selbstgenuß[152].

Schwärmertum ist jedoch mehr als empfindsames Fühlen. Vom bloß Empfindsamen hebt sich der Schwärmer dadurch ab, daß bei ihm nicht die Exaltation des Gefühls, sondern die Exaltation der Phantasie das Übergewicht hat und daß die exaltierte Phantasie im Verein mit dem exaltierten Gefühl das Verhältnis zur Wirklichkeit nicht nur beziehungslos macht, sondern daß sie darüber hinaus auch eine Gegenwelt schafft[153]. Der bloß empfindsam Fühlende verliert die Wirklichkeit gewissermaßen ersatzlos. Der Schwärmer hingegen bildet sich in der Phantasie eine neue eigene Wirklichkeit, »die nun den Charakter des Wunderbaren, Übernatürlichen hat und damit all das gewährt, was die äußere objektive Wirklichkeit versagt. Diese Hinwendung zu der Wirklichkeit des Wunderbaren, Übernatürlichen (...) ist das qualitativ Neue, das den Schwärmer von dem bloß Empfindsamen unterscheidet. Sie läßt erkennen das Bestreben, den Bann der bloßen Subjektivität zu durchbrechen, so gewiß der Schwärmer damit objektiv doch wieder der Subjektivität anheimfällt.«[154] Von diesem Ergebnis her kommt Viering dazu, das Schwärmertum »als ein Phänomen des Übergangs von

151 Ebd. 169 ff.
152 Ebd. bes. 200 ff.
153 Ebd. 207.
154 Ebd. 211 f.

der Empfindsamkeit zur Romantik« zu begreifen[155], –
eines der wertvollsten Ergebnisse seines Buches. Wenn
die Romantik dem empirisch-rationalen Weltbild der
Aufklärung eine aus der Anschauung der Phantasie
geborene neue Welt entgegenstellt, so ist dieser Zug im
Schwärmertum vorgebildet.

Indessen trägt auch der Schwärmer, ohne daß er es
will, dazu bei, gerade die Wirklichkeit, der er entflieht,
erst richtig fühlbar zu machen. Es ist wie beim Romantiker insbesondere der Alltag, das Gewöhnliche, an
dem er ein Ungenügen empfindet. Seine Flucht aus
dieser Wirklichkeit in eine schönere Phantasiewelt ist
naturgemäß jedoch nicht von Dauer. Sei es, daß er
subjektiv an einer Überspannung oder Abstumpfung
seiner Exaltation scheitert, sei es, daß er objektiv, von
außen, den Widerstand der Realität zu spüren bekommt
und durch Unverständnis und Gefühllosigkeit oder
durch die simple Notdurft gestört wird, immer folgt
auf die Ausschweifung der Phantasie der Rückfall auf
den Boden der Wirklichkeit, der um so härter wirkt,
je höher sich der Schwärmer verstiegen hatte.

Bei diesem Rückfall wird an der Normalität außer Öde
und Leere vor allem ein Eindruck von Schalheit und
Nüchternheit erfahren, ist doch das Erwachen aus dem
Rausch nicht nur eine Desillusionierung, sondern auch
eine Ernüchterung. Die Nüchternheit ist überhaupt
erst durch den Rausch bedingt. Nur wer im Rausch
war, kann tatsächlich das ›Erlebnis‹ der Ernüchterung
haben, und nur wer im Rausch die Vision von einer
ganz unalltäglichen Welt gehabt hat, vermag den Alltag in seiner ganzen Trivialität zu schmecken. Zugleich
steigert sich damit freilich das Ungenügen am Alltag
und erzeugt wiederum das Bedürfnis, ihm durch einen
neuen Anlauf der Einbildungskraft zu entfliehen. Das
heißt: der Schwärmer bewegt sich in einem Zirkel,
durch den die Erfahrung der Normalität ständig potenziert wird.

155 Ebd. 288 ff.

Beispiele finden sich wieder vor allem in der Frühromantik. Lovell, der nicht nur empfindsamer Subjektivist, sondern auch »Schwärmer« ist[156], weiß selbst,
daß seine Phantasie ihn nicht vom Gewöhnlichen erlöst,
sondern daß er zuletzt immer wieder ins Gewöhnliche
zurückfällt, und zwar so, daß, wie der Roman zeigt,
die Welt für ihn immer trüber und öder wird: »Man
fühlt sich gewissermaßen in eine solche Lage versetzt,
wenn man seiner Phantasie erlaubt, zu weit auszu-
schweifen, wenn man alle Regionen der schwärmenden
Begeisterung durchfliegt, – wir gerathen endlich in ein
Gebiet so excentrischer Gefühle, – indem wir gleichsam
an die letzte Gränze alles Empfindbaren gekommen
sind, und die Phantasie sich durch hundertmalige Exaltationen erschöpft hat, – daß die Seele endlich ermüdet
zurückfällt: alles umher erscheint uns nun in einer
schaalen Trübheit«[157]. Das Schicksal des Schwärmers ist
es, wie einer von Lovells Briefpartnern schreibt, daß
er auf Grund seiner Exaltationen »die wirkliche Welt
leer und nüchtern findet«. Die erhitzte Phantasie »er-
schafft sich neue Welten und läßt sie wieder untergehn:
bis endlich der zu sehr gespannte Bogen bricht und eine
völlige Schlaffheit den Geist lähmt und uns für alle
Freuden unempfänglich macht; alles verdorrt, ein ewiger Winter umgiebt uns.«[158] Für Wackenroders Tonkünstler Berglinger, einen Musikschwärmer, nimmt die
gewöhnliche Wirklichkeit aus der Perspektive des Rück-
falls gar den Zug des Schmutzigen und Ekelhaften an.
Durch die Gewalt der Töne fühlt er sich emporgehoben
wie von einer »dürren Heide«[159], er vermag in dem
»schönen poetischen Taumel« aber nicht zu bleiben.
Das »prosaische Leben« macht immer wieder seine
Rechte geltend[160], und er sieht sich wieder unter dem

156 Tieck, Schriften VI 5.
157 Ebd. 129.
158 Ebd. 165 f.
159 Wackenroder, Werke 114.
160 Ebd. 115.

»gemeinsten Haufen der Menschen«[161], hinabgezogen in den »Schlamm dieser Erde«[162].

Schwärmertum kommt mit derselben Wirkung noch in der Hochromantik vor, insbesondere bei E. T. A. Hoffmann. Wenn etwa Anselmus im *Goldnen Topf* dank seiner Phantasie in Wachträume von Wunder und Geheimnis eingesponnen wird, immer aber auch Desillusionierungen und Ernüchterungen erleidet, so sind es eigentlich erst diese Rückfälle, die ihm das drückend Alltägliche der alltäglichen Wirklichkeit bewußt machen. Und wenn beim Kapellmeister Kreisler der »Traum von einem Paradies der höchsten Befriedigung« damit zu enden pflegt, daß ihm auf dieser Erde »plötzlich alles elend, nichtig, farblos, tot erschien, und ich mich versetzt fühlte in eine trostlose Einöde«[163], so ist es auch hier der profilierende Kontrast, der die Erfahrung der Gewöhnlichkeit potenziert und zur Erfahrung von Einförmigkeit und Leere steigert. Jedoch besteht hier gegenüber dem empfindsamen und frühromantischen Schwärmertum insofern ein Unterschied, als die Visionen und Ahnungen eines Kreisler oder Anselmus nicht in bloße Illusion aufgelöst werden, sondern ihnen eine objektive Wirklichkeit zuerkannt wird[164]. Anders als bei Berglinger ist das durch die Musik vermittelte »höhere Sein« (ein Lieblingsausdruck Hoffmanns) im Falle Kreislers und anderer Künstlergestalten der Intention der Darstellung gemäß als tatsächlich existent anzunehmen. Damit auch wird in der Hochromantik der empfindsame und frühromantische Subjektivismus im Prinzip überwunden.

Bei Eichendorff ist Schwärmertum ein Gegenstand des Spotts. Wohl kennt Eichendorff aber den Vorgang der Ernüchterung und den Zustand der Nüchternheit. Nun ist Nüchternheit bei ihm nicht immer ein Aspekt der

161 Ebd. 126.
162 Ebd. 119.
163 Hoffmann, Werke II 356.
164 Vgl. Viering, aaO. S. 289.

Normalität und nicht immer ein Gefühl, das bedrückt. Wenn dieses Gefühl durch die Frische des Morgens vermittelt wird und soweit es, wie im *Marmorbild*, geeignet ist, die Anfechtungen eines gefährlichen Zaubers abzuwehren, gilt es als wünschbar. Nüchternheit ist z. B. aber immer dann bedrückend und damit auch ein Ausdruck von Normalitätserfahrung, wenn ihr eine gehobene Stimmung vorausgegangen ist, vor allem wenn sie das Ende eines der bei Eichendorff so häufigen Feste markiert. »Die Lampen waren größtenteils verlöscht und warfen nur noch zuckende, falbe Scheine durch den Qualm und Staub, in welchen das ganze bunte Leben verraucht schien. Die Musikanten spielten wohl fort, aber nur noch einzelne Gestalten wankten auf und ab, demaskiert, nüchtern und übersatt.«[165] »Verödet« liegt dann die Szene[166]. »Wie ist's nun leer und tot!«[167]

Wie alles bei Eichendorff hat das Fest eine symbolische Bedeutung (die freilich hier nicht ausgeschöpft werden kann). Beim Fest, zumindest in gewissen Fällen, wird die Welt in einem Zustand erlebt, wie er nach romantischer Auffassung für das Goldene Zeitalter charakteristisch war: als farbig und bewegt, als Schauplatz inniger Gemeinschaft, als Spiegel gesteigerten Lebensgefühls. Von der Goldenen Zeit singt Novalis in der fünften *Hymne an die Nacht*: »ein ewig buntes Fest der Himmelskinder und der Erdbewohner rauschte das Leben, wie ein Frühling, durch die Jahrhunderte hin«[168]. So stellt die Welt des Festes eine Gegenwelt zur Wirklichkeit dar. So gleicht das Ende des Festes in seiner Wirkung aber auch dem Rückfall des Schwärmers aus dem »poetischen Taumel« der Phantasie ins »prosaische Leben«. Die Erfahrung des Gewöhnlichen wird erst prägnant im Kontrast zum Erlebnis des Festes.

165 Eichendorff, Werke II 116.
166 Ebd. 259.
167 Ebd. 67.
168 Novalis, Schriften I 143.

Überhaupt trägt die Romantik zur Banalisierung der Wirklichkeit kräftig bei, wenn sie die gegenwärtige Welt vorzugsweise aus der Perspektive einer wunderbar verklärten Vergangenheit betrachtet. Wer sich die Vergangenheit als zauberhaft ausmalt, dem erscheint die Gegenwart nicht nur deshalb gewöhnlich, weil sie es objektiv ist, sondern weil die Folie des Zauberhaften darüber hinaus das Gewöhnliche auch konstituiert. Wer sich vorstellt, daß es auf der Welt einstmals farbiger und bewegter zugegangen sei als heute, der verfällt angesichts der Gegenwart ganz zwangsläufig auf den Befund der Eintönigkeit und Starrheit. Die romantische Erfahrung der Normalität ist somit nicht nur durch die Normalität selbst gesteuert, sondern auch durch das, was als Gegenbild in der Phantasie der Romantiker lebt.

Ist es offensichtlich, daß die Dinge nicht nur durch sich selbst, sondern auch durch die Konfrontation mit ihrem Gegensatz dem Bewußtsein gegenwärtig werden, so wird man auch kaum den Gedanken von der Hand weisen können, daß das Bewußtwerden der Normalität geradezu auf eine Vorliebe für das Normwidrige zurückgeht. Diese erzromantische Vorliebe, die sich nicht nur im Bereich des Schwärmertums findet und die in romantischen Texten durch Vokabeln wie »wunderlich«, »seltsam«, »sonderbar« usw. signalisiert wird, soll im dritten Teil dieser Untersuchung eingehender behandelt und als Reaktion auf das Ungenügen an der Normalität gedeutet werden. Zweifellos spielt sie aber nicht nur die Rolle einer Wirkung, sondern auch einer Ursache. Der Romantiker bevorzugt das Anomale, weil er die Wirklichkeit als normal erfährt und an der Normalität leidet. Er erfährt die Normalität aber auch deshalb in besonderem Maße, weil er einen ausgeprägten Sinn für das Anomale besitzt. Der Sprachphilosoph Benjamin Lee Whorf hat einmal sehr einleuchtend dargetan, daß eine »Regel« nicht erkennbar ist, wenn sie nicht an der »Ausnahme« gemessen werden kann[169]. Whorf versteht darum die Redensart »die Ausnahme bestätigt die Regel« nicht im üblichen affirmativen Sinne, sondern in dem Sinn: »die Ausnahme macht die Regel bewußt«. Auf unseren Fall angewendet können wir entsprechend sagen: der romantische Sinn für das Anomale befördert, steigert die Erfahrung der Normalität.

Von hier aus gesehen wird man sich hüten müssen, das Maß romantischer Normalitätserfahrung unbedingt und in jedem Fall als Reflex objektiver Wirklichkeit zu verstehen. Einem ausgeprägten Normalitätsbewußtsein muß nicht notwendig ein gleicher Normalitätsdruck von außen entsprechen. Ein bezeichnendes Gegenbeispiel ist etwa die Art, wie die Stürmer und Dränger auf die Regeln der normativen Poetik reagieren. Sie empfinden sie, wie keine Generation vorher, als »Fesseln«. Aber nicht, weil diese Normen sich zu jener Zeit strenger geltend gemacht hätten als früher, sondern obwohl im Gegenteil ihre verbindliche Kraft bereits im Schwinden begriffen war. Ähnliches gilt im 18. Jahrhundert von den Konventionen der ständischen Gesellschaft. Man beginnt sie paradoxerweise gerade dann als beengend zu empfinden, wenn sie bereits gelockert sind. Von jetzt ab – etwa seit dem Sturm und Drang – bis heute werden Leiden und Kritik an den gesellschaftlichen Konventionen zu einem Topos der Literatur, obwohl de facto erlangte Freizügigkeiten dies nicht durchaus rechtfertigen. Gemessen an der Pedanterie, mit der frühere Gesellschaftsformen Verhalten und Handeln regulierten, wird man sogar sagen können, daß zu keiner Zeit weniger Grund bestand, sich über Konventionen zu beklagen, als während der letzten zwei Jahrhunderte. Damit soll natürlich nicht behauptet werden, daß das romantische Bewußtsein

169 Benjamin Lee Whorf: Sprache Denken Wirklichkeit. Beiträge zur Metalinguistik und Sprachphilosophie, hg. und übers. von Peter Krausser, Reinbek bei Hamburg 1963 (= rowohlts deutsche enzyklopädie 174), S. 8 f.

keinerlei objektives Korrelat gehabt hätte, – vielmehr werden wir im nächsten Kapitel das Bewußtwerden der Normalität gerade auf konkrete Umwelterfahrungen beziehen. Es ist aber davor zu warnen, den Bezug zwischen Normalitätserfahrung und konkreter Wirklichkeit nur im Sinne einer simplen Analogie zu deuten.

Der romantische Sinn für das Anomale hat, wie die romantische Schwärmerei, gewisse Vorstufen. Schon das Barock kultiviert das »Negativ der Norm«[170], aber das Barock kommt als Vorstufe kaum in Frage, da es, anders als die Romantik, das Anomale nicht für das Ausgefallene, sondern angesichts des Waltens der Göttin Fortuna für das Allgemeinübliche hält. Auch nicht die Aufklärung, die zwar eine Krise traditioneller Normen, nicht aber eine Krise des normativen Denkens bewirkt. Im Gegenteil, ihr Rationalismus ist normativer gesinnt als jede andere Denkschule zuvor, wie sich an dem neuen Weltbild zeigt, und wenn er überkommene Verbindlichkeiten in Frage stellt, wie etwa im Bereich der Moral, der Gesellschaft, der Politik, so nicht, um mit dem Prinzip der Norm überhaupt zu brechen, sondern um an Stelle der alten neue und, wie es die Ansicht der Zeit ist, besser begründete Verbindlichkeiten zu etablieren. Deshalb darf man die aufklärerische Emanzipation von der Diktatur autoritärer Fremdbestimmung und die Wende zum Republikanismus vernünftiger Selbstbestimmung nicht zugleich als Entbindung nonkonformistischer oder gar anarchistischer Ansprüche verstehen. Ein prinzipieller Nonkonformismus entsprach so wenig der generalisierenden Neigung der Ratio, daß die Aufklärung Abweichungen von den Normen der Vernunft vielmehr als Verirrungen oder krankhafte Auswüchse einstufte[171].

Ein auf die Romantik vorausdeutender Sinn und Ge-

---

170 Alewyn: Der Roman des Barock, aaO. S. 127.
171 Vgl. dazu Wolfgang Promies: Der Bürger und der Narr oder das Risiko der Phantasie. Sechs Kapitel über das Irrationale in der Literatur des Rationalismus, München 1966 (Literatur als Kunst).

schmack für das Normwidrige gedeiht im Bereich des Rokoko und, was für die literarische Entwicklung in Deutschland wichtiger ist, vor allem auf dem Boden der Gefühlskultur[172]. Hier wächst der Hang zum Sonderbaren, die Sympathie mit dem Sonderling[173], die Toleranz sogar gegenüber moralischen Normverletzungen[174]. Hier entwickelt sich die Vorliebe für das Originale, ja sogar eine Neubewertung der Narrheit. Seit der Mitte des Jahrhunderts mehren sich die Schriften, die den Narren nicht mehr als krankhafte Abweichung von der Norm, sondern als legitime Komponente der menschlichen Natur begreifen[175].

Erklärlich ist dieser Umschwung, der nicht nur irgendwelche traditionellen Normen, sondern prinzipiell das normative Denken untergräbt, wenn man bedenkt, daß das bewußte Gefühl, indem es dem Zeitgenossen ein gesteigertes Ich-Erlebnis vermittelt, auch als individuelles erlebt wird und Individualität zu einem Wert stempelt. Vom Anspruch auf Individualität aber zum Anspruch auf Nonkonformität ist es nur ein Schritt. Die neue Botschaft des »Herzens« macht das Gefühl als einmalig und inkommensurabel geltend. Sie öffnet ihm damit aber auch die Möglichkeit, sich gegen das Allgemeinübliche zu verhalten, eigene Wege zu gehen

172 Demgegenüber meint Promies, aaO., daß die Aufwertung des Außerordentlichen und Regelwidrigen (S. 130) dem Rationalismus selber zuzuschreiben sei, und zwar der späteren Form eines »wägenden Rationalismus« (S. 122) bei Autoren wie Lessing, Wieland, Abbt, Flögel, Sulzer, Riedel, Gleim, Nicolai.
173 Vgl. zu diesem Typ Hermann Meyer: Der Sonderling in der deutschen Dichtung, München 1963 (Literatur als Kunst).
174 Vgl. Fälle wie Lessings ›Miß Sara Sampson‹. Zu diesem Komplex bes. Heinz Birk: Bürgerliche und empfindsame Moral im Familiendrama des 18. Jahrhunderts, Diss. Bonn 1967.
175 Vgl. Promies, aaO. S. 118 ff. Hervorzuheben ist besonders Justus Mösers berühmter Aufsatz ›Harlekin oder Vertheidigung des Groteske-komischen‹ (1761). Ein denkwürdiges Beispiel für die wachsende Sympathie mit dem Anomalen ist auch Mösers Lobpreis des Faustrechts in seinen ›Patriotischen Phantasien‹, Auswahl u. Nachwort von Siegfried Sudhof, Stuttgart 1970 (= Reclam 683/84/84a), S. 65 ff.

oder, wenn nicht selbst zum Außenseiter zu werden, so doch mit dem Außenseitertum anderer zu sympathisieren.

Dieses Mitgefühl ist, in einer fortgeschrittenen Phase, sogar fähig, eine so bedenkliche Form des Nonkonformismus wie Karl Moors Räubertum als Gegenstand zu akzeptieren. Schiller hat in der Selbstbesprechung seines dramatischen Erstlings im *Wirtembergischen Repertorium* gesagt, »daß wir um so wärmer sympathisieren, je weniger wir Gehilfen darin haben; daß wir dem, den die Welt ausstößt, unsere Tränen in die Wüste nachtragen; daß wir lieber mit Crusoe auf der menschenverlassenen Insel uns einnisten, als im drängenden Gewühle der Welt mitschwimmen. Dies wenigstens ist es, was uns in vorliegendem Stück an die so äußerst unmoralische Jaunerhorden festbindet.«[176] Der Mensch dagegen, der sich mit der Welt arrangiert hat, d. h. der ihre Normen erfüllt und dafür von ihr belohnt wird, ist für das Herz uninteressant: »Ein Mensch, an den sich die ganze Welt knüpft, der sich wiederum an die ganze Welt klammert, ist ein Fremdling für unser Herz. – Wir lieben das Ausschließende in der Liebe und überall.«[177]

c) Vorläufige Bemerkungen zum romantischen Bewußtsein

Wenn das durch Aufklärung und Subjektivismus geformte Weltbild für die romantische Generation den Charakter eines ›Erbes‹ besitzt, dann nicht bloß in dem unverbindlichen Sinn, daß diese Generation auf etwas Bezug nimmt, was ihr überliefert wurde. Diese Kennzeichnung soll vielmehr andeuten, daß sie davon auch innerlich geprägt ist und daß wir es mit nichts geringerem als einem Fall von erblicher Belastung zu tun

176 Schiller, Nationalausgabe, Bd. XXII, S. 118.
177 Ebd. 119.

haben. Das heißt, gegenüber dem von Aufklärung und Subjektivismus konstituierten Bild der Wirklichkeit besitzt der Romantiker nicht die Souveränität, es bloß als Ärgernis von fremder Seite betrachten und es bloß als theoretisches Problem behandeln zu können. Statt in der Haltung der überlegenen Distanz befindet er sich ihm gegenüber in der Haltung direkter Betroffenheit, und das »Gewöhnliche«, »Gemeine«, »Bekannte«, »Einförmige«, »Öde« der Wirklichkeit ist ein Aspekt, der sich dem romantischen Bewußtsein als ganz eigene Erfahrung aufdrängt.

Dies ist nur möglich, wenn man annimmt, daß die Romantiker die Welt nicht nur einfach als Produkt von Aufklärung und Subjektivismus, sondern daß sie sie geradezu *mit den Augen* von Aufklärung und Subjektivismus betrachten, daß also diese beiden Anschauungsformen einen Teil des romantischen Bewußtseins ausmachen. Und dies wiederum läßt sich nur verstehen, wenn man davon ausgeht, daß die Romantiker ursprünglich im Geist von Aufklärung und Subjektivismus heranwachsen, ja in dessen Bann selbst dann noch verbleiben, nachdem sie sich von ihm losgesagt haben. Romantik bedeutet also nicht nur Opposition nach außen, sondern auch nach innen. Der Gegner ist nicht nur ein Gegenüber, sondern der eigene Schatten.

Was den Rationalismus betrifft, so hat bereits K. Mannheim auf diese Bewußtseinsstruktur hingewiesen. Die Romantik ist zwar »eine ideologische Gegenbewegung gegen die Aufklärung«[178], aber: »Im romantischen Bewußtsein ist das Modern-Rationalistische bereits aufgenommen, aufgehoben. Sie (die Romantik) ist eben nicht einfach eine polare, von ganz heterogenen Kräften gespeiste Gegenbewegung, sondern eher einer *Pendelbewegung* vergleichbar, die bis zu einem extremen Punkte ausschlagend plötzlich rückläufig wird.«[179] Getragen werde die Romantik denn auch »von derselben

178 Mannheim, aaO. S. 452.
179 Ebd. 453 f.

Schicht, die auch an der Aufklärung engagiert war«: von »sozial freischwebenden Intellektuellen« (nach einem Ausdruck Alfred Webers)[180]. Allerdings setzt die Hinwendung zur Romantik nach Mannheim einen kritischen Vorbehalt gegenüber dem Rationalismus voraus. Die künftigen Romantiker werden nicht so radikal vom Rationalismus erfaßt, daß sie ihm gänzlich verfallen. Was sie an vorrationalistischer Gläubigkeit aus dem Haus der Väter mitbringen und was Mannheim »religiöses Bewußtsein« nennt, wird zwar durch die Aufklärung erschüttert, jedoch bleiben »jene traditionellen eingelebten Denk- und Erlebniseinstellungen, die das religiöse Leben im väterlichen Haus wach hielt, (...) auch nach der aufklärerischen Erschütterung lebendig und werden (...) mit um so größerer Wucht gegen die rationalistische Atmosphäre der Zeit ausgespielt.«[181]
Immerhin ist die rationalistische Skepsis gegenüber Wunder und Geheimnis sowie die Überzeugung, daß es in der Welt durchaus gesetzmäßig zugehe, ein ›Bazillus‹, der, nachdem er sich im Bewußtsein eingenistet hat, auch kaum mehr daraus zu vertreiben ist. Die Aufklärung ist, wo sie einmal Platz gegriffen hat, »irreversibel«[182]. Wie die traditionelle Religiosität bleibt im romantischen Bewußtsein also auch die neue Rationalität lebendig, als innerer Feind, der gehaßt und bekämpft wird, aber mächtig und unbesiegbar bleibt.
Von daher erklären sich viele Züge der romantischen Dichtung, die sonst nicht verständlich wären. Es erklären sich zum Beispiel die schmerzhaften ironischen Brüche, die den Versuch, die verloren gegangene gläubige Einfalt wiederzubeleben, allenthalben unterminieren, und die zweifellos aus dem Geist rationalistischer Skepsis erwachsen. Es erklärt sich die häufig zweifelhafte Sicht, aus der die Phänomene des Wunderbaren dargestellt werden und die sie ins Zwielicht des zu-

180 Ebd. 454.
181 Ebd. 452.
182 Alewyn: Die Lust an der Angst, aaO. S. 319.

gleich Glaubhaften und Unglaubwürdigen stellt. Es erklären sich vor allem die Desillusionierungen, die schon das vorromantische Schwärmertum kennzeichnen, dann aber auch in der Romantik, vor allem bei Hoffmann, die Visionen des Wunderbaren zerstören und die rational-empirische Erkenntnis zumindest vorübergehend wieder zur Geltung bringen. In einigen seiner Erzählungen sucht Hoffmann sich vor der Zudringlichkeit der Ratio dadurch zu retten, daß er sie als Stimme des Bösen verteufelt und ihre Aussage als Blendwerk denunziert, so zum Beispiel im *Goldnen Topf* und im *Fremden Kind*. In anderen Erzählungen dagegen, wie etwa im *Sandmann* mit der Gegenüberstellung von Klara und Nathanael, kann es geschehen, daß er genau die Gegenposition einnimmt, daß er dem Verstand nicht die Rolle einer verderblichen, sondern einer heilsamen Macht zuerkennt, deren Klarheit nunmehr gegen die Verblendung der Phantasie ausgespielt wird. Eichendorff hat im *Marmorbild*, wo der nicht nur christliche, sondern auch aufgeklärte Fortunato den schwärmerischen Florio ebenso vor Wahnsinn wie Sünde bewahrt, eine ähnliche Frontstellung aufgebaut[182a]. Besonders an solchen Beispielen zeigt sich, wie wenig das romantische Bewußtsein ausschließlich ›irrationalistisch‹ ist, ja daß es auf Grund seines rationalistischen Anteils sogar zur Selbstkritik fähig ist. Noch erheblicher fällt dieser Anteil im Bereich der Frühromantik ins Gewicht. Wie H. Schanze nachgewiesen hat, lassen sich Elemente des frühromantischen Denkens, wie zum Beispiel Enzyklopädismus und Eklektizismus, zwanglos als Erbgut der Aufklärung deuten[183].
Ebenso wie die Aufklärung ist auch die Empfindsamkeit im romantischen Bewußtsein ›aufgehoben‹. Alle

182a Vgl. Hans-Jürg Lüthi: Joseph von Eichendorff und die Aufklärung, in: Aurora 35, 1975, S. 7-20, bes. S. 17 f.
183 Helmut Schanze: Romantik und Aufklärung. Untersuchungen zu Friedrich Schlegel und Novalis, Nürnberg 1966 (= Erlanger Beiträge zur Sprach- und Kunstwissenschaft 27).

wichtigen Romantiker durchlaufen in ihren Anfängen eine empfindsame Phase, sei es in der religiösen Form des Pietismus, sei es in irgendwelchen säkularisierten Formen. Um nur auf einige repräsentative Fälle einzugehen: Von Schleiermacher und Novalis ist bekannt, daß sie im Elternhaus in pietistischem Geist erzogen wurden[184]. Von Friedrich Schlegels Knabenzeit berichtet E. Behler, daß sie durch einen »Zug zu zergliedernder, schwermütiger Selbstreflexion«, durch narzistische Beschäftigung mit dem eigenen Ich geprägt gewesen sei[185]. Arnim tut seine Empfindsamkeit durch sein erstes dichterisches Werk, den Werther-Roman *Hollins Liebeleben*, kund, Brentano die seine vor allem durch den Ersten Teil des *Godwi*.

Was unsere drei Kronzeugen, Tieck, Hoffmann, Eichendorff, anlangt, so ist eine empfindsame Frühphase auch hier unverkennbar. Bei Tieck ist sie vor allem durch den *Lovell* belegt. Von Hoffmann weiß man, daß er früh von Rousseaus *Bekenntnissen* beeindruckt war – der ironische Niederschlag findet sich im *Kater Murr* – und daß zu seinen frühen Versuchen ein verlorengegangener Roman, *Der Geheimnisvolle* (entstanden Winter 1795/96), gehört, von dem ziemlich sicher ist, daß er stark empfindsame Züge getragen hat. Denn es ist davon ein Bruchstück erhalten, das Hoffmann seinem Freunde Hippel am 13. 3. 1796 in einem Brief mitteilte und das einen überschwenglichen Lobpreis der

184 Vgl. Rudolf Haym: Die romantische Schule. Ein Beitrag zur Geschichte des deutschen Geistes, Darmstadt 1972 (fotomech. Nachdr. der 1. Aufl. Berlin 1870), S. 326 f., 392 f.
185 Ernst Behler: Friedrich Schlegel in Selbstzeugnissen und Bilddokumenten, Reinbek bei Hamburg 1966 (= rowohlts monographien 123), S. 14. Ferner heißt es bei Behler: »Wenn Schlegel später den Ursprung der literarischen Kunst in die engste Beziehung zum Akt der Selbstreflexion setzte, wenn er meinte, das Beste in den modernen Romanen seien Selbstbekenntnisse des Verfassers, und wenn er die dichterische Ironie als Reflexion in der zweiten Potenz, als Genuß des Genusses verstand, sprach er Selbsterfahrungen aus, die tief in seine Jugend zurückreichen.« (S. 15)

empfindsamen Freundschaft enthält[186]. Und der modische Seelenkult war für Hoffmann, wie auch sein Briefwechsel mit Hippel aus dieser Zeit bezeugt, nicht nur literarisches Motiv. Wenn er später im *Kater Murr* zwei empfindsame Freunde (Formosus und Walter) in ihrer falschen Gefühlsseligkeit entlarvt, so verrät die genaue Psychologie der Darstellung, daß sie auf eigener seelischer Kenntnis und Erfahrung beruht.

Eichendorff erlebt seine empfindsame Phase, als er im Kreis des schwärmerischen Grafen von Loeben verkehrt (bes. 1807/08). Bekanntlich hat Eichendorff später in *Ahnung und Gegenwart* ein nicht sehr schmeichelhaftes Porträt Loebens gegeben: er karikiert ihn im Rahmen der Darstellung des Ästhetischen Tees (2. Buch) in der Figur des Schmachtenden. Aber das ist nur die eine Seite des Sachverhalts. Wie aus einem Brief Eichendorffs an Loeben vom 25. 12. 1814 hervorgeht, hat er in dieser Figur auch sich selbst gezeichnet: »Unverkennbar allgemeiner ist der Schmachtende gehalten, und wenn ich dabei bisweilen wirklich an Dich, wie Du damals schienst, dachte (: verzeihe es mir, lieber guter Freund! denn ich will es nicht leugnen :), so habe ich doch eben so oft mich selber gemeint, wie schon die schmachtenden Probegedichte beweisen, die ich selbst in jener Periode gemacht habe.«[187]

Wo die Romantiker die Empfindsamkeit verspotten – und das tun sie sehr häufig –, rechnen sie, wie man sieht, auch mit sich selber ab, mit ihrem schlechteren Selbst, das sich in den problematischen Genüssen des narzißtischen Gefühls verfangen hatte. Aber auch hier gilt, was von ihrem Verhältnis zum Rationalismus gesagt wurde. Wenn sie den empfindsamen Subjektivismus durch jenen Objektivismus, der die Hochro-

186 E. T. A. Hoffmanns Briefwechsel, hg. von Friedrich Schnapp, 3 Bde., Darmstadt 1967-69, Bd. I, S. 87 f. Das Textstück ist auch abgedruckt in Hoffmann, Werke V 587 f.
187 Briefe Eichendorffs an Otto Heinrich Graf von Loeben, hg. von Karl von Eichendorff, in: Aurora 1, 1929, S. 55-76, S. 74.

mantik auszeichnet, auch überwinden, so bedeutet dies doch nicht, daß das empfindsame Erbgut gänzlich aufhörte zu wirken. Auch die Empfindsamkeit ist, wo sie einmal Fuß gefaßt hat, irreversibel. Wenn Empfindsamkeit den Verlust des unmittelbaren naiven Fühlens bedeutet, so ist dieser Verlust in der Geschichte des Bewußtseins nicht mehr rückgängig zu machen. Er ist so wenig rückgängig zu machen wie der Verlust des naiven Glaubens, der auf das Konto des Rationalismus geht.

Insofern bewirkt die ›Überwindung‹ von Rationalismus und Empfindsamkeit durch die Romantik keineswegs deren Ausschaltung, geschweige die Rückkehr zu früheren Zuständen. Die Romantisierung des Bewußtseins bedeutet nur die Entdeckung und Belebung neuer Kräfte, die den Wirkungen von Rationalismus und Empfindsamkeit gegensteuern und sie kompensieren. Die davon ausgehende Romantisierung der Welt ist allerdings in erster Linie ein poetisches Abenteuer. Sie verändert die Welt in der Fiktion des Dargestellten und in der Illusion des Lesers. Ob sie darüber hinaus Folgen für die tatsächliche Wirklichkeit zeitigt, wird man bezweifeln müssen, jedenfalls aber nur sehr schwer beurteilen können.

3. Umwelt

Die beiden vorhergehenden Kapitel haben gezeigt, daß die romantische Erfahrung der Wirklichkeit als normal sowohl von innen wie von außen bestimmt ist. Von innen wirken geistige und seelische Voraussetzungen: das Denken, das Fühlen, ein entsprechendes Weltbild. Von außen ›objektive‹ Gegebenheiten wie der Alltag (der freilich subjektiv verschieden erlebt werden kann), die Herrschaft der Konventionen, die durch rationale Forschung vermittelte Naturgesetzlichkeit.

Alltagserfahrung, gesellschaftliche Erfahrung, Naturerfahrung machen nur einen Teil der Außenerfahrung aus. Nachdem wir uns im Vorstehenden auf der abstrakten Ebene rationalistischen Denkens und subjektivistischen Fühlens bewegt haben, kann man sich auch einmal fragen, ob das Normale zu jener Zeit nicht auch auf der Ebene der ganz konkreten sinnlichen Anschauung und als Moment der ›Lebensqualität‹ zur Erfahrung wurde.

Man sollte die vielleicht etwas naiv anmutende Frage nicht scheuen, was denn die Romantiker eigentlich wahrnahmen, wenn sie sich in ihrem Lebensraum umschauten. Nicht daß es darauf ankäme herauszufinden, was ihnen an Besonderem, Nichtalltäglichem aufgefallen sei. Was hier interessiert, ist gerade der Eindruck der Dinge, die sie zum gewohnten oder als gewöhnlich sich etablierenden Bild ihrer Umgebung rechnen mußten. Genauer: es interessiert die Frage, ob sie Grund hatten, die Außenansicht ihres Lebensraumes für noch gewöhnlicher zu halten, als sie früheren Generationen erschienen war. *Jeder* Lebensraum ist naturgemäß etwas Gewöhnliches. Wer sich über eine gewisse Zeit innerhalb eines gewissen Milieus bewegt, muß zwangsläufig immer wieder dasselbe sehen. Da die Romantiker, anders als die Künstlergestalten ihrer Dichtung, keineswegs passionierte Wanderer waren, gilt dies auch für sie. Darüber hinaus aber könnte ihnen die moderne Zivilisation bereits damals jene charakteristische Physiognomie offenbart haben, in der sich, wie in der Neuordnung des Weltbildes, der Wille zur Vereinheitlichung kundtut. Tieck, Hoffmann, Eichendorff lebten zumeist in Städten, sie gingen durch Straßen, sahen Häuser und Menschen, nahmen öffentliches Leben wahr. Sie lebten in Wohnungen oder Gasthäusern, sahen Möbel und sonstige Inneneinrichtungen, sie sahen die Mode in der Kleidung wie überhaupt in jeder Art von Dekor. Hatte sich auch in diesem Bereich, den wir kurzerhand ›Umwelt‹ nennen, die Welt ins Gleichförmige verändert, besser gesagt: gesteigert? Und wenn ja: Was davon wird in romantischen Texten thematisiert? (Denn es kann ja nicht darum gehen, einfach einschlägige Züge zu summieren, ohne zu fragen, ob diese von den romantischen Zeitgenossen auch bemerkt, und so bemerkt wurden, daß sie in die literarische Wiedergabe ihrer Realitätserfahrung miteingingen.)

a) Veränderungen im Gefolge der Aufklärung

Wenn man Eichendorff Glauben schenken darf, hatte eine solche Veränderung den gesamten europäischen Lebensraum erfaßt. Wie er in seiner Staatsexamensarbeit *Die Aufhebung der geistlichen Landeshoheit und die Einziehung des Stifts- und Klostergutes in Deutschland* (1818) schreibt, tritt nach dem Zerfall des christlich geprägten mittelalterlichen Reiches im 17. und 18. Jahrhundert an dessen Stelle ein Staatensystem, das statt auf dem Prinzip innerer geistiger und geistlicher Einheit bloß auf äußerem Gleichgewicht beruht und damit »zu einem völlig toten Stillstand, einem starren Nebeneinandersein«[188] zu gelangen droht. Zugleich beginnt die einst vielfältige Reichslandschaft den Aspekt toter Gleichförmigkeit anzunehmen. Hatten schon einige Kaiser des Mittelalters sich versucht gefühlt, ihren Machtgelüsten individuelle Freiheit und Eigentümlichkeit zu opfern und »die Leichendecke der Einerleiheit über den blütevollen Reichtum der deutschen Mannigfaltigkeit zu werfen«[189], so wird diese Versuchung unter den modernen Fürsten zur Wirklichkeit: »Wenn nach der früheren Einrichtung Deutschlands der Staat durch Religion, ehrwürdige Gewohnheiten, eigentümliche Sitten und durch eine innige Verbrüderung vom Lehnsverbande bis zu den Zünften hinab ein geistiges, organisch lebendiges Ganze bildete, so wurde nunmehr mit offenbarer Geringschätzung aller moralischen Trieb-

188 Eichendorff, Werke IV 1096.
189 Ebd. 1101.

108

federn die Macht jedes Staates einzig nach statistischen Tabellen, nach der günstigen oder ungünstigen Handelsbilanz und nach Kanonen berechnet. Das Prinzip des Lebens, das gesunde Verhältnis zwischen Seele und Körper des Staats war gestört, die verlorene und verkannte Gewalt der inneren Würdigkeit sollte einzig und allein und zuverlässiger vertreten werden durch die äußere Gewalt der Waffen. Und so wurde denn der schöne deutsche Wald, wo Stamm an Stamm in lebendiger mannigfaltiger Eigentümlichkeit die starken Arme ineinanderwob zur grünen Burg der Freiheit, in mechanischer Gleichförmigkeit zu der großen Schlag- und Schlachtmaschine der stehenden Heere verzimmert.«[190]

Kann man eigentlich daran zweifeln, daß Eichendorff bei dieser Darstellung insbesondere Preußen vor Augen hat? Gewiß, der preußische Staatsbeamte hat sich später über das Land, in dem er seinen Unterhalt fand, und sicher nicht aus Opportunismus, positiv geäußert[191]. Aber wo hätten sich die Veränderungen, die er in der zitierten Stelle beschreibt, besser registrieren lassen als gerade hier. Wenn von »statistischen Tabellen« die Rede ist, so wird man an die Statistiken denken, die Friedrich II. z. B. bei der Akzise und zum Zweck der wirtschaftlichen Vorsorge einführte, bei dem Begriff »Handelsbilanz« an den preußischen Merkantilismus, bei den »Kanonen« und dem Bild von der »großen Schlag- und Schlachtmaschine der stehenden Heere« an den Aufbau Preußens als Militärmacht.

Preußen war damals der fortschrittlichste Staat in Deutschland. Es war Hauptsitz der deutschen Aufklärung und Schauplatz moderner Reformen in Wirtschaft und Gesellschaft, Verwaltung und Politik, Militär und Erziehung[192]. Alle in diesen Bereichen wirksamen Maß-

190 Ebd. 1097.
191 Vgl. Eichendorffs Schrift ›Preußen und die Konstitutionen‹ (1830).
192 Vgl. dazu Henri Brunschwig: Gesellschaft und Romantik in Preußen im 18. Jahrhundert. Die Krise des preußischen Staates am Ende des

nahmen trugen – zumindest andeutungsweise – dazu bei, dem Leben in diesem Staat etwas von dem präzisen Gleichschritt seines Heeres oder von dem regelmäßigen Takt einer gutgehenden Uhr zu verleihen. Die Tendenz zur Rationalisierung im Sinne eines durchregulierten maschinellen Gebildes entsprach dabei dem Ideal, wie es Friedrich II. in einer 1750 vor der Akademie der Wissenschaften zu Berlin verlesenen Abhandlung verkündet hatte: »Ein vollkommenes Gesetzbuch wäre das Meisterstück des menschlichen Geistes im Bereich der Regierungskunst. Man müßte darin Einheit des Planes und so genaue und abgemessene Bestimmungen finden, daß ein nach ihm regierter Staat einem Uhrwerk gliche, in dem alle Triebfedern nur einen Zweck haben.«[193]

Sollte Eichendorff mit seiner Charakteristik an diese Bestrebungen angeknüpft haben, so stünde er mit seiner Auffassung von den Vorgängen in Preußen nicht allein. In seiner Aphorismensammlung *Glauben und Liebe* schreibt Novalis: »Kein Staat ist mehr als Fabrik verwaltet worden, als Preußen, seit Friedrich Wilhelm des Ersten Tode. So nöthig vielleicht eine solche maschinistische Administration zur physischen Gesundheit, Stärkung und Gewandheit des Staats seyn mag, so geht doch der Staat, wenn er bloß auf diese Art behandelt wird, im Wesentlichen darüber zu Grunde.«[194]

Die Romantiker hatten um so mehr Grund und Recht, mit der Kritik an der Mechanisierung des Lebens Preußen zu meinen, als sie namentlich von diesem Staatswesen eine lebendige Anschauung besaßen. War doch hier vor allem ihre Bewegung entstanden. Da Preußen der aufgeklärteste und fortschrittlichste Staat Deutschlands war, formierte sich hier zuerst die roman-

18. Jahrhunderts und die Entstehung der romantischen Mentalität, aus dem Franz. von Marie-Luise Schultheis, Frankfurt am Main/Berlin/ Wien 1976 (= Ullstein 3500).

193 Zitiert nach Karl Otmar Freiherr von Aretin (Hg.): Der Aufgeklärte Absolutismus, Köln 1974 (= Neue Wissenschaftliche Bibliothek 67), S. 17.

194 Novalis, Schriften II 494.

tische Opposition. Genauer gesagt, es war Preußens Hauptstadt Berlin, die den engeren Erfahrungsbereich der jungen Oppositionellen bildete. Noch bevor sich 1799 in Jena der erste romantische Zirkel konstituierte, verfaßte in Berlin der junge Tieck während der frühen neunziger Jahre seine ersten auf die Romantik vorausdeutenden oder die Romantik bereits einleitenden Romane und Erzählungen, nahm Friedrich Schlegel in den Berliner Salons der Henriette Herz und Rahel Levin die ersten Kontakte zu Gleichgesinnten auf, bildete sich überhaupt »zwischen 1797 und 1798 in Berlin der erste Keim einer Genossenschaft, einer Schule« romantischen Charakters[195]. Gerade die drei Romantiker, auf die sich unsere Untersuchung hauptsächlich beruft, sammelten in Berlin prägende Umwelterfahrungen: Tieck, weil er hier geboren wurde und aufwuchs; Eichendorff, weil er hier immerhin etwa die Hälfte seines Lebens verbrachte; Hoffmann, weil er hier als Bürger und Beamter wie als Schriftsteller im vollen Sinne des Wortes zu Hause war und seine beruflich und schriftstellerisch wichtigsten Jahre verlebte. Welche dieser Erfahrungen etwa waren geeignet, den Aufenthalt einförmig und langweilig erscheinen zu lassen?

Stellen wir – mit Hilfe eines Zitats – zunächst eine grundsätzliche Überlegung an. In Nestroys Posse *Der Zerrissene*, einer komischen Version des Ungenügens an einem »öden, abgeschmackten Leben«[196], beklagt sich der gelangweilte Herr von Lips: »Wenn einem kleinen Buben nix fehlt und er is grantig, so gibt man ihm a paar Braker, und's is gut. Vielleicht helfet das bei mir auch, aber bei einem Bub'n in meinem Alter müßten die Schläg' vom Schicksal ausgehn, und von da hab' ich nix zu riskier'n; meine Gelder liegen sicher, meine

195 Haym, aaO. S. 269.
196 Johann Nestroy: Gesammelte Werke, Ausgabe in sechs Bänden, hg. von Otto Rommel, Wien 1962 (fotostat. Nachdr. der Ausgabe 1948-49), Bd. IV, S. 373.

Häuser sind assekuriert, meine Realitäten sind nicht zum Stehlen (...) – für mich is also keine Hoffnung auf Aufrieglung, auf Impuls. – Jetzt hab' ich Tafel g'habt – wenn ich nur wüßt', wie ich bis zu der nächsten Tafel die Zeit verbring'! – Mit Liebesabenteuer? – Mit Spiel –? Das Spielen is nix für einen Reichen; wem's Verlier'n nicht mehr weh tut, dem macht's Gewinnen auch ka Freud'! – Abenteuer –? Da muß ich lachen! Für einen Reichen existieren keine Liebesabenteuer. Können wir wo einsteigen? Nein, sie machen uns so überall Tür und Tor auf! (...) Wann hört man denn, daß ein Eh'mann einen Kugelstutzen nimmt und unsereinem nachschießt? Ja, anreden tun s' ein', daß man ihnen was vorschießt. (...) Das is die ganze Rache! Wo sollen da die Abenteuer herkommen? Man is und bleibt schon auf fade Alltagsgenüsse reduziert«[197].

Fade ist ein Leben ohne Risiko und Abenteuer. Verhindert werden beide zum einen durch Reichtum, zum anderen durch Sekurität (»meine Gelder liegen sicher, meine Häuser sind assekuriert«).

Vor allem Sekurität ist ein fundamentaler Baustein normalisierten Lebens. Voraufklärerische Zeiten konnten die Umwelt schon deshalb nicht in gleicher Weise als normal wie die nachfolgenden aufgeklärten Epochen erfahren und darum auch schon deshalb keine Lebenslangeweile empfinden, weil das Dasein unverhältnismäßig massiver als jemals später ständig und unabwendbar von Gefahren aller Art, von Kriegen und Verbrechen, Seuchen und Hungersnöten, Bankrotten und Feuersbrünsten, bedroht war. Die Literatur dieser Zeiten ist voll davon, wie unsicher Besitz, Macht, Glück und Gesundheit sind und wie sehr es daher gilt, sein Herz nicht an das Irdische zu hängen, sondern sich beizeiten der Hoffnung auf die beständigeren Freuden des Jenseits zuzuwenden. Es ist das Verdienst der

197 Ebd. 373 f.

Aufklärung, diese Unsicherheit nicht nur auf der Ebene
der Weltanschauung, sondern auch im Bereich der empirischen, praktischen Wirklichkeit abgebaut zu haben.
»Das bedeutete im bürgerlichen Leben die planmäßige
Eindämmung von Zufall und Willkür, die Entthro-
nung der Fortuna, die bisher als unumschränkte Herrin
des Weltlaufs gegolten hatte, die Entmachtung des
›Verhängnisses‹, gegen das sich aufzulehnen als zwecklos, wo nicht geradezu als gotteslästerlich gegolten
hatte, und statt dessen die planmäßige Ausdehnung
des Raums des Vorhersehbaren und Vorherberechen-
baren, die Abschaffung des Abenteuers, die Absicherung
des bürgerlichen Handels und Wandels durch Gesetz
und Polizei gegen jede abwendbare Gefahr.«[198]
Nicht zu unterschätzen in ihrer Auswirkung sind insbesondere die polizeilichen Maßnahmen, die der aufgeklärte Staat zugunsten der öffentlichen Sicherheit
anordnete. In seiner zweibändigen *Beschreibung der*
Königlichen Residenzstädte Berlin und Potsdam und
aller daselbst befindlicher Merkwürdigkeiten (neue Auflage 1779) schreibt Friedrich Nicolai: »Die hiesigen
Polizeyanstalten sind überhaupt in vielen Dingen vor-
treflich, und andern grossen Städten zum Muster anzu-
preisen. Die öffentliche Sicherheit ist so vollkommen,
als man es in einer so grossen und volkreichen Stadt
kaum vermuthen sollte. Es gehen viele Jahre vorbey,
ehe man von einem Straßenraube höret, und fast niemals bleibt der Thäter unentdeckt; von Diebesbanden,
oder Morde auf den Straßen, höret man fast gar nichts,
von gewaltsamen Einbrüchen und andern beträchtlichen Diebstählen vergleichungsweise gegen andere
grosse Städte, nicht viel. Man kann auf den Straßen
die ganze Nacht hindurch eben so sicher gehen, als bey
Tage. Diese Sicherheit hat man theils, der genauen
Aufmerksamkeit der Polizey, auf das Betragen aller
verdächtigen Personen, zu danken, theils tragen die
Patrullen, welche die wachhabende Garnison die ganze

198 Alewyn: Die Lust an der Angst, aaO. S. 316.

Nacht thut, die Nachtwächter, und die in allen Straßen, vom September bis May, brennende Laternen, nicht wenig dazu bey.«[199]

Erst 1826 wurde in Berlin die moderne Gasbeleuchtung eingeführt, aber immerhin hatte schon 1679 der Große Kurfürst angeordnet, daß nachts aus jedem dritten Hause eine Laterne mit brennendem Licht herausgehängt werde[200]. Welchen Fortschritt die Nachtbeleuchtung für die moderne Zivilisation bedeutet, ist kaum in vollem Umfang zu ermessen. Man konnte erst jüngst eine Ahnung davon gewinnen, als in der Nacht vom 13. auf den 14. Juli 1977 in New York der Strom ausfiel und in der totalen Dunkelheit die Szene sich in ein Chaos von Verbrechen, Terror, Plünderungen und Feuerbränden verwandelte. Wie Ernst Bloch in seinem Essay *Technik und Geistererscheinung* bemerkt, bringt das verbesserte Licht überdies jede Art von Spuk zum Verschwinden[201]. Den Gespenstern und Geistern macht nicht nur die Erhellung des Verstandes, sondern auch die Erhellung der Stuben und Straßen den Garaus.

In Nicolais Beschreibung Berlins ist ferner zu lesen, welche wirksamen Anstalten gegen die Feuersgefahr damals getroffen wurden[202], ja daß sogar »um derer willen, die durch Feuerschaden ihre Häuser verlieren«, eine »Feuersocietät«, d. h. eine Feuerversicherung ge-

---

199 Friedrich Nicolai: Beschreibung der Königlichen Residenzstädte Berlin und Potsdam und aller daselbst befindlicher Merkwürdigkeiten. Nebst Anzeige der jetztlebenden Gelehrten, Künstler und Musiker, und einer historischen Nachricht von allen Künsten, welche vom dreyzehnten Jahrhundert an, bis jetzt, in Berlin gelebt haben, oder deren Kunstwerke daselbst befindlich sind, 2 Bde., neue, völlig umgearbeitete Aufl., Berlin 1779, Bd. I, S. 307 f.

200 Werner Hegemann: Das steinerne Berlin. Geschichte der größten Mietskasernenstadt der Welt, Lugano 1930, Neudruck Berlin/Frankfurt am Main/Wien 1963 (= Bauwelt Fundamente 3), S. 52.

201 Ernst Bloch: Technik und Geistererscheinungen, in: E. B.: Verfremdungen I, Frankfurt am Main 1962 (= Bibliothek Suhrkamp 85), S. 177-185, S. 178.

202 Nicolai: Beschreibung Berlins und Potsdams, aaO., Bd. I, S. 308 f.

gründet wurde[203]. Auch auf anderen Gebieten werden Not, Schaden, Verlust vorsorglich bekämpft. 1776 wird z. B. die »Königl. allgemeine Wittwenverpflegungs-anstalt« gegründet, mit deren Hilfe Ehemänner durch regelmäßige Beiträge den lebenslangen Unterhalt ihrer Ehefrauen sicherstellen können[204]. Im Jahre 1794 wird im *Allgemeinen Landrecht für die preußischen Staaten* erstmals die in der Metternichzeit zum Schlagwort gewordene Formel »Ruhe und Sicherheit« kodifiziert. Mit dieser Formel bekundet der Staat nach dem Willen ihres Autors, Carl Gottlieb Svarez, die Fürsorge für das Wohl seiner Bürger. Allerdings verdeutlicht sie auch die Absicht der deutschen Justizaufklärung, durch Reform der Revolution einen Riegel vorzuschieben[205]. Als poetisches Zitat taucht diese Formel u. a. in folgendem Reflex des neuen Sekuritätsdenkens aus Eichendorffs *Krieg den Philistern* auf: »Ich lese erstaunlich gern so was von neuen Erfindungen, Revolutionen, neuen Entdeckungen und Scharmützeln, wo es recht drunter und drüber geht, man fühlt sich dann immer noch eins so wohl, daß man, Gott sei Dank, so ruhig und sicher daheim sitzen kann«[206].

So beginnen Staat und Gesellschaft allmählich jenes Sicherheitsnetz zu knüpfen, um dessen Vervollkommnung die moderne Zivilisation sich bis heute bemüht und das, je dichter es wird, das Lebensrisiko immer stärker dezimiert. Freilich auch den Lebensreiz. Die

203 Ebd. 323.
204 Ebd., Bd. II, S. 450.
205 Vgl. Wolfgang Frühwald: Der Philister als Dilettant, in: Aurora 36, 1976, S. 7-26, S. 17. Vgl. von Frühwald zu diesem Komplex auch: »Ruhe« – »Ordnung« – »Sicherheit«. Zur literatursprachlichen Verwendung politischer Schlagwörter in der deutschen Sprache von der Klassik bis zur Moderne, in: Beiträge zu den Fortbildungskursen des Goethe-Instituts 1973, München 1974, S. 135-148; »Ruhe und Ordnung«. Literatursprache – Sprache der politischen Werbung. Texte, Materialien, Kommentar, München Wien 1976 (= Reihe Hanser 204, Literatur-Kommentare 3).
206 Eichendorff, Werke I 532. Zitiert bei Frühwald: Der Philister als Dilettant, aaO. S. 16.

Kehrseite der Medaille besteht darin, daß mit dem Ausmaß an Angst und Sorge, wie es frühere Generationen kannten, auch ein wesentliches Stimulans verlorengeht und das Leben an Abenteuerlichkeit einbüßt. In einem Gedicht *An die Langeweile* – *chef d'œuvre* von Wilhelm von Eichendorff, dem Bruder des Dichters, heißt es denn auch:

> Graut mir früh des Tages Morgen,
> Fürcht ich schon den langen Tag;
> Ach, er kriecht nach einem Schlag,
> Wie der vor'ge ohne Sorgen,
> Daß ich ihn kaum leben mag.[207]

Im eigentlichen Sinne als Gegenstand der äußeren Wahrnehmung begegnet Normalität den Romantikern im Stadtbild Berlins. Noch in späten Jahren klagt Eichendorff darüber, »daß ich die enorme Langweiligkeit, welche die Physiognomie Berlins ganz speziell für mich zu haben scheint, oft kaum zu überwinden vermag.«[208] In Hoffmanns *Brautwahl* heißt es, »daß damals [d. h. im 16. Jahrhundert] unser Berlin bei weitem lustiger und bunter sich ausnahm, als jetzt, wo alles auf einerlei Weise ausgeprägt wird, und man in der Langeweile selbst die Lust sucht und findet, sich zu langweilen.«[209] Nachdem Hoffmann bereits seinen Ritter Gluck die Stadt Berlin als »öden Raum« hatte empfinden lassen[210], beschreibt er diesen Eindruck besonders in der späteren Erzählung *Die Irrungen*: »– Die Stadt ist im ganzen schön gebaut mit schnur-

---

207 Joseph und Wilhelm von Eichendorffs Jugendgedichte, hg. von Raimund Pissin, Berlin 1906, S. 141. Zitiert nach Günter Strenzke: Die Problematik der Langeweile bei Joseph von Eichendorff, Diss. Hamburg 1973 (= Geistes- und sozialwissenschaftliche Dissertationen 28), S. 77.
208 Brief an Theodor von Schön vom 9. 6. 1850. Eichendorff, HKA XII 120. Vgl. dazu auch Strenzke, aaO. S. 84 f.
209 Hoffmann, Werke III 540.
210 Hoffmann, Werke I 20.

116

geraden Straßen und großen Plätzen, hin und wieder trifft man Alleen von halbverdorrten Bäumen, die, wenn der unheimlich sausende Wind dichte Staubwolken vor sich hertreibt, ihr fahlgraues Laub traurig schütteln. Kein einziger Springbrunnen sprudelt lebendiges Wasser empor und verbreitet Kühle und Labung, deshalb sind die Märkte öde und leer. (. . .) Ich wünschte aber wohl, daß du, geliebte Chariton, das schöne Tor, welches eine Quadriga mit der Siegesgöttin schmückt, sehen könntest. Es erinnert an den großen erhaben einfachen Stil unserer Vorfahren. – Warum spreche ich aber so viel von den toten kalten Steinmassen, die auf diesem glühenden Herzen lasten und es zu erdrücken drohen? – Hinaus – hinaus aus dieser Öde!«[211] Noch auf Heinrich Heine, der im Frühjahr 1821 nach Berlin kam, wirkte die Stadt unangenehm. Er mochte nicht die »langgestreckten, uniformen Häuser, die langen, breiten Straßen, die nach der Schnur und meistens nach dem Eigenwillen eines Einzelnen gebaut sind, und keine Kunde geben von der Denkweise der Menge.«[212]
Wie beim französischen Garten äußert sich das Normale beim Stadtbild vor allem in der exakten Geometrie. Der Klassizismus mit seinem Hang zur Symmetrie und seiner Vorliebe für die gerade Linie – Inbegriff der Regelmäßigkeit –, der im 18. Jahrhundert den »Kern der führenden deutschen Städte« prägt[213], hinterläßt seinen Abdruck in Berlin besonders in der Friedrichsstadt, jenem Teil, dessen Bebauung auf die Initiative Friedrichs I. zurückgeht. Der Plan des neuen Stadtteils sorgte für gerade, gleichmäßig breite und sich rechtwinklig schneidende Straßen zwischen geräumigen rechtwinkligen Baublöcken. Jeglichem Indivi-

211 Hoffmann, Werke IV 121.
212 Heinrich Heine: Sämtliche Schriften in zwölf Bänden, hg. von Klaus Briegleb, München 1976 (Reihe Hanser Werkausgabe), Bd. III, S. 317.
213 Walter Horace Bruford: Deutsche Kultur der Goethezeit, Konstanz 1965 (Handbuch der Kulturgeschichte), S. 274 ff.

dualismus steuerte der König durch die Vorschrift, daß alle Neubauten sich an die vom Baumeister Nering gefertigten oder gebilligten Zeichnungen halten mußten[214]. Die Tendenz zur Gleichförmigkeit drückt sich auch darin aus, daß alle Häuser zweistöckig gebaut und »unter Einem Dache fortgeführet« wurden, was selbst Nicolai, der die Friedrichsstadt rühmt, dazu veranlaßt, ihnen »ein etwas einförmiges Ansehen« zuzuschreiben[215].

Der vereinheitlichende Wille, der hier waltet, bekundet sich noch entschiedener bei Friedrich Wilhelm I., dem Soldatenkönig. Und besonders durch ihn wird das Bauen dem Gesichtspunkt der Nützlichkeit unterstellt. Um die immer zahlreicher werdenden Soldaten und Requisiten der neuen Militärmacht unterbringen zu können, bedurfte es einer Menge funktionaler Bauten, und um die Truppen jederzeit zur Parade aufstellen und sich exakt bewegen lassen zu können, vergrößerte Friedrich Wilhelm I. die Friedrichsstadt in ihrem mathematischen Grundmuster[216].

Unter seinem Nachfolger, Friedrich II., wächst die Bebauung Berlins teilweise ins Großartige und Prächtige, ohne jedoch den Eindruck des Gleichförmigen entscheidend zu mindern. Z. B. wird die bedeutende Achse Unter den Linden zu einer Prachtstraße mit viergeschossigen, aber wiederum ungefähr gleichhohen Häusern ausgebaut. Wir erwähnen dieses Detail, da es in Hoffmanns Erzählung *Das öde Haus* eine nicht ganz unwichtige und auf unser Thema bezogene Rolle spielt. (Siehe III, 5, b).

Die Durchdringung des Lebens mit Geometrie[217] macht

214 Hegemann, aaO. S. 59 f.
215 Nicolai: Beschreibung Berlins und Potsdams, aaO., Bd. I, S. 154.
216 Paul Ortwin Rave: Berlin in der Geschichte seiner Bauten, 2. Aufl., o. O. 1966, S. 25 ff.
217 Für den Bereich der Architektur vgl. dazu auch Hans Sedlmayr: Die Revolution der modernen Kunst, Hamburg 1955 (= rowohlts deutsche enzyklopädie 1), S. 65 ff. Die in jener Zeit einsetzende Tendenz zur rei-

vor dem Inneren der Häuser nicht halt. »Schon unter Ludwig XV. beginnen die geschwungenen Linien, die kecken Verkröpfungen wieder Lineal und Winkelmaß zu gehorchen, dringen Mäander und Palmette in die Ornamentik; die Flächen werden wieder eben, die Konturen geradlinig; der so entstehende, langsam erblühende Stil gewinnt unter Ludwig XVI. seine größte Anmut, um unter völligem Verzicht auf Grazie unter dem Kaiserreich eine Strenge zu erreichen, die nur durch pedantische Absichtlichkeit erklärt werden kann.«[218] Es ist die Strenge des Empire, eines Stils, der seit der Mitte der achtziger Jahre etwa 30 Jahre lang herrschen wird. Diesen Stil »bringt weit mehr, als es der Baukunst gegeben war, die Innendekoration zum Ausdruck, deren leichter zu behandelndes Material ein schnelles Arbeiten, ein Hand in Hand gehen mit den Ideen des Tages ermöglicht.«[219] Über jene »ins Nüchterne fallende Strenge« hinaus zeigt das Empire dadurch, daß es die Symmetrie in übertriebener Weise betont, geradezu »etwas trocken Pedantisches. Große ungebrochene Wandflächen, magere Profile, gerade Linien, auf die Farbe wird zugunsten von Weiß und Gold ganz verzichtet, das macht den Gesamteindruck wohl ernst und feierlich, aber auch unsäglich langweilig«[220].
Als allseits nachgeahmtes Vorbild wirkt sich dabei die irrtümlich für farblos gehaltene Kunst der antiken Tempel und Statuen aus. Die am Bild des »Gipsgriechen«[221] orientierte Vorliebe für die weiße Farbe verschafft der Monochromie, oder vielmehr Achromie, einen solchen Vorrang, daß sogar in vielen Kirchen und

---

nen Geometrie hat vor allem die Europarat-Ausstellung ›Das Zeitalter des Klassizismus‹ deutlich gemacht, die 1972 in London stattfand.
218 Max von Boehn (Text) / Oskar Fischel (Bildauswahl): Die Mode. Menschen und Moden im 19. Jahrhundert, Bd. I: 1790-1817, München 1908, S. 27.
219 Ebd. 60 f.
220 Ebd. 61.
221 Egon Friedell: Kulturgeschichte der Neuzeit, ungekürzte Ausgabe in einem Band, München 1960, S. 799 ff.

Wohngebäuden die farbenfrohen Fresken der Vorfahren mit Kalktünche überdeckt werden[222]. In seiner Philisterabhandlung spricht Brentano von der Tendenz, »alles weiß zu übertünchen, und es müssen viele alte Kirchen auf den Abbruch verkauft werden, um alle die Kreide zu bezahlen, welche die Bilderbibeln und gemalten Chroniken alter Kunst an den Häusern von Nürnberg und Augsburg bedecken sollen [soll]«[223]. Auf der anderen Seite dient der neue Stil keineswegs dem Komfort und den alltäglichen Bedürfnissen. Die herrschende Ästhetik verlangt die antikisierende Verkleidung des Zimmers in einen Tempel, ja des Ofens in einen Altar[224], bis schließlich der Stil der englischen Möbel, der ebenso dem modernen Geschmack wie dem Bedürfnis nach Bequemlichkeit entgegenkommt und der den Kontinent bereits in der zweiten Hälfte des 18. Jahrhunderts zu erobern beginnt, den Konflikt zwischen Ästhetik und Notdurft löst[225].

All diese Veränderungen spiegeln sich in einem Gespräch wider, das in Tiecks Roman *Der junge Tischlermeister* Leonhard mit seinem Freund Elsheim führt. Leonhard, der Tischlermeister, beklagt beim modernen Ausstattungsstil die Verdrängung des Ornaments durch die kahle Fläche, der Arabeske durch die gerade Linie, des Spiels, der Poesie, durch die Prosa des Lebens. »Die gerade Linie, weil sie immer den kürzesten Weg geht, weil sie so scharf und bestimmt ist, schien mir das Bedürfnis, die erste prosaische Grundbasis des Lebens auszudrücken; die krumme, die als Zirkel, Ellipse, im Bogenausschnitt und in unendlichen Schwingungen sich bewegen kann, war mir die Unerschöpflichkeit des Spieles, der Zier, der sanften Liebe«[226]. Er erinnert sich »mit inniger Freude (...) älterer Mobilien, deren ich

222 v. Boehn/Fischel, aaO. S. 71.
223 Brentano, Werke II 999.
224 v. Boehn/Fischel, aaO. S. 62 ff.
225 Ebd. 67.
226 Tieck, Schriften XXVIII 58 f.

auch noch einige in fremden Ländern gesehen habe, die das Leben des Menschen wirklich mit Lust und Zier umstellten, ihn durch Gold und Farben erheiterten, und in schön geschwungenen Zirkellinien Stuhl, Sessel, Tisch und Schrank, auch ohne Hinsicht des Gebrauchs, zu angenehmen Gegenständen der Betrachtung machten.«[227] Freilich denkt er hier nicht an das Rokoko, dessen »Muschel- und Schnörkelwesen«[228] er ebenso abgeschmackt findet wie die moderne Form des antikisierenden Zierrats[229]. Er bedauert auch jene aus England importierte »Art von Puritanismus, die geradezu alle Zier, alles, was nicht strenge Nothdurft ist, als Ketzerei ansieht. Es thut mir weh, diese reinkantigen, schroffen, wie aus Erz und Eisen gegossenen Formen arbeiten zu müssen, die um so mehr gefallen, je gerader und strenger die Linien sind, so daß wahrscheinlich kunstreichere Nachkommen einmal diese vollendete Barbarei einer Zeit mit Verwunderung betrachten werden, die so viel und zu viel über Kunst gesprochen hat. Dazu das traurig-monotone und dunkle Mahagonyholz, das nur im nächsten Blick Gold-Aederchen oder Schimmer entdeckt, dessen Wirkung im Allgemeinen aber immer trübselig ist. Nun vergleiche man mit unbefangenen Sinnen ein Zimmer von heut zu Tage mit einem jetzt altfränkisch genannten. Im ersten die kahlen Kalkwände mit einer Malerei, die freilich oft Prätension genug macht, ein paar große Spiegel mit finstern Rahmen, ohne Figur und Zier, eben so Tische und Stühle, alles hart, herbe und kunstlos. Dagegen versetze man sich in ein geschmücktes Zimmer, wie es vordem gebräuchlich war, die Wände mit rothem Damast, oder gelber und blauer Seide bekleidet, von goldnen Leisten eingefaßt, der heiterste und behaglichste Anblick, alle Sessel und Schränke von hellem Glanz und kunstreicher Arbeit, mit vergoldeten schön geschnitzten Figuren; wo man

227 Ebd. 61.
228 Ebd.
229 Ebd. 63.

Schlösser oder Erz-Arbeit wahrnimmt, ist alles auch in Gestalt, Laub, Blume aufgelöst; wohin das Auge sich nur wendet, lächelt die Kunst entgegen.«[230]
Leonhard bringt den Wandel mit dem Einfluß aufklärerischen und bürgerlichen Denkens in Verbindung[231]. Aber nicht nur damit. Wenn in alten Reichsstädten, auf Rathäusern, bei Vornehmen der neuen geraden Linie so manches Treppengeländer und so manche Balustrade alten kunstreichen Stils zum Opfer gefallen ist, so sieht er in diesem Vernichtungswerk auch einen Ausdruck »jakobinischen Zerstörungssinns«[232]. Damit kommen wir zum nächsten Abschnitt.

b) Veränderungen im Gefolge der Französischen Revolution

Die Revolution in Frankreich, obwohl ohne Pendant in Deutschland, ist dennoch von vielen Deutschen damals als einschneidend und folgenreich für das eigene Land und für das eigene, persönliche Leben empfunden worden[233]. Zu den Folgen gehören Veränderungen im Erscheinungsbild der Umwelt, die sich unter dem Diktat des Prinzips der Gleichheit vollziehen. Es wurde schon an anderer Stelle erwähnt (siehe I. 1. b), mit welcher Schärfe etwa Eichendorff die »barbarische Gleichmacherei, dieses Verschneiden des frischen Lebensbaumes nach einem eingebildeten Maße« verurteilt. Diese Kritik wollen wir nunmehr aus der empirischen Perspektive beleuchten. Zunächst jedoch ist über den Wandel, der im Normalisierungsprozeß durch die Französische Revolution eintritt, etwas Prinzipielles zu sagen.

230 Ebd. 62.
231 Ebd. 60.
232 Ebd.
233 Vgl. Golo Mann: Deutsche Geschichte des 19. und 20. Jahrhunderts, Frankfurt am Main 1958, S. 57 f.

Phasen der Normalisierung sind sowohl die Entwicklung, die zur Revolution hinführt, wie die Entwicklung, die sich an sie anschließt. Aber die vorrevolutionäre Phase besteht zum einen in der Rationalisierung des Lebens, zum anderen darin, daß, wenn man einmal Eichendorffs Sicht im *Schloß Dürande* akzeptiert, traditionelle »lebendige« Formen zu bloßen Konventionen erstarren[234]; die nachrevolutionäre Phase dagegen besteht zum einen in der, wenn nicht totalen, so doch weitgehenden *Beseitigung* der traditionellen Formen, zum anderen in der Verschärfung oder Radikalisierung des Rationalisierens zum Nivellieren. Nicht als hätte nicht schon das aufklärerische Rationalisieren vor der Revolution nivellierenden Charakter, wie etwa beim Begradigen der Straßen oder bei der Angleichung der Häuserhöhe. Aber es ist ein Unterschied, ob Gleichheit, »Gleichförmigkeit«, nur eine Wirkung des Normalisierens und ein konstituierendes Prinzip unter anderen gleichrangigen Prinzipien ist oder ob sie zum alles beherrschenden Konstituens von programmatischer und zudem politisch-gesellschaftlicher Brisanz gemacht wird.

Diese Aufwertung des Gleichheitsprinzips bringt in den Normalisierungsprozeß eine wesentliche Beschleunigung und verleiht ihm die Dimension eines alle Bereiche erfassenden und alles Individuelle niedermachenden Umbruchs, aus dessen Perspektive die vergangene Zeit des Ancien Régime im Nachhinein wie das Goldene Zeitalter farbiger Individualität und Mannigfaltigkeit anmutet. So schreibt Friedrich Schlegel rückblickend in seinem Essay *Signatur des Zeitalters* (1820

---

234 Vgl. auch Eichendorffs Bemerkungen in ›Die Aufhebung der geistlichen Landeshoheit ...‹: »Die allgemeine Erstarrung in den welthistorischen Formen der Hierarchie überhaupt schien auch die geistlichen Regierungsformen, gleichsam das Alte mißgünstig verwahrend, mit einer Eisdecke zu überziehen« (Werke IV 1105). Er spricht vom »Einschlafen über dem Herkömmlichen« und von einer »fühllosen Schlaffheit in der inneren Verwaltung« (ebd.).

bis 23): »Edle und heitre Verhältnisse machten damals [d. h. im 18. Jahrhundert] die Gesellschaft angenehm, die ruhigeren Formen des Lebens waren der Entwicklung gediegener Charaktere ungleich günstiger: der ganze Reichtum einer großen weltumfassenden Verstandeskultur konzentrierte sich häufiger in einzelne helle und glänzende Punkte; das Persönliche der hervorragenden Individuen blieb in sich geschlossener, und war noch nicht so aufgelöst und untergegangen in der allgemeinen Masse, in der chaotischen Flut der alles mit sich fortschwemmenden Begebenheiten, Meinungen und Parteien, wie es späterhin immer mehr und mehr der Fall war.«[235] Auf »eine revolutionäre Gleichheit, und alles individuelle Leben vernichtende Einheit« sieht Schlegel nunmehr das Leben und Wirken der von den Einflüssen der Revolution betroffenen Staaten hinzielen[236]. Die Tendenz gehe dahin, »alles eigentümlich Lokale in Sitten und Provinzialeinrichtungen (zu) verschmelzen« und einerseits die bürgerliche Gesellschaft zu atomisieren, andererseits die Atome bloß zu einer »Masse« zusammenzufassen[237].

Wie man sieht, kommt es auf den Blickwinkel an. Wenn das Ancien Régime, gemessen am Mittelalter, als Phase der Erstarrung und Verarmung anmutet (siehe I, 1, b), so wirkt es, gemessen an der jüngsten Entwicklung, lebendig und reich.

Bei anderen romantischen Zeitgenossen ist die Sicht ähnlich. Auch vor Tiecks Augen verklärt sich die vorrevolutionäre Ära im Rückblick zu einer Zeit der größten »Mannigfaltigkeit«[238]. In der Einleitung zum ›Phantasus‹ (1811) schreibt er: »In jenen früheren Tagen aber hatten wir noch mehr Ueberreste der alten Zeit selbst vor uns, man fand noch Klöster, geistliche Fürstenthümer, freie Reichsstädte, viele alte Gebäude

235 F. Schlegel, KA VII 498 f.
236 Ebd. 573.
237 Ebd. 536.
238 Tieck, Schriften IV 14.

waren noch nicht abgetragen oder zerstört, altdeutsche Kunstwerke noch nicht verschleppt, manche Sitte noch aus dem Mittelalter herüber gebracht, die Volksfeste hatten noch mehr Charakter und Fröhlichkeit, und man brauchte nur wenige Meilen zu reisen, um andre Gewohnheiten, Gebäude und Verfassungen anzutreffen.«[239] An die Stelle dieser Mannigfaltigkeit tritt mit dem gegenwärtigen Zustand, wie Eichendorff in seiner Schrift *Die Aufhebung der geistlichen Landeshoheit...* bemerkt, das eintönige Einerlei: »Es wandelt den Reisenden eine niederschlagende Langeweile an, wenn ihm, wie er auch die Deichsel richtet, überall dieselbe Physiognomie der Städte und Sitten wiederbegegnet, wenn ihm, wie Goethe sagt, immer und überall das ewige Lied vom Marlborough entgegenschallt. Und sollte dies bloß die eigene Schuld des verdrießlichen Reisenden sein? Könnte nicht wirklich eine ganze Nation selbst bei dem größten äußeren Gewerbfleiße von einer inneren Langweiligkeit dieser eigentlichen Heckmutter aller Laster befallen werden? (...) Anstatt dieser reichen Mannigfaltigkeit von Formen und Richtungen sehen wir also jetzt nur eine Form und fast nur eine Hauptrichtung: die militärische. Aber Einerleiheit ist nicht nur keine Einheit, sondern gerade die Verhinderung derselben«[240]. Wo früher historisch gewachsene »Eigentümlichkeit«[241] das Bild der Wirklichkeit belebte, hat ihre Beseitigung zu einer mechanischen und allgemeinen »Gleichförmigkeit«[242] geführt.

Angefügt sei schließlich noch ein Beleg, der u. a. einen Hinweis auf die Mode enthält und für uns daher insofern wichtig ist, als etwa bei Hoffmann das Problem der Normalität häufig mit dem Motiv der Kleidung verbunden ist (siehe III, 5, b). Achim von Arnim beginnt seine Erzählung *Die Majoratsherren* (1820) wie

239 Ebd.
240 Eichendorff, Werke IV 1112 f.
241 Ebd. 1087, 1089, 1092 u. öfter.
242 Ebd. 1097, 1101, 1111 u. öfter.

folgt: »Wir durchblättern eben einen ältern Kalender, dessen Kupferstiche manche Torheiten seiner Zeit abspiegeln. Liegt sie doch jetzt schon wie eine Fabelwelt hinter uns! Wie reich erfüllt war damals die Welt, ehe die allgemeine Revolution, welche von Frankreich den Namen erhielt, alle Formen zusammenstürzte; wie gleichförmig arm ist sie geworden! Jahrhunderte scheinen seit jener Zeit vergangen, und nur mit Mühe erinnern wir uns, daß unsre früheren Jahre ihr zugehörten. Aus der Tiefe dieser Seltsamkeiten, die uns Chodowieckis Meisterhand bewahrt hat, läßt sich die damalige Höhe geistiger Klarheit erraten; diese ermißt sich sogar am leichtesten an den Schattenbildern derer, die ihr im Wege standen, und die sie riesenhaft über die Erde hingezeichnet hat. Welche Gliederung und Abstufung, die sich nicht bloß im Äußern der Gesellschaft zeigte! Jeder einzelne war wieder auch in seinem Ansehn, in seiner Kleidung eine eigene Welt, jeder richtete sich gleichsam für die Ewigkeit auf dieser Erde ein, und wie für alle gesorgt war, so befriedigten auch Geisterbeschwörer und Geisterseher, geheime Gesellschaften und geheimnisvolle Abenteurer, Wundärzte und prophetische Kranke die tief geheime Sehnsucht des Herzens, aus der verschlossenen Brusthöhle hinaus blicken zu können.«[243]

Wenn Arnim u. a. auf die Nivellierung des äußeren Erscheinungsbildes der Zeitgenossen anspielt, so läßt sich das durch die entscheidenden Wandlungen der damaligen Mode sehr genau konkretisieren. Die Revolution in der Kleidung beginnt, entsprechend den neuen Ideen von Natur und Freiheit, mit einer Empörung gegen Schnürleib und Reifrock, Puder und Stöckelschuh[244]. Von größerer Bedeutung ist aber noch die Aufhebung der traditionellen Kleiderordnungen. Bis zur Revolution war es Sitte und obrigkeitlich verfügt, daß Stände und Berufe sich auch in ihrer Tracht unter-

243 Arnim, Romane und Erzählungen III 33.
244 v. Boehn/Fischel, aaO. S. 79.

schieden. Der Edelmann trug sich anders als der Bürgerliche, die vornehme Dame anders als die Kaufmannsfrau, die Frau des Handwerkers anders als die Angehörige der dienenden Klasse. Daneben gab es Bestimmungen für die Kleidung der Henker, Aussätzigen, Prostituierten und Juden[245]. Noch als in Frankreich im Mai 1789 die Stände zusammentraten, schrieb der Oberzeremonienmeister, Dreux de Brézé, unter Rückgriff auf das Hofzeremoniell von 1614 den Mitgliedern der Versammlung eine bestimmte Tracht vor. Daß er den Angehörigen des tiers-état ein in seiner Farb- und Schmucklosigkeit geradezu beleidigendes Kostüm zuteilte, wurde jedoch nicht ohne Murren und Widerstand aufgenommen. Mirabeau erhielt dadurch die Gelegenheit zu seiner ersten Kraftrede gegen die Ungleichheit der Kleidung. Und eine der ersten Maßnahmen der Nationalversammlung war denn auch die Abschaffung aller kostümlichen Standesunterschiede[246].

Am radikalsten verändert sich die Männermode. Die früher üblichen hellen und auffälligen Farben wie Rosa, Violett, Lichtgrün verschwinden zugunsten dunkler Töne von Braun und Blau und schließlich des sich überall durchsetzenden Schwarz. Statt wie früher Seide und Samt trägt man Tuch und Leder[247]. »Die stärksten Nuancen der Veränderung lagen darin, daß der Mann begann, immer Stiefel zu tragen, statt der Schuhe; daß er einen runden glatten Hut statt des goldbordierten, federgeschmückten Dreispitz aufsetzte und sein eigenes Haar offen trug, statt sich zu frisieren und zu pudern. Als nun zu diesen Allüren die französische Revolution noch das Tragen des langen Pantalons aufbrachte, da erkannten die Zeitgenossen, daß der Untergang der alten Gesellschaft nicht mehr aufzuhalten war, Kleid und Tracht des gemeinen Mannes eroberten sich den

245 Ebd. 84 f.; Bruford, aaO. S. 14, 17; Meyers Enzyklopädisches Lexikon, 9. Aufl., Bd. XIII, Artikel ›Kleiderordnung‹.
246 v. Boehn/Fischel, aaO. S. 85 f.
247 Ebd. 87 f., 124 f.

Salon. Nur die Aermsten hatten ihr Haar ungepudert lassen müssen, nur Fuhrknechte hohe Stiefel, nur Matrosen lange Beinkleider und runde Hüte getragen und mit diesen Kennzeichen ordinärer Leute nahmen die Herren nun auch deren Allüren an. Wer in Escarpins geht, den Galanteriedegen an der Seite, den Kopf sorgfältig frisiert und gepudert, Hut unterm Arm, wer lichte Seide und helle Kniestrümpfe trägt, wird und muß sich in der Sorge um Kleidung und Frisur anders benehmen, als der, welcher unbekümmert sein Haar den Winden überläßt und seinen Weg geht, ob es schmutzig ist oder nicht.«[248]

Zum Teil sind es nicht einmal die politisch progressiven, sondern die politisch konservativen Kräfte, die dabei vorangehen. Dem Pantalon der Sansculotten wird in Deutschland heftiger Widerstand entgegengesetzt, aber seit Friedrich Wilhelm III. von Preußen 1797 in Bad Pyrmont auf der Promenade in langen Beinkleidern erschienen ist, muß man ihn zumindest dulden[249]. Für die Tendenz zur Nivellierung ist ein Indiz auch das Aufkommen der Konfektion. Seit 1791 gibt es in Paris Magazine fertiger Kleider, konfektionierte Herrengarderobe ist in Hamburg seit 1799 zu haben[250].

Aus heutiger Sicht mutet das Urteil der Romantiker, wie »gleichförmig arm« die Welt zu jener Zeit geworden sei, gewiß übertrieben an. Was sollten erst Zeitgenossen des 20. Jahrhunderts sagen, wollten sie sich über Nivellierungsphänomene beklagen. Aber die Romantiker lebten an einer Grenzscheide. Einesteils hatten sie noch die Reste der untergehenden Feudalordnung, andernteils bereits die Anfänge des modernen Massenzeitalters vor Augen. Sie konnten also vergleichen. Und sie erlebten das Neue in der Schärfe des Kontrasts zum Alten. Vollends wird ihre Reaktion

248 Ebd. 125 f.
249 Ebd. 127.
250 Ebd. 94.

verständlich, wenn man neben der Radikalität auch das Tempo des Wandels veranschlagt.

Entsprechend erklären sich die positiven Urteile über die vorrevolutionäre Ära. Verleitet der Kontrast auf der einen Seite zur Schwarzmalerei, so auf der anderen zur Schönfärberei. Als solche jedenfalls muß man es werten, wenn die Romantik in der größeren Vielfalt des Ancien Régime ein Zeichen besserer Lebensmöglichkeiten für das Individuum erblickt.

4. ›Verhängnis‹

Man versteht die romantische Klage über die Verflachung des Daseins zum reizlosen Einerlei vielleicht noch besser, wenn man sich vergegenwärtigt, daß der Romantiker nicht nur zu dieser Erfahrung von innen wie von außen prädisponiert ist, sondern daß er ihr geradezu wie einem Verhängnis ausgeliefert ist; denn er sieht sich von ihr verfolgt, selbst wenn er ihr entflieht.

Schon die für den Schwärmer charakteristische Zirkelbewegung von Aufschwung – Rückfall – Aufschwung usw. zeigt, daß der Drang hinweg von der Normalität nicht immer nur von ihr entfernt, sondern auch zu ihr zurückführt. Dies gilt nicht nur für das Schwärmertum, sondern in einem umfassenderen Sinne.

Auf der Flucht vor dem Gewöhnlichen stürzt sich Lovell in »Genüsse« verschiedenster Art, die ihn über den Alltag hinausheben sollen, in die Schwärmerei wie in die Liebe, in die Leidenschaft des Spiels wie in die des Geschlechts, in das Erlebnis der Natur wie in das des Übernatürlichen. Jedoch erkennt er selbst bereits frühzeitig, daß keiner dieser Genüsse ihn vor jener Nüchternheit bewahrt, mit der sich die alltägliche Wirklichkeit geltend zu machen pflegt: »Aber was ist es, (...) daß ein Genuß nie unser Herz ganz ausfüllt? – Welche unnennbare, wehmütige Sehnsucht ist es, die mich zu neuen ungekannten Freuden drängt? – Im vollen Gefühle meines Glücks, auf der höchsten Stufe meiner Begeisterung ergreift mich kalt und gewaltsam eine Nüchternheit, eine dunkle Ahndung, – wie soll ich es Dir beschreiben? – wie ein feuchter nüchterner Morgenwind auf der Spitze des Berges nach einer durchwachten Nacht, wie das Auffahren aus einem schönen Traume in einem engen trüben Zimmer. (...) auch neben Amalien quälte mich diese tyrannische Empfindung, die, wenn sie Herrscherin in meiner Seele würde, mich in einer ewigen Herzensleerheit von Pol zu Pol jagen könnte. Ein solches Wesen müßte das elendeste unter Gottes Himmel sein: jede Freude flieht heimtückisch zurück, indem er darnach greift, er steht, wie ein vom Schicksale verhöhnter Tantalus in der Natur da, wie Ixion wird er in einem unaufhörlichen martervollen Wirbel herumgejagt: auf einen solchen kann man den orientalischen Ausdruck anwenden, daß er vom bösen Feinde verfolgt wird.«[251]

Das Tantalus-Schicksal Lovells hat, wenn wir nicht fehlgehen, zwei verschiedene, allerdings ineinandergreifende Ursachen.

Zum einen ist es durch die Empfindsamkeit seines Fühlens bedingt. Wenn Lovell unfähig ist, einen Genuß auszukosten, wenn er, wie sein Freund Balder, sich im Grunde eingestehen müßte: »Alles gleitet vor meiner Seele kalt und freudenleer vorüber«[252], so deshalb, weil ihn die Reflektiertheit seines Erlebens zu dieser inneren Teilnahmslosigkeit verdammt. Im Zeitpunkt des Genusses steht er dem Gegenstand des Genusses und damit diesem selbst bereits beziehungslos gegenüber, Grund genug, sich der gewohnten Schalheit des Lebens ausgesetzt zu fühlen, Grund genug aber auch, nach »neuen ungekannten Freuden« zu drängen, um dann freilich wie Tantalus aufs neue das Zurückweichen der Befriedigung zu erfahren.

251 Tieck, Schriften VI 128 f.
252 Ebd. 167.

Notwendig führt die Wiederholung dieses Fehlschlags zu der resignierenden Empfindung, daß es eine Alternative zum Gewöhnlichen, daß es »Neues« überhaupt nicht gibt und man allenthalben dasselbe »flache, abgegriffene Gepräge« antrifft[253]. Wie Tieck auch in dem Berglinger-Aufsatz *Die Töne* schreibt: Die »unersättliche Neugier, die wilde, ungezähmte Begier, etwas Unerhörtes zu hören, etwas Niegesehenes zu sehn«, mündet nur in die Erfahrung, die schon der Prediger Salomo anführt: »Und geschieht nichts Neues unter der Sonnen.«[254]
Auf einer dritten Stufe und in der Spätphase seiner Entwicklung gelangt Lovell schließlich dazu, nicht mehr nur zu erfahren, sondern von vornherein auch zu erwarten, daß es nichts Neues gibt, ein Zustand der Hoffnungslosigkeit, der ihm das Leben unter den Menschen und überhaupt in der Wirklichkeit vergällt und ihn zu einem verzweifelten Opfer des Glaubens an das Wunderbare, seiner letzten Zuflucht, macht. »Ich sehne mich jetzt oft nach der Einsamkeit«, schreibt er an Rosa, den Emissär einer Geheimen Gesellschaft, »denn ich bin mit den Menschen zu bekannt, als daß sie noch Interesse für mich haben könnten. Sie täuschen mich nicht mehr, und alles Vergnügen an diesem Schauspiel ist dahin, es erscheint mir fade und abgeschmackt. Die Menschen sind weit besser dran, die sich und ihre sogenannten Brüder noch gar nicht kennen, denn ihnen sieht das Leben bunt und angenehm aus«[255]. Auch in hochromantischen Texten kehrt diese Einstellung vereinzelt wieder. Man denke etwa an Rudolf in Eichendorffs *Ahnung und Gegenwart,* dessen Entwicklung ganz ähnlich verläuft. –
Die zweite Ursache besteht darin, daß jeder Genuß die Erfüllung eines Wunsches oder einer Begierde ist, Er-

---

253 Tieck, Schriften VII 299. Die Äußerung wird Andrea in den Mund gelegt, könnte aber geradesogut von Lovell stammen.
254 Wackenroder, Werke 241.
255 Tieck, Schriften VII 164.

füllung aber den Hunger in Sattheit und Schlaffheit, die stimulierende Sehnsucht in ein uninteressantes Besitzen, die verlockende Ferne in banale Nähe verwandelt. »Warum bleibt ein Wunsch nur so lange Wunsch, bis er erfüllt ist?« schreibt Lovell ein andermal. »Hab' ich nicht alles, was ich verlangte? und dennoch werd' ich immer weiter vorgedrängt, und auch im höchsten Genusse lauert gewiß schon eine neue Begierde, die sich selbst nicht kennt.«[256]
Um die Erfüllung zur Enttäuschung werden zu lassen, bedarf es nicht unbedingt der Frustration, der Lovell durch die Reflektiertheit des Fühlens ausgeliefert ist. Nicht in der Unfähigkeit zum Genuß, sondern in der Unfähigkeit, den Genuß lebendig zu erhalten, ihn zu verlängern, ist hier primär die verhängnisvolle Rückkehr zum Normalen begründet. Die Flucht vor dem Gewöhnlichen scheitert dabei an der quasi natürlichen Abnutzung oder Abstumpfung, der alles Neue, Ungewöhnliche unterliegt. Es ist offenbar schon die bloße Macht der Gewohnheit, die den Zustand des Gewöhnlichen wiederherstellt. Allerdings setzt dieser Vorgang im allgemeinen das Verstreichen einer gewissen Zeitdauer voraus, während es zur Erfahrungsweise Lovells gehört, daß der Umschlag von Genuß in Langeweile und damit wiederum in den Drang nach Neuem schon im Zeitpunkt der ersten Erfüllung erfolgt – vermutlich deshalb, weil sein Bewußtsein das Gewöhnlichwerden in der Reflexion bereits antizipiert.
Ein in der Literatur der Romantik häufig thematisierter Fall enttäuschender Erfüllung ist das Heiraten. Wann immer Liebende zu Eheleuten werden, droht ihnen das Alltäglichwerden, die Erstarrung ihres Verhältnisses. Deutlich wird dies etwa an der Beziehung zwischen Otto und Annidi in Eichendorffs *Dichter und ihre Ge-*

256 Tieck, Schriften VI 291. Vgl. die entsprechende Stelle in Faust I, an die sich Tieck hier anzulehnen scheint: »So tauml' ich von Begierde zu Genuß,/ Und im Genuß verschmacht' ich nach Begierde.« Hamburger Ausgabe, Bd. III, S. 104, V. 3249 f.

sellen. Solange Otto um sein Liebchen nur wirbt, lebt er
glücklich, lernt er von ihr auch Poesie, »weil ihre Gegenwart, gleich der Morgenröte, alles verzaubere und
verwandle.«[257] Nachdem er hingegen den Fehler begon-
gen hat, Annidi zu ehelichen und sich mit ihr häuslich
niederzulassen, erscheint ihm nach einigen Monaten
seine Umgebung öde, stumm, bewegungslos, versiegt
ihm der Quell der Poesie, verwandelt sich die gewöhnlich gewordene Geliebte gerade darum in eine Fremde:
»Da kehrte Otto eines Tages ermüdet von einem weiten Spaziergange zurück, er fand im Hause alles aus-
geflogen, nur die Bienen summten einförmig in dem
stillen Garten, er fühlte sich unbeschreiblich verlassen,
Hausflur, Stuben und Bäume kamen ihm in der un-
gewohnten Einsamkeit auf einmal so fremd vor, daß
er erschrak. Er ging einige Male im Garten auf und
nieder, dann setzte er sich zwischen den tief herab-
hängenden Zweigen an den Tisch und schrieb folgende
Zeilen:

> Die Nachtigall schweigt, sie hat ihr Nest gefunden,
> Träg' ziehn die Quellen, die so kühle sprangen,
> In trüber Schwüle liegt die Welt gefangen,
> So hat den Lenz der Sommer überwunden.
>
> Noch nie hat es die Brust so tief empfunden,
> Mir war's, als ob viel' Stimmen heimlich sangen:
> Auch dein Lenz, froher Sänger, ist vergangen,
> Auf welkem Laub nun liegst du selbst gebunden.
>
> O komm, Geliebte, komm zu mir zurücke!
> Daß ich in deinen Augen wieder lesen
> Mein Hoffen kann, mein Singen und mein Lieben!
> Doch weh! wie fremd sind plötzlich deine Blicke,
> Als wärst du's, die ich meinte, nie gewesen –
> Wie einsam bin ich in der Welt geblieben.
>
> (...)
>
> Ich dehne alle Glieder
> Aus dieser schwülen Gruft,

257 Eichendorff, Werke II 632.

O Herr, gib Frühling wieder.
Luft, frische, freie Luft!«²⁵⁸

Die komische Version dieses Schicksals liefert Hoffmann in der Darstellung der Liebe und Ehe zwischen dem Kater Murr und der Katze Miesmies. Dem Eingeständnis, daß nach der Heirat mit der Geliebten »in ihrer Nähe mich die tötendste Langeweile erfaßte«²⁵⁹, läßt Murr in seiner Selbstbiographie einen Kommentar folgen, der, bis auf die in ihm genannte schäbige Konsequenz, auch allgemeinromantisch gültig ist: »Sehnsucht, heißes Verlangen erfüllt die Brust, aber hat man endlich das gewonnen, nach dem man rang mit tausend Not und Sorgen, so erstarrt jenes Verlangen alsbald zur todkalten Gleichgültigkeit, und man wirft das errungene Gut von sich, wie ein abgenutztes Spielzeug. Und kaum ist das geschehen, so folgt bittre Reue der raschen Tat, man ringt aufs neue und das Leben eilt dahin in Verlangen und Abscheu.«²⁶⁰
Nicht erst die Heirat, schon der Entschluß zur Heirat, ja schon das Geständnis der Liebe und die Aussicht auf eine nähere Verbindung können die Poesie der Liebe in die Prosa des Alltags verwandeln. Die sehr ausführlich erzählte Episode des Liebesverhältnisses zwischen der Gräfin Sigismunde und dem Ritter Roderigo in Tiecks *Sternbald* stellt genau diese Verwandlung dar. Sie wird gleich aus dreifacher Sicht berichtet.
Wie zunächst die Gräfin erzählt, beglückt die Liebe sie anfangs als Erlösung von einem Dasein »in leerer Welt«²⁶¹. Sie erquickt sie wie der Quell den Schmachtenden in der Wüste, »und hinter mir liegt mein voriges Leben wie eine wüste Steppe, oder verbrannte Haide«²⁶². Aber dieser Zustand hält nur so lange an, wie

258 Ebd. 637 f.
259 Hoffmann, Werke II 471.
260 Ebd. 483.
261 Tieck, Schriften XVI 262.
262 Ebd. 263.

die Gefühle unausgesprochen bleiben, kein offenes Einverständnis mit Roderigo hergestellt ist und also alles in der Schwebe bleibt. Kaum haben sie sich ihre Gefühle gestanden, kaum ist das Wort »Liebe« ausgesprochen, so beginnt unerbittlich der Prozeß der Normalisierung, und es setzt dieselbe Entfremdung ein wie zwischen Otto und Annidi. Es ist jetzt, »als rinne der Quell der Wonne schwächer in uns, seit wir jenen Laut gesprochen, als falle ein langsamer Tod auf alle Blüthen unsers reichen Innern. (...) Wir sprachen Worte, die wir nicht verstanden, wir waren uns fern in der nächsten Nähe: der Engel, der uns wie girrende junge Täubchen unter seine Flügel genommen hatte, war wieder hinweg geflogen, und wir fühlten die kalte Trübsal der Welt, die todte Einsamkeit selbst in Blick und Händedruck.«[263] Die Folge ist, daß Roderigo die Geliebte verläßt. Aber kaum ist er verschwunden, verschwindet auch wieder die drohende Gewöhnlichkeit. Sigismunde fühlt, wie ihre Liebe in einem neuen Frühling aufblüht, begleitet freilich von Schmerz und Verzweiflung.

Wenn man den Worten des jungen Arnold, eines Anbeters der Gräfin und des zweiten Berichterstatters, glauben kann, so hatten Sigismunde und Roderigo allerdings sich nicht bloß ihre Liebe gestanden, sondern auch offen ihre bevorstehende Verbindung erklärt. Waren sie mit ihrem Verhältnis aber schon so weit gekommen, so mußte sie, wie Arnold richtig vermutet, das Gespenst des Alltags noch viel heftiger erschrecken. Kurz vor dem Gipfel ihres Glücks hatten sie ein Ziel vor Augen, »hinter welchem Wahrheit, Ruhe, stille Befriedigung, wie eben so viele graue Gespenster hervor zu drohen scheinen.«[264]

Die dritte, aber durchaus wieder übereinstimmende Version erhalten wir schließlich aus der Sicht Roderigos. Der Ritter ist einer der vielen Glückssucher und -jäger

263 Ebd.
264 Ebd. 269.

der romantischen Dichtung. In der Liebe zu Sigismunde nun glaubt er an das Endziel seiner Wünsche gelangt zu sein, »nur sie allein sah ich in der weiten Welt, jenseits ihres Besitzes lag kein Wunsch mehr in der Welt.«[265] Kaum aber ist der Tag der Hochzeit festgesetzt, so geht, wie er erzählt, mit ihm eine unbegreifliche Veränderung vor sich. Er sieht das Glück, er sieht aber auch dessen Kehrseite: die Langeweile. Bezeichnenderweise drängt sich ihm für das, was ihm bevorsteht, dasselbe Bild auf, das auch bei Eichendorff mehrfach die Normalität veranschaulicht: die Stille des Meeres. »Ich sah ein bestimmtes Glück vor mir liegen, aber ich war an diesem Glück festgeschmiedet: wie wenn ich in Meeresstille vor Anker läge, und nun sähe, wie Mast und Seegel vom Schiffe heruntergeschlagen würden, um mich hier, nur hier ewig festzuhalten.«[266] Die Fülle des Glücks betäubt ihn, aber im Rausch wittert er bereits die Ernüchterung, und so sieht er sehnsüchtig »jedem Wandersmann nach, der auf der Landstraße vorüberzog; wie wohl ist Dir, sagte ich, daß Du Dein ungewisses Glück noch suchst! ich habe es gefunden!«[267] Kein Wunder, daß sich Roderigo aus der eben gewonnenen »Heimath«, die ihm unheimlich »enge und beschränkt« zu werden beginnt[268], fluchtartig davon macht und die Geliebte, jedoch gewissermaßen mit deren innerer Zustimmung, sitzen läßt. Auch ihm blüht damit nun wieder ein neuer Frühling der Liebe. An einer späteren Stelle des Romans finden sich der Ritter und die Gräfin wieder, stürzen sich beglückt in die Arme, und es ist anzunehmen, daß dasselbe Spiel von vorn beginnt.
Wie die Erfüllung eines Wunsches, so zieht auch das Kennenlernen von Unbekanntem den Effekt der Normalisierung nach sich. Wenn Graf Friedrich in Eichen-

265 Ebd. 317.
266 Ebd. 317 f.
267 Ebd. 318.
268 Ebd. 319.

136

dorffs *Ahnung und Gegenwart* seine Wanderung beginnt, so erscheint ihm »das Leben mit seinen Reisewundern« hinter den fernen Bergen »wie ein schönes, überschwenglich reiches Geheimnis«. Nachdem er jedoch alles kennengelernt hat, ist es für ihn nurmehr »Plunder«[269].

Das vielbesungene, heißersehnte Wunderland Italien ist von diesem Erfahrungsmechanismus nicht ausgenommen, wie schon Hinweise in *William Lovell* bezeugen[270]. Es bewahrt nur so lange seinen Zauber, wie man nicht hinkommt. Ist man erst einmal da, so fällt der Zauber ab und läßt das entfernte Deutschland, dem man aus Überdruß den Rücken gekehrt hatte, auf einmal viel reizvoller erscheinen. So reisen in *Dichter und ihre Gesellen* fast alle Italienfahrer, von dem »langweiligen Italien«[271] kuriert, wieder in die Heimat zurück. So beschließt auch der Taugenichts, »dem falschen Italien mit seinen verrückten Malern, Pomeranzen und Kammerjungfern auf ewig den Rücken zu kehren« und heim zu wandern[272]. »Auf ewig« wird er allerdings nicht wegbleiben. Am Schluß der Novelle will er wieder hin, denn jetzt droht Deutschland zum zweiten Male gewöhnlich zu werden, während Italien wieder neu geworden ist.

Von jedem anderen Wunderland, sofern es erreichbar ist und erreicht wird, gilt das gleiche. Was Ludoviko in Tiecks *Sternbald* von seiner Ägyptenreise erzählt, animiert auch nicht gerade zum Hinfahren. »Und wie steht es denn in Aegypten? fragt Florestan, der gern mit dem seltsamen Fremden bekannter werden wollte. Die alten Sachen stehen noch immer am alten Fleck,

---

269 Eichendorff, Werke II 225 f.
270 Tieck, Schriften VI 166 f.: »Der Geist dürstet nach Neuem, Ein Gegenstand soll den andern drängen, – wie süß träumt man sich die Reise durch das schöne Italien, – ach und was ist es nun am Ende weiter, als das langweilige Wiederholen einer und eben der Sache?« Siehe auch Schriften VII 299 f.
271 Eichendorff, Werke II 656.
272 Ebd. 416.

sagte jener, und wenn man dort ist, vergißt man, daß man sich vorher darüber verwundert hat. Man ist dann so eben und gewöhnlich mit sich und allem außer sich, wie mir hier im Walde ist. Der Mensch weiß nicht, was er will, wenn er Sehnsucht nach der Fremde fühlt, und wenn er dort ist, hat er nichts.«[273]

Der Taugenichts hatte schon bei früherer Gelegenheit bewiesen, daß er es nirgendwo lange aushält, weil er überall von der Erfahrung des Alltags heimgesucht wird, selbst im Zustand des Glücks. Als er Zolleinnehmer wird, bekommt er alles, was er sich schon zu Hause gewünscht hatte: »einen prächtigen roten Schlafrock mit gelben Punkten, grüne Pantoffeln, eine Schlafmütze und einige Pfeifen mit langen Röhren«[274], Attribute, die an sich schon geeignet wären, ihm das Ordinäre dieser Existenz spürbar zu machen. Wären es aber auch andere als diese philiströsen Dinge, wäre er edler und reicher und vornehmer situiert, so würde doch schon die bloße Wunscherfüllung, ganz unabhängig von der Art des Wunsches, jene Langeweile heraufbeschwören, die ihn mehr und mehr heimsucht: »Auch das Sitzen draußen vor der Tür wollte mir nicht mehr behagen. Ich nahm mir, um es bequemer zu haben, einen Schemel mit heraus und streckte die Füße darauf, ich flickte ein altes Parasol vom Einnehmer und steckte es gegen die Sonne wie ein chinesisches Lusthaus über mich. Aber es half nichts. Es schien mir, wie ich so saß und rauchte und spekulierte, als würden mir allmählich die Beine immer länger vor Langeweile, und die Nase wüchse mir vom Nichtstun, wenn ich so stundenlang an ihr heruntersah.«[275]

Dabei ist zu betonen, daß diese Langeweile nicht primär aus Mangel an ›Arbeit‹, sondern aus dem Gewöhnlichwerden des Zustandes resultiert. Der Taugenichts arbeitet ja auch sonst nicht, weshalb er eben Taugenichts

273 Tieck, Schriften XVI 326.
274 Eichendorff, Werke II 358.
275 Ebd. 361.

heißt, und überhaupt hängt die romantische Langeweile, wie noch später zu erörtern sein wird, nicht davon ab, ob jemand etwas tut oder nichts tut. Sie beruht einzig darauf, daß im Leben Wiederholung stattfindet, sei es die Wiederholung von Handlungen, Zuständen, Erlebnissen, Ereignissen oder sonst etwas.

Nicht anders als dem Taugenichts ergeht es in Eichendorffs späterer Novelle *Die Glücksritter* den beiden Abenteurern Suppius und Klarinett. Auch sie erreichen, wonach sie jagen: das Glück. Sie leben zunächst »vergnügt von einem Tage zum andern« in einem herrschaftlichen Schloß mit einem prächtigen Garten, und »da war nichts als Schmausen und Musizieren und Umherliegen über Rasenbänken und Kanapees«. Aber die Kennzeichen der lähmenden Wiederholung sind nicht zu übersehen und zu überhören: täglich schlägt der Pfau dasselbe Rad, singen die Vögel dieselben Lieder in denselben Bäumen, und auch Klarinett gelangt daher zu dem Fazit: »nichts langweiliger als Glück!«[276]

Wenn somit, wie durch den Fluch des Midas alles Berührte zu Gold, hier umgekehrt alles Neue, Besondere, Schöne durch Genuß alltäglich wird, so fragt man sich, ob es der Romantiker überhaupt ernstlich wollen kann, das Glück zu finden. Will er die vielbeschworene »Heimat« und das heißersehnte Paradies, das er so emsig sucht, wirklich auch *erreichen*? Oder sind sie ihm vielleicht nur ein Vorwand, sich in Bewegung zu halten, und schätzt er das Goldene Zeitalter gerade deswegen, weil es, wie er genau weiß, nicht zu realisieren ist? Wirklich erstrebenswert kann ihm nur ein Glückszustand sein, der den Verfall des Glücks zum Gewöhnlichen ausschließt. Aber das gibt es nicht in der Realität. Ein solcher Zustand, der den Romantikern in der Tat als Ideal vorschwebt[277], ist pure Utopie.

276 Ebd. 920.

277 Siehe dazu II, 1, b dieser Arbeit. Bezeichnenderweise hat sich Novalis die Frage gestellt: »Wie vermeidet man bei Darstellung des

5. Gesinnung

Alle diejenigen Gestalten, die das Normale erfahren, ein Ungenügen an ihm empfinden und dieses Ungenügen zu kompensieren versuchen, pflegt die romantische Dichtung, da das kompensatorische »Romantisieren« unter anderem einem künstlerischen Ingenium zuzuschreiben ist, unter die Kategorie »Künstler« einzustufen.

Ihnen entgegengesetzt ist eine andere Gruppe von Menschen, die das Normale ebenfalls erfahren, jedoch weder an ihm leiden noch ihm entfliehen, sondern es im Gegenteil als Gesinnung repräsentieren, ja als herrschende Meinung zur Geltung bringen: die sogenannten »Philister«[278].

Vollkommenen die *Langeweile*?« Vgl. dazu Hans-Joachim Mähl: Die Idee des goldenen Zeitalters im Werk des Novalis. Studien zur Wesensbestimmung der frühromantischen Utopie und zu ihren ideengeschichtlichen Voraussetzungen, Heidelberg 1965 (= Probleme der Dichtung 7), S. 307 und passim.

278 Seit Goethes ›Werther‹ gehört das Wort nicht mehr nur dem Studentenjargon an und bedeutet nicht mehr nur den Nichtstudenten bzw. Nichtmehrstudenten. Über den Bedeutungswandel macht sich bereits die Romantik selbst Gedanken, vgl. Brentanos Philister-Abhandlung, Werke II 983 f. – Zur Wortgeschichte aus heutiger Sicht vgl. z. B. Georg Schoppe: Philister. Eine Wortgeschichte, in: Germanisch-romanische Monatsschrift 10, 1922, S. 193-203. Zur Charakteristik der Gestalt vgl. z. B. Ulrich Westerkamp: Beitrag zur Geschichte des literarischen Philistertypus mit besonderer Berücksichtigung von Brentanos Philisterabhandlung, (masch.) Diss. München 1912; Ernst von Schenck: E. T. A. Hoffmann. Ein Kampf um das Bild des Menschen, Berlin 1939, bes. Teil I; Werner, aaO. S. 137 ff.; Karl Ludwig Schneider: Künstlerliebe und Philistertum im Werk E. T. A. Hoffmanns, in: Die deutsche Romantik. Poetik, Formen und Motive, hg. von Hans Steffen, Göttingen 1967 (= Kleine Vandenhoeck-Reihe 250 S), S. 200-218; Dieter Arendt: Das Philistertum des 19. Jahrhunderts, in: Der Monat H. 248, 1969, S. 33-49; Alexander von Bormann: Philister und Taugenichts. Zur Tragweite des romantischen Antikapitalismus, in: Aurora 30, 1970, S. 94-112; (als Antwort auf Bormann:) Alfred Riemen: Die reaktionären Revolutionäre? oder romantischer Antikapitalismus? in: Aurora 33, 1973, S. 77-86; Frühwald: Der Philister als Dilettant, aaO.

a) Der Philister als Inkarnation der Normalität

Der Philister ist die menschliche Inkarnation der Normalität und darum – wie Lebensform, Weltbild, Umwelt und abgestumpfte Erfüllung – sowohl Gegenstand romantischer Normalitätserfahrung wie -kritik.

Die Philister bilden gegenüber der Minderheit der Künstler entschieden die Mehrheit: sie werden apostrophiert als »Die meisten Menschen«[279], oder es entsteht gar der fälschliche Eindruck, als seien »alle Menschen«[280] oder schlechthin »die Menschen«[281] so wie sie. Ganz im Sinne solcher Verallgemeinerungen sind sie auch nicht standesgebunden. Obwohl Umschreibungen wie »der gemeine Mensch«, »der platte Mensch«[282], »der häusliche Mensch«, »der bürgerliche Mensch«, »der praktische Mensch«[283] den Philister am ehesten dem Mittelstand zuzuweisen scheinen, ist er doch in allen Ständen vertreten. Philister sind beispielsweise der Vater Berthas im *Blonden Eckbert,* Andres in den *Elfen,* Paulmann im *Goldnen Topf,* Walter in *Dichter und ihre Gesellen,* Mosch Terpin und Paphnutius in *Klein Zaches,* Pinkus in *Libertas und ihre Freier,* von Brakel in *Das fremde Kind,* Irenäus in *Kater Murr.* Aber der Vater Berthas ist ein armer Hirt, Andres ein Bauer, Paulmann und Walter sind Bürger und Beamte, Mosch Terpin ist Bürger und Gelehrter, Pinkus geadelter Bürger, von Brakel Edelmann, und Paphnutius und Irenäus sind Fürsten.

Alle diese Gestalten verkörpern das Normale erstens im Sinne des Gewöhnlichen, Alltäglichen. »Philister leben nur ein Alltagsleben«, bemerkt Novalis, wobei er Alltagsleben definiert als »Zirkel von Gewohnhei-

279 Tieck, Schriften VI 242.
280 Tieck, Schriften XVI 72.
281 Tieck, Schriften VI 225, 332.
282 F. Schlegel, KA II 221, 237.
283 F. Schlegel: Über die Philosophie, in: Athenaeum, fotomech. Nachdr. Stuttgart 1960, Bd. II, S. 16 f.

ten«, als bestehend »aus lauter erhaltenden, immer wiederkehrenden Verrichtungen«[284]. Ähnlich Tieck, der von dem »unbedeutenden Bürger« meint, daß er »das ganze Leben gleichsam nur so mitmacht, weil es eine hergebrachte Gewohnheit ist«[285]. Nach Hoffmann tut nichts so sehr den »eingefleischten Philister« kund wie, jeden Zeitenwandel mißachtend, »in demselben Geleise fort(zutraben)«[286]. Nach Friedrich Schlegel ist er der Vertreter der Mitte; jedoch nicht der »wahren Mitte (...), zu der man immer wieder zurückkehrt von den eccentrischen Bahnen der Begeisterung und der Energie«, sondern derjenigen, »welche man nie verläßt«. Er klebt somit auf einem Punkte und ist »nichts als eine vernünftige Auster«[287]. Bereits einen Schritt weiter geht eine Definition von Eichendorff, die besagt, daß der Philister das Normale nicht nur verkörpert, sondern es auch zum Wertmaßstab macht: »was ist denn am Ende ein Philister anderes, als ein Mensch, der das Gemeine wichtig und das Große gemein nimmt.«[288]

Philister befolgen und postulieren zweitens Normen, ihre Gesinnung ist in einem spezifischen Sinne normativ. Hierauf spielt Schleiermacher an, wenn er hohnvoll vermerkt, daß ihr »ganzes Leben und Sein den heiligen Dienst der ehernen Formeln« ausdrückt[289]. Oder Tieck, wenn er dieselbe Vokabel seinem Lovell in den Mund legt: »ihr behelft euch (...) mit elenden Formeln«, und Lovell kritisieren und klagen läßt: »O ihr Menschen mit euren gepriesenen Grundsätzen! den Pfeilern, an denen ihr euch anlehnt«[290]. Oder Novalis, wenn er an der vorhin angeführten Stelle die Verrich-

284 ›Blütenstaub‹ Nr. 77. Novalis, Schriften II 447.
285 Tieck, Schriften XVI 121.
286 Hoffmann, Werke III 15 f.
287 F. Schlegel: Über die Philosophie, aaO. S. 18.
288 Eichendorff, Werke IV 1366.
289 Friedrich Schleiermacher: Vertraute Briefe über Friedrich Schlegels Lucinde. Deutsche Literatur in Entwicklungsreihen, Reihe Romantik, Bd. IV, S. 232.
290 Tieck, Schriften VI 332.

tungen des Philisters nicht nur gewöhnlich, sondern auch »konventionell« und »modisch« nennt[291]. Inwieweit philiströse Gestalten auch bei Hoffmann und Eichendorff Konventionen hörig sind, wurde schon in einem früheren Abschnitt am Beispiel des Fürsten Irenäus und des alten Dürande gezeigt.

Eine nicht unbeträchtliche Zahl von Philistern stuft die Romantik drittens und in einem noch spezifischeren Sinne als Abkömmlinge und Anhänger der rationalistisch-utilitaristischen Aufklärung ein. Jene »Verständigen und praktischen Menschen«, die Schleiermacher in seinen Reden *Über die Religion* attackiert[292], fragen nicht nach der Individualität, nach dem »eigentümlichen Charakter« der Dinge, sondern nur nach dem »Woher und Wozu, in welchem sie sich ewig herumdrehen«, d. h. nach deren Kausalität und Utilität[293]. Sternbald sieht sich im Hause des Kaufmanns Vansen mit dem aufgeklärten Staats- und Gesellschaftsideal konfrontiert, das nur gelten lassen will, was den »allgemeinen Nutzen« befördert[294], und verurteilt, was diesem Zweck nicht dient, vor allem die Kunst. Mosch Terpin, als Vertreter der rationalistischen Naturwissenschaft, »erklärte, wie es regnet, donnert, blitzt, warum die Sonne scheint bei Tage und der Mond des Nachts, wie und warum das Gras wächst etc., so daß jedes Kind es begreifen mußte.«[295] Sein Landesherr Paphnutius ist sogar derjenige, der die Aufklärung »eingeführt« hat[296]. Baron Pinkus in Eichendorffs *Libertas und ihre Freier* weist sich schon dadurch als aufgeklärt aus, daß er »auf dem Trödelmarkte in Berlin den ganzen Nachlaß des seligen Nicolai« erstanden hat und nun »in Ideen (macht)«[297].

291 Novalis, Schriften II 447.
292 AaO. S. 97.
293 Ebd. 99 f.
294 Tieck, Schriften XVI 163.
295 Hoffmann, Werke IV 22.
296 Ebd. 16.
297 Eichendorff, Werke II 938.

Das Kleben am Gewöhnlichen und Alltäglichen, an Konventionen im allgemeinen und aufklärerischen Prinzipien im besonderen hat zur Folge, daß die Philister alles nur »um des irdischen Lebens willen« tun[298], daß sie »weltlich gesinnt«[299], für alles Wunderbare, Übernatürliche verschlossen erscheinen[300]. Soweit sie sich religiös geben, wirkt ihre »sogenannte Religion (...) blos, wie ein Opiat: reizend, betäubend, Schmerzen aus Schwäche stillend. Ihre Früh- und Abendgebete sind ihnen, wie Frühstück und Abendbrot, nothwendig. Sie können's nicht mehr lassen. Der derbe Philister stellt sich die Freuden des Himmels unter dem Bilde einer Kirmeß, einer Hochzeit, einer Reise oder eines Balls vor: der sublimirte macht aus dem Himmel eine prächtige Kirche – mit schöner Musik, vielem Gepränge – mit Stühlen für das gemeine Volk parterre, und Kapellen und Emporkirchen für die Vornehmern.«[301] Auch die Kunst profanisieren sie, was vor allem Hoffmann nicht müde wird anzuprangern, zu einem Mittel der Zerstreuung, Unterhaltung und Erholung[302].

Sich um die irdischen Belange zu kümmern, braucht im Prinzip nicht unedel zu sein. Aber irgendwelche Motive idealistischer Art gesteht die Romantik dem Philister nicht zu. Auf dem Grund der Philisterseele vermag sie nur den Trieb der Notdurft, die »kümmerliche Sorge für morgen«[303], das Bedürfnis nach dem leiblichen Wohl zu entdecken. Die Seriosität, mit der der Philister sein Tun und Treiben beglaubigt, wird als nichtig entlarvt. Einem Apologeten der »ernsten Geschäfte« in Hoffmanns *Artushof* wird entgegengehalten: »Was nennen Sie denn nun aber eigentlich ernstes Geschäft des Lebens?« Worauf der Gefragte in Verlegenheit gerät:

298 Novalis, Schriften II 447.
299 Tieck, Schriften XVI 128.
300 Schleiermacher: Über die Religion, aaO. S. 97 ff.
301 Novalis, Schriften II 447.
302 Vgl. Kreisleriana, bes. Nr. 3: ›Gedanken über den hohen Wert der Musik‹.
303 Tieck, Schriften XVI 71.

»Nun, mein Gott (...) Sie werden mir doch zugeben, daß man im Leben leben muß, wozu es der bedrängte Künstler von Profession beinahe niemals bringt.« Schließlich kommt heraus, »daß er im Leben leben nichts anderes nannte, als, keine Schulden, sondern viel Geld haben, gut Essen und Trinken, eine schöne Frau und auch wohl artige Kinder, die nie einen Talgfleck ins Sonntagsröckchen bringen, besitzen usw.«[304] Das Prinzip der Nützlichkeit, als Ideal hochgespielt, ist im Grunde ebenfalls kaum mehr als Rechtfertigung materieller Ziele. Tiecks Sternbald: »Und was drückst Du mit dem Worte Nuzen aus? Muß denn alles auf Essen, Trinken und Kleidung hinaus laufen? oder daß ich besser ein Schiff regiere, bequemere Maschinen erfinde, wieder nur um besser zu essen?«[305]

Bei Eichendorff zeigt sich noch in *Ahnung und Gegenwart* eine positivere Einstellung. Um »nützlich zu sein«[306], engagiert Graf Friedrich sich sogar im Staatsdienst. Im späteren Roman *Dichter und ihre Gesellen* hingegen wird Beamteneifer als Ausdruck von Bequemlichkeitsbedürfnis abgetan. Fortunat: »Ja, ich habe schon oft nachgedacht über den Grund dieser zärtlichen Liebe so vieler zum Staatsdienst. Hunger ist es nicht immer, noch seltener Durst nach Nützlichkeit. Ich fürchte, es ist bei den meisten der Reiz der Bequemlichkeit, ohne Ideen und sonderliche Anstrengung gewaltig und mit großem Spektakel zu arbeiten, die Satisfaktion, fast alle Stunden etwas Rundes fertig zu machen, während die Kunst und die Wissenschaften auf Erden niemals fertig werden, ja in alle Ewigkeit kein Ende absehen.«[307] Bequemlichkeit wird auch bei Tieck und Hoffmann als philiströses Motiv genannt[308], wobei

---

304 Hoffmann, Werke III 151 f.
305 Tieck, Schriften XVI 166.
306 Eichendorff, Werke II 165.
307 Ebd. 508.
308 Vgl. z. B. Tieck, Schriften VI 332; Hoffmann, Werke I 106. Zu Hoffmanns philiströsem Kater Murr, der hier ebenfalls als Beispiel hingehört, siehe weiter unten.

Tiecks Lovell das Festhalten des Philisters an Normen überdies damit begründet, daß es diesem lästig falle, frei zu sein[309].

Vom Bequemlichkeitstrieb sowie vom Materialismus der leiblichen Bedürfnisse ist es nur ein Schritt zum Egoismus, und so wundert man sich nicht, auch auf folgende, von Eichendorff stammende, Definition zu treffen: »ein Philister ist, wer mit Nichts geheimnisvoll und wichtig tut, wer die hohen Dinge materialistisch und also gemein ansieht, wer im vornehm gewordenen sublimierten Egoismus sich selbst als Goldenes Kalb in die Mitte der Welt setzt und es ehrfurchtsvoll anbetend umtanzt.«[310] Freilich deuten die Attribute »vornehm« und »sublimiert« darauf hin, daß hier nicht nur ein materieller, sondern auch ein geistig-seelischer Egoismus gemeint ist. Zumal Eichendorff im Kontext auf Tendenzen des Subjektivismus eingeht, paßt diese Kennzeichnung vor allem auf Philistergestalten, die weniger rationalistische als empfindsame Züge tragen und mit deren Verspottung die Romantiker die im eigenen Wesen angelegte Ich-Befangenheit aufspießen. Dieser dünkelhaften, sentimentalen, sich ständig selbst bespiegelnden Spielart des Philisters, die vom jungen Tieck bereits in der Erzählung *Fermer, der geniale* aufs treffendste vorgeführt wird, begegnet man bei Eichendorff u. a. im Personal des Ästhetischen Tees, der im Zweiten Buch von *Ahnung und Gegenwart* geschildert wird, bei Hoffmann vor allem in der Gestalt des Kater Murr und derjenigen des Affen Milo aus den *Kreisleriana* (*4. Nachricht von einem gebildeten jungen Mann*).

Im Unterschied zum nichtphiliströsen Empfindsamen, zumal zum empfindsamen Schwärmer, leidet der sentimentale Philister an keinerlei Ungenügen. Was ihn mit seinem aufklärerisch gesinnten Genossen verbindet,

309 Tieck, Schriften VI 332.
310 Eichendorff, Werke IV 858. Der Vorwurf des Egoismus auch an vielen anderen Stellen. Vgl. auch Brentanos Philister-Abhandlung, Werke II 971.

ist die Selbstzufriedenheit. Jedoch gefällt er sich, anders als die Repräsentanten des Gewöhnlichen, in einem Bekenntnis zum Sonderbaren, wenn nicht geradezu in einer genialischen Attitüde. Freilich steckt hinter dem äußeren Getue weder eine entsprechende Gesinnung noch ein entsprechendes Talent. Sonderbarkeit und Genialität werden bloß affektiert und nachgeahmt, nach Vorbildern, die gerade in Mode sind. Die eitlen »Poesierer«, die sich auf dem erwähnten Ästhetischen Tee produzieren, kommen Friedrich denn auch »in ihrer durchaus polierten, glänzenden, wohlerzogenen Weichlichkeit wie der fade, unerquickliche Teedampf (...) vor.«[311] Die als Wunderkind hergerichtete Tochter des Hauses entpuppt sich als dressierte Bajadere- und Mignon-Imitation. Von den Räumen bemerkt Friedrich, daß sie, wenn auch »im neuesten Geschmack dekoriert«, durch einige auffallende Besonderheiten und Nachlässigkeiten wie z. B. unsymmetrische Spiegel und zerstreut umherliegende Bücher und Instrumente einen Stich ins Ungewöhnliche erhalten; aber gleichzeitig dünkt es ihn, »als hätte es der Frau vom Hause vorher einige Stunden mühsamen Studiums gekostet, um in das Ganze eine gewisse unordentliche Genialität hineinzubringen.«[312] An einer späteren Stelle des Romans werden Friedrich und Leontin einmal von einem ebenfalls Genialischen gestört, der sich ihnen als einen jener »Seltenen«, die mit den »Gewöhnlichen« nichts gemein haben, aufdrängt. Aber bei seinen pathetischen Worten fällt ihm Schillers *Don Carlos* aus der Tasche, worauf Leontin meint: »Sie verlieren Ihre Noten«[313]. Die Mode, sich abzusondern und sich über die Gewöhnlichen zu erheben, hat sogar bereits das Land erreicht. Die beiden sentimentalen Liebhaber bäuerlicher Provenienz, die von Leontin und Friedrich im Ersten Buch des Romans belauscht werden, beglückwünschen sich,

311 Eichendorff, Werke II 134.
312 Ebd. 130.
313 Ebd. 181.

»daß wir aus dem Schwarm, von den lärmenden, unempfindlichen Menschen fort sind«[314]. Aber in ihrer scheinbar individuellen Privatheit gehorchen sie in Wahrheit einem vorgestanzten Muster; denn wie das Band, das sie verbindet, darin besteht, daß sie beide »das neueste Werk von Lafontaine gelesen« haben[315], so tauschen sie in ihrem Liebesgespräch, fast schon wie später die Verliebten bei Sternheim, nur Klischees aus, Klischees á la Lafontaine.

Es verhält sich also keineswegs so, als sei der sentimentale Philister weniger konventionell als der nichtsentimentale. Jedoch gehorcht er nach außen nicht überkommenen Konventionen, sondern dem dernier cri, d. h. er kultiviert die Konvention des Unkonventionellen. Der sich unkonventionell gebärdende Philister tut im Grunde nichts anderes als der konventionelle hergebrachten Schlages: er spielt eine Rolle. Das erkennt man nicht nur an dem Nachahmungscharakter seines Auftretens, der bei dem Plagiator Murr und besonders bei dem Affen Milo ebensowenig zu übersehen ist wie bei den eben behandelten Gestalten. Das erkennt man auch an dem für diese Philisterart typischen Aus-der-Rolle-Fallen. Noch während das von Leontin und Friedrich belauschte Paar sich an platonischen Phrasen über die »Reinheit« seiner Liebe erbaut, beginnt der Liebhaber »heftig an dem Busenbande des Mädchens zu arbeiten, die sich nur wenig sträubte«, und so sind sie »in ihre eigentliche Natur zurückgefallen«[316]. Hoffmanns idealistischer, nach »Höherem« strebender Kater wird, wie es einem Empfindsamen ziemt, von tiefem Mitleid mit seiner notleidenden Mutter Mina gerührt. Aber – »Feindliches Verhängnis! – O Appetit, dein Name ist Kater!«[317] – er wird von seinen animalischen Gelüsten überwältigt und frißt den Heringskopf, den er ihr

314 Ebd. 65.
315 Ebd.
316 Ebd. 66.
317 Hoffmann, Werke II 335.

bringen sollte, selbst auf. Der Affe Milo kann es nicht verhindern, daß eine »unwiderstehliche Begierde« ihn treibt, seine Bildung und Gesittung zu vergessen und sich zum Erstaunen seiner Begleiter in die Bäume hinaufzuschwingen, um nach Nüssen zu haschen[318]. So ist im Grunde auch der sentimentale Philister den gemeinsten irdischen Bedürfnissen hörig.

b) Konformes Verhalten

Wie die Ausführungen des vorigen Abschnitts bereits zeigten, schlägt sich philiströse Gesinnung in verschiedenen Verhaltensweisen nieder. Von diesen sind für unser Thema solche interessant, an denen Normalität anschaulich wird. Dazu gehört zunächst das konforme Verhalten.

Es sind hierüber eigentlich nicht mehr viele Worte zu verlieren, da dieser Aspekt bereits von selbst genügend deutlich wurde. Jedoch ist noch eines Motivs zu gedenken, das, wie die Bequemlichkeit, Konformität in besonderem Maße fördert. »Die vielen Leute die den armen Peregrinus für übergeschnappt hielten,« heißt es in Hoffmanns *Meister Floh,* »gehörten vorzüglich zu denjenigen, welche fest überzeugt sind, daß auf der großen Landstraße des Lebens, die man der Vernunft, der Klugheit gemäß einhalten müsse, die Nase der beste Führer und Wegweiser sei und die lieber Scheuklappen anlegen, als sich verlocken lassen, von manchem duftenden Gebüsch, von manchem blumichten Wiesenplätzlein, das nebenher liegt.«[319] Das hier dreifach umschriebene Festhalten der großen Mehrheit am Normalen (auf der großen Landstraße des Lebens bleiben, geradeaus gehen, geradeaus blicken) wird auf »Vernunft«, »Klugheit« zurückgeführt. Damit ist nicht unbedingt nur ratio im Sinne des Rationalismus, sondern

318 Hoffmann, Werke I 304.
319 Hoffmann, Werke IV 681.

auch Lebensklugheit gemeint. Diese Quelle des richtigen Verhaltens, deren Studium auch Kater Murr nach Kräften obliegt, rät nicht so sehr: verhalte dich gemäß den Regeln der Vernunft, sondern: verhalte dich gemäß dem Üblichen, dem, was gerade in Geltung ist. »Vernünftig« oder »klug« ist ein solches Verhalten in erster Linie, weil damit zum einen gewisse Vorteile, wie zum Beispiel eine sichere Existenz oder gesellschaftliches Ansehen, erkauft, zum anderen gewisse Nachteile, wie Unsicherheit oder negative gesellschaftliche Sanktionen, vermieden werden. Man betrachte beispielsweise das vorsichtige Auftreten Walters in *Dichter und ihre Gesellen*, dem es in seiner Beamtenlaufbahn »nicht an größern Aussichten« fehlt und der sich schon deswegen gegen Extravaganzen wie das Trinken im Freien sträubt: »das sei hier nicht gewöhnlich, man werde in kleinen Städten zu sehr bemerkt.«[320] Man denke auf der anderen Seite an die zahlreichen Ächtungen, die sich die Künstler in der romantischen Dichtung für ihre nonkonforme Art einstecken müssen und auf die wir später noch einmal zurückkommen werden. Allgemein gesprochen könnte es unter Umständen auch »klug« sein, sich irrational zu verhalten, mit Wölfen zu heulen, die das Widervernünftige zur geltenden Norm gemacht haben. Da der romantische Philister sich in einem aufgeklärten Klima bewegt, ist er solchen Bedenklichkeiten jedoch nicht ausgesetzt. Mehr noch: da er häufig selber Rationalist ist, erscheint seine »Vernünftigkeit« oder »Verständigkeit« als eine doppelte oder potenzierte.

Die romantischen Verweise auf die Lebensklugheit sind im Zusammenhang mit einer älteren Tradition zu sehen: der Tradition der Komplimentierbücher des 17. und 18. Jahrhunderts bis zu Knigge[321]. In diesen Kom-

---

320 Eichendorff, Werke II 506.
321 Vgl. dazu Barbara Zaehle: Knigges Umgang mit Menschen und seine Vorläufer. Ein Beitrag zur Geschichte der Gesellschaftsethik, Heidelberg 1933 (= Beiträge zur neueren Literaturgeschichte N. F. 22).

pendien des richtigen, erfolgversprechenden Verhaltens erscheint die Lebens- oder Weltklugheit noch als Inbegriff des »politischen« Verhaltens, wobei »politisch« hier die Fähigkeit zur Anpassung, zur Schmeichelei und überhaupt zur Verstellung meint. Wenn Kater Murr gesteht, aus Knigges *Über den Umgang mit Menschen* »viel Lebensweisheit geschöpft« zu haben, und daß dieses Buch »so recht aus meiner Seele geschrieben« sei[322], wenn ihm ferner der Pudel Ponto die Finessen erfolgreicher Schmeichelei als »weltkluges Benehmen« darlegt[323], so wird der Bezug ausdrücklich hergestellt. Diese ältere Tradition zeigt überdies, daß Konformität als Thema nicht erst von der Romantik entdeckt wurde.

Immerhin kann die Romantik für sich beanspruchen, konformes Verhalten in der Gestalt des Philisters zu einem Epochenproblem gemacht zu haben. Warum? Wollte man diese ausgreifende Thematisierung und Problematisierung einfach kausal als »Widerspiegelung« erklären, so müßte man sie ausschließlich auf Individualitätsverluste innerhalb der sozialen Wirklichkeit zurückführen. Von der Erkenntnis ausgehend, daß Dinge nicht nur durch sich selbst, sondern auch durch ihren Widerpart zum Problem werden, wird man hingegen auch erwägen müssen, ob der Romantik und zuvor schon der Empfindsamkeit Konformität nicht deshalb eine dringende und bedrückende Angelegenheit wird, weil sie im Lichte eines neuartigen Individualismus gesehen wird, weil, wenn auch Individualität als Sache verloren gehen mag, Individualität als Wert erst entdeckt wird. So schreibt St. Milgram, »daß der Konformismus nur im sozialen Leben derjenigen Gesellschaft ein beunruhigendes Problem *werden* kann, wo der Begriff des *Selbst* hoch bewertet wird. Denn Konformität ist eine ›Selbst-Verleugnung‹ (*denial of self*), sie bedeutet, daß der Mensch sein Verhalten und seine

322 Hoffmann, Werke II 322.
323 Ebd. 399.

Anschauungen nicht der Leitung innerer Motive unterstellt, sondern zuläßt, daß sie von äußeren Kräften gesteuert werden. Dies ist ein schwerwiegendes Problem für eine Gesellschaft, die behauptet, daß der Einzelne – und nur er – letzter und eigentlicher Ursprungsort seiner Handlungen sei. Für eine Lehre, die das Ich als ein klar umgrenztes autonomes System *ab*wertet und die Einheit des Menschen mit seiner Umwelt betont, gibt es das Problem des Konformismus nicht.«[324]

Nun verhält es sich zwar so, daß die Hochromantik die empfindsam-subjektivistische Ich-Vergötterung in ein Ich und Welt umschließendes Harmonie-Ideal auflöst, die hohe Bewertung des Individuellen behält sie aber bei, wie sie auch den ich-bezogenen Individualismus der Empfindsamkeit nicht völlig beseitigt, sondern in einen du-bezogenen Individualismus umschmilzt.

c) Konservatives Verhalten

Auch über den konservativen Aspekt philiströs-normalen Verhaltens ist das Wichtigste bereits bei früherer Gelegenheit gesagt worden. Am Beispiel des Fürsten Irenäus und des alten Dürande wurde im Kapitel ›Lebensform‹ offenkundig, daß jede pedantische, ausgesprochen normative Pflege des Hergebrachten kein vitales, sondern nur ein letales Verhältnis zur Tradition herstellt. Konservieren hat hier nicht, wie es sich die Romantik angesichts bewahrenswerter Überlieferungen wünscht, den Sinn des Lebendigerhaltens und der fortwährenden Erneuerung, sondern nur den einer sterilen Unwandelbarkeit. Ein weiteres Beispiel mag diesen Befund aber noch stützen.

Alles, was die Romantik gegenüber dieser Art von Konservativismus auf dem Herzen hat, findet sich ebenso komprimiert wie ausdrücklich vor allem in

324 Artikel ›Konformität‹ im Wörterbuch der Soziologie, aaO., Bd. 2, S. 468.

Schleiermachers *Vertrauten Briefen über Friedrich Schlegels Lucinde*. Die vorangestellte hohnvolle Zueignung, die der Autor freilich nun nicht den »Verständigen«, sondern in seinem Sinne wahrheitsgemäßer den »Unverständigen« widmet, wirft dem Philister vor, seinen ertötenden Bann besonders auf das Verhältnis der Geschlechter gelegt zu haben: »Vorzüglich aber habt Ihr in Absicht der Liebe eine Konstitution zu verteidigen, an der Jahrhunderte gearbeitet haben, die die reifste Frucht ist von dem schönen Bunde der Barbarei und der Verkünstelung, und der schon so viel Leben und Gedeihen geopfert ist, daß es wohl töricht wäre, nicht auch das wenige übrige noch hinzugeben, um sie aufrechtzuerhalten.«[325] Geht Schleiermacher aber hier nur auf einen besonderen Fall ein, so hatte er am Anfang seiner *Zueignung* viel weiter ausgegriffen und die Gruppe der Philister ganz generell als das maßgebliche Element der Beharrung charakterisiert. Denn dort nennt er sie den »Senat der Erhalter«. Und er fährt in direkter Anrede fort: »Von Anbeginn der Welt habt Ihr diese Funktion zur Zufriedenheit des menschlichen Geschlechtes versehen: denn Euch allein verdanken wir es, daß es in dieser ewigen Fortschreitung etwas Stillstehendes und Bleibendes gibt. Euch ist es gegeben, das bewegliche Leben ertötend zu fesseln, und was sich ohne Euch immer weiter veredelt und fortgebildet hätte, die rohesten Anfänge der kindischen Vernunft und die ungeschickten Werke des Zufalls, in festen Zügen darzustellen. Sobald etwas dieser Art unter uns dem Besseren Platz gemacht hat, bereitet Ihr es für Euch zu einer ewig dauernden Mumie, und bewahrt es als ein heiliges Palladium. Nicht vergeblich seid Ihr zu diesem Endzweck ausgerüstet mit jener großen Naturkraft, die keiner andern an Allgegenwart und Unbegreiflichkeit weicht, sich aber ganz besonders in Euch verherrlicht,

325 Schleiermacher: Vertraute Briefe, aaO. S. 233.

durch Euren standhaften Widerwillen gegen alles, was lebt und atmet.«[326]

Da das Haften der Philister am Herkömmlichen bloß formell ist, sind sie keineswegs Verehrer des ehrwürdigen Alten. Wie Brentano in seiner Philister-Abhandlung schreibt, »verachten (sie) alte Volksfeste und Sagen« und »vernichten, wo sie können, alte Sitten und Herkömmlichkeiten«[327]. Hängen Sie sich andererseits dem Neuen an, schreiten sie, wie die Mitglieder der Ästhetischen Teegesellschaft, »fleißig von einem Meßkataloge zum andern mit der Zeit fort«, so spürt man doch nicht, »daß die Zeit auch nur um einen Zoll durch sie weiter fortrückte.«[328] Der progressive Baron Pinkus besorgt in Wahrheit sogar bloß das Geschäft der Restauration: er geht mit verkommenem Trödel hausieren und macht in abgestandenen Devisen[329].

d) Autoritäres Verhalten

Die Beschränktheit des eigenen Seins und Bewußtseins auf das Normale macht den Philister intolerant gegenüber Anschauungen und Neigungen, die außerhalb des Gewöhnlichen liegen, und aktiviert ihn zu Zwangsmaßnahmen sowie negativen Sanktionen.

Der Hang zum Wunderbaren ist ihm nicht nur fremd, sondern er wird von ihm auch, wie Schleiermacher in seinen Reden *Über die Religion* sagt, »gewaltsam unterdrückt, alles Übernatürliche und Wunderbare ist proskribiert«[330]. Es ist bei den »Verständigen« das »große Übel, daß die guten Leute glauben, ihre Tätigkeit sei universell und die Menschheit erschöpfend und wenn man tue, was sie tun, brauche man auch keinen

326 Ebd. 232.
327 Brentano, Werke II 998.
328 Eichendorff, Werke II 153.
329 Ebd. 938, 963.
330 Schleiermacher: Über die Religion, aaO. S. 98.

Sinn, als nur für das, was man tut. Darum verstümmeln sie alles mit ihrer Schere, und nicht einmal eine originelle Erscheinung, die ein Phänomen werden könnte für die Religion, möchten sie aufkommen lassen; denn was von ihrem Punkt aus gesehen und umfaßt werden kann, das heißt Alles, was sie gelten lassen wollen, ist ein kleiner und unfruchtbarer Kreis ohne Wissenschaft, ohne Sitten, ohne Kunst, ohne Liebe, ohne Geist und wahrlich auch ohne Buchstaben, kurz, ohne Alles, von wo aus sich die Welt entdecken ließe, wenngleich mit viel hochmütigen Ansprüchen auf alles dieses. Sie freilich meinen, sie hätten die wahre und wirkliche Welt und *sie* wären es eigentlich, die Alles in seinem rechten Zusammenhange nähmen.«[331] In der *Zueignung* zu den *Vertrauten Briefen über Friedrich Schlegels Lucinde* spricht Schleiermacher sogar davon, daß der Philister gegen alles, was außerhalb der Norm liegt, einen »Verfolgungskrieg« führe[332].

Die Machtübernahme des fürstlichen Philisters Paphnutius in *Klein Zaches* äußert sich bezeichnenderweise im Geltendmachen von Herrschaft. Während sein Vorgänger so regierte, daß niemand das mindeste von der Regierung merkte, nimmt Paphnutius Volk und Staat unter seine Fuchtel: »Er beschloß zu regieren«[333]. Er dekretiert die Normen der Aufklärung und läßt das störende Element des Wunderbaren, die Feen, durch die Polizei aussiedeln. Das autoritäre Gebaren des Philisters nimmt hier absolutistische Züge an.

Von negativen Sanktionen sind bei Hoffmann vor allem die Künstlergestalten betroffen. Auf sie fällt erstens der Fluch der Lächerlichkeit, von jeher eines der bewährtesten Mittel der Gesellschaft, Außenseiter zu bestrafen. So wird etwa Anselmus im *Goldnen Topf* als »Narr« abgestempelt und ausgelacht[334]. So erschei-

331 Ebd. 101 f.
332 Schleiermacher: Vertraute Briefe, aaO. S. 232.
333 Hoffmann, Werke IV 15.
334 Hoffmann, Werke I 187, 235, 241, 246.

nen zumal die Musiker, gleich Bürgern eines fernen und fremden Reiches, »in ihrem äußeren Tun und Treiben seltsam, ja lächerlich, denn Hans lacht den Peter aus, weil er die Gabel in der linken Hand hält, da er, Hans, seine Lebetage hindurch sie in der rechten Hand gehalten.«[335]

Zweitens gelten sie als geistig defekt, während der Philister in seiner Normalität sich für geistig gesund hält. Das mildeste Diktum verurteilt die Künstler als beschränkt oder überspannt, das härteste und häufigste als geisteskrank. So werden wiederum vor allem die Musikenthusiasten nicht nur als »unglückliche Schwärmer«[336], sondern geradezu als »Wahnwitzige«[337] eingestuft. Den Kapellmeister Kreisler hat man »lange schon im Verdachte der Tollheit gehabt, einer Kunstliebe wegen, die etwas allzumerklich über die Leisten hinausgeht, welchen die sogenannte verständige Welt für dergleichen Messungen aufbewahrt.«[338] Oder: »Schon lange galt der arme Johannes allgemein für wahnsinnig, und in der Tat stach auch sein ganzes Tun und Treiben, vorzüglich sein Leben in der Kunst, so grell gegen alles ab, was vernünftig und schicklich heißt, daß an der innern Zerrüttung seines Geistes kaum zu zweifeln war.«[339] Kreisler steht tatsächlich am Rande des Wahnsinns, aber das meint Hoffmann hier nicht. An solchen Stellen zitiert er nur die rufmordende Philisterschaft, die ja auch einen Rat Krespel »für wahnsinnig ausschrie, unerachtet kein Mensch weniger Anlage zum eigentlichen, entschiedenen Wahnsinn haben konnte, als eben er.«[340]

Verurteilt werden mit solchen Verdikten das absonderliche Verhalten der Betroffenen, die Meinungen, die sie

335 Ebd. 106.
336 Ebd. 39.
337 Ebd. 40.
338 Ebd. 285.
339 Ebd. 284.
340 Hoffmann, Werke III 30.

äußern, die Sehnsüchte, die sie hegen, und nicht zuletzt das, was sie glauben erlebt zu haben, das Wunderbare bzw. der Glaube und die Art des Erlebens selbst. Ob Tusman in der *Brautwahl* von seinen gespenstischen Begegnungen oder Felix und Christlieb vom wunderbaren »Fremden Kind« erzählen, immer verwandelt sich das Erlebte in den Augen der ungläubigen Zuhörer in »Narrheiten«[341], »tolles albernes Zeug«[342], »tolle Einbildungen«[343] oder in »dumme abergläubische Possen«[344]. Zu den polemischen Abwertungen gehören in diesem Zusammenhang auch die Begriffe des »Fantastischen«[345] und des »Romanhaften«[346].

Worin gründet die Unduldsamkeit? In seinem bemerkenswerten Aufsatz *Über Kultur, Natur und Natürlichkeit* schreibt Arnold Gehlen, daß »jede Kultur« die von ihr herausgearbeiteten kulturellen Normen und Gestaltungen, z. B. ihr Rechtsdenken, ihre Eheformen, ihre Skala von Interessen, Leidenschaften und Gefühlen, »als die allein natürlichen und naturgemäßen« empfindet[347]. Nicht als ob dieser Anspruch vom wissenschaftlichen Standpunkt durchaus gerechtfertigt sei. Angesichts der Variationsbreite bestehender und vergangener Lebensstile und Anschauungsweisen läßt sich der Mensch als Kulturwesen keineswegs auf eine konstante »Natur« festlegen[348]. Werden Normen für »natürlich« gehalten, so signalisiert das nur, daß sie als etwas Selbstverständliches und Unbezweifeltes erscheinen. Freilich bleibt dies nicht ohne Auswirkung auf das Verhältnis zu dem, was sich außerhalb des eigenen Gesichtskreises befindet. Wie man sich selbst im Bund mit der Natur glaubt, so empfindet man die Normen einer anderen

341 Ebd. 489. (›Das fremde Kind‹).
342 Ebd. 500.
343 Ebd. 507.
344 Ebd. 561 (›Die Brautwahl‹).
345 Vgl. z. B. Hoffmann, Werke I 188, 235.
346 Vgl. z. B. ebd. 188, 205; II 635.
347 Gehlen, aaO. S. 80.
348 Ebd. 78 f.

Kultur oder Gesellschaft »als kurios, komisch, sonderbar, meist aber als unnatürlich, abartig, widernatürlich oder gar, in weiterem Übergang, als sündhaft und verwerflich.«[349]
Was Gehlen hier formuliert, ist bereits von der Romantik durchschaut worden. Aber was die moderne Wissenschaft zu einem allgemeinen kulturanthropologischen Befund ausweitet, wird von den Romantikern noch ausschließlich auf den Philister bezogen. Dabei gerät ihr der Begriff des Natürlichen schon deshalb in den Blick, weil er niemals häufiger und heftiger beschworen wurde als in den Auseinandersetzungen der damaligen Zeit. Die Aufklärung empfindet ihre Normen nicht nur als natürlich, sie will das, was gelten soll, auch ausdrücklich aus der »Natur« begründen, nachdem vorher die göttliche Offenbarung und traditionelle Muster maßgeblich gewesen waren. Rokoko, Empfindsamkeit und Sturm und Drang berufen sich nicht weniger auf die Natur, wenn auch in anderer Weise. Jedenfalls konnte der Romantik die Legitimationskraft dieses Begriffes, konnte ihr insbesondere der von der Aufklärung thematisierte Zusammenhang zwischen dem Natürlichen und dem Gewöhnlichen, dem Gesunden und dem Gemeinen (gesunder Menschenverstand = gemeiner Menschenverstand), nicht entgehen. »Axiom der Gewöhnlichkeit« nennt Friedrich Schlegel folgende philiströse Ansicht: »Wie es bei uns und um uns ist, so muß es überall gewesen sein, denn das ist ja alles so natürlich.«[350] Eichendorff schreibt von den dominierenden literarischen Tendenzen des späteren 18. Jahrhunderts: »›Der Natur wieder zu ihren Rechten zu helfen‹, war überhaupt das allgemeine Feldgeschrei der Literaten geworden. Alles sollte natürlich und natürlich nur das gemein Verständige sein.«[351] Bei Tieck heißt es im *Sternbald*: »Die meisten Menschen wollen alles gar zu

349 Ebd. 80.
350 F. Schlegel, KA II 149 (Lyceums-Fragmente Nr. 25).
351 Eichendorff, Werke IV 758.

natürlich haben, und wissen doch eigentlich nicht, was sie sich darunter vorstellen; sie fühlen den Hang zum Seltsamen und Wunderbaren, aber doch soll das alles wieder alltäglich werden: sie wollen wohl von Liebe und Entzücken reden hören, aber alles soll sich in den Schranken der Billigkeit halten.«[352] In seiner Philister-Abhandlung beginnt Brentano den Abschnitt *Philister-symptome* mit der Bemerkung: »Sie nennen die Natur, was in ihren Gesichtskreis oder vielmehr in ihr Gesichtsviereck fällt, denn sie begreifen nur viereckichte Sachen, alles andere ist widernatürlich und Schwärmerei.«[353]

e) Öffentliche Meinung

In Schlegels *Lucinde* erzählt Julius, wie er sich einmal in einem kunstreichen Garten an dem Duft und den Farben der schönsten Blumen ergötzte. Plötzlich springt mitten aus der Pracht ein häßliches Untier von furcht-einflößender Größe hervor. Es scheint geschwollen von Gift, durch die in allen Farben schillernde Haut sieht man die Eingeweide sich winden wie Gewürme, es öffnet Krebsscheren nach allen Seiten rund um den ganzen Leib. Bald hüpft es wie eine Kröte, bald kriecht es mit ekelhafter Beweglichkeit auf einer unzähligen Menge kleiner Füße. Mit Entsetzen wendet Julius sich weg. Als es ihn jedoch verfolgen will, faßt er Mut, wirft es mit einem kräftigen Stoß auf den Rücken, und sogleich scheint es ihm nichts als ein gemeiner Frosch. Er ist überrascht – und erstaunt noch mehr, als plötzlich jemand ganz dicht hinter ihm dieses Wesen als die »öffentliche Meinung« bezeichnet[354].
Dieser allegorische Bericht ist ein Hinweis, daß man das romantische Erlebnis des Gemeinen, Gewöhnlichen

352 Tieck, Schriften XVI 139.
353 Bentano, Werke II 990.
354 F. Schlegel, KA V 16.

als Gesinnung auch von der Seite seiner öffentlichen Wirksamkeit in Betracht zu ziehen hat. Wenn der Künstler sich dem Druck einer unduldsamen Mehrheit ausgesetzt sieht, so nicht einer bloßen Majorität von Einzelnen, sondern eines konsensusorientierten Kollektivs, das in der Öffentlichkeit dominiert und sein angsteinflößendes, auf der Kehrseite freilich banales Wesen aus dem ungeheuerlichen Anwachsen zu einem nach allen Seiten agierenden Meinungsterror bezieht. So sind die »Verständigen« nicht einfach autoritär. Sie sind überhaupt die herrschende Autorität, der »herrschende Teil«, wie Schleiermacher sagt, welcher »mächtigen Einfluß« besitzt und seine Grundsätze in ganzen Städten und Ländern durchsetzt[355].

Worauf sich die Romantik offenbar bezieht, ist die »bürgerliche Öffentlichkeit«, die, wie Habermas gezeigt hat, in der Aufklärung entsteht und die »repräsentative Öffentlichkeit« ablöst[356]. Sie artikuliert sich in der öffentlichen Meinung als Konsensus der Räsonierenden, der »vielen sehr vernünftigen Leute«[357] oder der »soliden, aufgeklärten Leute«[358], aus welchem die geltenden Normen hervorgehen. Jedoch scheint es, daß die Romantik das öffentliche Räsonieren nicht mehr in seiner eigentlichen und ursprünglichen Gestalt: als diskutantes Für und Wider, sondern als gleichgeschaltetes, wenn auch schillerndes Kollektivdenken erlebt.

Überraschenderweise berührt sich diese Auffassung mit der Kritik der Öffentlichkeit durch den Liberalismus[359], etwa durch John Stuart Mill. Die von Mill als »Joch« beklagte öffentliche Meinung wird gesehen als die Herr-

---

355 Schleiermacher: Über die Religion, aaO. S. 104. Vgl. auch Eichendorffs Spott über die öffentliche Meinung in ›Politischer Brief‹ bzw. ›Auch ich war in Arkadien‹.

356 Jürgen Habermas: Strukturwandel der Öffentlichkeit. Untersuchungen zu einer Kategorie der bürgerlichen Gesellschaft, 5. Aufl., Neuwied und Berlin 1971 (= Sammlung Luchterhand 25).

357 Hoffmann, Werke III 253.

358 Ebd. 590.

359 Vgl. zu dieser Kritik Habermas, aaO. S. 158 ff.

schaft der Vielen und Mittelmäßigen[360]. Während der Vorwurf der Gewalttätigkeit sich einst gegen Fürstenwillkür gerichtet hatte, wendet er sich nun gegen den Druck der Öffentlichkeit, ja Mill mobilisiert gegen diesen Druck die Haltung und Wertschätzung des Nonkonformismus: »In unserem Zeitalter ist schon das Beispiel der Nichtübereinstimmung (...) eine verdienstliche Leistung. Gerade, weil die Gewaltherrschaft der (öffentlichen) Meinung so gewachsen ist, daß das Außergewöhnliche zum Vorwurf wird, ist es erwünscht, daß, um diese Gewaltherrschaft zu brechen, dies Außergewöhnliche häufiger werde.«[361]

f) Rollenverhalten

Wie das Barock neigt die Romantik bekanntlich dazu, die Welt als Schauspiel, das Leben als Rollenspiel zu betrachten. Dabei ist es nicht zuletzt der Philister als der gewöhnliche, konventionelle Mensch, der sie zu dieser Sicht inspiriert.

Als Typ, der keine individuelle Seele besitzt und kein individuelles Leben entfaltet, sondern nur Konventionen gehorcht, ist er der Rollenspieler par excellence. Eine Rolle spielen heißt bei ihm dreierlei.

Erstens: etwas gelten wollen. »Jeder Mensch«, heißt es in *William Lovell*, »sucht aus seinem Leben etwas recht Bedeutendes zu machen, und jeder glaubt, er sei der Mittelpunkt des großen Zirkels. Keiner lebt im Allgemeinen, keiner kümmert sich um das große Interesse des Ganzen, sondern jeder weiß in diesem unendlichen Stücke nur seine kleine armselige Rolle auswendig, die oft nur so wenig zum Ganzen beiträgt.«[362] In diesem Zusammenhang verbindet sich Konventionalität mit dem für den Philister ebenfalls typischen Egoismus.

360 Nach Habermas, ebd. 162.
361 Zitiert nach Habermas, ebd. 164.
362 Tieck, Schriften VII 313.

Zweitens: sich verstellen. Aus Paris schreibt Lovell: »Wie mich alles hier anekelt! – Man spricht und schwatzt ganze Tage, ohne auch nur ein einzigmal zu sagen, was man denkt; man geht ins Konzert, ohne die Absicht zu haben, Musik zu hören; man umarmt und küßt sich, und wünscht diese Küsse vergiftet. Es ist eine Welt voller Schauspieler und wo man überdies noch die meisten Rollen armselig darstellen sieht«[363].

Drittens: ohne inneres Leben und sich selbst fremd sein. Wie Hoffmanns Kreisler-Roman beispielhaft zeigt, existieren die Vertreter der Konvenienz gewissermaßen nur in ihrer äußeren Schale. Fürst Irenäus hat sich völlig an das »hölzerne Gestell« veräußert, das das höfische Leben aus den Materialien des Zeremoniells in seinem Inneren zusammengezimmert hat[364]. Bei der Fürstin hat sich die Etikette »auf ihre Brust gelegt wie ein bedrohlicher Alp, und keine Seufzer, kein Zeichen des innern Lebens sollte mehr hinaufsteigen aus dem Herzen.«[365] Bei der Rätin Benzon ist das Rollenspiel freilich differenzierter zu beurteilen. Die Verlagerung des Daseins in die bloß äußerliche Schicklichkeit ist ihr ein Mittel, ein in der Vergangenheit erlittenes seelisches Unglück zu vergessen und zu verdecken. Da ihr die Konvenienz also nicht einfach Selbstzweck ist und sie dies außerdem selbst durchschaut[366], besitzt sie über die anderen Mitglieder des Hofes eine gewisse Überlegenheit.

Paradoxerweise siedelt die rollenbedingte Selbstentfremdung den Philister in der Nähe des Verrückten an, sofern dieser ebenfalls seine Identität verloren hat. Der aus der menschlichen Gesellschaft geflohene Rudolf in *Ahnung und Gegenwart* umgibt sich mit einer Kollektion geisteskranker Narren, die darauf reduziert sind, Rollen nicht nur zu spielen, sondern auch zu sein, sich

363 Tieck, Schriften VI 51.
364 Hoffmann, Werke II 328.
365 Ebd. 492.
366 Ebd. 500 f.

überhaupt in Rollen gänzlich aufzulösen. Hierbei ergibt sich eine überraschende, aber einleuchtende Ähnlichkeit mit den hohlen affektierten Kunstschwätzern aus der Residenz[367]. Da diese Narren in ihrer jeweiligen Fixiertheit auf die angenommene Rolle überdies zu keinem menschlichen Einklang miteinander kommen können, sind sie für einen Vergleich mit der Gesellschaft der Normalen durchaus tauglich: »›Und was ist es denn mehr und anders‹, sagte Rudolf, ›als in der andern gescheiten Welt? Da steht auch jeder mit seinen besonderen, eigenen Empfindungen, Gedanken, Ansichten und Wünschen neben dem andern wieder mit seinem besonderen Wesen, und wie sie sich auch, gleichwie mit Polypenarmen, künstlich betasten und einander recht aus dem Grunde herauszufühlen trachten, es weiß ja doch am Ende keiner, was er selber ist oder was der andere eigentlich meint und haben will, und so muß jeder dem andern verrückt sein«[368].

Vom Ich-Verlust und der Reduktion auf eine bloße Rollenexistenz ist allerdings auch der Subjektivist bedroht, und zwar deshalb, weil die permanente Reflexion ihn zu jedem Erlebnis in durchschauende Distanz setzt und er jedes Gefühl zwangsläufig als nur gespielt und nicht wahrhaft erlebt empfinden muß. Daher gesteht Lovell auch von sich selbst, unter einer Gesellschaft von Schauspielern »einer der Mitspieler« zu sein[369]. Daher wird das Thema vor allem in jenem romantischen Werk angeschlagen, in dem die Krise des Subjektivismus die radikalsten Formen annimmt, in den *Nachtwachen* von Bonaventura. »Ob ich denn selbst wohl noch außer meiner Rolle wandle,« wird hier gefragt, »oder ob alles nur Rolle, und ich selbst eine dazu.«[370]

367 Vgl. bes. Eichendorff, Werke II 253 f.
368 Ebd. 263.
369 Tieck, Schriften VI 320.
370 Bonaventura: Nachtwachen, hg. von Wolfgang Paulsen, Stuttgart 1964 (= Reclam 8926/27), S. 118 f.

g) Mechanisches Verhalten

Mit dem Motiv des Rollenspiels ist ein anderes eng verbunden: das der Marionette. Wer nur lebt und handelt, weil und wie es Normen gebieten, ermangelt nicht nur der individuellen Seele, sondern auch des eigenen Willens. Er erweist sich als von außen gesteuerter, wie an Drähten gezogener Mechanismus.

Bonaventuras Nachtwächter erblickt in der Dritten Nachtwache ein Wesen in einem Schlafrock am Arbeitstisch, von dem es ihm zunächst zweifelhaft ist, ob es sich überhaupt um einen Menschen oder nur um eine mechanische Figur handelt, so sehr ist alles Menschliche an ihm verwischt und nur der Ausdruck von Arbeit geblieben. Die Person sitzt vergraben in Akten, mit Gerichtssachen beschäftigt. »Jetzt wurde der unsichtbare Draht gezogen, da klapperten die Finger, ergriffen die Feder und unterzeichneten drei Papiere nacheinander; ich blickte schärfer hin – es waren Todesurteile. Auf dem Tische lagen der Justinian und die Halsordnung, gleichsam die personifizierte Seele der Marionette.«[371]

Wenn Lovell »alle Menschen« auf Grund ihrer Normengebundenheit Rollen spielen sieht, so kann es nicht fehlen, daß er sich auf Grund der gleichen Voraussetzung auch wie auf einer Puppenbühne vorkommt: »Das Leben ist das allerlustigste und lächerlichste, was man sich denken kann; alle Menschen tummeln sich wie klappernde Marionetten durch einander, und werden an plumpen Dräthen regiert, und sprechen von ihrem freien Willen.«[372] Ebenso schreibt sein Freund Balder: »Die ganze Welt erscheint mir oft als ein nichtswürdiges, fades Marionettenspiel, der Haufe täuscht sich beim anscheinenden Leben und freut sich; sieht man aber den Drath, der die hölzernen Figuren in Bewegung setzt, so wird man oft so betrübt, daß man über

371 Ebd. 19.
372 Tieck, Schriften VI 306.

die Menge, die hintergangen wird und sich gern hinter-
gehen läßt, weinen möchte.«[373]
Das »tolle Treiben einer Welt voll Kunstgliederpup-
pen«[374], das Kreisler bereits an einem anderen Hofe
kennengelernt hatte, begegnet ihm erneut im Kreise
des Fürsten Irenäus, wo die Rätin Benzon »die Faden
des Puppenspiels«[375] zu regieren bemüht ist. Dabei ist
die Drahtzieherin nicht weniger »todstarr«[376] als die
Gezogenen, gehorcht doch auch sie nur, wenn auch mit
spezifischer Absicht, den geltenden Regeln. Eine gewisse
für unser Thema interessante Verwandtschaft besteht
bei Hoffmann zwischen dem Marionetten- und dem
Automatenmotiv. Die Puppe Olimpia im *Sandmann*
z. B. ist nicht nur »unheimlich«[377], sie ist mit ihrem regelmäßigen Wuchs, ihrem abgemessenen Schritt, ihrem
ebenso metrischen Gesang, überhaupt in ihrer ganzen
Starrheit und Seelenlosigkeit auch ein unheimliches
Gleichnis der Normalität.
Eichendorff entwickelt das Erlebnis der normalitäts-
bedingten Mechanik aus der bei ihm sehr beliebten
Situation des Belauschens. In der Dunkelheit beobachten Leontin und Friedrich von einem Baum aus
durch die Fenster eines Landhauses das Treiben einer
Tanzgesellschaft. Da sie von draußen die Personen nur
sehen, nicht hören können, kommen ihnen die Gebärden und Bewegungen der Tanzenden geradezu zwangsläufig wie das stumme Spiel von »Marionetten« vor[378].
Doch wird damit das Bild zum Sinnbild. Auch hier tritt
zu dem lächerlichen ein unheimlicher Aspekt: »›O, ich
könnte mir‹, sagte Leontin, ›kein schauerlicheres und
lächerlicheres Schauspiel zugleich wünschen, als eine
Bande Musikanten, die recht eifrig und in den schwie-

373 Ebd. 82 f.
374 Hoffmann, Werke II 358.
375 Ebd. 327.
376 Ebd. 500.
377 Hoffmann, Werke I 356.
378 Eichendorff, Werke II 64.

rigsten Passagen spielten, und einen Saal voll Tanzender dazu, ohne daß ich einen Laut von der Musik vernähme.‹ – ›Und hast du dieses Schauspiel nicht im Grunde täglich?‹ entgegnete Friedrich. ›Gestikulieren, quälen und mühen sich nicht überhaupt alle Menschen ab, die eigentümliche Grundmelodie äußerlich zu gestalten, die jedem in tiefster Seele mitgegeben ist, und die der eine mehr, der andere weniger und keiner ganz auszudrücken vermag, wie sie ihm vorschwebt? Wie weniges verstehen wir von den Taten, ja selbst von den Worten eines Menschen!‹ – ›Ja, wenn sie erst Musik im Leibe hätten!‹ fiel ihm Leontin lachend ins Wort. ›Aber die meisten fingern wirklich ganz ernsthaft auf Hölzchen ohne Saiten, weil es einmal so hergebracht ist und das vorliegende Blatt heruntergespielt werden muß; aber das, was das ganze Hantieren eigentlich vorstellen soll, die Musik selbst und Bedeutung des Lebens, haben die närrisch gewordenen Musikanten darüber vergessen und verloren.‹«[379]

Allerdings werden die Agierenden zweifach gesehen. Zum einen erscheinen sie gewiß als bloße Exekutive des Hergebrachten, als gedankenlose Gewohnheitstiere. Zum anderen jedoch ist ihr inneres Wesen damit nicht ganz erschöpft. Unter der Schicht des konventionellen »Musizierens«, in der Tiefe der Seele, regt sich eine ganz anders geartete Melodie, die, wenn sie auch nicht nach außen durchzudringen vermag, sich im äußeren Verhalten versteckt spiegelt und jedenfalls den Menschen, selbst in seiner gewöhnlichsten Gestalt, zum Geheimnis werden läßt. Was sich hier geltend macht, ist die romantische Überzeugung, daß Menschen und Welt in der Normalität nicht völlig aufgehen, ja daß das Normale die eigentliche Wirklichkeit verdeckt. Zum Teil auch aus dieser Überzeugung erwächst das romantische Ungenügen, – womit wir zum nächsten größeren Komplex der Untersuchung übergehen.

379 Ebd.

II. Teil:
Ungenügen

Auf einzigartige Weise verbinden sich ausgangs des 18., anfangs des 19. Jahrhunderts sowohl subjektive wie objektive Voraussetzungen, solche des Denkens und Fühlens wie solche der Empirie, um die Welt in allen Bereichen, im gesellschaftlichen wie kosmischen, im privaten wie öffentlichen, in der physischen wie in der psychischen Wirklichkeit, als durch und durch gewöhnlich und damit gleichförmig und leer erscheinen zu lassen. Daß eine Gruppe phantasiebegabter junger Intellektueller, deren Lebensraum, Bildung und Bewußtsein sie zu dieser Erfahrung befähigen und verurteilen, gleichzeitig mit Ungenügen darauf reagiert und daß sie eine Literatur ins Leben ruft, deren Helden dieses Ungenügen zum Ausdruck bringen, macht nun den zweiten größeren Problemkreis aus, dem sich unsere Untersuchung zuwendet.

Wie die Erfahrung der Normalität immer und überall die Erfahrung der Wiederkehr des Gleichen ist, so das Ungenügen am Normalen eine Reaktion auf eben diese Struktur der öden Wiederholung. Das heißt, das Ungenügen entzündet sich nicht an einem bestimmten Inhalt und nicht an irgendeinem Inhalt als solchem. Es tritt nur auf, sofern der Inhalt zur Wiederkehr des Gleichen verflacht. Dabei ist es im Grunde gleichgültig, um welchen Inhalt oder Bereich des Wirklichen es geht, ob um individuelle Lebenserfahrung, Gesellschaftserfahrung, Naturerfahrung, ob um beruflichen Erfolg, Liebe oder Schlaraffenlandglück. Da es nichts gibt, was nicht gewöhnlich werden kann, da sämtliche vorstellbaren Inhalte diese Veränderung ins unveränderlich Gleichbleibende erleiden können, vermag sogar das Nichtwirkliche, das sogenannte Wunderbare, unter gewissen Umständen Gegenstand des Ungenügens zu werden.

Wenn es nicht darauf ankommt, *was*, sondern *daß*

etwas normal wird, so erweist sich das Ungenügen nicht nur als strukturbezogen, sondern auch als durchaus prinzipiell. Es trifft nicht irgendeine Auswahl, es richtet sich nicht gegen einzelne spezifische Normen, gegen eine spezifische Gewöhnlichkeit. Es bezieht sich vielmehr auf jederlei Norm, jederlei Gewöhnlichkeit, eben auf die Normalität schlechthin.

Dies scheint uns in der Geschichte des Geistes und der Gesellschaft ein Novum zu sein. Den Widerstand gegen einzelne Normen, z. B. in der Mode, in der Kunst, im Umgang hat es schon immer gegeben, vor allem an der Schwelle neuer Epochen, wenn auch nicht immer bewußt und ausdrücklich. In der Romantik hingegen – zum Teil allerdings schon im Sturm und Drang – geschieht es zum ersten Male, daß sich die Ablehnung gegen die Norm als Prinzip wendet. So wird das Normale nicht nur als weltumfassende Macht erfahren, sondern in derselben totalen Weise auch zurückgewiesen. Freilich liegt in dieser Zurückweisung, wie gleich zu zeigen sein wird, ein Bruch, ja geradezu ein Widerspruch, der die Romantiker zu dem Gegenstand ihres Ungenügens in ein etwas zwiespältiges Verhältnis setzt.

Die Behauptung einer prinzipiellen Normfeindlichkeit mag befremden, gelangt doch die Romantik nach einer Anfangsphase anarchisch und chaotisch anmutenden Denkens später zu festeren Wert- und Ordnungsvorstellungen. Normfeindlichkeit sollte freilich nicht mit Bindungslosigkeit verwechselt werden. Sodann gilt es zu berücksichtigen, daß Normen und Werte nicht dasselbe sind[1] und daß es nach romantischer Auffassung

---

1 Da dies eine für das Verständnis der Romantik wichtige Unterscheidung ist, gehen wir hier etwas ausführlicher darauf ein. Von soziologischer Seite hat sich mit dem Unterschied zwischen Wert und Norm vor allem Rüdiger Lautmann: Wert und Norm, aaO., befaßt. Zwar treffen sich die beiden Begriffe, wie Lautmann zeigt, darin, daß beiden das normative Element eignet. Aber dieses macht sich beim Wert nur in einem verhältnismäßig allgemeinen (weiten und vagen) Sinne geltend,

offenbar sehr wohl möglich ist, Werte und Ordnungen
anzustreben, ohne dabei normativ zu denken und sich

während die Norm immer eine ziemlich präzise und enge Vorschrift
oder Richtschnur ist (S. 69 f.). (Es ist dazu übrigens zu bemerken, daß
»Richtschnur«, als Metapher aus dem Bauwesen, das Moment der Geradlinigkeit enthält.) Normen als Vorschriften beziehen sich immer auf das
Handeln oder Verhalten, sie sind konkrete Handlungsanweisungen, Ver-
haltensregeln, der Begriff Wert kann jedoch auch Gegenstände meinen,
Werte können mit Gegenständen identifiziert werden (Wert als »Gut«,
siehe bes. S. 26). Zwei wichtige Unterscheidungsmerkmale sind das
Element der Allgemeinheit und das Element der Sanktioniertheit. Beide
kommen, streng genommen, nur der Norm, nicht dem Wert zu. »Allgemeinheit« bedeutet hier, daß die Norm immer von einer Gruppe, im
weiteren Sinne: von der Gesellschaft, gesetzt ist; Normen haben Gruppengeltung (S. 61, 70). Das Element der Sanktioniertheit kommt ihnen
insofern zu, als sie – und nur sie – Lohn (im Falle der Konformität)
und Strafe (im Falle der Nonkonformität) nach sich ziehen (S. 62, 66,
70). Zum Exempel (dieses Beispiel kommt nicht bei Lautmann vor): ein
Künstler kann gegen den ästhetischen Wert ›Schönheit‹ verstoßen, indem
er ein triviales Machwerk zustande bringt, ohne daß ihn die Gesellschaft dafür maßregelt, weil jener Wert ›Schönheit‹ keine Gruppengeltung
besitzt. Während umgekehrt ein anderer Künstler mit Sanktionen belegt
wird, obwohl er ästhetisch Wertvolles zustande gebracht hat, weil er
gegen die herrschende Geschmacksnorm verstößt. Das ist genau die
Situation, die die romantische Dichtung vom romantischen Künstler
zeichnet. Freilich bleibt es unklar, welche Instanz darüber entscheidet,
was als Wert gelten soll. Normen haben die Anerkennung der Gruppe
(Gesellschaft) hinter sich, Werte dagegen oft nur die Einsicht oder den
Anspruch einer Minderheit oder sogar eines einzelnen. – Oft ist es so,
daß Normen – als Handlungsregeln – aus Werten hervorgehen, aus
ihnen deduziert werden. Aber Normen können auch ganz unabhängig
von Werten bestehen. »Die Straßenverkehrsnorm, rechts zu fahren, ist
nicht vollinhaltlich aus den Werten betreffend Leben und Gesundheit
herzuleiten; auch technische Überlegungen, Traditionen oder Willkürlich-
keiten eines Gesetzgebers können hier eine Rolle spielen.« (Lautmann,
S. 71) Von E. T. A. Hoffmann haben wir vorhin die Bemerkung zitiert,
daß Hans den Peter auslacht, »weil er die Gabel in der linken Hand
hält, da er, Hans, seine Lebtage hindurch sie in der rechten Hand gehalten.« Mit welcher Hand man essen soll, ist eine Norm, kein Wert.
Vgl. zusätzlich zu den Ausführungen von Lautmann auch die sehr erhellende Erklärung von Percy S. Cohen: Moderne soziologische Theorie.
Erklärungsmodelle zwischenmenschlichen Verhaltens, aus dem Engl.
von E. Entlicher, Wien/Köln/Graz 1972, S. 79: »Normen sind spezifische Vorschriften und Verbote für standardisierte Handlungen. Werte
andererseits drücken Präferenzen, Prioritäten oder wünschenswerte

normativ zu verhalten[2]. Der Romantiker sucht sich
hier, wie in jeder Hinsicht, vom Rationalismus und
vom Philister abzuheben. Beiden wirft er vor, nach
Normen und ohne Werte zu leben; denn was bedeutet
die romantische Philisterkritik eigentlich anderes als
eben diesen Vorwurf[3]. Ihm selbst schwebt das – vielleicht nur utopische – Ziel vor, Werten zu leben, ohne
sich dem Zwang von Normen unterzuordnen. Das wird
im III. Teil deutlicher werden, und darüber wird vor
allem im Schlußteil mehr zu sagen sein.

Zustände aus, beziehen sich aber nicht unmittelbar auf bestimmte Handlungen. (...) Normen können durch Werte untermauert sein oder auch
nicht. Sklaven handeln im allgemeinen entsprechend bestimmten Vorschriften, die ihre Herren erzwingen. Aber wahrscheinlich tun sie das
einfach deshalb, weil sie nur die Wahl zwischen Gehorsam und Strafe
haben, die wiederum den Tod bedeuten kann.« Auf der anderen Seite
werden Normen von Werten untermauert, »wenn zum Beispiel Diener
ihren Verpflichtungen gegenüber ihren Herren nachkommen beziehungs-
weise die Herren ihrerseits ihren Dienern sich verpflichtet fühlen und
wenn das auf der Grundlage einer moralischen Bindung geschieht, die
die gegenseitigen Beziehungen motiviert.« (Ebd. 80) – Von der Romantik
aus gesehen erhält die Unterscheidung noch einen schärferen Akzent:
Norm ist nicht nur Vorschrift oder Verbot, sondern auch Schablone,
scharfer Umriß, starres Schema, enge Schnürbrust (vgl. die Bedeutung
dieses Sinnbildes in Brentanos ›Märchen von Schnürliesschen‹, Werke III
600 ff.), toter ›Buchstabe‹ (vgl. dazu in dieser Arbeit III, 6, b und III, 7,
Anhang). Wert ist nicht nur allgemeiner, sondern auch unfestgelegt,
›lebendig‹, organisch, ›Geist‹ (statt ›Buchstabe‹).

2 Zur Sprachregelung in unserer Untersuchung: »normativ« gebrauchen
wir ausschließlich mit Bezug auf »Norm«. Die Tendenz, zwischen Normen und Werten zu trennen, bzw. an die Stelle von Normen Werte
zu setzen, beginnt schon vorromantisch im 18. Jahrhundert, so etwa
wenn im Unterschied und teilweise im Gegensatz zu den traditionellen
Tugenden (Plural!) im Sinne von genauen Handlungsanweisungen (etwa
moralischen Lehrsätzen, wie sie in der Fabel vermittelt wurden) der
abstrakte und undefinierbare Wert »Tugend« (Singular!) entwickelt wird.
Ähnliches gilt im ästhetischen Bereich für den undefinierbaren Wert
»Schönheit«, der an die Stelle der konkreten Regeln der normativen
Poetik tritt.

3 Der Vorwurf kommt vor allem in der Auffassung zum Ausdruck, daß
der Philister mechanisch, wie eine Marionette, lebt. Er lebt und handelt,
weil es einmal so hergebracht ist, d. h. ohne die Sinnfrage (die zugleich
die Frage nach dem Wert wäre) zu stellen. Auch die Orientierung an
der Nützlichkeit ist – aus romantischer Perspektive – keine Wert-

Grundsätzlich ist das romantische Ungenügen, auch dort, wo dies nicht expressis verbis gesagt wird, immer ein zweifaches. Es ist erstens pathologischer Natur, eine Leidens- oder Unlusterfahrung. Hinzu kommt aber, daß es im Pathologischen nicht völlig aufgeht, sondern ebensosehr auf der Ebene des Bewußtseins gegenwärtig ist. Der Erfahrung der Normalität als ungenügend, ja schon der Erfahrung der Wirklichkeit als normal liegt in der Romantik stets Reflexion zugrunde, mag diese auch vielfach unartikuliert bleiben oder sogar, wie etwa beim Eichendorffschen Taugenichts, durch den Anschein von Einfalt verdeckt sein.

So ist das Ungenügen zweitens auch eine intellektuelle Reaktion, ein Ungenügen im Sinne von Kritik. Das muß allerdings nicht heißen, daß diese Kritik auch immer mit intellektuellen Mitteln vorgetragen wird. Zumindest in der Phase der Hochromantik bedient sie sich hauptsächlich des poetischen Bildes.

1. Verlust und Umwertung der Zufriedenheit

Wie zu Beginn des I. Teils liegt es auch hier nahe, den Gesichtskreis zunächst auf jene Erscheinungsform des Normalen einzuschränken, die den Romantikern am besten vertraut ist und ihnen am häufigsten, selbst außerhalb der Gesellschaft, begegnet: den Alltag, vor allem in Haus, Familie, Beruf.

Empfindet der Romantiker das Alltagsleben, gleich wo und in welcher Gestalt, als »ewiges Einerlei«, so impliziert schon der Ton dieser Wendung, daß er an ihm

orientierung. Wie wir gezeigt haben, wird Nützlichkeit von der Romantik als Scheinwert entlarvt. Für Wertorientiertheit gebraucht Eichendorff gelegentlich auch den Ausdruck »Gesinnung«, z. B.: »Denn alle Arbeit, bloß um sich abzuarbeiten, alle mechanische Geschäftigkeit, hinter der sich die innere Leerheit so bequem verbirgt und die nur arbeitet um zu essen und ißt um zu arbeiten, ist an sich faul und kann nur Leben und Bedeutung gewinnen durch die Gesinnung« (Werke IV 1118).

auch kein Genügen findet. Allerdings bemerkt der Leser romantischer Texte an nicht wenigen Stellen, daß dieser Verdruß nicht unbedingt eindeutig und affirmativ dargestellt wird. Denkbar wäre es, daß die Romantik in ihrer Reaktion nur Fortschritt und Gewinn sieht. So verhält es sich jedoch nicht. Vielmehr wertet sie ihr Ungenügen auch als Unvermögen, als Einbuße und Beeinträchtigung, und gerade dies läßt es als echte Leidenserfahrung erscheinen.

Analog zu dem Umstand, daß die Erfahrung des Alltags als »ewiges Einerlei« nicht nur in der Struktur des Alltags als solchem, sondern auch in einer bestimmten Subjektivität fundiert ist, erweist sich das romantische Ungenügen auf seiner Verlustseite ebenfalls als subjektives Unvermögen, nämlich als Unfähigkeit zur Zufriedenheit. Erstaunlicher-, aber auch bezeichnenderweise verknüpft sich diese Thematik sogar mit dem Gedanken des Sündenfalls, der Schuld.

a) Sündenfall

Daß die Romantik der Fähigkeit nachtrauert, sich mit dem Leben im Alltag zu begnügen, zeigt schon Tiecks Jugendroman *William Lovell*. Das Thema dieses Romans ist die Jagd nach Glück. Wenn Lovell in einem seiner Briefe bekennt: »Mein Leben ist ein rastloses Treiben ungestümer Wünsche«[4], so demonstriert er dies, indem er ruhelos von Ort zu Ort wandert und ebenso hektisch wie erfolglos die verschiedensten Genüsse probiert, – wir haben darauf bereits hingewiesen.

Wo Befriedigung allein zu finden wäre, wird ihm einmal vorübergehend bewußt, als er in Italien mit einem einfachen Mädchen aus dem Volke ein Liebesverhältnis anspinnt und dabei eine Existenzform kennenlernt, die

4 Tieck, Schriften VI 282.

ihn an seine verlorene Kindheit erinnert[5] und seinem jetzigen Lebenswandel völlig entgegengesetzt ist. Dabei fällt nicht so sehr ins Gewicht, daß Rosaline und ihre Mutter arm und sozial erheblich tiefer gestellt sind als er. Wichtig ist, daß ihrem Leben gerade das fehlt, worin Lovell das Glück sucht: Abwechslung, Sonderbarkeit, und daß es sich im Gewöhnlichen erschöpft. Nicht unwesentlich ist freilich auch, daß es sich in idyllischer Kleinheit und Abgeschiedenheit abspielt, Ausdruck für die Ferne von der Gesellschaft und die Beschränktheit des Horizontes.

Wie hoch Lovell diese Beschränktheit angesichts des eigenen fragwürdigen Vielwissens und Vielerfahren-habens veranschlagt, läßt sich daran ermessen, daß er sie als »Unschuld« bewertet, ja daß er, Virtuose im Er-schließen neuer Reize, sie sich anzuempfinden sucht: »Es ist gewiß, daß man unter unschuldigen Menschen selbst wieder unschuldig wird. Jetzt kommen mir manche meiner Ideen zu gewagt vor, die mir sonst so natürlich schienen; ich bin hier in der kleinen Hütte demüthiger, ja ich fühl' es, daß ich ganz einer von den Menschen werden könnte, die ich mir bisher gar nicht deutlich denken konnte; die in einer engen dunkeln Stube ge-boren, nur so weit ihre Wünsche richten, als sie um sich sehen können; die mit einem Gebete erwachen und schlafen gehen, Mährchen hören und im Stillen über-denken, mit einem dumpfen, langsamen Fleiße eine Handarbeit lernen, und nichts so sehnlich als den Abend und die Schlafstunde erwarten. (...) wenn man dies Leben näher kennen lernt, so verliert es sehr viel von seiner drückenden Beklemmung.«[6] Schon beginnt er zu überlegen, nachdem er sich ein kleines Anwesen in der Nähe der Geliebten gekauft hat, ob er nicht Bauer werden solle, um sich so recht »ruhig und glücklich« zu fühlen, »das reinste, frischeste Glück des Lebens zu genießen. – Vielleicht bliebe ich hier immer froh und

5 Ebd. 265 f., 286.
6 Ebd. 284 f.

zufrieden, – vielleicht!«[7] Indes ist ihm im Grunde auch bewußt, daß er das Paradies längst verloren hat und daß es ihm verschlossen ist. Zwar: »wie wenig braucht der Mensch, um glücklich zu sein! (. . .) aber wie viel gehört auch wieder zum Glücke!«[8] Auf Abwechslung eingestellt, vermag er an der neuen Lebensform nur so lange Gefallen zu finden, wie der Reiz der Neuheit anhält und die Liebe zu Rosaline unerfüllt, d. h. spannend bleibt.

Die Episode endet mit Frevel und Zerstörung. Nachdem Lovell den Verlobten Rosalines, der ihm im Wege steht, tödlich verletzt, nachdem er Rosaline verführt und verlassen hat, wird sie wahnsinnig und begeht Selbstmord. Zu diesen Verbrechen tritt noch ein Vergehen sublimerer Art. Lovell ist schuld daran, daß auch Rosaline die Zufriedenheit verliert. »Ich lebte so still vor mich hin«, heißt es in einem ihrer Briefe, »und war mit allem zufrieden, und jetzt ist mir das ganze Haus zu enge«[9].

Motivisch und gattungsmäßig ganz anders gelagert ist das nächste Beispiel, Tiecks *Blonder Eckbert,* und doch wird hier im Prinzip derselbe Vorgang wiedergegeben. Im Binnenteil des Märchens erzählt Bertha ihre Kindheitsgeschichte und berichtet, wie sie einst auf ihrer Flucht aus dem Elternhaus nach langem Umherirren in eine einsame Gegend gelangt, wo sie in der Gesellschaft einiger seltsamer Wesen ein neues Leben beginnt. Da ist eine alte Frau, die durch sonderbare Gesichtsverzerrungen auffällt, ein prachtvoller bunter Vogel, der beständig ein Lied von der »Waldeinsamkeit« singt und jeden Tag ein Ei legt, in welchem sich eine Perle oder ein Edelstein befindet, und ein Hund, der ebenfalls sprechen kann. Bertha ist voller Verwunderung. Offenbar hat sich ihr ein märchenhaftes Reich erschlossen. Mehr noch: ihr wird hier das Glück zuteil, das ihr das

7 Ebd. 285.
8 Ebd. 282.
9 Ebd. 310.

frühere Leben bei ihren hartherzigen Eltern vorenthalten hatte. Die Alte bemuttert sie und lehrt sie einige hauswirtschaftliche Tätigkeiten. Bertha, die bei ihren Eltern als »unnützes Geschöpf«[10] gegolten hatte, begreift alles sehr schnell und schöpft aus ihrer Arbeit und dem Leben in der kleinen Gemeinschaft Vergnügen. »Der Mensch wäre vielleicht recht glücklich«, heißt es, »wenn er so ungestört sein Leben bis ans Ende fortführen könnte.«[11] Indes erwacht in Bertha, als sie älter wird, ein Verlangen, das sie eines Tages, als die Hausherrin gerade abwesend ist, dazu verführt, sich des Vogels und der Kleinodien zu bemächtigen und aus der »Waldeinsamkeit« zu fliehen. Die Alte hatte sie auch lesen gelehrt, die Bücher aber, die sie bei der Alten fand, hatten sie nach einer gewissen Zeit der vertrauten Umgebung entfremdet.

Daß Tieck diesen Frevel, der später furchtbare Folgen zeitigt, als Sündenfall verstanden wissen möchte und daß er als Ursache das Essen vom Baume der Erkenntnis verantwortlich macht, liegt auf der Hand. »Ich war jezt vierzehn Jahr alt«, erzählt Bertha, »und es ist ein Unglück für den Menschen, daß er seinen Verstand nur darum bekömmt, um die Unschuld seiner Seele zu verlieren.«[12] Deutlich ist aber auch, daß das, was Bertha einbüßt, die Zufriedenheit im Alltag ist. Den Charakter des Alltäglichen trägt das Paradies bei der Alten zwar nicht von Anfang an. Zunächst ist für Bertha alles neu und wunderbar. Aber sie gewöhnt sich an die neue Lebensweise und Umgebung, so daß sie aufhört, sich zu wundern. »Ich lernte mich schnell in die Wirthschaft finden, und alle Gegenstände umher wurden mir bekannt; nun war mir, als müßte alles so sein, ich dachte gar nicht mehr daran, daß die Alte etwas Seltsames an sich habe, daß die Wohnung abentheuerlich und von allen Menschen entfernt liege, und daß an dem Vogel

10 Tieck, Schriften IV 147.
11 Ebd. 155.
12 Ebd. 157.

etwas Außerordentliches sei.«[13] Hinzu kommt, daß in dieser Welt immer dasselbe geschieht und Bertha immer dasselbe tut. Jeden Tag legt der Vogel ein Ei, immerfort singt er dasselbe Lied, tagaus tagein verrichtet Bertha dieselben häuslichen Tätigkeiten. Die Wiederkehr des Gleichen unterstreicht sogar der Text des Liedes:

> Waldeinsamkeit,
> Die mich erfreut,
> So morgen wie heut
> In ewger Zeit,
> O wie mich freut
> Waldeinsamkeit.[14]

In diesem sechszeiligen Lied wiederholt die sechste Zeile die erste, die fünfte Zeile die zweite, die vierte Zeile, zumindest inhaltlich, die dritte. Da sich mit dieser Anordnung eine dreifache Kreisbewegung um denselben Mittelpunkt (zwischen Zeile 3 und 4) ergibt, wird das Moment der Wiederkehr potenziert. Das ganze Gedicht hat überdies nur einen einzigen Reim, jede Zeile ist das Echo der vorhergehenden, eine Wiederholung also ohne jede Abwechslung. Dabei bezeichnet der Text diese Lebensform nicht als betrüblich, sondern als erfreulich. Das entspricht der inneren Verfassung Berthas während der ersten Jahre bei der Alten. Und Bertha fühlt sich in dem Sinne »zufrieden«[15], daß sie »im Grunde nie einen Wunsch nach Veränderung«[16] spürt.

Wenn sie, nachdem sie älter geworden ist, dieses

13 Ebd. 153 f.
14 Ebd. 152.
15 Ebd. 155.
16 Ebd. 156. Vgl. auch Friedrich Carl Scheibe: Aspekte des Zeitproblems in Tiecks frühromantischer Dichtung, aaO. Auch Scheibe deutet das Leben in der Waldeinsamkeit als Wiederkehr des Gleichen (siehe auch seine Interpretation des Liedes, S. 54 f.), hebt aber nur die Zeitlosigkeit, nicht die Alltäglichkeit dieses Daseins hervor. Sehr treffend versteht Scheibe Berthas späteren Übertritt in die Welt als Übertritt in die Zeitlichkeit des Daseins (S. 57).

wunschlose Zufriedensein einbüßt, so deshalb, weil sie zu Wissen und Bewußtsein gelangt, und zwar auf mehrfache Weise. Die Bücher, die »wunderbare Geschichten enthielten«[17], erzählen von einer anderen schöneren Welt, die bald auf Bertha eine magische Anziehungskraft ausübt. Anfangs stattet sie diese Welt in ihrer Vorstellung noch nach dem Vorbild der heimischen Umgebung aus: »wenn von lustigen Leuten die Rede war, konnte ich sie mir nicht anders vorstellen wie den kleinen Spitz, prächtige Damen sahen immer wie der Vogel aus, alle alte Frauen wie meine wunderliche Alte.«[18] Solange ihre Vorstellung nicht weiter reicht, ist Bertha mit ihrem augenblicklichen Zustand noch zufrieden. Mit der Zeit hebt sich aber die den Büchern entnommene Welt in ihrer Andersartigkeit von dem bisher Bekannten ab, was zwangsläufig auch dazu führt, daß sie sie draußen, außerhalb der »Waldeinsamkeit«, lokalisiert. Der Prozeß dieser Bewußtseinserweiterung wird dadurch gefördert, daß die Alte sie einst mahnt: »wenn du so fort fährst, wird es dir auch immer gut gehn: aber nie gedeiht es, wenn man von der rechten Bahn abweicht, die Strafe folgt nach, wenn auch noch so spät.«[19] Das hier ausgesprochene Verbot, von der rechten Bahn abzuweichen, welches Bertha in der Folge bezeichnenderweise zu denken gibt (»Aber was konnte sie mit der rechten Bahn meinen?«[20]), hat die parodoxe Funktion, auf die Möglichkeit der Sünde überhaupt erst hinzuweisen. Nachdem Bertha den Sinn der Worte ungefähr erfaßt hat, weiß sie, daß sie nicht notwendig an die »Waldeinsamkeit« gebunden ist, daß sie vielmehr auch ein anderes Leben führen könnte. Auf ähnliche Weise beginnen sich ihre Gedanken auf die Kleinodien im Besitz der Alten zu richten, die durch den Vogel ständig vermehrt werden. Daß es sich um Wert-

17 Tieck, Schriften IV 154.
18 Ebd. 155.
19 Ebd. 156.
20 Ebd. 156 f.

volles handelt, ist ihr zunächst nicht bewußt. Erst nachdem ihr die Bücher den Begriff des Reichtums vermittelt haben, erkennt sie den Wert der Sachen. Schließlich begreift sie, »daß es nur auf mich ankomme, in der Abwesenheit der Alten den Vogel und die Kleinodien zu nehmen, und damit die Welt, von der ich gelesen hatte, aufzusuchen.«[21]

Die Wirkung all dieses Zuwachses an Erkenntnis liegt nicht nur in dem Frevel und der äußeren Zerstörung ihres häuslichen Glücks. Sie liegt primär und vor allem darin, daß Bertha an der gewohnten Lebensform inneres Ungenügen zu empfinden beginnt. Sobald sie sich bei ihrer Hausarbeit in Gedanken in jene andere Welt verliert, wird ihr dadurch die »Waldeinsamkeit« zu einer trostlosen und bedrückend engen Behausung: »Wenn ich mich so vergessen hatte, konnte ich ordentlich betrübt werden, wenn ich wieder aufschaute, und mich in der kleinen Wohnung antraf.«[22]

Das Beispiel aus Tiecks *Blondem Eckbert* ist um so bemerkenswerter, als es zeigt, daß Normalitätserfahrung und Ungenügen an der Normalität nicht unbedingt an ›Wirklichkeit‹ gebunden sind, daß vielmehr auch das Wunderbare (im Sinne des Übernatürlichen) Gegenstand dieser Erfahrung und dieses Ungenügens sein können. Dies zu demonstrieren, scheint sogar die Absicht Tiecks gewesen zu sein, denn in den Rahmengesprächen des *Phantasus* heißt es einmal: »Es giebt 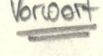 eine Art, das gewöhnlichste Leben wie ein Mährchen anzusehn, eben so kann man sich mit dem Wundervollsten, als wäre es das Alltäglichste, vertraut machen.«[23]

Im Aspekt des Normalen besteht überhaupt das entscheidende Problem. In den ersten Augenblicken des Kennenlernens übt das Wunderbare seine Wirkung als Wunderbares. Auf die Dauer ist es aber nicht so wichtig, daß in der Waldeinsamkeit übernatürliche Dinge

21 Ebd. 157.
22 Ebd.
23 Ebd. 129.

geschehen, sondern daß sie jeden Tag und immer in derselben Weise geschehen. Ebenso ist von Berthas Seite nicht so wesentlich, daß sie teil hat am Übernatürlichen, sondern daß sie sich daran gewöhnt. Das anfängliche Staunen vergeht ihr, der Wunderbarkeitsaspekt der Waldeinsamkeit wird für sie irrelevant. Maßgeblich ist nicht der spezifische Inhalt der Erfahrung (das Wunderbare oder das Wirkliche), sondern die Wiederholung der Erfahrung.

Zu präzisieren ist auf dieser Basis auch die Verlockung, die von der anderen Welt ausgeht, von der Bertha in den Büchern liest. Wenn es heißt, daß die Bücher »wunderbare« Geschichten enthalten[24], so soll das nicht primär etwas Übernatürliches signalisieren. Dies wäre keine Alternative, denn übernatürlich ist die gegenwärtige Alltagswelt auch. Anders und wunderbar in einem allgemeineren Sinn ist die Welt draußen insofern, als sie gegenüber dem Alltäglichen, Gewöhnlichen den Reiz der Neuheit besitzt. Es ist die Vorstellung von einer »neuen Welt, mit allen ihren wunderbaren Mannichfaltigkeiten«[25], die Bertha entzückt und ihr die Zufriedenheit mit dem Gegenwärtigen raubt. Es ist »die Sucht etwas Neues zu sehn«[26], die sie zu dem Frevel treibt und die wiederum Folge der verlorenen Zufriedenheit ist, wobei man allerdings in Erwägung ziehen muß, ob sie zugleich nicht auch deren Grund ist.

Noch in dem zwei Jahre später erschienenen Roman *Franz Sternbalds Wanderungen* hört Tieck nicht auf, dem verlorenen Paradies des Alltags nachzusinnen. Wie Lovell zeigt sich auch Sternbald vom »Glück einer stillen Häuslichkeit, einer beschränkten Ruhe«[27] nicht wenig angetan. So findet er einmal bei einem Bauern Unterkunft, von wo aus er seinem Freunde Sebastian in einem Briefe schreibt: »es ist um das Treiben und Leben

24 Ebd. 154.
25 Ebd. 158.
26 Ebd. 159.
27 Tieck, Schriften XVI 23.

der Menschen eine eigene Sache. Wie die meisten so gänzlich ihres Zwecks verfehlen, wie sie nur immer suchen und nie finden, und wie sie selbst das Gefundene nicht achten mögen, wenn sie ja so glücklich sind. Ich kann mich immer nicht darin finden, warum es nicht besser ist, warum sie nicht zu ihrem eigenen Glücke mit sich einiger werden. Wie lebt mein Bauer hier für sich und ist zufrieden, und ist wahrhaft glücklich. Er ist nicht bloß glücklich, weil er sich an diesen Zustand gewöhnt hat, weil er nichts Besseres kennt, weil er sich findet, sondern alles ist ihm recht, weil er innerlich von Herzen vergnügt ist, und weil ihm Unzufriedenheit mit sich etwas Fremdes ist. (...) Wir sprechen immer von einer goldenen Zeit, und denken sie uns so weit weg, und mahlen sie uns mit so sonderbaren und buntgrellen Farben aus. O theurer Sebastian, oft dicht vor unsern Füßen liegt dieses wundervolle Land, nach dem wir jenseits des Oceans und jenseits der Sündfluth mit sehnsüchtigen Augen suchen.«[28]

Daß auch E. T. A. Hoffmann häusliches Glück zu den paradiesischen Zuständen rechnet, wird der Leser, der des Dichters Biographie kennt, wohl zunächst in Zweifel ziehen. Hoffmann stammte bekanntlich aus zerrütteten Familienverhältnissen. Sein Vater war ein notorischer Trinker, seine Mutter eine halbe Psychopathin. Als er zwei Jahre alt war, wurde die Ehe der Eltern geschieden, und das Kind geriet unter die strenge und lieblose Zucht seines Onkels Otto Wilhelm Doerffer. Das Haus, in dem es groß wurde, war auch sonst kein angenehmer Aufenthalt. Hier lebte im oberen Stockwerk die Mutter von Zacharias Werner, eine Wahnsinnige, »deren Schreie die Kindheit des Dichters durchhallen«[29]. Gleichwohl fühlte Hoffmann sich mit einer

28 Ebd. 24.
29 Gabrielle Wittkop-Ménardeau: E. T. A. Hoffmann in Selbstzeugnissen und Bilddokumenten, Reinbek bei Hamburg 1966 (= rowohlts monographien 113), S. 10. Siehe auch Walther Harich: E. T. A. Hoffmann. Das Leben eines Künstlers, 2 Bde., Berlin 1921, Bd. I, S. 22.

Ader seines Wesens zum häuslichen Alltag stets hinge-
zogen, wie besonders die späten Erzählungen zeigen,
und gleichwohl steht er auch dem Typ des Philisters
weniger fern, als man auf den ersten Blick meinen
sollte, worauf wir später noch zu sprechen kommen
werden.

Vielleicht hängt es aber mit den schlimmen Kindheitserinnerungen zusammen, daß er den Begriff von einem
paradiesischen Dasein der Zufriedenheit vor allem mit
einem ganz anderen, unbürgerlichen Ort verknüpft:
mit der Welt des Klosters, einer Welt, in die er während
seiner Bamberger Zeit, im katholischen Süden, Einblick
gewinnt und der er u. a. in seinen beiden Romanen,
dem *Kater Murr* und den *Elixieren des Teufels,* von
Sympathie getragene Schilderungen widmet. Es ist die
Welt, in die sich Kreisler vorübergehend flüchtet, um
zu Ruhe und Besinnung zu kommen. So unbürgerlich
sie ist – ein »einförmiges Leben«[30] herrscht auch hier.
Auch hier ist die Zufriedenheit, freilich eine »überirdische Zufriedenheit«[31], zu Hause. Aber obwohl an diesem Ort in Kreislers Inneres tatsächlich »eine besondere
wohltätige Ruhe«[32] einkehrt, kann er sich ihm doch
nicht auf die Dauer verschreiben. Nicht weil damit der
Verzicht auf gewisse irdische Gelüste verbunden wäre,
sondern weil auch ihn bei diesem Gedanken ein Gefühl
der Enge sowohl wie der Öde anwandelt: »Und doch
(...) erregt mir der Gedanke Schauer (...) dies Kleid
zu tragen, wie einen Kerker, aus dem ich nimmer wieder heraus kann. Es ist mir, als wenn dem Mönch Johannes dieselbe Welt, in der der Kapellmeister Johannes doch so manches hübsche Gärtlein voll duftender
Blumen fand, plötzlich eine öde unwirtbare Wüste sein
würde«[33]. So bleibt er »in rastlosem Treiben« auf der
Suche nach einem »Paradies der höchsten Befriedi-

30 Hoffmann, Werke II 541.
31 Ebd.
32 Ebd. 518.
33 Ebd. 541.

gung«[34], einem Paradies, das mit der Normalität nichts zu tun hat und sein Ungenügen wirklich aufzuheben vermag.

In den *Elixieren des Teufels* gestaltet Hoffmann dieses Motiv zu dem des Sündenfalls aus. Für Medardus bedeutet das Kloster weit mehr als für Kreisler, den Ort nämlich, wo er seine Kindheit verbringt und wo er zunächst auch wünscht, sein Leben zu beschließen. Nachdem er seine frühesten Kinderjahre im »Kloster der heiligen Linde«, danach in einem Nonnenkloster verbracht hat, tritt er in ein Kapuzinerkloster ein. Wiederum betont Hoffmann am klösterlichen Dasein Ruhe und inneres Wohlbefinden. »Ruhe und Heiterkeit des Geistes« liegt über den Gemütern der Mönche[35]. Besucher aus der Welt draußen müssen eingestehen, daß in dieser Lebensform »Ruhe und Glück«[36] zu finden sind. Allen voran trägt der Prior den Ausdruck der »innern Behaglichkeit und Gemütsruhe«[37]. »Die gemütliche Ruhe, die in allem herrschte«, so berichtet Medardus, »goß den himmlischen Frieden in meine Seele, wie er mich, gleich einem seligen Traum aus der ersten Zeit meiner frühesten Kinderjahre, im Kloster der heiligen Linde umschwebte.«[38] Die Hingabe an das Überirdische in Verbindung mit einer einförmigen und zurückgezogenen Lebensweise ist auch hier die dafür verantwortliche Voraussetzung.

Medardus verliert die Ruhe und den Frieden der Seele, als mit der Entdeckung, ein begnadeter Prediger zu sein, der Hochmutsteufel in ihm erwacht und er sich für einen besonders Erkorenen des Himmels zu halten beginnt. Zur subjektivistischen Verstiegenheit tritt aber auch, wie bei Bertha im *Blonden Eckbert,* eine Bewußtseinserweiterung. Dabei geht von dem im Kloster auf-

---

34 Ebd. 356.
35 Ebd. 19.
36 Ebd. 20.
37 Ebd.
38 Ebd. 25.

bewahrten Elixier des Teufels eine ähnliche Wirkung aus wie von den Büchern im früheren Beispiel. Es entzündet, nachdem Medardus von ihm gekostet hat, in ihm die Sehnsucht nach der »Lust eines neuen herrlichen Lebens«[39], einer Lust sexueller Observanz, die ihm bald visionär in Gestalt eines weiblichen Idols vorschwebt und die er in der Welt draußen zu finden hofft. In der Tat kommt ja das Frauenzimmer, das in seinem Beichtstuhl erscheint und dem Idol die lebendigen Züge verleiht, von außen. Mehr noch: wie es »auf fremdartige Weise gekleidet«[40] ist, so ist es auch gewissermaßen die Botin einer neuen, fremden Welt. Da wird ihm jetzt sein Leben im Kloster »töricht« und »schal«[41]. »Hinaus in die Welt wollte ich, und nicht rasten, bis ich sie gefunden«[42]. Paradoxerweise leitet im übrigen auch hier, wie im *Blonden Eckbert,* wie aber auch schon beim biblischen Urbild, ein Verbot den Sündenfall ein. Erst nachdem ihn ein Mitbruder auf die Existenz des Elixiers hingewiesen und davor gewarnt hat, führt ihn seine »Neugierde (...) in Versuchung«[43]. Gewisse Unterschiede zur »Waldeinsamkeit« sind freilich nicht zu übersehen. Das Kloster ist nicht so abgeschlossen von draußen, als daß die Mönche im allgemeinen nicht doch »Kunde (...) von dem Tun und Treiben der bunten Welt außerhalb ihrer Mauern erhielten«, allerdings ohne daß dies in der Regel etwas anderes bewirkt als eine Bereicherung an »Lebensumsicht und Weisheit«[44].

Kommen wir nun zu Eichendorff. Betrachtet man Eichendorffs Kindheits- und Heimatschilderungen, so kehrt mehrfach ein Bild wieder, welches Heimat und Kindheit mit dem Motiv des Gartens verknüpft. Wir

---

39 Ebd. 37.
40 Ebd. 40.
41 Ebd. 41.
42 Ebd. 42.
43 Ebd. 29.
44 Ebd. 20.

zitieren als Beispiel ein Stück aus der Kindheitsgeschichte des Grafen Friedrich in *Ahnung und Gegenwart*: »Meine frühesten Erinnerungen verlieren sich in einem großen, schönen Garten. Lange, hohe Gänge von gradbeschnittenen Baumwänden laufen nach allen Richtungen zwischen großen Blumenfeldern hin, Wasserkünste rauschen einsam dazwischen, die Wolken ziehen hoch über die dunkeln Gänge weg, ein wunderschönes kleines Mädchen, älter als ich, sitzt an der Wasserkunst und singt welsche Lieder, während ich oft stundenlang an den eisernen Stäben des Gittertors stehe, das an die Straße stößt, und sehe, wie draußen der Sonnenschein wechselnd über Wälder und Wiesen fliegt und Wagen, Reuter und Fußgänger am Tore vorüber in die glänzende Ferne hinausziehen.«[45]

Auf den ersten Blick liest sich die Stelle wie eine symbolische Darstellung des Gartens Eden, eines Paradieses ungebrochenen Glücks, an das sich Friedrich denn auch wie an ein »uraltes, wehmütig süßes Lied« und voller Heimweh erinnert[46]. Bei näherem Hinsehen erweist sich dieser scheinbare Glückszustand jedoch als bereits unterminiert, wenn nicht geradezu verwirkt. Zu denken gibt bereits die sonderbare Position des Kindes sowie die Einbeziehung der äußeren Welt, von der offenbar eine Faszination ausgeht. Und da das Kind ebenso offensichtlich auf diese Faszination innerlich reagiert, so haben wir uns in sein Inneres auch gewisse Empfindungen hineinzudenken. Daß es sich hierbei einerseits um Sehnsucht handelt, sagt Friedrich selbst wenig später. Daß andererseits wohl auch ein Unbehagen an der gegenwärtigen Lage im Spiel ist, deutet eine Parallelstelle aus dem *Marmorbild* an, wo in der Erinnerung Florios eine ganz ähnliche Situation geschildert wird. »Ich habe jetzt«, so erzählt Florio, »das Reisen erwählt und befinde mich wie aus einem Gefängnis erlöst, alle alten Wünsche und Freuden sind

45 Eichendorff, Werke II 47 f.
46 Ebd. 48.

nun auf einmal in Freiheit gesetzt. Auf dem Lande in der Stille aufgewachsen, wie lange habe ich da die fernen blauen Berge sehnsüchtig betrachtet, wenn der Frühling wie ein zauberischer Spielmann durch unsern Garten ging und von der wunderschönen Ferne verlockend sang und von großer, unermeßlicher Lust.«[47] Florio artikuliert die kindlichen Wünsche, die Friedrich unausgesprochen läßt. Er zeigt ferner an dem eigenen Schicksal, wie sich die Wünsche erfüllen: durch das Verlassen des Gartens, durch Reisen. Tatsächlich aber hatte Florio das Paradies bereits verloren, bevor er es verließ, denn der Garten war ihm zuwider gewesen, ein »Gefängnis«, er hatte sich in ihm, wie Bertha in der Waldeinsamkeit, nicht mehr zufrieden gefühlt.

Nicht anders liegt der Fall bei dem kindlichen Ich, von dem Friedrich erzählt. Auch hier wird, genau genommen, nicht das Leben im Paradies, sondern bereits dessen Verlust geschildert. Zwar ist die Trennung zwischen Kind und Garten äußerlich noch nicht vollzogen. Aber während sich das Kind körperlich noch drinnen befindet, wenn auch bezeichnenderweise am Rande und Ausgang, ist es mit seinen Gedanken und Empfindungen bereits draußen. Wenn es »stundenlang« am Gitter steht, so ist es offenbar gebannt durch eine Verlockung, die vor allem von der Ferne ausgeht. In demselben Maße aber, wie es sich der Sehnsucht nach der Ferne hingibt, entfremdet es sich innerlich der Nähe, so daß man annehmen muß, daß die unmittelbare Umwelt, wie im Falle Florios, beengend, als »Gefängnis«, wirkt. Es ist denn auch nicht ganz glaubhaft und wohl nur der verklärenden Wirkung der Erinnerung zuzuschreiben, wenn Friedrich jenes Schauen des Kindes als eine »unschuldige Betrachtung der Welt«[48] charakterisiert. In Wahrheit hat das Kind die Unschuld zu diesem Zeitpunkt schon verloren. »Aus stiller Kindheit unschuldiger Hut«, wie es in Eichendorffs Gedicht *Der*

47 Ebd. 307 f.
48 Ebd. 48.

irre Spielmann heißt[49], hat es bereits den ersten Schritt getan, wenn es sehnsüchtig nach draußen blickt, und daher wird man es nicht für ein Übermaß an Vorsicht halten, wenn der Spielmann warnt: »Du frommes Kindlein im stillen Haus,/ Schau nicht so lüstern zum Fenster hinaus!«[50]

Äußerlich betrachtet hat dieser Sündenfall wenig mit demjenigen zu tun, von dem uns die Bibel erzählt. Das Erste Buch Mose berichtet keineswegs davon, daß Adam und Eva sich aus dem Paradies hinausgesehnt hätten, sondern nur, daß sie aus ihm vertrieben wurden, nachdem sie vom Baume der Erkenntnis gegessen hatten. Gleichwohl ist eine gewisse Ähnlichkeit soweit vorhanden, als die Entfremdung von der Heimat auch beim jungen Friedrich und beim jungen Florio auf einer bestimmten Erkenntnis oder einem bestimmten Wissen beruht, mag dieses auf den ersten Blick auch unscheinbar anmuten. Es ist, wie bei Bertha, das Wissen, daß es ein Draußen überhaupt gibt, daß außer der eigenen Welt noch eine andere existiert. Diese fremde Welt wird sogar innerhalb des Gartens signalisiert: von den »welschen Liedern«, welche das Mädchen an der Wasserkunst singt. So geht die Verlockung, wie im Paradies in der Bibel, allerdings auch von innen aus. Die ferne fremde Welt lockt mit Verheißungen, sie manifestiert sich als »glänzende« oder »wunderschöne« Ferne. Das Kind hat also nicht nur ein Bewußtsein von der Veränderbarkeit der Lage, sondern auch davon, daß sich draußen Neues, Niegesehenes erfahren ließe. Hätte es dieses Wissen nicht, so wäre es mit seiner Situation notgedrungen zufrieden. Wüßte es nichts von den glänzenden Versprechungen der Ferne, so müßte es glauben, es gut genug zu haben.

Daß dem Kind solches Genügen abgeht, liegt nun aber nicht nur daran, daß es über die Grenze seiner ange-

---

49 Eichendorff, Werke I 51.
50 Ebd. Vgl. auch die Kindheitserinnerung der Gräfin Romana, Werke II 122.

stammten Welt in ein verlockendes Draußen hinauszu-
blicken vermag. Ein Bewußtsein nicht nur von Veränderbarkeit, sondern von Veränderung kommt ihm
in viel konkreterer Gestalt durch die Wagen, Reiter
und Fußgänger sowie durch die Wolken und den Sonnenschein zu. Veränderung im ganz konkreten Sinne
von Bewegung wird deutlich, wenn die Wolken wandern, wenn der Sonnenschein »wechselnd über Wälder
und Wiesen fliegt«, wenn die Wagen, Reiter und Fußgänger in die Ferne hinausziehen.

Der Garten der Kindheit dagegen besitzt bei Eichendorff bekanntlich den Charakter des Statischen. Ob
man an das einförmige Rauschen der Wasserkünste
denkt oder an die Symmetrie der geradlinigen Gänge
und abgezirkelten Beete, immer spiegelt sich darin nicht
nur vergangene Pracht, sondern auch Bewegungslosigkeit. Eichendorffs alter Garten ist, wie wir im I. Teil
sahen, ein Sinnbild der Normalität. Als solches bezeichnet er keineswegs eine herausgehobene, irgendwie aus-
gezeichnete Situation, sondern das Leben im Alltag, wie
es Eichendorff auch aus seiner eigenen Kindheit in
Erinnerung hat. Das mag überraschen, da man nicht
selten lesen kann, Eichendorffs Heimweh nach dem
Paradies seiner Jugend sei das wehmütige Gedenken
einer Periode unentwegter Belustigungen und Abwechslungen. Vergegenwärtigt man sich aber seine autobiographischen Schilderungen, etwa in *Der Adel und die
Revolution,* so steht außer Zweifel, daß die vielzitierten, von Eichendorff selbst gern erwähnten »prächtigen
Feste seiner Jugendzeit«[51] nicht die Regel des damaligen Lebens waren, sondern die Ausnahme. Die Regel
war eine »große Einförmigkeit«, ein »ewiges Einerlei«[52]. Eichendorffs Begriff von der paradiesischen Heimat und Kindheit verbindet sich somit unleugbar mit

<hr />

51 Eberhard Lämmert: Eichendorffs Wandel unter den Deutschen. Überlegungen zur Wirkungsgeschichte seiner Dichtung, in: Die deutsche Romantik, aaO., S. 219-252, S. 236.
52 Eichendorff, Werke II 1025, 1028.

der Vorstellung von einem Leben, das sich überwiegend im Alltäglichen erschöpfte. Das verlorene Paradies ist freilich nicht diese Lebensform an sich, sondern die Fähigkeit, in ihr Befriedigung zu finden. Wenn der Dichter von den Landadligen seiner Herkunft meint: »Die Glücklichen hausten mit genügsamem Behagen«[53] in ihrer Alltagswelt, so hat das Kind in Friedrichs Geschichte eben dieses genügsame Behagen gegen ein Ungenügen vertauscht.

Unsere Deutung wird noch einleuchtender, wenn man die Kindheitserinnerungen des Grafen Friedrich mit einer anderen Stelle aus *Ahnung und Gegenwart* in Zusammenhang sieht. Ein wahrhaft paradiesisches Leben, ein Leben also, wie er es als Kind in einem noch früheren, vorbewußten Stadium (›Präexistenz‹) gelebt haben muß, lernt Friedrich noch einmal auf dem Gute des Herrn v. A. kennen, wo er und Leontin auf ihrer Wanderschaft für längere Zeit Station machen. Bekanntlich orientiert sich der Dichter gerade bei dieser Episode an Reminiszenzen aus seiner eigenen Kindheit. Auch Friedrich erinnert sich hier an die früheste Periode seines Lebens, nicht zuletzt, weil in der ländlichen Abgeschiedenheit dieses Gutes wenig Aufregendes geschieht, weil das Leben hier einen gleichförmigen Gang nimmt[54].

Bezeichnend ist nun nicht nur, daß Friedrich und Leontin sich dabei vorübergehend außerordentlich wohl fühlen: So »empfanden sie die Wohltat des stillen, gleichförmigen, häuslichen Lebens und labten sich an diesem immer neu erfreulichen Schauspiel, das über gutgeartete Gemüter eine Ruhe und einen gewissen festen Frieden verbreitet, den viele ein Leben lang in der bunten Weltlust oder in der Wissenschaft selber vergebens suchen.«[55] Bezeichnend ist vor allem, mit welchen

---

53 Ebd. 1026.
54 Vgl. ebd. 98: »Die alte gleichförmige Ordnung der Lebensweise kehrte nun wieder auf dem Schlosse zurück.«
55 Ebd. 75.

Gedanken und Empfindungen sich Friedrich längere Zeit später an jenes Dasein erinnert, nachdem er die Welt weiter durchwandert hat, nachdem er auch in der Residenz, Schauplatz gesellschaftlichen und politischen Lebens, gewesen ist: »Ihn befiel eine unbeschreibliche Wehmut bei der lebhaften Erinnerung an jene Zeiten. Er dachte sich, wie sie alle dort noch immer, wie damals, seit hundert Jahren und immerfort zwischen ihren Bergen und Wäldern friedlich wohnen, im ewig gleichen Wechsel einförmiger Tage frisch und arbeitsam Gott loben und glücklich sind, und nichts wissen von der andern Welt, die seitdem mit tausend Freuden und Schmerzen durch seine Seele gegangen. Warum konnte er (...) nicht ebenso glücklich und ruhig sein?«[56]
Der Zustand paradiesischen Glücks stellt sich hier ganz so dar, wie wir es zu zeigen versuchten. Und der Verlust des Paradieses erweist sich eben als jene Unfähigkeit, sich mit dem Alltagsleben zu begnügen. Sowohl Leontin wie Friedrich kann dieses Leben auf die Dauer nicht ertragen. Leontin hinterläßt beim Herrn v. A. ein Abschiedsgedicht, in dem es heißt:

> Nur ich treibe und sehne mich immerzu.
> O wilder Trieb! wann läß'st du einmal Ruh?[57]

Darüber hinaus bestätigt Friedrichs Erinnerung an die gute alte Zeit, daß zu den Voraussetzungen solchen Glücks ein beschränkter Horizont gehört, während Sehnsucht, Unruhe, Umhergetriebensein auf dem erweiterten Bewußtsein von anderen Existenzmöglichkeiten beruhen. Jene Menschen wissen nichts vom Vorhandensein einer anderen Welt. Und wie ohne den Gedanken der Veränderbarkeit leben sie auch ohne Veränderung: »noch immer, wie damals, seit hundert Jahren und immerfort«.
Als Friedrichs Freund Leontin viel später, mitten in den Wirren des Krieges, zufällig in die Gegend des

56 Ebd. 193.
57 Ebd. 109.

Herrn v. A. kommt, nimmt er überrascht das wahr, was Friedrich vermutet hatte: das Schloß und der Garten – »alles in alter Ruhe, wie damals«[58]. Unwiderstehlich drängt es ihn, den »alten, schuldlosen Garten« noch einmal aufzusuchen. »Dort war jeder Gang, jede Bank, ja jedes Blumenbeet noch immer auf dem alten Platze, so daß die Seele nach so vielen inzwischen durchlebten Gedanken und Veränderungen diesen gemütlichen Stillstand kaum fassen konnte.«[59] Als er wieder in den Krieg zieht, bleibt »das gelobte Land in ruhigem Schlafe«[60] unversehrt zurück.

Liegt der ländliche Alltag außerhalb der Zeit, außerhalb der Geschichte, so besitzt er nicht nur das Unerträgliche der Zeitleere, sondern auch die Faszination der Ewigkeit. Darum kann der »Stillstand« in dieser Welt »gemütlich« anmuten, und darum überhaupt vermag diese Welt sich als paradiesisch zu qualifizieren. Der Romantiker macht hier die gleiche ambivalente Erfahrung, die etwa später Thomas Mann seinem Hans Castorp angesichts der nicht weniger gleichförmigen Lebensweise auf dem Zauberberg angedeihen läßt. Einerseits ist Castorp von dem ewigen Einerlei gelangweilt, andererseits ist er von ihm, eben weil es ewig scheint und einen Geschmack überirdischer Ruhe vermittelt, bezaubert.

Friedrich und Leontin verharren indes keine sieben Jahre beim Herrn v. A. Sie bleiben nur solange, wie die »Wohltat des stillen, gleichförmigen, häuslichen Lebens« auch den Reiz der Neuheit behält und sie sich an dem »immer neu erfreulichen Schauspiele« (s. o.) zu laben vermögen. Denen, die in dieser Welt zu Hause sind, den unromantisch Zufriedenen, wird der Alltag dagegen niemals schal. Sie leben in ihm nicht nur glücklich, sondern sie erleben ihn auch immer »frisch« (s. o.). Offenbar sind sie fähig, ihn auf eine einfache Weise zu

58 Ebd. 230.
59 Ebd. 231.
60 Ebd. 236.

genießen. Eine Stelle aus *William Lovell* deutet darauf hin, daß dies im zeitlichen Sinne die Fähigkeit ist, nicht in der Erinnerung an Vergangenes und nicht in der Hoffnung auf Zukünftiges, sondern einfach in der Hingabe an das Gegenwärtige zu leben. Eduard Burton, einer, der aus Lovells Scheitern für sich eine Lehre gezogen hat, schreibt an Mortimer: »je einförmiger und ruhiger die Zeit vorüberfließt, um so mehr genießt man seines Lebens. Wir beide, lieber Freund, haben uns in diesen Genuß eingelernt, und ich hasse jetzt das Planmachen, wodurch man immer in einer fernen Zukunft lebt, unsinnigerweise die Gegenwart verschleudert, und sich im Leben gleichsam übereilt, um nur desto früher zu jenem Ziele zu kommen, das man sich aufgesteckt hat.«[61]

Zwangsläufig erscheint das, was das romantische Programm in zeitlicher Hinsicht so sehr bestimmt: das Erleben von Vergangenheit und Zukunft, aus dieser Perspektive problematisch. Liegt in der Hingabe an die reine Gegenwart, d. h. im Grunde: in der Zeitlosigkeit, paradiesisches Glück, so bedeutet der gesteigerte Sinn für die Zeitlichkeit des Daseins, wie er in dem Interesse für Vergangenheit und Zukunft zum Ausdruck kommt, ein Geschenk von zweifelhaftem Wert. Im Erlebnis der Zeit, im Erlebnis einer von Zeitlichkeit (Geschichtlichkeit) bestimmten Welt erfährt der Romantiker zwar die Überwindung der Langeweile, aber: sich nicht dem unzeitlichen Genuß der Gegenwart hingeben zu dürfen, sondern immer nur in rückwärts gewandten Erinnerungen und vorwärts gerichteten Ahnungen zu leben; nie an einem Ort bleiben zu können, sondern ständig umgetrieben, unterwegs zu sein; nie das Bleibende, sondern immer nur die Veränderung zu erfahren, ja wünschen zu müssen – dies hat auch einen tragischen Aspekt[61a].

---

61 Tieck, Schriften VII 87.
61a Scheibe, aaO. S. 53, spricht treffend von dem »Motiv einer tragischen Zeitlichkeit«.

b) Zufriedenheitsideal – zersetzende Elemente

Wenn das romantische Ungenügen Einbuße von Zufriedenheit bedeutet, wenn diese Einbuße als Verlust der goldenen Zeit und Zufriedenheit damit als Wert und Ideal gesehen wird, so bedarf es auch einer abschließenden Erklärung, was Zufriedenheit überhaupt ist und wodurch sie, wenn wir die behandelten Beispiele unter Hinzunahme einiger ergänzender Stellen noch einmal summarisch überblicken, grundsätzlich zersetzt wird.

In der Form, in der die Zufriedenheit – auch als »in Frieden sein« oder »friedlich leben« – in den Texten begegnete, ist sie dreierlei: eine Haltung, ein Zustand und ein Empfinden oder auch Gestimmtsein.

Als Haltung impliziert Zufriedensein ein Sichbegnügen oder Genügsamkeit. In diesem Verstande ist der Begriff Erbe einer wichtigen älteren Tradition, nimmt er in der Geistes- und Sozialgeschichte der vorromantischen Zeit wahrscheinlich eine Schlüsselstellung ein. Das Grimmsche Wörterbuch berichtet, daß »zufrieden« sich gegen Ende des 17. Jahrhunderts zu einem »kennwort des in frommer beschränkung sich glücklich und gut fühlenden protestantischen bürgerthums« entwickelt[62], und wenn man bedenkt, daß die Romantik ursprünglich aus dem Protestantismus erwächst, so wundert man sich schon deshalb nicht, daß solches Begriffsgut in ihr auftaucht.[63] In einem der einschlägigen protestanti-

---

62 Deutsches Wörterbuch von Jacob und Wilhelm Grimm, Bd. 16, Sp. 370. Vgl. auch Sauder, aaO. S. 130 f., nur befindet sich Sauder in einem Irrtum, wenn er das stoisch-protestantisch geprägte Zufriedenheitsideal mit Empfindsamkeit verbindet (S. 125 ff.).

63 Auch vorromantisch oder parallel zur Romantik taucht das Ideal der Zufriedenheit nicht selten in der Literatur auf, und zwar charakteristischerweise, wie in der Romantik, häufig aus der sentimentalischen Perspektive des Ungenügens. Vgl. z. B. Werthers Brief vom 22. Mai oder folgende Stelle aus ›Anton Reiser‹, wo Reisers Aufenthalt bei dem Hoboisten Filter geschildert wird: »Es herrschte bei diesen Leuten, die keine Kinder hatten, die größte Ordnung in der Einrichtung ihrer

schen Lehrbücher, in Johann Adolf Hoffmanns *Von der Zufriedenheit*, 1731 bereits in fünfter Auflage erschienen, begegnet die Komponente des Sichbegnügens noch in der älteren Fassung »Vergnügen« oder »Ver-

Lebensart, welche vielleicht nur irgend wo statt finden kann. Da war nichts, keine Bürste und keine Scheere, was nicht seit Jahren seinen bestimmten angewiesenen Platz gehabt hätte. Da war kein Morgen, der anbrach, wo nicht um acht Uhr Kaffee getrunken, und um neun Uhr der Morgensegen gelesen worden wäre, welches allemal knieend geschahe, indes die Frau F... aus dem Benjamin Schmolke vorlas, wobei denn Reiser auch mit knieen mußte. Des Abends nach neun Uhr wurde auf eben die Art indem jeder vor seinem Stuhle knieete, auch der Abendsegen aus dem Schmolke gelesen, und dann zu Bette gegangen. Dieß war die unverbrüchliche Ordnung, welche von diesen Leuten schon seit beinahe zwanzig Jahren, wo sie auch beständig auf derselben Stube gewohnt hatten, war beobachtet worden. Und sie waren gewiß dabei sehr glücklich, aber sie durften auch schlechterdings durch nichts darin gestört werden, wenn nicht zugleich ihre innere Zufriedenheit, die grö-stentheils auf diese unverbrüchliche Ordnung gebaut war, mit darunter leiden sollte.« (AaO. S. 118) Durch Reiser werden sie dann freilich in dieser Zufriedenheit gestört. – Oder man vgl. die Worte des Weltgeistlichen in Goethes ›Die natürliche Tochter‹: »Für mich ist nichts zu überlegen mehr!/ Da wär' es Zeit gewesen, als ich noch/ Im Paradies beschränkter Freuden weilte,/ Als, von des Gartens engem Hag umschlossen,/ Ich selbstgesäte Bäume selber pfropfte,/ Aus wenig Beeten meinen Tisch versorgte,/ Als noch Zufriedenheit im kleinen Hause/ Gefühl des Reichtums über alles goß« (Hamburger Ausgabe, Bd. V, S. 250, V. 1199-1206). – Oder die folgenden Zeilen aus Hölderlins ›Abendphantasie‹: »Vor seiner Hütte ruhig im Schatten sitzt/ Der Pflüger, dem Genügsamen raucht sein Heerd./ (...) Wohin denn ich? Es leben die Sterblichen/ Von Lohn und Arbeit; wechselnd in Müh' und Ruh'/ Ist alles freudig; warum schläft denn/ Nimmer nur mir in der Brust der Stachel?« (Große Stuttgarter Ausgabe, Bd. I, 1, S. 301) – Oder aus Hölderlins ›Mein Eigentum‹: »Und rings im Felde, wo ich den Pfad hinaus/ Den stillen wandle, ist den Zufriedenen/ Ihr Gut gereift und viel der frohen/ Mühe gewähret der Reichtum ihnen./ (...) Beglückt, wer, ruhig liebend ein frommes Weib,/ Am eignen Heerd in rühmlicher Heimath lebt,/ Es leuchtet über vestem Boden/ Schöner dem sicheren Mann sein Himmel.« (Ebd. 306) – Man beachte auch Hebels pädagogische Bemühung, zur Zufriedenheit zu erziehen, etwa in ›Kannitverstan‹. Allerdings spielt das Zufriedenheitsideal auch in der Literatur des katholischen Raums eine Rolle, z. B. bei Raimund. Vgl. dazu Reinhard Urbach: Zufriedenheit bei Ferdinand Raimund, in: Austriaca. Beiträge zur österreichischen Literatur. Festschrift für Heinz Politzer zum 65. Geburtstag, hg. von Winfried Kudszus und Hinrich C. Seeba, Tübingen 1975, S. 107-126.

gnüglichkeit«, wie sie sich auch beispielsweise in Christian Weises Drama *Die unvergnügte Seele* (1688) oder in Barthold Heinrich Brockes' berühmter Gedichtsammlung *Irdisches Vergnügen in Gott* (1721 ff.) findet. Während Brockes jedoch schon so weit geht, »Vergnügen« ästhetisch aus Schönheitsreizen abzuleiten, predigen Weise und Hoffmann noch die Genügsamkeit, wie sie ursprünglich moralisch gemeint ist: als ein Sichbegnügen mit dem (Wenigen), was man ist und was man hat. Eingeschlossen ist in diese Haltung auch das Sichschicken in Leid, »zu dulden was uns wiederfährt«[64]. Noch in Mörikes *Gebet* heißt es:

> Herr! schicke was du willt,
> Ein Liebes oder Leides;
> Ich bin vergnügt, daß beides
> Aus deinen Händen quillt.[65]

Der Sinn »sich begnügen mit dem Gewöhnlichen«, den Zufriedenheit in der Romantik bekommt, ist in den älteren Quellen noch nicht expressis verbis ausgedrückt, aber doch schon angelegt, etwa wenn J. A. Hoffmann von der »Vergnügung mit dem Gegenwärtigen«[66] spricht, wenn Contento und Quiete in Weises Drama ihre Zufriedenheit auf häufig Wiederholtes, ja auf das beziehen, was jeder Tag bringt[67], wenn es vor allem von vornherein zum Wesen der Genügsamkeit gehört, daß sie das ausschließt, was selten, extravagant, kostspielig ist. Auch Brockes schöpft sein Vergnügen vornehmlich aus der Anschauung kleiner unscheinbarer Dinge. Da diese Haltung ferner Verzicht auf sozialen Rang und politische Macht bedeutet, ist sie eine Tugend

---

64 J. A. Hoffmann, aaO., Bd. I, S. 48.
65 Eduard Mörike: Werke, hg. von Jost Perfahl (Text), Benno von Wiese (Nachwort) und Helga Unger (Anmerkungen), München 1967/70, 2 Bde., Bd. I, S. 773.
66 AaO., Bd. I, S. 149.
67 Christian Weise: Die unvergnügte Seele. Deutsche Literatur in Entwicklungsreihen, Reihe Aufklärung, Bd. I, S. 265.

gerade des »gemeinen« Mannes, eine Tugend freilich, die den gemeinen Mann auch in Botmäßigkeit hält.[68] Als Zustand, vor allem als Seelenzustand, ist Zufriedenheit innere »Ruhe«. Insbesondere diese Kategorie war in unseren Beispielen häufig vertreten. Der Begriff ist stoischer Herkunft, bedeutet die Freiheit von Leidenschaften, Einbildungen und Begierden und ist in diesem stoischen Sinn in unseren Texten zweifellos noch erhalten, zumal wenn bei E. T. A. Hoffmann unmißverständlich geradezu von »Gemütsruhe« (s. o.) die Rede ist und dem Herrn v. A. sogar »Apathie« zugeschrieben wird[69]. An dem Merkmal der Begierdelosigkeit zeigt sich der Zusammenhang mit der Genügsamkeit. Ruhe ist traditionell ein so wesentliches Element der Zufriedenheit, daß J. A. Hoffmann beide Begriffe fast synonym gebraucht und daß Weise die Ehefrau des Contento Quiete nennt.

Als Empfinden oder Gestimmtheit schließlich ist Zufriedenheit auch Freude, inneres »Glück«. Das meint etwa Sternbald, wenn er von jenem zufriedenen Bauern sagt, er sei nicht nur glücklich, weil er sich an seinen Zustand gewöhnt hat, nichts Besseres kennt und sich auch in ihn schickt, sondern weil er darüber hinaus »innerlich von Herzen vergnügt« ist. Ein solches, die bloße Genügsamkeit übersteigendes Vergnügen hat auch bereits J. A. Hoffmann im Sinne, wenn er ausruft: »Seelige Zufriedenheit! wie groß ist deine Erquickung! du erfreuest das Hertz; du machest fröhlich das Angesicht; du ermunterst das Gemüth«[70]. Dabei ist nicht an ein Empfinden im Sinne akuter Gefühle, im Sinne seelischer Erregungen gedacht. Vielmehr handelt es sich sowohl um eine mäßige wie konstante Gestimmtheit und insofern um eine Freude, die der Ruhe keineswegs abträglich ist.

68 Hans M. Wolff, aaO., meint, daß J. A. Hoffmann mit seinen Anschauungen eine »Sozialaskese« bezwecke (S. 60).
69 Eichendorff, Werke II 76.
70 AaO., Bd. I, S. 50.

Aus traditioneller Sicht ist das Wesen der Zufriedenheit damit nun freilich noch nicht erschöpft. Für jeden, der im Rahmen der bezeichneten protestantischen Tradition ihr Lob singt, steht es fest, daß keine noch so vollkommene Genügsamkeit und Wunschlosigkeit der Seele Frieden und Freude beschert, wenn diese nicht auf das Fundament des religiösen Glaubens gestellt werden. Darum macht sich Weise in seinem Drama über die Nur-Stoiker lustig[71], warnt davor, bloß auf die »Beihülfe der klugen Vernunft« zu vertrauen, und mahnt: »Wer sich in seinem Christentum nicht mit Gott vereinigen lernet, der bleibet unvergnüget«[72]. Darum gibt J. A. Hoffmann seine Gedanken ausdrücklich als »Aufmunterungen zu einem ruhigen und gottseeligen Leben« aus[73]. Darum proklamiert Brockes das Zufriedenheitsideal als »Vergnügen in Gott«.

Der Zusammenhang zwischen Zufriedenheit und Frömmigkeit fehlt auch in unseren Beispielen aus der Romantik nicht, zumal nicht in jenen, wo er, wie bei E. T. A. Hoffmann, bereits motivisch bedingt ist. »Gott loben« gehört zum Alltag bei Herrn v. A. (s. o.). Die Familie des Bauern, dessen Zufriedenheit Sternbald anspricht, erbaut sich an Heiligenlegenden[74]. Die Alte aus der »Waldeinsamkeit« singt geistliche Lieder und betet[75]. Die Menschen in Rosalines Welt pflegen mit einem Gebet zu erwachen und schlafen zu gehen (s. o.). Auch die Zufriedenheit des alten Willy, des Dieners von Lovell, ist ein Beispiel für das »Vergnügen in Gott«[76]. Am deutlichsten verweist Tieck auf den Zusammenhang in seinem *Runenberg*. Schauplatz des Heils ist für Christian einzig »das gute, fromme, ebene Land«[77]. Solange er dem hier beheimateten

71 AaO. S. 246 ff.
72 Ebd. 260.
73 AaO., aus der unpaginierten Vorrede zur 4. Auflage.
74 Tieck, Schriften XVI 23.
75 Tieck, Schriften IV 151, 153.
76 Vgl. Tieck, Schriften VI 206 f.
77 Tieck, Schriften IV 232.

Christentum ergeben ist, bildet er mit den Seinen den »zufriedensten und einträchtigsten Kreis«, lebt er »zufrieden und vergnügt«[78]. Sobald andere, magische, Mächte seine Seele einnehmen und Fremdes mit seinem Zauber ihn fasziniert, verliert er auch die Gottesfurcht und mit ihr Ruhe und Vergnügen.

Fragen wir nun, welche Elemente die Zufriedenheit sowohl als Ideal wie als Fähigkeit unterminieren, so werden wir uns zunächst an die fatale Rolle erinnern, die in den behandelten Texten das Bewußtsein alternativer Weltverfassungen und Lebensmöglichkeiten spielt. Dieses Bewußtsein ist im engeren Sinn ein Wissen. Daneben wird man Bewußtsein als störendes Element auch im Sinne von Reflexion (als Introspektion und Selbstanalyse) veranschlagen müssen. Bedenkt man, was im I. Teil gezeigt wurde, wie sehr dieses Erbe der Empfindsamkeit die Hingabe an das Gegenwärtige hindert und gerade darum den Alltag als leer und unbefriedigend erscheinen läßt, so muß man die an die Zufriedenheit geknüpfte »Unschuld« zweifellos entsprechend als seelische Naivität verstehen. Diese meint z. B. Lovell, wenn er schreibt: »Es giebt nichts Höheres im Menschen, als den Zustand der Bewußtlosigkeit; dann ist er glücklich, dann kann er sagen, er sei zufrieden.«[79] Lovell wünscht denn auch, »ewig ein Kind geblieben zu sein«, dann wäre er »zufrieden« und würde sich »in der dunkeln, beschränkten Hütte glücklich fühlen«[80].

Das Wissen von Alternativen erfüllt die Seele mit Einbildungen und Wünschen und untergräbt nicht nur die Genügsamkeit, sondern auch die Ruhe. Wahrscheinlich ist, daß zu dieser Bewußtseinserweiterung zum einen die von der Aufklärung vorangetriebene, auch in die Stube des gemeinen Mannes getragene Bildung, u. a. die Fähigkeit und der Anreiz zum Lesen, zum

78 Ebd. 232, 235.
79 Tieck, Schriften VII 237.
80 Ebd. 239.

anderen die expandierende und immer intensiver werdende Kommunikation beitrugen. So drang die Kunde von Fremdem immer häufiger und stärker in den Bereich des Bekannten und Gewöhnlichen ein. Indes wird der stoische Idealzustand auch von der Seite der aufkommenden Gefühlskultur, und zwar nicht nur durch das Element der Reflexion, zersetzt. Zu den problematischen Errungenschaften der Empfindsamkeit gehört auch, daß sie die Möglichkeit entdeckt, Gefühle als solche und um ihrer selbst willen auszukosten. Damit erwächst dem stoischen Ideal eine Konkurrenz, deren Stärke darin besteht, gesteigerte seelische Beglückung versprechen und sich sogar, da seelische Bewegung als Bewegung zum Mitleid und Wohltun erscheint, als moralisch wertvoller anpreisen zu können. Z. B. meint bereits 1740 Breitinger in seiner *Critischen Dichtkunst*: »Die Unruh und Bewegung der Gemüthes-Leidenschaften ist dem Menschen etwas so natürliches und angenehmes, daß man sagen kann, die Menschen überhaupt empfangen mehr Beschwerde von dem Leben das ohne Leidenschaften ist, als von den Leidenschaften selbst.«[81]

In gleichem Maße wie die »Leidenschaften« aufgewertet werden, wird die Apathie als kalt und moralisch unzulänglich abgewertet, gerät damit auch das Ideal der Zufriedenheit, des »Vergnügens« in die Krise. H. O. Burger, dem wichtige Hinweise auf diese Entwicklung zu verdanken sind, hat wohl recht, wenn er meint, daß über »Vergnügen« seit Ende des 17., Anfang des 18. Jahrhunderts deshalb so viel geschrieben wird, weil es in seinem überlieferten Verständnis nicht mehr selbstverständlich und vorbehaltlos anerkannt ist[82]. Da die überlieferte Auffassung in Frage gestellt

81 Johann Jacob Breitinger: Critische Dichtkunst, Faksimiledruck nach der Ausgabe von 1740, mit einem Nachwort von Wolfgang Bender, 2 Bde., Stuttgart 1966 (Deutsche Neudrucke. Reihe Texte des 18. Jahrhunderts), Bd. I, S. 85.
82 Heinz Otto Burger: Die Geschichte der unvergnügten Seele. Ein

ist, lädt sich der Begriff in der Folge denn auch mit der Bedeutung ›Lustempfinden‹ auf und erfährt seine Umdeutung zu dem bis heute gültigen Verständnis von Amüsement[83]. Damit gehen die Begriffe Zufriedenheit und Vergnügen auch auseinander. Johann Georg Sulzer sagt in seiner *Theorie des Vergnügens* (1751/52): »Das Vergnügen scheint von der bloßen Zufriedenheit darin verschieden zu sein, daß ersteres lebhafter und reizender ist. Bei der Zufriedenheit ist die Seele in einer Art Ruhe, bei dem Vergnügen scheint sie auf angenehme Art, aber mit Lebhaftigkeit erschüttert zu werden.«[84] Um so erstaunlicher, daß noch in den zitierten romantischen Textstellen von dem ursprünglichen Zusammenhang zwischen Zufriedenheit und Vergnügen etwas zu spüren ist.

Die Romantik macht der Entwicklung zur Propaganda und Pflege seelischer Sensationen freilich keineswegs ein Ende. Vielmehr entdeckt und kultiviert sie einen neuen Gemütsreiz: den Reiz der Phantasie. Vom empfindsamen Schwärmertum bereits erprobt und gepriesen, heißt das bevorzugte Narkotikum jetzt nicht mehr »Rührung«, sondern »Schauer«. Außer in gewissen Bereichen der Frühromantik, man denke etwa an gewisse Textteile des *Lovell*, wird tränenselige Sentimentalität von den Romantikern, wie schon früher erwähnt, sogar verspottet. Vom stoischen Ideal der Ruhe bleiben sie jedoch gleich weit entfernt. Der Reiz der Phantasie ist so gut »Bewegung« des Gemüts wie der Reiz des Gefühls, die »Schauer«-Romantik so gut »Gemütherregungskunst«[85] wie die rührende Empfindsamkeit.

So wenig wie das Gefühl, kann die Phantasie durch bloß Alltägliches gereizt werden. Gemütserregung ist

Entwurf, in: H. O. B.: ›Dasein heißt eine Rolle spielen‹. Studien zur deutschen Literaturgeschichte, München 1963, S. 120-143, bes. 127, 128.
83 Vgl. dazu Burger, ebd. 129 ff.
84 Zit. nach Burger, ebd., Anmerkungen, S. 292.
85 Novalis, Schriften III 639.

angewiesen auf Neues, Ungewöhnliches oder auf Geheimnisvolles, Unbekanntes. Dabei steuert die Phantasie nicht weniger zur Bewußtseinserweiterung durch die Vorstellung von Alternativen bei als Bildung und Kommunikation. Und in ihrer Eigenschaft als Utopie hat jede als Alternative zum Gewöhnlichen entworfene Phantasiewelt einen Neuigkeits- und Seltsamkeitswert, der alles empirisch Neuartige weit in den Schatten stellt.

Es ist allerdings schwer zu sagen, ob das ruhige Sichbegnügen mit dem Gewohnten deshalb an Attraktion einbüßt, weil in der Erregung der Seele durch Neues ein neues und gesteigertes Glück entdeckt wird, oder ob das neue Glückserleben deshalb entdeckt wird, weil sich die Kraft und die Bereitschaft zum ruhigen Sichbegnügen erschöpft haben. Was Ursache, was Folge ist, läßt sich nicht entscheiden, auch insofern nicht, als nicht eindeutig bestimmt werden kann, ob das Bewußtsein von Alternativen das Ungenügen oder ob das Ungenügen zunächst das Verlangen nach Alternativen, sodann mehr und mehr auch die Vorstellung davon erzeugt. Wahrscheinlich ist beides richtig.

Daß die Romantik den Weg, der von der stoischen Ruhe wegführt, fortsetzt, ist nicht die ganze Wahrheit. Zuletzt hofft sie bei einer neuen Art von Ruhe auch wieder anzulangen. Was ihr als Ideal und Utopie vorschwebt, ist ein Seelenzustand, der Zufriedenheit gewährt, aber doch nicht auf Bewegungslosigkeit beruht. In dieser Zufriedenheit soll Bewegung vielmehr ›aufgehoben‹ sein, und ihre »Ewigkeit« soll daher auch nicht in Zeitleere, sondern in erfüllter Zeit bestehen. Das setzt voraus, daß die Zeit überhaupt erst einmal durchlebt wird, und so kann diese Zufriedenheit auch nicht am Anfang oder sonst vorzeitig erlangt, sondern erst am Ende des romantischen Wanderns und Abenteuerns und als deren Überwindung und Erfüllung erhofft werden. Als Friedrich beim Herrn v. A. weilt, ergreift ihn immerhin ein Vorgefühl dieser Utopie. Es

heißt hier, daß er sich wie im »Mittelpunkt alles Lebens« vorkam, daß sich seine Seele in einer »kräftigen Ruhe« befand und daß in diesem Zustand alles Durchlebte und somit auch alles Zeitliche nicht eliminiert, sondern integriert ist: »Alles Durchlebte und Vergangene geht noch einmal ernster und würdiger an uns vorüber, eine überschwengliche Zukunft legt sich, wie ein Morgenrot, blühend über die Bilder, und so entsteht aus Ahnung und Erinnerung eine neue Welt in uns, und wir erkennen wohl alle die Gegenden und Gestalten wieder, aber sie sind größer, schöner und gewaltiger und wandeln in einem anderen, wunderbaren Lichte.«[86]
Tiecks fragmentarischer *Sternbald* sollte, wie die *Nachrede* des Autors besagt, mit der Heimkehr des Helden und offensichtlich seinem Zur-Ruhe-Kommen enden. Das erhaltene Fragment der Fortsetzung erzählt darüber hinaus, daß Sternbald, nachdem er Marie wiedergefunden hat, »zufrieden« ist[87]. Bereits in einem früheren Kapitel des Romans hatte es geheißen, daß Zufriedenheit mit sich und allen Dingen »das Höchste« (sei), wohin der Mensch gelangen könne«[88]. Wenn nun Sternbald, wie das Fragment bezeugt, dieses Ziel erreicht, so deutet sich auch hier an, daß die Zeit erfüllt ist, weil alles Durchlebte in diesem Zustand rege und faßbar bleibt: »seine Kindheit kam mit all ihren Scenen in seine Gedanken zurück und es erquickte ihn, seinen Lebenslauf von vorn bis zu diesem Augenblick zu überschauen, in welchem ihm die Geliebte wie das schönste Ziel seines Daseins so nahe und gegenwärtig war. Er fühlte sich innerlichst von aller Schönheit durchdrungen und war mit sich und der ganzen Welt zufrieden, jeder seiner Gedanken war ihm ein Spiegel von Glück und Freude, allenthalben nahm er glänzende

---

86 Eichendorff, Werke II 75.
87 Richard Alewyn: Ein Fragment der Fortsetzung von Tiecks ›Sternbald‹, in: Jahrbuch des Freien Deutschen Hochstifts 1962, S. 58-68, S. 64.
88 Tieck, Schriften XVI 278.

Farben wahr.«[89] So wenig wie Zeitleere, gibt es denn auch in diesem Zustand Normalität. Schon der Anblick glänzender Farben »allenthalben« belegt dies.

Kehren wir zu der Frage zurück, welche Faktoren zum Verfall der traditionellen christlichen Zufriedenheit beitragen. Hier ist schließlich auch, gerade weil es sich um eine religiös gebundene Haltung handelt, der Säkularisation zu gedenken. Dieser Vorgang hat, wie leicht zu denken ist, zwei sich ergänzende und in Wechselwirkung stehende Seiten. Einerseits wird das Sichbegnügen mit dem Gewöhnlichen immer schwerer weil die tröstende und belebende Kraft des Glaubens schwindet, des Glaubens nicht nur an Gott, sondern auch an Wunder und Geheimnis. Andererseits erobert das Normale die gesamte Wirklichkeit und wächst zu einer unerträglichen Macht.

Im I. Teil wurde dargelegt, wie der Rationalismus Normalität als Weltbild etabliert und wie der empfindsame Subjektivismus den damit geschaffenen Eindruck von Entzauberung und Uniformierung potenziert und radikalisiert. Damit aber verfällt die traditionelle Zufriedenheit nicht nur als Fähigkeit, sondern auch als Wert. Die über den bloßen Alltag hinaus ausgedehnte Vergewöhnlichung der Welt muß diese einst ehrenwerte Haltung schon deshalb als erledigt oder jedenfalls suspekt erscheinen lassen, weil ein Sichbegnügen mit der bloßen Öde und Leere allenfalls eine degenerierte Form der Zufriedenheit bedeutet und im Grunde auf Stumpfsinn hinausläuft. Wenn Kant in seiner *Anthropologie* (1798) bemerkt: »Im Leben (absolut) zufrieden zu sein, wäre tatlose Ruhe und Stillstand der Triebfedern, oder Abstumpfung der Empfindungen und der damit verknüpften Tätigkeit«[89a], so spricht er den Romantikern aus der Seele.

---

89 Alewyn: Ein Fragment, aaO. S. 64. Siehe auch den Kommentar Alewyns S. 65-68, bes. S. 68. Vgl. ferner Mähl, aaO. bes. S. 322 ff.

89a Immanuel Kant: Werke in zehn Bänden, hg. von Wilhelm Weische-

c) Ambivalenz der Zufriedenheit

Sieht der Romantiker in der Zufriedenheit einerseits das verlorene Paradies, andererseits, unter den Bedingungen der totalen Normalität und gemessen an dem Reiz der Gemütserregung, Armut des Geistes und der Seele, so gerät sein Verhältnis zu ihr, wo nicht überall, so doch stellenweise ambivalent.

Stark zum Positiven neigt sich ihre Darstellung in *William Lovell*. Daß Tieck diese Position gehörig zur Geltung bringen will, zeigt schon die kontrapunktische Anlage des Romans. Das Werk beschreibt nicht nur, und freilich in der Hauptsache, den verhängnisvollen Weg Lovells, der sowohl ins Unglück wie ins Laster führt. Neben dieser düsteren Hauptmelodie entwickelt Tieck nahezu gleichzeitig auch eine hellere Gegenmelodie, die um so deutlicher und eindringlicher tönt, je schlimmer sich das Schicksal des Titelhelden anläßt. Komponiert ist diese Kontrastimme aus den Ansichten und Absichten etlicher Korrespondenten, die Lovell mehr oder weniger gut kennen und jedenfalls aus seinem Scheitern für sich selbst eine heilsame Lehre ziehen. Einige dieser Personen, wie vor allem sein Freund Eduard Burton, sind Lovell innerlich ähnlich, d. h. auch sie sind Gefährdete. Aber sie widerstehen den Reizen des Ungewöhnlichen, insbesondere dem »Schwelgen an den Kräften des Gemüthes« sowie der »Sucht, etwas Besonderes zu sein«[90], und wenden sich dem Lebensideal zu, das Lovell selber kurzfristig während der Rosalinen-Episode als begehrenswert aufgegangen war: sie heiraten und gründen einen Hausstand; sie widmen sich einer praktischen Tätigkeit und einem geregelten Tagesablauf; sie bescheiden sich mit einem zurückgezogenen Dasein auf dem Lande und mit einfachen Freuden; sie verzichten auf hochgespannte Er-

del, Darmstadt 1968 (3. repr. Nachdr. der Ausgabe Darmstadt 1960), Bd. X, S. 557.
90 Tieck, Schriften VII 275, 279.

wartungen und extravagante Vergnügungen. So heißt
es in einem Brief Mortimers: »Ich lerne mich jetzt in
die Reize des Landlebens und einer schönen Einförmigkeit ein, die in der Ferne oft so langweilig aussieht,
aber nur deswegen, weil sie nicht wie eine Weihnachts-
pyramide mit Freuden ausgeputzt ist, die ins Auge
fallen; aber der stille, leise Genuß, der unser Herz
ausfüllt, ohne daß es selbst der Gegenstand unserer
Liebe weiß, dies ist eigentlich die reinste Freude dieser
Erde, durch keine Worte und durch kein Klapperwerk
entweiht. (...) Kommen Sie und sehn Sie mich selbst
und mein kleines Paradies um mich her; Neid, mehr zu
besitzen, Widerstreben gegen eine Eingeschränktheit,
die uns doch so wohlthätig und nöthig ist, diese Laster
sind es, die jeden Menschen aus seinem Paradiese vertreiben, das er sonst ungestört genießen könnte: ach,
und wer einmal über die glückliche Grenze gekommen
ist, dem stellt sich auch ein Engel mit einem feurigen
Schwerte entgegen, daß er nicht zurück kann. Unsere
vorige Seligkeit sieht dann in der Ferne so dürftig aus,
wie mit entblätterten Bäumen und verdorrten Gebüschen.«[91] In einem weiteren Brief schreibt Mortimer
an Burton: »Daß Sie glücklich, daß Sie zufrieden sind,
erfahre ich aus jedem Ihrer Briefe; dasselbe muß ich
Ihnen antworten, wenn ich aufrichtig sein will, und
daß nur der glücklich sein kann, der vom Leben nicht
zu große Erwartungen hegt, und in seinen Forderungen
davon und in seinen Vorstellungen von sich bescheiden
ist. (...) Also, mein Freund, bekenne ich mich hiermit
zu dem großen, vielfach verachteten Orden der Mittelmäßigen, der Ruhigen, der Dürftigen. Im Mäßigsein,
im Resigniren liegt jenes, was die Enthusiasten nicht
Glück nennen wollen, und dem ich doch keinen andern
Namen zu geben weiß.«[92] Das klingt, wenn man bedenkt, daß Tieck diese Stelle erst in die zweite Auflage

91 Tieck, Schriften VI 337 f.
92 Tieck, Schriften VII 275.

von 1813 eingefügt hat[93], wie ein Echo auf Goethes Entsagungsphilosophie. Freilich hatte schon 1798 Novalis im *Athenaeum* folgendes ›Blüthenstaub‹-Fragment veröffentlicht: »Ob sich nicht etwas für die neuerdings so sehr gemißhandelten Alltagsmenschen sagen ließe? Gehört nicht zur beharrlichen Mittelmäßigkeit die meiste Kraft? und soll der Mensch mehr als einer aus dem Popolo seyn?«[94] Die Rückkehr zu dem, was Mortimer auch »Urverfassung in uns selbst« nennt[95], bezeugt sich nach außen auch darin, daß Eduard Burton den Garten seines Landsitzes, »der sonst ganz verwildert war«[96], wieder kultiviert.

Wenn die Zufriedenheit bei Mortimer und Burton, anders als etwa beim ebenso einfältigen wie frommen Willy, dem Diener Lovells, nicht auf Glauben und Naivität, sondern auf Erfahrung, Einsicht und vor allem Resignation beruht, so darf man freilich auch nicht erwarten, daß Tieck diese quasi Goethesche Lösung vorbehaltlos unterschreibt. Vielmehr versteht er es, beim Leser den Eindruck wachzuhalten, daß das Fahrenlassen aller weitertragenden Wünsche und Hoffnungen, so sehr es vor Unrast und Unheil bewahrt, doch auch eine negative Kehrseite hat und man dabei vielleicht, wie es in einem Brief Karl Wilmonts heißt, das »wahre Leben« verliert[97]. Darum erscheint es nicht falsch, wenn man, wie K. Weigand in seiner Analyse, Mortimer zu den Philistern rechnet[98]. Jedoch verfehlt Weigand die Ambivalenz der Darstellung, wenn er die »Negativität« dieser Philisterwelt als »ein-

---

93 Hierauf macht James Trainer: William Lovell: Tieck's World of Chaos, in: Etudes Germaniques 23, 1968, S. 191-201, S. 199, aufmerksam.

94 Novalis, Schriften II 431.

95 Tieck, Schriften VII 276.

96 Ebd. 280.

97 Ebd. 101.

98 Karlheinz Weigand: Tiecks ›William Lovell‹. Studie zur frühromantischen Antithese, Heidelberg 1975 (= Beiträge zur neueren Literaturgeschichte, Dritte Folge 23), S. 99 ff.

deutig« ansieht[99]. Schon F. Brüggemann hatte richtig gesehen, daß Tieck ein doppeltes Spiel treibt, Mortimer gegen Lovell und Lovell gegen Mortimer ausspielt, und daß er sich so wenig mit dem einen wie mit dem anderen identifiziert, weil er beide zugleich ist[100]. *William Lovell* wäre kein die Romantik einleitender Roman, wenn hier das Sichergeben ins Gewöhnliche die Oberhand behielte. Im Typ des zufriedenen, sich im Normalen häuslich einrichtenden Philisters baut die Romantik ja gerade ihren Widersacher auf. Wenn sie den Philister aber auch für seinen Stumpfsinn verachtet, so hört sie dennoch nie ganz auf, sich von seinem Glück der Beschränkung anheimeln zu lassen. So trägt dieser Typ auch bei Hoffmann keine ganz eindeutig negativen Züge. Wenn Kreisler Anwandlungen von Sehnsucht aus der Künstlerfreiheit zurück in die Philisterenge erlebt[101], so motiviert er das zwar mit dem Zwang der Gewohnheit, auf der anderen Seite jedoch ist es verräterisch genug, daß Kreislers Gegenbild, der philiströse Kater Murr, keineswegs bloß mit verächtlicher, sondern auch mit freundlicher, sympathisierender Ironie geschildert wird. Ebensowenig ist bei Gestalten wie Paulmann und Heerbrand im *Goldnen Topf* zu verkennen, daß der Dichter auch hier »Sinn für die Behaglichkeit ihres Daseins« zeigt[102]. Bei Eichendorff wird die Ambivalenz der Bewertung besonders an der Gestalt Walters in *Dichter und ihre Gesellen* sichtbar. Erscheint Walter dem frischen Fortunat auch als bleiches und gebücktes Opfer der Stagnation des Lebens im Alltag, der »langsam zersetzenden und zerstörenden Gewalt der Verhältnissse«[103], so betrachtet der wandernde Poet des Freundes zukünftige

99 Ebd. 100.
100 Brüggemann, aaO. S. 476.
101 Hoffmann, Werke II 383.
102 Wolfgang Nehring: E. T. A. Hoffmanns Erzählwerk: Ein Modell und seine Variationen, in: Zeitschrift für deutsche Philologie 95, 1976, S. 3-24, S. 7. Vgl. auch Werner, aaO. S. 140.
103 Eichendorff, Werke II 506.

Lebensform auf dem langweiligen Lande doch auch mit Sehnsucht, wenn nicht gar mit Neid: »O glückselige, bangsame Einsamkeit, dachte Fortunat, wer es wie Walter über sich gewönne, sich ganz darin zu versenken!«[104] Daß Walter nicht nur ein schlechtes Los gezogen hat, wird vollends klar, wenn er später in einem Brief an Fortunat nach dem vielzitierten Lobpreis des Dichters (»Wie glücklich seid Ihr Dichter? Eurem zauberischen Sinne erschließt sich überall, wo Ihr wandelt, wie dem Geliebten, willig und vertraulich die verborgene Schönheit der Welt...« etc.) zunächst auf die Enge und Gewöhnlichkeit des eigenen Daseins, dann auf dessen Vorzüge zu sprechen kommt: »Ruhiger als Du Dir vielleicht einbilden magst, habe ich endlich meine Stellung in der Welt erkannt und von den vornehmen Täuschungen Abschied genommen. Ich lerne mich bescheiden und beschränken, und mir ist wohl. Eure Aufgabe ist unübersehbar, verwickelt und selten recht in Eurer eigenen Gewalt. Mein Beruf dagegen ist einfach und mir jederzeit klar, und glaube nur, es ist auch was wert, mit sich selber im reinen zu sein.«[105] Das ist deutlich genug, um erkennen zu lassen, daß hier auch Eichendorff selbst spricht, ein zweifellos nicht mehr ganz romantischer Eichendorff. Indes sollte man diese Stelle nicht einfach damit erklären, daß die Romantik in diesem Spätwerk bereits ins Biedermeier übergeht, wenn auch das Wort vom Abschiednehmen solche Deutung nahelegt. Die positive Teilbewertung des Genügens und Behagens am Normalen ist nicht spezifisch symptomatisch für das Ende der Romantik, sondern begleitet die Romantik, wie wir zu zeigen versuchten, von Beginn an.

Selbst den Taugenichts kann man dabei ertappen, wie er, nachdem er doch bereits die Langeweile seines Zolleinnehmerdaseins erfahren hat, neidvoll und wehmütig nach der Zufriedenheitsidylle des Philisters schaut. Wie

104 Ebd. 526.
105 Ebd. 603 f.

Leontin und Friedrich in der früher behandelten Szene beobachtet er im Dunkeln von einem Baum aus ein Tanzvergnügen, auf dem er seine »schöne gnädige Frau« vermutet: »Da tanzt sie nun, dacht' ich in dem Baume droben bei mir selber, und hat gewiß lange dich und deine Blumen wieder vergessen. Alles ist so fröhlich, um dich kümmert sich kein Mensch. – Und so geht es mir überall und immer. Jeder hat sein Plätzchen auf der Erde ausgesteckt, hat seinen warmen Ofen, seine Tasse Kaffee, seine Frau, sein Glas Wein zu Abend und ist so recht zufrieden; selbst dem Portier ist ganz wohl in seiner langen Haut. – Mir ist's nirgends recht. Es ist, als wäre ich überall eben zu spät gekommen, als hätte die ganze Welt gar nicht auf mich gerechnet.«[106] In einer ganz ähnlichen Situation: im Dunkeln, von draußen und angesichts bürgerlicher Lebensfreude, wird sich später bei Thomas Mann auch Tonio Kröger an den Wonnen der Gewöhnlichkeit erwärmen.

Nicht gerade gegenüber der Gestalt des Philisters als solcher, aber gegenüber der Haltung der Zufriedenheit kann man das Verhältnis der Romantik als sentimentalisch im Schillerschen Sinne verstehen. Dabei führt die Distanz des Verlorenhabens nicht nur zu wehmütiger Rückschau, sondern auch zu durchschauender Erkenntnis. Erkannt wird das seit dem neuzeitlichen Wandel von Welt und Mensch Problematische eines Sichbegnügens mit dem Normalen. Erkannt wird aber auch die Normalität als solche. Sehr bezeichnend dafür ist jene Belauschungsszene aus *Ahnung und Gegenwart*, wo den beiden Lauschern Friedrich und Leontin aus dem Abstand ihrer Position gegenüber der beobachteten Tanzgesellschaft sinnbildhaft das Wesen der Konvenienz aufgeht. So trifft zu, was wir schon zu Beginn des I. Teils andeuteten, daß nicht bloß die Normalitätserfahrung das Ungenügen, sondern auch das Ungenügen die Normalitätserfahrung konstituiert.

106 Ebd. 364.

2. Formen des Ungenügens

Wenn wir nun auf einige wichtige Formen des romantischen Ungenügens zu sprechen kommen, so ist zunächst vorauszuschicken, daß wir es durchweg mit einer chronischen Leidenserfahrung zu tun haben. Sie äußert sich nicht nur gelegenheitsweise, sondern bestimmt das ganze Lebensgefühl, und wie den Romantiker das Erlebnis der Normalität gleich einem Verhängnis verfolgt, so verfolgt ihn auch das Ungenügen an der Normalität. Daher Lovells Stoßseufzer: »Ich möchte in manchen Stunden von hier reisen und eine seltsame Natur mit ihren Wundern aufsuchen, steile Felsen erklettern, und in schwindelnde Abgründe hinunterkriechen, mich in Höhlen verirren, und das dumpfe Rauschen unterirdischer Wasser vernehmen, ich möchte Indiens seltsame Gesträuche besehen, und aus den Flüssen Wasser schöpfen, deren Name mich schon in den Kindermährchen erquickte; Stürme möcht' ich auf dem Meere erleben, und die Aegyptischen Pyramiden besuchen; – o Rosa, wohin mit dieser Ungenügsamkeit? und würde sie mir nicht selbst zum Orkus und in Elysium folgen?«[107]
Vorauszuschicken ist ebenfalls, daß diese Ungenügsamkeit im allgemeinen wie die im folgenden zu besprechenden Einzelformen des Ungenügens im besonderen keineswegs nur dort im Text vorliegen, wo sie expressis verbis als solche benannt sind. Als chronische Zustände, die das romantische Bewußtsein mitkonstituieren, bedürfen sie nicht des verbalen Moments, um gegenwärtig zu sein. Um sie zu signalisieren, genügt schon circumstantial evidence. Ja das romantische Bewußtsein wäre nicht mehr romantisch, wenn man sie sich, an welcher Stelle und bei welcher Gelegenheit auch immer, wegdächte.

107 Tieck, Schriften VII 26 f.

a) Gefühl der Enge

An die im ersten Abschnitt des vorigen Kapitels zitierten Beispiele, besonders an Florios Eindruck anknüp-
fend, »wie aus einem Gefängnis erlöst« zu sein, gehen
wir zunächst auf das Gefühl der Enge ein.

Dieses Gefühl läßt sich als Reaktion nicht nur auf den
Alltag, sondern auf die Normalität im weitesten Sinne
auch an vielen anderen Stellen belegen. Wann immer
Lovell der Gewöhnlichkeit entflieht, um dann doch
wieder von ihr eingeholt zu werden, fühlt er sich »wie
ein Gefangener, der seinen Ketten entspringt (...)
und dann zurückgeführt, von neuem an die kalte
gefühllose Mauer geschmiedet wird.«[108] Himmel und
Erde liegen dann, »wie die Mauern eines engen Gefängnisses« um ihn[109]. »Ist die Welt nicht ein großes
Gefängniß«, klagt er[110].

Wenn Hoffmann das gewöhnliche Leben, wie im I.
Teil gezeigt wurde, als Drehen im Kreis charakterisiert,
so vergißt er auch kaum jemals hinzuzufügen, daß dieser Kreis »eng« sei[111]. Und was die Herrschaft der
Norm, die »Konvenienz« angeht, wie könnte sie, wo
sie einmal bewußt geworden und der Sinn des Lebens
außerhalb ihres Herrschaftsbereiches gesucht wird, anders erlebt werden denn als ebenfalls beengend, als das,
was »im beengten Leben geltende Meinungen und Rück-
sichten« fordern[112]. Die weite Welt schrumpft, wenn
die Vernunft, sei es als Lebensklugheit, sei es als welt-
erklärende, weltschematisierende Ratio, sie auf das
Gewöhnliche zurechtstutzt, so daß gerade der Künstler
mit seiner über alle Stränge des Mittelmaßes schlagen-
den Phantasie sich betroffen fühlt. So schreibt Baron
Wallborn, Kreislers Doppelgänger, an sein zweites Ich:

108 Tieck, Schriften VI 33.
109 Ebd. 262.
110 Tieck, Schriften VII 22.
111 Hoffmann, Werke I 460; II 430, 499; IV 185, 229.
112 Hoffmann, Werke IV 549.

»obgleich der Raum breit scheinen möchte, so wird er doch für unsersgleichen durch die vernünftigen Leute recht furchtbarlich enge gemacht«[113]. Wie Lovell sieht sich Kreisler durch die Bedingungen einer normalen bürgerlichen Karriere, in deren Bahnen sein Leben zunächst verlaufen war, wie »in Ketten geschlagen«. Wie schon erwähnt, behält der »Kerker«[113a] für ihn allerdings eine gewisse Anziehungskraft.

Dem Gefühl der Enge ist bei Hoffmann das Gefühl des »Drucks« verwandt. So ist etwa »von aller irdischen Qual, von allem niederbeugenden Druck des Alltagslebens« oder auch von »den kleinlichen Bedrängnissen des gemeinen Lebens«[113b] die Rede.

Ein Beispiel aus dem *Goldnen Topf* verdient es, genauer betrachtet zu werden, da hier der Leidenscharakter dieser Form des Ungenügens sowie deren Voraussetzungen besonders deutlich werden. Nachdem Anselmus dadurch, daß er »zu einiger Vernunft gelangte«[114], seinen Glauben an das Wunderbare verloren hatte, also mit dem aufgeklärten Philister auf eine Stufe geraten war, wird er vom Archivarius Lindhorst zur Strafe in eine Flasche aus Glas und Kristall gesperrt. Damit erfüllt sich an ihm der am Anfang des Märchens ausgesprochene Fluch des alten Apfelweibes »ins Kristall bald dein Fall«[115]. Nun besteht die Flasche zwar einerseits aus erstarrtem Feuer, dem Element des Salamanderfürsten, der auf diese Weise den Frevler mit Gewalt in seine Macht bringt, andererseits aber symbolisieren die furchtbaren Kerkerqualen, die Anselmus zu Beginn der Zehnten Vigilie erlebt, auch das Leiden an der alltäglichen Wirklichkeit[116]. Das ist um so weni-

---

113 Hoffmann, Werke I 286.
113a Hoffmann, Werke II 382, 383.
113b Hoffmann, Werke I 132, 230.
114 Ebd. 232.
115 Vgl. dazu L. Pikulik: Anselmus in der Flasche. Kontrast und Illusion in E. T. A. Hoffmanns ›Der goldne Topf‹, in: Euphorion 63, 1969, S. 341-370.
116 Hoffmann, Werke I 240 f.

ger zu übersehen, als die Normalität hier auch durch
die Anwesenheit einiger Philister repräsentiert wird.
Denn als der Student sowohl seine Lage wie seine
Schuld beklagt und nach der »lieblichen Serpentina«
jammert, »sagte jemand dicht neben ihm: ›Ich weiß
gar nicht was Sie wollen, Hr. Studiosus, warum lamen-
tieren Sie so über alle Maßen?‹ – Der Student Anselmus
wurde gewahr, daß neben ihm auf demselben Reposi-
torium noch fünf Flaschen standen, in welchen er drei
Kreuzschüler und zwei Praktikanten erblickte. – ›Ach,
meine Herren und Gefährten im Unglück‹, rief er aus,
›wie ist es Ihnen denn möglich, so gelassen, ja so vergnügt zu sein, wie ich es an Ihren heitern Mienen
bemerke? – Sie sitzen ja doch ebenso gut eingesperrt in
gläsernen Flaschen als ich (. . .)‹ – ›Sie faseln wohl, mein
Hr. Studiosus‹, erwiderte ein Kreuzschüler, ›nie haben
wir uns besser befunden, als jetzt, denn die Speziesta-
ler, welche wir von dem tollen Archivarius erhalten für
allerlei konfuse Abschriften, tun uns wohl; wir dürfen
[brauchen] jetzt keine italienische Chöre mehr auswendig lernen, wir gehen jetzt alle Tage zu Josephs oder
sonst in andere Kneipen, lassen uns das Doppelbier
wohlschmecken, sehen auch wohl einem hübschen Mädchen in die Augen, singen wie wirkliche Studenten:
gaudeamus igitur und sind seelenvergnügt.‹ – ›Die
Herren haben ganz recht‹, fiel ein Praktikant ein, ›auch
ich bin mit Speziestalern reichlich versehen, wie hier
mein teurer Kollege nebenan, und spaziere fleißig auf
den Weinberg, statt bei der leidigen Aktenschreiberei
zwischen vier Wänden zu sitzen.‹ – ›Aber meine besten
wertesten Herren!‹ sagte der Student Anselmus, ›spüren
Sie es denn nicht, daß Sie alle samt und sonders in
gläsernen Flaschen sitzen und sich nicht regen und bewegen, viel weniger umherspazieren können?‹ – Da
schlugen die Kreuzschüler und die Praktikanten eine
helle Lache auf und schrieen: ›Der Studiosus ist toll, er
bildet sich ein in einer gläsernen Flasche zu sitzen, und
steht auf der Elbbrücke und sieht gerade hinein ins

Wasser. Gehen wir nur weiter!‹ – ›Ach‹, seufzte der Student, ›die schauten niemals die holde Serpentina, sie wissen nicht was Freiheit und Leben in Glauben und Liebe ist, deshalb spüren sie nicht den Druck des Gefängnisses, in das sie der Salamander bannte, ihrer Torheit, ihres gemeinen Sinnes wegen«[116].

Man muß Hoffmanns Kunst nicht nur für ihren paradoxen Tiefsinn, sondern auch für ihre innere Folgerichtigkeit bewundern. Zweifellos ist Anselmus durch den Archivarius, genau wie die anderen, auch in die Alltagswelt gebannt worden. Und eigentlich befindet er sich damit dort, wo er schon am Anfang des Märchens gewesen war. Wenn er aber nun, zum ersten Mal in solch konkreter Weise, die Alltagswelt als Gefängnis erlebt, so deshalb, weil er inzwischen Einblick in eine ganz anders geartete Welt gewonnen und hier zu spüren bekommen hat, »was Freiheit und Leben in Glauben und Liebe ist«. Auch dieser Fall unterscheidet sich im Prinzip nicht von demjenigen Berthas im *Blonden Eckbert*. Man kann sogar eine Parallele ziehen zwischen den Büchern, die Bertha von der Alten zum Lesen, und den Hieroglyphen, die Anselmus vom Archivarius zum Kopieren erhält, wobei ihm diese Aufgabe nur deshalb so gut von der Hand geht, weil er den Sinn der geheimnisvollen Texte auch erfaßt, sie also auch zu lesen versteht. Beide Stellen sind Beispiele dafür, wie ein durch Lektüre vermitteltes Wissen von Alternativen die Zufriedenheit mit dem Gewöhnlichen in quälendes Ungenügen zu verwandeln geeignet ist.

Eben dieser Zufriedenheit erfreuen sich die Kreuzschüler und Praktikanten, – sie sind »seelenvergnügt«, wie es in deutlicher Anlehnung an die ältere Tradition des Begriffs »Vergnügen« heißt. Indes freuen sie sich ihres Daseins offenbar zu Unrecht. Ihre Lage ist die gleiche wie die des Anselmus, auch sie sind eingesperrt. Wäre sie es nicht, müßte des Studenten Qual als bloße Illusion erscheinen, eine durch die Intention des Textes ausgeschlossene Deutung. Darum bleibt der Schluß, daß die Illusion auf seiten der Philister zu suchen ist. Obwohl eingesperrt, spüren sie nicht den Druck des Gefängnisses. Da sie das Wissen und die Gesinnung des Studenten nicht teilen, teilen sie auch nicht sein Leid. Stattdessen geben sie sich der Einbildung hin, frei zu sein und das Leben zu genießen. Damit ist die philiströse Zufriedenheit als Lebenslüge bloßgestellt. Sie ist ebenso unwahr wie die gewöhnliche Wirklichkeit selbst, die, wenn sie auch bedrückt, sich der durchschauenden Erkenntnis doch als Glas, als Schein enthüllt.

Bei Eichendorff, wie schon bei Tieck, läßt sich das Leiden an der »engen Zeit«, an dem »beengten Leben«[117] nicht nur direkt belegen, sondern auch indirekt. Der außerordentliche Drang nach Weite, nach dem unbegrenzten und unvermessenen Draußen, der Eichendorffs wandernde Grafen, Poeten und Taugenichtse auszeichnet, ist Symptom und Gradmesser für ein zugrunde liegendes Enge-Erlebnis und dessen Intensität. Nun handelt es sich keineswegs immer nur um den Drang hinaus aus dem geschlossenen und vermessenen Bezirk des Normalen. Charakteristisch ist für Eichendorff etwa auch die Flucht aus der Enge eines dunklen Waldes oder aus den Schluchten des Hochgebirges. Der Bezug des Engegefühls zur Gewöhnlichkeit ist aber häufig und auffällig, und der qualvolle Eindruck des Eingeschlossenseins in einer geschrumpften Welt muß also auch bei Eichendorff zu den typischen Reaktionen auf die allseitige Normalisierung gerechnet werden. Wenn etwa Friedrich, wiederum in einer Erinnerung an seine Jugend, eine Verbindung herstellt zwischen dem Erwachsen- (und Vernünftig-) Werden, der Entzauberung der Welt und der Verengung der Welt (»Und als ich dann größer wurde und die Welt immer kleiner und enger und alles so wunderlos und zahm«[118]), so ist der Bezug offenkundig. An anderen Zitaten ließe sich Ähnliches zeigen. Wie schon im Falle

117 Eichendorff, Werke II 166, 176.
118 Ebd. 260.

Hoffmanns soll nun jedoch eine bestimmte Situation von exemplarischer Qualität genauer betrachtet werden.

Wieder handelt es sich um jene Episode aus *Ahnung und Gegenwart,* die Leontins und Friedrichs Aufenthalt beim Herrn v. A. schildert. »An einem schwülen Nachmittage saß Leontin im Garten an dem Abhange, der in das Land hinausging. Kein Mensch war draußen, alle Vögel hielten sich im dichtesten Laube versteckt, es war so still und einsam auf den Gängen und in der ganzen Gegend umher, als ob die Natur ihren Atem an sich hielte. Er versuchte einzuschlummern. Aber wie über ihm die Gräser zwischen dem unaufhörlichen, einförmigen Gesumme der Bienen sich hin und wieder neigten, und rings am fernen Horizonte schwere Gewitterwolken gleich phantastischen Gebirgen mit großen, einsamen Seen und himmelhohen Felsenzacken die ganze Welt enge und immer enger einzuschließen schienen, preßte eine solche Bangigkeit sein Herz zusammen, daß er schnell wieder aufsprang. Er bestieg einen hohen, am Abhange stehenden Baum, in dessen schwankem Wipfel er sich in das schwüle Tal hinauswiegte, um nur die fürchterliche Stille in und um sich los zu werden.«[119]

Diese Stelle ist besonders merkwürdig, da sich die Umschließung hier in statu nascendi geltend macht und nicht eigentlich eine nachfolgende, sondern eine antizipierende Reaktion auf das Gewöhnliche bedeutet. Denn kaum hat Leontin sich in den Baum hinaufgeschwungen, sieht er den Herrn v. A. mit dessen philiströser Schwester heranwandeln, aus deren eifrigen Vorhaltungen der Lauscher entnimmt, daß er als gute Partie für des Gutsherren Tochter Julie taxiert wird und in den Netzen der Ehe gefangen werden soll. Die Nachricht versetzt ihn in Alarmstimmung und löst bei ihm einen raschen Entschluß aus: »Noch bin ich frei und ledig! (. . .) Rückt mir nicht auf den Hals mit eurem soliden,

119 Ebd. 101 f.

häuslichen, langweiligen Glück«[120]. So nimmt er alsbald heimlich Abschied von dem gefährlichen Ort, um der lebenslangen Haft im »Ehestandsgefängnis«, wie es bei Hoffmann einmal heißt[121], zu entgehen.

Schauen wir uns aber noch einmal die zitierte Landschaftsdarstellung an. Wie auch sonst häufig bei Eichendorff verbindet sich das Engerwerden des Raumes mit dem Druck der Gewitterschwüle. »In trüber Schwüle liegt die Welt gefangen«, heißt es einmal an anderer Stelle[122]. Antizipiert wird die Normalität jedoch nicht nur durch die immer enger zusammenrückenden Gewitterwolken. Gerade in ihrer Eigenschaft als Wiederkehr des Gleichen deutet sie sich auch im einförmigen Gesumme der Bienen sowie in dem Hin- und Her-Neigen der Gräser an, das der regelmäßigen Bewegung eines Uhrpendels gleicht. Aus diesen Wahrnehmungen kann denn auch nur, obwohl es im physikalischen Sinne an einem Geräusch nicht fehlt, das seelische Erlebnis der atemlosen Stille hervorgehen. Es handelt sich dabei nicht um eine erfüllte, reiche, freudige Stille, wie sie bei Eichendorff ebenfalls vorkommen kann, sondern um das akustische Pendant zur Starre, zum Stillstand des Lebens.

Da Stille in diesem Sinne hier nur ein anderer Ausdruck für Leere ist, genauso wie etwa die Windstille, die in der *Meerfahrt* das Schiff auf der bewegungslosen Fläche des Meeres festhält, zeigt sich ferner, daß der enge Raum und der leere Raum nur zwei Aspekte ein und desselben Ungenügens sind. Versteht man das Gefühl der Enge, wie es durch den Begriff als solchen und durch die von der Romantik verwendete Bildlichkeit naheliegt, als Raumerlebnis sowie als Manifestation von Raumbewußtsein, so wird man es zunächst als ein negatives Raumerleben, nämlich als Erfahrung von Raummangel oder Raumschwund definieren müs-

120 Ebd. 103.
121 Hoffmann, Werke II 430.
122 Eichendorff, Werke II 637.

sen. Dieses Nichtvorhandensein oder Schrumpfen von Raum ist aber vom Standpunkt des seelischen Erlebens und dessen Reflexion nichts wesentlich anderes als der horror vacui. Denn wie für das romantische Zeitbewußtsein nicht die Uhrzeit, sondern die erlebte Zeit maßgeblich ist, so ist der Gegenstand des romantischen Raumbewußtseins nicht der bloß geometrische, sondern der erlebte Raum, und wo der Raum für das Erleben leer ist bzw. sich in geometrischer Abstraktheit erschöpft, da wird er so wenig als Raum erlebt, als wäre er gar nicht vorhanden oder eben »eng«. Das entspricht auf der Ebene des Zeitbewußtseins der Tatsache, daß dort, wo nur ein gleichförmiger Takt, das Ticken der bloßen Uhrzeit, das Erleben bestimmt, nur die völlige Absenz oder die Stagnation der Zeit erfahren wird.

Von hier aus erschließt sich das Verständnis dafür, inwiefern so weit auseinanderliegende Bildbereiche wie der des Meeres und der des häuslichen Alltags etwas miteinander zu tun haben, wie Eichendorff z. B. dazu kommt, den Alltag eines Landfräuleins mit der an sich kühnen Metapher »Meeresstille«[123] zu veranschaulichen. Desgleichen wird eine schwierige Stelle in Tiecks *Runenberg* nunmehr plausibel: Christian, der dem »Kreise der wiederkehrenden Gewöhnlichkeit« entflohen ist[124], erzählt nachher im Gebirge, was ihn in der heimatlichen Ebene bedrückt hatte: »Die Ebene, das Schloß, der kleine beschränkte Garten meines Vaters mit den geordneten Blumenbeeten, die enge Wohnung, der weite Himmel, der sich ringsum so traurig ausdehnte, und keine Höhe, keinen erhabenen Berg umarmte, alles ward mir noch betrübter und verhaßter.«[125] Es mutet paradox an, daß Christian den engen Garten und die enge Wohnung in einem Atemzug mit der offenen Ebene und sogar mit der Weite des Himmels nennt, die scheinbar entgegengesetzten Raumeindrücke passen als

123 Ebd. 574.
124 Tieck, Schriften IV 214.
125 Ebd. 219.

bedrückende Reaktion auf die Gewöhnlichkeit aber durchaus zusammen, wenn man davon ausgeht, daß er die Weite hier als Leere erlebt.

Nur sehr vereinzelt und durchaus als atypisches Phänomen kennt die Romantik das Gefühl der Enge auch als Wohlgefühl, etwa wenn Sternbald sich in der »beengten Stube« des Bauern »seelig und frei« fühlt[126]. Das beruht zum Teil auf sentimentalischen Anwandlungen, wie sie im vorigen Kapitel kurz skizziert wurden, zum Teil sind es Nachwehen der empfindsamen Innerlichkeit. Das Bedürfnis, sich in einen engen Winkel zu verkriechen, um hier der seelischen Intimität zu pflegen, ist ja noch von Gestalten wie Werther oder Anton Reiser geläufig. Bereits mit dem Ausschweifen der Phantasie in der Schwärmerei beginnt jedoch die Abwertung der engen Begrenzung zu dominieren, zumal wenn diese als Charakteristikum der gewöhnlichen Wirklichkeit aufgefaßt wird. In der Spätphase der Empfindsamkeit wird auch das zwanghafte Fixiertsein auf Introspektion und Selbstanalyse nurmehr als lästige Einsperrung ins eigene Ich erfahren. So erlebt Lovell Enge nicht nur als Reaktion auf die Normalität, sondern auch auf seinen Subjektivismus: »In uns selber sind wir gefangen und mit Ketten zurückgehalten«[127].

b) Langeweile

Wie Leontins Erlebnis zeigt und in unserer Analyse angedeutet ist, besteht zwischen romantischem Raumerleben und romantischem Zeiterleben, auch im negativen Sinne als Mangelerlebnis, ein enger Zusammenhang. Erinnert sei hier auch an Eichendorffs geometrischen Garten, in dem sich räumliche Beklemmung mit der Empfindung der stagnierenden Zeit verbindet, oder

126 Tieck, Schriften XVI 22.
127 Tieck, Schriften VI 346 f.

an ein so sprechendes Beispiel wie Gabrieles Märchen aus dem *Schloß Dürande.*

Dabei handelt es sich nicht nur um eine Analogie, sondern um ein gegenseitiges Sichbedingen. Wo kein Raum vorhanden oder wo er leer ist, gibt es keine Bewegung, es sei denn bloß eine einförmig taktmäßige, und demzufolge auch keine Zeit. Wo umgekehrt die Zeit stillsteht, d. h. Bewegung aufhört, schrumpft auch der Raum oder wird leer, und es preßt jene Bangigkeit das Herz zusammen, von der vorhin bei Leontin die Rede war. Wo das Gefühl der Enge ist, herrscht also auch das Gefühl der stillstehenden Zeit und umgekehrt. Das tertium comparationis zwischen beiden, so könnte man sagen, ist die Leere. Wie der geschrumpfte Raum nichts anderes ist als der leere Raum, so ist die stillstehende Zeit nichts anderes als Zeitleere. Dem Erlebnis des leeren Raums wie der leeren Zeit wiederum korrespondiert eine innere, seelische Leere. Man erinnere sich daran, daß Leontin die »fürchterliche Stille« sowohl »in sich« wie »um sich« spürt.

Die Romantik kennt das Gefühl der stillstehenden Zeit vor allem unter dem Namen der »Langeweile«. Dabei stellt sich allerdings zunächst die Frage, ob es überhaupt stimmt, daß Langeweile Zeitleere, Zeitstillstand bedeutet.

In einem aufschlußreichen Abschnitt des *Zauberberg,* *Exkurs über den Zeitsinn* betitelt, schreibt Thomas Mann, daß über das Wesen der Langeweile »vielfach irrige Vorstellungen verbreitet« seien: »Man glaubt im ganzen, daß Interessantheit und Neuheit des Gehaltes die Zeit ›vertreibe‹, das heißt: verkürze, während Monotonie und Leere ihren Gang beschwere und hemme. Das ist nicht unbedingt zutreffend. Leere und Monotonie mögen zwar den Augenblick und die Stunde dehnen und ›langweilig‹ machen, aber die großen und größten Zeitmassen verkürzen und verflüchtigen sie sogar bis zur Nichtigkeit. Umgekehrt ist ein reicher und interessanter Gehalt wohl imstande, die Stunde

und selbst noch den Tag zu verkürzen und zu be-
schwingen, ins Große gerechnet jedoch verleiht er dem
Zeitgange Breite, Gewicht und Solidität, so daß ereig-
nisreiche Jahre viel langsamer vergehen als jene armen,
leeren, leichten, die der Wind vor sich her bläst, und
die verfliegen. Was man Langeweile nennt, ist also
eigentlich vielmehr eine krankhafte Kurzweiligkeit der
Zeit infolge von Monotonie: große Zeiträume schrumpfen bei ununterbrochener Gleichförmigkeit auf eine das
Herz zu Tode erschreckende Weise zusammen; wenn
ein Tag wie alle ist, so sind sie alle wie einer; und bei
vollkommener Einförmigkeit würde das längste Leben
als ganz kurz erlebt werden und unversehens verflogen
sein. Gewöhnung ist ein Einschlafen oder doch ein
Mattwerden des Zeitsinnes, und wenn die Jugendjahre
langsam erlebt werden, das spätere Leben aber immer
hurtiger abläuft und hineilt, so muß auch das auf Gewöhnung beruhen.«[128]
Was Thomas Mann hier darlegt und was er am Schicksal seines Helden Hans Castorp mustergültig exemplifiziert, wird von der Psychologie bestätigt. Über die
»Zeitauffassung in der Langeweile« sagt J. W. Revers
in seiner bedeutenden Untersuchung *Die Psychologie
der Langeweile* nichts wesentlich anderes[129]. Jedoch
braucht man gar nicht so moderne Verlautbarungen zu
bemühen. Was Langeweile als Zeiterlebnis bedeutet,
hat bereits Schopenhauer in seinen *Aphorismen zur
Lebensweisheit,* der mutmaßlichen Quelle jenes Exkur-
ses aus dem *Zauberberg,* in aller Deutlichkeit beschrieben[130], ist aber auch schon dem jungen Tieck, wie der

128 Thomas Mann: Gesammelte Werke in zwölf Bänden, 3. Aufl., Berlin
und Weimar 1965, Bd. II, S. 149.
129 Wilhelm Josef Revers: Die Psychologie der Langeweile, Meisenheim
am Glan 1949, S. 57 ff.
130 Arthur Schopenhauer: [Zürcher Ausgabe]. Werke in zehn Bänden.
Nach der historisch-kritischen Ausgabe von Arthur Hübscher, Zürich
1977 (= detebe 140/I-X), Bd. VIII, S. 529 ff. Auch in der ›Welt als
Wille und Vorstellung‹ spielt das Problem der Langeweile eine bedeutende Rolle; vgl. etwa Bd. II, S. 389 ff. (§§ 57 u. 58).

Lovell zeigt, voll gegenwärtig. In einem Brief Karl Wilmonts heißt es hier: »Langeweile ist gewiß die Quaal der Hölle, denn bis jetzt habe ich keine größere kennen gelernt; die Schmerzen des Körpers und der Seele beschäftigen doch den Geist, der Unglückliche bringt doch die Zeit mit Klagen hinweg, und unter dem Gewühl stürmender Ideen verfliegen die Stunden schnell und unbemerkt: aber so wie ich dasitzen und die Nägel betrachten, im Zimmer auf und nieder gehn, um sich wieder hinzusetzen, die Augenbrauen reiben, um sich auf irgend etwas zu besinnen, man weiß selbst nicht worauf; dann wieder einmal aus dem Fenster zu sehen, um sich nachher zur Abwechslung aufs Sopha werfen zu können, – ach, Mortimer, nenne mir eine Pein, die diesem Krebse gleich käme, der nach und nach die Zeit verzehrt, und wo man Minute vor Minute mißt, wo die Tage so lang und der Stunden so viele sind, und man dann noch nach einem Monate überrascht ausruft: mein Gott, wie flüchtig ist die Zeit! Wo sind denn diese vier Wochen geblieben?«[131]
Genauer und treffender noch als bei Thomas Mann wird hier die Langeweile als ein Paradox gedeutet. Langeweile bedeutet nicht nur Zeitschwund und rechtfertigt den Ausruf »wie flüchtig ist die Zeit!« Wenn die Zeit stillsteht, dann erhält der Augenblick eine unendliche Ausdehnung, so daß auch »die Tage so lang« zu werden und »der Stunden so viele« zu sein scheinen und damit überhaupt die Langeweile als »lange« Weile begreiflich wird.[132]
Aber dieses Langwerden ist eben nur Schein. In Eichendorffs *Krieg den Philistern* formulieren im Fünften Abenteuer der Arzt und die Soldaten den Sachverhalt ganz ähnlich wie Karl Wilmont. Wenn der Dritte Soldat sich »Im Meer der großen Zeit« von Windstille

131 Tieck, Schriften VI 231.
132 Auf dieses Paradox stößt auch Kant in seiner ›Anthropologie‹ (1798), deren § 58 eigens der Langeweile gewidmet ist, aaO., Bd. X, S. 555 f.

gebannt sieht (»Ganz windstill ist's«) und der Fünfte Soldat klagt: »Es geht und geht die Zeit – und geht nicht fort«, so konstatiert der Arzt: »Das ist die Langeweile«, um folgende Erklärung anzufügen: »Seht, das kommt daher, Freund, wenn die Gedanken/ Zu kurz sind, und die Zeit sehr lang.« Freilich ergänzt er: »Das letzt' ist scheinbar nur –«[133].

Es charakterisiert dieses romantische Ungenügen weiterhin, daß es nicht einfach nur Zeiterleben – im negativen Sinn als Erleben von Zeitleere –, sondern Zeitbewußtsein impliziert, ja daß es als Leidenserfahrung überhaupt eine durch und durch reflektierte Erfahrung ist. Daher liegt das nicht selten anzutreffende romantische Diktum, daß auch die Existenz des Philisters in Langeweile verebbt[134], nicht auf derselben Ebene wie die Langeweile-Bekundungen aus dem Munde der Künstler. Zwar steht auch im Philisterleben die Zeit still, trägt der Philister doch selbst hierzu bei, aber er unterscheidet sich darin vom Künstler, daß ihm die Stagnation nicht bewußt ist, so daß das, was man hier ›objektiv, aber nicht subjektiv‹ gegebene Langeweile nennen könnte, auch nicht sein Wohlgefühl beeinträchtigt. Es verhält sich damit wie im Falle der Kreuzschüler und Praktikanten in der Zehnten Vigilie des *Goldnen Topfs*. Genau wie Anselmus sind sie eingesperrt. Aber da sie sich ihres Gefängnisses nicht bewußt sind, leiden sie auch nicht am Gefühl der Enge.

Schopenhauer bemerkt in seinen vorhin erwähnten Ausführungen, daß nur die Jugend sich langweile, während in späteren Jahren die Langeweile meist wegfalle, wenngleich die Zeit mit steigendem Alter immer flüchtiger wird. In der Tat langweilen sich in der romantischen Dichtung vornehmlich junge Leute oder Menschen, die sich jugendlichen Sinn bewahrt haben, und sie langweilen sich nicht, obwohl, sondern gerade weil sie jung sind. Denn weil sie jung sind, ist ihr

133 Eichendorff, Werke I 594 f.
134 Vgl. Strenzke, aaO. S. 72 ff.

Bewußtsein wacher und intensiver als bei alten Menschen. »Je älter man wird,« so Schopenhauer, »mit desto wenigerem Bewußtseyn lebt man. Die Dinge eilen vorüber, ohne Eindruck zu machen«[135]. Die Jugend dagegen ist die Zeit, »wo Alles Eindruck macht und Jedes lebhaft ins Bewußtseyn tritt«[136]. In der Jugend und für den jugendlichen Sinn ist insbesondere ein lebhaftes Zeitgefühl charakteristisch. Um so deutlicher erfährt der Jugendliche das Stagnieren der Zeit. Noch zugespitzter gesagt und spezifisch auf die Romantik bezogen: der junge romantische Künstler leidet darunter, für das Erleben der Wirklichkeit, zumal im zeitlichen Sinn, aufgeschlossen und danach begierig zu sein − und die Wirklichkeit doch nicht oder nur als gleichförmig und leer erleben zu können. Es ist dies eine Konstellation, die den Tatbestand der Frustration erfüllt.

Wenn man noch einmal das Zitat aus dem Brief Karl Wilmonts betrachtet, so könnte man meinen, daß die Langeweile hier aus Müßiggang erwächst. Wilmont sitzt da, betrachtet sich die Nägel, geht im Zimmer auf und ab, sieht aus dem Fenster usw., das heißt: er hat offensichtlich nichts zu tun. Dies darf man jedoch nicht als prinzipielle Voraussetzung der romantischen Langeweile verstehen. Langeweile kann es sehr wohl auch in der Berufs- und Arbeitswelt geben, wie gerade Arbeit, sofern sie auf sinnentleerte Mechanik hinausläuft, den fruchtbarsten Nährboden für dieses Ungenügen schafft[137]. So vermutet Eichendorff: »Könnte nicht wirklich eine ganze Nation selbst bei dem größten äußeren Gewerbefleiße von einer inneren Langweiligkeit dieser eigentlichen Heckmutter aller Laster befallen werden?«[138] Arbeit kann geradezu ein Symptom

135 Schopenhauer, aaO., Bd. VIII, S. 529.
136 Ebd. 530.
137 Vgl. dazu Peter Mosler: Georg Büchners ›Leonce und Lena‹. Langeweile als gesellschaftliche Bewußtseinsform, Bonn 1974, bes. S. 34 ff.
138 Eichendorff, Werke IV 1112.

225

von Langeweile und anderen Formen des Ungenügens sein. Heinrich von Ofterdingen bemerkt einmal von seinem Vater: »Wohl (...) hab ich in ihm oft mit Schmerzen einen stillen Mißmut bemerkt. Er arbeitet unaufhörlich aus Gewohnheit und nicht aus innerer Lust. (...) Seine Bekannten halten ihn für sehr glücklich, aber sie wissen nicht, wie lebenssatt er ist, wie leer ihm oft die Welt vorkommt, wie sehnlich er sich hinwegwünscht, und wie er nicht aus Erwerbslust, sondern um diese Stimmung zu verscheuchen, so fleißig arbeitet.«[139]

So wenig Langeweile notwendig nur aus Untätigkeit hervorgeht, so wenig verbindet sie sich, obwohl sie doch Stillstand bedeutet, mit Ruhe. Das Los der romantisch Gelangweilten ist vielmehr Unrast. Dies erweist auch die *Lovell*-Stelle. Wilmont tut nichts, aber er ist rastlos. Das Leben verläuft für ihn »quaalvoll und langsam, so schleichend und doch so ohne Ruhe«[140].

Das wichtigste Kennzeichen der romantischen Langeweile besteht aber darin, daß sie nicht nur gelegentlich und vorübergehend auftritt, sondern daß sie das gesamte Leben durchtränkt und, wenn auch nicht immer akut, so doch als ständige potentielle Bedrohung vorhanden ist[141]. Es ist diese existentielle oder »Lebenslangeweile«, wie sie in den *Nachtwachen* genannt wird[142], die dem Ungenügen die Dimension einer schweren Neurose verleiht und von den Romantikern daher auch mit den stärksten Ausdrücken bedacht wird. So hieß sie bei Tieck in dem Brief Wilmonts »Quaal der

139 Novalis, Schriften I 326.
140 Tieck, Schriften VI 232.
141 Vgl. dazu Ludwig Völker: Langeweile. Untersuchungen zur Vorgeschichte eines literarischen Motivs, München 1975, S. 191 ff. Völker beschreibt diese Form der Langeweile gemäß seiner Intention aber nur im Ansatz. Er will hauptsächlich, wie der Untertitel sagt, einiges zur »Vorgeschichte« dieser Form der Langeweile beitragen, d. h. sein wichtiges und materialreiches Buch macht historisch dort halt, wo die Geschichte der existentiellen Langeweile beginnt.
142 Bonaventura, aaO. S. 50.

Hölle«, in gleicher Weise spricht Hoffmann von dem »Höllengeist der Langeweile«[143], vermutlich in Anlehnung an den »demon ennui«, Eichendorff bezeichnet sie als das »unerträglichste Übel«[144], ja sogar als die »eigentliche Heckmutter aller Laster« (s. o.). Diese ihre Wesensart wird von Tieck noch einmal in einem seiner späten Werke, den *Abendgesprächen,* genauer beschrieben: »Hast Du nie in Deinem Leben einmal recht tüchtige Langeweile empfunden? Aber jene meine ich, die zentnerschwer, die sich bis auf den tiefsten Grund unsers Wesens einsenkt und dort fest sitzen bleibt: nicht jene, die sich mit einem kurzen Seufzer oder einem willkürlichen Auflachen abschütteln läßt, oder verfliegt, indem man nach einem heitern Buche greift: jene felseneingerammte trübe Lebens-Saumseligkeit, die nicht einmal ein Gähnen zuläßt, sondern nur über sich selber brütet, ohne etwas auszubrüten, jene Leutseligkeit, so still und öde, wie die meilenweite Leere der Lüneburger Heide, jener Stillstand des Seelen-Perpendikels, gegen den Verdruß, Unruhe, Ungeduld und Widerwärtigkeit noch paradiesische Fühlungen zu nennen sind.«[145]
Wenn Tieck diese schwere, tiefsitzende Langeweile von jener anderen leichten, die schon mit dem Griff nach einem heiteren Buch verfliegt, abgrenzt, so entspricht dem etwa die Unterscheidung von J. W. Revers zwischen einer »gegenständlichen« und einer »zuständlichen« Langeweile[146]. Bei der gegenständlichen Langeweile ist es immer ein »Etwas«, ein bestimmtes Objekt, das langweilt. Sie drückt sich daher aus in dem Bewußtsein: »Etwas (Bestimmtes) langweilt mich«[147]. So ist hier auch leicht Abhilfe zu schaffen. Das langweilende Objekt braucht nur ausgeräumt zu werden[148].

143 Hoffmann, Werke II 331.
144 Eichendorff, Werke II 854.
145 Tieck, Schriften XXV 180.
146 Revers, aaO. S. 54 ff.
147 Ebd. 54.
148 Vgl. zu dieser Form der Langeweile auch A. Hoche: Langeweile, in: Psychologische Forschungen 3, 1923, S. 258-271. Der Vollständigkeit

Die zuständliche Langeweile dagegen geht nicht von einem bestimmten Objekt aus. Sie hat ihren Grund, so Revers, im Subjekt und drückt sich in dem Bewußtsein aus: »Ich (selbst) langweile mich«, oder sogar: »Ich selbst bin der Grund meiner Langeweile.«[149] Kein Zweifel, daß es bei dieser zuständlichen Form der Langeweile nicht damit getan ist, ein bestimmtes Objekt zu entfernen oder dem Subjekt ständig neue Objekte zuzuführen.

Wie dies nun auch immer genau zu verstehen sein mag, zumindest mißverständlich ist Revers' Unterscheidung insofern, als sie der zuständlichen Langeweile kein objektives Korrelat zuzubilligen scheint. So hat denn auch L. Völker im Schlußkapitel seiner Untersuchung *Langeweile,* wo er an Revers anknüpft, davon gesprochen, daß die existentielle Form dieses Ungenügens »ohne sichtbaren Anlaß oder Grund« entstehe[150], und so hat auch W. Rehm, allerdings von Kierkegaard ausgehend, in seiner Abhandlung *Gontscharow und die Langeweile* gemeint, daß deren gegenständliches Korrelat nur die völlige Gegenstandslosigkeit, das »Nichts«, sei[151]. Die Langeweile sei »Ausdruck eines negativ gewordenen Gottesverhältnisses. Hier liegt ihre geheime Wurzel. Die Leere und Tiefe der Langeweile (...) ist Sinnbild der Leere, die dort gähnt, wo ein Platz im Menschen frei geblieben ist: der Platz Gottes.«[152]

Gegenüber solchen allzusehr auf das Subjekt einge-

---

halber ist zu erwähnen, daß in der romantischen Dichtung auch diese gegenständliche Langeweile vorkommt, z. B. wenn Rosa in ›Ahnung und Gegenwart‹ auf einem Ausflug mit ihrem Bruder Leontin und Friedrich bald keine Lust mehr findet »an den ewigen, langweiligen Steinen und Bäumen« (Werke II 61).

149 Revers, aaO. S. 55.

150 Völker, aaO. S. 193.

151 Walther Rehm: Gontscharow und Jacobsen oder Langeweile und Schwermut, Göttingen 1963 (= Kleine Vandenhoeck-Reihe 154-156), S. 6.

152 Ebd. 7.

schränkten und darum auch abstrakten Bestimmungen schlagen wir vor, das Langeweileerlebnis in konkreter und historisch verifizierbarer Weise mit einem bestimmten Wirklichkeitserlebnis in Zusammenhang zu bringen[153]. Und wenn bereits die im I. Teil zitierten Stellen als objektives Korrelat der Langeweile im Umkreis der Romantik die Normalität erwiesen haben, so läßt sich eine genauere Entsprechung zwischen Wirklichkeitserfahrung und pathologischer Reaktion kaum denken. Als mechanische Wiederkehr des Gleichen erscheint die Normalität dem romantischen Zeitbewußtsein zugleich als Stillstand der Zeit. Ist nun Langeweile das Erleiden eben dieses Stillstandes, so ist sie die genaueste Antwort auf die Normalitätserfahrung[154].

Ihre existentielle Note erhält die romantische Langeweile dadurch, daß sie sich auf die Wirklichkeit als ganze und in jeder Hinsicht erstreckt. Genauso total wie das romantische Normalitätserlebnis ist das ro-

153 Einen solchen Zusammenhang stellt auch Strenzke, aaO., her. Jedoch sind seiner Untersuchung einige nicht unerhebliche Mängel vorzuwerfen. Siehe dazu die folgende Anmerkung.

154 Diese Korrelation zwischen Langeweile und Normalität hat auch Strenzke in seinem sonst gehaltvollen Buch ›Die Problematik der Langeweile bei Joseph von Eichendorff‹ nicht in ihrer zentralen Bedeutung erkannt. Er streift zwar hier und da den Aspekt der Wiederholung und Uniformität (S. 98 ff., 196 ff.), jedoch ohne dessen eigentlichen Stellenwert zu begreifen. Zum Teil liegt dies daran, daß Strenzke von Langeweile spricht, ohne sich klar gemacht zu haben, was Langeweile überhaupt ist. Erstaunlicherweise lag dies sogar in seiner Absicht. Nach einer mehr als unverbindlichen Bestimmung (»Die Langeweile beruht auf einer inneren Leere, auf einem Mangel, dem Fehlen einer Spannung.« S. 11) wird lapidar festgestellt, daß sie »dadurch (. . .) inhaltlich nur schwer zu fassen« sei, ja »einen geringen Eigenwert« besitze. Als Ansatz für die Untersuchung wird daraus gefolgert, es erscheine »lohnender, von ihren Ursachen, bzw. von den Folgen, die aus ihr entstehen, auszugehen.« (Ebd.) So entgeht Strenzke denn auch, welches Gewicht dem Problem Zeit bei der Langeweile zukommt. Über Langeweile zu reden, ohne sie auch als spezifisches Zeiterleben zu erfassen, scheint mir ein nicht unwesentliches Versäumnis zu sein. Auch die wichtige Unterscheidung zwischen gelegentlicher und existentieller Langeweile bleibt von Strenzke unbeachtet. Dennoch ist seine Untersuchung sehr brauchbar – wenn auch vor allem außerhalb oder am Rande des eigentlichen Themas.

mantische Langeweileerlebnis, und so schwer wie jenem, ist es auch, diesem zu entrinnen. Freilich entscheidet die Tatsache, daß die Langeweile ein objektives Korrelat besitzt, noch nicht über die Art ihrer eigentlichen Voraussetzungen. Die Feststellung dieser Tatsache will keineswegs besagen, daß das Ungenügen nur objektiv ›verursacht‹ sei. Vielmehr hat auch die vorliegende Untersuchung subjektive Voraussetzungen deutlich werden lassen und bestätigt, daß man die Reverssche Formel »Ich selbst bin der Grund meiner Langeweile« durchaus ernst zu nehmen hat.

Den stärksten Beitrag von subjektiver Seite leistet zweifellos das Erbe der Empfindsamkeit. Das egozentrische Verhältnis des empfindsamen Subjektivismus gegenüber der Wirklichkeit macht die Welt nicht nur substanzlos und leer und radikalisiert damit die schon vom Rationalismus erzeugte Uniformität. Es verleiht der Leere auch den spezifischen Anstrich der Zeitleere oder des Zeitstillstandes und bewirkt daher schon bei Figuren wie Werther oder Anton Reiser existentielle Langeweile. Denn wer im empfindsamen Sinne keine Beziehung zu den Dingen hat, sieht und empfindet nicht das Andere, sondern nur sich selbst. Wer aber das Andere nicht sieht, nimmt auch keine Veränderung wahr. Ihm erscheint die Welt leer auch in der Hinsicht, daß sich in ihr nichts bewegt, alles bloß statisch ist.

Der Zusammenhang zwischen subjektivistischer Ichbezogenheit, Weltleere, Veränderungslosigkeit, Zeitschwund, Langeweile ist aufs genaueste in einer Stelle der *Nachtwachen* wiedergegeben, es ist hier sogar, durchaus folgerichtig, das Gefühl des Raumschwundes mit einbezogen: »Ich hatte jetzt aufgehört alles andere zu denken, und dachte nur mich selbst! Kein Gegenstand war ringsum aufzufinden, als das große schreckliche Ich, das an sich selbst zehrte, und im Verschlingen stets sich wiedergebar. Ich sank nicht, denn es war kein Raum mehr, ebensowenig schien ich emporzuschweben. Die Abwechslung war zugleich mit der Zeit verschwunden, und es herrschte eine fürchterliche ewig öde Langeweile. Außer mir, versuchte ich mich zu vernichten – aber ich blieb und fühlte mich unsterblich!«[155] Aus der unendlichen Ausdehnung des Augenblicks, wie sie für den Stillstand der Zeit charakteristisch ist, wird hier auch, wie man sieht, ein (trügerisches) Ewigkeitsgefühl gefolgert.

Angesichts solcher Belege wird Rehm mit seiner These bestätigt, aber diese erklärt, zumindest was den Umkreis der Romantik angeht, die Langeweile doch nur zum Teil. Insgesamt ist es sehr vieles, durchaus nicht nur Einheitliches, was zu dieser Form des Ungenügens beiträgt: subjektive und auch objektive Voraussetzungen; ein bestimmtes Denken sowie ein bestimmtes Fühlen; ein gewisses Weltbild wie auch gewisse Veränderungen der empirischen Umwelt; die Konventionen der Gesellschaft, aber ebenso der nicht unbedingt nur in der Gesellschaft angesiedelte Alltag.

Wenden wir uns noch einmal kurz der Genese des romantischen Langeweileproblems aus der vorromantischen Gefühlskultur zu.

Ein enger Zusammenhang zwischen Langeweile und Empfindsamkeit besteht nicht nur in dem beschriebenen Sinn. Die Verhältnisse sind insofern komplizierter, als aller Wahrscheinlichkeit nach die Empfindsamkeit nicht nur zur Langeweile hinführt, sondern auch aus ihr hervorgeht. Langeweile ist eine Geißel, die die europäische Gesellschaft bereits ausgangs des 17. und im Laufe des 18. Jahrhunderts heimsucht, zunächst an den Höfen, in der zweiten Hälfte des 18. Jahrhunderts zunehmend auch in Kreisen des Bürgertums[156]. Wenn man nun liest, z. B. bei Du Bos[157], daß gegen die quälende Un-

155 Bonaventura, aaO. S. 122.
156 Vgl. Rehm: Gontscharow und Jacobsen, aaO. S. 9. Belege vor allem bei Völker, aaO. S. 147 ff. Vgl. auch Sauder, aaO. S. 144 ff.
157 Vgl. Völker, aaO. S. 155; Peter-Eckhard Knabe: Schlüsselbegriffe des kunsttheoretischen Denkens in Frankreich von der Spätklassik bis zum Ende der Aufklärung, Düsseldorf 1972, S. 35.

tätigkeit der Seele neben anderen Antidoten auch die Erregung des Gefühls aufgeboten wird, so ist nicht ganz auszuschließen, daß sich die Empfindsamkeit zum Teil als Kompensation dieser neuen Erfahrung des horror vacui erklärt. Kant sagt in seiner *Anthropologie*: »Die in sich wahrgenommene Leere an Empfindungen erregt ein Grauen (horror vacui)«[158]. Wo aber innere Leere spezifisch als Leere an Empfindungen erfahren wird, liegt es nahe, sie durch Empfindungen zu überwinden. In der Tat scheint der empfindsame Gefühlsgenuß als Therapie gegen die Langeweile nicht ungeeignet. Das Bewußtsein von Gefühl ist ein Bewußtsein von innerer Bewegung (man vergleiche Bewegungsmetaphern wie »Rührung« oder »Fließen« des Gefühls), Bewegung aber, auch die der Seele, ist ein Mittel, den Zeitsinn zu aktivieren.

Aber – und damit knüpfen wir an das vorhin Gesagte an – die Flucht vor der inneren Leere in den subjektivistischen Gefühlsgenuß erweist sich als im Endeffekt fatal. Denn das Sichfühlen entfremdet das Ich von der Welt und schafft damit die Voraussetzung, daß das fühlende Subjekt in ein neues und schlimmeres Langeweileerlebnis zurückfällt. Wird das Antidot hiergegen wiederum in der Gefühlserregung gesucht, so wiederholt sich der Prozeß und der Empfindsame gerät, ähnlich wie der Schwärmer, in einen Teufelskreis, der, wie das Zitat aus den *Nachtwachen* bezeugt, nichts anderes bewirkt als die grauenhafte Verabsolutierung und Verewigung des Ich in dem absolut leeren Weltenraum.

Der Beitrag der Empfindsamkeit zur Langeweile-Epidemie liegt also in der wider Willen eintretenden Verkehrung der ursprünglichen Kompensationsfunktion des empfindsamen Fühlens. Die Seelenerregung, ursprünglich als Mittel gegen die Langeweile empfunden, ist eine Therapie, die unvorhergesehen und ungewollt in ihr krasses Gegenteil: die Beförderung der Langeweile, umschlägt. Es sei noch bemerkt, daß der verhängnis-

158 AaO., Bd. X, S. 554 f.

volle Kreis, der sich hier formiert, starke Ähnlichkeit mit dem Teufelskreis des »Interessanten« aufweist, auf den wir zu Beginn des III. Teils zu sprechen kommen werden.

Exkurs: Melancholie

Im Rahmen der europäischen Geistes- und Seelengeschichte ist die Langeweile mit einigen anderen Begriffen seelischer Niedergeschlagenheit näher oder weiter verwandt, zu denen etwa aus dem Bereich der christlichen Moral und Theologie die Acedia, aus dem Bereich der medizinischen Typologie und Anthropologie die Melancholie, aus dem Bereich der weltlich-humanistischen Lebenslehre das Taedium vitae, aus dem Bereich der Rhetorik der Fastidium-Topos oder aus dem Bereich der französischen Gesellschaftskultur der ennui gehören[159].

Von ihnen scheint die Melancholie, die ihrerseits wiederum mit Formen wie Weltschmerz, Hypochondrie, Spleen liiert ist, die längste Geschichte, von der Antike bis in die Gegenwart, zu besitzen, darum allerdings auch die stärksten Wandlungen und vielfältigsten Auslegungen erfahren zu haben[160]. Wie fast in jeder größeren Epoche der Neuzeit ist sie auch in der Literatur der Romantik reichlich repräsentiert, und es drängt sich die Frage auf, ob nicht auch sie zu den Formen des Ungenügens an der Normalität zu rechnen ist. Immerhin wird Mangel an Zufriedenheit schon in der Tradition als Wirkung und Ausdruck von Melancholie verstanden. Das gilt z. B. für den Typ des »Malcontent«

159 Völker, aaO. S. 121 ff.
160 Zum Problem Melancholie vgl. z. B. Jean Starobinski: Geschichte der Melancholiebehandlung von den Anfängen bis 1900, Basel 1960 (= Documenta Geigy, Acta Psychosomatica 4); Raimund Klibansky – Erwin Panofsky – Fritz Saxl: Saturn and Melancholy, London 1964; Gert Mattenklott: Melancholie in der Dramatik des Sturm und Drang, Stuttgart 1968 (= Studien zur Allgemeinen und Vergleichenden Literaturwis-

in der Shakespeare-Zeit[161]. Auch Weise in *Die unvergnügte Seele*[162] und J. A. Hoffmann in *Von der Zufriedenheit*[163] bringen Unvergnügen und Melancholie in engen Zusammenhang.

Was der Melancholiker mit dem Sichlangweilenden auf den ersten Blick gemeinsam hat, ist die innere Teilnahmslosigkeit gegenüber den Dingen. Um z. B. die »Melancholie des Studenten Anselmus« zu beschreiben, wie es in der Epitome der Vierten Vigilie heißt, beginnt E. T. A. Hoffmann diesen Abschnitt wie folgt: »Wohl darf ich geradezu dich selbst, günstiger Leser! fragen, ob du in deinem Leben nicht Stunden, ja Tage und Wochen hattest, in denen dir all dein gewöhnliches Tun und Treiben ein recht quälendes Mißbehagen erregte, und in denen dir alles, was dir sonst recht wichtig und wert in Sinn und Gedanken zu tragen vorkam, nun läppisch und nichtswürdig erschien? Du wußtest dann selbst nicht, was du tun und wohin du dich wenden solltest; ein dunkles Gefühl, es müsse irgendwo und zu irgend einer Zeit ein hoher, den Kreis alles irdischen Genusses überschreitender Wunsch erfüllt werden, den der Geist, wie ein strenggehaltenes furchtsames Kind, gar nicht auszusprechen wage, erhob deine Brust, und in dieser Sehnsucht nach dem unbekannten Etwas, das dich überall, wo du gingst und standest, wie ein duftiger Traum mit durchsichtigen, vor dem schärferen Blick zerfließenden Gestalten, umschwebte, verstummtest du für alles, was dich hier umgab. Du schlichst mit trübem Blick umher wie ein hoffnungslos Liebender, und alles, was du die Menschen auf allerlei Weise im bunten Gewühl durcheinander treiben sahst, erregte dir keinen Schmerz und keine Freude, als gehörtest du nicht mehr

senschaft 1); Wolf Lepenies: Melancholie und Gesellschaft, Frankfurt am Main 1972 (= suhrkamp taschenbuch 63); Klaus Wille: Die Signatur der Melancholie im Werk Clemens Brentanos, Bern 1970 (= Europäische Hochschulschriften. Reihe I: Deutsche Literatur und Germanistik 36).

161 Hocke, aaO. S. 245.
162 AaO. S. 137, 138, 139, 168, 177.
163 AaO., Bd. I, S. 51 ff.

dieser Welt an. Ist dir, günstiger Leser, jemals so zu Mute gewesen, so kennst du selbst aus eigner Erfahrung den Zustand, in dem sich der Student Anselmus befand.« Später heißt es noch: »Also, wie gesagt, der Student Anselmus geriet seit jenem Abende, als er den Archivarius Lindhorst gesehen, in ein träumerisches Hinbrüten, das ihn für jede Berührung des gewöhnlichen Lebens unempfindlich machte.«[164]

Wenn man es als einen Bestandteil dieser Melancholie ansieht, daß das durch Ahnungen und Träume gestörte Verhältnis zur alltäglichen Wirklichkeit sich unter anderem in quälendem Mißbehagen an eben dieser gewöhnlichen Welt äußert, so mag man sie in der Tat mit Langeweile und räumlicher Beklemmung auf eine Stufe stellen. Erkennt man hingegen an, daß das Zitat weit ausführlicher schildert, wie die innere, noch unbewußte Emigration ins Reich der Phantasie den Studenten der Alltagswelt geradezu entrückt, ja ihn für deren Dasein und Wirken »unempfindlich« macht, so wird man mit einer solchen Zuordnung zögern. Der hier beschriebene Zustand scheint doch, insgesamt betrachtet, etwas ganz anderes zu sein als beispielsweise die spätere Gefangenschaft in der Flasche. Davon, daß Anselmus sich vom Gewöhnlichen gelöst und das Gefühl dafür verloren habe, wie es zu Beginn der Vierten Vigilie heißt, kann später, zu Beginn der Zehnten Vigilie, nicht die Rede sein. Im Gegenteil: noch nie hatte ihn früher das Gewöhnliche spürbarer besessen als durch den gläsernen Kerker und in Gesellschaft der ebenfalls eingesperrten Kreuzschüler und Praktikanten.

So scheint die Melancholie eine vergleichsweise weltabgewandte Stimmung zu sein und viel weniger auf die Normalität als objektives Korrelat bezogen als Langeweile und das Gefühl der Enge. Die Teilnahmslosigkeit des spezifisch Melancholischen ist denn auch eine andere als die des spezifisch Ungenügsamen. Wenn der romantische Künstler die Welt als ewiges Einerlei

164 Hoffmann, Werke I 197 f.

erfährt und daran Ungenügen empfindet, so geht ihm zwar die Fähigkeit zu Hingabe und befriedigendem Genuß ab, jedoch bleibt er dazu verurteilt, diese Welt als nüchtern und eng, starr und leer erleiden zu müssen. Er ist an sie fixiert, auch im Zustand der Entfremdung, ja das Maß des Gefesseltseins verhält sich zum Maß der Entfremdung proportional. Die Melancholie hingegen kann so sehr bloß auf eine imaginäre Welt oder sogar auf sich selbst bezogen sein, daß sie über den Grad einer träumerischen Absenz oder gar des objektlosen Selbstzwecks nicht hinauszugehen braucht. Es ist von jeher ein Kennzeichen des Melancholikers, daß er aus seinem Zustand nicht herauszukommen versucht, sondern sich immer tiefer in ihn verbohrt und ihn kultiviert. Während es umgekehrt zur Langeweile und zum Gefühl der Enge, zumindest in ihrer romantischen Ausprägung, gehört, daß sie gemieden und geflohen werden.

Damit soll natürlich nicht behauptet werden, daß die Melancholie mit unserem Problem nichts zu tun habe. Wenn auch kein primäres Korrelat der Normalität, ist sie doch ein sekundäres. Denn wenn die romantische Normalitätserfahrung das Bewußtsein des verlorenen Paradieses impliziert, sei es in Gestalt von Geheimnis und Wunder, sei es in Gestalt der Zufriedenheit, so ist die Melancholie zum einen Trauer um das Verlorene, zum anderen verbindet sie sich häufig mit der romantischen Sehnsucht. In diesem Sinne heißt es bei Schelling: »Das Dunkelste und darum Tiefste der menschlichen Natur ist die Sehnsucht, gleichsam die innere Schwerkraft des Gemüts, daher in ihrer tiefsten Erscheinung Schwermut (...) Auch das Tiefste der Natur ist Schwermut; auch sie trauert um ein verlorenes Gut, und auch allem Leben hängt eine unzerstörliche Melancholie an, weil es etwas von sich Unabhängiges unter sich hat.«[165] Unser Fazit kann darum lauten: Als Trauer um Verlorenes ebenso wie als Versunkensein in träu-

165 Zitiert nach Rehm: Gontscharow und Jacobsen, aaO. S. 102.

merischer Sehnsucht ist Melancholie im Kontext der Romantik nicht dasselbe wie Ungenügen an der gegenwärtigen Wirklichkeit, aber beide Zustände verhalten sich zueinander komplementär.

Bemerkenswert ist immerhin, daß der Romantiker nicht in der gleichen chronischen und ostentativen Weise melancholisch anmutet, wie er ungenügsam erscheint. Mit der Weltabgewandtheit und Innengerichtetheit der Melancholie hängt es zusammen, daß hauptsächlich die introvertierten unter den romantischen Künstlergestalten von ihr befallen sind, also etwa Tiecks Sternbald oder Florio in Eichendorffs *Marmorbild* oder Otto in *Dichter und ihre Gesellen*. Die extravertierten dagegen wie Sternbalds Freund Rudolph oder Leontin oder die beiden Fortunatos (im *Marmorbild* und in *Dichter und ihre Gesellen*) machen sich über die Melancholie eher lustig[166].

Sind Langeweile und räumliche Beklemmung wirkliche, unverfälschte Leidenserfahrungen[167], so kann die Melancholie auch genossen werden. Diese in ihrer Selbstbezogenheit angelegte Möglichkeit erklärt, warum sie im 18. Jahrhundert bei den Empfindsamen so beliebt ist. Das empfindsame Bedürfnis nach seelischer Erregung um ihrer selbst willen entdeckt im grundlosen Trübsinn eine wirksame Nahrung, und so erhebt es die von den protestantischen Kritikern noch als sündhaft angesehene Gemütsverfinsterung zur »süßen Melancholie« und reiht sie unter die allseits gesuchten »vermischten Empfindungen«[168]. Das freilich schließt nicht

---

166 Das heißt allerdings nicht, daß nicht auch sie von melancholischen Anwandlungen heimgesucht werden können, ja überhaupt eine dunkle Innenseite haben.

167 Nur einmal, bei E. T. A. Hoffmann, wird Langeweile mit »Lust« in Verbindung gebracht, Werke III 540, jedoch ist diese Verbindung völlig atypisch.

168 Vgl. zu diesem Sachverhalt etwa Gellerts ›Von den Annehmlichkeiten des Mißvergnügens‹. Sämtl. Schriften, hg. von Ludwig Klee, Leipzig 1839, Teil 5; oder die bei Mattenklott, aaO. S. 53, zitierten Stellen; oder die Belege bei Sauder, aaO. S. 147 ff., bes. S. 151.

aus, daß sich, wie vor allem in der Spätzeit der Empfindsamkeit, auch ihre bittere und schwarze Seite geltend macht, man denke wiederum an Werther oder
Anton Reiser. Bei Lovell und vor allem dessen Freund
Balder sowie bei Rudolf in *Ahnung und Gegenwart*
unterstreicht sie die Gefangenschaft des Subjektivisten
im eigenen Ich.

Von beiden Seiten, von der lustbetonten wie von der
schmerzvollen, zeigt sie sich auch in der Hochromantik.
Von »süßer Schwermuth« ist Sternbald angetan[169], ihre
tragische Variante dagegen besiegelt das Scheitern Ottos
in *Dichter und ihre Gesellen*[170]. Bis in die Romantik
reicht selbst noch jene ältere, im Humanismus wurzeln-
de, wenn nicht sogar auf Aristoteles zurückgehende
Tradition, in der die Melancholie als Merkmal des
schöpferischen, »nach dem Absoluten strebenden Geistes« ausgelegt wird[171]. Im Sinne dieser Überlieferung
läßt sich etwa die freilich gebrochene und schillernde
Trauer Kreislers deuten, den Julia einmal mit dem melancholischen Monsieur Jacques aus Shakespeares *Wie
es euch gefällt* vergleicht[172]. Aber da der Melancholie
seit ihrer jüngsten Geschichte der Geruch einer empfindsamen Attitüde anhaftet, wird sie teilweise sogar nicht
ernst genommen. Das erkennt man schon an der Ironie
des Erzählers in der zitierten Stelle aus dem *Goldnen
Topf*. Spöttische Kritik findet man vor allem bei
Eichendorff[173]. So erhält Florio im *Marmorbild* von
Fortunato folgenden Verweis: »es gibt gar zu viele
sanfte, gute besonders verliebte junge Leute, die ordentlich versessen sind auf Unglücklichsein. Laß das, die
Melancholie, den Mondschein und alle den Plunder«[174].
Fortunatos Namensvetter in *Dichter und ihre Gesellen*

169 Tieck, Schriften XVI 89.
170 Eichendorff, Werke II 689.
171 Völker, aaO. S. 129.
172 Hoffmann, Werke II 353.
173 Vgl. Strenzke, aaO. S. 112 ff.
174 Eichendorff, Werke II 320.

kritisiert den philiströsen Walter trübseliger Eifersucht wegen: »Wie glücklich könnte er sein mit seinem schlanken Reh im schönen grünen Wald, wenn er frisch vom Herzen weg liebte, anstatt den Talar von Melancholie, Eifersucht und andern hergebrachten Liebesstücken durch alle Paradiese jämmerlich hinter sich nachzuschleppen!«[175]
Zur modischen oder hergebrachten Pose abgewertet, erscheint die Melancholie auch sonst häufig als Rollenverhalten des Philisters. Die beiden ländlichen Lafontaine-Verehrer aus *Ahnung und Gegenwart*, von denen wir im letzten Kapitel des I. Teils sprachen, schwelgen in ihr: »O heilige Melancholie! du sympathetische Harmonie gleichgestimmter Seelen!«[176] In *Viel Lärmen um Nichts* ist von einem »dunkelmütigen Engländer« die Rede, der im Dienste des Herrn Publikum steht und es liebt, »seine Seele in der Finsternis mit Verzweiflung aufzublasen, gleichsam einen melancholischen Schnaps zu nehmen.«[177] Eichendorff persifliert hier offenbar die Mode des Byronismus[178]. Wo der Dichter die traurige Gestimmtheit dagegen ernst nimmt, wählt er bezeichnenderweise verhältnismäßig selten das allzu vorbelastete Wort Melancholie und setzt stattdessen lieber »Schwermut« oder »Wehmut« ein[179].
Allerdings: »Nie wird eine wahrhaft romantische Figur Eichendorffs von ihrer eigenen Schwermut sprechen; nur der Philister gibt wortreich Kunde von seiner Melancholie. Gerade umgekehrt verhält es sich bei der Langeweile: ausschließlich die romantischen Figuren sprechen davon, unter der Langeweile zu leiden.«[180]

175 Ebd. 537.
176 Ebd. 66.
177 Ebd. 456.
178 Vgl. Strenzke, aaO. S. 114.
179 Ebd.
180 Ebd. 115.

c) Glaubensschwund

Wenn der Romantiker an der Normalität Ungenügen empfindet, so nicht nur deshalb, weil sie ihn die Verengung des Raumes und den Stillstand der Zeit spüren läßt, d. h. das Ersterben allen Lebens, sondern auch das Verschwinden jeder Art von Geheimnis, d. h. das Ersterben allen Glaubens. Diese Verkümmerung der metaphysischen Dimension vermehrt die bisher behandelten Formen um eine entscheidende Variante, und erst mit ihr konstituiert sich das ungenügsame Bewußtsein als spezifisch romantisch.

Wenn alles gewöhnlich ist, alles sich wiederholt, und überall die Norm regiert, so ist auch alles bekannt oder zumindest vorhersehbar. Weder bleibt irgendwo ein unerklärliches Dunkel noch Raum für Überraschungen. Diese totale Umwandlung in das aktuell oder potentiell Bekannte, wie sie bereits im Zuge der Aufklärung erfolgt, macht die ganze Welt zu einem Gegenstand des Wissens und der kalkulierenden Erwartung, alles Geheimnisvolle aber, da es keinen Ort mehr besitzt, zu einem Gegenstand der Skepsis. Zwar blieb wenigstens Gott für den Rationalismus »ein letztes Tabu, das nur wenige verwegene Geister anzutasten wagten«, aber seine Rolle wurde, nachdem er die Welt einmal geschaffen hatte, als ausgespielt betrachtet und sein Amt – ähnlich wie in der konstitutionellen Monarchie das des Königs – eingeschränkt auf die repräsentativen Funktionen[181].

Selbst dieser letzte Rest von Metaphysik wird beseitigt, wenn der empfindsame Subjektivismus in seiner letzten Konsequenz das Ich absolut setzt und damit der Entmachtung die Abschaffung Gottes folgen läßt. Auch in dieser Hinsicht vollendet die Gefühlskultur ohne bewußte und gewollte Anknüpfung die Tendenzen der Verstandeskultur. Übrig bleibt eine Welt, die, wenn sie überhaupt noch etwas anderes ist als leer, weder

181 Alewyn: Die Lust an der Angst, aaO. S. 316 f.

Tiefe noch Hintergrund, weder Unzugänglichkeit noch Jenseitigkeit besitzt. An dem kosmischen Wechsel von Tag und Nacht hat sich nichts geändert, aber dem Erleben wird das Element des Nächtlichen entzogen. Mit dem ewigen Einerlei ist ein ewiger, wenn auch glanzloser und grauer Tag angebrochen.

Wenn diese Reduzierung auf das, was man wissen und voraussehen kann, dem Glauben keinen Raum mehr läßt, so ist es charakteristisch für den Romantiker, daß er den Glaubensschwund als Leid erfährt. Das ist keine Selbstverständlichkeit. Auch der Philister lebt nicht im Glauben, aber er ist weit entfernt, daran zu leiden. Selbst Anselmus läßt, nachdem er »zu einiger Vernunft gelangte«[182] und den Glauben an das Wunderbare verloren hat, zunächst keine Anzeichen einer pathologischen Reaktion erkennen. Sein Verhalten beschränkt sich darauf, daß er im Garten des Archivarius nichts als gewöhnliche Zimmerpflanzen und ordinäre Sperlinge wahrnimmt und nur staunt, wie ihm das alles früher einmal »so seltsam und wundervoll« habe vorkommen können[183]. Erst als er in der Flasche gefangen sitzt, geht ihm der Sinn dafür auf, was er überhaupt verloren hat: »Bin ich denn nicht an meinem Elende lediglich selbst schuld, ach! habe ich nicht gegen dich selbst, holde, geliebte Serpentina! gefrevelt? – habe ich nicht schnöde Zweifel gegen dich gehegt? habe ich nicht den Glauben verloren und mit ihm alles, alles was mich hoch beglücken sollte?«[184]

Entscheidend ist hier nicht so sehr, daß Anselmus seine Schuld erkennt, sondern daß ihm der Glaubensverlust als solcher überhaupt bewußt wird, denn erst damit setzt sich dieser Verlust um in Leid. Bezeichnend, daß Anselmus, wenn er Serpentina, den Gegenstand und das Symbol seines Glaubens, anruft, auch im selben Atemzug seiner Qual Ausdruck verleiht: »Da schrie er

182 Hoffmann, Werke I 232.
183 Ebd. 238.
184 Ebd. 240.

auf in Verzweiflung: ›O Serpentina – Serpentina, rette mich von dieser Höllenqual!‹«[185] Wieder macht also nicht nur die bloße Tatsache des Mangels, sondern das Bewußtsein des Mangels den Leidenscharakter des romantischen Ungenügens und dessen Unterschied gegenüber den Verkümmerungen des Philisters aus. Sind Raumschwund, Zeitschwund, Glaubensschwund unreflektiert, bleiben sie zwar keineswegs wirkungslos, aber ohne pathologische Wirkung.

Wie der Hilferuf nach Serpentina, ein Hilferuf nach dem Glauben, zeigt, erwächst aus der Qual des Glaubensschwundes Glaubenshunger. Auch dies läßt sich bereits beim frühen Tieck beobachten. Lovells Entwicklung, in der sich die Erfahrung einer zunehmenden Verödung und Verflachung der Außenwelt mit wachsendem Unglauben verbindet, ist dafür eines der ersten wichtigen Beispiele. Wenn er schließlich den Punkt erreicht, wo er auf sein Leben wie auf ein »abgemähtes Stoppelfeld« zurückblickt[186], wo »Das Gewand der ganzen Erde (...) kahl und dürftig«[187] und diese auf eine hintergrundlose Kulissenwirklichkeit, ein »bettelhaftes Winkeltheater«[188] reduziert erscheint, so ist ihm auch die innere Leere so unerträglich geworden, daß er sich mit letzter Hoffnung den Verheißungen einer Geheimen Gesellschaft ausliefert. Das verzweifelte Verlangen nach Geheimnis, »das Gefühl, das uns in ferne unbekannte Regionen hinüber drängt«[189], wandelt ihn gerade dann zum ersten Mal in vollem Bewußtsein und mit voller Stärke an, nachdem er eine Phase schrecklicher Skepsis durchlaufen hat und die radikalsten Zweifel bei ihm mit allem, was über die bloße Gemeinheit des Lebens hinausgeht, nicht nur mit dem Glauben an Göttliches, sondern auch mit dem Glauben

185 Ebd.
186 Tieck, Schriften VII 26.
187 Ebd. 27.
188 Ebd. 134.
189 Tieck, Schriften VI 345.

an menschliche Werte, tabula rasa gemacht haben. »Unsre kühnsten Gedanken, unsre frechsten Zweifel, die alles vertilgen, und gleichsam durch eine ungeheure Leere streifen, durch ein Land, das sie selbst entvölkert haben, beugen sich wieder unter einem Gefühle, das die verlaßne Wüste anbaut. (...) Dieses Gefühl stößt so Zweifel als Gewißheit um, es sucht und bedarf keiner Worte, sondern befriedigt sich in sich selbst, und der Mensch, der auf diesen Punkt gekommen ist, kehrt zu irgend einem Glauben zurück, denn Glaube und Gefühl ist eins: so wird selbst der wildeste Freigeist am Ende religiös«[190].

Mag nun auch selbst diese neue Sensation Lovell im tiefsten unbefriedigt lassen und keine entscheidende Wende auf seiner abschüssigen Laufbahn herbeiführen, mag sich auch am Ende des Romans alles Wunderbare und Geheimnisvolle, das ihm vorgegaukelt worden war, als gemeiner Betrug enthüllen und ihn in den Abgrund einer so vernichtenden Desillusionierung stürzen, wie er keine vorher erlebt hatte; sein Glaubenshunger ist jedenfalls Symptom der beginnenden Romantik. Hatte im 18. Jahrhundert die Diskussion um den sittlichen Begriff »Tugend« die Szene beherrscht, so tritt nun an ihre Stelle das metaphysische Bedürfnis, um eine neue Ära zu begründen. Im Unterschied zu R. Haym, der den Sinn des Romans auf Lovells Seite nur in Negativität und Fiasko gesehen hatte[191], wird man mit anderen Interpreten in Lovells Hinwendung zu Geheimnis und Wunder auch diesen positiven Neuansatz sehen müssen[192].

Dabei ist für das neue Bedürfnis offenbar nicht so wichtig, *was* man glaubt, sondern *daß* man glaubt. Wenn

190 Ebd. 344 f.
191 Haym, aaO. S. 47.
192 Vgl. etwa Brüggemann, aaO. S. 413 ff.; Emil Staiger: Ludwig Tieck und der Ursprung der deutschen Romantik, in: E. St.: Stilwandel. Studien zur Vorgeschichte der Goethezeit, Zürich und Freiburg i. Br. 1963, S. 175-204, bes. S. 185 f.; Trainer: William Lovell, aaO. S. 200 f.; Weigand, aaO. bes. S. 124 ff.

Lovell meint, daß das Gefühl für etwas hinter den Dingen sich »in sich selbst« befriedige und der Verzweifelte zu »irgend einem« Glauben zurückkehre, kommt es auf den Inhalt nicht an. Auch eine Episode aus *Kater Murr* zeigt dies. In der Nähe der Wohnung Meister Abrahams nimmt Kreisler einmal, zu Tode erschrocken, seinen Doppelgänger wahr. Als er freilich bemerkt, daß die Erscheinung nur die Wirkung eines verborgenen Hohlspiegels ist, ärgert er sich, »wie jeder, dem das Wunderbare, woran er geglaubt, zu Wasser gemacht wird. Dem Menschen behagt das tiefste Entsetzen mehr, als die natürliche Aufklärung dessen, was ihm gespenstisch erschienen, er will sich durchaus nicht mit dieser Welt abfinden lassen; er verlangt etwas zu sehen, aus einer andern, die des Körpers nicht bedarf, um sich zu offenbaren.«[193] Hier wird um des Glaubens willen auch die Angst in Kauf genommen. Ja die Angst, als Schauder vor dem Ungreifbaren, ist ihrerseits eine Form des Glaubens, die, wie R. Alewyn gezeigt hat, von dem durch die Aufklärung frustrierten Zeitgenossen gesucht und als Lust empfunden wird[194].

Das Verlangen nach Geheimnis kann sich sogar auf banale Gegenstände erstrecken. Derselbe Meister Abraham, der sich den Spaß macht, Kreisler zu desillusionieren, hat seinerseits die Manie, Briefe, die er erhält, zunächst ungeöffnet zu lassen, um den Reiz des Verborgenen auszukosten. Es ist dies eine Lust, die auch hier mit Angst vermischt ist, da auch Unheil und Enttäuschung die Botschaft sein können[195]. Meister Abraham steht allerdings mit der Magie im Bunde, er ist auf solche Trivialgeheimnisse nicht angewiesen.

193 Hoffmann, Werke II 439.
194 Alewyn: Die Lust an der Angst, aaO. Vgl. dazu aus psychiatrischer Sicht auch Wolfgang Thiele: Die Langweile (!), das Nichts und die Neurose, in: Materia Medica Nordmark 18, 1966, S. 17-24. Thiele zeigt u. a., »daß die Angst, von der Neurotiker so gern reden, (...) gelegentlich dazu dienen muß, die Leere auszufüllen, deren ›Inhalt‹ Nichts ist.« (S. 24)
195 Hoffmann, Werke II 509 f.

Eine merkwürdige Bewandtnis hat es im Zusammenhang mit Glaubensschwund und Glaubenshunger mit der Kategorie des »Fremden«. Die in der Romantik so häufige Gestalt des Fremden verdankt ihre Beliebtheit unter anderem der metaphysischen Sehnsucht. Fremden zu begegnen oder in fremde Kreise hineinzukommen, bedeutet, mit einer unbekannten Welt konfrontiert zu werden. So kann selbst die Alltagswelt des Herrn v. A., solange Friedrich und Leontin mit ihr noch nicht vertraut geworden sind, vorübergehend die Funktion eines Glaubensstimulans übernehmen: »›Das muß hier eine schöne Gegend sein‹, sagte Leontin, indem er sich zum Fenster hinauslehnte. ›Sie kommt mir vor, wie die Menschen hier im Hause‹, entgegnete Friedrich. ›Wenn ich in einen solchen abgeschlossenen Kreis von fremden Menschen hineintrete, ist es mir immer, als sähe ich von einem Berge in ein unbekanntes, weites, nächtliches Land. Da gehen stille, breite Ströme, und tausend verborgene Wunder liegen seltsam zerstreut, und die fröhliche Seele dichtet bunte, lichte, glückliche Tage in die verworrene Dämmerung hinein.«[196]
Es hat dann aber eine entsprechend fatale Wirkung, wenn aus dem Fremden Vertrautes, aus dem Unbekannten Bekanntes wird. Es wiederholt sich dann im kleinen und einzelnen, was mit der Welt im großen und allgemeinen geschehen ist: das Licht des Alltags vertreibt das Dunkel und entzieht den Phantasien der »fröhlichen Seele« den Boden. So kommt es zu dem seltsamen, aber erklärlichen Bekenntnis Friedrichs, fremde Menschen niemals näher kennenlernen zu wollen. »Ich habe oft gewünscht, daß ich die meisten Menschen niemals zum zweiten Male wiedersehen und näher kennen lernen dürfte, oder daß ich immer aufgeschrieben hätte, wie mir jeder zum ersten Male vorkam.‹ – ›Wahrhaftig‹, fiel ihm Leontin lachend ins Wort, ›sprichst du doch, als wärst du von neuem verliebt. Aber du hast ganz recht, mir ist ebenso zumute, und es ist nur

196 Eichendorff, Werke II 73 f.

schade um ein redliches Herz, das durch eine immer-
während Täuschung so entherzt wird. Denn wenn in
jene schöne, ungewisse Nacht der ersten Bekanntschaft
nach und nach der Tag anfängt herüberzuschielen und
die nüchternen Hähne krähen, da schleicht ein wunderbarer Geist nach dem andern abseits; was in der Nacht
wie ein dunkler Riese dastand, wird ein krummer
Baum, das Tal, das aussah wie eine umgeworfene,
uralte römische Stadt, wird ein gemeines Ackerfeld,
und das ganze Märchen nimmt ein schales Ende.«[197]
Da sich Friedrich und Leontin wie überhaupt alle
Künstlergestalten häufig genug zum näheren Kennenlernen verlocken lassen oder es nicht umgehen können,
ist »immerwährende Täuschung« auch ihr Los. Ob etwa
Friedrich mit Rosa, deren Blicke bei ihrer ersten Begegnung noch »eine neue Welt von blühender Wunderpracht, uralten Erinnerungen und niegekannten Wünschen in seinem Herzen« aufgedeckt hatten[198], auf ver-
trauteren Fuß gerät, oder ob er mit den Aufgaben und
Mitgliedern des politischen Zirkels in der Residenz,
dem er sich mit Enthusiasmus angeschlossen hatte,
genauer bekannt wird, immer entpuppt sich das für
hehr und verheißungsvoll Gehaltene als profan und
gewöhnlich und vernichtet in ihm seinen Glauben. So
gibt er es schließlich auf, seinen Hunger mit weltimma-
nenter Metaphysik stillen zu wollen, und wendet sich
zur Transzendenz: Er »hatte keine Sehnsucht mehr
nach dem Plunder hinter den Bergen und weiter. (. . .)
jenes große, reiche Geheimnis des Lebens hatte sich
ihm endlich in Gott gelöst.«[199] Man muß in diesem
Entschluß eine echte religiöse Wende, man darf in ihm
aber auch ein romantisches Kalkül sehen. Auf Gott
fällt die Wahl, weil alle weltlichen Geheimnisse sich
als unbeständig erwiesen haben, das Geheimnis der
Transzendenz aber jedem Versuch einer Annäherung,

197 Ebd. 74.
198 Ebd. 10.
199 Ebd. 226.

jedenfalls im diesseitigen Leben, standhält. Es hat damit die Qualität der romantischen »Ferne«, die ebenfalls unerreichbar ist und von der im III. Teil noch genauer zu sprechen sein wird.

Fremdheit taucht in der Romantik andererseits als negative Kategorie auf und bezieht sich auf das seltsam kalte und stumme, unpersönliche und konfektionierte Ansehen, das die Welt bekommt, wenn sie normal wird. Ihre Verwandlung ins Bekannte bewirkt beim Romantiker paradoxerweise Entfremdung: Aufhebung einer nach romantischer Ansicht im Goldenen Zeitalter noch vorhandenen Einheit. Diese Entfremdung erscheint in Tiecks *William Lovell* am ausgeprägtesten und steigert sich hier zur Selbstentfremdung. Lovells Vater, der dem Sohn ähnlich ist, bekennt: »Ich habe einen Blick hinab ins Thal des Todes gethan, und nun taumeln alle Wesen dieser Welt nüchtern und leer meinen Augen vorüber. Alles sind nur Larven, die einander selbst nicht kennen, wo einer dem andern vorübergeht, und ihm ein hohles Wort giebt, das jener durch ein unverständliches Zeichen beantwortet. (. . .) wie einen Fremden betrachte ich mich selbst, und wünsche den Augenblick meines Todes.«[200]

Indes: die romantische Erfahrung der Entfremdung, die Erfahrung eines Zwiespalts zumal im Verhältnis zur Außenwelt, entbehrt nicht einer gewissen Verkehrtheit, die man ebenso kurios wie tragisch nennen könnte. Es verhält sich ja in Wahrheit so, daß die romantische Vorstellung von einer ursprünglichen Harmonie zwischen Mensch und Welt bloß eine poetische Fiktion ist und die Entwicklungsgeschichte des Menschen gegenüber seiner Umwelt eigentlich einen umgekehrten Verlauf nimmt: nicht von ursprünglicher Einheit zu wachsender Entfremdung, sondern von ursprünglichem Zwiespalt zur Überbrückung des Zwiespalts. Wie die Ethnologie weiß, steht entwicklungsgeschichtlich am Anfang gerade

200 Tieck, Schriften VI 330. Vgl. auch Staiger: Ludwig Tieck und der Ursprung der deutschen Romantik, aaO. S. 180 f.

die totale Fremdheit zwischen Mensch und Natur, lebt der primitive Mensch in einem dumpfen Angst- und Unsicherheitsverhältnis gegenüber der Außenwelt, das erst durch die zunehmende geistige Auseinandersetzung mit ihr allmählich entkrampft und in ein Vertrauensverhältnis umgewandelt wird[201]. Dieser Prozeß kulminiert in der Aufklärung. Wenn die Aufklärung die Welt von Geistern und Gespenstern säubert und wenn sie sie erklärbar und beherrschbar macht, so richtet sie sie als Wohnhaus ein, in dem es sich einigermaßen sicher und furchtlos leben läßt. Gibt sich das Allzubekannte aber wieder von einer abstoßenden Seite, entartet mit der radikalen, in die metaphysische Leere mündenden Normalisierung das mühsam erworbene Vertrauensverhältnis zu neuer Entfremdung, so ist dieser Gewinn tragischerweise wieder in Frage gestellt. Man sollte die Keime dieses dialektischen Umschlags jedoch nicht, wie Horkheimer/Adorno, lediglich in der »Aufklärung« su-

201 In konziser Zusammenfassung findet sich dieser Sachverhalt bei Wilhelm Worringer: Formprobleme der Gotik, 3. Aufl., München 1912, S. 13 f.: »Unter dem Druck eines dumpfen Schuldbewußtseins faßt der Mensch seine Entwicklungsgeschichte auf als einen langsamen Prozeß der Entfremdung zwischen sich und der Außenwelt, als einen Entfremdungsprozeß, der die anfängliche Einheit und Vertraulichkeit in immer weiteren Fernen entschwinden läßt. In Wirklichkeit ist der Verlauf der Entwicklung wohl der umgekehrte, und jener Einheits- und Vertraulichkeitszustand am Beginn der Entwicklung hat nur dichterische, keine historische Geltung. Von dem durch diese dichterische Annahme entstandenen Bilde des Urmenschen müssen wir uns emanzipieren und uns das wahre Bild des Urmenschen mit Ausschluß aller sentimentalen Elemente nur durch Substraktion konstruieren. Und dürfen nicht zurückschrecken vor dem Monstrum, das dann statt des Paradiesesmenschen übrig bleibt. Subtrahieren wir von der Summe unseres Vorstellungsbesitzes die ungeheure Menge ererbter und selbsterlebter Erfahrungen, reduzieren wir unser geistiges Vermögen auf die wenigen Grundelemente, von denen der im Laufe der Jahrtausende ins Unübersehbare wachsende Zins- und Zinsesertrag ausging, tragen wir den unendlich feinen Wunderbau ununterbrochener Entwicklungsübertragungen bis auf seine Fundamente ab, so bleibt ein Wesen übrig, das hilflos und zusammenhanglos wie ein verwunschenes Tier der Außenwelt gegenübersteht, das nur wechselnde und unzuverlässige *Augenbilder* von der Erscheinungswelt empfängt und erst langsam an der Hand wachsender und sich festigender Erfahrungen

chen[202]. Sie liegen zu einem guten Teil auch im empfindsamen Subjektivismus.

Das romantische Bestreben geht nun dahin, das Bekannte unbekannt zu machen, um dem Glauben einen
neuen Boden zu bereiten. Die Verwandlung ins Unbekannte bedeutet wiederum ein Fremdmachen, aber
nicht in einem die Phantasie tötenden, sondern belebenden Sinne. Restituiert werden soll jene Fremdheit, die
die Welt beim ersten Kennenlernen besitzt, damit diejenige Fremdheit überwunden wird, die sie durch das
Allzubekanntwerden erhalten hat. Eine sterile Fremdheit soll durch schöpferisch hintergründige Fremdheit
ausgelöscht, die Entfremdung durch Verfremdung aufgehoben werden. Damit sind wir bereits bei der Thematik, die Gegenstand des III. Teils unserer Untersuchung
ist.

diese Augenbilder zu *Vorstellungsbildern* umprägt und durch sie sich
gleichsam schrittweise im Chaos der Erscheinungswelt orientiert. Nicht
als eine wachsende Entfremdung nach einem Zustand anfänglicher inniger Vertrautheit dürfen wir den seelischen und geistigen Entwicklungs-
prozeß der Menschheit auffassen, sondern als ein langsames Abflauen
des Fremdheitsbewußtseins, als ein langsames Vertraulichwerden durch
Reduktion aller neuen Gesichtseindrücke auf frühere Erfahrungen. Am
Anfang der Entwicklung steht jedenfalls ein absoluter, durch keine Erfahrung gemilderter Dualismus von Mensch und Umwelt. Von der
Willkür und Zusammenhanglosigkeit der Erscheinungen verwirrt, lebt
der primitive Mensch in einem dumpfen geistigen Furchtverhältnis zur
Außenwelt, das erst langsam durch die wachsende geistige Auseinandersetzung mit ihr gelockert wurde«.
Vgl. auch Alewyn: Die Lust an der Angst, aaO. bes. S. 307-313.
202 Vgl. Dialektik der Aufklärung, aaO.

III. Teil:
Kompensation des Ungenügens

Leidensformen wie das Gefühl der Enge, die Langeweile, überhaupt der horror vacui sind kaum dazu
angetan, dem betroffenen Subjekt Raum zu irgendeinem
perversen Genuß zu lassen, wie das im 18. Jahrhundert
etwa das empfindsame Mitleiden getan hatte. Und da
hier kein »joy of grief« zu ergattern ist, sondern nur
die nackte Qual, kann es nicht im Interesse des Betroffenen liegen, solche Zustände freiwillig zu verlängern.
Vielmehr treibt ihn das Bedürfnis, sie möglichst schnell
aufzuheben oder zu kompensieren. Mit Revers wird
man das romantische Ungenügen daher als eine zur
Lösung drängende »Triebspannung« verstehen können[1].
Der aktive Impuls, der die Abstellung des Übels be-
zweckt, äußert sich auf verschiedene Weise, und es wird
die Aufgabe dieses Teils der Arbeit sein, einige dieser
Äußerungsformen, die freilich auf den ersten Blick
nicht alle als Ausdruck von Aktivität anmuten, darzustellen. Summarisch wird man vorwegnehmend sagen können, daß sämtliche Bemühungen der Romantiker und ihrer Helden darauf hinaus laufen, das an-
stößige Objekt des Ungenügens, die normalisierte Welt,
zu verändern, zu »romantisieren«. Und da es der Nor-
malitätscharakter ist, an dem Anstoß genommen wird,
bedeutet Romantisieren im wesentlichen ein Ent- oder
Denormalisieren der Welt.
Das deutet schon der Wortschatz der romantischen
Dichtung an, von dem wir uns zu dieser Untersuchung
haben inspirieren lassen. Keinem Leser kann es, insbesondere bei den Romanen und Erzählungen, entgehen, daß sich das Vokabular der Texte in starkem Maße
durch Wörter auszeichnet, die eine Abweichung vom

---

1 Ein Ausdruck, den Revers, aaO. S. 40, für die Langeweile gebraucht,
der sich aber auch auf die anderen Formen des Ungenügens anwenden
läßt.

Normalen signalisieren. Außer in der Tradition des Manierismus sind in keinem anderen Bereich der Literatur so häufig Wörter wie »wunderbar«, »wunderlich«, »seltsam«, »sonderbar«, »außerordentlich«, »eigentümlich«, »fremdartig«, »skurril«, »kurios« oder »bizarr« verwendet worden².

Das Element des Ungewöhnlichen macht sich nicht zuletzt im Begriff »romantisch« geltend. Angelegt ist es bereits in der früher üblichen Form »romanhaft«, etwa wenn zur Aufklärungszeit mit diesem Wort auf den abenteuerlichen, phantastischen Charakter der Ritter- und Liebesromane im Stile des Amadis angespielt wurde³. Deutlich greifbar wird es vorromantisch beispielsweise in Moritz' *Anton Reiser*, denn zur Darstellung des Helden als Sonderling gehört, daß ihm »romanhafte« oder »romantische Ideen« zugeschrieben werden⁴. Eine davon ist die, daß er »einen Aufsatz über die Liebe zum Romanhaften« verfassen will⁵.

2 Den ausschweifendsten Gebrauch von solchen Wörtern macht innerhalb der deutschen Romantik zweifellos E. T. A. Hoffmann. Ein Text, der dieses Wortfeld besonders reich entfaltet, die mit den ›Lebens-Ansichten des Katers Murr‹ verquickte Kreisler-Biographie, bietet auf etwa 220 Druckseiten u. a. folgendes Material (in Klammern die Zahl der Belege): seltsam (98), wunderbar (49), wunderlich (18), geheimnisvoll (18), toll (16), ungewöhnlich (14), merkwürdig (10), sonderbar (8), fremdartig (6), abenteuerlich (6), außerordentlich (6), fantastisch (5), bizarr (5), eigentümlich (4), absonderlich (4), skurril (4), rätselhaft (3), extravagant (2), kurios (2), abnorm (2), verwunderlich (1), wunderbarlich (1), wundervoll (1), befremdlich (1), burlesk (1), grotesk (1), exotisch (1).

3 Vgl. hierzu die umfangreiche Literatur zur Begriffsgeschichte und Bedeutungsvielfalt von »Romantisch«, u. a. Richard Ullmann und Helene Gotthard: Geschichte des Begriffs »Romantisch« in Deutschland, Berlin 1927; Hans Robert Jauß: Literarische Tradition und gegenwärtiges Bewußtsein der Modernität, in: H. R. J.: Literaturgeschichte als Provokation, Frankfurt am Main 1970 (= edition suhrkamp 418), S. 11-66, bes. S. 44 ff.; Georg Jäger: Empfindsamkeit und Roman. Wortgeschichte, Theorie und Kritik im 18. und frühen 19. Jahrhundert, Stuttgart Berlin Köln Mainz 1969 (= Studien zur Poetik und Geschichte der Literatur 11), S. 57 ff.; ›Romantic‹ and Its Cognates. The European History of a Word, ed. by Hans Eichner, Toronto 1972.

4 Moritz: Anton Reiser, aaO. S. 50, 164, 255, 314, 425.

5 Ebd. 256.

Stets gefällt er sich in Zuständen, die »etwas sonderba-
res, romanhaftes« an sich haben[6]. – Einen Schritt
weiter, und diese Bedeutungskomponente (Abweichung
vom Normalen) liegt ziemlich fest. Zu Beginn des 19.
Jahrhunderts, so berichtet G. Jäger, breitet sich in der
Poetik eine Formel aus, nach der »das Romantische im
Kampf mit der Konvenienz und dem bürgerlichen
Leben« gesehen wird[7].

Fällt die romantische Vorliebe für das Anomale schon
durch die Häufigkeit entsprechender Wörter auf, so
nicht minder durch die Häufigkeit entsprechender Phänomene. Betrachtet man die dargestellten Personen und
Dinge, Schauplätze und Wege, Ereignisse und Erlebnisse, so besteht der gemeinsame Nenner der meisten
von ihnen darin, daß sie kein Korrelat in der Alltagserfahrung besitzen. Dabei ist für all diese Phänomene
bezeichnend, daß ihnen im Prinzip ein reflexiver Charakter eignet, d. h. daß sie verbal oder bildlich oder
auch unausgesprochen auf das Bezug nehmen, wovon
sie sich abheben, auf das Normale. Motive wie das
Wunderbare, das Wunderliche, das Wandern und anderes mehr entspringen hier nicht naiver Fabulierlust oder
einer bloß instinktmäßigen Normalitätsverneinung, sondern sind ganz bewußt mit dem Rückbezug auf eine
bedrückende Wirklichkeitserfahrung gehandhabte Mittel.

Als Kompensation dieser Erfahrung kommt jedes Element in Frage, das in irgendeiner Weise und auf
welcher Ebene auch immer aus dem Rahmen des Gewöhnlichen fällt oder im spezifischeren Sinne eine
Norm durchbricht. Hier eröffnet sich ein ganzer Kos-
mos von Möglichkeiten. Der gesamte Inhalt des im
Begriff »Romantisieren« enthaltenen Programms kann
im Rahmen dieser Untersuchung jedoch nicht entfaltet
werden. Wir beschränken uns auf eine bescheidene

6 Ebd. 296. Zu der Bedeutung romanhaft, romantisch = sonderbar vgl.
auch: »eine sonderbare romantische Idee in seinem Kopfe« (ebd. 301).
7 Jäger, aaO. S. 58.

Auswahl solcher Motive, die uns für unser Thema besonders relevant erscheinen oder von denen wir meinen, daß sie bisher zu wenig beachtet wurden. Aber selbst unter dem für das Thema besonders Relevanten mußte etliches ausgeschieden werden. Dazu gehört die Ironie, eine gewiß wichtige Kategorie, zu der allerdings bereits eine reichhaltige Literatur existiert, die zu vermehren wir denn doch allzu starke Bedenken tragen[8]. Es gehören dazu ebenfalls Motive wie Witz, Narrheit, Wahnsinn, die unberücksichtigt bleiben, weil sie weniger das in dieser Untersuchung vorrangig behandelte Verhältnis zur Wirklichkeit als die Ansicht vom Menschen betreffen.

Will man in der Romantik, zumindest in ihrer Gestalt als Hochromantik, eine eher ›konservative‹ Bewegung sehen, wozu das romantische Traditionsbewußtsein sicher bis zu einem gewissen Grade berechtigt, so sollte man eigentlich meinen, daß sie prinzipiell nicht so sehr daran interessiert gewesen sei, Normen zu durchbrechen wie Normen zu wahren. Die Attacke gegen das Prinzip der Regel traut man eher den ›progressiven‹ und revolutionären Kräften der damaligen Zeit zu. De facto aber verhielt es sich, worauf schon K. Mannheim hingewiesen hat, genau umgekehrt. Das beruht darauf, daß das revolutionäre Denken im Bund mit dem Rationalismus aufkam, das romantische Denken dagegen in Opposition zum Rationalismus. »Das revolutionierende Denken schöpft seine umstürzlerische Kraft aus dem Verwirklichenwollen eines rational scharf umrissenen Richtigkeitsbildes der sozialen und politischen Ordnung.«[9] Der scharfe Umriß eines zu erfüllenden Schemas ist aber gerade das, was die Romantik nicht will. Sie will nicht die Erfüllung irgendwelcher norma-

---

8 Verwiesen sei nur auf folgende Arbeiten: Ingrid Strohschneider-Kohrs: Die romantische Ironie in Theorie und Gestaltung, Tübingen 1960 (= Hermaea. Germanistische Forschungen N. F. 6); Ernst Behler: Klassische Ironie, romantische Ironie, tragische Ironie. Zum Ursprung dieser Begriffe, Darmstadt 1972 (= Libelli 328).

9 Mannheim, aaO. S. 484.

tiver Vorstellungen und damit Erstarrung im Statischen, sondern das permanent sich Bewegende, »Lebendige«, was immer darunter zu verstehen sein mag.

Ein solches Wollen kann man freilich nicht ausschließlich konservativ nennen. Es hat, wenn man so will, ebenfalls eine revolutionäre Seite. Dabei handelt es sich im Falle der Kunst nicht um eine Revolution des Staates und der Gesellschaft mit politischen Mitteln, sondern um eine Revolution der Weltsicht mit ästhetischen Mitteln. Romantik ist auch ein Programm der Erneuerung. Wenn die romantischen Künstler in der Dichtung auf Wanderschaft oder sonst auf abenteuerliche Exkursionen ausziehen, so tun sie es zum einen, um dem Alltagsleben zu entfliehen, sie tun es aber auch, um die Welt neu zu entdecken und zu erobern. (»Flucht aus der Wirklichkeit« wäre insofern auch keine besonders treffende und zumindest sehr einseitige Definition des Romantischen.) Großartiger, weil friedlicher, lassen sich Revolution und Eroberung nicht denken.

Es versteht sich, daß die Darstellung des kompensatorischen Aspektes den weitaus umfänglichsten Teil unserer Untersuchung ausmacht. Denn in dem Versuch, Alternativen zur Normalität zu bieten, liegt die Hauptfunktion der romantischen Poesie. Umgekehrt beweist gerade die romantische Lust am Anomalen, zumal in ihrem reflexiven Charakter, die romantische Unlust an der Normalität. In Erinnerung gerufen sei noch einmal, was bereits zu Beginn des I. Teils ausgesprochen wurde: Wer die Welt zu romantisieren versucht, hat sie zunächst einmal als gewöhnlich erfahren, und zwar in einer bedrückenden Weise.

1. Subjektivistische Irrwege

Wir haben bereits früher mehrfach auf die Differenz zwischen Früh- und Hochromantik hingewiesen. Diese

Differenz ist gerade in diesem Teil der Untersuchung besonders zu beachten.

Der frühen Phase der Romantik gehören Kompensationsversuche an, die noch aus dem Geist des Subjektivismus erwachsen und in der Hochromantik abgelehnt oder an den Rand gedrängt werden. Zu denken ist hier besonders an den Hang zum Interessanten und die Neigung zur Überheblichkeit.

a) Das Interessante

Bekanntlich betrachtet Friedrich Schlegel in seinem Aufsatz *Über das Studium der griechischen Poesie* das Interessante als Hauptkennzeichen der »modernen« Literatur, ähnlich wie Schiller sie kurz vorher auf den Nenner des Sentimentalischen gebracht hatte. Im Raume des frühromantischen Denkens und Dichtens spielt das Interessante nun nicht nur als poetologische, sondern auch als existentielle Kategorie eine Rolle. Es prägt die Existenz eines Lovell ebenso wie die eines Julius (*Lucinde*). Dabei läßt sich zwischen Schlegels Studium-Aufsatz und solchen Beispielen eine Beziehung herstellen. Was Schlegel über diese Kategorie in poetologischer Hinsicht ausführt, ist zum Teil auf ihre Bedeutung als existentielle Kategorie übertragbar.

Was ist das Interessante?[10] Offensichtlich steht es zunächst im Gegensatz zum Gewöhnlichen und erscheint gerade darum tauglich, Zuständen wie der Langeweile abzuhelfen. Es ist eine Erscheinungsweise des Neuen oder Seltsamen und für viele ein Mittel, »die unendliche Leerheit ihres Gemüts mit irgend etwas anzufüllen (. . .) der unleidlichen Länge ihres Daseins doch einige Augenblicke zu entfliehen.«[11] Wie Schlegel hier deutlich auf

---

10 Vgl. dazu auch Walther Rehm: Kierkegaard und der Verführer, München 1949, S. 118 ff.

11 Friedrich Schlegel: Kritische Schriften, hg. von Wolfdietrich Rasch, Darmstadt 1971, S. 121.

die Langeweile anspielt, so sieht er auch sonst im Bedürfnis nach dem Interessanten die Antwort auf Unbefriedigtsein, auf Ungenügen. Eine Stillung des Ungenügens ist, aus Gründen, die weiter unten zu erörtern sind, mit diesem Mittel allerdings nicht zu erlangen oder nur eben für »einige Augenblicke«. »Ruhe und Befriedigung« – auch hier ist das Zufriedenheitsideal gegenwärtig – erwartet Schlegel nur vom »Schönen«, einem Ideal, das vom Interessanten wesentlich verschieden ist, da es, wie Schlegel mit Kant bemerkt, den Gegenstand eines »uninteressierten Wohlgefallens« bedeutet[12].

Das Interessante ist nun nicht das Neue oder Seltsame schlechthin, sondern es ist immer neu und seltsam *für jemanden*, d. h. es hat eine subjektive Beziehung, mehr noch: es setzt die Teilnahme eines Subjekts voraus. Insofern beruht das Interessante auf Interesse, auf dem Dabei- oder Dazwischensein oder Teilhaben, wie die ursprüngliche Wortbedeutung lautet. Von Julius heißt es zum Beispiel: »Er fand bald einen andern reizenden Wohnort, wo ihn zwar nichts fesselte, aber doch vieles anzog. Alle seine Kräfte und Neigungen wurden rege durch die neuen Gegenstände; ohne Zweck und Maß in seinem Innern, nahm er teil an allem Äußern, was nur irgend merkwürdig war, und ließ sich überall ein.«[13] Wenn das Neue in Beziehung zu einer subjektiven Aufmerksamkeit tritt, erhält es, wie man sieht, den spezifischen Aspekt des »Merkwürdigen«. Diese Aufmerksamkeit bedeutet Beschäftigung der geistigen und seelischen Kräfte (»Alle seine Kräfte und Neigungen wurden rege«), nicht aber unbedingt eine weitergehende Anteilnahme. Interesse sollte in diesem Zusammenhang keinesfalls mit irgend etwas wie ›Engagement‹ verwechselt werden, wenn auch von einem »Sicheinlassen« die Rede ist. Bezeichnenderweise wird Julius aber nur »angezogen«, nicht »gefesselt«. Es bleibt ein innerer Ab-

12 Ebd. 148.
13 F. Schlegel, KA V 39.

stand, ein Vorbehalt, wie Thomas Mann sagen würde, und deshalb gehört das Interessante nicht unter die moralischen, sondern, auch als Lebens-Erfahrung, unter die ästhetischen Kategorien. Als »subjektive ästhetische Kraft« bezeichnet es Friedrich Schlegel[14], und gewiß nicht nur, weil er es auf einen spezifisch ästhetischen Gegenstand, die Poesie appliziert.

Als subjektive Kategorie besitzt das Interessante keine objektive Verbindlichkeit. Was für den einen interessant ist, kann einen anderen kalt lassen. Was Julius zum Beispiel an Frauen interessant findet, ist es nicht auch für andere, und was andere interessant finden, ist es nicht auch für ihn. So reizt ihn die verworfene Lisette nicht nur wegen ihrer Sinnlichkeit, sondern auch wegen ganz anderer Eigenschaften: »Was sie ihm so interessant machte, war nicht allein das weshalb sie allgemein gesucht und gleichsam berühmt war, ihre seltene Gewandtheit und unerschöpfliche Mannichfaltigkeit in allen verführerischen Künsten der Sinnlichkeit. Ihr naiver Witz überraschte ihn mehr und reizte ihn am meisten, wie die hellen Funken von rohem tüchtigem Verstand, vorzüglich aber ihre entschiedne Manier und ihr konsequentes Betragen. Mitten im Stande der äußersten Verderbtheit zeigte sie eine Art von Charakter; sie war voll von Eigenheiten und ihr Egoismus nicht im gemeinen Stil.«[15]

Darum löst sich das Interessante aber nicht in reine Subjektivität auf. Wie es zwar keine objektive Verbindlichkeit, aber doch im Ungewöhnlichen, Neuen ein objektives Korrelat besitzt, so geht von ihm sogar eine »Kraft« der Anziehung, eine Wirkung aus, die ihrerseits das Subjekt in Abhängigkeit bringt. Das Interessante »reizt«. Es ist damit als Wirkungskategorie zu verstehen. Etwas grobschlächtig, d. h. unter Vereinfachung des komplizierten Zusammenspiels zwischen Subjekt und Objekt, könnte man sagen, das Interessante

14 Kritische Schriften, aaO. S. 115.
15 F. Schlegel, KA V 41.

sei das Neue von der Seite seiner anziehenden Wirkung.

Es ist die Eigenart dieses Reizes, daß seine Wirkung akut, d. h. eindringlich und von verhältnismäßig kurzer Dauer ist. Und akut wie die Wirkung ist auch die Reaktion, die Anteilnahme seitens des Subjekts, so daß wir es prinzipiell immer mit einem »lebhaften« Interesse zu tun haben. Man hat es sehr wörtlich zu nehmen, wenn es von Julius heißt, daß seine Kräfte und Neigungen durch die neuen Gegenstände »rege« werden, und es ist auch ein Zeichen einer gewissen Lebendigkeit, wenn sie »ohne Zweck und Maß« in seinem Innern regieren.

Der Umstand, daß beim Interesse Seele und Geist in Bewegung sind, erklärt, warum sowohl Schlegel im Studium-Aufsatz und in der *Lucinde* wie auch Tieck im *Lovell* in ihm eine Haltung des Genießens sehen. Das Interessante bewirkt Lust, weil es innerlich anregt. Schon Lessing hatte in seinem berühmten Briefwechsel mit Mendelssohn bestimmt, daß jede Art von innerer Erregung, sei sie auch durch einen unangenehmen Gegenstand bedingt, als solche stets angenehm sei, denn dabei seien wir uns »eines größern Grades unsrer Realität bewußt« und »dieses Bewußtseyn« könne »nicht anders als angenehm seyn«[16]. Voraussetzung für dieses Lustgefühl ist allerdings, wie das Lessing-Zitat deutlich macht, das Moment der Reflexion. Um die innere Erregung als Steigerung unseres Lebensgefühls erfahren zu können, müssen wir uns ihrer bewußt sein. Dies ist eines der entscheidenden Merkmale des Interessanten. An einer der wichtigsten Stellen seines *Tagebuch des Verführers* bemerkt Kierkegaard, daß »das Interessante (. . .) stets eine Reflexion auf sich selbst« enthält[17].

Bedeutet das nicht aber auch, daß der Interessierte

16 Gotthold Ephraim Lessings sämtliche Schriften, hg. von Karl Lachmann, 3. Aufl. durch Franz Muncker, Stuttgart 1886 ff., Bd. XVII, S. 90.
17 Sören Kierkegaard: Entweder – Oder, hg. von Hermann Diem und Walter Rest, 2. Aufl., Köln und Olten 1968, S. 394.

mehr an seinem Interesse als an dem interessierenden Gegenstand interessiert ist? In der Tat ist die Liebe zum Interessanten um so weniger Engagement, Hingabe, als sie im Grunde auf das Interesse des Subjekts an sich selber hinausläuft[18]. Steigerung des eigenen privaten Lebensgefühls, um der Langeweile zu entgehen, ist dessen eigentlicher Zweck, und so ist das Neue, Ungewöhnliche nie etwas, was um seiner selbst willen gesucht wird, sondern was nur diesem Zweck dient. Selbst wenn Lovell sich dem Wunderbaren zuwendet, um glauben zu können, ändert sich damit die Zweckrichtung nicht. Es erscheint mehr als fraglich, daß man diesem Glauben eine Hingabe und Selbstaufgabe attestieren kann, wie sie sich beim echten homo religiosus findet. Im Glauben sucht Lovell wiederum eine Form der inneren Erregung, nämlich die Erregung der Phantasie, so daß es ganz offensichtlich ist, daß diese Art von Glauben im wesentlichen nichts anderes ist als der romantische »Schauer«.

Mit seiner Subjektbezogenheit verrät das Interessante seine Herkunft aus dem empfindsamen Subjektivismus. Wie überhaupt Interesse im Sinne von geistig-seelischer Erregung vorromantisch eine empfindsame Kategorie zu sein scheint. Lessing schreibt im 14. Stück der *Hamburgischen Dramaturgie*: »Die Namen von Fürsten und Helden können einem Stücke Pomp und Majestät geben; aber zur Rührung tragen sie nichts bey. Das Unglück derjenigen, deren Umstände den unsrigen am nächsten kommen, muß natürlicher Weise am tiefsten in unsere Seele dringen; und wenn wir mit Königen Mitleiden haben, so haben wir es mit ihnen als mit Menschen, und nicht als mit Königen. Macht ihr Stand schon öfters ihre Unfälle wichtiger, so macht er sie darum nicht interessanter.«[19] Hier ist »interessant« ein Synonym für »rührend«. Die bedeutendste Variante der Rührung ist das Mitleiden im empfindsamen Sinne,

18 Vgl. auch Rehm: Kierkegaard und der Verführer, aaO. S. 122 f.
19 Sämtliche Schriften, aaO., Bd. IX, S. 239.

wodurch Mitleiden in die Nähe von Interesse rückt. Noch bei Novalis klingt die Beziehung an: »Interesse ist Theilnahme an dem Leiden und Thätigkeit eines Wesens.« In demselben *Blüthenstaub*-Fragment sagt Novalis übrigens auch: »Kein Interesse ist interessanter, als was man an sich selbst nimmt«[20].

In der Frühromantik tendiert das subjektive Interesse dahin, die innere Distanz zum interessanten Gegenstand durch Ironie zu vergrößern, mitunter bis zu dem Punkt, wo der Umschlag in zynische Gefühllosigkeit erfolgt. Der innerlich bereits ausgebrannte Lovell gibt sich im Achten Buch dazu her, im Auftrag der Geheimen Gesellschaft einen Mordversuch an Eduard Burton zu begehen. Der Versuch mißlingt, da Lovells früherer Diener Willy den Anschlag bemerkt und den für Burton bestimmten vergifteten Wein selbst austrinkt. Lovell wird zunächst vom Gefühl überwältigt, er ist »gerührt« und weint[21]. Er ist aber längst zu arm an menschlicher Substanz, um wirklich bereuen zu können. Vielmehr gewinnt er nach einer Anwandlung von Haß den inneren Abstand, mit dem er Vertrauen, Freundschaft, Liebe zu zerstören gedenkt, bald zurück und erkaltet in der Haltung des interessierten Beobachters, für den der Vorfall nur noch die Qualität eines rein ästhetisch zu genießenden Reizes besitzt: »Ich berechnete jetzt, wie lange der Schmerz wohl noch in allen diesen Menschen kämpfen würde, und es war interessant zu beobachten, wie nach und nach die gewöhnliche Trägheit zu jedem zurückkehrte.«[22]

Lovell ist hier fast schon so weit wie Kierkegaards Verführer, bei dem diese extrem distanzierte Form teilnehmenden Interesses die Note des Spielerischen, des Spielerischen im frivolsten Sinne, erhält. Es ist denn auch kein Zufall, daß Lovell gerade in dieser Phase seiner Entwicklung dem Spiel verfällt. Auf der Rück-

20 Novalis, Schriften II 427.
21 Tieck, Schriften VII 129.
22 Ebd. 130.

reise von England schreibt er aus Paris: »Ich spiele viel und habe bei weitem nicht so viel Glück, als in England. – Tadeln Sie mich nicht, denn ist nicht alles, was wir Genuß der Seele nennen, etwas, das darauf hinausläuft? Ob ich mit Worten oder Karten, Definitionen, Würfeln oder Versen spiele, gilt das nicht alles gleich?«[23] Er hätte hinzufügen können, daß es inzwischen für ihn auch gleich ist, ob er mit Menschen und menschlichen Gefühlen spielt. Wenn er Eduard Burtons Schwester Emilie verführt, so ist das, anders als während der Rosalinen-Episode, wo er wenigstens noch zu einer Art von Liebe fähig war, nichts anderes als ein schändliches Spiel[24]. Es ist nicht zuletzt ein Rollenspiel. Das Interessante wird hier zum Schauspiel, der Interessierte zum Mitspieler und zugleich zum genießenden Zuschauer. »Sie war schön, und wie in einem Schauspiel spielte ich meine Rolle, auf eine wunderbare Weise begeistert, fort«[25]. Und der Virtuose ist von sich selbst überrascht: »Nie (...) habe ich so gut gesprochen, und nie so tief empfunden. Es war als wenn sich mein ganzes Herz in mir eröffnete, und ich mußte über mich selbst erstaunen.«[26]

Wenn es gleichgültig ist, womit gespielt wird, ob mit Worten oder Gefühlen, Karten oder Menschen[27], und wenn das Spiel wesentlich dem Interesse des Subjekts an sich selbst dient, so trifft sich das Interessante mit dem Begriff der »Occasio«, wie C. Schmitt ihn für den romantischen – er hätte sagen sollen: frühromantischen – Umgang mit der Wirklichkeit geprägt hat (s. o. S. 88 f.). Bezeichnend ist etwa das Beispiel, das

23 Ebd. 183.
24 Vgl. bes. ebd. 109 ff.
25 Ebd. 110.
26 Ebd. 111.
27 Vgl. Schlegels Äußerung im Studium-Aufsatz: »Wenn nur gewirkt wird, wenn die Wirkung nur stark und neu ist, so ist die Art, wie, und der Stoff, worin es geschieht, dem Publikum so gleichgültig, als die Übereinstimmung der einzelnen Wirkungen zu einem vollendeten Ganzen.« Kritische Schriften, aaO. S. 126.

Schmitt für das Interesse des ganz jungen Friedrich Schlegel an der Französischen Revolution zitiert. Friedrich schreibt am 26. August 1791 an seinen Bruder August Wilhelm: »Die ganze Sache intereßirt mich vornehmlich mittelbar nehmlich als Vehikel des Gesprächs mit sehr vielen Leuten.«[28] Diese Haltung, die das Ereignis zu einem »Vehikel« oder eben einer Occasio degradiert, äußert sich dann, so Schmitt, in der occasionellen, drei heterogene, aber gleich starke Eindrücke mischenden Kombination von Französischer Revolution, Fichtes Wissenschaftslehre und Goethes Meister (Athenaeums-Fragment 216). Man könnte auch sagen: diese Zusammenstellung erfolgt unter dem Gesichtspunkt des Interessanten. Alle drei Phänomene haben die Qualität, gleichermaßen das Interesse des Autors zu erregen. Daß es sich um völlig Heterogenes handelt, ist sekundär. Es geht nicht so sehr darum, *was* und *warum*, sondern *daß* etwas interessant ist[29]. Daher hat die Art, wie die Frühromantik mit Gegenständen und Gegenstandsbereichen umspringt, häufig einen frivol verantwortungslosen Beigeschmack. Ein Beispiel möge für viele stehen: Ende Juli 1798 schreibt Friedrich Schlegel an Schleiermacher: »Hard.(enberg) ist dran, die Religion und die Physik durch einander zu kneten. Das wird ein interessantes Rührey werden!«[30]
Ungeachtet der auffälligen Subjektbezogenheit bleibt gültig, daß das Interessante im Neuen, Ungewöhnlichen ein objektives Korrelat besitzt und daß der Aspekt der

28 Friedrich Schlegels Briefe an seinen Bruder August Wilhelm, hg. von Oskar F. Walzel, Berlin 1890, S. 17. Zitiert bei Schmitt, aaO. S. 180, Fußnote.
29 In seinem Essay ›Über die Unverständlichkeit‹, wo Schlegel auf dieses Fragment Bezug nimmt, versteigt er sich sogar zu der Äußerung, daß er »die Französische Revolution für eine vortreffliche Allegorie auf das System des transzendentalen Idealismus halte«, fügt allerdings hinzu, daß dies nur eine von seinen »äußerst subjektiven Ansichten« sei (KA II 366).
30 Krisenjahre der Frühromantik. Briefe aus dem Schlegelkreis, hg. von Josef Körner, Bd. I, Brünn/Wien/Leipzig 1936, S. 7.

Neuheit – der an Phänomenen wie der Französischen Revolution, Fichtes Wissenschaftslehre und Goethes Meister zweifellos nicht zu übersehen war – die Aussicht bietet, der Langeweile zu entgehen. Die Französische Revolution »als ein ganz neues und höchst pikantes Amusement« erfaßt zu haben, unterstellt Eichendorff in seiner Schrift *Der Adel und die Revolution* sogar einer gewissen Sorte von gelangweilten Adligen[31]. Diese von Eichendorff sogenannten »Extremen« brillierten auch sonst in Extravaganzen, »um nur die unerträgliche Langeweile los zu werden«[32].

Wenn dazu nun das Interessante die Aussicht bietet, so doch nicht die Gewähr. In Wirklichkeit verhält es sich so, daß der Reiz des Interessanten, wie Schlegel im Studium-Aufsatz andeutet, nur kurz anhält und sich ebenso rasch erschöpft, wie er akut wirkt. Bestimmt, genossen zu werden, ist das Interessante auch verurteilt, verbraucht zu werden. Selbst wenn der Genuß hinausgeschoben wird, selbst wenn, wie im Falle des Kierkegaardschen Verführers, umsichtige Zurüstungen zum Zwecke kulinarischer Kulmination ihn erheblich verzögern: das ernüchternde Ende bleibt ihm dennoch beschieden, und so ist auch für den raffinierten Johannes das Abenteuer bereits mit der ersten Nacht erledigt. »Ich habe sie geliebt; doch von nun an kann sie meine Seele nicht mehr beschäftigen.«[33] Für die augenblicksmäßige Erschöpfung hat Eichendorff das Bild des Feuerwerks gefunden. Der Lebenslauf der »Extremen«, gewürzt mit starken Reizen, verpuffte rasch wie leuchtende Raketen und sprühende Feuerräder, und »dem kurzen Rausche folgte der moralische und finanzielle Katzenjammer«[34].

Nicht nur Interesse und Abschlaffen des Interesses, Genuß des Interessanten und Ernüchterung durch Ver-

---

31 Eichendorff, Werke II 1035.
32 Ebd. 1033.
33 Kierkegaard, aaO. S. 521.
34 Eichendorff, Werke II 1033.

brauch des Interessanten sind eng benachbart. Auf dem Fuße folgt ebenso die Begierde nach neuem Genuß, gemäß dem berühmten, von Schlegel zitierten Faust-Wort, auf das vermutlich schon Tieck im *Lovell* Bezug nimmt:

> So tauml' ich von Begierde zu Genuß,
> Und im Genuß verschmacht' ich nach Begierde.[35]

Gerade die Kurzlebigkeit des Interessanten und seinen konsumbedingten Umschlag ins Gewöhnliche wird Schlegel nicht müde hervorzuheben. »Das Neue wird alt, das Seltene gemein, und die Stachel des Reizenden werden stumpf.«[36] Besonders hierin scheint für ihn das Fragwürdige dieses Reizes zu liegen. Und es kommt noch etwas hinzu: Wer sich auf das Interessante einläßt, gerät nicht nur in den Teufelskreis von Genuß – Ernüchterung – Begierde – Genuß, sondern sieht sich auch einer Steigerung ohne Ende ausgesetzt. Denn einerseits werden »Durch jeden Genuß (...) die Begierden nur heftiger«[37], andererseits gibt es »kein höchstes Interessantes«[38], die Schraube dreht sich immer weiter.

Trotzdem prophezeit Schlegel der Entwicklung ein Ende. Die Herrschaft des Interessanten sei nur eine »vorübergehende Krise des Geschmacks«, und zwei Arten der Selbstvernichtung seien möglich. Gehe die Richtung mehr auf »ästhetische Energie« – und das meint offenbar Reize für Gefühl und Einbildungskraft – so werde der Geschmack, »der alten Reize je mehr und mehr gewohnt, nur immer heftigere und schärfere begehren. Er wird schnell genug zum Pikanten und Frappanten übergehn. Das Pikante ist, was eine stumpfgewordne Empfindung krampfhaft reizt; das Frappante

---

35 Siehe I, 4 dieser Arbeit, Anmerkung 256. Die Verse zitiert Schlegel in seinem Studium-Aufsatz, Kritische Schriften, aaO. S. 126.
36 Ebd.
37 Ebd.
38 Ebd. 148.

ist ein ähnlicher Stachel für die Einbildungskraft. Dies sind die Vorboten des nahen Todes. Das Fade ist die dünne Nahrung des ohnmächtigen, und das Schockante, sei es abenteuerlich, ekelhaft oder gräßlich, die letzte Konvulsion des sterbenden Geschmacks.« Überwiege dagegen der philosophische Gehalt – und das meint wohl Reize für den Intellekt –, »so wird die strebende Kraft, nachdem sie sich in Erzeugung einer übermäßigen Fülle des Interessanten erschöpft hat, sich gewaltsam ermannen und zu Versuchen des Objektiven über- gehn.«[39]

Man kann fragen, ob dies nicht in der Tat eine hellsich- tige Vorausschau der Entwicklung zur Hochromantik ist. Der genauere Sinn dieser Prophetie und ihre Bezie- hung zur tatsächlichen Entwicklung braucht uns hier aber zunächst nicht näher zu beschäftigen. Wichtig ist, im Rahmen dieses Abschnitts festzuhalten, daß das Inter- essante das Problem des Ungenügens nicht löst, sondern eher potenziert. Wer sein Heil im Interessanten sucht, bleibt denn auch »rastlos in unbefriedigter Sehn- sucht«[40].

Es ist leicht zu erkennen, daß sich dies an Gestalten der frühromantischen Dichtung bewahrheitet. So heißt es von Julius in der *Lucinde*: »Sein Geist war in einer beständigen Gärung; er erwartete in jedem Augenblick, es müsse ihm etwas Außerordentliches begegnen. (. . .) Alles konnte ihn reizen, nichts mochte ihm genügen. Daher kam es, daß ihm eine Ausschweifung nur so lange interessant war, bis er sie versucht hatte und näher kannte. (. . .) und so verwilderte er denn immer mehr und mehr aus unbefriedigter Sehnsucht«[41]. Indes macht Julius eine Entwicklung durch, die ihr entschei- dendes Stadium in der Begegnung mit Lucinde erreicht und dazu dient, den Ungenügsamen einer anderen sinnvolleren Lösung des Problems der Langeweile, das

39 Ebd. 149.
40 Ebd. 127.
41 F. Schlegel, KA V 36.

auch seinem Leben als bestimmendes Moment zugrunde liegt[42], näherzubringen. Daher wäre es ein grobes Mißverständnis, wollte man meinen, der Autor habe mit der Gestalt der weiblichen Heldin und ihrem Verhältnis zu Julius Intimitäten aus seiner Privatsphäre preisgeben wollen. Mögen die Anspielungen auf Schlegels Beziehung zu Dorothea Veit geb. Mendelssohn auch deutlich genug sein, so verdankt Lucinde als literarische Figur ihr Dasein doch vor allem dem Kontext des Romans und der in ihm diskutierten Problematik, von der aus gesehen sie die Funktion erhält, Julius einen Ausweg aus dem Teufelskreis des Interessanten zu bieten.

Daß ihr dies gelingt, zeigt sich darin, daß sich ihr Reiz für Julius nicht sofort verbraucht, sondern anhält und ein Verhältnis von Dauer stiftet. Dabei ist nicht mit letzter Bestimmtheit zu sagen, worauf das eigentlich beruht, da die Aussagen des Romans zu diesem Komplex reichlich disparat anmuten. Sicher sind hier aber Wunscherfüllungen utopischen Charakters im Spiele, und so hat der Roman auch aus diesem Grund weniger mit der biographischen Wirklichkeit des Autors zu tun, als man auf den ersten Blick meint. Der Reiz der Neuheit kann an Lucinde für Julius schon deshalb nicht verblühen, weil »ihre Originalität so unerschöpflich war wie ihre Liebe«[43] und weil sie die Summe alles dessen verkörpert, was ihn je gereizt hat und je reizen könnte. So scheint sie der Born, der alles umfaßt und nie versiegt, und der nur auf jemanden wartet, der aus ihm schöpft. »Aber die volle Harmonie fand er (...) allein in Lucindens Seele, wo die Keime alles Herrlichen und alles Heiligen nur auf den Strahl seines Geistes warteten, um sich zur schönsten Religion zu entfalten.«[44] Hat man dies gelesen, so wundert man sich auch nicht, daß Julius Lucinde an anderer Stelle mit

42 Siehe ebd. 47.
43 Ebd. 56.
44 Ebd. 58.

der heiligen Jungfrau von der unbefleckten Empfängnis vergleicht und ihr sagt, es fehle ihr zur Madonna nichts weiter als das Kind[45]. Zum anderen offenbart sich ihm in Lucinde kindliches Naturmenschentum, ein Geschenk gerade für den, dem die Naivität durch die Reflexion abhanden gekommen ist und dem darüber der Geschmack für die reflexionslose Muße aufgegangen ist[46]. Auch hier kommt das sentimentalisch gesehene Ideal der Zufriedenheit in den Blick, allerdings in der Variante eines sowohl pflanzenhaften wie orientalisch anmutenden »reinen Vegetierens«[47].

Nicht weniger heilsam für sein Ungenügen ist es, daß er im Umgang mit Lucinde den Wert einer anderen Art von Sehnsucht erkennt als jener, die ihn rastlos immer nur dem Interessanten entgegengetrieben hatte, einer gemäßigteren und bescheideneren Sehnsucht, die, wie wir vorläufig definieren können, Streben auf ein Ziel hin bedeutet, die Erreichung des Ziels aber nicht ernstlich will, sondern im Streben oder Suchen allein Genüge findet. Dabei tritt eine konstante Beschäftigung der Seelenkräfte an die Stelle des für das Interessante charakteristischen akuten Reizes, und so wie Genuß und Verbrauch des Reizes ausgesetzt sind, so bleibt auch der ernüchternde Rückfall ins Gewöhnliche gebannt. »Nur in seinem Suchen selbst findet der Geist des Menschen das Geheimnis welches er sucht.«[48] Oder, wie es wenig später heißt: »Julius, fragte Lucinde, warum fühle ich in so heitrer Ruhe die tiefe Sehnsucht? – Nur in der Sehnsucht finden wir die Ruhe, antwortete Julius. Ja die Ruhe ist nur das, wenn unser Geist durch nichts gestört wird, sich zu sehnen und zu suchen, wo er nichts Höheres finden kann als die eigne Sehnsucht.«[49] Solche Sätze deuten schon auf eines der Re-

45 Ebd. 64.
46 Siehe den Abschnitt ›Idylle über den Müßiggang‹, ebd. 25 ff.
47 Ebd. 27.
48 Ebd. 72.
49 Ebd. 78.

zepte, die die nachfolgenden Romantiker gegen das Ungenügen entwickeln. Hier befinden wir uns schon an der Schwelle zur Hochromantik.

Zu dieser Art von Sehnsucht dringt Lovell noch nicht vor. Gerade die Hinwendung zu Geheimnis und Wunder eröffnet ihm die Möglichkeit, den ebenso hektischen wie frustrierenden Konsum von immer neuen Reizen gegen eine die innere Leere viel erfolgreicher kompensierende reine Erwartungshaltung zu vertauschen. Er begeht aber den alten Fehler, den Abstand zum Objekt der neuen Faszination verkürzen und dieses sogar kennenlernen und auskosten zu wollen. Damit behält auch diese Neuheit die Qualität des Interessanten, und eingestellt ist Lovell wiederum auf Genuß. So etwa, wenn es ihm um die Bekanntschaft mit dem von Magie umwobenen Haupt der Geheimen Gesellschaft geht: »Ich bin äußerst begierig, um endlich den wunderbaren Mann kennen zu lernen, von dem wir fast täglich gesprochen haben. Ich kann mir sehr gut einen Menschen vorstellen, der eine unumschränkte Gewalt über alle Gemüther hat, die ihn umgeben; aber es muß das interessanteste Studium sein, einen solchen näher kennen zu lernen, selbst zu fühlen, auf welche Art er an unsern Ideen und Gefühlen reißt, und sich so gleichsam zu ihm hinaufzuheben, indem wir lernen, wie er auf uns wirkt, und er begreift, wie er auf uns wirken kann.«[50] Seine Enttäuschung und Ernüchterung ist damit schon vorprogrammiert, und sie wird noch schlimmer, als sich herausstellt, daß der geheimnisvolle Andrea, der in Wahrheit Waterloo heißt, bloß ein Betrüger ist und seine Wunder bloß Bluff sind. Aber sie wäre auch nicht viel geringer, wenn das Übernatürliche als solches bestätigt würde. Denn das Kennenlernen würde es, wie jede romantische Erfahrung mit dem Bekanntwerden von Unbekanntem zeigt, ohnehin zum Gewöhnlichen entwerten. So liegt der zentrale Mißgriff Lovells nicht darin, daß er auf einen Schwindel hereinfällt,

50 Tieck, Schriften VII 4.

sondern daß er überhaupt hinter den Vorhang zu blicken versucht. Ihm fehlt noch die (hoch)romantische Einsicht, daß man, um der Langeweile zu entfliehen, dem Neuen nicht zu nahe zu Leibe rücken, geschweige es sich einverleiben darf. Hungrig zu sein, ohne nach jeder Nahrung gleich die Hand auszustrecken, das ist die Kunst. Allenfalls am Schluß, und dann zu spät, wird ihm klar, was er falsch gemacht hat: »Seit langer Zeit hab' ich mich bestrebt, das Fremdartige, Fernliegende zu meinem Eigenthume zu machen, und über diese Bemühung habe ich mich selbst verloren.«[51] Es ist dies ein Selbstverlust, der durch die zunehmende innere Leere bedingt ist, welche ihrerseits mit der sich ausbreitenden äußeren Leere korrespondiert.

Die Hochromantik kommt über diese fatale Ambition hinaus, läßt die frühromantischen Irrtümer aber keineswegs in Vergessenheit geraten. Da diese als latente Gefahr weiterbestehen – baut sich doch auch das hochromantische Bewußtsein zum Teil aus subjektivistischen Erfahrungen auf –, werden überall Warntafeln aufgestellt, die an sie erinnern. Warnende, abschreckende Funktion haben bei Eichendorff etwa Gestalten wie Rudolf und Romana.

Auf dem Wege zu Rudolf stoßen Friedrich und Leontin auf einen von Rudolf selbst angelegten modernen englischen Garten, der den Irrweg des Gescheiterten aufs genaueste abbildet. Im Gegensatz zum geometrischen französischen Garten spiegelt diese Anlage nicht das Normale, sondern in jeder Hinsicht dessen Negation. Sichtbar wird das besonders an einem Gebäude, das sich als Konglomerat der heterogensten Geschmacksrichtungen entpuppt. Den einen Eingang bildet ein griechischer Tempel, dessen Säulenportal allerdings nicht erhaben, sondern zierlich gehalten ist und bloß aus angestrichenem Holz besteht. In der Halle befindet sich ein geigender Apollo, dem der Kopf fehlt, weil für diesen offenbar kein Raum mehr vorhanden war.

51 Ebd. 329.

An den Tempel schließt sich ein »geschmackvoller« Kuhstall nebst holländischer Meierei an, über der Meierei hängt, wie ein Bienenkorb, eine schwebende Einsiedelei. Den zweiten Eingang bildet eine Burgruine, auf deren Mauer Blumentöpfe mit Moos umherstehen. Über dem ganzen Gemisch schließlich erhebt sich ein chinesisches Türmchen, unter dem ein Porzellanchinese sitzt und mit dem Kopf wackelt.[52] Mit dieser »phantastischen Spielerei«[53] will Rudolf wohl, wie eine Tafel am Ausgang des Gartens andeutet, die Besucher, sich selbst und die ganze Welt zum Narren halten. Mit dem Springen von einer Ausgefallenheit zur anderen stellt sie aber auch eine krampfhafte Ausgeburt der Sucht nach dem Interessanten dar. Im Prinzip ist dieses Konglomerat nicht so sehr verschieden von dem Sammelsurium frühromantischer »Einfälle«, wie es sich in Fragmenten-Sammlungen niederschlägt, und das Heterogene dieses Gebäudes und des ganzen Gartens ist eigentlich nicht viel ärger als bei einem Gemenge wie »Französische Revolution, Fichtes Wissenschaftslehre, Goethes Meister«.

Das Interessante führt auch hier nur im Kreise herum. Bezeichnenderweise stellen Leontin und Friedrich fest, als sie getrennt voneinander die Pfade des Gartens verfolgen, daß diese »in einem ewigen Kreise immerfort um sich selber herum« gehen[54] und dort enden, wo sie beginnen. Ein Spiegelsaal im letzten Teil des Gebäudes, in dem sie sich ins Unendliche vervielfältigt erblicken, verrät, daß der, der sich auf solchen Irrweg einläßt, selbstbezogen und unfruchtbar nur immer wieder zu sich selbst zurückkehrt.

Auf der anderen Seite bedeutet der Kreis nicht minder den sich perpetuierenden Rückfall ins Gewöhnliche. Wie Lovell probiert Rudolf alle möglichen Neuheiten aus: Er geht zu den Soldaten, wird Maler, wandert

---

52 Eichendorff, Werke II 248.
53 Ebd. 249.
54 Ebd. 247.

nach Italien, verliebt sich, studiert Philosophie, stürzt sich in sinnliche Ausschweifungen, verfällt dem Spiel, schließt sich Zigeunern und Räubern an, und doch entgeht er nicht der »fürchterlichen Langeweile«, dennoch bleibt sein Leben »in allem Wechsel (...) unbefriedigt«[55]. So sieht er sich zuletzt wie in einer »Wüste«[56], und wenn er sein Leben überdenkt, ist ihm »so totenstill und nüchtern, wie nach einem Balle, wenn der Saal noch wüst und schwül qualmt und ein Licht nach dem andern verlöscht«[57]. Die Kollektion wahnsinniger Narren, die er um sich versammelt hat, signalisiert wiederum nur seine Schwäche für das Interessante, zugleich aber auch das Sinnlose und Unfruchtbare dieses Kompensationsversuches. Selbst sein endlicher Entschluß, nach Ägypten zu gehen und sich der Magie zu ergeben, wird ihm nicht helfen, da in dem Willen, das Fernliegende zu erreichen, bereits die Desillusionierung angelegt ist[58].

Friedrich ist hier besser beraten, wenn er sich dem Gottesglauben zuwendet und ins Kloster geht. Aber man soll nicht meinen, daß der akute Reiz des Ungewöhnlichen, der Genuß verspricht und Genuß fordert, nicht auch ihm, dem Bruder Rudolfs, als Verlockung begegnet. Zu denken ist hier vor allem an die berückende Interessantheit der Gräfin Romana. Die »eigentümliche, von allen den andern verschiedene Richtung ihres Geistes«[59] zieht ihn ebenso an wie der zauberische Reichtum ihres Äußeren. Freilich gewinnt der erotische Reiz, wenn er nicht schon in der geistigen Attraktion präsent war, bald die Oberhand, und Romana nimmt die Züge jener Venusgestalt an, die von nun an in keiner Erzählung Eichendorffs fehlen wird. Von jetzt an aktiviert der Dichter aber auch die seltsame defen-

55 Ebd. 267.
56 Ebd. 282.
57 Ebd. 264.
58 Zur Gestalt Rudolfs vgl. auch Strenzke, aaO. S. 142 ff., 199 ff.
59 Eichendorff, Werke II 146.

sive Prüderie, die sich gern der Hilfe eines getreuen Eckhart und frommer Lieder bedient und die den Zauber bannen soll. Im *Marmorbild* statuiert er geradezu ein Exempel mit lehrhaftem Einschlag. Nun ist Eichendorffs Horror vor der geschlechtlichen Lust gewiß zum Teil ein Schauder vor den mythischen Kräften des Unbewußten[60]. Er ist aber nicht minder ein Schauder vor dem Teufelskreis Genuß – Ernüchterung – Begierde – Genuß, in dem sich vor allem der erotische Abenteurer bis zur Selbstverwüstung dreht und in dem sich jeder fängt, der sich aus Ungenügen auf das Abenteuer des Geschlechtlichen einläßt. Sehr bezeichnend, daß auch hier warnend die Figur des Kreises beschworen wird. Auf dem Weiher, an dem die marmorne Statue der Venus steht, beschreiben einige Schwäne »still ihre einförmigen Kreise um das Bild«[61]. Noch bezeichnender, daß der Venusgarten bei Eichendorff fast immer die Züge des geometrischen Gartens, d. h. die Merkmale der Wiederholung und der Leere, trägt. Große »seltsame Blumen« in glühenden Farben, wie sie Florio niemals gesehen[62] und wie sie Friedrich auch im Garten der Gräfin Romana antrifft[63], verheißen hier zwar niegefühlte, unerhörte Lust, aber pendelartige Hin- und Herbewegungen, einförmig plätschernde Brunnen, eine leblose Stille und die Abgeschlossenheit des Ganzen relativieren die Verheißung durch die Zeichen unausweichlicher Langeweile[64]. Überflüssig zu sagen, daß das Bleich- und Starrwerden der Geliebten, wie Friedrich und Florio es beobachten, den drohenden Umschlag

---

60 Vgl. L. Pikulik: Die Mythisierung des Geschlechtstriebes in Eichendorffs ›Das Marmorbild‹, in: Euphorion 71, 1977, S. 128-140.
61 Eichendorff, Werke II 318.
62 Ebd. 321.
63 Ebd. 155.
64 Ebd. 321. Vgl. die Interpretation dieser Stelle aus dem ›Marmorbild‹ bei Oskar Seidlin: Die symbolische Landschaft, in: O. S.: Versuche über Eichendorff, aaO., S. 38 f. In der Beschreibung des Gartens der Gräfin Romana fehlen diese Merkmale allerdings noch. Hier kommt besonders der Aspekt der Üppigkeit zur Geltung.

der Faszination in schale Verbrauchtheit ankündigen und daß Florios Gebet »Herr Gott, laß mich nicht verlorengehen in der Welt!«[65] die Lovellsche Erfahrung zur Voraussetzung hat, daß das egozentrische Genießen- und Besitzenwollen letztlich zum Selbstverlust führt (s. o.).

Solchen Selbstverlust stellt auch das Schicksal Romanas dar. Wie Rudolf und sein Bruder ist sie von Ungenügen erfüllt. Ähnlich wie Friedrich in der früher zitierten Stelle sehnt sie sich schon als Kind aus dem heimatlichen Garten hinaus, unschuldig auch sie nicht mehr und noch viel weniger als Friedrich, da es bereits auf dieser frühen Stufe der Lockruf des Geschlechts ist, der sie in Gestalt eines draußen umherjagenden »wilden Knaben« anzieht[66]. Da kommt der Rat der Mutter »Springe niemals aus dem stillen Garten!«[67] zu spät. Nicht nur interessant für andere, sondern ihrerseits auf das Interessante kapriziert, verbraucht Romana ihr Leben dann in raschen und rauschhaften Genüssen, bis sie den ursprünglichen Reichtum ihres Gemüts vergeudet hat und, innerlich ausgehöhlt, zugrunde geht. Wie das Treiben jener »Extremen« vergleicht der Dichter ihr Leben mit einer Feuerwerksrakete, »die sich mit schimmerndem Geprassel zum Himmel aufreißt und oben unter dem Beifallsklatschen der staunenden Menge in tausend funkelnde Sterne ohne Licht und Wärme prächtig zerplatzt.«[68] Tragisch ist es, daß sich die früh erworbene Manie, jedes neue Erlebnis als interessanten Reiz auszukosten, d. h. ohne eigentliche Hingabe, sich für sie in einen Fluch verwandelt. Als sie, durch die Begegnung mit Friedrich inspiriert, ihr Leben zu ändern versucht, gewinnen Tugend und Religion gegen ihren Willen auch wieder nur den Anstrich des Interessanten, und sie sieht sich dazu verurteilt, sich bei ihrem Be-

65 Eichendorff, Werke II 338.
66 Ebd. 123.
67 Ebd. 124.
68 Ebd. 188.

kehrungsversuch selbst zuzuschauen. Was ihren Anstrengungen dabei an Echtheit abgeht, das besitzen sie im Übermaß an Virtuosität: »sie kannte gleichsam alle Schliche und Kniffe der Besserung.«[69] Und wie Lovell in seiner Rolle als Liebhaber selbst überrascht ist, wie gut er die Liebe zu spielen weiß, so ist die Zuschauerin über sich als Akteurin erstaunt, »wie moralisch sie zu schreiben wußte«, als sie sich brieflich einer ehemaligen Bekannten aus der Residenz anvertraut. Die Bekannte versteht das Geständnis, obwohl es »im tiefsten Jammer« geschrieben, freilich in dem ästhetischen Sinne, mit dem es durch die ungewollt selbstgenießerische Reflexion seiner Verfasserin in Wahrheit gebrandmarkt ist, und so steht sie nicht an, »diese interessanten Briefe ihrem Abendzirkel mitzuteilen. Man nahm dieselben dort für Grundrisse zu einem Romane und bewunderte die feine Anlage und den Geist der Gräfin.«[70]

Das in mancher Hinsicht männliche Pendant der Gräfin ist Don Juan, wie er von E. T. A. Hoffmann in den *Fantasiestücken* geschildert wird. Auch diese dem Kierkegaardschen Verführer nahekommende Gestalt ist mit Vorzügen ausgestattet, die sie hoch über den »gemeinen Troß« der Menschen heben, ebenso wie mit dem »ewig brennenden Sehnen«[71], das sie zum Romantiker macht. Aber wenn Don Juan »gierig und ohne Rast alle Erscheinungen der irdischen Welt aufgriff, in ihnen vergebens Befriedigung hoffend«[72], so befindet auch er sich auf dem frühromantischen zum Kreis gebogenen Irrweg, auf dem sich die Verschränkung von Genuß und Ernüchterung eskalierend und endlos wiederholt. Daß die rastlose Jagd nach neuen Reizen und deren Konsum ihn unerbittlich nur der gesteigerten Erfahrung des Gewöhnlichen entgegentreibt, gewahrt er vor allem in der ihm traditionell angestammten Sphäre,

69 Ebd.
70 Ebd. 189.
71 Hoffmann, Werke I 75.
72 Ebd.

im Erotischen: »Vom schönen Weibe zum schönern rastlos fliehend; bis zum Überdruß, bis zur zerstörenden
Trunkenheit ihrer Reize mit der glühendsten Inbrunst
genießend; immer in der Wahl sich betrogen glaubend,
immer hoffend, das Ideal endlicher Befriedigung zu
finden, mußte doch Juan zuletzt alles irdische Leben
matt und flach finden«[73].

An diesem Punkt angelangt, nimmt er jedoch, nach
Hoffmanns origineller Deutung, eine innere Wende,
und zwar nicht zum Guten, sondern zum Bösen. Die
permanente Enttäuschung stürzt ihn zum einen in
»Tiefe Verachtung der gemeinen Ansichten des Lebens,
über die er sich erhoben fühlte«[74] – hierin wird er
auch Rudolf ähnlich –, zum anderen gibt sie ihm den
teuflischen Gedanken ein, Verführung nur noch zum
Zweck der Zerstörung zu üben, um sich so am Eros zu
rächen[75]. Freilich sucht er auch hierin wieder den
Genuß, »der ihn immer mehr hinaushebt aus dem
beengenden Leben«[76], einen Genuß, der in seinem nunmehr perversen und infernalischen Charakter das Interessante zu einer Kategorie der Hölle stempelt.

Was der abtrünnige und nach der »Lust eines neuen
herrlichen Lebens«[77] entbrannte Kapuziner Medardus
draußen in der Welt sucht, ist, nachdem und weil er
von dem Elixier des Teufels getrunken hat, bezeichnenderweise etwas ganz Ähnliches. Er will Aurelie
verführen, um die ihn fast bis zum Wahnsinn treibende
Begierde zu befriedigen, im selben Moment will er sie
jedoch auch ermorden. »Sie mit aller Inbrunst der
wütenden Begier umarmen und dann ihr den Tod
geben – *der* Gedanke erfaßte mich unwiderstehlich.«[78]

73 Ebd.
74 Ebd. 76.
75 Vgl. den vielsagenden Ausspruch der Gräfin Romana: »Es ist des
Jägers dunkelwüste Lust, das Schönste, was ihn rührt, zu verderben.«
Werke II 185.
76 Hoffmann, Werke I 76.
77 Hoffmann, Werke II 37.
78 Ebd. 281.

Das ließe sich gewiß psychoanalytisch erklären. Es scheint hier aber auch das vorausschauende Rachebedürfnis im Spiel, das, wovon er ahnt, daß es ihm mit der Befriedigung zugleich die Ernüchterung und die potenzierte Begierde bescheren würde, zur Strafe zu vernichten. Ihren ursprünglich »ästhetischen« Charakter hat die Kategorie des Interessanten damit allerdings abgelegt. Auch die Verwandtschaft mit Kierkegaards Verführer ist in diesem Punkt aufgehoben. Zu beobachten ist hier, was Friedrich Schlegel als »Konvulsion« des Geschmacks für das Interessante bezeichnet. Medardus gelangt, wie andere Gestalten Hoffmanns, schließlich zu der Einsicht, daß nicht in der akut befriedigten, sondern in der konstant »unendlichen Sehnsucht«[79] allein das Heil zu finden ist, womit auch hier die Abkehr von einem frühromantischen Irrtum besiegelt ist. Gleichwohl muß von Hoffmann gesagt werden, daß er in seinen Schauererzählungen, wo die Warnung vor dem Bösen mit dessen genüßlicher Ausmalung seltsam disharmoniert, bis zu einem gewissen Grad den einen der beiden Wege beschritten hat, den Schlegel für die Entwicklung der modernen Poesie vorausgesehen hatte: vom Interessanten über das Pikante und Frappante schließlich zum Schockanten. Die drei Unterarten, die Schlegel vom Schockanten benennt: das Abenteuerliche, das Ekelhafte und das Gräßliche[80], lassen sich alle bei Hoffmann reichlich belegen, wobei man sich allerdings fragt, ob der Reiz des Abenteuerlichen, den auch andere Romantiker ausbeuten, nicht besser mit Sensationen weniger extremen Charakters zu assoziieren wäre[81]. Zahlreiche Beispiele vor allem beim späten Hoffmann verraten den manchmal hektisch anmuten-

---

79 Ebd. 283.
80 Kritische Schriften, aaO. S. 149, Fußnote.
81 Belege zum »Gräßlichen« sind überall mit Händen zu greifen. Weniger bekannt ist vielleicht, daß Hoffmann auch einer der ersten genüßlichen Schilderer des »Ekelhaften« war. Daher seien hier einige besonders bezeichnende Stellen genannt: Werke III 181 (aus ›Die Bergwerke zu Falun‹); III 984 (aus ›Die Königsbraut‹); IV 700 (aus ›Meister Floh‹).

den Eifer des Autors, den Leser durch gepfefferte Abwechslungen anzulocken oder bei der Stange zu halten. Auf eine ganze Reihe solcher Stellen trifft zu, was im Kreis der Serapions-Brüder über die Erzählung *Vampirismus* bemerkt wird: »alles darin ist scheußlich interessant, und mit *Asa foetida* so überreichlich gewürzt, daß ein überreizter Gaumen, dem alle gesunde natürliche Kost nicht mehr mundet, sich daran sehr erlustieren mag.«[82]

b) Überheblichkeit

Die zweite höchst problematische Versuchung, die neben und im Zusammenhang mit dem Interessanten an den Ungenügsamen herantritt, ist die, sich für das Leiden am Gewöhnlichen durch das Bewußtsein der eigenen Besonderheit zu entschädigen. Es ist dies gewissermaßen die auf sich selbst bezogene Interessantheit, nicht nur in dem Sinne, daß das Ich im Genuß des Interessanten sich selbst genießt, sondern daß es sich selbst zum interessanten Gegenstand macht. Auch hierbei handelt es sich um einen frühromantischen aus dem Geist des Subjektivismus erwachsenden Kompensationsversuch, der in der Frühromantik selbst schon als Irrweg erkannt und erst recht von der Hochromantik abgelehnt wird.

Diese wiederum vor allem bei Lovell zu beobachtende »Sucht, etwas Besonderes zu sein«[83], findet ihr bloß transitorisches und illusorisches Genüge auf mehrfache Weise. Erhaben über das Gemeine fühlt sich Lovell zunächst kraft seines Herzens und seiner Phantasie, als Schwärmer. Er schweift nicht nur in außerordentliche Gefühle und Phantasievorstellungen aus, er hält sich darauf auch etwas zugute und versteigt sich dazu, »diese Empfindungen für ganz etwas Einziges« zu

82 Hoffmann, Werke III 941.
83 Tieck, Schriften VII 279.

nehmen, um »dadurch eine Scheidemauer zwischen (sich) und den übrigen Menschen zu ziehn«[84]. Was hier ins Extrem gesteigert fortwirkt, ist das Elitebewußtsein, wie man es bereits von den Empfindsamen früherer Jahrzehnte kennt, die Überzeugung, mit dem Besitz eines fühlenden Herzens die exklusive Mitgliedschaft in einem Kreis von »wenigen Edlen« erlangt zu haben. Wie instabil nun gerade diese Grundlage seines Stolzes ist, wurde schon an einer früheren Stelle der Untersuchung deutlich. Gerade der Schwärmer sieht sich nach kurzer Zeit unweigerlich einer erbarmungslosen Ernüchterung und Demütigung ausgesetzt. Tieck demonstriert dies sehr eindrucksvoll auch an dem Schicksal Emilie Burtons, die von Lovell in ein für ihn bloß interessantes Liebesverhältnis verstrickt und zugrunde gerichtet wird. Emilie läßt sich verführen und entführen, weil auch sie von der Sucht befallen ist, »etwas Eigenes und Besonderes zu empfinden«[85]. Daß sie mit diesem Bestreben kläglich scheitert, auf eine weniger tragische als triviale Weise, veranlaßt ihren Bruder zu der Moral: »Dies ist der gefährlichste Stolz im Menschen, er macht ihn frech und zuversichtlich auf Gaben, die er nicht besitzt, und unglücklich, wenn die Seele endlich selbst jene eingebildeten Schwingen versuchen will«[86].

Die Hybris, mit der Lovell seine inneren Fähigkeiten einschätzt und die zeitweilig in dem prometheischen Wahn gipfelt, der Welt oberster und einziger Gesetzgeber zu sein[87], potenziert zudem den schon im empfindsamen Fühlen als solchem angelegten Wirklichkeitsverlust (s. Teil I, 2, b). Macht schon der bloße Selbstgenuß, der die Welt nur als Occasio mißbraucht, die Wirklichkeit öde, so entwertet der irre Gedanke, daß das, was die Welt im Innersten zusammenhält, nur im

84 Ebd. 191.
85 Ebd. 168.
86 Ebd. 187.
87 Tieck, Schriften VI 179.

Ich liege, die Wirklichkeit zu einem Phantom und zum Chaos[88].

Wo Lovell, wie hier, sich auf die Höhe philosophischer Überlegenheit zu schwingen glaubt, nimmt sein Hochmut intellektuelle Züge an. In diese Richtung tendiert das Gefühl seiner Einzigkeit um so mehr, je deutlicher sich ihm die Erkenntnis aufdrängt, wie sehr »die meisten Menschen« oder gar »die Menschen« sich am Gängelband von Gewohnheiten, Konventionen oder Grundsätzen bewegen. Von den Wirkungen der Normalität ist zwar auch er betroffen. Mit dem Unterschied zum Philister aber, daß er das Normale durchschaut, die Abhängigkeiten erkennt. So nimmt er trotz pathologischem Affiziertsein nicht ganz zu Unrecht einen Sonderstatus für sich in Anspruch. Ein Irrtum ist es allerdings, wenn er die intellektuelle Distanz mit souveränem Darüberstehen verwechselt und sich zeitweise einbildet, über eine außerordentliche Freiheit zu verfügen: »Frei stehe der kühnere Mensch, ohne Stangen und Latten, die ihn umgeben, in der hohen Natur da, aus Baumwipfeln und Morgenroth ziehe er seine Philosophie, und schreite wie ein Riese über die Zwerge hinweg, die gleich Ameisen zwischen seinen Füßen kriechen und sich mit kläglicher Emsigkeit mit Sandkörnern schleppen, um den gewaltigen Bau aufzuführen, den ein einziger Fußtritt aus seinen Wurzeln hebt.«[89] Auch aus dieser Höhe tut er einen tiefen Fall, am Ende des Romans, als ihm die schreckliche Wahrheit enthüllt wird, daß er selbst nur am Lenkseil gegangen war, und früher schon, als er den Schluß von der Erkenntnis fremder Abhängigkeit auf die Gewißheit eigener Unabhängigkeit als Trugschluß erkennt[90].

Wie der Vergleich der gewöhnlichen Menschen mit Zwergen und Ameisen zeigt, schlägt sich Überheblichkeit auch in Verachtung nieder. Diese Verachtung

88 Ebd. 177.
89 Ebd. 211 f.
90 Ebd. 262.

steigert sich, wenn Lovell an die Existenz einer höheren Geisterwelt zu glauben beginnt und dem Wahn besonderer Auserwähltheit verfällt: »Die Verächtlichkeit der Welt liegt in ihrer größten Betrübniß vor mir; ich stoße sie nur um so geringschätzender von mir, je wunderbarer ich mir selbst erscheine.«[91] Gerade in dieser Phase sinken die Menschen in Lovells Augen zu leblosen Maschinen herab, häufiger und deutlicher noch als früher sieht er sie jetzt als an Fäden gezogene Puppen, als Marionetten agieren. Damit tritt die Versuchung an ihn heran, diesem Treiben nicht mehr nur passiv zuzuschauen, sondern es mit zu manipulieren, und so gewinnt seine Überheblichkeit eine neue, verwerflichere Qualität. Was er im Auftrag der Geheimen Gesellschaft an seinen früheren englischen Freunden Schlimmes verübt, geschieht gewiß auch aus Haß und unter der Voraussetzung, daß diese Menschen zu selbständigen Handlungen fähig sind. Zugleich und paradoxerweise sieht er sich aber auch in der Rolle des Spielers und Manipulators wie entsprechend diejenigen, mit denen er sein Spiel treibt, als »unbeholfene Maschinen«[92], und so nimmt die für ihn ungewohnte Aufgabe auch jenen Reiz des Interessanten an, von dem im vorigen Abschnitt die Rede war.

In auffälliger Weise durchzieht das Motiv der Manipulation Tiecks ganzen Roman. Der Autor ist von der Möglichkeit, Menschen zu beherrschen, Menschen zu gängeln, offensichtlich tief beeindruckt. Wie man sieht, ist diese Idee mit dem Thema der Marionette eng verbunden, kein Wunder: aus der Erkenntnis, wie wenig der Durchschnittstyp seinem eigenen Willen und individuellen Entscheidungen folgt und wie sehr er stattdessen von außen gesteuert wird, geht der Gedanke, daß sich hier Herrschaft ausüben läßt, geradezu zwangsläufig hervor. Für den Ungenügsamen, der diese Marionettenhaftigkeit des Daseins durchschaut, sich gleichzeitig

91 Tieck, Schriften VII 86.
92 Ebd. 130.

überlegen fühlt und nach Kompensation durch ein ungewöhnliches Erlebnis schmachtet, wird dieser Gedanke zur Versuchung. Es ist die Versuchung, sich zum Drahtzieher zu machen, ja eigentlich die Rolle Gottes zu spielen[93]. Bei Lovell verwirklicht sich diese Idee in vergleichsweise kleinem Maßstab, zumal Lovell selber nur ein Genasführter ist. Das eigentliche Exempel für diese Art von Anmaßung liefert Tieck mit der Gestalt Waterloos, des Oberhauptes der Geheimen Gesellschaft.

Wie aus Waterloos schriftlichem Vermächtnis klar wird, hat sein Lebenslauf starke Ähnlichkeiten mit demjenigen Lovells. Auch er durchläuft, nachdem schon seine Kindheit sich gefühls- und tränenselig angelassen hatte, eine Phase empfindsamer Schwärmerei und gerät, teilweise aus enttäuschter Liebe, auf die Bahn des Ungenügens[94]. Auch er beginnt zu reisen, um Neues zu erfahren, stürzt sich in das Abenteuer der Sinnlichkeit, erlebt die unausbleiblichen Ernüchterungen, verfällt dem Haß und droht im Elend zu versinken. Aber Zufall und Gewissenlosigkeit spielen ihm ansehnliche Mittel in die Hände, er rafft sich auf und beschließt,

93 Walther Rehm hat dies im Anschluß an Augustin »experimentum medietatis« genannt, den »vermessenen Versuch des Ich, Mitte sein zu wollen.« Experimentum medietatis. Eine Studie zur dichterischen Gestaltung des Unglaubens bei Jean Paul und Dostojewski, in: W. R.: Experimentum medietatis. Studien zur Geistes- und Literaturgeschichte des 19. Jahrhunderts, München 1947, S. 7-95, S. 7.

94 Vgl. Stellen aus seinem Vermächtnis wie diese: »die Natur umher ward wieder stumm, die dürre Wirklichkeit kroch wieder langsam und träge aus ihrem Winkel hervor« (Schriften VII 295). – »Die Zimmer waren ausgeleert, und in der Mitternachtsstunde ging ich dem öden Hause vorüber, und hörte nur noch drinnen eine Wanduhr, die ewig und langweilig ihre wiederkehrenden Schwingungen abmaß. Es war mir, als hörte ich den Takt, der kalt und empfindungslos das menschliche Leben abmißt: ich ahndete im voraus den Gang der Zeit und alle die trüben Veränderungen, die sich träge in der Einförmigkeit ablösen und gähnend wiederkehren.« (Ebd. 296) – »Es war alles nicht so, wie ich es mir gedacht hatte. Ich traf allenthalben dieselben Menschen wieder an, eben das flache, abgegriffene Gepräge, das mich in meiner Heimath innerlich so oft empört hatte.« (Ebd. 299)

sich zum Beherrscher der Menschen aufzuwerfen. Auch hier legt das auf Verachtung hinauslaufende Durchschauen den Grundstein. »Die Menschen erschienen mir in einem so verächtlichen Lichte, daß ich es für die leichteste Sache von der Welt hielt, sie zu beherrschen, kurz, ich nahm mir vor, den Versuch anzustellen, möchte er gleich ausfallen, wie er wollte.«[95] Indes versucht er sich nicht so sehr an den Durchschnittstypen, um diese etwa beim konventionellen Gehorsam zu packen. Indem er sich in Geheimnis hüllt, kalkuliert er gewissermaßen romantisch, nämlich mit dem »Hang zum Wunderbaren«[96], und so geht ihm auch Lovell ins Netz.[97] Aber was erreicht er schließlich mit seinen Machenschaften? Mit dem Ruin Lovells befriedigt er ein von alters her schwelendes Rachebedürfnis, das auf einen Konflikt mit Lovells Vater zurückgeht. Er weidet sich an der Demütigung Lovells, der sich »für ein äußerst wunderbares und seltenes Wesen gehalten« hatte[98] und sich nun in die Marionettenwelt zurückgestuft sieht. Wenn aber alle seine Umtriebe auch dazu gedient haben, ihn selbst zu »etwas recht Besonderem« zu erheben, so bleibt in seinem letztlich unbefriedigten Gemüt der Zweifel zurück, ob er dergleichen wirklich darstellt und »ob ich mich bei dieser Bemühung nicht selber zum größten Narren gemacht habe.«[99]

Innerhalb der Hochromantik zeigt sich noch Hoffmann von der Idee der Manipulation stark fasziniert. Im

95 Ebd. 316.
96 Ebd. 318.
97 Das unterscheidet Waterloo von Eduard Burtons Vater, der ebenfalls eine Drahtzieherrolle spielt (siehe ebd. 61 ff.). Der alte Burton ist ein Vertreter der »politischen Lebensklugheit«, wie sie in der Tradition der Komplimentierbücher begründet ist (vgl. Zaehle, aaO.). Er lernt schon früh von seinen Lehrern und durch eigene Beobachtung, daß man die Menschen bei ihren Schwächen, besonders bei ihrer Eitelkeit packen muß, und daß daher eine Verhaltensweise wie Schmeichelei am ehesten zum Ziele führt. Der alte Burton handelt im übrigen nicht aus Ungenügen.
98 Tieck, Schriften VII 322.
99 Ebd. 324.

Guten exemplifiziert er sie an der Gestalt der Magier in den Märchen, im Bösen an derjenigen der Magnetiseure. Herrschaft als bloß menschlich-subjektivistische Anmaßung, als Triumph über die Normalität aus bloßer Eigensucht, wird von Hoffmann aber ins Lächerliche und Nichtige gezogen. Das zeigt besonders die Euphemie-Episode in den *Elixieren des Teufels*.

Schon auf dem ersten Abschnitt seiner Lebensreise, beim Aufenthalt auf dem Schlosse des Barons F., begegnen Medardus die Erbübel seiner sündigen Familie, an denen er selbst krankt, Wollust und Hochmut, in ihrer zugleich verführerischsten und verwerflichsten Gestalt. Dabei geht es der »höchst interessanten«[100] Euphemie mehr noch als um sinnliche Ausschweifungen um den Genuß der Herrschaft über ihre Umgebung und die Lust des Spielens mit »den untergeordneten Verhältnissen des gemeinen Alltagslebens«[101]. Alle Verbindungen, die sie eingeht, und alle Intrigen, die sie spinnt, dienen vor allem diesem ihrem Bedürfnis, »eine seltene geistige Herrschaft über alles, was mich im Leben umgibt, zu erringen«[102], und wenn sie ihren Liebhaber Viktorin, an dessen Stelle ohne ihr Wissen nun freilich Medardus getreten ist, in der Verkleidung eines Mönches ins Haus einschleust, so genießt sie dies als Wagestück, »das im höheren Geiste gedacht, der Ohnmacht konventioneller Beschränktheit spottet«[103]. Auch hier liegt der Versuchung, die Rolle Gottes zu spielen, ebenso Ungenügen an der Beengtheit der konventionellen Verhältnisse wie Einsicht in die Marionettenhaftigkeit des gewöhnlichen Daseins zugrunde: »Herrsche mit mir über die läppische Puppenwelt, wie sie sich um uns dreht«, meint Euphemie zu dem vermeintlichen Viktorin, den sie gewissermaßen zum Mitregenten machen will. »Das Leben muß uns seine herrlichsten Genüsse

100 Hoffmann, Werke II 54.
101 Ebd. 65.
102 Ebd. 64.
103 Ebd. 65.

spenden, ohne uns in seine Beengtheit einzuzwängen.«[104] Auch hier wird aus der intellektuellen Distanz zum Gewöhnlichen auf das Innehaben eines höheren Standpunktes geschlossen, eines Standpunktes, von welchem aus sogar das eigene Ich in der Rolle der Dienstbarkeit erscheint: »Es ist das eigne wunderbare Heraustreten aus sich selbst, das die Anschauung des eignen Ichs vom andern Standpunkte gestattet, welches dann als ein sich dem höheren Willen schmiegendes Mittel erscheint, *dem* Zweck zu dienen, den er sich als den höchsten, im Leben zu erringenden, gesetzt.«[105]

Jedoch unterliegt Euphemie, ähnlich wie ihre frühromantischen Vorgänger, einer schmählichen Selbsttäuschung. Da sie nicht weiß, wie sehr sich die Situation durch Medardus' Dazwischentreten geändert hat, hat sich ihre Stellung ins Gegenteil verkehrt. Statt, wie sie glaubt, zu spielen und zu herrschen, wird sie beherrscht und wird mit ihr gespielt. Sie ist nun ein Gegenstand des Hohns und der Verachtung für Medardus, der seinerseits einen höheren Standpunkt gewonnen zu haben glaubt und Machtgelüste entwickelt. »Es war etwas Übermenschliches in mein Wesen getreten, das mich plötzlich auf einen Standpunkt erhob, von dem mir alles in anderm Verhältnis, in anderer Farbe als sonst erschien. (...) Euphemie wurde mir in ihrem eitlen selbstsüchtigen Wahn verächtlich (...) Ich beschloß von der mir einwohnenden Macht den vollsten Gebrauch zu machen, und *so* selbst den Zauberstab zu ergreifen, um die Kreise zu beschreiben, in denen sich alle die Erscheinungen um mich her mir zur Lust bewegen sollten.«[106]

Aber auch Medardus täuscht sich, wie er selbst im weiteren Verlauf des Romans mehr und mehr einsehen lernt. Auch er ist nur »Spielwerk«, so daß er, der sich frei dünkt, sich doch nur innerhalb eines »Käfichts«

104 Ebd. 68.
105 Ebd. 65.
106 Ebd. 68 f.

bewegt[107]. Fast in einer schon auf Kafka vorausdeutenden Weise wird mit dem anmaßenden, aber eigentlich törichten Glauben aufgeräumt, als sei irgendwo ein
letzter Punkt zu erreichen, von wo aus alle Abhängigkeiten ihren Anfang nehmen und wo sich folglich ein
Gefühl der Freiheit und Macht entfalten ließe. Zumal
die verästelte Familiengeschichte, wie sie später vom
Buch des Malers erzählt wird und in der Medardus
nur ein Glied einer langen Kette ist, verlegt den Uran-
fang des Geschehens, von dem aus alles Spätere deter-
miniert ist, in eine unheimlich entfernte, kaum auszu-
lotende Tiefe.

In dem Umstand, daß Hoffmann den Hochmut als
Erbübel behandelt, liegt auch eine epochengeschichtliche
Pointe. Dieser Hochmut ist in der Tat ein Übel, das
die Hochromantik von der Frühromantik ererbt. Aber
eben in der Darstellung des Erbes als Übel, als Fluch
und Sünde, liegt bereits die entscheidende romantische
Stellungnahme. Es ist dies freilich im Falle Hoffmanns,
wie wir meinen, kein eigentlich moralisches oder gar
religiöses Urteil, wenn auch Gewissensskrupel vielleicht
mit hineinspielen. (Das christliche Element in den *Elixieren* ist im wesentlichen Stoff und Motiv, nicht der
Geist des Ganzen.) Es ist dies eher eine Stellungnahme
zu der instrumentalen Untauglichkeit des Subjektivismus als Therapie gegen das Ungenügen.

Im Falle Eichendorffs, der den Subjektivismus bekanntlich noch entschiedener als Hoffmann und ebenfalls als »Sünde« ablehnt, ist der religiöse Maßstab
ernster und echter gemeint. Ist auch bei Eichendorff die
Verwendung religiöser Kategorien und die Hinwendung zur Transzendenz oft mehr romantisch als religiös
motiviert, so fließt doch seine scharfe Verurteilung der
»subjektiven Eigenmacht«[108] gleichermaßen aus dem
religiösen Gewissen wie aus der seelischen Erfahrung.
Genauer genommen ist wohl eine allmähliche Überla-

107 Ebd. 115.
108 Eichendorff, Werke II 1038.

288

gerung der psychologischen Reflexion durch die religiöse Bewertung anzunehmen. Man vergegenwärtige sich noch einmal die Entwicklung Friedrichs. Aus Ungenügen geht er auf Wanderschaft, sucht Neues, Abenteuerliches, Geheimnisvolles, bis ihm auf Grund häufiger Enttäuschungen alle bloß weltlichen Reize als »Plunder« und alle bloß subjektiven Ansprüche und Anmaßungen fruchtlos erscheinen und er sich zu Gott wendet. Ist diese Entscheidung noch ursprünglich romantisch motiviert, so wird sie doch alsbald, und zwar während des Aufenthaltes bei Rudolf, an den wiedererwachenden religiösen Sinn angebunden und mit dem Stempel einer echten religiösen Gesinnung versehen: »In Friedrich entwickelte diese Abgeschiedenheit endlich die ursprüngliche, religiöse Kraft seiner Seele, die schon im Weltleben, durch gutmütiges Staunen geblendet, durch den Drang der Zeiten oft verschlagen und falsche Bahnen suchend, aus allen seinen Bestrebungen, Taten, Poesien und Irrtümern hervorleuchtete. Jetzt hatte er alle seine Pläne, Talentchen, Künste und Wissenschaften unten zurückgelassen und las wieder die Bibel, wie er schon einmal als Kind angefangen.«[109]
Erfolglose Therapien gegen das Ungenügen werden also auch bei Eichendorff zunächst von der Seite ihrer psychischen Wirkung erlebt, nach Phasen der Desillusionierung und Frustration aber in das während der Kindheit anerzogene und nunmehr reaktivierte christliche Orientierungsmuster eingeordnet, wo sie nicht nur verbal und motivisch (wie bei Hoffmann), sondern auch in ihrem inneren Geist eine andere Qualität gewinnen. So nimmt das erotisch Interessante in Gestalt der Venus tatsächlich die von Überzeugung getragene Qualität des heidnisch Sündhaften an, und nicht anders ergeht es dem Erbübel der Überheblichkeit.
Wie »subjektive Eigenmacht« bei Eichendorff scheitert, zeigt sich schon an Romana und Rudolf und wird sich später noch in anderen Zusammenhängen an anderen

109 Ebd. 284.

Beispielen erweisen. Wir können diesen Aspekt daher hier verlassen.

Überleitung: Wende zur Hochromantik

Es ist schon häufig gesagt worden – und kann hier nur bestätigt werden –, daß der Schritt von der Früh- zur Hochromantik eine Überwindung des Subjektivismus zugunsten eines neuen Objektivismus bedeutet. Nun ändert das, von unserem Thema her gesehen, nichts an der Tatsache, daß es der Romantik nach wie vor, in der Hoch- wie in der Frühphase, darum geht, das Ungenügen an der Normalität zu kompensieren. Aber wenn die Frühromantik zum Fluchtpunkt aller Bemühungen das Ich macht, sei es im Genuß des Interessanten, sei es in der »Sucht, etwas Besonderes zu sein«, so entwickelt die Hochromantik wieder einen altruistischen Sinn für die Welt.

Die neue Weltzugewandtheit äußert sich sowohl in der Suche nach einer neuen Welt wie in dem Versuch, die Welt neu zu erleben. Im Grunde ist in der Romantik beides miteinander identisch, wirkt sich motivisch und verhaltenstypologisch aber zum Teil verschieden aus. Die Suche nach einer neuen Welt macht sich häufig als Bewegungsakt geltend: z. B. als Wanderung nach dem Zauberland Italien, als Exkursion in das Hochgebirge, als Hinabsteigen in die Tiefe eines Bergwerks. Der Versuch, die Welt neu zu erleben, verwirklicht sich hingegen vorwiegend im Erleben selber, in einer neuen Art des Sehens. Und während im ersten Fall zwischen Normalität und Alternative ein Abstand zu bestehen scheint, fällt dieser im zweiten dahin, einfach weil der Gegenstand des neuen Sehens die Normalität selber ist. In beiden Fällen wird dasselbe gesucht: das Fremde, ganz Andere; aber im ersten abseits und außerhalb des Gewöhnlichen, im zweiten innerhalb des Gewöhnlichen.

Manche romantischen Texte zeigen eine Präferenz für die eine oder die andere Variante. Zum Teil beruht auch die Verschiedenheit zwischen Hoffmann und Eichendorff darauf, daß der eine gern die alltägliche Wirklichkeit, der andere den Bereich außerhalb, vor allem die freie Natur, zum Schauplatz seiner Erkundungen und Entdeckungen erwählt. Die Unterscheidung hat aber nur oberflächlich eine gewisse Gültigkeit. Schaut man genauer hin, so erscheinen das Suchen und das Sehen als zwei Seiten ein und desselben Vorgangs. Eichendorffs Wanderer sind auch immer Sehende, und während sie nach einer neuen Welt unterwegs sind, erschließt sich ihnen diese neue Welt bereits in den Reiseerlebnissen und im Erlebnis der Reise selber. Hoffmanns »Seher« andererseits verharren nur äußerlich am Schauplatz. Ihr Erleben bedeutet ein allmähliches Eindringen in eine Sphäre jenseits des Gewöhnlichen und also ein Sichentfernen von der Normalität. Freilich gilt auch der Unterschied zwischen ›innerhalb‹ und ›außerhalb‹ (oder ›jenseits‹) des Gewöhnlichen nur relativ. Da es keinen Ort gibt, wo der Romantiker vor dem Normalen sicher wäre, kann er im Grunde nie außerhalb sein, und da es auf der anderen Seite nichts Gewöhnliches gibt, das nicht eines neuen Erlebens fähig wäre, braucht er auch niemals nur innerhalb zu bleiben.

Die Hinwendung zur Welt schafft einen neuen Heldentypus und spiegelt sich in ihm. Schon Tiecks Sternbald ist im wesentlichen die Umkehrung eines Typs wie Lovell. Er hat nicht mehr die »Sucht, etwas Besonderes zu sein«. Er macht nicht mehr Jagd auf das Interessante. Gewiß, auch ihn treibt zugleich mit dem Motiv, Künstler zu werden, vor allem Ungenügen, und auch er reflektiert über sein Ungenügen. Bezeichnenderweise nehmen aber diese Reflexionen, die im *Lovell* fast die ganze Substanz des Romans ausgemacht hatten, hier nur einen verhältnismäßig geringen Teil der Schilderung ein. Sie bilden immer noch, wie in der ganzen Romantik, den Untergrund der Darstellung. Jedoch werden sie weitgehend durch den Anschein einer neuen Einfalt und Einfachheit überdeckt. Introspektion und Selbstanalyse entblößen nicht mehr in demselben Maße wie früher die Psychologie der Gestalten. Wenn überhaupt, so will Sternbald sein Innerstes nur in Gedichten aussprechen: »Oft möcht' ich alles in Gedichten niederschreiben (. . .) Du vermagst das Wesen, was Dein innerstes Herz bewegt nicht anders auszusprechen.«[110] So tendiert die einst reflektierende Sprache dazu, sich in eine poetische Sprache zu verwandeln. Desgleichen wendet sich der Blick nach außen. Hauptsächlich erfährt der Leser, wie Sternbald wandert, was er sieht und vor allem wie er sieht, wem er begegnet, welche Gespräche er führt, was er malt und worum er sich in der Kunst bemüht. Schon der Anfang des Romans ist eine entschiedene Absage an die Versuchung des Subjektivismus: beim Abschied von der Heimat verspricht Sternbald seinem Freund Sebastian, nie überheblich zu werden und »immer ein Kind (zu) bleiben«[111]. Zwar trägt Sternbald noch empfindsame Züge. Er ist introvertiert und rührselig, und auch das »Kind bleiben« wird ihm nicht so glücken, wie er sich vornimmt; manchmal sogar senkt sich noch der Schatten Lovells über ihn. Aber auffällig und dominierend an ihm ist doch eine neue Aufnahmebereitschaft für Eindrücke von außen, auch von solchen Menschen und Gegenständen, denen er sich innerlich nicht verwandt fühlt.

Insofern kann man der Hochromantik kein größeres Unrecht zufügen, als sie unter die kompromittierende Kategorie der »Innerlichkeit« zu subsumieren, wie das noch Thomas Mann getan hat[112]. Selbst Novalis, der Autor der berühmten Devise »Nach Innen geht der geheimnißvolle Weg«[113], bleibt bei diesem Rezept nicht stehen: »Selbstentäußerung ist die Quelle aller Erniedri-

110 Tieck, Schriften XVI 78.
111 Ebd. 12.
112 Vgl. etwa Thomas Manns Essay ›Deutschland und die Deutschen‹.
113 Novalis, Schriften II 419.

gung, so wie im Gegentheil der Grund aller ächten Erhebung. Der erste Schritt wird Blick nach Innen, absondernde Beschauung unsers Selbst. Wer hier stehn bleibt, geräth nur halb. Der zweyte Schritt muß wirksamer Blick nach Außen, selbstthätige, gehaltne Beobachtung der Außenwelt seyn.«[114]

2. Neues Sehen

Beim »Blick nach Außen«, bei der »Beobachtung der Außenwelt« spielt zunächst der Akt des Sehens als solcher eine wichtige Rolle.

Es gibt keinen Romantiker, der die Entdeckung der Welt nicht vom Sehen abhängig gemacht hätte. Tieck setzt sich, wie später zu zeigen sein wird, mit diesem Problem bereits unmittelbar nach dem *Lovell* und noch vor dem *Sternbald* auseinander. Zu erstrangiger Bedeutung erheben es nicht weniger Eichendorff und Hoffmann. Zu Eichendorffs dichterischer Welt scheinen, wie M. Wettstein bemerkt hat, »unabdingbar Augen zu gehören, denen sich diese Welt präsentiert«[115]. Mit der Vokabel »sehen« in all ihren Erscheinungsformen ist Eichendorffs Sprache überall durchsetzt. Auf Schritt und Tritt sind Eichendorffs wandernde Helden überrascht von »Anblick«, »Ausblick«, »Aussicht«[116]. Und bemerkenswerterweise sieht bei Eichendorff nicht nur der Mensch die Welt, sondern auch die Welt den Menschen an, etwa wenn es heißt, daß »uns aus Wäldern, Bergen, aus blühenden Mädchengesichtern, die von lichten Schlössern grüßen, aus Strömen und alten Bur-

---

114 Ebd. 423.

115 Martin Wettstein: Die Prosasprache Joseph von Eichendorffs – Form und Sinn, Zürich und München 1975 (= Zürcher Beiträge zur deutschen Literatur- und Geistesgeschichte 43), S. 37.

116 Ebd. Vgl. auch die Belege zum Komplex Sehen bei Gisela Jahn: Studien zu Eichendorffs Prosastil, Leipzig 1937 (= Palaestra 206), S. 64 f.

gen das noch unbekannte, überschwengliche Leben ernst und fröhlich ansieht!«[117]

Von Hoffmann gilt Ähnliches[118]. Die meisten seiner Künstlergestalten und Erzählerfiguren sind begabte »Seher«. Wo Hoffmann Physiognomien beschreibt, vergißt er kaum jemals die Augen und den Blick hervorzuheben. Freilich, in einem bezeichnenden Unterschied zu Eichendorff liebt er auch die Verwendung künstlicher Sehwerkzeuge. Optische Instrumente wie Spiegel, Brillen, Mikroskope oder Teleskope kommen in fast jeder seiner Erzählungen vor. Schließlich besagt es nicht wenig, wenn Hoffmann das »Schauen« sogar zur Hauptbedingung des Dichtens erklärt[119].

Das ist eine auch für Tieck und Eichendorff charakteristische Erweiterung des Bezugsfeldes. Die Frage des Sehens ist nicht nur auf die Gestalten innerhalb der Dichtung bezogen. Sie ist eine Frage des romantischen Darstellungsstils überhaupt, und so wie sich im weiteren Sinne der Dichter als Seher geltend macht, wird auch der Leser am Sehen beteiligt.

Worum es geht, ist ein neues Sehen, das die Welt erneuern soll[120].

117 Eichendorff, Werke II 40. Vgl. das entsprechende Beispiel bei Wettstein, aaO. S. 37.

118 Zum Problem des Sehens bei Hoffmann vgl. z. B. Karin Lindemann, aaO. S. 247 ff.; Klaus G. Just: Die Blickführung in den Märchennovellen E. T. A. Hoffmanns, in: Wirkendes Wort 14, 1964, S. 389-397; Peter von Matt: Die Augen der Automaten. E. T. A. Hoffmanns Imaginationslehre als Prinzip seiner Erzählkunst, Tübingen 1971 (= Studien zur deutschen Literatur 24); Helga Slessarev: Bedeutungsanreicherung des Wortes: Auge. Betrachtungen zum Werk E. T. A. Hoffmanns, in: Monatshefte 63, 1971, S. 358-371; Helmut Motekat: Vom Sehen und Erkennen bei E. T. A. Hoffmann, in: Mitteilungen der E. T. A. Hoffmann-Gesellschaft 19, 1973, S. 17-27; Yvonne J. K. Holbeche: Optical Motifs in the Works of E. T. A. Hoffmann, Göppingen 1975 (= Göppinger Arbeiten zur Germanistik 141).

119 Vgl. die Bemerkungen zum »Serapiontischen Prinzip« in den ›Serapions-Brüdern‹, Werke III bes. 54.

120 Bekanntlich haben die Romantiker damit ein Thema angeschlagen, das im 20. Jahrhundert wieder sehr aktuell geworden ist, man denke an den Russischen Formalismus, den Surrealismus, den Dadaismus oder

a) Die Welt als Problem der Wahrnehmung –
konventionelles Sehen

Wenn die Welt mit Hilfe eines neuen Sehens verändert, »romantisiert« werden soll, so liegt dem notwendig die prinzipielle Erkenntnis zugrunde, daß die Welt ein Problem der Wahrnehmung ist.

»Ja, die Erde ist noch immer voll schöner Wunder, wir betrachten sie nur nicht mehr!«[121] heißt es an einer Stelle bei Eichendorff. An einer anderen: »Alles ringsumher (...) ist prosaisch und gemein, oder groß und herrlich, wie wir es verdrossen und träge, oder begeistert ergreifen.«[122] In einem Brief an Jegór von Sivers schreibt Eichendorff: »die Welt ist überall geheimnisvoll schön, wenn man sie mit poetischen Augen anzusehen vermag.«[123] In einem anderen Brief, in dem er sich auf seinen Roman *Ahnung und Gegenwart* bezieht, bemerkt er: »Überhaupt gibt es der Erinnerungen und Anklänge in dem Buch gar viele, aber ich tröste mich damit, daß ich das Gegebene *in mich* aufgenommen habe. Am Ende ist ja die ganze Welt um uns her ein Gemeingut, und es kommt nur darauf an, *wie* ich

Brecht. Im Zusammenhang mit diesem Thema wird am häufigsten der Begriff der Verfremdung diskutiert, der allerdings nur einen Teilaspekt des ganzen Problems ausmacht. Vgl. z. B. Ernst Bloch: Entfremdung, Verfremdung, in: Verfremdungen I, aaO., S. 81-90; Reinhold Grimm: Verfremdung. Beiträge zu Wesen und Ursprung eines Begriffs, in: Revue de la littérature comparée 35, 1961, S. 207-236; Hermann Helmers: Verfremdung als poetische Kategorie, in: Deutschunterricht 20, 1968, S. 86-103; Ernst Nündel: Das Prinzip der Verfremdung in der Dichtung, in: Deutschunterricht 23, 1971, S. 68-85; Renate Lachmann: Die ›Verfremdung‹ und das ›Neue Sehen‹ bei Viktor Šklovskij, in: Poetica 3, 1970, S. 226-249. Die Vorläuferschaft der Romantik ist bekannt und wird in der heutigen Diskussion häufig erwähnt, jedoch fehlt es an Arbeiten, die Theorie und Praxis des Neuen Sehens in der Romantik genauer untersuchen. Auch das in der vorliegenden Arbeit Ausgeführte kann nur als Einstieg gelten.

121 Eichendorff, Werke II 714.
122 Ebd. 142.
123 Am 6. August 1854. HKA XII 168.

sie betrachte.«[124] Bei Novalis findet sich die Behauptung: »Es liegt nur an der Schwäche unsrer Organe, daß wir uns nicht in einer Feenwelt erblicken.«[125] Wenn man all diese Aussagen, die sich durch weitere Belege ergänzen ließen, zusammennimmt, kommt man als Quintessenz auf den gemeinsamen Nenner: Die Welt ist so, wie wir sie sehen.

Diese uns heute geläufige Ansicht war damals noch verhältnismäßig neu. Die traditionelle, naivere Auffassung war zum einen davon ausgegangen, daß die Wirklichkeit an sich der Erkenntnis zugänglich ist, zum anderen, daß wir uns bei der Wahrnehmung nur passiv-rezeptiv verhalten und daß unsere Sinne bloß Fenster sind, durch die die Wirklichkeit unverändert in uns eindringt. An diese Vorstellung hatte sich dann auch die Meinung geknüpft, daß die Wirklichkeit, dieselben äußeren Bedingungen vorausgesetzt, allen Menschen zu allen Zeiten als dieselbe erscheint. Beiläufig sei bemerkt, daß im literarischen Bereich hierauf die Nachahmungspoetik aufbauen konnte. Das Prinzip der Nachahmung setzt die Nachahmbarkeit voraus. Nachahmbar, und zwar in einer allgemeinverbindlichen Weise, ist die Wirklichkeit aber nur dann, wenn man sich deren Rezeption in der eben beschriebenen naiven Weise vorstellt, wenn man also annimmt, daß das, was die Wirklichkeit ist, sich ohne weiteres an ihr ablesen läßt, bzw. wenn man das, was man durch die bloße Öffnung der Sinnesfenster glaubt an ihr abgelesen zu haben, für sie selber hält.

Wenn durch nichts anderes sonst, wäre diese Auffassung schon durch die Philosophie Kants erschüttert worden. Kant stößt bekanntlich zu der Ansicht vor, daß nicht die Anschauung sich nach der Beschaffenheit der Gegenstände, sondern daß sich »der Gegenstand (als Objekt der Sinne) nach der Beschaffenheit unseres

124 An Loeben, 25. Dezember 1814, in: Briefe Eichendorffs an Loeben, aaO. S. 73 f.
125 Novalis, Schriften II 562.

Anschauungsvermögens« richtet[126], ohne freilich so weit wie später Fichte zu gehen, der die Wirklichkeit als eine Setzung des Ichs ausgibt. Kant begreift also, daß sich der Mensch beim Wahrnehmungsvorgang nicht nur rezeptiv, sondern auch produktiv verhält, und erkennt, daß die Wirklichkeit, die wir wahrnehmen, in ihrem Erscheinungsbild vom Subjekt abhängt. Indes nimmt er an, daß die subjektiven Voraussetzungen der Wahrnehmung wiederum bei allen Menschen zu allen Zeiten dieselben sind. Die Wahrnehmung ist zwar subjektiv bedingt, aber alle Subjekte verfügen im Prinzip über denselben Wahrnehmungsapparat. So konstituiert sich eine allgemeingültige Intersubjektivität.

Die Romantik nun geht noch einen wesentlichen Schritt weiter. Auch sie erkennt die produktive Funktion des Sehens und dessen Abhängigkeit vom Subjekt. Aber sie unterscheidet qualitativ verschiedene Arten des Sehens, wie dies schon deutlich wird, wenn Eichendorff meint, daß die Ansicht der Welt davon bestimmt ist, ob wir sie »verdrossen und träge« oder aber »begeistert« ergreifen. Dabei stuft sie die erstere Art, die philiströse, als zeitgebunden ein. Wenn es in dem ersten der angeführten Zitate heißt, die Erde sei noch immer voll schöner Wunder, wir betrachteten sie nur »nicht mehr«, so ist das eine historische Aussage, die das Nichtwahrnehmen dem Wandel der Zeit zuschreibt, konkret: dem Sieg der Aufklärung.

Das Nichtwahrnehmen ist in gewisser Weise auch eine Form der Wahrnehmung. Erscheint die Welt dem Auge entzaubert, obwohl die Wunder noch da sind, so handelt es sich um ein Sehen, das gegenüber Wundern mit Blindheit geschlagen ist. Die Aufklärung wird hier als Verunklärung, als Verdunkelung verstanden. In Hoffmanns witziger Darstellung nimmt sich das so aus: »In alter Zeit hatten wir einen frommen schlichten Glauben, wir erkannten das Jenseits, aber auch die Blödigkeit

126 Kritik der reinen Vernunft, Vorrede zur zweiten Auflage. Werke in zehn Bänden, aaO., Bd. III, S. 25.

unserer Sinne, dann kam die Aufklärung, die alles so klar machte, daß man vor lauter Klarheit nichts sah, und sich am nächsten Baume im Walde die Nase stieß«[127]. Aufklärerisches Sehen ist aus romantischer Perspektive aber nicht bloß temporär und blind. Es hat schlechthin jeden Makel, der dem Normalen anhaftet, weil es das Normale mitkonstituiert.

Wieland hatte im ›Don Sylvio‹ gesagt, daß nur das wahr und wirklich sei, was »unter unsern Sinnen liegt«, und hatte dies gleichgesetzt mit dem, »was der größte Teil des menschlichen Geschlechts alle Tage erfährt« (s. o. S. 61). Er hatte das Urteil über das tatsächlich Bestehende damit sowohl der Sinneswahrnehmung wie der Alltagserfahrung und dem Konsensus der Allgemeinheit unterstellt und die Sinneswahrnehmung als das Gewöhnliche wie das Gewöhnliche andererseits als Objekt der Sinne gekennzeichnet. Die Romantik knüpft an diese Auffassung an, versteht das Gewöhnliche aber nicht nur als Objekt, sondern als Produkt der Sinne, von Sinnen freilich, die ihr als abgestumpft gelten und mit Eichendorffs Worten nur noch »verdrossen und träge« funktionieren.

Diese stumpfe Sinneserfahrung ihrerseits ist nicht nur gewöhnlich, sie hat auch keinen größeren Wert als den einer Gewohnheit oder Konvention. Zu ihr wird man nicht geboren, sondern von der Gesellschaft erzogen und verdorben. Sie ist dem Menschen nicht natürlich, sondern durch die Herrschaft des Üblichen aufgezwungen. Daher mag sie zwar Wirklichkeit vermitteln, denn das sinnlich Konkrete ist handgreiflich, aber nicht unbedingt Wahrheit. Mutet die Welt »prosaisch und gemein« an (s. o.), so beruht das auf Illusion: »alle diese Entzauberungen, das ist die wahre Einbildung, die wir durch Gebet und Mut zu überwinden trachten sollen, denn diese verdirbt die ursprüngliche Schönheit der Welt.«[128]

127 Hoffmann, Werke III 143.
128 Eichendorff, Werke II 41.

b) Übersinnliches, frisches, belebendes Sehen

Trägt die konventionelle Sinneserfahrung zur Etablierung der Normalität bei, so grenzt sich das neue Sehen der Romantik, das die Welt von dieser Verfassung gerade erlösen will, folgerichtig von ihr ab. Allerdings nicht so, daß sie den Wert der Sinneserfahrung völlig verneint. Dergleichen wäre aus den Texten auch kaum zu belegen. Zumal Eichendorffs Darstellungen sind auch immer ein Fest für Auge und Ohr. Aber das gewöhnliche sinnliche Wahrnehmen wird immer in irgendeiner Weise zu einer höheren Potenz erhoben, sei es durch Überschreitung, sei es durch Auffrischung der Sinne.

Überschritten wird das normale Sehen etwa durch Synästhesie: »Das willkührlichste Vorurtheil ist, daß dem Menschen das Vermögen außer sich zu seyn, mit Bewußtseyn jenseits der Sinne zu seyn, versagt sey. Der Mensch vermag in jedem Augenblicke ein übersinnliches Wesen zu seyn. Ohne dies wäre er nicht Weltbürger, er wäre ein Thier. Freylich ist die Besonnenheit, Sichselbstfindung, in diesem Zustande sehr schwer (...) Es ist kein Schauen, Hören, Fühlen; es ist aus allen dreyen zusammengesetzt, mehr als alles Dreyes«[129]. Sodann durch die Verbindung mit Traum und Phantasie, womit diese Fähigkeiten nicht nur die Rolle von Innen-, sondern auch von Außenerfahrungen übernehmen. Sehen ist in der Romantik häufig ein träumerisches Erfassen der Außenwelt bzw. der Traum ein Zustand, in dem der Träumer seine geheimen Fühler auch nach außen ausstreckt. Besondere Wertschätzung genießt der Traum vor allem bei Hoffmann, und Hoffmann weist auf die Korrespondenz des Träumers mit der Außenwelt ausdrücklich hin: »Ich behaupte keck, daß niemals ein Mensch im Innern etwas gedacht oder geträumt hat, wozu sich nicht die Elemente in der

129 Novalis, Schriften II 421.

Natur finden ließen«[130]. Auch der Humor fungiert bei Hoffmann, wie W. Preisendanz gezeigt hat, als neue Sehweise. Hoffmann setzt die humoristische Sehweise ganz in dem Sinne ein, wie sie von Solger definiert wird: »Durch diesen Trieb sehen wir also zwar die zeitliche Welt ganz auf die gewöhnliche Art, aber zugleich aus einem ganz anderen Lichte, indem in ihn das Licht des Wesens und der Phantasie übergegangen ist, weshalb uns denn die Gegenstände überall ganz bekannt und gewohnt, aber zugleich durchaus verschoben, seltsam und schief gegeneinander gerückt erscheinen, wenn wir sie nach dem Maße der gemeinen Sinnlichkeit betrachten.«[131]

Eine Auffrischung erfährt das Sehen vor allem bei Eichendorff. Das ist schon daran kenntlich, daß zu Eichendorffs bevorzugten Erlebnisweisen nicht so sehr das stille Träumen wie das muntere morgendliche Wachsein gehört. Die »innere Freudigkeit«, die ein Leontin oder Fortunato an den Tag legt und die »wie die Morgensonne, die Welt überscheint«[132], wurzelt vor allem in einer nicht biologisch, sondern geistig und seelisch verstandenen Jugendlichkeit: »Die Jugend, sagt man, blicke die Welt anders an als andere vernünftige Leute, sehe im funkelnden Walde Diana vorübersprengen und aus den Strömen schöne Nixen wunderbar grüßend auftauchen.«[133] Ein jugendlicher oder auch kindlicher Sinn macht den Blick frisch, und, wie es bei Novalis heißt, »Der frische Blick des Kindes ist überschwenglicher, als die Ahndung des entschiedensten Sehers.«[134] Tatsächlich signalisiert das Wort »frisch«, eine Lieblingsvokabel Eichendorffs, etwas von der Ur-

130 Hoffmann, Werke I 148.
131 Zitiert nach Wolfgang Preisendanz: Humor als dichterische Einbildungskraft. Studien zur Erzählkunst des poetischen Realismus, München 1963 (= Theorie und Geschichte der Literatur und der schönen Künste 1), S. 55.
132 Eichendorff, Werke II 41.
133 Ebd. 479.
134 Novalis, Schriften II 564.

sprünglichkeit des kindlichen Sehens[135], und wenn sich Eichendorff-Forscher und -Liebhaber bisher in einem einig waren, so darin, daß auf den Darstellungen des Dichters, vor allem auf seinen Morgen- und Frühlings-landschaften, der Schimmer einer unverbrauchten Fri-sche liegt. Obwohl häufig wiederholt, und immer nur mit geringen Abwandlungen, wirkt jede dieser Land-schaften so, als werde Bekanntes neu und wie zum erstenmal gesehen, ein Zeichen dafür, daß hier die Macht der Gewohnheit außer Kraft gesetzt ist.

Wir haben uns damit der Hauptfrage genähert, um die es bei den folgenden Ausführungen gehen soll, der Frage nach den Funktionen des neuen Sehens, und zwar soweit sie der Romantisierung des Gewöhnlichen dienen. Dabei ist es allerdings leichter, diese Funktionen zu benennen, sie auch im Text zu identifizieren, als sie wirklich zu erklären, d. h. stichhaltig zu sagen, worauf die erzielte Wirkung jeweils genau beruht. Es kann ja nicht damit getan sein, z. B. die Unverbrauchtheit der Eichendorffschen Landschaftsbilder bloß auf die Frische des Blicks zurückzuführen, man muß das Wie der An-schauung und seine Wirkung auch in dem Wie und Was der Darstellung zu fassen versuchen. Dies wieder-um kann nicht Aufgabe nur dieses Kapitels sein. Mit dem Wie und Was der Darstellung, soweit es aus einem besonderen Wie der Anschauung hervorgeht, beschäf-tigt sich der ganze III. Teil dieser Untersuchung, und so kann sich jene Erklärung, oder wenigstens eine Teil-erklärung, erst nach und nach ergeben.

Auffrischung ist die erste Funktion oder Wirkung, mit der das neue Sehen die Normalität überwindet. Dabei sind es bei Eichendorff naturgemäß vor allem die leb-

---

135 Gerhard Schaub: Le Génie Enfant. Die Kategorie des Kindlichen bei Clemens Brentano, Berlin/New York 1973 (= Quellen und For-schungen zur Sprach- und Kulturgeschichte der germanischen Völker N. F. 55), weist darauf hin, daß sich auch bei Brentano »poetische Kind-lichkeit (. . .) in der besonderen Art und Weise seines Sehens und Be-schreibens der äußeren Welt der Erscheinungen« manifestiert (S. 183).

haften, munteren Gestalten vom Schlage Leontins oder Fortunatos, von denen eine solche Wirkung ausgeht. So meint Friedrich zu Leontin: »Du siehst so frisch in die Welt hinein, daß alles unter deinen Augen bunt und lebendig wird.«[136]

Dem Auffrischen ist, wie man dem Zitat entnehmen kann, die Funktion des Belebens eng benachbart. Einer erstarrten Welt wird durch das neue Sehen Leben eingehaucht. Diese Belebung kann sich auf zweierlei Art äußern. Sie kann zum einen darin bestehen, daß das Erstarrte in Bewegung, und zwar in eine lebhafte und regellose Bewegung, versetzt wird. Diesen Fall beobachten wir, wie an einer späteren Stelle zu zeigen sein wird, besonders an Eichendorffs Landschaften, und gerade darin wirkt sich die Frische des Blicks aus.

Zum anderen kann Belebung auch bloß Beseelung, das Zum-Leben-Erwecken eines toten Körpers heißen. Damit muß nicht unbedingt eine Auffrischung einhergehen, ja die Beseelung muß nicht einmal als wünschbar erscheinen. Sie kann auch zum Unheil ausschlagen. Wenn Nathanael in Hoffmanns *Sandmann* sich in die Puppe Olimpia verliebt, so geschieht das, indem er sie mit Hilfe eines Perspektivs intensiv anschaut. Dabei wird die Puppe beseelt, aber auf Kosten der Seele und des Seelenheils des Betrachters. Es findet hier eine Übertragung statt, bei der sich Nathanael durch den Vorgang des Sehens seiner Sehkraft entäußert. Er verleiht dem Automat Leben, büßt aber sein klares Bewußtsein ein und endet in Wahnsinn.

Auch die eigentlich tote und steinerne Venus in Eichendorffs *Marmorbild* verdankt ihr zeitweiliges Erwachen dem belebenden Sehen. Sie erwacht zum Leben (und beinahe zu Florios Verderben), wenn Florio sie anschaut, und nur dann: »Florio stand wie eingewurzelt im Schauen, denn ihm kam jenes Bild wie eine langgesuchte, nun plötzlich erkannte Geliebte vor, wie eine

136 Eichendorff, Werke II 154.

Wunderblume, aus der Frühlingsdämmerung und träumerischen Stille seiner frühesten Jugend heraufgewachsen. Je länger er hinsah, je mehr schien es ihm, als schlüge es die seelenvollen Augen langsam auf, als wollten sich die Lippen bewegen zum Gruße, als blühe Leben wie ein lieblicher Gesang erwärmend durch die schönen Glieder herauf.«[137] Mit Recht weist Wettstein im Hinblick auf diese Stelle darauf hin, daß Eichendorff, der eher das freie und schweifende Sehen liebt, das intensive und starr auf ein Objekt fixierte »Schauen«, zumal in der Form des »versunkenen Schauens«, grundsätzlich negativ bewertet[138]. Unbeschadet der Unheilperspektive demonstrieren aber gerade die beiden Beispiele aus dem *Sandmann* und dem *Marmorbild,* zu welcher Leistung das Auge nach romantischer Auffassung fähig ist. Gerade hier wird deutlich, wie wenig Sehen im romantischen Kontext bloß ein rezeptives Vermögen ist. Sehen erscheint als aktive und magisch verwandelnde Kraft, das Auge als »schaffendes Werkzeug«, wie es bei Novalis genannt wird[139]. Wenn Augen und Blicke bei Hoffmann so häufig »stechend«, »glühend«, »brennend« oder »funkelnd« erscheinen, so drückt sich darin nicht nur Bosheit oder Drohung aus, sondern auch eben diese Kraft des Sehens[140].
Es ist dies im Prinzip eine Kraft des Entbindens, nicht der bloßen Projektion. Durch den Einfluß des Bösen kann dem Erleben zwar auch einmal, wie im Falle Nathanaels, ein ursprünglich toter Gegenstand untergeschoben sein, der Leben daher nur von außen erhalten kann. Wenn hingegen Florios Auge das Marmorbild belebt, so ist das die Entbindung eines Zaubers, den es ursprünglich einmal gegeben hat und der potentiell

---

137 Ebd. 318.
138 Wettstein, aaO. S. 38.
139 Novalis, Schriften I 326.
140 Hoffmann schöpft hier aus einer alten Tradition volkstümlichen Aberglaubens, der Alchemie und anderer verwandter Richtungen, denen das Auge als magisches Organ galt. Vgl. Slessarev, aaO. bes. S. 360 f.

immer noch existent ist. Das romantische Sehen versteht sich generell so. Es erweckt die äußeren Gegenstände zu einem Leben, welches in ihnen selbst schlummert, nicht welches erst in sie hineingetragen werden muß. Sonst wäre die Hinwendung zur Außenwelt kein ernstzunehmendes romantisches Postulat, sondern eine Farce.

Vorbedingung der Belebung ist aber eine geheime Korrespondenz zwischen Welt und Betrachter. Es muß eine Art Einverständnis zwischen beiden Seiten walten, beide müssen aufeinander eingehen. Die Romantik setzt voraus, daß beide grundsätzlich dazu fähig sind: »Die Welt hat eine ursprüngliche Fähigkeit durch mich belebt zu werden (. . .) Ich habe eine ursp(rüngliche) Tendenz und Fähigkeit die Welt zu beleben«[141].

c) Verfremdung

Die Eigenart und der Reiz eines erheblichen Teils der romantischen Dichtung liegen darin, daß ihr kompensatorischer Effekt nicht einfach durch das Ignorieren des Gewöhnlichen, sondern durch dessen Verfremdung erzielt wird. Besonders diese Methode versieht die romantischen Absonderlichkeiten mit dem für sie charakteristischen reflexiven Bezug. Jede Ungewöhnlichkeit, die auf Verfremdung beruht, verweist eo ipso auf das, was verfremdet wurde.

Gerade nun Verfremdung ist eine Funktion des neuen Sehens, eine der wesentlichsten, wie wir meinen. Sie beruht nicht so sehr auf einer materiellen Veränderung des Objekts, einer stofflichen oder strukturellen Umwandlung. Sie beruht vielmehr auf einer besonderen Einstellung des Subjekts, einer neuen Optik oder Perspektive, durch die dem Objekt eine neue, bisher unbekannte Seite abgewonnen wird. Ohne ein gewisses Axiom, das dem Ganzen als Basis zugrunde liegt, hätte dieses Verfahren freilich keinen Sinn, die Überzeu-

141 Novalis, Schriften II 554.

gung nämlich, daß an dem Objekt überhaupt noch neue, unbekannte Seiten zu entdecken sind.

Die Möglichkeit einer solchen Kompensation blitzt bei Tieck hier und da schon im *Lovell* auf. »Wer sind die fremden Gestalten, die mich umgeben und so bekannt mit mir thun?« fragt Lovell in einem seiner Briefe. »Mein Auge hat sich von meiner Kindheit an sie gewöhnt, und mein Sinn sich vertraulich an ihre Formen geschmiegt; aber wenn ich diese Bekanntschaft aufhebe, und sie mir als neu und zum erstenmale gefunden vorstelle? – O und wer bin ich selbst? – Wer ist das Wesen, das aus mir heraus spricht? Wer das Unbegreifliche, das die Glieder meines Körpers regiert?«[142] Später im *Phantasus* formuliert Tieck diese Möglichkeit in einem einfachen und bündigen Statement: »Es giebt eine Art, das gewöhnlichste Leben wie ein Mährchen anzusehn, eben so kann man sich mit dem Wundervollsten, als wäre es das Alltäglichste, vertraut machen.«[143]

Nun spricht dieser Satz nicht nur von der Verfremdung des Gewöhnlichen, sondern auch von der Möglichkeit der Umkehrung: dem Gewöhnlichmachen des Fremden. Mit der Waldeinsamkeits-Episode aus dem *Blonden Eckbert* hat Tieck für diese Umkehrung, wie wir sahen, sogar selbst ein Beispiel gegeben. Man fühlt sich auch an die berühmte Abmachung von Coleridge und Wordsworth über die *Lyrical Ballads* erinnert. Wie Coleridge in seiner *Biographia Literaria* berichtet, waren die beiden Autoren übereingekommen, in ihren Gedichten zum einen das Alltägliche wunderbar, zum anderen das Wunderbare natürlich darzustellen. Wordsworth hatte die Aufgabe, »to give the charm of novelty to things of everyday«, dagegen sollte Coleridges Augenmerk »directed to persons and characters supernatural« sein, aber so, daß dem Übernatürlichen der Schein der Wahrheit und Glaubwürdigkeit gegeben

142 Tieck, Schriften VI 346.
143 Tieck, Schriften IV 129.

würde[144]. Das klingt ähnlich wie bei Tieck, ähnlich wie auch folgende Bemerkung von Novalis: »Die Kunst, auf eine angenehme Art zu befremden, einen Gegenstand fremd zu machen und doch bekannt und anziehend, das ist die romantische Poetik.«[145] Erinnert sei schließlich daran, daß Novalis nicht nur für die Verfremdung im engeren, sondern für das Romantisieren im weiteren Sinne die Umkehrung mitbedenkt. Bekanntlich nennt er das Romantisieren eine »qualitative Potenzierung«, eine Operation, die er mit dem in der Einleitung unserer Untersuchung zitierten Satz beschreibt: »Indem ich dem Gemeinen einen hohen Sinn, dem Gewöhnlichen ein geheimnißvolles Ansehn, dem Bekannten die Würde des Unbekannten, dem Endlichen einen unendlichen Schein gebe, so romantisire ich es«. Er fügt dann an: »Umgekehrt ist die Operation für das Höhere, Unbekannte, Mystische, Unendliche – dies wird durch diese Verknüpfung logarithmisirt – Es bekommt einen geläufigen Ausdruck.«[146]

Die Frage stellt sich hier, wie all diese Aussagen zu deuten sind. Ein bloßes Umkehrspiel um des Spieles willen kann damit nicht gemeint sein. Dabei würde nur die Kompensation des Ungenügens aufs Spiel gesetzt, wie die Waldeinsamkeits-Episode zeigt. Bei dem Vorgang des »Bekannt-« oder »Vertrautmachens« hat die Romantik zweifellos etwas anderes im Auge als bloßes Gewöhnlichmachen. Es ist allerdings an dieser Stelle noch zu früh, darüber zu handeln. Wir stellen das Problem noch zurück und wenden uns zunächst wieder dem eigentlichen Thema dieses Abschnitts, der Verfremdung, zu.

Was Tieck im *Lovell* nur ansatzweise als Möglichkeit andeutet, avanciert schon im unmittelbar anschließen-

144 Samuel Taylor Coleridge: Biographia Literaria or Biographical Sketches of my Literary Life and Opinions, ed. by J. Shawcross, 2 Bde., London 1907, Bd. II, S. 5 f.
145 Novalis, Schriften III 685.
146 Novalis, Schriften II 545.

den *Peter Lebrecht* zu einem neuen Anschauungs- und Darstellungsprinzip. Das bescheidene Erzählwerk, das Tieck bereits in Angriff nimmt, während er noch an den letzten Büchern des anspruchsvollen Briefromans arbeitet, gehört in den Umkreis der leichtgewichtigen und zum Teil mit ironischem Dégagement erzählten *Strauß-federn*-Geschichten, mit denen sich der Autor von den Exzessen nicht nur des *Lovell*, sondern auch des *Abdallah* erholt. Mit Haym wird man sagen können, daß der Sinn des *Peter Lebrecht*, wie der der *Straußfedern*-Geschichten, in einer »heiteren Ernüchterung« liegt[147]. Es wäre jedoch hinzuzufügen, daß damit nur die eine Seite des kleinen Romans erfaßt wird. Dieses so wenig romantisch, um nicht zu sagen: antiromantisch, anmutende Werk beschreitet andererseits zum erstenmal bewußt und methodisch einen Weg, der direkt zur Hochromantik führt.

Es bedeutet zunächst einen offen deklarierten Bruch mit der Mode des Interessanten. Wenn sich das Buch im Untertitel *Eine Geschichte ohne Abentheuerlichkeiten* nennt und wenn es im Laufe der Erzählung mehr als einmal Front gegen die abenteuerträchtigen Schauerromane eines Grosse, Spieß oder Cramer, ja selbst gegen des Verfassers eigenen *Abdallah* macht, so erblickt Tieck das Element des Abenteuerlichen in demselben Licht eines die Langeweile vertreibenden Reizeffektes, in dem es Friedrich Schlegel in seinem Studium-Aufsatz sieht. Die Kategorie des Interessanten dient denn auch ihm dazu, die herrschende Geschmacksrichtung zu definieren und die Position zu bezeichnen, von der es sich abzugrenzen gilt[148]. Mag

147 Haym, aaO. S. 72.
148 Vgl. z. B. folgende Stellen, an denen die Begriffe »Interesse« und »interessant« vorkommen: Tieck, Schriften XIV 166, 189, 224, 227, 248; XV 7, 56, 58, 62, 72, 73, 85. Tieck kommt, wie im ›Lovell‹, auch noch einmal auf den Teufelskreis des Interessanten zu sprechen. Wenn die meisten Leser ihren Verdruß an der Alltagswelt durch weithergeholte Sensationen zu betäuben suchen, so liefern sie sich doch nur dem Zirkel von ständig zunehmender Anspannung und Erschlaffung aus: »Bei dieser

auch die Abgrenzung nur relativ zu nehmen sein; denn mit den Motiven der geheimnisvollen Abkunft, der Entführung, des Beinahe-Inzests, der Entdeckung unvermuteter Familienbeziehungen und anderem mehr enthält die Geschichte noch des Abenteuerlichen genug. Aber im Vergleich zur trivialen Schauerliteratur gibt sie sich mit Recht als »unbedeutend«[149] oder »uninteressant«[150] aus und versteht ihre Tendenz als Hinwendung zur Wirklichkeit, ja zur Alltagswelt.

Dabei ist es Tieck nicht um die Darstellung des Alltäglichen als solchem zu tun. Die Innovation, die er mit dem *Lebrecht* bewerkstelligt, liegt eben in dem Versuch der Verfremdung, dem Versuch, das Alltägliche neu und als etwas Seltsames zu sehen.[151] Dazu formuliert der Erste Teil des Romans zunächst eine Art Programm. Lebrecht als Ich-Erzähler berichtet, wie er von einer Reise zurückgekehrt und ihm sein »alltägliches Vaterland« plötzlich »ganz neu« vorgekommen sei. So wie mit einem alten Kleidungsstück, das man verdrießlich in den Schrank gehängt und lange nicht angesehen hatte, danach aber wieder als besser und neu empfindet, sei es ihm mit seinen Landsleuten, ihren Sitten, ihrer

Lektüre muß die Erschlaffung immer zunehmen, und die Spannung des Schriftstellers muß immer erzwungener werden; die größten Wunder werden am Ende gewöhnlich, die ungeheuersten Karaktere alltäglich, es müssen daher neue, noch unsinnigere erfunden werden.« (XV 21)

149 Tieck, Schriften XIV 164.

150 Tieck, Schriften XV 7.

151 Vgl. Christoph Hering: Die Poetisierung des Alltäglichen in Tiecks ›Peter Lebrecht‹, in: Monatshefte 49, 1957, S. 361-70, bes. 365. Hering zieht aus seinen Beobachtungen etwas zweifelhafte Schlüsse. Er ordnet den ›Lebrecht‹ einer »realistischen Tradition« zu (S. 369) und meint, daß hier der Alltag »geadelt« werde (S. 370). – Verfremdung des Vertrauten scheint allerdings schon in einigen der vorromantischen Schauerromane vorgekommen zu sein, die Tieck kannte, z. B. Grosses ›Genius‹. Vgl. Zacharias-Langhans, aaO. S. 116 ff. Offenbar war dies in diesen Romanen aber noch kein ausgesprochenes Stilprinzip. Vor allem setzen diese Verfremdungen noch nicht beim ganz Alltäglichen an. Das soll nicht heißen, daß der reflexive Bezug zum Gewöhnlichen diesen Romanen fehlt. Im Gegenteil: er ist hier ein wichtiges Konstituens des »Unheimlichen«. Dazu Zacharias-Langhans S. 72 ff.

Sprache, ihren Städten und Dörfern gegangen, und er zieht daraus folgendes Fazit: »Das Alltägliche und Langweilige bestimmen und messen wir immer nach dem, was dicht um uns herum ist, das, was uns ergötzen soll, suchen wir immer in der Ferne. Von Jugend auf ist es unser Studium gewesen, uns alles Fremde, Sitten, Sprache, Kleidertrachten u.s.w. gewöhnlich zu machen; wir sollten es nur einmal versuchen, uns das Gewöhnliche fremd zu machen, und wir würden darüber erstaunen, wie nahe uns so manche Belehrung, so manche Ergötzung liegt, die wir in einer weiten, mühsamen Ferne suchen. Das wunderbare Utopien liegt oft dicht vor unsern Füßen, aber wir sehn mit unsern Teleskopen darüber hinweg.«[152]

Im Zweiten Teil des Romans folgt dann die bewußte Ausführung dieses Vorhabens. Jenen »liebenswürdigen poetischen Sinn«, der Neues und Anziehendes nicht in der Ferne, sondern an den »bekannten Gegenständen« entdeckt[153], bewährt der Erzähler zunächst auf einem Waldspaziergang. Dabei vermittelt ihm seine Aufmerksamkeit anfänglich Wahrnehmungen, die die Tür zur romantischen Weltsicht bereits einen Spalt öffnen. Wenn er etwa die Geräusche der Natur als Musik empfindet, so nimmt das Dutzende ähnlicher Stellen im *Sternbald* vorweg. Eine Beobachtung wie: »seltsam funkelte auf dem Boden das zerstreute Sonnenlicht durch die dichtverflochtnen Zweige«[154], könnte, wäre sie etwas weniger nah und genau, auch bei Eichendorff stehen. Freilich, da auch manches andere allzu nah angeschaut wird, bleibt der Übergang zur Romantik im Ansatz stecken. An seinem Lieblingsplatz setzt sich der Erzähler auf den Boden und versenkt sich mit dem Eifer eines Brockes und der Einfühlung eines Werther in die kleine Welt der Grashalme, Sandkörner und Insekten. Er schaut zu, wie ein kleines Gewürm sich

152 Tieck, Schriften XIV 239.
153 Tieck, Schriften XV 20.
154 Ebd. 23.

mühsam durch den Sand wie durch die arabische Wüste arbeitet, auf ein verdorrtes Lindenblatt trifft und in die Situation der Ausweglosigkeit gerät. »Wie merkwürdig kann uns zuweilen ein Platz von einem Quadratschuhe werden! Wenn wir unser Auge einmal auf diesen kleinen Raum beschränken, so entdecken wir auch hier wunderbare Begebenheiten und merkwürdige Revolutionen.«[155]

Aber Gefühlsseligkeit droht den Verfremdungseffekt zu überlagern. Mehr noch als die Reminiszenzen an Werthers Brief vom 10. Mai drängen Mitleidsempfindungen die Darstellung in den empfindsamen Winkel, sehr zum Schaden der soeben erst eröffneten romantischen Perspektive. Nachdem bereits die säuselnden Gebüsche bei Lebrecht Anwandlungen von Menschenliebe ausgelöst und eine alte, Reisig sammelnde Frau sein Mitgefühl rege gemacht haben, geht ihm das Schicksal des sich abquälenden Gewürms so nahe, daß er sich mit ihm wie mit einem Freund identifiziert. Den Beschluß des ganzen Erlebnisses bildet denn auch eine sentimentale und darum völlig falsch klingende Tirade über die »Große und heilige Natur« und die in der Welt ausgespannte »unendliche Liebe«[156], eine Herzensergießung, die Lebrecht Schwarz auf Weiß in seiner Schreibtafel nach Hause trägt.

Es ist jedoch, als habe Tieck mit diesem Rückfall in die Empfindsamkeit nicht einfach einen Ausrutscher begangen, sondern als habe er ihn bewußt ausprobiert, um sich von einem Irrtum zu reinigen. Denn die Episode hat ein Nachspiel, durch das der Wert der Herzensergießung in Frage gestellt wird. Von seinem derben und unsentimental gesinnten Schwiegervater lernt Lebrecht, daß Verfremdung nicht schon erreicht wird, wenn man das Gewöhnliche mit Gefühl und Edelsinn überzuckert, weil unter dieser Schicht das Gewöhnliche einfach verschwindet. Echte Verfremdung bedeutet eben

155 Ebd. 25.
156 Ebd. 27.

nicht Aufhebung, sondern nur wahrnehmungsbedingte Veränderung, und zwar so, daß sich das Fremde oder Neue gerade durch den Rückbezug auf das Gewöhnliche bestimmt, weshalb dieses als solches faßbar bleiben muß. »Das ist mehr Kunst, alles Natürliche so recht nach der Natur zu schildern, und einem denn doch, wie mit Sonnenschein einzuwickeln, daß man nur das sieht, was man sehen soll, und jeder Baum wie mit einem neuen Grün gefärbt ist. Das ist aber nur wenigen gelungen.« Lebrecht bemerkt darauf, daß dies genau das ist, was ihm ursprünglich vorgeschwebt hatte: »Ich merkte jetzt, daß mein Schwiegervater eben das meine, was ich beim Anfange dieses Kapitels gesagt habe, daß man nicht suchen müsse, sich vom Gewöhnlichen zu entfernen.«[157]

Die gereifte Einsicht wirkt sich gleich im folgenden Kapitel aus, wenn Lebrecht demonstriert, daß in der Alltagswelt der gewöhnlichen Auffassung zum Trotz nicht alle Tage gleich sind, sondern einige aus dem Rahmen fallen: »Es giebt wunderbare Tage im Jahre, Tage, die so seltsam sind, daß sie gewiß schon vielen meinen Lesern aufgefallen sind, wenn sie gleich nicht so wie ich, ihre Aufmerksamkeit darauf gerichtet haben. Ich möchte diese kuriosen Tage mit einem Worte die unruhigen Tage nennen, denn das ist das hauptsächlichste, was an ihnen merkwürdig ist. – Ein solcher Tag kündigt sich gleich durch ein seltsames Wetter an: die Sonne geht auf eine eigene Art auf, wie man es sonst nicht an ihr gewohnt ist (...) Der Sonnenschein sieht an einem solchen Tage ganz anders aus, als gewöhnlich, und geht oft weg und kömmt schnell wieder.«[158] Die folgende Schilderung zeigt insgesamt, daß der Erzähler die Ebene der Alltagswelt nicht verläßt. Explizit wird der Rückbezug besonders durch Formulierungen wie »ganz anders (...) als gewöhnlich« oder »wie man es sonst nicht (...) gewohnt ist«. Das Element der Ver-

157 Ebd. 29.
158 Ebd. 30 f.

fremdung macht sich seinerseits durch Vokabeln wie »wunderbar«, »seltsam«, »kurios«, »merkwürdig«, »eigen« geltend. Schon mit diesem Vokabular nähert sich der Text der Romantik.

Es erscheint fast überflüssig zu sagen, daß auf Grund dieser Betrachtungsweise auch die Zeit in Bewegung gerät, daß mithin der Alltag auch aufhört, langweilig zu wirken. »An einem solchen Tag ritt ich aus der Stadt, um mein Dorf noch zu erreichen, denn allenthalben sah ich, wie der Tag auf die auffallendste Weise unruhig war. – Es ist, als wenn die träge langsame Zeit zuweilen Lust bekäme, sich schneller aus der Stelle zu bewegen; sie nimmt dann einen frischen Ansatz, und alle Gegenstände, an diese Raschheit nicht gewöhnt, fallen dann durch- und übereinander.«[159]

Das neue Prinzip der Verfremdung probiert Tieck in dieser Zeit auch auf der zwischenmenschlichen Ebene aus, man denke etwa an die *Straußfedern*-Erzählung *Die Freunde* (1797). Mit ihrem Titel, der ein beliebtes empfindsames Motiv anschlägt, und mit dem gefühlsseligen Anfang, der den melancholisch betrübten Ludwig Wandel auf der Reise zu seinem gefährlich erkrankten Freund zeigt, läßt sich die Geschichte wiederum wie ein sentimentales Rührstück an. Sie nimmt jedoch zweimal eine Wende, die Tiecks Leser, soweit sie empfindsam gestimmt waren, bestürzt haben müssen. Zunächst verstrickt ein Traum Ludwig in uralte Erinnerungen aus seiner Kindheit, »das Seltsamste gesellte sich zum Gewöhnlichsten«[160], und er verliert Ziel und Zweck seiner Reise aus dem Auge. Er gerät auf Abwege, gelangt in ein Feenreich, wo er einige Zeit verweilt und ein überirdisches Glück genießt, bis es ihn eines Tages aus dem Feengarten hinaus in ein »romantisches Gebirge«[161] treibt, wo er plötzlich einem fremden Wanderer begegnet. Hier hält Tieck die zweite

159 Ebd. 31 f.
160 Tieck, Schriften XIV 146.
161 Ebd. 157.

Überraschung bereit. Denn zum ungläubigen Erstaunen Ludwigs stellt sich der Fremde als eben den Freund vor, den Ludwig besuchen wollte, mehr noch, er erteilt ihm eine aufschlußreiche Lektion: »Ich bin Dein krankgewesener Freund. – Unmöglich! Du bist mir ganz fremde! – Bloß deswegen, sagte der Fremde, weil Du mich heut zum erstenmal in meiner wahren Gestalt siehst; bisher fandest Du nur Dich selbst in mir wieder.«[162]

Anders als im empfindsamen Freundschaftskult, der nur der wechselseitigen Ich-Bespiegelung dient, wird hier zwischen den beiden Freunden eine neue Dimension erschlossen. Ludwig erkennt im Freund den ganz Anderen, das Du, und er gelangt zu dieser Erkenntnis, da der Traum, die Bekanntschaft mit einer fremden Welt und die romantische wilde Umgebung ihn, ob er will oder nicht, zu einer neuartigen Betrachtungsweise inspirieren. Zwar weicht die träumerische Verfassung, in der er sich befindet, bald wieder dem Zustand der Wachheit, und die Vertraulichkeit zum Freund, der ihm tatsächlich entgegengekommen war, stellt sich wieder her. Jene eigentliche Pointe der Geschichte wird damit aber nicht aufgehoben.

Tun wir nun chronologisch einen kleinen Schritt zurück, zu dem merkwürdigerweise etwas früher entstandenen *Blonden Eckbert*, so sehen wir, daß die Verfremdung hier, und zwar wiederum auf der Ebene der zwischenmenschlichen Beziehung, die Normalität nicht nur in neuem Licht zeigt, sondern geradezu unterminiert und verrätselt. Gerade wenn Eckbert seinem Freund Walther den stärksten Vertrauensbeweis erteilt, indem er ihn in die märchenhafte Lebensgeschichte seiner Frau Bertha einweiht, geschieht es, daß er, wie die Erzählung bereits zu Beginn ankündigt, »vor der Bekanntschaft des andern zurück schreckt«[163]. Walther kennt zu Berthas tödlichem Schrecken den Namen des

162 Ebd. 158.
163 Tieck, Schriften IV 145.

Hundes, den sie einst in der Waldeinsamkeit zurückgelassen hatte. Damit bricht das Unerklärliche und Unheimliche in eine Welt ein, die geordnet und sicher schien. Und wenn der verzweifelte Eckbert den unheimlich gewordenen Freund ermordet, wird er die Bedrohung und Verwirrung nicht los. Gesicht und Gestalt des toten Walther begegnen ihm auch in seinem neuen Freund Hugo, selbst in einem alten Bauern, so daß Eckbert über der schwankend gewordenen Identität der Welt den Verstand verliert, zumal sich zum Schluß wieder die Szene der Waldeinsamkeit öffnet und Wunderbares und Gewöhnliches ununterscheidbar ineinander übergehen. Nunmehr ist die Welt nicht nur verfremdet, sondern die Verfremdung erreicht den Grad der Verzauberung, ein sicheres Zeichen, daß wir das Terrain der Hochromantik betreten haben[164].

Auf diesem Terrain ist es vor allem Hoffmann, der das verfremdende Sehen zur Perfektion entwickelt. Wenn es in *Peter Lebrecht* hieß, daß man am Gewöhnlichen Neues entdecken müsse, ohne sich vom Gewöhnlichen zu entfernen, so wird dieses Programm von Hoffmann auf das vollkommenste realisiert. Bekanntlich spielt eine große Zahl seiner Erzählungen mitten in der alltäglichsten Wirklichkeit. Die bürgerliche Stube, Straße oder Platz einer bekannten und belebten Stadt, Wirtshaus oder Kaffeehaus sind Hoffmanns bevorzugte Milieus. Jeder seiner Leser weiß aber auch, daß er das Bekannte nur deshalb in den Blick rückt, um an ihm fremde Seiten aufzudecken, so daß jener zwiespältige Eindruck des »fremdartig Bekannten« entsteht, den der Dichter seinerseits an seinem Vorbild Jacques Callot rühmt[165]. Er verfährt damit ganz nach der

164 Zum Aspekt der Verfremdung im ›Blonden Eckbert‹ vgl. besonders die reichhaltige Analyse von Müller-Dyes, aaO., der zeigt, wie Tieck Motive des Trivialromans übernimmt, aber neuartig einsetzt. Zum Teil handelt es sich um Motive, die aus der Sage stammen und die durch Tiecks Verwendung ihren ursprünglichen Sagencharakter zurückerhalten.
165 Hoffmann, Werke I 12.

Devise, die er im *Sandmann* äußert und sinngemäß auch sonst häufig ausspricht, daß nämlich »nichts wunderlicher und toller sei, als das wirkliche Leben«[166].
Wenn wir nicht fehlgehen, erbringt Hoffmann den Beweis für diese These auf zweierlei Weise. Zum einen dadurch, daß der Held oder der Erzähler der Geschichte im Bereich des Gewöhnlichen eine oder mehrere Einzelheiten entdeckt, die aus dem Rahmen des Gewöhnlichen fallen und als Fingerzeige von Geheimnis und Wunder fungieren. Es handelt sich hier um das von Hoffmann selber sogenannte »Wunderliche«, das in einem späteren Kapitel zu behandeln sein wird. Zum anderen dadurch, daß am Gewöhnlichen selber eine ungewöhnliche Kehrseite entdeckt wird. Handelt es sich im ersten Fall um das Auffinden eines Fremdkörpers inmitten lauter vertrauter Dinge, so im zweiten gewissermaßen um das Umwenden der vertrauten Dinge oder um ein Um-sie-herum-Gehen, bis sie eine ganz anders geartete Rückansicht enthüllen. Es ist freilich zu sagen, daß Hoffmann niemals nur die eine oder die andere Methode verwendet, sondern daß er immer mit beiden zugleich arbeitet.
Für das Verfremden durch Umwenden ist *Der goldne Topf* das beste und bekannteste Beispiel. Personen, Dinge, Schauplätze, Ereignisse, Tätigkeiten haben hier einerseits einen ›bürgerlichen‹ Aspekt, andererseits eine Kehrseite, die sie einer ganz anderen Welt zuordnet. Der Archivarius Lindhorst ist Beamter, mit seiner zweiten Natur aber Salamanderfürst. Seine Tochter Serpentina wird offenbar nach Grundsätzen des Bildungsbürgertums erzogen, denn sie hat Klavierstunde, ist aber zugleich ein wunderbares Schlänglein, das wie mit Kristallglocken tönt. Das Haus des Archivarius beherbergt das zu seiner bürgerlichen und beruflichen Existenz angemessene Inventar, aber auch einen wunderbaren Feengarten. Der Student Anselmus geht in diesem Haus einer behördenmäßig geregelten Schreiber-

166 Ebd. 344.

tätigkeit nach: er fängt pünktlich um zwölf an, um drei gibt es eine einstündige Mittagspause, und um sechs ist Feierabend. Entlohnt wird er mit klingender Münze. Aber was er schreibt, sind Enthüllungen über ein mythisches Reich, und als ganz anders geartete Entlohnung erwartet ihn die Vereinigung mit dem wunderbaren Schlänglein.

Um jeweils die eine oder andere Seite hervorzukehren, bedient sich Hoffmann gern des Mittels der Verwandlung. Zum Beispiel verwandelt sich der gelb und rot gemusterte Schlafrock des Archivarius in einen Feuerlilienbusch oder die Klingelschnur an seiner Haustür in eine Schlange. Aber wenn in solchen Fällen die beiden Naturen, in die die ganze Welt des *Goldnen Topfes* gespalten ist, auch im Sinne eines Nacheinander zur Geltung kommen, so ändert dies doch nichts daran, daß sie prinzipiell gleichzeitig bestehen.

Es kommt hinzu – wir wiederholen hier Bekanntes –, daß sie sich gegenseitig völlig durchdringen, also nicht, wie es die Metapher vom ›Umwenden‹ oder der ›Kehrseite‹ suggerieren könnte, verschieden lokalisiert sind. Vielmehr ist die ›Rückansicht‹ bereits in der ›Vorderansicht‹ präsent, wenn auch von dieser zunächst verdeckt, wobei dieses Verdecktsein wiederum in der zunächst und zeitweilig auch später beschränkten Optik des Betrachters (Anselmus, Leser) gründet[167]. Für unser Thema ist es nun wichtig, daß wir uns das Verhältnis der beiden Seiten genauer anschauen, sowie das Gebilde, das sie zusammen konstituieren.

Als Modell mag dafür ein kurzer Text dienen, der die von Hoffmann immer wieder praktizierte Verquickung des Gegensätzlichen musterhaft vorführt[168]. Wenn der Archivarius Lindhorst im Kaffeehaus seine sonderbaren Kindheits- und Jugenderinnerungen zum besten gibt, so erzählt er auch, »ganz kalt und gelassen eine Prise

---

167 Vgl. Pikulik: Anselmus in der Flasche, aaO., S. 363.
168 Ich nehme hier noch einmal Gedanken auf, die ich schon in dem eben genannten Aufsatz entwickelt habe.

nehmend«, von einem Bruder, der sich »auf die schlech-
te Seite gelegt« hat und »unter die Drachen« gegangen
ist. »Sie wissen, meine Herren, daß mein Vater vor
ganz kurzer Zeit starb, es sind nur höchstens dreihun-
dertfünfundachtzig Jahre her, weshalb ich auch noch
Trauer trage, der hatte mir, dem Liebling, einen prächtigen Onyx vermacht, den durchaus mein Bruder haben wollte. Wir zankten uns bei der Leiche des Vaters
darüber auf eine ungebührliche Weise, bis der Selige,
der die Geduld verlor, aufsprang und den bösen Bruder die Treppe hinunterwarf. Das wurmte meinen
Bruder und er ging stehenden Fußes unter die Drachen. Jetzt hält er sich in einem Zypressenwalde dicht
bei Tunis auf, dort hat er einen berühmten mystischen
Karfunkel zu bewachen, dem ein Teufelskerl von
Nekromant, der ein Sommerlogis in Lappland bezogen,
nachstellt, weshalb er denn nur auf ein Viertelstünd-
chen, wenn gerade der Nekromant im Garten seine
Salamanderbeete besorgt, abkommen kann, um mir
in der Geschwindigkeit zu erzählen, was es gutes
Neues an den Quellen des Nils gibt.«[169]
Das ist einerseits eine Geschichte voller Wunder, andererseits ein bürgerlicher Familienroman. Und zum einen
wird hier das Mythische verbürgerlicht, zum anderen
das Bürgerliche mythisiert.
Was nun eigentlich ist das Charakteristische solcher
wechselseitigen Verfremdung? Wie auch im Falle des
beamteten Salamanderfürsten mit dem Schlafrock oder
des Klavierstunde nehmenden Schlängleins Serpentina
ist man zunächst versucht, von einer »Vermischung«
zu sprechen. Geht man freilich davon aus, daß bei
einer Vermischung die Ingredienzien ihre ursprüngliche
Kenntlichkeit verlieren und so ineinander verfließen,
daß sie nicht mehr zu unterscheiden sind, so erscheint
der Begriff unzutreffend. Nicht als ob das Wunderbare und das Gewöhnliche sich hier voneinander lösen
ließen wie zwei Seiten, die sich allenfalls berühren,

169 Hoffmann, Werke I 194.

aber nicht durchdringen. Im Gegenteil: die beiden Naturen sind so wenig auseinanderzunehmen wie etwa Stoff und Form oder Gehalt und Gestalt. Aber wie beispielsweise beim Menschen die physische Einheit eine psychische Spaltung nicht ausschließt, so scheint hier die Integration von einer Desintegration durchkreuzt, heben sich die gegensätzlichen Seiten, indem sie sich durchdringen, gleichzeitig voneinander ab, so daß es richtiger ist, ihr Verhältnis als Kontrast zu kennzeichnen.

Nun fehlt es auch hier nicht an einer gewissen Einschränkung der Kenntlichkeit. Sie ergibt sich aber infolge einer inneren Wechselwirkung, von der die Geltung der konträren Elemente berührt wird. Bestünde zwischen ihnen, wie bei einem gewöhnlichen Schwarz-Weiß-Kontrast ontologisch eine Grenze, so würden sie sich gegenseitig profilieren und verstärkt zur Geltung kommen. Da sie sich hingegen durchdringen, ist die Wirkung relativierend: bei der Erzählung des Archivarius färbt das Alltägliche des Tons und des Stils sowie die bürgerliche Seite des Inhalts (Familienbande, Erbstreit, Rausschmiß usw.) auf das Wunderbare ab, während umgekehrt das Wunderbare, indem es sich, wie überall auch sonst in der Erzählung, das Gesicht der alltäglichen Wirklichkeit aufsetzt, dieses zu einer zweideutigen Physiognomie verschiebt. Bleiben die beiden Seiten also zwar an sich unverkennbar, so verlieren sie doch ihre Identität, denn jede ist zugleich ihr kontradiktorisches Gegenteil. Das ist genau so ein Paradox, wie daß sie zusammen eins sind und doch innerlich gespalten.

Kein Wunder, daß es dem Studenten Anselmus angesichts dieser Geschichte »ganz unheimlich zu Mute« wird und daß er dem Archivarius »kaum in die starren ernsten Augen sehen (kann), ohne innerlich auf eine ihm selbst unbegreifliche Weise zu erbeben.«[170] Was aber Hoffmann auf diese Weise erreicht, ist nicht einfach eine Erschütterung des Normalen im Sinn des

170 Ebd. 194 f.

Gewöhnlichen, Bekannten, Vertrauten. Die Wirkung reicht insofern viel weiter, als hier, von der ontologischen Seite her, auch die formale Logik und damit eine entscheidende Basis des normativen Denkens ins Wanken gebracht wird. Wir haben im I. Teil erwähnt, daß das normierte Weltbild der Aufklärung dadurch zustande kommt, daß die Denkgesetze als Seinsgesetze verstanden werden und die ontische Sphäre als Spiegel der Logik aufgefaßt wird. Heißt der logische Satz vom Widerspruch: »Zwei Urteile, von denen das eine bejaht, was das andere verneint, können nicht beide wahr sein«[171], so lautet sein ontologisches Pendant: »Ein Seiendes kann nicht zugleich sein und nicht sein.«[172] Dabei kann mit Sein und Nichtsein auch das Sosein gemeint sein. Das heißt: der Satz enthält auch den Gedanken, daß ein Seiendes eine Soseinsbestimmtheit nicht zugleich haben kann und nicht haben kann[173]. Genau dies aber ist der Fall bei Hoffmanns integrierten Kontrasten, wenn das Gewöhnliche gleichzeitig nicht wunderbar und doch wunderbar ist. So bringt Hoffmann in seiner Welt den Widerspruch zur Erscheinung, was wiederum bedeutet, daß die Normalität nicht nur ihrer Wirklichkeit, sondern auch ihrer Möglichkeit nach in Frage gestellt wird. Denn so wie jede Norm selbst etwas Eindeutiges und Widerspruchsfreies ist, kann es auch Normerfüllung nur im eindeutigen und widerspruchsfreien Sinne geben.

Das gleiche gilt für das Identitätsproblem. Die logische Identitätsformel »A ist A«[174] lautet im ontologischen Gewande: »Jedes Seiende ist mit sich selbst identisch«[175]. Auch dieses Gesetz verliert in Hoffmanns Welt seine Gültigkeit, denn das Gewöhnliche ist hier keineswegs nur mit sich selbst, sondern auch mit dem

171 Hessen, aaO., Bd. I, S. 96.
172 Hessen, aaO., Bd. III, S. 74.
173 Ebd.
174 Hessen, aaO., Bd. I, S. 94.
175 Hessen, aaO., Bd. III, S. 72.

Wunderbaren identisch. Und ebenso gilt auch vom Identitätsprinzip, daß ohne dessen Geltung Normalität nicht möglich ist. Verlieren die Dinge ihre Identität, so werden sie auch inkommensurabel. Mehr noch: sie geraten in Fluß, in Bewegung. Mit der Relativierung der formallogischen Seinsgesetze wird auch die Statik des normierten Weltbildes aufgehoben.

Der Hang zum Widersprüchlichen durchzieht Hoffmanns gesamtes Werk, und er wirkt sich nicht nur in der Verquickung des Gewöhnlichen und Wunderbaren aus. Wie der Dichter an Callots grotesken Gestalten die heterogene Zusammensetzung von Tier und Mensch rühmt[176], so kultiviert er selbst in seinen Erzählungen den dem Grotesken eigentümlichen Widerspruch des Grausigen und Komischen, so beruht auch sein Interesse für Automaten auf dem Widerspruch von Leben und Tod, denn Automaten sind »lebendigtote Dinger«[177].

Desgleichen wirkt sich die Tendenz, Identität in Frage zu stellen, in den verschiedensten Motiven aus, insbesondere in Hoffmanns Vorliebe für das Motiv des Doppelgängers. Der Doppelgänger ist die lebendige Demonstration der formallogisch unmöglichen Aussage, daß die Urteile »Ich bin Ich« und »Ich bin nicht Ich« beide gleich wahr sind. Im Doppelgänger bringt Hoffmann eine neue Sicht des Menschen zur Geltung. Auch in diesem Fall geht es um die Aufdeckung einer Kehrseite, welche die normale Ansicht verfremdet. Ist der Mensch normal, wenn er Vernunft besitzt, so ist er andererseits doch auch – zumindest potentiell – verrückt, da »einige Narrheit (...) tief in der menschlichen Natur bedingt ist«[178]. Eine solche närrische Kehrseite zeigt sich zum Beispiel bei Medardus in den *Elixieren*. Sie wird verkörpert von der Gestalt des Peter Schönfeld, der den Mönch nicht zufällig über weite Strecken als dessen zweites Ich, als dessen »Brüderlein«, beglei-

176 Hoffmann, Werke I 12.
177 Hoffmann, Werke II 638.
178 Hoffmann, Werke III 764.

tet. Bezeichnenderweise äußert sich Schönfeld über die Narrheit folgendermaßen: »Die Narrheit erscheint auf Erden, wie die wahre Geisterkönigin. Die Vernunft ist nur ein träger Statthalter, der sich nie darum kümmert, was außer den Grenzen des Reichs vorgeht, der nur aus Langerweile auf dem Paradeplatz die Soldaten exerzieren läßt, die können nachher keinen ordentlichen Schuß tun, wenn der Feind eindringt von außen. Aber die Narrheit, die wahre Königin des Volkes zieht ein mit Pauken und Trompeten: hussa hussa! – hinter ihr her Jubel – Jubel – Die Vasallen erheben sich von den Plätzen, wo sie die Vernunft einsperrte, und wollen nicht mehr stehen, sitzen und liegen wie der pedantische Hofmeister es will; der sieht die Nummern durch und spricht: ›Seht, die Narrheit hat mir meine besten Eleven entrückt – fortgerückt – verrückt – ja sie sind verrückt worden.‹ Das ist ein Wortspiel, Brüderlein Medardus – ein Wortspiel ist ein glühendes Lockeneisen in der Hand der Narrheit, womit sie Gedanken krümmt.«[179]
Ist der Mensch sodann normal, wenn er, seiner selbst bewußt, sich selbst in der Gewalt hat und seine Handlungen kontrolliert, so entgleitet ihm die Herrschaft über sich andererseits wiederum, wenn sich als Kehrseite seines Innern das Unbewußte regt und die Triebe des Eros und der Aggression über ihn Macht gewinnen. Diese das Ich überwuchernde Macht des »Es« nimmt bei Medardus in Viktorin Gestalt an, der den weltlich gewordenen Kapuziner in der Rolle eines wahnsinnigen Mönchs begleitet, d. h. er verkörpert Medardus' Wesen (Mönch), aber von der Seite des Unbewußten (Wahnsinn) her. So hat Medardus von seinen Verbrechen denn auch den Eindruck, daß nicht er, sondern aus ihm ein anderer handelt: »auf wunderbare Weise keimte in mir die feste Überzeugung auf, daß nicht ich jener ruchlose Frevler auf dem Schlosse des Barons von F. war,

179 Hoffmann, Werke II 213 f.

der Euphemien – Hermogen erschlug, sondern, daß der wahnsinnige Mönch, den ich im Försterhause traf, die Tat begangen.«[180]

Freilich bezeichnet das Doppelgängermotiv bei Hoffmann nicht nur ein anthropologisches, sondern ein ontologisches Problem. Der menschliche Doppelgänger ist nur ein Sonderfall der »Duplizität«[181], die Hoffmanns Welt im allgemeinen bestimmt. Die Alltagswelt im ganzen ist doppelgängerisch, ihre Identität erscheint im weitesten Umfang in Frage gestellt.

Es fällt nach dem Gesagten nicht schwer zu behaupten, daß Hoffmann auf der ontologischen Ebene das normative Prinzip des formallogischen Denkens durch das nichtnormative Prinzip der Dialektik ersetzt. Von hier aus ließe sich auch leicht eine Verbindung zum Prinzip der Ironie ziehen[182]. Nun beruht die Entdeckung von Kehrseiten auf dem Wechsel des Standpunktes, von dem aus man den Gegenstand betrachtet, »betrachten« – da es sich um konkrete Dinge handelt – ganz im Sinne eines Wahrnehmungsaktes genommen. Damit läßt sich das Problem der Verfremdung auch als Problem des Standortes oder der Perspektive begreifen.

d) Perspektivismus

Es war schon der Frühromantik, ja schon der Empfindsamkeit klar, daß Dinge mehrere Seiten haben und je nach Standort des Betrachters verschieden erscheinen. Dieser Einsicht verdankt der Briefroman, und zwar jener z. B. im *Lovell* verwirklichte Typus, bei dem mehrere Korrespondenten zum selben Sachverhalt Stellung nehmen, seine Entstehung und Beliebtheit. Auf sie geht zum Teil auch die romantische Vorliebe für das

180 Ebd. 184 f.
181 Hoffmann, Werke III 54.
182 Über den Zusammenhang zwischen Ironie und Dialektik vgl. Behler: Ironie, aaO. S. 85 ff.

Gespräch zurück, bei dem ein Problem von verschiedenen Partnern und damit verschiedenen Blickwinkeln
beleuchtet wird. Die vielen Gespräche im *Sternbald*
etwa dienen einem perspektivischen Umwandern der
behandelten Themen, womit dann auch nicht immer
nur eine Seite recht behält, aus der weisen Erkenntnis:
»So ist das meiste im Leben doppelt und vielfach, und
es ist gut, sich zu gewöhnen, die Dinge von verschiedenen, oft entgegengesetzten Seiten anzusehn.«[183]
Die Romantik macht von der Möglichkeit des Perspek-
tivenwechsels auf vielfältigste Weise Gebrauch, und sie
tut dies gerade zum Zweck der Verfremdung. Zu diesem
Zweck wird immer eine Perspektive eingenommen, die
in irgendeiner Weise vom normalen Blickwinkel abweicht. Eine solche Perspektive ist zum Beispiel die
der nächtlichen, insbesondere der mondnächtlichen Betrachtung, aus der die Dinge ganz anders erscheinen
als im nüchternen Tageslicht. Hier macht sich die Romantik gewissermaßen einen naturgegebenen Verfrem-
dungszauber zunutze. Es erübrigt sich, dazu Beispiele
anzuführen, sie sind jedem Romantik-Leser geläufig.
Eine Perspektive ähnlicher Art ist die der träumerischen
Betrachtung, aus der die Dinge anders erscheinen als im
Licht der Vernunft und der gewöhnlichen Sinneswahrnehmung. Dabei handelt es sich um einen Perspektiven-
wechsel in psychologischer Hinsicht. Auch hierfür sind
die Beispiele überall mit Händen zu greifen, zumal bei
Hoffmann. Anselmus ist immer wie im Traum, wenn
sich ihm die im Hause des Archivarius verborgenen
Wunder und Geheimnisse, wie zum Beispiel der wunderbare Feengarten, erschließen. Dagegen nimmt er nur
alltägliche Wirklichkeit wahr, wenn er »zu einiger
Vernunft«[183] gelangt.
In geistiger Hinsicht läßt sich sodann die Perspektive
der stumpfen Betrachtung von derjenigen der staunenden Betrachtung unterscheiden. Es ist dies der ent-

183 Hoffmann, Werke I 232.

scheidende Unterschied zwischen der Perspektive des Philisters und derjenigen des Künstlers. Der Philister braucht, um die Welt als normal zu erfahren, nicht einmal eine rationalistische Bildung oder ein empirisches Äquivalent für die Tendenz zur Rationalisierung. Die Dinge erscheinen ihm schon deshalb gewöhnlich, weil er sie als selbstverständlich hinnimmt, weil er sich nicht zu wundern vermag. Wohingegen der Künstler sich durch die Fähigkeit des Staunens auszeichnet, des Staunens gerade über das scheinbar Selbstverständliche. Schon Hoffmanns kluger Hund Berganza mokiert sich über die, »die es für gar nicht wunderbar halten, daß die Kirschen blühen und nachher zu Früchten reifen, weil sie diese dann essen können, die aber alles für unwahr halten, wovon ihnen bis dato die leibliche Überzeugung abgeht«[184]. Und später in *Klein Zaches* bemerkt Balthasar: »Wahr, daß Fürst Paphnutius die Aufklärung einführte zu Nutz und Frommen seines Volks, seiner Nachkommenschaft, aber manches Wunderbare, Unbegreifliche ist doch noch zurückgeblieben. Ich meine, man hat noch so fürs Haus einige hübsche Wunder zurückbehalten. Z. B. noch immer wachsen aus lumpichten Samenkörnern die höchsten, herrlichsten Bäume, ja sogar die mannigfaltigsten Früchte und Getreidearten, womit wir uns den Leib stopfen. Erlaubt man ja wohl noch gar den bunten Blumen, den Insekten auf ihren Blättern und Flügeln die glänzendsten Farben, selbst die allerverwunderlichsten Schriftzüge zu tragen, von denen kein Mensch weiß, ob es Öl ist, Gouache oder Aquarell-Manier, und kein Teufel von Schreibmeister kann die schmucke Kurrentschrift lesen, geschweige denn nachschreiben! (. . .) Ich lege die Pfeife weg und schreite im Zimmer auf und ab, und eine seltsame Stimme flüstert, ich sei selbst ein Wunder, der Zauberer Mikrokosmos hantiere in mir und treibe mich an zu allerlei tollen Streichen!«[185]

184 Ebd. 91.
185 Hoffmann, Werke IV 46 f.

Hier werden alltägliche bzw. alljährliche Naturvorgänge nicht dadurch verfremdet, daß an ihnen eine übernatürliche Kehrseite enthüllt wird, sondern daß sich der Betrachter ihnen einfach in der Haltung des Staunens zuwendet. So wird das Natürliche selber zum Wunderbaren. Einen Schritt weiter geht der Betrachter angesichts der Muster auf den Blättern und Flügeln. Er sieht sie offenbar als Hieroglyphen an, als geheime Zeichen, die etwas Höheres bedeuten. Darin ähnelt die Stelle dem berühmten Anfang der *Lehrlinge zu Sais,* wo Novalis alles, was in der Natur und im menschlichen Leben irgendwie als Lineament oder Figur erscheint, als »Chiffernschrift« oder »Wunderschrift« auffaßt[186].

Vielleicht ist die Perspektive des Staunens überhaupt diejenige, auf der die gesamte Kunst des Romantisierens aufbaut. Im einfachsten Sinne beginnt alle romantische Kompensation des Ungenügens an einer gewöhnlich gewordenen Welt damit, daß man den Aspekt des Gewöhnlichen nicht auf sich beruhen läßt, sondern daß man ihn merkwürdig, seltsam, vielleicht auch komisch findet. Revers hat darauf hingewiesen, daß gerade mit dem Sichverwundern im Anblick der Dinge die Langeweile aufhört, während sie umgekehrt durch die Unfähigkeit, sich zu wundern, konstituiert wird[187].

Es kommt unseren Ausführungen entgegen, daß Revers ferner die Haltung des Staunens scharf von der Haltung des Genießens abgrenzt, einer Haltung, die wir in Verbindung mit der Sucht nach dem Interessanten kennengelernt haben. Wenn Revers dabei den Unterschied vor allem darin sieht, daß dem Genießer gegenüber der Welt die Ehrfurcht fehlt[188], so mag man den Gedanken folgendermaßen fortspinnen: Der Genießer neigt zum ›unanständigen‹ Zugriff; er betastet, betätschelt die Gegenstände, er will sie sich schließlich

186 Novalis, Schriften I 79.
187 Revers, aaO. S. 76.
188 Ebd.

einverleiben. Die Haltung des Staunens dagegen impliziert Distanz, Zurückhaltung, ein Gefühl für das Schamlose und Schädliche der Berührung.

Bereits zuviel zu sehen, zuviel zu wissen, kann das Gesehene, Gewußte trivialisieren. Wie umgekehrt die Perspektive des Nichtsovielwissens, der Unaufgeklärtheit, verfremdend wirkt. Diese Perspektive macht sich bei Hoffmann auch als Erzählperspektive geltend. Wie Gisela Vitt-Maucher am Beispiel des *Rat Krespel* kurz dargelegt hat[189], erzählt Hoffmann die Ereignisse häufig aus verschiedener Perspektive, zuerst aus der Perspektive des Uneingeweihten, aus der sie den Eindruck des heterogen Unzusammenhängenden machen, später aus der des Eingeweihten, in diesem Fall: Krespels selbst, aus der sich der tiefere Zusammenhang des Geschehens erschließt. Dabei liegt der Reiz dieser und der meisten Erzählungen Hoffmanns eben darin, daß der Zusammenhang nicht von vornherein enthüllt wird, sondern zunächst dunkel bleibt. Die Aufhellung des Dunkels, die sich bei genauerem Hinschauen nur als relative Aufhellung erweist, bedeutet andererseits keinen Rückfall ins Gewöhnliche – darüber wird noch später zu sprechen sein.

Da diese doppelte Erzählweise den Anschein erweckt, als werde die Begebenheit das eine Mal von außen, das andere Mal von innen erzählt, läßt sich der perspektivische Unterschied am treffendsten in räumlicher Hinsicht als Unterschied zwischen Draußen und Drinnen charakterisieren. Das Beispiel *Rat Krespel* ist dafür sehr glücklich gewählt. Denn hier wird der räumliche Unterschied des Blickwinkels auch durch die dargestellte Situation greifbar. Nachdem der Erzähler zunächst Beispiele für Krespels Sonderbarkeit geliefert hat, Beispiele, die durchaus nicht mehr beabsichtigen, als Krespel von außen zu zeigen, folgt die Wiedergabe

189 Gisela Vitt-Maucher: Die wunderlich wunderbare Welt E. T. A. Hoffmanns, in: Journal of English and Germanic Philology 1976, S. 515-530, S. 528 f.

dessen, was der mit Krespel bekannte Professor über den Rat und vor allem über die zentrale Begebenheit in dessen Haus zu berichten weiß. Dabei zeigt sich auch der Professor über Krespels wahre Verhältnisse wenig informiert, um so weniger, als er die entscheidende Szene im wahrsten Sinne des Wortes nur als Außenstehender mitbekommt.

Eines Abends, und zwar einen Tag nach Krespels Rückkehr von einer Reise, deren Ziel und Zweck niemand kennt, sind die Fenster seines Hauses ungewöhnlich erleuchtet. Macht schon dies die Nachbarn aufmerksam, so treibt die Neugier sie vor das Haus, als sich im Innern der Gesang einer wundervollen Frauenstimme, von einem Klavier begleitet, und der Klang einer Violine erheben. Was die Draußenstehenden, unter die sich auch der Professor gemischt hat, und mit ihnen der Leser, der mit dem Berichterstatter dieselbe Position einnimmt, von den Ereignissen drinnen erfahren, ist dies: Neben dem Gesang, in dem sich ein unnennbarer Zauber entfaltet, sind, wenn die Sängerin schweigt, in der tiefen Stille leise Seufzer zu vernehmen. Um Mitternacht setzt plötzlich ein heftiger Wortwechsel ein, in dem die heftigen Reden Krespels von einer anscheinend Vorwürfe äußernden anderen männlichen Stimme erwidert werden, darein mischt sich das abgebrochene Klagen eines Mädchens. Durch einen lauten Schrei des Mädchens wird der Wortwechsel unterbrochen, und es tritt Totenstille ein. Plötzlich poltert jemand die Treppe herunter, aus der Tür stürzt schluchzend ein junger Mann, wirft sich in eine nahestehende Postchaise und fährt rasch davon. Tags darauf und in der Folge wird noch soviel bekannt, daß Krespel das Mädchen, das er Antonie nenne und von seiner Reise mitgebracht habe, wie ein Argus bewache und durchaus nicht mehr singen lassen wolle, während der junge Mann wohl ihr verstoßener Bräutigam sei.

Die Auskünfte sind spärlich genug. Im ganzen bleibt die Geschichte zusammenhanglos und damit rätselhaft.

Was fehlt, ist eine Verknüpfung, die die mehrfache Frage nach dem Warum beantwortet. Schon die Gründe für Krespels Reise bleiben im Dunkeln. Sodann ist es durch die Außenperspektive der Betrachtung bedingt, daß der Leser nicht erfährt, warum es zu dem ungewöhnlichen Konzert in Krespels Haus kommt, warum der Wortwechsel einsetzt, warum das Mädchen schreit und auf den Schrei die Stille folgt, warum der junge Mann aus dem Haus stürzt und rasch davonfährt, warum Krespel das Mädchen bewacht und ihr das Singen verbietet. Mit einem Wort: auf der ontologischen Ebene wird hier das formallogische Prinzip des zureichenden Grundes außer Kraft gesetzt, welches sich in der ontischen Sphäre als Kausalprinzip geltend macht und für jeden Gegenstand und jedes Ereignis eine Begründung fordert. Aber gerade deshalb, weil diese Begründung hier fehlt, erhebt sich die Begebenheit über das Gewöhnliche. Die Lücken im Geschehnisvorgang bilden eine Zone des Unbekannten, in der sich auch Geheimnis und Wunder ansiedeln können. Sie regen die Phantasie an. Bezeichnenderweise heißt es von Antoniens Gesang in jener Nacht, daß er »unter dem Publikum der Stadt zu einer Fantasie und Gemüt aufregenden Sage von einem herrlichen Wunder geworden«[190].

Mit dem hier beschriebenen Erzählverfahren steht Hoffmann nicht allein. An ihm beteiligt sich auch Eichendorff, ja Eichendorff bringt die Kunst der außenperspektivischen Betrachtung zur eigentlichen Meisterschaft.

Der Hang, die Dinge von außen zu sehen, macht sich bei Eichendorff unter anderem in der Vorliebe für eine Situation geltend, bei der das Motiv des Fensters eine Rolle spielt. Wie häufig dieses Motiv in Eichendorffs dichterischem Werk vorkommt, ist bekannt, und bekannt ist auch, daß das Fenster an zahlreichen Stellen die Funktion besitzt, dem, der sich im Innenraum

190 Hoffmann, Werke III 37.

beengt fühlt, den befreienden Anblick einer weiten Landschaft zu gewähren[191]. Es sollte aber auch einmal beachtet werden, daß durch das Fenster nicht immer nur von innen nach außen, sondern in mehreren Fällen umgekehrt auch von außen nach innen geblickt wird[192]. Wir haben diese Situation bereits in der Form der Belauschungsszene kennengelernt. Man erinnere sich, wie Friedrich und Leontin von einem Baum aus durch die Fenster eines Landhauses das Treiben einer Tanzgesellschaft beobachten, oder wie der Taugenichts, ebenfalls in einem Baum sitzend, dem Ball im Schloß zuschaut. Man kann diese Fälle durch andere Beispiele ergänzen. Im Zweiten Buch von *Ahnung und Gegenwart*, das in der Residenz spielt, heißt es von Friedrich, daß es ihm »von jeher eine eigene Freude (war), wenn er abends durch die Gassen strich, in die untern erleuchteten Fenster hineinzublicken«[193]. Dabei entdeckt er einmal in einer einfachen Stube den Prinzen und sieht, wie dieser in der Maske eines schlichten Biedermannes ein bürgerliches Mädchen umgarnt. Zu den Erlebnissen, die Leontin im Dritten Buch berichtet, gehört nicht nur ein Besuch im Garten des Herrn v. A., er schaut auch durch ein Fenster in ein Zimmer des Schlosses, in dem sich der Schloßherr und Julie befinden. Dabei beobachtet er eine Szene, die ihn schmerzt und wieder in den Krieg treibt: ein junger Mann tritt ins Zimmer, dem Julie mit dem Ruf »Er lebt!« außer sich vor Freude um den Hals fällt[194]. Noch ein Beispiel aus dem *Schloß Dürande*: Als Renald in Paris das Hotel des jungen Grafen Dürande verläßt, wo er ohne Erfolg nach dem Verbleib seiner Schwester gefragt hatte, dreht er sich im Hof noch einmal um und blickt durch die erleuchte-

191 Richard Alewyn: Eichendorffs Symbolismus, in: R. A.: Probleme und Gestalten, aaO. S. 232-244, S. 241 f.
192 Ein Hinweis darauf auch bei Dietmar Köhler: Wiederholung und Variation. Zu einem Grundphänomen der Eichendorffschen Erzählkunst, in: Aurora 27, 1967, S. 26-43, S. 39.
193 Eichendorff, Werke II 169.
194 Ebd. 235.

ten Fenster. Im Saal sieht er den Grafen heftig auf und ab gehen. Auf einmal ertönt der Gesang eines Liedes, das Gabriele immer gesungen hatte. Tatsächlich glaubt Renald in einem Seitenflügel des Gebäudes flüchtig die Gestalt seiner Schwester zu erkennen. Als er jedoch zum Fenster hinaufruft, erhält er keine Antwort[195].

Es geschieht nicht immer zum Vorteil des Beobachters, wenn er gerade bei Angelegenheiten, die für ihn von Belang sind, auf die Perspektive des Außenstehenden beschränkt ist. Dabei kann es, wie später noch zu erörtern sein wird, auch zu Täuschungen kommen. Mit der Fensterschau ist aber offenbar auch die Möglichkeit verbunden, Vorgänge zu beobachten, ohne mit ihrem Nexus näher bekannt zu werden. »Es ist doch ein sonderbares Gefühl«, meint Friedrich in jener Belauschungsszene aus *Ahnung und Gegenwart,* »so draußen aus der weiten, stillen Einsamkeit auf einmal in die bunte Lust der Menschen hineinzusehen, ohne ihren inneren Zusammenhang zu kennen«[196]. Zumal bei geschlossenem Fenster wird die Szene zum stummen und daher undurchschaubaren Spiel, einem Spiel von Marionetten, das den beiden Lauschern daher, wie im I. Teil gezeigt wurde, zum traurigen Gleichnis der Gesellschaft gerinnt.

Aber offensichtlich erweckt dieser Anblick doch auch Vergnügen. Es ist ganz dasselbe Vergnügen, das die Eichendorffschen Gestalten suchen, wenn sie zum erstenmal in einen Kreis von fremden Menschen hineintreten und das sie sich nicht dadurch verderben lassen möchten, daß sie diese Menschen näher kennenlernen. Die Stelle, die sich hierauf bezieht, sei wegen ihrer Wichtigkeit noch einmal zitiert: »Wenn ich in einen solchen abgeschlossenen Kreis von fremden Menschen hineintrete, ist es mir immer, als sähe ich von einem Berge in ein unbekanntes, weites, nächtliches Land. Da gehen stille,

195 Ebd. 829.
196 Ebd. 64.

breite Ströme, und tausend verborgene Wunder liegen
seltsam zerstreut, und die fröhliche Seele dichtet bunte,
lichte, glückliche Tage in die verworrene Dämmerung
hinein. Ich habe oft gewünscht, daß ich die meisten
Menschen niemals zum zweiten Male wiedersehen und
näher kennen lernen dürfte, oder daß ich immer aufgeschrieben hätte, wie mir jeder zum ersten Male vorkam.«[197]
Wie bei Hoffmann besagt auch dies nichts anderes, als
daß sich in den Lücken, die durch Nichtwissen und
Zusammenhanglosigkeit entstehen, wieder jene »Wunder« einnisten, die durch die lückenlose Erklärung der
Welt und ihre Transformierung ins Bekannte vertrieben worden waren. Die dunklen Flecken auf der Land-
karte regen die Phantasie an. Ja Eichendorff scheint
daran zu denken, daß die Kraft des romantisierenden
Blicks – eine Kraft, welche »dichtet«! – aus der verworrenen Dämmerung ein neues Glücks- und Zufrie-
denheitszeitalter hervorzaubert.
Wie bei Hoffmann macht sich die Außenperspektive
bei Eichendorff auch als Erzählperspektive geltend.
Man geht nicht zu weit, wenn man behauptet, daß die
genannte Fenster-Situation das Modell ist, nach dem
die meisten seiner Erzählungen konzipiert sind. Er
nimmt als Erzähler genau eine solche Position ein und
läßt darum auch den Leser das Dargestellte genau so
erleben, als befinde sich dieser außen vor einem Fenster, um zwar zu sehen, was drinnen geschieht, aber
ohne Klarheit über den Zusammenhang des Geschehens
und über die Identität der Personen zu erlangen. Das
bedeutet, daß der Erzähler niemals in auktorialer
Manier sein überlegenes Wissen ausspielt, sondern daß
er sich unwissend stellt, so unwissend wie die beteiligten
Personen, ja daß er bewußt immer die Perspektive
desjenigen wählt, der in bezug auf einen bestimmten
Sachverhalt jeweils am wenigsten weiß.
Das läßt sich zum Beispiel sehr gut an den Eingangs-

197 Ebd. 73 f.

szenen der Erzählung *Das Schloß Dürande* nachvollziehen. Zunächst wird berichtet, wie Renald sich unweit
des Jägerhauses am Saume des Waldes auf die Lauer
legt, um sich Gewißheit darüber zu verschaffen, ob
an dem Gerücht, daß seine Schwester einen Liebhaber
besitze, etwas dran ist. Hier nun postiert sich auch der
Erzähler, und aus dieser Sicht ist wahrzunehmen, wie
Gabriele aus dem Haus tritt, nach ihr, zunächst schat-
tenhaft, ein Mann, den Renald jedoch weder an der
Gestalt noch am Gang erkennen kann, wie Gabriele
seltsamerweise keineswegs heimlich tut, sondern fröhlich ein Lied singt, was der Fremde zu hindern sucht,
und wie sie lacht und nach einer Bemerkung, die wie
ein Verweis klingt, von neuem singen will. Für den
Leser, nicht für den verblendeten Renald, wird immerhin soviel klar, daß ein Mädchen, welches sich so verhält, kein schlechtes Gewissen haben kann.

Wie sich im folgenden zeigt, weiß selbst Gabriele nicht,
wer der Fremde ist. Er hatte sich immer nur als ihren
Liebsten bezeichnet. Das Pistol, das nach dem Schuß
Renalds und der Flucht des Geliebten in ihren Händen
zurückgeblieben ist, ist zwar ein Indiz, das Renald
erkennt. Erzählt wird aber nur, wie er erschrickt, als
er es sieht, wie er es aufmerksam betrachtet und wie
er offenbar Bescheid weiß, jedoch nicht, *was* er weiß. Der
Erzähler nimmt nunmehr die Position der unwissenden
Gabriele ein, aus deren Sicht es auch unklar bleibt,
warum Renald plötzlich beschließt, sie unverzüglich ins
Kloster zu bringen, und warum er in der Nacht, wie
sie deutlich hört, auf seinem Bett heftig weint. Sie
»dachte vergeblich nach, wen ihr Bruder eigentlich im
Sinn habe und warum er vor dem Pistol so sehr erschrocken – es war ihr alles wie im Traume«[198], mit
Recht, denn in der Tat haben die Vorgänge etwas von
der alogischen Bilderfolge eines Traumes.

Bezeichnenderweise kehrt der Erzähler später genau
dann zur Position des Bruders zurück, wenn ein neuer

198 Ebd. 814.

Sachverhalt – Gabrieles Verschwinden aus dem Kloster – Renald in die Lage des am wenigsten Wissenden
versetzt, mag er sich auch einen Vers auf das Verschwinden machen. Mit ihm wird auch der Leser im
unklaren gelassen. Ist Gabriele entführt worden, und
war der junge Graf Dürande der Entführer? Befindet
sie sich bei ihm in Paris? Der Graf bestreitet dies, und
zwar mit einem gewissen Anschein von Aufrichtigkeit,
aber wie kommt es dann zu jener flüchtigen Erscheinung Gabrieles, wie Renald sie von außen in einem
Seitenflügel wahrzunehmen glaubt? Und hatte er nicht
auf einem Tischchen beim Grafen ihr Schnupftuch liegen
sehen? Aber warum dann, fragt sich der Leser, kehrt
der Graf später aus Paris in die Heimat zurück, ohne
daß etwas von Gabriele zu sehen ist? Der Graf – jetzt
wird aus seiner Sicht erzählt – scheint selber nichts von
ihr zu wissen, denn er reitet zum Kloster und verlangt
die Priorin zu sprechen. Einmal hört er ein Lied, das
ihn innerlich berührt, die Stimme kommt ihm bekannt
vor – ist es Gabriele? Aber da heißt es wiederum, der
neue Gärtnerbursch habe gesungen, der dem Grafen
aus Paris nachgereist sei. Und wieso ist der Gärtnerbursch nach des Grafen Rückkehr vom Kloster, wo er
nichts erfahren hat, spurlos verschwunden? Warum hat
der Bursch ihn, wie ihm berichtet wird, überall gesucht? Warum hat er im Dorf, wie man gesehen hat,
mit allerlei Gesindel gesprochen? Was veranlaßt den
Grafen, der eine Erleuchtung zu haben scheint – aber
gerade jetzt rückt der Erzähler wieder von ihm weg –,
den Schloßwart eilig ausreiten zu lassen, wobei der
Leser nur vage vernimmt, daß der Wart dringend
etwas erkunden soll. Was veranlaßt den Grafen zu dem
plötzlichen Entschluß, sich dem rachedurstigen Renald
zu stellen? Warum reißt er einem Jäger, der nur seiner
Verteidigungspflicht nachkommen will und auf eine
weiße Gestalt zielt, heftig das Gewehr aus der Hand?
Welche Bewandtnis hat es schließlich damit, daß das
alte Familienbanner auf dem Balkon erscheint und

dahinter eine Gestalt, die wie des Grafen Doppelgänger aussieht? – Man sieht immer nur Handlungen und vernimmt nichts, zumindest nicht ausdrücklich, über die Motive. Man erlebt Wirkungen, aber ohne in die Ursachen eingeweiht zu werden. Gewiß läßt sich manches erschließen, einiges ahnen. Aber im ganzen bewegt sich alles vor dem Leser wie ein Schattenspiel oder wie ein Theaterstück, zu dem der Autor sich beharrlich weigert, die Exposition zu liefern. Erst zum Schluß, wenn das Stück fast aus ist, wird dem Zuschauer ein Licht aufgesteckt, was doch aber nichts daran ändert, daß in der Absicht, ihn möglichst lange unaufgeklärt zu lassen, die eigentliche Intention der Darstellung besteht.

Einfacher, dabei aber noch stringenter verwirklicht Eichendorff diese Intention im *Taugenichts*. Einfacher, weil er sich hier auf eine einzige Erzählperspektive beschränkt, die des Ich-Erzählers. Diesen Ich-Erzähler versetzt er durchaus in die Situation des Außenstehenden, nicht so zwar, daß der Taugenichts in dem dargestellten Spiel etwa nicht mitspielt, aber doch so, daß er nie im klaren darüber ist, worum es eigentlich geht und welche Zusammenhänge zwischen den Akteuren und Ereignissen bestehen. Es ist, als wirke er in einem Spiel mit, dessen Text, Regisseur, Rollenbesetzung, die eigene Rolle mit eingeschlossen, ihm völlig unbekannt sind, das er darum zugleich auch aus der Perspektive des uneingeweihten Zuschauers erlebt. Was auch immer vor ihm, um ihn herum und mit ihm geschieht, stets trifft ihn das Geschehen unerwartet und läßt bei ihm Fragen zurück, die er nicht beantworten kann. Daher reagiert er immer nur erstaunt, verblüfft, verwirrt, erschrocken, ratlos, und die Gedanken gehen ihm im Kopf hin und her, ohne sich auch nur entfernt zu einer logisch zusammenhängenden Erklärung zusammenzufügen. (Allerdings verliert er kaum jemals darüber seine Munterkeit und seinen guten Appetit.) Nur einige Male macht er sich auf das Wahrgenommene einen Vers, trifft aber

prompt das Falsche. So könnte der Taugenichts auch
»Weißnichts« heißen, denn daß er nichts weiß, ist für
ihn fast noch charakteristischer, als daß er nichts taugt.
»Er weiß aber auch gar nichts«, bemerkt die Kammerjungfer nach einem seiner Fehlschlüsse[199], sehr mit
Recht. Freilich muß man sich vom erzähltechnischen
Standpunkt klar machen, daß die Unwissenheit des
Ich-Erzählers nichts weiter als eine stringent durchge-
haltene Rolle ist. Als Erzähler, der alles Erlebte aus
der Retrospektive erzählt, kennt er den Ausgang des
Geschehens und weiß über die Zusammenhänge Bescheid. Der Eindruck seiner Unwissenheit entsteht dadurch, daß während der ganzen Erzählung die Gegenwärtigkeit des Erlebens dominiert und daß sich das
erzählende Ich fast völlig an das erlebende Ich verliert.
Nur an einer einzigen Stelle, im Ersten Kapitel, macht
sich die Retrospektive des erzählenden Ich geltend,
wenn es heißt: »und ach, das alles ist schon lange
her!«[200]
Den verfremdenden Eindruck des Unzusammenhängenden erreicht Eichendorff nicht nur auf der Ebene der
Geschehnisfolge und des Figurenspiels. Wie W. Nehring am Beispiel der Landschafts- und Personendar-
stellung mit Hilfe der modernen Rezeptionstheorie
gezeigt hat, läuft bei Eichendorff die Romantisierung
der gesamten Wirklichkeit auf die Aussparung von
Lücken, rezeptionstheoretisch gesprochen: von Leer-
und Unbestimmtheitsstellen, hinaus[201]. Jede Landschaft
Eichendorffs enthält zwar konkrete Details, aber immer
viel weniger als jede wirkliche Landschaft und ohne
daß ihre Dimensionen und die Anordnung ihrer Elemente genau bestimmt wären. So wird die Phantasie
des Lesers angeregt, die Lücken von sich aus zu ergänzen und das Unbestimmte von sich aus zu konkretisie-

199 Ebd. 362.
200 Ebd. 354.
201 Wolfgang Nehring: Eichendorff und der Leser, in: Aurora 37, 1977,
S. 51-65.

ren. Damit erklärt sich zum Teil auch die unverbrauchte Frische der Eichendorffschen Landschaftsdarstellungen, obwohl sich ihre Details und ihre Umrisse ständig wiederholen[202]. Jede dieser Darstellungen läßt der Phantasie eben genügend Spielraum, um den lückenhaften Eindruck immer wieder zu einem neuen Bild zu komplettieren. Die seltsame und verwirrende Geographie der Eichendorffschen Welt, in der Österreich, die Rheingegend, Italien und die Meeresküste offenbar ganz anders zueinander liegen als in der Realität, und das häufig geringe Zeitmaß, in dem seine Gestalten größere Distanzen überbrücken, zeigen überdies, daß der Dichter frei mit den Relationen von Zeit und Raum schaltet, so frei, wie dies nur der Traum oder phantastische Wunschvorstellungen tun[203].

Auch dabei, könnte man sagen, ist immer eine Außenperspektive im Spiel. Jede Landschaft wird von Eichendorff als *gesehene* Landschaft dargestellt, immer wird sie durch das Auge eines Betrachters vermittelt. Und überall dort, wo das Gesehene frisch und erfreulich wirkt, steht der Betrachter nicht mittendrin, sondern entfernt und darüber, an einem erhöhten Standort. Freilich schließt das viel mehr ein als den Unterschied zwischen Innen und Außen. Vor allem machen sich hier die Dimensionen der Ferne und Weite geltend[204].

In welchem Maße Eichendorffs Stil durch eine Lücken erzeugende Diskontinuität bestimmt ist, konnte M. Wettstein bis in die Satzfolge hinein nachweisen[205]. Die Sätze, meist parataktisch aneinandergereiht, sind weder explizit noch implizit miteinander vermittelt. Eine in ihrer Art immer wiederkehrende Reihung wie »Sie setzten sich nun auf dem schönen grünen Platze um

---

202 Zu betonen ist, daß dies nur eine Teilerklärung sein kann. Nehring ist zu optimistisch, wenn er offenbar meint, das Rätsel der Eichendorffschen »Frische« allein mit dieser Erklärung gelöst zu haben.

203 Nehring, ebd. S. 61.

204 Vgl. dazu Richard Alewyn: Eine Landschaft Eichendorffs, in: R. A.: Probleme und Gestalten, aaO. S. 203-231.

205 Wettstein, aaO. S. 45 ff.

einen Tisch zusammen, der Fluß flog lustig an ihnen vorüber, die Herbstsonne wärmte sehr angenehm«[206], liest sich zwar flüssig, enthält doch aber einen sprunghaften Blickwechsel (vom Tisch zum Fluß zur Herbstsonne), der ebenso Leerstellen erzeugt wie der Verzicht auf genaue Ausmalung bei den Landschaftsdarstellungen oder das Weglassen der Begründung bei Handlungen und Geschehnissen. Es ergibt sich insgesamt der Eindruck des »wunderlich Abgerissenen, halb Rätselhaften«, den Friedrich Schlegel an älteren Volksliedern rühmt und der schon Herder angesichts der kühnen »Sprünge« und »Würfe« in der Volkspoesie aufgegangen war[207].

Wie früher bemerkt, geht es der Romantik nicht nur darum, das Bekannte fremd, sondern auch das Fremde bekannt zu machen. Bezogen auf das im Vorigen diskutierte Problem hieße das: die normierte, kausal geordnete und darum systematisch zusammenhängende Welt des Rationalismus wird nicht nur in disparate Glieder zerlegt, zwischen denen sich Spielräume für die Phantasie bilden, sondern die Glieder werden auch wieder miteinander verknüpft. Diesem umgekehrten Zweck scheint in der Tat immer das Ende der Geschichte zu dienen, denn ob man *Rat Krespel* oder *Das Schloß Dürande* oder den *Taugenichts* oder sonst eine Erzählung von Hoffmann oder Eichendorff nimmt, immer wird die Perspektive der Unaufgeklärtheit am Schluß aufgegeben und in das disparat Scheinende ein Zusammenhang gebracht. Darin drückt sich jedoch keine Rückkehr zur Normalität aus. Anders als etwa der vorromantische Geheimnisroman, der mit dem »Explained Supernatural« eine Verbeugung vor der Aufklärung zu machen und ein Bekenntnis zum Gewöhnlichen abzulegen pflegt, gehen romantische Texte, auch wo sie Rätselhaftes erklären, nicht auf die Stufe des Normalen zurück.

206 Eichendorff, Werke II 151 f. Bei Wettstein als Beispiel S. 46 zitiert.
207 Wettstein S. 47.

Das erkennt man schon daran, daß die Erklärung kaum jemals alles Unerklärliche restlos beseitigt. Meist bleibt ein unaufgeklärter Rest, häufig sogar wird ein neues Rätsel enthüllt. Die »Aufklärung«[208], die Rat Krespel dem Erzähler über das Geheimnis seines Lebens gibt, enthüllt auch das Wunder der Identität zwischen Antoniens Stimme und dem Klang der kostbarsten seiner Geigen. Und wer wollte bezweifeln, daß der berühmte Schlußsatz des *Schloß Dürande*: »Du aber hüte dich, das wilde Tier zu wecken in der Brust, daß es nicht plötzlich ausbricht und dich selbst zerreißt«[209], den Leser mit dem Grauen vor einer unbekannten Macht entläßt. Sodann stellt die Erklärung immer einen Zusammenhang her, der für die normale Erwartung durchaus unerwartet ist. Bei dem »sorgfältig verschwiegenen Verhältnis Antoniens zum Rat«[210] handelt es sich eben nicht, wie der Erzähler auf Grund der Indizien vermutet, um eine den Rat zum Verbrecher stempelnde Affäre. Antonie – wer hätte es gedacht – ist Krespels Tochter, und sie stirbt, indem sie sich mit ihrer Wunderstimme zu Tode singt. Desgleichen im *Schloß Dürande*: Gabriele ist eben nicht, wie Renald mit seinem bürgerlichen Verstand vermutet, vom jungen Grafen entführt und verführt worden. Sie ist dem Grafen heimlich aus freien Stücken gefolgt und hält sich, als Gärtnerbursch verkleidet, in dessen Nähe auf, ohne daß dieser selbst davon eine Ahnung hat.

Was sich durch die Enthüllung am Schluß immer herstellt, ist ein Zusammenhang auf höherer Ebene und in tieferem Sinn. Wie in Antoniens geheimer Korrespondenz mit Krespels Violine oder in dem die Konventionen von Rang und Stand überwindenden Liebesverhältnis zwischen Gabriele und dem jungen Grafen symbolisch zum Vorschein kommt, liegt der Sinn der Forderung, das Fremde bekannt oder vertraut zu ma-

208 Hoffmann, Werke III 44.
209 Eichendorff, Werke II 849.
210 Hoffmann, Werke III 43.

chen, in dem Zusammenfügen dessen, was Gewohnheit und Konvenienz getrennt haben. Wiederhergestellt werden soll eine ursprüngliche Harmonie, wie sie der Vorstellung vom Goldnen Zeitalter entspricht, und aufgehoben werden soll die Entfremdung, die durch die Normalisierung der Welt zwischen den Menschen und zwischen Menschen und Dingen eingetreten ist.

Den gleichen Sinn haben die in der Romantik so häufigen déjà-vu-Erlebnisse. Immer wieder kommt es vor, daß der romantische Held auf Gestalten, Dinge, Schauplätze trifft, die ihm bekannt vorkommen, an die er sich aber nicht zu erinnern weiß. Ein solches Erlebnis hat z. B. Friedrich, als er nach dem Abenteuer in der Waldmühle erwacht und neben seinem Bett einen Knaben erblickt: »Friedrich glaubte sein Gesicht zu kennen, doch konnte er sich durchaus nicht besinnen, wo er es gesehen hätte.«[211] Der Knabe – es ist Erwin – wird sein Diener, aber Friedrich geht dem Eindruck nicht weiter auf den Grund, offenbar ist er ihm gar nicht richtig bewußt geworden. Sehr viel später, während des Krieges, sieht er in einem verlassenen Schloß ein altes Gemälde, das die Mutter Anna und die kleine Maria darstellt. Auch hier rührt der Anblick des Kindes an verschüttete Beziehungen. Wiederum dünken ihn die Züge des Gesichts bekannt, ohne daß er sich genau zu besinnen vermag. Immerhin weist der Eindruck »in seine früheste Kindheit«[212]. Erst als er einige Zeit danach Erwin in seiner wahren Gestalt als Mädchen erblickt, wird ihm der gemeinsame Bezug beider Erlebnisse zu »jenem wunderschönen Kind aus längstverklungener Zeit« deutlich, mit dem er als Knabe so oft zu Haus im Garten gespielt und das er seitdem nie wiedergesehen hatte[213]. Das Bekanntwerden des Fremden hat also auch in diesem Kontext nichts mit einem Rückfall ins bloß Gewöhnliche zu tun. Wenn im déjà

211 Eichendorff, Werke II 22.
212 Ebd. 217.
213 Ebd. 227 f.

vu das in Kindheit und Heimat verwurzelte Urvertrauen des im unphiliströsen Sinn zufriedenen Menschen aufblitzt, so ist das ganz etwas anderes als die plumpe und stumpfe Vertrautheit des Philisters mit seiner Welt. Und wenn mit dem Zurückstreben zum Urzustand so etwas wie eine Kreisbewegung vollzogen wird, so ist das auch sehr verschieden von jenem Umschlag des Reizvollen ins Banale, der zum Teufelskreis des Interessanten gehört.

Bedeutet die Umkehrung des Verfremdens die Restitution der Welt in ihrer ersten Frische, so läuft das neue Sehen letztlich auf eine Erneuerung nicht im absoluten, sondern nur im relativen Sinne hinaus. Das Neue erweist sich, von weither angeschaut, als etwas Altes. Dieses Alte ist, wie deutlich wurde, nicht mit dem Gewöhnlichen zu verwechseln. Andererseits ist das Gewöhnliche eine der Stufen, die zu diesem Alten führen. Mag es in manchen Texten auch den Anschein haben, daß die Romantik das verlorene Paradies außerhalb der Normalität suche, so scheint sie doch noch viel mehr davon überzeugt zu sein, daß es auch innerhalb des Normalen versteckt sei und daß man sich das Normale nur fremd machen müsse, um dahinter das ursprünglich Vertraute hervorschimmern zu sehen.

Diese Sicht der Dinge verleiht dem Romantiker ein gewisses Maß an Realitätssinn, und sie entfernt ihn gleichzeitig von der totalen Realitätsfremdheit des Schwärmers[214]. Sie versetzt ihn allerdings auch in die Situation dessen, der die gewöhnliche Realität sowohl als handfesten Trug entlarvt wie auch als Fassade, hinter der sich ganz anderes verbirgt. Damit kommen wir zum nächsten Abschnitt.

214 Wie z. B. Anselmus im ›Goldnen Topf‹ vom Schwärmertum kuriert wird, vgl. Pikulik: Anselmus in der Flasche, aaO.

e) Trug des Augenscheins – hintergründiges Sehen

Fast jede romantische Erzählung demonstriert auf irgendeine Weise, daß dem Gewöhnlichen oder, was auf dasselbe hinausläuft, der gewöhnlichen Sicht der Dinge nicht zu trauen ist. Gewöhnliches Sehen heißt dem bloßen Augenschein vertrauen. Der Augenschein aber vermittelt zwar sinnliche Wirklichkeit, aber nicht Wahrheit.

So täuscht sich der Taugenichts auf verhängnisvolle Weise, als er von seinem Baum aus, von dem er dem Ball im Schloß zugeschaut hatte, seine schöne gnädige Frau Hand in Hand mit einem jungen Offizier auf den Balkon hinaustreten sieht. Verständlicherweise legt er dies so aus, daß die Schöne längst vergeben ist und er in ihrer Nähe nichts zu suchen hat. Darum nimmt er die Geige von der Wand und verschwindet, in Richtung Italien. In Wahrheit jedoch ist der Offizier weder der Gemahl noch der Geliebte der Schönen, so wie diese selbst auch keine gnädige Gräfin ist. Sie war von ihm nur aus Freundlichkeit auf den Balkon hinausgeführt worden, weil sie Geburtstag hatte und ein Vivat erhalten sollte. – Ähnlich täuscht sich Leontin über die Szene, die er als Lauscher draußen am Fenster zwischen Julie und dem jungen Mann beobachtet, der ihm schon auf dem Weg zum Herrn v. A. begegnet war. Ein Bauer hatte ihm gesagt, daß es Juliens Bräutigam sei. Wenn er nun sieht, wie der Fremde eilig in Juliens Zimmer tritt und sie ihm mit dem Ausruf »Er lebt!« voll Freude um den Hals fällt, so ist es wiederum verständlich, daß er seine Rolle als Liebhaber ausgespielt sieht und sich enttäuscht von neuem in den Krieg stürzt. In Wahrheit hatte der Fremde nur Kunde von Leontin gebracht, und der freudige Ausruf »Er lebt!« hatte keinem anderen als dem Lauscher selber gegolten.

Bieten sich dem Auge nur schattenhafte und unzusammenhängende Vorgänge dar, so tritt, wie vorhin ausgeführt, die Phantasie in Funktion. Aber nicht nur sie. Mit der Phantasie konkurriert der Verstand, der die gegebenen Anhaltspunkte mit der gewöhnlichen Erfahrung vergleicht und die Lücken mit entsprechenden Mutmaßungen ausfüllt. Was so, gemäß der normalen Erwartung, als Grundlage der Erkenntnis zustande kommt, ist etwas weniger als der Augenschein; es ist das Wahrscheinliche.

Das Wahrscheinliche erweist sich als genauso trügerisch wie der Augenschein oder als noch trügerischer. Im *Schloß Dürande* spricht zwar alle gewöhnliche Erfahrung dafür, daß Gabriele entführt und verführt worden ist, ja der Augenschein tut das seine hinzu, da Renald seine Schwester im Pariser Hotel des Grafen gesehen hat, aber seine Mutmaßungen erweisen sich als furchtbare Täuschung, furchtbar, denn seine völlig sinnlose Rache zerstört nicht nur das Haus Dürande, sondern auch die unschuldige Schwester. – Nachdem in *Rat Krespel* der Erzähler vom Rat über den wahren Zusammenhang der Dinge aufgeklärt worden ist, verläßt er ihn »gerührt und beschämt«[215]. Auch er hat sich mit dem freilich naheliegenden Verdacht, daß Krespel an Antonie ein Verbrechen begangen habe, gewaltig getäuscht. Und er war gerade deshalb zum Rat gegangen, um ihm das vermeintliche Verbrechen vorzuhalten und von ihm »das offene Geständnis der gräßlichen Tat (zu) erzwingen«[216].

Der an solchen Beispielen hervortretende Befund läßt sich auf die Formel bringen, daß das Wahrscheinliche nicht immer das Wahre, dagegen »das Unwahrscheinlichste (...) oft das eigentliche Wahre« sei[217]. Leser Hoffmanns werden hier sofort an die Erzählung *Das Fräulein von Scuderi* denken, in der der Dichter Boileaus berühmtes Wort »Le vrai peut quelque fois n'être

215 Hoffmann, Werke III 44.
216 Ebd. 43.
217 Hoffmann, Werke IV 131.

pas vraisemblable« zitiert[218] und die eigens dazu geschrieben scheint, um diesen Satz zu belegen. Da steht
auf der einen Seite der Goldschmied Cardillac, der mit
seinen Morden eine ganze Stadt in Angst und Verwirrung stürzt (bis er selbst getötet wird), auf den aber
– umgekehrt wie bei Krespel – keinerlei Verdacht
fällt, weil er »als der rechtlichste Ehrenmann« bekannt
ist und als das »Vorbild eines guten, frommen Bürgers«[219] gilt. Auf der anderen der tugendhafte und
unschuldige Jüngling Olivier Brusson, von dessen Schuld
gleichwohl alle Welt überzeugt ist, weil gegen ihn die
überwältigende Macht der Indizien zeugt. Diese Indizien scheinen in der Tat eindeutig. An einem Morgen
war Cardillac durch einen Dolchstoß ermordet auf-
gefunden worden. Niemand war bei ihm als seine
Tochter und Olivier, der bei Cardillac als Geselle
arbeitete. In Oliviers Kammer wurde ein von frischem
Blut gefärbter Dolch gefunden, der genau in die Wunde
paßte. Oliviers Erklärung, er sei dem Meister auf dessen Geheiß bei einem nächtlichen Ausgang in einer gewissen Entfernung gefolgt, habe gesehen, wie Cardillac
niedergestoßen worden sei, und ihn nach Hause getragen, klingt völlig unwahrscheinlich, zumal Olivier nicht
sagen will, warum der Meister ausging und andere
Hausbewohner, die noch wach gewesen waren, bezeugen können, von einem Ausgang nicht das mindeste,
wohl aber in Cardillacs Wohnung scharfe Tritte, einen
harten Fall und dumpfes Stöhnen vernommen zu haben. Hinzu kommt als wichtigstes, daß, seit Olivier in
Haft sitzt, auch die grauenhaften Raubmorde nicht
mehr vorkommen. So fällt auf ihn der Verdacht, nicht
nur Cardillac, sondern auch alle früheren Opfer auf
dem Gewissen zu haben.
Die näheren Umstände bei der Aufklärung brauchen

218 Hoffmann, Werke III 700.
219 Ebd. 664, 670.

hier nicht erörtert zu werden[220]. Wesentlich ist, daß in der Erzählung gezeigt wird, wie scheinbar eindeutige »Tatsachen«[221] trügen können, ein Nachweis, den der Jurist Hoffmann schon in der früheren Novelle *Ignaz Denner* und ebenfalls bei Gelegenheit eines Kriminalprozesses geführt hatte.

Wenn sich das Trügerische des gewöhnlichen Sehens, sei es des Augenscheins oder des Wahrscheinlichen, an einzelnen Gestalten wie Krespel oder Cardillac erweist, so revidiert die Romantik nicht nur im weiteren Sinne das überkommene Wirklichkeitsbild, sondern auch im engeren Sinne das überkommene Menschenbild. Die Empfindsamkeit neigte noch zu der Auffassung, daß das Äußere des Menschen, vor allem sein Gesicht, der unmittelbare Spiegel der Seele sei. Aus dieser Voraussetzung erwächst Lavaters Physiognomik, die das Studium des äußeren für die Erkenntnis des inneren Menschen fruchtbar zu machen sucht. »Dieß Äußerliche und Innere«, sagt Lavater, »stehen offenbar in einem genauen unmittelbaren Zusammenhang. Das Äußerliche ist nichts, als die Endung, die Gränzen des Innern – und das Innre eine unmittelbare Fortsetzung des Äußern.«[222]

An dieser Lehre hat zweifellos der Rationalismus einen gewissen Anteil. Einerseits wird zwar das sinnliche Erscheinungsbild als »Ausdruck« von Seelischem gewertet – und das ist ein empfindsamer Ansatz –, andererseits wird das Verhältnis von Innerem und Äußerem im Sinne des Kausalprinzips als direkter Zusammenhang von Ursache und Wirkung aufgefaßt: Das Innere bewirkt das Äußere unmittelbar; umgekehrt kann man vom Äußeren auf das Innere schließen.

220 Siehe dazu Alewyn: Ursprung des Detektivromans, aaO. S. 351 ff., der die Erzählung als erstes Beispiel der Detektivgeschichte versteht.
221 Hoffmann, Werke III 679.
222 Johann Caspar Lavater: Physiognomische Fragmente, zur Beförderung der Menschenkenntnis und Menschenliebe, 1.-4. Versuch, Leipzig und Winterthur 1775-78, Erster Versuch, S. 33.

An vielen Stellen der romantischen Dichtung setzt sich eine ganz andere Ansicht durch, wie die Romantik auch nicht mehr dem hemmungslosen seelischen Exhibitionismus huldigt, dem die Empfindsamkeit verfallen war. Es treten nun mehrfach Personen auf, die von außen ganz anders erscheinen, als sie innerlich beschaffen sind, und bei denen ein Physiognomiker vom Schlage Lavaters in einige Verlegenheit geraten müßte. Für den, der mit Kreisler nicht genauer bekannt ist oder in seinem Gesicht nicht auf eine höhere Art zu lesen weiß, ist es kaum möglich zu erkennen, daß hinter seiner »skurrilen Larve«, hinter der »Satyrmaske«, die er teilweise aus Schutzbedürfnis aufsetzt, »ein sanftes weiches Gemüt verborgen« ist[223]. Bei Manfred in Tiecks *Phantasus*-Gesellschaft dient eine »wunderliche Außenseite nur zum nothwendigen Gegengewicht eines gehaltvollen, oft fast melancholischen Innern«, oder er ist nach außen gerade dann »ausschweifend lustig«, wenn er innerlich »ernst, ja traurig« ist[224]. Dasselbe gilt von Leontin in *Ahnung und Gegenwart*. Wer würde schon vermuten, daß dieser nach außen ständig muntere und lustige Sänger innerlich etwas anderes sei als ebenso leichten und fröhlichen Sinnes. Überraschenderweise heißt es aber von ihm einmal, daß er wie kein anderer an seiner Zeit leide und in seiner Poesie nur seine Verzweiflung abreagiere: »Seine alles verspottende Lustigkeit war im Grunde nichts als diese Verzweiflung, wie sie sich an den bunten Bildern der Erde in tausend Farben brach und spiegelte.«[225] Ein weiteres Beispiel für die Diskrepanz zwischen Innen und Außen ist im selben Roman die Gestalt Viktors. Viktors Gemütsart ist »durchaus dunkel und melancholisch«, während er sich nach außen häufig als ausgelassener Kauz gebärdet. Da er überdies wechselweise seine dunkle Innenseite hervorzukehren pflegt, halten ihn »die meisten, die sich

223 Hoffmann, Werke II 343, 351.
224 Tieck, Schriften IV 20 f., 38.
225 Eichendorff, Werke II 167.

mit einer gewöhnlichen Betrachtung der menschlichen Natur begnügen, (...) für einen zweifachen Menschen«[226].

Hoffmann widerlegt die vorromantische Physiognomik vor allem in der Erzählung *Der Zusammenhang der Dinge*. Der Gegensatz von Innen und Außen wird hier von zwei Freunden repräsentiert, von denen jeder genau das scheint, was er nicht ist. Sie erfahren daher in der Gesellschaft eine unverdiente Beurteilung. Bei dem einen, Ludwig, vermutet man ein lebhaft empfindendes Herz; denn er kann über alles »in die erstaunlichste Ekstase geraten, und diese in den mächtigsten Worten verkünden.« Darum wird er bewundert und »jeder großen Handlung« für fähig gehalten. In Wahrheit ist er innerlich leer: »Aber es war mit ihm, wie mit der Pauke, die angeschlagen desto stärker tönt, je größer der innere hohle Raum.«[227] Bei Euchar, dem anderen, verhält es sich umgekehrt. Er besitzt, was Ludwig fehlt, die »Tiefe des Gefühls«, die aber allenfalls der »Kundige« bei ihm zu erkennen vermag; denn nach außen erscheint er seelenlos. Darum »kam es denn auch, daß Euchar von der Menge nicht verstanden, für gleichgültig, kalt, keiner rechtschaffenen Ekstase über ein neues Trauerspiel fähig, und daher auch für prosaisch verschrien wurde.«[228]

Die »Menge«, die Gesellschaft, ist nicht nur Schauplatz der passiven, sondern auch der aktiven Täuschung. Und nirgendwo gestaltet sich der »Trug des Lebens«[229] hemmungsloser, allerdings auch trivialer, als auf der Ebene der Konvention. Das wunderbare Mikroskop des Meisters Floh in Hoffmanns gleichnamiger Erzählung enthüllt Peregrinus angesichts der im Umgang üblichen konventionellen Floskeln »die wunderlichsten ergötzlichsten Kontraste zwischen Worten und Gedanken«.

226 Ebd. 100.
227 Hoffmann, Werke III 886.
228 Ebd. 885.
229 Hoffmann, Werke IV 764.

346

Da sagt zum Beispiel jemand: »Ich erbitte mir Ihren gütigen Rat«, denkt aber: »Er ist albern genug zu glauben, daß ich wirklich in einer Sache die längst beschlossen, seinen Rat verlange, und das kitzelt ihn!« Ein anderer bekennt: »Ich vertraue Ihnen ganz!« und denkt: »Ich weiß ja längst, daß du ein Spitzbube bist«[230]. Peregrinus gibt das Glas allerdings nach einiger Zeit zurück, weil er einsieht, daß es ihn auf die Dauer zum Menschenfeind und sein Leben unter den Menschen unmöglich machen würde.

Bleibt die Wahrheit hinter der gewöhnlichen Ansicht der Dinge verborgen, so verflacht das Gewöhnliche seinerseits zur Larve. Und herabgesunken zum Status eines trügerischen Oberflächenphänomens, verspielt es beim Romantiker den bürgerlichen Kredit, den es beim Philister genießt. Der Boden der alltäglichen Wirklichkeit ist unsolide geworden, unterhalb der Oberfläche wird die Dimension der Tiefe spürbar. So ergibt sich der von der Romantik häufig beschworene Eindruck, wie »auf dünner Eisdecke« oder wie »auf des bodenlosen Abgrunds dünner Decke«[231] zu wandeln. Je weiter z. B. im Kreisler-Roman das Geschehen fortschreitet, desto fühlbarer wird es, daß die konventionelle Welt von Sieghartshof nicht nur »chimärisch« ist und von einem »falschen Glanz« lebt[232], sondern daß sie auch von Geheimnissen, ja sogar von Verbrechen unterminiert ist. »Unheimliches Grauen geht durch diese Säle, durch den Park!«[233] Wie immer bei Hoffmann liegen die geheimnisvollen Ereignisse in der Vergangenheit. Sie überschatten aber mehr und mehr die Gegenwart und drohen in den scheinbar friedlichen Hof-Alltag wie ein zerstörendes Gewitter einzubrechen. »Es ist die

230 Ebd. 758.
231 Hoffmann, Werke I 510, 68.
232 Hoffmann, Werke II 331, 326.
233 Ebd. 559.

dumpfe taube Schwüle vor dem zerstörenden Gewitter, in der sich jetzt alles an dem Hofe bewegt«[234].

Die Anschauung des gewöhnlichen Lebens als unter- oder hintergründig erklärt die romantische Vorliebe für Dinge, welche die Dimension des Dahinter oder Darunter haben: Masken, Schleier, Vorhänge, Türen, Mauern, Fassaden und ähnliches. Schon in Hoffmanns erster Erzählung *Ritter Gluck* ist diese das »Maskenspiel des irdischen Lebens«[235] bezeichnende Motivik fast voll ausgebildet. Der sonderbare Fremde, dem der Erzähler begegnet, verfügt nicht nur über eine Physiognomie, die sich in bestimmten Augenblicken »zur schauerlichen Maske« verzerrt[236], offenbar dient ihm auch sein »moderner Überrock«[237] als Hülle für ganz Anderes, denn »als er sich setzte, schlug er den Überrock auseinander und ich bemerkte mit Verwunderung, daß er unter demselben eine gestickte Weste mit langen Schößen, schwarzsamtne Beinkleider und einen ganz kleinen, silbernen Degen trug. Er knöpfte den Rock sorgfältig wieder zu.«[238] Nach einer späteren Wiederbegegnung führt der Mann den Erzähler zu seiner Wohnung, wo er ihm aus der *Armida* von Gluck vorspielen will. Sie kommen vor einem gewöhnlichen, »unansehnlichen Hause«[239] an. Aber wie bei der Kleidung erschließt sich auch hier hinter der Außenseite eine andere Welt. Denn nachdem sie das Haus betreten, dann aber immerhin noch zwei Türen durchschritten haben, erblickt sich der Erzähler zu seiner Überraschung in einem sonderbar ausstaffierten Zimmer: »Altmodisch reich verzierte Stühle, eine Wanduhr mit vergoldetem Gehäuse, und ein breiter schwerfälliger

234 Ebd. 474. Da der Roman Fragment geblieben ist, bleiben die geheimnisvollen Beziehungen unaufgeklärt. Wie diese vermutlich aussehen, hat Harich, aaO., Bd. II, S. 228 ff., zu erschließen versucht.

235 Hoffmann, Werke I 263.

236 Ebd. 23.

237 Ebd. 15.

238 Ebd. 17.

239 Ebd. 22.

Spiegel gaben dem Ganzen das düstere Ansehn verjährter Pracht.«[240] Dabei entspricht offenbar die unmoderne
prächtige Ausstattung des Zimmers hinter der gewöhnlichen Fassade der unmodernen, feudal anmutenden
Tracht unter dem gewöhnlichen Überrock. Dann tritt
der Mann vor einen Schrank, zieht einen Vorhang weg,
und dem Besucher enthüllt sich eine Prachtausgabe von
Glucks Gesammelten Werken. Aber was man hinter
den Buchdeckeln von Notenbüchern mit Recht erwarten
kann, gedruckte Noten, findet sich hier nicht vor. Als
der Mann den mit *Armida* beschrifteten Band auf-
schlägt, erblickt der Gast zwar »rastrierte Blätter, aber
mit keiner Note beschrieben«[241]. So erweist sich auch
hier die Außenseite als bloße Fassade, mit dem Unterschied zu den vorigen Malen, daß sie nicht etwas anderes, sondern nichts verbirgt. Und doch ist das wieder
eine alles andere als richtige Feststellung. Der Mann
stellt nämlich das aufgeschlagene Buch mit den leeren
Blättern auf das Pult des Klaviers und beginnt gleichwohl, »herrlich und meisterhaft« die Ouvertüre zu
spielen. Freilich, wenn man nun meinen würde, er
spiele das Stück, wie es im Notenbild allgemeinver-
bindlich von Gluck niedergelegt wurde, so täuscht man
sich aufs neue. Wie er hinter den leeren Blättern gedruckte Noten zu erblicken scheint, so scheint er wiederum hinter dem bloßen Buchstaben den höheren Geist
der Musik wahrzunehmen. Denn er bringt »so viele
neue geniale Wendungen« in die Komposition hinein,
daß Glucks Musik »gleichsam in höherer Potenz«
ertönt[242]. – Die Erörterung der vieldiskutierten Schluß-
pointe können wir uns schenken, da sie der hintergründigen Wirklichkeitssicht, wie sie schon vorher entfaltet
wird, nichts wesentlich Neues hinzufügt, sondern diese
nur variiert. Wenn das gewöhnliche Leben prinzipiell
ein Maskenspiel ist, so schließt das auch die Möglichkeit

240 Ebd.
241 Ebd. 23.
242 Ebd.

ein, daß sich hinter dem Augenschein biologischer Lebendigkeit der Geist eines bereits Verstorbenen verbirgt.

Wie häufig auch bei Eichendorff Motive wie Maske und Verkleidung vorkommen, ist jedem Eichendorff-Leser geläufig. Man denke nur an die als Gärtnerbursch verkleidete Gabriele im *Schloß Dürande,* an Erwin alias Erwine in *Ahnung und Gegenwart,* an den angeblichen Maler Guido im *Taugenichts* oder an das vermeintliche Jägerbürschchen Florentin in *Viel Lärmen um Nichts.* Man denke auch an die Maskenbälle in *Ahnung und Gegenwart* und im *Marmorbild,* an das Verkleidungsspiel in der *Entführung* oder an das Schauspielerwesen in *Dichter und ihre Gesellen.* Stets verleiht die Maske der Erscheinung »eine tiefe, fast schauerliche Bedeutung«[243]. Zu den Motiven hintergründigen Schauens gehört aber noch ein weiteres, das in diesen Zusammenhang gar nicht zu passen scheint, eines, das bei Hoffmann nur am Rande vorkommt, von Eichendorff aber ins Zentrum gerückt und auffällig favorisiert wird: die drückende Stille und Schwüle vor dem Gewitter. Dieses Motiv ist insofern scheinbar völlig unähnlichen und viel handfesteren Gegenständen wie Maske, Schleier, Mauer, Fassade gleichgeordnet, als es ebenfalls sowohl das Element der Täuschung wie die Dimension des Dahinter besitzt. Die Ruhe vor dem Gewitter erscheint trügerisch, eben weil sie nur den Auftakt zu ganz anderem, zu Aufruhr und Zerstörung ist. Zum anderen ist sie hintergründig, denn »hinter« ihr, im zeitlichen Sinne des Bevorstehenden, lauern die wilden Elemente, um loszubrechen.

Wie man an der Erzählung *Das Schloß Dürande* oder an dem Essay *Der Adel und die Revolution* sehen kann, charakterisiert Eichendorff gerade die scheinbar friedliche normale Situation vor Ausbruch der Französischen Revolution als Ruhe vor dem Sturm. Prinzipiell deutet er aber nicht nur diese, sondern jede Art von Stille, die

243 Eichendorff, Werke II 327.

auf der mechanischen Wiederkehr des Gleichen, auf dem Stillstand des Lebens beruht, im Sinne dieses Gewittergleichnisses. »Ja (...) diese Gewitterschwüle ist ein bedeutungsvolles Bild der Gegenwart«, heißt es an einer Stelle in *Dichter und ihre Gesellen*[244]. »In trüber Schwüle liegt die Welt gefangen«, an einer anderen[245]. Es ist dies Eichendorffs Methode, der Sicherheit, in der sich der Philister wiegt, den Boden zu entziehen, mehr noch: er verleiht damit der Öde und Leere, die das Normale kennzeichnen, die Tiefe des Abgründigen. Zwar »der Glaube ist tot, die Welt liegt stumm«[246], aber aus der neuen Sicht der Dinge wird die Stummheit wieder beredt, ist die Leere mit geheimen Kräften geladen, wird aus der scheinbar bloß passiven eine aktive Stille, die aber nicht freundlich gesinnt, sondern »feindlich lauernd«[247] anmutet. In das Gefühl der Enge, das mit dem Eindruck der Schwüle verbunden ist, mischt sich daher immer auch die Ahnung von Bedrohung und Gefahr. So deutet Eichendorff den leeren Raum zu einer Metaphysik des leeren Raumes um[248], und so wird auch der trübeste Aspekt der Normalität romantisiert.

Der Dichter verwendet dazu freilich nicht nur das Gewittergleichnis. Die windstille Öde, in die die Reisenden in der *Meerfahrt* gebannt sind, wird auf andere Weise unterminiert. Der Student Antonio »blickte in das Meer, es war so klar, daß man bis auf den Grund sehen konnte, das Schiff hing in der Öde wie ein dunkler Raubvogel über den unbekannten Abgründen, ihn schwindelte zum erstenmal vor dem Unternehmen, in das er sich so leicht gestürzt.«[249] In dem Lied, das er

244 Ebd. 573.
245 Ebd. 637.
246 Ebd. 175.
247 Ebd.
248 Brauchbar wäre hier auch die Formel von der ›Mythologie der entgötterten Welt‹, die Karl S. Guthke, Göttingen 1971, verwendet, jedoch ohne auf Eichendorff und das Problem des Normalen einzugehen.
249 Eichendorff, Werke II 752.

singt, sieht er allerdings auch »Die Heimat im Meeres-
grunde«[250].

Wie das Meer so hat auch der Erdboden eine Oberfläche, unter der sich von einem seherischen Auge Tieferes
erahnen läßt. So kommt der Taugenichts kurz vor Rom
»auf eine große einsame Heide, auf der es so grau und
still war wie im Grabe. (...) Sie sagen, daß hier eine
uralte Stadt und die Frau Venus begraben liegt, und
die alten Heiden zuweilen noch aus ihren Gräbern
heraufsteigen und bei stiller Nacht über die Heide
gehen und die Wanderer verwirren.«[251]

Das hinter- oder untergründige Sehen verleiht den
Gegenständen der alltäglichen Wirklichkeit, ja selbst
der nichtgegenständlichen Leere, Symbolcharakter. Die
Hauptbedingung des Symbols: über sich hinauszuwei-
sen auf einen tieferen und dabei ebenso unerschöpflichen
wie unfaßbaren Sinn, wird hier zweifellos erfüllt. Jedoch besteht beim romantischen, anders als beim klassischen Symbol, zwischen Bezeichnendem und Bezeich-
netem keine Analogie. Ähnlich wie bei vielen Symbolen
des Volksmärchens, zum Beispiel *Allerleirauh*, stehen
die beiden Seiten in einem Mißverhältnis zueinander,
jenem Mißverhältnis zwischen Augenschein und Wahrheit, von dem vorhin die Rede war. Das romantische
Symbol ist darum auch ungleich schwerer zugänglich
als jede andere Form sinnbildlicher Darstellung. Seine
Oberfläche ist eine Maske, und in seiner Tiefe ist es
kaum auszuloten.

Ist die Welt auf solche Weise romantisiert, hört sie
auf, platt, schal, langweilig zu wirken, kann sie vor
allem wieder ein Gegenstand des Glaubens sein. Der
Glaube braucht geheimnisvolle Symbole, er will sehen
und doch nicht sehen. Der Sinn der Welt soll sich nicht
offenbaren, sondern verbergen, doch so, daß er von sich
Kunde gibt. Wichtig ist dabei im romantischen Kontext primär nicht, *was* sich, sondern *daß* sich etwas

250 Ebd.
251 Ebd. 399.

verbirgt. Unter dem Aspekt der Kompensation gilt der Romantik als Hauptsache, daß es Geheimnisse, »Hieroglyphen«, überhaupt wieder gibt, nicht welchen Inhalts diese Geheimnisse sind. Die Bedeutung inhaltlicher Differenzierungen z. B. zwischen »guten« und »bösen« Kräften darf daher nicht überschätzt werden. Das Dämonische ist der Romantik im Prinzip genauso recht wie das Göttliche. Besonders Hoffmann ist in diesem Punkt nicht sehr heikel. Aber auch Eichendorff hat »die wilden Erdengeister, die aus der Tiefe nach uns langen«[252], gewiß nicht nur deshalb beschworen, um vor ihnen zu warnen, sondern auch weil er von ihnen fasziniert war.

Um eine wichtige Kategorie der Romantik wieder aufzugreifen, könnte man auch sagen, daß die Hauptsache darin liegt, daß die Welt nicht mehr durchaus »bekannt« ist. Hinter dem Bekannten tut sich eine unermeßliche Zone des Unbekannten auf. Dabei ist der Romantik bewußt, daß der Schleier, der das Unbekannte bisher verhüllte, das Bekannte selber ist. Wir sehen etwas nicht mehr, wenn wir es zu oft und nur gewohnheitsmäßig sehen[253]. Daher die Notwendigkeit einer neuen Optik, sei es durch ein Verschmelzen oder Auffrischen der Sinne (Synästhesie, kindliches Sehen), sei es durch ein neues Organ (Traum, Phantasie) oder eine neue Haltung (Humor, Ironie), sei es durch neue Beleuchtungen (Nacht, Mondschein) oder durch neue Perspektiven.

---

252 Ebd. 344.
253 Vgl. den Satz aus Hegels ›Phänomenologie des Geistes‹: »Das Bekannte überhaupt ist darum, weil es bekannt ist, nicht erkannt.« Zitiert nach Jan Knopf: Bertolt Brecht. Ein historischer Forschungsbericht, Frankfurt am Main 1974 (= Fischer Athenäum Taschenbücher 2028), S. 22. Knopf weist darauf hin, daß die Brecht-Forschung diesen Satz zur Deutung von Brechts Verfremdungsbegriff benutzt hat. Es ist im übrigen zu betonen, daß Brecht zwar nicht so sehr den Akt, jedoch die Funktion der Verfremdung ganz anders versteht als die Romantik.

f) Poesie als Medium

Jedermann, außer dem Wahnsinnigen oder dem seiner Sinne Beraubten, vermag gewöhnlich und das Gewöhnliche zu sehen, aber nicht jedermann ist der neuen Optik fähig oder nur in geringem Maße. Gehört das gewöhnliche Sehen zu den Beschränktheiten des Philisters, so das neue Sehen zu den Begabungen des Künstlers. Nun fallen unter die Kategorie des Künstlers gerade auch diejenigen Figuren der romantischen Dichtung, die an der Normalität Ungenügen empfinden, d. h. die das Gewöhnliche ganz besonders deutlich und schmerzhaft erfahren. Daher sind die Künstler nicht nur Experten des neuen, sondern auch des normalen Sehens. In ihrer Anschauungsweise herrscht dieselbe Duplizität von gewöhnlich / nichtgewöhnlich wie im Angeschauten.

Unter die Kategorie des Künstlers fallen auch die Poeten. Auch der Poet ist Subjekt des neuen Sehens, nicht nur als in der Dichtung dargestellte Figur, sondern als Autor der romantischen Dichtung. Im Selbstverständnis der dichtenden Romantiker erscheint der Dichter denn auch als Seher. »Wie der Mahler mit ganz andern Augen, als der gemeine Mensch die sichtbaren Gegenstände sieht – so erfährt auch der Dichter die Begebenheiten der äußren und innern Welt auf eine sehr verschiedne Weise vom gewöhnlichen Menschen«, heißt es bei Novalis[254]. In *Ahnung und Gegenwart* läßt Eichendorff Friedrich sagen: »Der Dichter hat einsam die schönen Augen offen; mit Demut und Freudigkeit betrachtet er, selber erstaunt, Himmel und Erde, und das Herz geht ihm auf bei der überschwenglichen Aussicht, und so besingt er die Welt, die, wie Memnons Bild, voll stummer Bedeutung, nur dann durch und durch erklingt, wenn sie die Aurora eines dichterischen Gemütes mit ihren verwandten Strahlen berührt.«[255]

254 Novalis, Schriften II 573.
255 Eichendorff, Werke II 32.

In seiner *Geschichte der poetischen Literatur Deutschlands* schreibt Eichendorff: »Gerade der frische Blick in die Welt und die tiefere Ahnung ihrer verhüllten geistigen Physiognomie bezeichnet den Dichter, dessen Sache es ist, nicht, wie der Vogel Strauß beim Anblick des Jägers, vor dem bunten Wirrsal feig den Kopf zu verstecken, sondern die sinnliche Erscheinung im Feuer himmlischer Schönheit zu taufen und vom Gemeinen zu erlösen.«[256] Hoffmann erhebt das Sehen für den Dichter sogar zur conditio sine qua non: Ein »wahrhafter Dichter« muß auch ein »wahrhafter Seher« sein[257]. Und der Einsiedler Serapion wird deshalb zum Vorbild erkoren, weil er »das wirklich geschaut was er verkündete«[258]. Es liegt dann auch nahe, das Dichten selber in diesem Sinne zu begreifen. Wie Arnim in den *Kronenwächtern* bemerkt, ist »das Dichten ein Sehen höherer Art zu nennen«[259].

Wie das Dichten die Dichtung, so bringt das Sehen das Gesehene hervor. Die Poesie ihrerseits ist nicht nur Produkt, sondern auch Medium. Sie geht nicht nur aus dem neuen Sehen hervor, sie ist auch sein Werkzeug. Dem Leser vermittelt sie auf diese Weise sowohl das Gesehene wie das Sehen selbst. Die Mittler-Rolle wird in einer Äußerung Brentanos im *Godwi* deutlich: »Alles, was zwischen unserm Auge und einem entfernten zu Sehenden als Mittler steht, uns den entfernten Gegenstand nähert, ihm aber zugleich etwas von dem Seinigen mitgiebt, ist romantisch.« Weiter heißt es: »Das Romantische ist also ein Perspectiv oder vielmehr die Farbe des Glases und die Bestimmung des Gegenstandes durch die Form des Glases.«[260] Es ist wohl legitim, für »das Romantische« die »romantische Poesie« zu

256 Eichendorff, Werke IV 400.
257 Hoffmann, Werke III 54.
258 Ebd.
259 Arnim, Romane und Erzählungen I 520.
260 Brentano, Werke II 258 f. Vgl. zu dieser Passage wie zu diesem ganzen Problem überhaupt Immerwahr, aaO. bes. S. 179 ff.

setzen. So erhält man eine Funktionsbestimmung, aus der hervorgeht, daß sich die romantische Dichtung als sowohl objektiv wie subjektiv versteht, daß sie gemäß diesem Selbstverständnis sich zwar auf etwas außerhalb ihrer selbst, eben die objektive Welt, bezieht, daß ihre Darstellung aber ebensosehr vom Element des Poetischen (und damit auch vom Poeten) geprägt ist.

Die romantische Poesie sieht sich damit gleich weit von bloßer Nachahmung wie von bloßer Phantasterei entfernt. Sie verhält sich zur äußeren Welt weder rein rezeptiv noch rein projektiv. Wohl ist richtig, daß nur in ihr und mit ihr das außergewöhnlich Erschaute »ins Leben treten« kann, wie es bei Hoffmann häufig heißt. Zum Leben erweckt sie nach eigener Ansicht aber nur, was objektiv schon vorhanden ist. Wenn die Welt zu singen anfängt, so ist das ein Lied, das nicht nur im Dichter, sondern auch in den Dingen geschlummert hat. Und wenn der Dichter, wie Christian am Ende des *Runenbergs*, aus gewöhnlichen Kieselsteinen Funken schlägt, so glaubt er es insgeheim mit einem Feuer zu tun zu haben, das in ihnen selber verborgen ist. Der heutige Zeitgenosse kann diese Ansicht nicht mehr nachvollziehen, und den Romantikern selber dürfte die Stimme der Vernunft zugeflüstert haben, daß es sich hier nur um einen frommen Wahn handelt. Aber das ändert doch nichts daran, daß sie zumindest wünschten, daran zu glauben, und daß sie zumindest so taten, als glaubten sie daran.

Das Serapiontische Prinzip Hoffmanns besagt denn auch ausdrücklich nicht nur, daß der Dichter verkündet, was er erschaut, sondern auch, daß er erschaut, was er glaubt, ja daß sich bereits im Erschauen das Moment des Glaubens geltend macht. Nun ist gerade Serapions Glaube rein subjektiv, denn der Einsiedler ist wahnsinnig. Da »irgendein feindlicher Stern (ihm) die Erkenntnis der Duplizität geraubt hatte, von der eigentlich allein unser irdisches Sein bedingt ist«[261], verfügt

261 Hoffmann, Werke III 54.

er nur über die eine der beiden gegensätzlichen Seh-
weisen, die den Künstler ausmachen. Und da er weder
gewöhnlich noch das Gewöhnliche sieht, ist er weit entfernt, am Gewöhnlichen zu leiden. Deshalb wäre es
auch verfehlt, in Serapion den Typ des romantischen
Dichters zu sehen. Er repräsentiert nur eine Seite des
romantischen Dichtens, die der Einheit von Dichten,
Schauen und Glauben.
Wenn Hoffmann wie alle Romantiker so sehr das
Schauen betont, so will er andererseits sagen, daß das
Dichten nicht allein eine Sache der technischen Fertig-
keit ist. Eine Dichtung kann formvollendet sein und
doch ganz wirkungslos bleiben: »Woher kommt es denn,
daß so manches Dichterwerk das keineswegs schlecht
zu nennen, wenn von Form und Ausarbeitung die Rede,
doch so ganz wirkungslos bleibt wie ein verbleichtes
Bild, daß wir nicht davon hingerissen werden, daß die
Pracht der Worte nur dazu dient den innern Frost,
der uns durchgleitet, zu vermehren. Woher kommt es
anders, als daß der Dichter nicht das wirklich schaute
wovon er spricht«[262]. Wenig später heißt es: »Jeder
prüfe wohl, ob er auch wirklich das geschaut, was er
zu verkünden unternommen, ehe er es wagt laut damit
zu werden. Wenigstens strebe jeder recht ernstlich darnach, das Bild, das ihm im Innern aufgegangen recht
zu erfassen mit allen seinen Gestalten, Farben, Lichtern
und Schatten, und dann, wenn er sich recht entzündet
davon fühlt, die Darstellung ins äußere Leben (zu)
tragen.«[263]
Wenn wir nicht fehlgehen, liegt in dieser Theorie die
Betonung auf »Bild«, nicht auf »Form«. Und ist es in
der Praxis anders? Damit wollen wir nicht der ab-
gedroschenen und falschen These das Wort reden, daß
die romantische Dichtung auf die Form keinen Wert
lege, ja »formlos« sei, aber zu bedenken geben, ob man
ihre eigentliche Leistung nicht auf der Ebene des bild-

262 Ebd.
263 Ebd. 55.

haften Ausdrucks, vor allem in der Erzeugung einer suggestiven Bildlichkeit, suchen sollte. Wahrscheinlich allerdings wissen wir noch viel zu wenig über das prinzipielle Wie, Warum und Wozu des bildhaften Ausdrucks, um diese Leistung wirklich ermessen zu können[264].

Zumindest kann es nicht an der bloßen Sprachkunst liegen, daß diese Dichtung die Welt neu entdeckt, wenn die Romantik auch Sprachkünstler vom Rang eines Brentano hervorgebracht hat. Aber bei einem Autor wie Hoffmann, der unbestreitbar zu den originellsten Sehern der Romantik gehört, ist nicht daran vorbeizukommen, daß er rein sprachlich gesehen völlig uninteressant ist, ja daß er sich häufig und auf eine manchmal penetrante Weise des sprachlichen Klischees bedient[265]. Auch in Eichendorffs Sprache regiert die »Formelhaftigkeit«[266]. Neuere Untersuchungen haben zwar gezeigt, daß man das scheinbar Stereotype seiner Ausdrucksweise differenzierter beurteilen muß, als es bisher geschehen ist[267]. Aber das hebt den Verdacht nicht auf, daß sich der kompensatorische Aspekt der romantischen Dichtung: die Vermeidung und Durchbrechung der Wiederkehr des Gleichen, wohl auch hier nicht so sehr

264 Wie Motekat, aaO., bemerkt, ist die Erzeugung von Bildern die Wirkung, die Hoffmann auch beim Leser erreichen will. Es gehe Hoffmann um die »Aktivierung der inneren Schaukräfte des Lesers« (S. 26). Ähnliches könnte man von Eichendorff sagen. Zum Komplex der romantischen Bildlichkeit vgl. Heinz Hillmann: Bildlichkeit der deutschen Romantik, Frankfurt am Main 1971, eine Arbeit, die hauptsächlich aber als Materialsammlung angelegt ist.

265 Dieser Vorwurf ist – mit Recht – schon häufig gegen Hoffmann erhoben worden. Siehe dazu Helmut Müller: Untersuchungen zum Problem der Formelhaftigkeit bei E. T. A. Hoffmann, Diss. Bern 1964, bes. S. 28 ff.

266 Werner Kohlschmidt: Die symbolische Formelhaftigkeit von Eichendorffs Prosastil, in: W. K.: Form und Innerlichkeit. Beiträge zur Geschichte und Wirkung der deutschen Klassik und Romantik, Bern 1955 (=Sammlung Dalp 81), S. 177-209. Über Eichendorffs »Stereotypität« vgl. auch G. Jahn, aaO. S. 92 ff.

267 Vgl. Klaus-Dieter Krabiel: Tradition und Bewegung. Zum sprachlichen Verfahren Eichendorffs, Stuttgart/Berlin/Köln/Mainz 1973 (=Stu-

auf der sprachlichen als auf anderen Ebenen verwirklicht.

Die Vorliebe für sprachliche Formelhaftigkeit ist freilich insofern sehr bezeichnend für die hochromantische Methodik der Kompensation, als sich auch in diesem Zug die Abkehr vom Interessanten bezeugt. Während formelhafte Wiederholungen ein eher unambitioniertes Verhältnis zur Sprache verraten, machen die »Jünger des Interessanten«, wie R. Baumgart sie in einer erhellenden Skizze genannt hat[268], auch Prätention auf eine interessante Sprache. Und zum Stilgesetz des Interessanten gehört eben nicht das Inkaufnehmen der Wiederholung oder gar der Wille zur Wiederholung, sondern die permanente Jagd nach originellen Pointen und geistreichen Aperçus. Mehr noch: in der interessanten Sprache spiegelt sich nicht das Interesse an der Sache, sondern das Interesse des Autors an sich selbst. An die Stelle des Versuchs, eine Anschauung von der Sache zu vermitteln, tritt daher der Versuch des Autors, sich selbst in Szene zu setzen. Solche Prätentionen liegen Autoren wie Eichendorff oder Hoffmann völlig fern. Mit Recht wurde von Eichendorffs Formelhaftigkeit gesagt, daß sie geradezu das Korrektiv zur frühromantischen Subjektivität sei[269].

Eine gewisse Formelhaftigkeit hindert die Sprache aber offenbar nicht, eine Bildlichkeit zu erzeugen, die das Normale genauso hinter sich läßt wie das Interessante. Auf diese Bildlichkeit, auf das »Gesehene«, wird auch

dien zur Poetik und Geschichte der Literatur 28); Wettstein, aaO. bes. S. 65 ff. Nach Köhler, aaO., erfolgt die Wiederkehr des Gleichen bei Eichendorff »in immer neuer Umgebung, in immer neuer Variation (. . .) So sind die ständigen Wiederholungen eines begrenzten Wort- und Bilderarsenals nicht etwa Indiz künstlerischer Impotenz, sondern sie bewirken, daß die so scheinbar festen Formen und Formeln entgrenzt, in Frage gestellt, in Bewegung gebracht werden.« (S. 29) Auf die Variationsfähigkeit hat schon Gisela Jahn hingewiesen, aaO. S. 110 ff.

268 Reinhard Baumgart: Die Jünger des Interessanten, in: Merkur 11, 1957, S. 599-604.

269 Vgl. Kohlschmidt, aaO. S. 208 f. Nach ihm auch Wettstein, aaO. S. 69.

weiter zu achten sein, wollen wir das Programm des Romantisierens in seinem Kern nicht verfehlen.

Wenn wir die Überzeugung der Tieck, Hoffmann, Eichendorff, Novalis, Brentano, Arnim von der Wichtigkeit des Sehens noch einmal kurz zusammenfassen wollen, so können wir das nicht besser tun als mit einem Proust-Zitat, das A. Béguin in seiner großen Romantik-Untersuchung anführt. Proust schreibt in *Le temps retrouvé*[270]:

Die Größe der wahren Kunst im Gegensatz zu jener, die Monsieur de Norpois als Dilettantenspielerei bezeichnet hätte, lag darin beschlossen, jene Wirklichkeit, von der wir so weit entfernt leben, wiederzufinden, wieder zu erfassen und uns bekanntzugeben, die Wirklichkeit, von der wir uns immer mehr entfernen, je mehr die konventionelle Kenntnis, die wir an ihre Stelle setzen, an Dichte und Undurchdringlichkeit gewinnt, jene Wirklichkeit, deren wahre Kenntnis wir vielleicht bis zu unserem Tode versäumen und die doch ganz einfach *unser Leben ist, das wahre Leben, das endlich entdeckte und aufgehellte, das einzige infolgedessen von uns wahrhaft gelebte Leben,* jenes Leben, das in gewissem Sinne bei allen Menschen so gut wie beim Künstler in jedem Augenblick wohnt. Aber sie sehen es nicht, weil sie es nicht aufzuhellen versuchen. Und so ist ihre Vergangenheit von unzähligen Photonegativen angefüllt, die ganz ungenutzt bleiben, da ihr Geist sie nicht ›entwickelt‹ hat. Das Leben wiedererfassen, und auch das Leben der andern; denn der Stil ist für den Schriftsteller, genau wie für den Maler, nicht eine Frage der Technik, sondern des *Sehens.* (...) Durch die Kunst nur vermögen wir aus uns herauszutreten, uns bewußt zu werden, wie ein anderer das Universum sieht, das für ihn nicht das gleiche ist wie für uns, und dessen Landschaften uns sonst unbekannt geblieben wären wie die, die es auf dem Mond geben mag. Dank der Kunst verfügen wir, anstatt nur eine einzige Welt – die unsere – zu sehen, über eine Vielheit von Welten, das heißt über so viele, wie es originale Künstler gibt, Welten, die, untereinander verschiedener als jene andern, die im Unendlichen kreisen, uns noch viele Jahrhunderte, nachdem der Fokus erloschen ist, der sein Ausgangspunkt war – mag er nun Rembrandt geheißen haben oder Vermeer – einen Strahl zusenden, der nur ihnen eigentümlich ist.

270 Zitiert nach Albert Béguin: Traumwelt und Romantik. Versuch über

3. *Ferne*[271]

Mit seherischen Akten wie Auffrischen, Beleben, Verfremden oder Symbolisieren wird die Normalität innerhalb ihres eigenen Rahmens überwunden. Der Betrachter braucht diesen Rahmen nicht zu überschreiten, er kann am Schauplatz des Gewöhnlichen bleiben und verändert das Gewöhnliche allein durch seine Optik. Das ist, wenn man die früher getroffene Unterscheidung zwischen zwei Arten kompensatorischen Verhaltens gegenüber der Welt als heuristischen Ansatz akzeptiert, die eine Variante.

Die andere Variante: Suche nach neuen Ufern außerhalb des Gewöhnlichen, ist mit Bewegung verbunden. Der von Ungenügen Heimgesuchte verharrt nicht am Ort, sondern vollzieht einen Aufbruch und entfernt sich vom Schauplatz des Normalen. Wohin? Gelegentlich kommen verhältnismäßig genaue Angaben vor. Der Taugenichts will wie viele andere Ungenügsame nach Italien, Christian im *Runenberg* zieht es ins Gebirge. Das am häufigsten genannte und zugleich unbestimmteste Ziel ist jedoch die Ferne.

Wenn Heinrich von Ofterdingen zu seiner großen Reise aufbricht, so »sah (er) sich an der Schwelle der Ferne, in die er oft vergebens von den nahen Bergen geschaut, und die er sich mit sonderbaren Farben ausgemalt hatte.«[272] Sternbald wirft gegen den Vorschlag seiner Pflegemutter, seßhaft zu werden und das Leben eines Bauern zu führen, den Lockruf der Ferne in die Waagschale: »wenn ich durch ungekannte Gegenden mit frischem Herzen streifen kann, so mag ich keines ruhigen Lebens genießen. Tausend Stimmen rufen mir

die romantische Seele in Deutschland und in der Dichtung Frankreichs, aus dem Franz. von Jürg Peter Walser, hg. von Peter Grotzer, Bern und München 1972 (zuerst 1937), S. 429 f.
271 Einige der im folgenden vorgetragenen Gedanken veröffentlichte Verf. bereits unter dem Titel ›Bedeutung und Funktion der Ferne bei Eichendorff‹, in: Aurora 35, 1975, S. 21-34.
272 Novalis, Schriften I 205.

herzstärkend aus der Ferne zu, die ziehenden Vögel, die über meinem Haupte wegfliegen, scheinen mir Boten aus der Ferne, alle Wolken erinnern mich an meine Reise, jeder Gedanke, jeder Pulsschlag treibt mich vorwärts«[273]. Schaut Friedrich in seiner Kindheit aus dem heimatlichen Garten sehnsüchtig nach draußen, so lockt ihn vor allem die »glänzende Ferne«[274], in die er wie die Wagen, Reiter und Fußgänger hinausziehen möchte. Und hören wir Florios Kindheitsgeschichte, so verhält es sich nicht anders: »Auf dem Lande in der Stille aufgewachsen, wie lange habe ich da die fernen blauen Berge sehnsüchtig betrachtet, wenn der Frühling wie ein zauberischer Spielmann durch unsern Garten ging und von der wunderschönen Ferne verlockend sang und von großer, unermeßlicher Lust.«[275]

a) Räumlich-zeitlich

Ferne ist, wie in den angeführten Beispielen, zunächst als räumliche Kategorie zu verstehen. Als solche spielt sie bei keinem Dichter der Romantik eine größere Rolle als bei Eichendorff. Wir können uns bei der Auswahl der Beispiele daher zunächst auf diesen Autor beschränken.

Gewöhnlichkeit ist immer mit Nähe oder doch mit der Möglichkeit der Annäherung verbunden. Ferne hingegen ist der Gegensatz zur Nähe und schon darum eine Alternative zum Gewöhnlichen. Wenn die Ferne aber in der Romantik, zumal bei Eichendorff, besonderen Vorzug genießt, so deshalb, weil sie eine konstante und stabile, obwohl keineswegs statische Alternative ist. Denn im Unterschied zur Fremde, die dem Menschen durchaus real erreichbar ist, zeichnet sich die

273 Tieck, Schriften XVI 48 f.
274 Eichendorff, Werke II 48.
275 Ebd. 308.

Ferne per definitionem durch Unerreichbarkeit aus[276]. Jede in Nähe verwandelte Ferne würde aufhören, Ferne zu sein[277], wenn es auch unbestritten ist, daß dieser Verwandlungsprozeß bei Eichendorff und anderen Romantikern häufig vorkommt. Als Ferne bestätigt sie sich gerade dadurch, daß sie vor jeder Annäherung ständig zurückweicht und sich in der Distanz neu konstituiert. Wer auf sie zugeht, sieht sie daher immer wieder neu entstehen. Und da ihre permanente Wiedergeburt ihren Gegensatz zum Nahen und Gewöhnlichen betont und potenziert, liegt ein größeres Vergnügen darin, sich auf sie zuzubewegen, als sie aus dem Stand zu betrachten.

Das ist einer der Gründe, warum der romantische Held es nicht beim bewegungslosen Betrachten beläßt, sondern warum er zur Ferne immer hinstrebt, warum überhaupt das Ferneerlebnis in der Regel mit Reisen verknüpft ist. Den Dichtern, so besagt ein bekanntes Zitat aus *Dichter und ihre Gesellen,* erschließt sich überall die verborgene Schönheit der Welt, »mit jedem Schritte erweitern sich die Kreise, das Entfernte, Dunkle rückt verständlich in freundliche Nähe, und neue Fernen heben sich wieder wunderbar immer weiter und schöner.«[278] Hier ist das Element der ständigen Erneuerung und Steigerung deutlich ausgesprochen. Allerdings fällt dabei auch auf die Nähe ein »freundliches« Licht. Wir glauben jedoch nicht, daß Eichendorff mit Nähe hier Gewöhnlichkeit gemeint hat.

Wie die Fremde besitzt die Ferne sodann die Eigenschaft der Unbekanntheit. Darüber brauchen nicht viele Worte verloren zu werden. Daß der Aufbruch aus dem Kreis der alltäglichen Wirklichkeit auch immer in die »unbekannte Ferne«[279] zielt, ist allzu offensichtlich. Im

276 Vgl. Otto Friedrich Bollnow: Mensch und Raum, Stuttgart 1963, S. 93.
277 Vgl. Alewyn: Eine Landschaft Eichendorffs, aaO. S. 223.
278 Eichendorff, Werke II 603.
279 Ebd. 751.

Hintergrund stehen freilich Ahnung und Wunsch, mit der Ausfahrt zuletzt wieder zum Ursprung, zum verlorenen Ursprung, zurückzufinden und also insgeheim im Kreis ins Urvertraute zurückzureisen. Die vorhin zitierte Stelle aus *Heinrich von Ofterdingen* lautet in der Fortsetzung: »Er war im Begriff, sich in ihre blaue Flut zu tauchen. Die Wunderblume stand vor ihm, und er sah nach Thüringen, welches er jetzt hinter sich ließ, mit der seltsamen Ahndung hinüber, als werde er nach langen Wanderungen von der Weltgegend her, nach welcher sie jetzt reisten, in sein Vaterland zurückkommen, und als reise er daher diesem eigentlich zu.«[280] Sinngemäß äußert sich Eichendorff ähnlich.

Etwas mehr Aufmerksamkeit verdient die Fähigkeit der Ferne, Dinge zu verklären. Die Farbe, die diese Verklärung signalisiert, ist das Blau, die gleiche Farbe, die Heinrichs geträumte und erstrebte »Wunderblume« besitzt. »Die Ferne schmückte sich mit allen Veränderungen von Blau«[281], heißt es an einer späteren Stelle des Romans. Häufig ist von den »fernen blauen Bergen« die Rede[282]. Daneben macht sich die Verklärung auch in Ausdrücken wie »duftige Ferne«[283] oder »glänzende Ferne«[284] oder »schimmernde Fernen«[285] geltend.

Vielleicht gibt es nichts Romantischeres als diesen verklärenden Fernblick. Zwar mag man argumentieren, daß uns Eindrücke wie die Bläue oder die Duftigkeit des Horizontes auch aus der empirischen Erfahrung geläufig sind, als physikalisches Phänomen, das mit der Luftfeuchtigkeit zusammenhängt. Es kommt doch aber auch darauf an, ob solch eine Erfahrung auch literarisch ausgewertet und nicht nur dem Sinn, sondern

280 Novalis, Schriften I 205.
281 Ebd. 299.
282 Z. B. Eichendorff, Werke II 307, 437, 441.
283 Ebd. z. B. 50, 483.
284 Ebd. z. B. 48, 807.
285 Ebd. z. B. 538, 589, 701.

auch dem Bewußtsein vergegenwärtigt wird, und in dieser Beziehung ist uns das Motiv erst von der Romantik geschenkt worden. Es kommt hinzu, daß die Romantik die Ferne mit einer Bedeutung ausstattet, die das Empirische weit übersteigt, denn dem romantischen Auge verklärt sich die Ferne vor allem zu einem Zauber. Wenn in einer Gedichtzeile »Wunderklänge aus der Ferne« wehen[286] oder wenn die Ferne dem Wanderer »wunderbar« oder »wunderreich«[287] entgegenlächelt, so wird ihr Gegensatz zum Gewöhnlichen durch diese Faszination nochmals potenziert.

Geht man von einem weitergefaßten Begriff von Ferne aus, nämlich vom Begriff des überhaupt weit Entfernten, so wirkt sich der verklärende Effekt ebenso wie im Raum in der Phantasie aus. Eine ebensolche Aura wie für das äußere Auge gewinnt das Entfernte durch die Entfernung auch für das innere Auge. Diese Verklärung erstreckt sich auch auf die zeitliche Ferne (Vergangenheit, Zukunft), und sie bezieht im räumlichen Sinne das Nichtsichtbare mit ein. Was fern liegt, sei es räumlich, sei es zeitlich, erscheint dem Geist nicht so konkret und deutlich wie das Nahe und Gegenwärtige, dafür um so »poetischer«. Daher beispielsweise der Zauber der verlorenen und fernen Heimat und Kindheit, der keineswegs so groß wäre, wenn beide nicht verloren und fern wären. Daher ebenfalls die märchenhafte Faszination, die sich mit der Vorstellung ferner Länder wie zum Beispiel Italiens oder Ägyptens verbindet. Es ist darum auch nie ein Interesse an der nationalen und geographischen Eigenart, das den romantischen Helden etwa nach Italien zieht, sondern die verklärte und verklärende Ferne.

Ginge der Ferne diese verklärende Wirkung ab, so würde ihr doch immer noch die Fähigkeit bleiben, den Dingen den Charakter der Unbestimmtheit zu verleihen. Aus der Ferne angeschaut wirkt ein Gegenstand

286 Eichendorff, Werke I 222.
287 Z. B. ebd. 69; II 35, 179.

viel weniger genau als aus der Nähe. Nimmt man hinzu, daß von der Unbestimmtheit des entfernten Hinschauens gerade Eichendorffs Landschaftsbilder profitieren, so wird man sagen können, daß deren vielgerühmte Frische nicht nur auf verfremdender Außensicht, sondern auch auf verundeutlichender Fernsicht beruht. Für diesen Zusammenhang würde es allerdings genügen, Ferne im indifferenten Sinne von »Distanz« zu verstehen.

Kehren wir noch einmal zum engergefaßten Begriff der im sichtbaren Raum erlebten ›Horizont-Ferne‹ zurück, um eine letzte für unser Thema wesentliche Eigenschaft zu erkunden. Die Horizont-Ferne ist die Zone, die im sichtbaren Raum am äußersten Rand liegt und daher den Übergang oder die Grenze zwischen dem Sichtbaren und dem Unsichtbaren bildet. Sehr häufig besteht sie bei Eichendorff aus einem den Horizont markierenden Gebirgszug. Weil sie damit in geradezu plastischer Weise sowohl Hindernis- wie Schwellencharakter besitzt, fungiert sie als ebenso unzugängliches wie vermittelndes Symbol einer ganz anderen, metaphysischen Welt. »Eines Abends«, so erzählt Friedrich, »da ich eben im Garten herumging und zusah, wie es in der Ferne an den Bergen gewitterte, trat auf einmal an dem Ende eines Bogenganges Rudolf zu mir. Er war finsterer als gewöhnlich. ›Siehst du das Gebirge dort?‹ sagte er, auf die fernen Berge deutend. ›Drüben liegt ein viel schöneres Land, ich habe ein einziges Mal hinuntergeblickt.‹«[288] Rudolf meint offenbar die Alpen und das ›dahinter‹ liegende Italien oder sonst irgendein irdisches Wunderland, wie die meisten jugendlichen Helden Eichendorffs, die zum erstenmal in die gelobte Ferne aufbrechen. Bei dieser Bedeutung läßt es Eichendorff aber, wie jeder seiner Leser weiß, nicht bewenden. Den Reiferen oder Gereiften unter seinen Gestalten ist es vorbehalten, den Hinweis der Ferne geistlich zu verstehen und etwa die Blitze am Horizont, ganz im

288 Eichendorff, Werke II 51.

Sinne der von Don Diego in der *Meerfahrt* gebrauchten Metapher, als Signale aus einem Reich jenseits des Irdischen zu deuten: »Mein Leben ist wie ein Gewitter schön und schrecklich vorübergezogen, und die Blitze spielen nur noch fern am Horizont wie in eine andere Welt hinüber.«[289]

Ist die Ferne nicht nur unbekannt, sondern auch ein Symbol des Unbekannten, so reaktiviert sie beim erlebenden Subjekt die Glaubensfähigkeit. Die Eigenschaften der Ferne stimulieren aber auch das Raum- und Zeiterleben.

Das Raumerleben deshalb, weil der Blick über größere Distanz und in die Breite des Horizontes notwendig den Eindruck der Weite erzeugt. Wie R. Alewyn in seiner bekannten Analyse einer Landschaft Eichendorffs genauer gezeigt hat, ist die Ferne der Ort, von dem aus oder zu dem hin sich für den Betrachter der Raum spannt. Als spezifisch raumkonstituierend erweisen sich hierbei Sinneseindrücke, akustische ebenso wie optische Phänomene, die als Bewegung durch den Raum auftreten, etwa in Gestalt eines Heraufklingens oder Herüberfunkelns, und die immer auf die Ferne bezogen sind, so daß diese auch der Ort ist, von dem alle Bewegung der Landschaft ausgeht oder der alle Bewegung anzieht[290].

Aber erlebt wird mit der Ferne nicht nur die Weite, sondern auch die ständige Erweiterung des Raumes. Denn da Bewegung nicht nur von der Ferne ausgeht, sondern da auch der Betrachter im Akt des Reisens sich auf die Ferne zubewegt, weicht die Ferne immer wieder zurück, öffnet dabei neuen Raum und macht die Welt ebenso grenzenlos wie weit. Dem leeren und engen Raum hingegen fehlt sowohl die Ferne wie die Unbegrenztheit. Wenn Leontin und Friedrich die Sphäre Rudolfs betreten, so erblicken sie »eine weite, kahle Heide und die Aussicht zwischen den einzelnen Fichten,

289 Ebd. 807.
290 Alewyn: Eine Landschaft Eichendorffs, aaO. bes. S. 223.

die hin und her zerstreut standen, unbeschreiblich einsam, als wäre die Welt zu Ende.«[291]

Sendet die Ferne sinnlich ansprechende Bewegung in Gestalt von Akustischem und Optischem aus, so hat das noch eine weitergehende Bewandtnis als das Schaffen von Raum. Das für Eichendorffs Landschaft so charakteristische Schimmern und Blitzen, Glitzern und Funkeln, die Glocken- und Waldhornklänge, das Hähnekrähen und Hundegebell, das Rauschen der Wälder und nicht zuletzt die alten Lieder, die von ferne herüberklingen, dies alles sind auch immer lockende und verführerische Botschaften, die auf den Betrachter eine unwiderstehliche Anziehung ausüben[292].

Das Subjekt antwortet auf diese Anziehung mit Sehnsucht, einer Sehnsucht, die ihren Antrieb allerdings auch aus dem Bedürfnis, das Ungenügen am Nahen und Gewöhnlichen zu überwinden, bezieht. Jedoch ist diese Sehnsucht nicht nur Ausdruck von Unbefriedigtsein, sondern bereits Kompensation des Ungenügens. Denn Sehnsucht nach der Ferne ist ein Zustand der Spannung. Dabei handelt es sich nicht nur um ein Gespanntsein auf etwas, was entfernt ist. Vorausgesetzt, daß der Sehnsüchtige sich auf die Ferne zubewegt, d. h. eine Aktion in der Zeit vollzieht, bedeutet die Ferne im zeitlichen Sinne auch etwas Zukünftiges, und so stellt sich notwendig eine Spannung zwischen Gegenwart und Zukunft her. Mit einer solchen Zeit-Spannung aber ist die Zeit wieder im Fluß und das Zeitgefühl aktiv.

Das ist somit ein ganz anderer Spannungszustand als die »Triebspannung« des Ungenügens (s. o. S. 253), etwa der Langeweile. Wenn Revers die Langeweile zum einen als Haltung der Teilnahmslosigkeit, zum anderen zwar als Erlebnis von Spannung und Strebung, aber einer »ziellosen Strebung« charakterisiert[293], so treffen

291 Eichendorff, Werke II 252.
292 Vgl. Alewyn: Eichendorffs Symbolismus, aaO. S. 239.
293 Revers, aaO. S. 44.

diese Bestimmungen für die Sehnsucht nach der Ferne nicht zu. Der Sehnsüchtige ist nicht teilnahmslos. Er befindet sich mit der Ferne oder mit der »heimlichen Welt«, die aus der Ferne zu ihm spricht[294], in Kommunikation. Und seine Sehnsucht ist auch nicht ziellos. Denn die Ferne ist ein Ziel, wenn auch ein unbestimmtes und unerreichbares.

Ihre Unerreichbarkeit wiederum unterscheidet die Ferne vom Reiz des Interessanten. Da sie keine Annäherung zuläßt, kann sie auch nicht verbraucht werden. Sie wirkt nicht akut und kurzlebig, sondern chronisch und konstant. Demgemäß ist auch die Sehnsucht weniger eine Sucht mit dem unwiderstehlichen Drang nach Befriedigung als ein gleichmäßig anhaltendes Angeregtsein, das sein Genügen in sich selbst findet. Sie will darum gar nicht befriedigt werden. Aus den Frustrationen der Frühromantik haben die Hochromantiker die Lehre gezogen, daß das permanente Gespanntsein auf die Erfüllung die Langeweile wirksamer bekämpft als die Erfüllung selber. So sind sie nicht müde geworden, das Lob der »ewigen« oder »unendlichen« Sehnsucht zu singen. Bei Tieck heißt es im *Phantasus*: »ja, es giebt eine (...) Sehnsucht, die ewig währt, weil sie ewig nicht erfüllt wird; weder getäuscht noch hintergangen, sondern nur nicht erfüllt, damit sie nicht sterbe, denn sie sehnt sich im innersten nach sich selbst«[295]. Im Anschluß an Tieck preist Hoffmann die »Sehnsucht (...) die, wie jener tiefe Dichter [Tieck] so herrlich sagt, aus dem höheren Leben entsprungen, ewig währt, weil sie ewig nicht erfüllt wird«[296]. Und Eichendorff stimmt mit ein, wenn er »das eigentliche Wesen aller romantischen Kunst« unter anderem in einer »stets unbefriedigten, ahnungsreichen Sehnsucht und unendlichen Perfektibilität« erblickt[297].

294 Siehe Brentanos Gedicht »Sprich aus der Ferne«, Werke I 55 f.
295 Tieck, Schriften IV 32.
296 Hoffmann, Werke II 355.
297 Eichendorff, Werke IV 41 f.

Jedoch hat Eichendorff nicht alles unterschrieben, was seine Vorgänger im Sinn hatten. Wenn es für die Sehnsucht darauf ankommt, nie erfüllt zu werden, dann besteht die Gefahr, daß sie inhaltlos wird. Sie sehnt sich dann, wie Tieck sagt, im innersten nur nach sich, sie wird zu »jener ewigen Sehnsucht, die nichts will als sich selbst«[298]. Damit vollzieht sie das, was Bollnow einmal »die sich selbst genießende Rückwendung des Gefühls auf seine eigenen Zustände« genannt hat[299], ja mit dieser Selbstbezogenheit trifft sie sich in einem Punkt wieder mit dem ebenfalls selbstbezogenen »Interesse«. Diese Gefahr hat Eichendorff gesehen und wohl auch an der eigenen Person erfahren. Er macht mit dem metaphysischen Aspekt der Ferne daher Ernst und verankert die Sehnsucht im religiösen Glauben. Das »Heimweh ohne Heimat«, dem Gestalten wie der Dichter Otto in *Dichter und ihre Gesellen* verfallen[300], wird somit zum Heimweh nach der Heimat des positiven Christentums, und so ist die Unendlichkeit der Sehnsucht für das irdische Dasein gewahrt, ohne daß doch das Immer-strebend-sich-Bemühen zur ewigen Unerlöstheit erstarrt.

Allerdings haben auch Tieck und Hoffmann sowie andere Romantiker der Frucht- und Hoffnungslosigkeit eines zwar zielgerichteten, aber endlosen Strebens mit der Vision eines endlichen glücklichen Anlangens vorgebeugt. Wir erwähnten zu Beginn dieser Ausführungen, daß die Reise in die Ferne auch immer als Rückkehr zum verlorenen Ursprung verstanden wird, genauso wie als Paradies der Zukunft eine neue Zufriedenheit, also Erfüllung, anvisiert wird, so daß der Unterschied gegenüber Eichendorff doch nicht gar so groß erscheint.

298 Hoffmann, Werke II 513.
299 Otto Friedrich Bollnow: Das romantische Weltbild bei Eichendorff, in: O. F. B.: Unruhe und Geborgenheit im Weltbild neuerer Dichter, 3. Aufl., Stuttgart 1953, S. 227–259, S. 245.
300 Eichendorff, Werke II 532.

b) Seelisch-geistig

Noch mehr trifft sich Eichendorff mit Tieck und Hoffmann, wenn man Ferne nicht nur als räumlich-zeitliche, sondern auch als seelisch-geistige Kategorie versteht. Daß dies möglich ist und daß sie in der romantischen Dichtung auch in diesem Sinn eine Rolle spielt, geht unter anderem aus einer Stelle in Eichendorffs *Meerfahrt* hervor.

Nachdem der Hauptmann Alvarez und der Student Antonio auf die Insel gelangt sind, die unverhofft vor den Fahrenden aus dem Meer aufgetaucht war, nimmt Alvarez von dem Land feierlich Besitz, worauf Antonio meint: »nun aber wollt' ich, wir wären mit Ehren wieder von dieser fürstlichen Höhe hinunter, ich gebe Euch keinen Pfeffersack für Euer ganzes zukünftiges Königreich!‹ – ›Zukünftiges?‹ erwiderte Alvarez, ›das ist mir just das liebste dran! Mit Kron' und Zepter auf dem Throne sitzen, Audienz geben, mit den Gesandten parlieren: ›was macht unser Herr Vetter von England‹ usw. Langweiliges Zeug! Da lob' ich mir einen Regenbogen, zweifelhafte Türme von Städten, die ich noch nicht sehe, blaues Gebirge im Morgenschein, es ist, als rittst du in den Himmel hinein; kommst du erst hin, ist's langweilig. Um ein Liebchen werben ist charmant; heiraten: wiederum langweilig! Hoffnung ist meine Lust, was ich liebe, muß fern liegen wie das Himmelreich.«[301]

Ist in diesen wenigen Worten das ganze Lebensgesetz der Romantik ausgesprochen: der Verdruß an Nähe und Gegenwärtigem und das Bedürfnis nach Ferne und Zukünftigem, so zeigt sich doch gleichzeitig auch, daß das Postulat »was ich liebe, muß fern liegen wie das Himmelreich« in einem sehr weiten Sinne zu verstehen ist. Gemeint ist dabei nicht nur die äußere Distanz zum »blauen Gebirge«, wie sie der Wanderer erlebt. Gemeint ist auch die innere Distanz zu dem, was man wünscht

301 Ebd. 756.

und begehrt, aber (noch) nicht besitzt, sei dies nun ein »Königreich« oder das umworbene »Liebchen«.

Zumal in der unerfüllten Liebe läßt sich dieselbe »Anspannung der Seele«[302] erfahren, die das Reisen in die Ferne gewährt. Und sind die Liebenden nicht eigentlich Reisende, die ewig auf sich zuwandern oder sollten sie es nicht sein? Im *Taugenichts*, wo die Liebe ein »Poetenmantel« genannt wird, findet sich auch die denkwürdige Bemerkung: »Und je entfernter zwei getrennte Verliebte voneinander wandern, in desto anständigern Bogen bläst der Reisewind den schillernden Mantel hinter ihnen auf«[303]. Das kann doch nur positiv gemeint sein und kann doch nur heißen: je weniger bekannt die Geliebte und je weiter weg Heirat und Erfüllung, desto ahnungs- und geheimnisreicher die Sehnsucht, desto verklärter das Bild der »schönen gnädigen Frau«, desto schöner, alles in allem, das Leben, ein Leben ohne Langeweile.

Im Traum sieht der Taugenichts einmal seine Geliebte in dem ganzen Verklärungszauber, den sie dadurch besitzt, daß sie in seinem Herzen nicht so sehr als Wirklichkeit wie als Wunschbild lebt: sie kommt auf ihn aus einer »prächtigen Gegend« zugeschwebt, »mit langen weißen Schleiern, die im Morgenrote wehten«[304]. Aber in diesem Traum, in dem er sich bei seines Vaters Mühle sieht, wird ihm auch klar, wie es wäre, wenn er sich mit ihr in seiner Heimat ansiedelte und sich die Ferne in Nähe, die Sehnsucht in Erfüllung, das bloß Seelische ins Geschlechtliche verwandelte. Denn das Bild der schönen Frau wird mit einemmal grauenhaft bleich, ihre großen Augen werden starr, und die Mühle – Zeichen der Wiederholung – beginnt sich zu drehen. Deshalb wird man auch kaum behaupten können, mit der endlichen Vereinigung der Liebenden am Schluß der Novelle habe Eichendorff den Beginn einer bürger-

302 Ebd. 273.
303 Ebd. 429.
304 Ebd. 370.

lichen Ehe ankündigen wollen. Schon wenn der Taugenichts gleich nach der Trauung wieder nach Italien reisen will, bekundet er, wie wenig er sich dem Genuß
des Erreichten hinzugeben gedenkt und wie sehr er der
Ferne zugetan bleibt.

Im Grunde trägt jeder Wanderer Eichendorffs im Herzen das Bild einer »schönen gnädigen Frau« als einer
fernen Geliebten, d. h. als eines Partners, der ihm am
meisten dann bedeutet, wenn er mit ihm nur über
Distanz kommuniziert und wenn er nicht zu viel von
ihm weiß. Als Friedrich in *Ahnung und Gegenwart* zum
erstenmal Rosa sieht, auf der Fahrt die Donau hinunter, befindet sie sich ziemlich entfernt auf einem anderen Schiff. Um so anziehender ihre Wirkung auf ihn:
»Da sah das Mädchen auf einmal auf, und ihre Augen
begegneten Friedrichs Blicken. Er fuhr innerlichst zusammen. Denn es war, als deckten ihre Blicke plötzlich
eine neue Welt von blühender Wunderpracht, uralten
Erinnerungen und niegekannten Wünschen in seinem
Herzen auf«[305]. Hier ist die Geliebte noch ganz unbekannte und unberührte, daher auch zauberhafte Ferne.
Liebe als Eros ist hier eigentlich nicht im Spiel. Eine
solch »neue Welt« könnte Friedrich auch aufgehen,
wenn er statt in ferne Mädchenaugen in den Schimmer
ferner blauer Berge blickte.

Bereits bei der nächsten Begegnung in der Herberge
scheint Friedrich die Entwicklung überstürzen und den
Zauber in Besitz nehmen zu wollen. Und doch hebt die
körperliche Berührung, zu der er sich in der nächtlichen
Szene auf dem Balkon erkühnt, die Distanz noch nicht
auf; denn noch bleibt die Schöne unbekannt, und wäre
nicht wenigstens der leise geflüsterte Name »Rosa«,
so wäre das Abenteuer nicht nur in das Dunkel der
Nacht, sondern auch in den Mantel der Anonymität
gehüllt, und es bliebe wiederum nur der geheimnisvolle
Wink ihrer Augen: »Er zog den weichen Arm näher an
sich, da funkelten ihn zwei Augen durch die Nacht

305 Ebd. 10.

an.«[306] So hat Friedrich, da sie auch bald verschwunden ist, keinen Grund, sich ihrer nicht in aller Frische und Sehnsucht zu erinnern. Am nächsten Morgen steht ihr Bild »wieder ganz lebendig in ihm auf, mit aller Farbenpracht des Morgens gemalt und geschmückt«[307], und wenn er sie kurz danach von einem Berge aus unter einer Schar von Reitern zu erkennen meint, aber wie schon früher in großer Entfernung und nur sehr flüchtig, so ist auch äußerlich wieder das Verhältnis hergestellt, das die Liebe zu dem macht, was sie nach der Vorstellung der Romantik sein soll: ein Werben um ein Geheimnis, ohne daß je das Geheimnis durch Besitz und Kennenlernen entwertet wird.

Daß Friedrich von der Liebe später bitter enttäuscht wird und daß das Verhältnis zerbricht, führt der Text freilich auf Rosas labilen Charakter und ihre profane Gesinnung zurück. Aber wäre diese Affäre anders ausgegangen, wenn Rosa ein anderes Format besäße? Unabhängig davon, ob sie der Liebe wert erscheint, ist Friedrichs Glück schon damit begraben, daß er sie später aus nächster Nähe erlebt. Rosa wird schon deshalb für ihn profan, weil sie den Schimmer des Geheimnisvollen einbüßt, nicht erst, weil sie ein weltlich gesinntes Herz offenbart. Wer den Text aufmerksam liest, entdeckt, daß schon über den ersten Augenblicken erfüllten Liebesglücks der Schatten der späteren Enttäuschung liegt: »Da nahm er sie in beide Arme und küßte sie unzähligemal, und alle Freuden der Welt verwirrten sich in diesen einen Augenblick, der niemals zum zweiten Male wiederkehrt.«[308] Das liest sich nicht anders als jene früher zitierte Bemerkung Friedrichs, daß er im Umgang nur die erstmalige Begegnung, noch im Stadium der Fremdheit, schätzt, daß er hingegen »die meisten Menschen niemals zum zweiten Male wiedersehen und

306 Ebd. 12.
307 Ebd. 15.
308 Ebd. 29.

näher kennen lernen« möchte[309]. Denkt man überdies an die Entwicklung des Liebesverhältnisses zwischen Otto und Annidi in *Dichter und ihre Gesellen,* wie sie im I. Teil kurz dargestellt wurde, so ist die hier vorgetragene Deutung nicht ganz von der Hand zu weisen.

Sie ist dies um so weniger, als sie durch Parallelen bei Tieck und Hoffmann gestützt werden kann. Tiecks Sternbald trägt eine Liebe im Herzen, wie sie sich unbestimmter und schwebender kaum denken läßt. Von seiner Geliebten weiß er so gut wie nichts. Das Bild, das von ihr in seiner Erinnerung haftet, stammt aus zwei flüchtigen Begegnungen, von denen die eine bezeichnenderweise in der fernen Kindheit stattfand, die andere sehr viel später, auf der ersten Station seiner Reise von Nürnberg nach den Niederlanden, aber genau an dem Ort in der Nähe seines Heimatdorfes, wo sich das Kindheitserlebnis abgespielt hatte. Die Züge der Geliebten können daher nicht sehr konkret sein. Wenn er ihre Gestalt »nur wie ein vorbeifliegendes Schimmerbild wahrgenommen« hat[310], so ist sie in seiner Phantasie ebenso unklar wie verklärt, so ist sie damit aber auch unvergleichlich anziehender, als es jede noch so vollkommene Schönheit im gewöhnlichen Umgang wäre. Sie schwebt Sternbald denn auch als »Genius«, »schützender Engel«, »Bothin des Himmels« vor[311], ja ihr Bild mit den bezaubernden »blauen Augen«[312] lockt ihn an und flieht vor ihm hinweg in der gleichen Weise wie der blaue Horizont, dem er sehnsüchtig zustrebt. Unbekannt, unbestimmt, verklärt und ins Ungreifbare entrückt, besitzt sie den Status der Ferne und versetzt seine Lebensgeister in dieselbe angenehme konstante Spannung, die von den verführerischen Reisewundern in der Weite des Raumes ausgeht.

309 Ebd. 74.
310 Tieck, Schriften XVI 71.
311 Ebd. 69.
312 Ebd. 68.

In die Ferne geht die Liebe
Ungekannt durch Nacht und Schatten;
Ach! wozu daß ich hier bliebe
Auf den vaterländschen Matten?

Wie mit süßen Flötenstimmen
Rufen alle goldnen Sterne:
›Weit muß manche Woge schwimmen,
Deine Lieb' ist in der Ferne,

Jenes Bild vor dem Du knietest,
Dich ihm ganz zu eigen gabst,
Ihm mit allen Sinnen glühtest,
An dem Schatten Dich erlabst. –

Was Dein Geist als Zukunft dachte,
Dein Entzücken Kunst genannt,
Was als Morgenroth Dir lachte,
Oft sich wieder abgewandt,

Sie nur ist es! (. . .)‹[313]

Wie man sieht, fällt Sternbalds Liebe nicht nur mit dem Streben nach der Ferne im Raum (Morgenroth) und dem Streben nach der Ferne in der Zeit (Zukunft), sondern auch mit seinen künstlerischen Ambitionen zusammen. Die Geliebte bedeutet ihm nichts geringeres als seine »Muse«[314]. Bei ihrer zweiten Begegnung hatte sie zufällig sein für die heimatliche Kirche gemaltes Erstlingswerk gesehen und mit Lob bedacht, und da hatte er den Eindruck gewonnen, daß sie ihn durch dieses Lob »zum Künstler geweiht« habe[315]. Er versucht daher in der Folge immer wieder, das Gesicht der Unbekannten zu malen, ein Unterfangen, das seinem noch dumpfen künstlerischen Drange Gestalt verleihen und damit nicht nur die Weihe, sondern auch die schöpferische Kraft des Künstlers bezeugen soll.
Diese Kraft bedarf genau wie die Sehnsucht des fernen Idols. Auch für den Maler Sternbald wäre die Geliebte

313 Ebd. 79 f.
314 Ebd. 80.
315 Ebd. 70.

nicht viel wert, wenn sie ihm direkt gegenüber, wenn sie ihm gewissermaßen Porträt säße. Nur weil sie ihm einesteils zwar mit ihrer Gestalt, ihren Blicken, dem Zug ihres Mundes deutlich zuwinkt, andernteils sich aber wieder als »ungewisse, vorüberschwebende Erscheinung«[316] dem Zugriff entzieht, sind seine Lebensgeister, ist zumal sein künstlerisches Talent in Tätigkeit, so daß er sagen kann: »Der Geist ist in Arbeit, im rastlosen Streben, sich aus den Ketten aufzurichten, die ihn im Körper zu Boden halten.«[317] Das Bild der Geliebten, das er in der Erinnerung trägt, bewahrt seine Kunst allerdings auch davor, gänzlich unkörperlich zu werden und in bloßem Ferneduft zu verschwimmen. So nimmt die Geliebte eine vermittelnde Stellung ein: Sie hebt seine Kunst über die bloße Nachahmung des Gewöhnlichen hinaus, andererseits tritt mit ihr an die Stelle des vagen Erfindens das innerlich geschaute Bild. Sie macht die Kunst sowohl überirdisch wie ungreifbar konkret, ja sie ermächtigt sie zur unzugänglichen Konkretisierung des Überirdischen, erhebt sie zum metaphysischen Symbol. »In Straßburg habe ich für einen reichen Mann eine heilige Familie gemahlt. Es war das erstemal, daß ich meinen Kräften in allen Stunden vertraute, und mich begeistert, und doch ruhig fühlte. In der Mutter Gottes habe ich gesucht die Gestalt hinzuzeichnen, die mein Inneres erleuchtet, die geistige Flamme, bei der ich mich selber sehe und alles, was in mir ist, und durch die alles vom lieblichsten Wiederscheine verschönt und strahlend lebt. Es war beim Mahlen derselbe Kampf zwischen Deutlichkeit und Ungewißheit in mir, und darüber ist es mir vielleicht nur gelungen. Die Gestalten, die wir wahrhaft anschauen, sind eben dadurch in uns schon zu irdisch und wirklich, sie tragen zu viele Merkmale an sich, und vergegenwärtigen sich darum zu körperlich. Geht man aber im Gegentheil auf's Erfinden aus, so bleiben die

316 Ebd. 202.
317 Ebd. 203.

Gebilde gewöhnlich luftig und allgemein, und wagen sich nicht aus ihrer ungewissen Ferne heraus. Aus dem Mittel zwischen beiden habe ich wie etwas Uebermenschliches gesucht, und eine Gestalt hervorgebracht, die mich zauberisch von der Tafel anblickte. Sollte die Kunst vielleicht immer so verfahren, um Ueberirdisch-Unsichtbares sichtbar zu machen? Und, sonderbarer Gedanke, kann ich vielleicht nur dichtend mahlen, bis ich sie wieder finde? und dann sollte wohl in ihrer Gegenwart mein Talent erlöschen, weil mein Geist sie nicht mehr zu suchen brauchte?«[318]

Die Fragen, die zuletzt ausgesprochen werden, sind Fragen, die auch E. T. A. Hoffmann und seine Gestalten bewegen.[319] Ist es für den Liebenden wirklich ein Glück, wenn er seine Geliebte in Besitz nimmt? Ist zumal beim liebenden Künstler durch die Nähe und Gegenwart der Geliebten nicht die künstlerische Potenz gefährdet?

Auf einer allgemeinen Ebene, noch ohne die spezifische Beziehung zu Kunst und Künstler, behandelt Hoffmann das Problem in den *Elixieren des Teufels*. Das Geschehen nimmt dabei zunächst einen ähnlichen Verlauf wie im *Sternbald*. Wenn zu Medardus eines Tages ein fremdartig gekleidetes und zudem verschleiertes Frauenzimmer in den Beichtstuhl tritt, um ihn sowohl durch ihre anmutige Gestalt wie durch das sonderbare Geständnis, daß sie ihn liebe, zur brennendsten Liebessehnsucht zu entzünden, so ist das eine ähnliche Initialzündung wie die doppelte Begegnung im Falle Sternbalds. Und wie bei Sternbald vollzieht sich die Begegnung flüchtig und ohne daß das Geheimnis der Identität gelüftet würde. Jedoch bleibt der Eindruck der

318 Ebd. 203 f.
319 Zu dem entsprechenden Motiv bei Hoffmann vgl. Joachim Rosteutscher: Das ästhetische Idol im Werke von Winckelmann, Novalis, Hoffmann, Goethe, George und Rilke, Bern 1956, S. 102 ff. Zu der Beziehung zwischen Tieck und Hoffmann unter dem Gesichtspunkt der Künstlerliebe Walter Jost: Von Ludwig Tieck zu E. T. A. Hoffmann. Studien zur Entwicklungsgeschichte des romantischen Subjektivismus, Darmstadt 1969 (repr. Nachdr. der Ausgabe Frankfurt am Main 1921), S. 76 ff.

Unbekannten als lebendiges Bild in ihm haften, in einer Lebendigkeit, die auch hier wieder besonders von den blauen Augen ausgeht: »Ich hatte das Gesicht der Unbekannten nicht gesehen und doch lebte sie in meinem Innern und blickte mich an mit holdseligen dunkelblauen Augen, in denen Tränen perlten, die wie mit verzehrender Glut in meine Seele fielen«[320]. Zugleich verklärt sich dieses Bild ins Überirdische. Wie Medardus erkennt, gleicht die Geliebte der Heiligen Rosalia auf dem Altarbild in der Kirche.

Es hält ihn nun nichts mehr im Kloster. Das wiederum ins Ungreifbare entrückte und darum verheißungsvoll lockende Liebesobjekt vor Augen, vertauscht er die Ruhe seines bisherigen Daseins mit rastlosem Streben, um nicht eher wieder zu ruhen, bis er die Geliebte gefunden. Anders als beim empfindsam angehauchten Sternbald und ähnlich wie bei Don Juan vermischt sich seine Sehnsucht aber von vornherein mit sinnlicher Brunst, und unromantischerweise drängt es ihn, nachdem er Aurelie tatsächlich wiedergefunden hat, hemmungslos zu Geschlechtsgenuß und damit rascher Erfüllung der Begierde.

Erst der tragische Ausgang der Geschichte, die Ermordung Aurelies durch den in Viktorin verkörperten Lust- und Todestrieb, enthebt die Geliebte wieder der verderblichen Nähe, ja rückt sie nunmehr in eine Ferne, die gegen jede Annäherung gefeit ist. Wenn die Liebe des Medardus von jetzt an »über den Sternen thront«, so sublimiert sich die irdische Brunst zu jener »unendlichen Sehnsucht«[321], die Medardus nicht nur erneut seinen Frieden im Kloster finden läßt, sondern ihn auch zum echten Romantiker macht.

Was den spezifisch künstlerischen Aspekt des Problems angeht, so hat Hoffmann bekanntlich zwischen der Philisterliebe und der Künstlerliebe unterschieden. An einer vielzitierten Stelle im Kreisler-Roman läuft die Unter-

320 Hoffmann, Werke II 41.
321 Ebd. 284, 283.

scheidung darauf hinaus, daß der Philister seine Liebste heiratet und damit aus der Anspannung der Seele in die gewohnte Schlaffheit zurücksackt, während sich der Künstler damit begnügt, einem Idol nachzustreben, nach dem er nur »geistige Fühlhörner« ausstreckt[322].

Die Künstlerliebe entwickelt sich immer auf folgende Weise. Zunächst antwortet der Sehnsucht des Künstlers nichts als eine Ahnung, allenfalls ein Traum. Das Bild der Geliebten bleibt verschleiert und vage. Damit bleibt dem Künstler auch die Kraft der Gestaltung versagt. Die ungewisse Liebe zu einer ungewissen Anima ist der künstlerische Eros, der ihn treibt, aber er vermag nicht zu leisten, was in Hoffmanns Auffassung das schöpferische Können ausmacht: »dunkles gestaltloses Ahnen in lichter, erkenntnisfähiger Form vor des Geistes Auge« zu bringen[323]. So vergeht er »in heißer Sehnsucht«[324].

Da wird ihm eines Tages eine Erleuchtung zuteil. Es begegnet ihm eine Frauengestalt, in der die vage Vorstellung konkrete Züge annimmt. Diese Gestalt ist ein Wesen aus Fleisch und Blut und wandelt auf dem Boden der Wirklichkeit. Aber nicht darum wird sie dem Künstler wichtig. Da sie seinem Auge nicht sinnlichen Genuß, sondern nur die Kohärenz des geschauten Bildes gewähren soll, genügt ihr einmaliger Anblick, genügt es überhaupt, daß sie bloß als äußere Spiegelung seines inneren Ideals fungiert. Ja dem Künstler kann nichts gelegener sein, als wenn ihre Erscheinung rasch vorüberschwebt und jene Aura himmlischer Schönheit bewahrt, die der Ferne des Ideals zu verdanken ist.

Da der Künstler unter dieser Voraussetzung von nun an sowohl von ewigem Verlangen animiert wie gestalthaften Bildens fähig ist, begründet eine solche Begegnung den »Moment der Künstlerweihe«[325]. Das Bild der Geliebten wird der Kristallisationspunkt seiner schöp-

322 Ebd. 431.
323 Hoffmann, Werke I 322.
324 Ebd. 432.
325 Ebd. 433.

ferischen Bemühungen, in ihm verdichtet sich der ästhetische Ausdruck. Aus allen seinen Gebilden strahlt »die wunderherrliche Gestalt seines Ideals«[326] hervor: »als Gesang – Bild – Gedicht!«[327]

Was hier kurz skizziert wurde, ist der Idealtypus der Hoffmannschen Künstlerliebe, wie er außer in *Kater Murr* etwa in der *Jesuiterkirche in G.*, im *Artushof* oder in der *Fermate* zum Vorschein kommt. Im Vergleich zu Tieck legt Hoffmann zweifellos viel größeren Wert darauf, daß das Bild der Geliebten einige Deutlichkeit gewinnt, an Genauigkeit der Gestalt und Physiognomie hat er es ja auch in seinen eigenen Darstellungen nicht fehlen lassen. Jedoch kann es auch bei Hoffmann keinen Zweifel daran geben, daß das Heil der Liebe in der Ferne und der ewigen Sehnsucht, nicht in der Nähe und in der Erfüllung liegt.

Das erkennt man am besten, wenn einmal die Gegenprobe gemacht und der Künstler, wie Medardus oder Don Juan, in Versuchung geführt wird, sich in den Besitz der Geliebten zu setzen. Es ist dies die Versuchung, der der Maler Berthold in der *Jesuiterkirche in G.* erliegt, als er Angiola heiratet, eine Trivialisierung seiner Liebe, die er prompt mit dem Verlust seiner künstlerischen Gestaltungskraft bezahlen muß. »Starr und leblos blieb was er malte, und selbst Angiola – Angiola, sein Ideal, wurde, wenn sie ihm saß und er sie malen wollte, auf der Leinwand zum toten Wachsbilde, das ihn mit gläsernen Augen anstierte. Da schlich sich immer mehr und mehr trüber Unmut in seine Seele, der alle Freude des Lebens wegzehrte.« Damit nicht genug, schlägt die Liebe bei Berthold in Haß um. Er läßt sich zu Mißhandlungen an Angiola hinreißen, die ihm einen Sohn geboren hat, und es kommt dazu, daß er sich »seines Weibes und Kindes entledigt«[328]. In welcher Weise, wird nicht gesagt. Aber es ist offensicht-

326 Ebd.
327 Hoffmann, Werke II 431.
328 Hoffmann, Werke I 436.

lich, daß er sich eines Verbrechens schuldig macht. Auch von Don Juan hatte es ja geheißen, daß seine Enttäuschung sich in hemmungsloser Rachsucht Luft macht.

Eine Kompromißlösung hat Hoffmann für Traugott im *Artushof* gefunden. Traugott heiratet ebenfalls, aber nicht sein Ideal Felizitas. Er befriedigt den Trieb, der Berthold zum Verhängnis wird, aber gleichzeitig bewahrt er sich die unendliche Sehnsucht als Stimulans für seine Kunst und als Alternative zur bürgerlichen Ehe. »Auf wunderbare Weise konnte er sich den Besitz der entschwundenen Geliebten als Frau nicht wohl denken. Felizitas stellte sich ihm dar als ein geistig Bild, das er nie verlieren, nie gewinnen könne. Ewiges geistiges Inwohnen der Geliebten – niemals physisches Haben und Besitzen«.[329] An diesem Verhältnis ändert sich selbst dann nichts, als sich herausstellt, daß Felizitas auch ihrerseits geheiratet hat und zur Kriminalrätin Mathesius verbürgerlicht ist. Traugott löst sein Idealbild von dessen körperlichem Pendant wieder ab und erhebt es zum Status eines reinen Phantasiebildes.

Um sich nicht am Besitzen, am Haben langweilen zu müssen, neigt die Romantik dazu, nicht nur seelische, sondern auch geistige und ethische Werte in die Sphäre des Unbekannten und Unerreichbaren zu verlegen. Die romantische Vorliebe für die Ferne ist daher auch Ausdruck einer geistig-sittlichen Grundhaltung, das ewige Streben und Suchen eine Alternative zur philiströsen Geistesschlaffheit und zu jeder Art von Anmaßung, genau zu wissen, was wahr, was recht, was schicklich ist. Freilich steht dahinter nicht nur ein kompensatorisches Bedürfnis, sondern auch eine ehrliche Überzeugung.

Das demütige Bewußtsein, »daß wir Menschen sind, deren wahrhaftestes größtes Streben immer in die Ewigkeit hinauslangt, deren innerstes Werk hier nicht fertig wird«[330], ist am häufigsten und auffälligsten

329 Hoffmann, Werke III 166.
330 Eichendorff, Werke IV 1095.

wiederum von Eichendorff artikuliert worden. Das Wort »Streben« hat bei ihm einen guten Klang, man denke nur an das Gedicht *An die Dichter* mit der Anfangszeile »Wo treues Wollen, redlich Streben«[331], wenn auch nicht jedes Wollen und Streben vor Eichendorff Gnade findet, sondern eben nur ein »treues« und »redliches«. Das ständige Bemühen aber ist nötig, da vollkommene Einsichten und Resultate in gewissen Bereichen außer Reichweite liegen. Das gilt nicht für die Bereiche des Praktischen und Nützlichen, zumal nicht, wie der Beamte Eichendorff bissig vermerkt, für den Bereich des Staatsdienstes, der vielmehr die – falsche – »Satisfaktion« gewährt, »fast alle Stunden etwas Rundes fertig zu machen« und daher so viele anlockt. Das gilt aber zum Beispiel für die Bereiche der Kunst und Wissenschaft, da »die Kunst und die Wissenschaften auf Erden niemals fertig werden, ja in alle Ewigkeit kein Ende absehen«.[332]

Sich dessen bewußt zu sein, bewahrt vor Eitelkeit, erhebt aber über die sogenannten »Klugen«, die der Dichter, wenn wir nicht fehlgehen, deshalb zu verspotten pflegt, weil sie sich im Besitz der Wahrheit glauben und sich einbilden, alles begriffen zu haben. Begreifen und Begriffe sind für Eichendorff dubiose Formen der Erkenntnis- und Denktätigkeit. Etwas begriffen haben ist auch eine Art des Habens, das Haben jedoch allemal etwas, was sowohl den Besitz wie den Besitzer korrumpiert.

> Was du begreifst, mein Freund, ist doch nur Plunder,
> Und in Begriffen nicht mit einbegriffen
> Ist doch ein unermeßliches Revier,
> Du selber drin das größte Wundertier.[333]

Man versteht diese Antipathie Eichendorffs noch besser, wenn man sich die Polarität zwischen Begriff und Idee vergegenwärtigt, die K. Mannheim bei Adam Müller

331 Eichendorff, Werke II 297.
332 Ebd. 508.
333 Eichendorff, Werke I 154.

aufgewiesen hat[334]. Begriff ist demnach ein normatives Element und eine statische Form, in der der lebendige und bewegliche Gedanke erstarrt, genauso erstarrt wie analog der Mensch, wenn er das Streben in die Ferne aufgibt und sich häuslich niederläßt. Darum sind aber Wahrheiten und ebensowohl Werte weder begreifbar noch besitzbar, wenn sie nicht in ihrem Wesen zerstört werden oder wenn nicht an ihre Stelle etwas ganz Falsches treten soll. So erhält der kluge Dr. Magog, der die Freiheit ehelichen will, statt der wahren Libertas nur die Marketenderin Marzebille (*Libertas und ihre Freier*). So entgeht auch der Geist der Poesie, die Gräfin Aurora, die schon in ihrer Verkleidung als quicklebendiger Florentin ein düpierendes Spiel treibt, dem Zugriff, und die Düpierten müssen stattdessen mit ihrer ordinären und vulgären Kammerzofe abziehen (*Viel Lärmen um Nichts*).

Den Anschein von Dogmatismus, dem Eichendorff in

334 Mannheim, aaO. S. 490 ff. Müller schreibt in ›Die Elemente der Staatskunst‹, hg. von Jakob Baxa, Wien/Leipzig 1922, Bd. I, S. 20: »Der Staat und alle großen menschlichen Angelegenheiten haben Das an sich, daß ihr Wesen sich durchaus nicht in Worte oder Definitionen einwickeln oder einpressen läßt. Jedes neue Geschlecht, jeder neue große Mensch giebt ihnen eine andre Form, auf welche die alte Erklärung nicht paßt. Solche steife Ein- für allemal abgefaßte Form, wie die gemeinen Wissenschaften vom Staate, vom Leben, vom Menschen umherschleppen und feil bieten, nennen wir: *Begriffe*. Vom Staate aber giebt es keinen Begriff. – Unsre Väter hatten vom Staate den Begriff, daß er eine Zwangsanstalt sey; indeß sind andre Zeiten gekommen, und das Beste, das Wichtigste hat sich nicht erzwingen lassen: – wir haben uns andre Begriffe gebildet, die indeß nicht Stand halten können, weil der Begriff keine Bewegung hat, der Staat aber sehr viele (. . .). Wenn der Gedanke, den wir von einem solchen erhabenen Gegenstande gefaßt haben, sich erweitert; wenn er sich bewegt und wächst, wie der Gegenstand wächst und sich bewegt: dann nennen wir den Gedanken, nicht den Begriff von der Sache, sondern die *Idee* der Sache, des Staates, des Lebens. Unsre gewöhnlichen Staats-Theorien sind Aufhäufungen von Begriffen, und daher todt, unbrauchbar, unpraktisch: sie können mit dem Leben nicht Schritt halten, weil sie auf dem Wahne beruhen, der Staat lasse sich vollständig und Ein- für allemal begreifen; sie stehen still, während der Staat in's Unendliche fortschreitet.«

bezug auf Glaubenswahrheiten anhing, wird man dazu nicht unbedingt in Widerspruch sehen können. Religiös war Eichendorff niemals auf eine hoffärtige, arrogante Weise, im Besitzerstolz auf die alleinseligmachende Wahrheit, sondern so wie jemand, der durch die Schule und die Qual des Zweifels gegangen ist und der Glaubensgewißheit wie eines Quells in der Wüste bedarf. Zudem ist es noch keineswegs ausgemacht, ob Eichendorffs Hinwendung zum positiven Christentum tatsächlich als Hingabe an ein normatives System angesehen werden kann. Wie Strenzke sehr richtig bemerkt, ist es auffällig, daß Eichendorff kaum je konkret von der Institution Kirche spricht, also von der Einrichtung, die den Glauben vermittelt und verbreitet, wie er auch darauf verzichtet, Glaubensinhalte zu gestalten. Schon den Zeitgenossen ist nicht entgangen, daß seine Vorstellung von Religion verhältnismäßig wenig spezifisch christliche Züge trägt[335]. Als Kommentar zu Eichendorffs Abhandlung *Der deutsche Roman des achtzehnten Jahrhunderts in seinem Verhältnis zum Christentum* schreibt sein Vorgesetzter und Freund Theodor von Schön 1851 an Droysen: »Was sagen Sie zu Eichendorffs heillos schönem Buche! Soweit heillos schön und schön heillos sein kann. Wenn man statt: positiv-christlicher oder besser: katholisch-kirchlicher Glaube, moralischer Glaube (nach Kant) setzt, und die Grenze des oberen Erkenntnisvermögens als Basis zur Gestaltung dieses Glaubens hinstellt (über diese Grenze hinaus hat die Phantasie freies Spiel), dann könnte das Buch bleiben wie es ist und dann wäre es ein herrliches Buch. Jetzt aber kann man für positiv-christliche Religion Buddhaismus setzen und das Buch paßt auch dazu. (...) Zur Rechtfertigung meines lieben Freundes Eichendorff muß ich noch bemerken, daß sein Bild des Katholizismus ganz verschieden von dem der katholischen Geistlichkeit und der Welt ist. (...) Er lebt in einem ideali-

335 Strenzke, aaO. S. 319.

sierten Katholizismus und diesen kann man bei ihm, bei einer durchaus edlen Natur wohl gelten lassen.«[336] Der Legende vom hundertprozentigen Katholiken wirkt Eichendorff auch durch andere Verlautbarungen entgegen. Es ist zum Beispiel kaum denkbar, daß jemand, der sich im Schoß der Kirche absolut sicher und geborgen fühlt, Verse wie die folgenden dichtet, die im Motto der *Zeitlieder* erscheinen:

> Wo ist der sichre Halt? –
> So ferne, was wir sollen,
> So dunkel, was wir wollen,
> Faßt alle die Gewalt.[337]

So zählt Eichendorff, zählen die Romantiker überhaupt zu jenen Dichtern und Denkern der neueren Zeit, denen der Besitz der Wahrheit, der, wie Lessing in seiner *Duplik* sagt, »ruhig, träge, stolz« macht, eher suspekt erscheint. Und die das Entrücktsein von Gewißheiten und Werten, derer sich frühere Generationen noch sicher wähnten, darum auch nicht unbedingt nur beklagen, sondern als Chance oder gar, wie Schiller mit seinem Begriff des Sentimentalischen, als Vorzug betrachten. Eine Umdeutung erfährt überhaupt das ganze Sinnproblem. Wenn der Sinn der Welt und des Lebens nicht einfach mehr gewußt, sondern nur noch geahnt wird, so mobilisiert die Entrückung in die Distanz beim Menschen Kräfte, die sonst brach liegen. Nicht eigentlich also in der Sinn-»Gebung« liegt der Nerv der Romantik, sondern im Suchen nach Sinn, und die Grundvoraussetzung dieser Suche ist weder, wie in Barock und Aufklärung, die offenkundige Sinnhaftigkeit des Daseins, noch, wie im 20. Jahrhundert, dessen Sinnlosigkeit, sondern seine Sinnferne.

Gibt es nun aber nicht auch die Möglichkeit des ›Fortschritts‹, der geistigen Fortbewegung auf entlegene Ziele

336 Eichendorff, HKA XII 300. Die Stelle wird – geraffter – auch bei Strenzke, S. 319 f., zitiert.
337 Eichendorff, Werke I 113.

hin, so wie in der Landschaft die Wanderer nach der Ferne ziehen? Gewiß, aber so wie die Ferne als Ferne nicht erreichbar ist, sondern ständig zurückweicht, so bedeutet geistiger Fortschritt im romantischen Kontext nicht, daß die Rätsel des Lebens schrittweise einfach gelöst werden, es sei denn jenseits alles irdischen Strebens und Wissens. Sie werden vielmehr vertieft, oder es verhält sich so, daß hinter jedem Geheimnis ein neues sichtbar wird. »Denn das Leben ist ja doch nur ein wechselndes Morgenrot«, heißt es in *Viel Lärmen um Nichts,* »die Ahnungen und Geheimnisse werden mit jedem Schritt nur größer und ernster, bis wir endlich von dem letzten Gipfel die Wälder und Täler hinter uns versinken und vor uns im hellen Sonnenschein das andere Land sehen«[338].

Diese Auffassung spiegelt sich in der Art und Weise, wie romantische Erzählungen und Romane Geheimnisvolles ›aufklären‹. Wir haben schon im Abschnitt über Verfremdung darauf hingewiesen, daß die Aufklärung niemals eine vollständige ist, sondern daß mit ihr häufig ein neues Rätsel aufgegeben wird. An nicht wenigen Beispielen läßt sich aber sogar die Tendenz ausmachen, den Leser in eine unergründliche Tiefe zu führen. Noch deutlicher als bei Eichendorff zeigt sich das bei Hoffmann. Weit, sehr weit über viele Generationen zurück in die fernste Vergangenheit muß der Erzähler in den *Elixieren des Teufels* das Geschehen enthüllen, wenn er zu den Anfängen der geheimnisvollen Familiengeschichte gelangen will. Und kommt er jemals dahin? Bereits das *Vorwort des Herausgebers* deutet auf einen unauslotbaren Urgrund. Dem Leser wird zwar versprochen, daß sich die Wirrnisse des dargestellten Lebens bald zum deutlichen Bild zusammenfügen und daß er zur Erkenntnis des »verborgenen Keims« geführt wird, aus der sich die Geschichte entwickelt. Aber mit der Kenntnis vom Sündenfall des Urvaters Francesco wird er keineswegs das letzte wissen. Von diesem

338 Eichendorff, Werke II 479 f.

verborgenen Keim wiederum heißt es, daß ihn »ein dunkles Verhängnis gebar«[339], und das Dunkel über diese letzte Instanz wird, wie stets bei Hoffmann, unaufgehellt bleiben.

Oder man vergleiche eine Erzählung wie *Das Majorat*. Stufe um Stufe führt auch hier das Geschehen tiefer in die Vergangenheit. Wiederum wird, Hoffmanns ästhetischem Programm gemäß, »dunkles gestaltloses Ahnen« in »lichte, erkenntnisfähige Form« überführt. Aber auch hier wird mit dem Licht der Aufklärung paradoxerweise die Dunkelzone ständig vergrößert derart, daß sich hinter jedem ausgeleuchteten Hintergrund ein neuer Hintergrund auftut. Die höchste Klarsicht ist zuletzt die tiefste Einsicht in das Unerklärliche. Der alte Advokat V. kennt die Zusammenhänge am besten, aber deutlicher als jedem anderen zeigt sich ihm auch das »Walten der unerforschlichen Macht«[340]. Scheinbar liegen ihm alle geheimnisvollen Beziehungen aufgeschlüsselt vor Augen, und doch weiß er gerade über den wesentlichen Kern keine Auskunft zu geben. »Wie liegt alles so erschlossen vor meines Geistes Augen! – doch, wie ich nun alles so gestaltet vor mir sehe, das Eigentliche, das kann ich dir nicht mit Worten sagen, keines Menschen Zunge ist dessen fähig.«[341]

Muß Ähnliches nicht überhaupt für jede Erklärung sowohl von Wunder wie Geheimnis gelten? Wenn der Rationalist das Wunderbare »natürlich« erklärt, d. h. dafür ontologisch eine physikalische Ursache oder logisch einen zureichenden Grund namhaft macht, um damit den Charakter des Wunders gleichzeitig aufzulösen, so argumentiert der Romantiker, daß es doch noch darauf ankäme, ihrerseits nun auch die »Ursache« zu hinterfragen. Ob das scheinbar »Natürliche« dann nicht wieder ins Wunderbare umkippt? Bei früherer Gelegenheit bereits haben wir die aufschlußreiche Stelle

339 Hoffmann, Werke II 8.
340 Hoffmann, Werke I 527.
341 Ebd. 528.

aus *Kater Murr* zitiert, wo Meister Abraham den Kapellmeister Kreisler mit der Erscheinung von dessen Doppelgänger ängstigt, ihm darauf aber enthüllt, daß es sich nur um die Wirkung eines verborgenen Hohlspiegels handelt. Auf Kreislers Enttäuschung, daß »alles natürlich zugegangen«, meint Abraham: »Natürlich! – natürlich, (...) als ein Mann von ziemlichen Verstande, solltet Ihr doch einsehen, daß nichts in der Welt natürlich zugeht, gar nichts! – Oder glaubt Ihr, werter Kapellmeister, daß deshalb, weil wir mit uns zu Gebote stehenden Mitteln eine bestimmte Wirkung hervorzubringen vermögen, uns die aus dem geheimnisvollen Organism strömende Ursache der Wirkung klar vor Augen liegt?«[342] Die natürliche Erklärung vermag als zureichenden Grund hier nur ein mechanisches Mittel namhaft zu machen. Die tiefere Ursache hingegen, die eigentliche Naturkraft, die dahintersteht, entzieht sich der Erklärung, und der Mensch sieht sich vor den »geheimnisvollsten Wundern der Natur«[343]. Wie die Ferne den Status von Geheimnis und Wunder, so besitzen Geheimnis und Wunder also auch den Status der Ferne.

Eine solche Haltung gegenüber dem Übernatürlichen ist nicht unbedingt als Anti-Aufklärung, eher als Erweiterung der Aufklärung, freilich auch als Relativierung der Aufklärung zu verstehen. Es wäre daher einseitig, wollte man der Romantik Verstandesfeindlichkeit oder auch nur Verstandesmüdigkeit unterstellen. Sie hat die Rolle des Verstandes nur neu definiert und ihm, gleich weit entfernt von flachem Optimismus wie von müder Resignation, die Funktion eines immerwährenden Strebens nach einer letztlich unerreichbaren Wahrheit zugewiesen. So meint Eichendorff im Fragment über die Heilige Hedwig: »Der Verstand soll nur recht redlich und fleißig treu fortarbeiten! Denn je schärfer er denkt, je sicherer wird er erkennen, daß ihm

342 Hoffmann, Werke II 439.
343 Ebd.

ein Geheimnis, ein ewiges Rätsel übrig bleibt, das er nimmer zu lösen vermag (. . .) Man sieht dies z. B. an unserer jetzigen Naturwissenschaft. Je kühner sie forscht und kombiniert, je näher rückt sie der Evidenz, daß der eigentliche Urgrund außerhalb der menschlichen Forschung liegt.«[344] Damit ist auch die eigentliche Intention dieses Denkansatzes ausgesprochen. Wenn die intellektuelle Mühe nur aufgewendet werden soll, um die Forschung an zurückweichende Horizonte zu führen, mit dem Ergebnis, daß das Ziel letztlich außer Reichweite bleibt, so soll das Wissen zuletzt wieder in den Glauben münden.

Als Abschluß dieses Kapitels mag ein Zitat aus Hoffmanns Märchen *Das fremde Kind* dienen, das gleichnishaft sowohl die Ferne des Sinns wie den Sinn der Ferne zum Ausdruck bringt. Wenn das wunderbare »fremde Kind« seine Herkunft beschreibt, so meint es: »Ich könnte euch sagen, daß ich dort hinter den blauen Bergen, die wie krauses, zackiges Nebelgewölk anzusehen sind, zu Hause bin, aber wenn ihr tagelang und immer fort und fort laufen wolltet, bis ihr auf den Bergen stündet, so würdet ihr wieder ebenso fern ein neues Gebürge schauen, hinter dem ihr meine Heimat suchen müßtet, und wenn ihr auch dieses Gebürge erreicht hättet, würdet ihr wiederum ein neues erblicken, und so würde es euch immer fort und fort gehen und ihr würdet niemals meine Heimat erreichen.«[345]

---

344 Eichendorff, Werke IV 1078. Schon Wieland hatte in seiner Abhandlung ›Standpunkt, worin wir uns in Absicht auf Erzählungen und Nachrichten von Geistererscheinungen‹ (1781) gemeint: »Die Natur (. . .) erscheint immer wundervoller, geheimnißreicher, unerforschlicher, je mehr sie gekannt, erforscht, berechnet (. . .) wird. (. . .) der grenzenlose Schauplatz ihrer Wirkungen verschlingt unseren Geist«. Zitiert nach Viering, aaO. S. 99.
345 Hoffmann, Werke III 492.

4. Wandern

Wie der lockende Zauber der Ferne Sehnsucht auslöst, so weckt sie den Wandertrieb. Und wie die Ferne ihrer Unerreichbarkeit wegen die Sehnsucht am Glimmen hält, so setzt die Ferne nicht nur, sondern hält auch in Bewegung. Wie aber die Sehnsucht, da sie ihrerseits gar nicht oder möglichst lange nicht erfüllt werden will, im Grunde sich selbst genügt, so hat das romantische Wandern ebenfalls seinen Zweck in sich selber. Das Wandern ist das durch Ungenügen motivierte Unterwegssein zu neuen Ufern, aber während der Wanderer unterwegs ist, erschließt sich ihm Neues bereits in den Reiseerlebnissen und im Erlebnis der Reise selber, und so unternimmt er die Reise auch um des Reisens willen.

Wandern, Reisen, überhaupt Bewegung durch den Raum als Selbstzweck ist, wenn nicht durch die Romantik entdeckt, so doch durch sie populär geworden, und dies mit phänomenalen Folgen. Vielleicht hat keine der vielen neuen Erlebnis- und Verhaltensformen, die die Romantik in der Kunst kultivierte, so stark auch in das Leben des modernen Menschen hineingewirkt wie diese. 1840 schreibt Immermann in seinen *Memorabilien*: »Noch tiefer greift das Reisen in den Zustand der jetzigen Menschen ein. Sonst, nämlich vor etwa dreißig bis vierzig Jahren, wurde zwar auch gereiset; indessen gehörte es für die Mittelklassen zu den Ausnahmen, und wo es da stattfand, wurde es durch Geschäft, bestimmte Zwecke oder durch eine besondere Eleganz des Geistes und der Verhältnisse herbeigeführt. Jetzt ist das anders. Daß jemand zu Hause bleibe, gehört zu den Ausnahmen; daß alles, was nur die Mittel erschwingen kann, welche die neueren Erfindungen so sehr herabgesetzt haben, sich jährlich oder in nicht viel längeren Zwischenräumen über hundert deutsche Meilen wenigstens fortbewege, bildet die Regel. Die Minderzahl unter diesen Reisenden sind Geschäfts- oder Zweckreisende; die große Mehrheit reis't, um zu reisen. Die Figur des reinen Reisenden oder des Reisenden schlechthin, welche sonst nur bei den Engländern vorkam, ist seit dem Beginn der Friedensperiode nun auch reichlich nach Deutschland übersiedelt worden. – Sie reisen, um zu reisen. Sie wollen der Qual des Einerlei entfliehen, neues sehen, gleichviel was«[346].

a) Der Gegensatz: normale Fortbewegung

Welche Revolution das romantische Wandern in der Methode der Fortbewegung bedeutete, ermißt man erst ganz, wenn man sich zunächst den Gegensatz: das zweckbestimmte Reisen, vor Augen hält.

Ein aufschlußreiches Beispiel hierfür ist die Reise, die Friedrich Nicolai zusammen mit seinem Sohn acht Monate lang durch das deutsche Reichsgebiet und die Schweiz unternahm und die er in der vielgelesenen *Beschreibung einer Reise durch Deutschland und die Schweiz, im Jahre 1781*, Erstdruck 1783, festhielt. Es war eine Studienreise, die dazu diente, genaue Beobachtungen zur Topographie der besuchten Orte *Nebst Bemerkungen über Gelehrsamkeit, Industrie, Religion und Sitten* (so der Untertitel) zu sammeln. Was Nicolai an Bemerkens- und Lesenswertem aufgezeichnet hat, soll hier aber außer acht bleiben. Es soll in unserem Zusammenhang nur um die Methodik der Reise gehen, über die Nicolai in der Einleitung seines Buches Rechenschaft ablegt, eine Methodik, die den Stempel aufgeklärten Nützlichkeitsdenkens trägt und gerade darum dem romantischen Wandern krass entgegengesetzt ist.

Nachdem Nicolai zunächst eine pedantische Beschreibung des benutzten Reisewagens geliefert hat, fährt er fort (wir geben ein ausführliches Zitat, da die Ausgabe in keinem Neudruck zugänglich ist):

346 Immermanns Werke, hg. von Harry Maync, 5 Bde., Leipzig und Wien 1906, Bd. V, S. 294 f.

Ein jeder Reisender sollte, ehe er die Reise antritt, den Zweck
derselben wohl überlegen und festsetzen; denn wer alles sehen
und thun will, sieht und thut nichts. Freylich kann alles für einen
denkenden Mann sehenswürdig seyn, aber wenn er sich nicht zu
sehr zerstreuen, und eine beschränkte Zeit gut eintheilen will; so
muß er, was ihm nicht dienet, lieber ganz weglassen, und sich auf
das einschränken, was seinem Zwecke gemäß ist. Wenn derjenige,
welcher reisen will, um Ackerbau und Manufakturen kennen zu
lernen, Gemäldesammlungen sieht, wovon er vorher keine Kennt-
niß hatte; wenn der Maler und Kunstliebhaber Naturalienkabi-
nette besucht, ohne die Naturhistorie zu verstehen; und wenn der
Kenner der Naturhistorie zu Soldatenmanövern reitet, ohne zu
wissen was Taktik ist: so können alle diese Reisenden wohl mit
Dingen solcher Art ihre Zeit ganz angenehm hinbringen, werden
aber keinen Nutzen von ihrem Angaffen haben, und vielmehr,
wenn ihnen nicht etwan sehr viel Zeit zu ihrer Reise übrig ist,
dadurch abgehalten werden, Dinge zu betrachten, die ihnen wirklich nützlich gewesen seyn würden.
Auch ist es sehr nöthig, daß Niemand eine beträchtliche Reise ganz
unvorbereitet antrete. (...)
Ich hatte vorher den Zweck meiner Reise, und auch die Mittel,
besonders die Zeit die ich darauf wenden konnte, welches etwa
acht Monate waren, reiflich überlegt. Nachdem der Weg, den ich
nehmen wollte, festgesetzt, und die Zeit zur eigentlichen Reise
berechnet war, hatte ich die Zeit unsers Aufenthalts an jedem
Orte ungefähr bestimmt. Ich machte nunmehr ein Verzeichniß
der Gelehrten und anderer merkwürdigen Personen, die wir besuchen wollten; ich zeichnete die Sehenswürdigkeiten auf, welche
unserm Zwecke nach die nothwendigsten waren, und was wir
sonst an jedem Orte verrichten, oder wonach wir uns erkundigen
wollten. (...) Nachdem ich alles dieses in Ordnung gebracht
hatte, verglich ich das, was ich an jedem Orte zu verrichten hatte,
mit der dazu gegebenen Zeit, und änderte diese, wo es nöthig
war, ab. Da ich das Glück habe, fast in allen etwas beträchtlichen
Städten Deutschlands mit Männern von Kenntnissen und Talenten
in Korrespondenz zu stehen; so sah ich mir an jedem Orte vorher
diejenigen Personen aus, die ich ersuchen wollte, mir vorzüglich zu
meinen Zwecken behülflich zu seyn. Aus dieser Vorbereitung haben wir sehr großen Nutzen gehabt. Wir haben gewiß dreymal
mehr beobachtet, als mancher anderer Reisende in eben der Zeit
hätte beobachten können. An jedem Orte wo wir ankamen, lag

so zu sagen auf Einem Blatte vor uns, was wir da zu verrichten hatten; und da auch die dazu nöthige Zeit bestimmt und angemessen war, so konnte es wirklich geschehen. Es ging durch langwierige vorläufige Erkundigungen und Entschließungen keine Zeit verloren; wir verschwendeten keine mit Dingen, die nicht zu unserm Zwecke gehörten; sondern schritten immer gleich zu unserm Vorhaben, und ließen weg was nicht dahin gehörte. Und da wir alles eingetheilt hatten, und nun alles hintereinander ordentlich verrichteten, so blieb uns allenthalben noch zu den uns unbekannt gebliebenen Merkwürdigkeiten die gehörige Zeit übrig; so daß ich sagen kann, daß ich im Ganzen ziemlich alle Zwecke, die ich mir auf dieser Reise vorgesetzt hatte, und zwar in der vorgeschriebenen Zeit, erreicht habe.[347]

Die Art, wie Nicolai die Reise anlegt, hat, um einen Begriff der modernen Lerntheorie zu verwenden, etwas von einem ›Curriculum‹ an sich. Einer genauen Zwecksetzung (›Lernzielen‹ entsprechend) folgt eine genaue Abstimmung der Zwecke mit den »Mitteln« und Wegen, die zu ihrer Erreichung notwendig sind. Alles, was nicht den festgesetzten Zwecken dient, wird weggelassen. Eine große Rolle spielt bei dieser Planung die Zeit. Nicolai liegt es fern, auf dieser Reise Zeit ›erleben‹ zu wollen. Sie wird von vornherein berechnet und ebenfalls mit den Zwecken abgestimmt, denn er will mit ihr ökonomisch haushalten und sie auf keinen Fall unnütz verschwenden. Die Devise »time is money« ist hier im Hintergrund hörbar.

Der ganze Sinn des Unternehmens überhaupt wird an seinem Nutzen gemessen, der Nutzen wiederum quantitativ bestimmt. Vater und Sohn haben »gewiß dreymal mehr beobachtet, als mancher anderer Reisende in eben der Zeit«. Der quantitative Gesichtspunkt macht sich ebenfalls im genauen Vermessen der Wegstrecke geltend. Die Reisenden hatten sich, wie die Einleitung weiter berichtet, auch mit einem eigens für sie von einem gewissen Catel konstruierten Wegmesser für den

347 Friedrich Nicolai: Beschreibung einer Reise durch Deutschland und die Schweiz, im Jahre 1781, 3. Aufl., Berlin und Stettin 1788, Bd. I, S. 13-17.

Reisewagen und für das Gehen mit einem Schrittmesser ausgerüstet[348].

Auf Grund der umfassenden vorausberechnenden Planung ist dies alles andere als eine Reise ins Ungewisse, in eine vage unbekannte Ferne. Die beiden sehen, was sie zu sehen erwarten und was sie vorher an Sehenswürdigkeiten aufgelistet haben. Und da sie immer unverzüglich und ohne sich ablenken zu lassen zu der Besichtigung dessen schreiten, was dem Zweck und der Erwartung entspricht, erhält die ganze Anlage der Reise einen Zug von Geradlinigkeit.

Diese Geradlinigkeit wiederum liegt nicht nur in der Direktheit, mit der die curricularen ›Lernziele‹ angesteuert werden, eine Direktheit, die auch in dem Verhältnis zwischen Zwecken und Mitteln besteht. Sie ist auch räumlich aufzufassen, da die ganze Reise in Etappen mit festen Zielorten angelegt ist, von denen in der Regel jeder, wenn nicht – der Straßen- und Landschaftsverhältnisse wegen – in einer geometrisch exakten Geraden, so doch ohne unvorhergesehene Unterbrechung oder Abschweifung angestrebt wird. Auch ein Seitwärtsblicken aus dem Wagen heraus haben sich die Reisenden offenbar viel weniger gestattet, als es möglich gewesen wäre. Nicolai berichtet, daß sie sehr darauf bedacht waren, ihre Beobachtungen möglichst exakt und umfassend schriftlich festzuhalten und daß sie, um Zeit zu sparen oder weil es sonst an Gelegenheit mangelte, ihre Tagebuchaufzeichnungen sehr oft und trotz der widrigen Umstände im fahrenden Wagen machten[349].

Geradlinigkeit, in einem geistigen wie räumlichen Sinne genommen, ist die Form, die einem zweck- und im weiteren Sinne normorientierten Denken und Verhalten entspricht[350]. Die gerade Linie ist denn auch in der

348 Ebd. 18 ff.
349 Ebd. 20 ff.
350 Vgl. Mannheim, aaO. S. 488: »Das aufklärerische Denken war geradlinig«.

Romantik, aber auch schon vorromantisch, Sinnbild oder Metapher für die Normalität, in dem Sinne nicht nur, daß sie das spezifisch Normative, sondern überhaupt das Gewöhnliche ausdrückt, sei es auf der Ebene des Lebens oder des Geistes. Bevor Franz Sternbald auf Wanderschaft zieht, lebt er in Nürnberg ein Leben, das zwar schon im Dienst der Kunst und im Zeichen künstlerischer Entwicklung steht, aber doch bürgerlich normal verläuft, so verläuft wie der Gang geradeaus: »Ich lernte mich aus Gewohnheit ein, den Pinsel zu führen; ich fühlte, wie ich nach und nach weiter kam, weil es immer derselbe Ort war, den ich wieder betrat, weil dieselben Menschen mich aufmunterten, und weil ich nun auf einer gebahnten Straße gerade ausging, ohne mich weiter rechts oder links umzusehn. Freilich durfte ich keine neue Erzählung hören, keinen neuen verständigen Mann kennen lernen, ohne etwas irre zu werden«[351]. Als Zeichen für gewöhnliches Denken macht Adriano, eine Nebenfigur im *Lovell*, geltend, »daß ich mit meinem Verstande immer nur grade aus will, und alle Gedanken rechts und links am Wege liegen lasse (. . .) mein Blick ist beschränkt, die Natur hat mir wie einem Zugpferde die Augen zu beiden Seiten bedeckt, und ich kann immer nur die gebahnte Straße vor mir sehen.«[352] Wenn Fürst Irenäus in Hoffmanns *Kater Murr* wünscht, Kreisler möge von seinen Extravaganzen lassen und sich an die Konventionen halten, so meint er: »Herr von Kreisler sollte fein im geraden Wege bleiben«[352a]. Verwiesen sei schließlich auf die Geradlinigkeit in Eichendorffs französischen Gärten, die zu den Zügen gehört, die diesen Gartentyp zu einem Bild der Normalität machen, sowie auf die geraden Straßen der in cartesianischem Stil konstruierten modernen Städte.

Ein Sinnbild des Normalen ist die gerade Straße auch

351 Tieck, Schriften XVI 93.
352 Tieck, Schriften VII 173 f.
352a Hoffmann, Werke II 409.

deshalb, weil sie »gebahnt« ist, ja sie wäre es schon, wenn sie nur bekannt und viel begangen, daher auch ausgetreten und breit wäre. Denn dies wäre Zeichen genug, daß die Mehrheit sie wandelt, – wandelt, um damit im gewöhnlichen Geleise zu bleiben. In eben diesem sinnbildlichen Verstande spricht Hoffmann von der »breiten Straße des Lebens«[353] oder von der »großen Landstraße des Lebens«[354].

b) Wandern im Raum – als nonkonformes Verhalten

Das romantische Wandern[355] ist in jeder Beziehung, nicht nur weil es statt äußerer Zwecke seinen Zweck in sich selber hat, das genaue Gegenteil einer Reise wie derjenigen Nicolais.

Zwar mit gewissen Zwecken bricht auch mancher der romantischen Helden auf. Sternbald zum Beispiel will die Werke der großen Meister studieren und von ihnen lernen, Friedrich in *Ahnung und Gegenwart* beginnt seine Reise sogar mit einem festen Plan in der Tasche: er will in die Residenz, um hier eine Karriere im Staatsdienst zu versuchen. Aber sehr schnell geraten immer Zweck und Plan aus dem Blick, und statt von ihren Vorsätzen lassen sie sich vom vagen Fernweh, von Ahnungen und plötzlichen Eingebungen, Zufällen und unerwarteten Begegnungen lenken. »Ich weiß selbst nicht, wie es kömmt, daß ich meinen Zweck fast ganz und gar vergesse«, meint Sternbald. »Man kann seinen Zweck nicht vergessen, fiel Ludoviko ein, weil der vernünftige Mensch sich schon so einrichtet, daß er gar

353 Hoffmann, Werke III 599.
354 Hoffmann, Werke IV 681.
355 Vgl. zu diesem Motiv z. B. Hans Jürgen Skorna: Das Wanderermotiv im Roman der Goethezeit, Diss. Köln, München 1961; Theodore Gish: ›Wanderlust‹ and ›Wanderleid‹: The Motif of the Wandering Hero in German Romanticism, in: Studies in Romanticism 3, 1963/64, S. 225-239; Bollnow: Mensch und Raum, aaO. S. 110 ff.

keinen Zweck hat. Ich muß nur lachen, wenn ich Leute so große Anstalten machen sehe, um ein Leben zu führen, das Leben ist dahin, noch ehe sie mit den Vorbereitungen fertig sind.«[356]

Unvorbereitet zu reisen, ist daher das Ideal: »ich möchte gar nicht so reisen: Pferde und Kaffee und frisch überzogene Betten, und Nachtmützen und Stiefelknechte vorausbestellt. Das ist just das Schönste, wenn wir so frühmorgen heraustreten, und die Zugvögel hoch über uns fortziehn, daß wir gar nicht wissen, welcher Schornstein heut für uns raucht, und gar nicht voraussehen, was uns bis zum Abend noch für ein besonderes Glück begegnen kann.«[357]

Zum improvisatorischen Charakter solchen Reisens gehört, daß kein fester Ort angestrebt wird. Das romantische Wandern ist zwar, da auf die Ferne bezogen, nicht ziellos. Es ist aber, da die Ferne kein bestimmter Punkt im Raum ist, sondern sich rundum in die gesamte Breite des Horizonts erstreckt, richtungslos. »Es geht doch nichts übers Reisen, wenn man nicht dahin oder dorthin reiset, sondern in die Welt hinein, wie es Gott gefällt!«[358]

So mag der Reisende auch nicht fragen, »Wo die Fahrt zu Ende geht«[359], so macht es ihm aber auch nichts aus, einen Nutzen zu verpassen, den der Bürger mit umständlichen Vorbereitungen, genauem Planen und planmäßigem sowie richtungsbestimmtem Vorgehen einheimst. Er gewinnt vielmehr Anderes und Wichtigeres, als was auf dem Butter- oder Käsemarkt zu ergattern ist, weit mehr auch, als durch irgendeine Erwartung erhofft werden konnte: unerwartet neue Ansichten von der Welt und ein neues frisches Lebensgefühl.

Der romantische Wanderer verdankt dies vor allem dem Umstand, daß er, da er kein bestimmtes Ziel vor

356 Tieck, Schriften XVI 338.
357 Eichendorff, Werke II 419.
358 Ebd. 40.
359 Eichendorff, Werke I 9.

Augen und kein bestimmtes Zeitsoll zu erfüllen hat, sich auf Dinge einläßt, die rechts und links vom Wege liegen und daß er gerade für das offen ist, dem sich die beiden Nicolais, da sie während der Fahrt mit Tagebuchschreiben beschäftigt sind, verschließen: für die Flucht der Bilder, wie sie sich durch die Kombination von Bewegung durch den Raum und Sehen ergibt. Wer sich bewegt und zugleich sieht, zumal seitwärts, erlebt die Wirklichkeit nicht statisch, sondern als »bunte, ewig wechselnde Welt«[360], er erlebt, wie »die Bilder wechselnd fliehen«[361]. So löst sich das Nebeneinander im Raum in ein Nacheinander in der Zeit auf. Aufgelöst in den Fluß der Erscheinungen, ist die Wirklichkeit nun nicht mehr starres Sein, sondern Geschehen, Veränderung. Und ein solches Erleben der Welt durch den Prozeß des Wanderns ist, was die Wirkung auf den Zeitsinn angeht, im Prinzip nicht viel anders als ihr Erleben durch das romantische Studium der Geschichte.

Der romantische Wanderer läßt aber nicht nur die Scheuklappen weg, die der geradeaus Strebende aufsetzt. Ein sehr bezeichnendes und für unser Thema besonders wichtiges Moment ist auch die häufige Abweichung von der geraden oder gebahnten Straße oder von dem einmal eingeschlagenen Kurs, ein Verhalten, das das Wandern zu einem Ausdruck von Nonkonformität macht, wenn auch nicht unbedingt von Nonkonformismus; denn die Abweichung geschieht nicht immer, ja in den wenigsten Fällen, absichtsvoll. Der romantische Held läßt sich eher von Außeneinwirkungen oder Impulsen des Unbewußten steuern, als daß er selbst über eine Richtungsänderung bewußt entscheidet.

Sehr oft kommt es vor, daß er, in Gedanken versunken oder sonst auf irgendeine Weise unaufmerksam geworden, unbewußt und unwillkürlich von der Straße abirrt und auf Nebenwege oder gar in unwegsame Gegenden

360 Tieck, Schriften XVI 7.
361 Eichendorff, Werke II 285.

gelangt. So zum Beispiel schon Ludwig Wandel in Tiecks *Freunden,* der tief ins Träumen gerät und sich nur gelegentlich auf den Weg sowie Ziel und Zweck seiner Reise besinnt. »Er sah sich um; die Ruinen lagen weit zurück, ganz mit rothem Glanze übergossen, und er war jetzt zweifelhaft, ob er sich nicht von der geraden, ihm so wohlbekannten Straße entfernt habe.«[362] Das muß er in der Tat getan haben, wenn auch nur im Traum, denn er befindet sich plötzlich an einem Ort, »den er bis dahin, so oft er auch dieses Weges gegangen war, noch nie gesehen hatte.«[363] Gleiches gilt in vielen Fällen von Sternbald, der, dem geheimen Zug seines Herzens hörig, niemals sicher sein kann, auf der richtigen Straße zu bleiben.

Ebenso häufig geschieht es, daß der romantische Wanderer zwar nicht unbewußt den Weg verliert, aber, wiederum mehr unwillkürlich als willentlich, spontan auf eine Ablenkung reagiert, sei es, daß seitwärts eine schöne Aussicht reizt oder ein Abenteuer lockt oder eine seltsame Erscheinung ein Geheimnis andeutet. Oder er geht einfach einem Geräusch oder Lichtschein nach, die ihm wie Signale winken.

Friedrichs Reise im Ersten Buch von *Ahnung und Gegenwart,* die erst nach vielen Um- und Abwegen in der Residenz (vorläufig) endet, verläuft in ihrem ersten Stück auf dem Landweg wie folgt: Er zieht durch ein Tal, bis er zu Mittag einen Berg erblickt, dessen Anblick ihn »freundlich und einladend«[364] dünkt. Er reitet hinauf, rastet hier und genießt die schöne Aussicht. Plötzlich sieht er unten auf der Landstraße mehrere Reiter, darunter Rosa, wie Friedrich zu erkennen glaubt, die flüchtig zu ihm heraufblickt. Sofort macht er sich auf, um der Gruppe zu folgen. Zuerst geht es die Straße entlang, jedoch kommt bald eine Abweichung, der weitere Richtungsänderungen folgen: »Ein Weg ging links

362 Tieck, Schriften XIV 148.
363 Ebd. 149.
364 Eichendorff, Werke II 16.

von der Straße ab in den Wald hinein. Er erkannte an der frischen Spur der Rosseshufe, daß ihn die Reuter eingeschlagen hatten. Er folgte ihm daher auch. Als er aber eine große Strecke so fortgeritten war, teilten sich auf einmal wieder drei Wege nach verschiedenen Richtungen und keine Spur war weiter auf dem härteren Boden zu bemerken. Fluchend und lachend zugleich vor Ungeduld, blieb er nun hier eine Weile stillstehen, wählte dann gelassener den Pfad, der ihm der anmutigste dünkte, und zog langsam weiter.«[365] Daß bei der Wahl des Weges, wie man hier sieht, auch »Anmut« eine Rolle spielen kann, überrascht bei Eichendorff nicht. Offenbart er doch auch sonst eine Sympathie für das vom Rokoko ererbte Ideal der Bewegungsschönheit. Auf einem Pfad, der immer enger und wilder wird und durch einen immer dunkler und dichter werdenden Wald führt, gelangt Friedrich an einen kühlen Platz, der ihm so gut gefällt, daß er hier rastet. Danach setzt er seine Reise »auf gut Glück« fort, um alsbald seine Richtung nach der einen Seite zu nehmen, von der der »einförmige Schlag von Eisenhämmern aus der Ferne herüber« tönt.[366] Ein »Licht, das aus dem Tale heraufschimmerte« sowie das »Rauschen und Klappern einer Waldmühle«[367] lenken ihn schließlich an den Ort, wo die bedeutungsvolle, ihn jedoch noch unwissend treffende Begegnung mit Erwine erfolgt.

Ebenso spielen Abwege im letzten Teil des Romans eine bedeutende Rolle. Zunächst gelangt Friedrich mit Leontin zusammen auf einer abseits der gewöhnlichen Straße verlaufenden Wanderung unerwartet in seine Heimat und stößt auf die Ruinen seines heimatlichen Schlosses. Bald darauf geraten sie in das Gebiet Rudolfs, und es erfolgt die alle Zusammenhänge aufklärende Begegnung mit dem Bruder. Und als sie dann in Rudolfs Gebiet umherschweifen, führt eine letzte Ab-

365 Ebd. 17.
366 Ebd. 18.
367 Ebd. 19.

weichung ins abseits Gelegene Friedrich zum letzten und entscheidenden Punkt seiner Lebensreise. »Eines Tages, da sie beide zusammen einen ihnen bis jetzt noch unbekannten Weg eingeschlagen und sich weiter als gewöhnlich von dem Schlosse verirrt hatten, kamen sie auf einmal auf einer Anhöhe zwischen den Bäumen heraus zu einer wundervollen Aussicht, die sie innigst überraschte. Mitten in der Waldeseinsamkeit stand nämlich ein Kloster auf einem Berge«[368] – es ist das Kloster, in das Friedrich bald darauf eintreten wird. Wenn »das Leben der Poetischen (...) ein freies, unendliches Reisen nach dem Himmelreich«[369] ist, so ist hiermit, wenn auch noch nicht dieses selbst, so doch die letzte Schwelle erreicht. Die Anstrengungen der Reise, die Verirrungen und Um- und Abwege aber waren nötig, weil das »Himmelreich (...) nicht wie ein Wirtshaus an der breiten Landstraße liegt«[370].

An einer Stelle in *Dichter und ihre Gesellen* gerät die romantische Auffassung vom Reisen mit bürgerlichen Bedenklichkeiten in Konflikt. Fortunat und Walter beschließen, nach dem knapp eine Tagesreise entfernten Hohenstein, dem Sitz des von beiden verehrten Dichters Victor, zu reisen. Der verbürgerlichte Walter fühlt sich zunächst wie neugeboren und »recht wie ein Vogel, der aus dem Käfig entflohen. (...) In dieser Stimmung ließ er sich gern von dem unruhigen Fortunat verlocken, der bald dem fremden Schall eines unbekannten Gebirgsvogels folgte, bald mit den Hirten plauderte, dann wieder einen schönen Berggipfel oder eine reizend gelegene Ruine zu erklettern hatte. So waren sie lange aufs Geratewohl umhergeschweift, als Walter endlich zu seinem Schrecken bemerkte, daß schon die Abendsonne schräg durch den Wald funkelte. Jetzt fand er auch, daß sie alle Richtung verloren hatten, er wußte

368 Ebd. 285.
369 Ebd. 40.
370 Ebd. 508.

402

nicht, wo er war.«[371] Damit ist die unbürgerliche Laune
verflogen, und in ihm erwacht der Geist Nicolais. Je
tiefer sie in den Wald geraten und je geringer die
Chance wird, noch am selben Tag das Ziel zu erreichen,
desto verdrießlicher wird er (während Fortunat in demselben Maße immer vergnügter wird), und er beginnt
über »unzeitige Romantik« und »verlorne Zeit« zu
klagen[372]. Hier zeigt sich auch, daß das romantische
Reisen denselben reflexiven Bezug zum Normalen hat
wie jede andere romantische Kompensationsform.
Dieser Bezug äußert sich noch deutlicher in einem
Beispiel aus einem späteren Kapitel des Romans. Fortunat ist inzwischen in Italien, und es handelt sich
nicht um eine Wanderung durch die Natur, sondern,
was bei Eichendorff selten ist, durch eine Stadt, nämlich
Rom. Insofern wird man hier an Hoffmann erinnert.
In Hoffmanns Erzählung *Das öde Haus* ist davon die
Rede, wie jemand, dem ein besonderer Spürsinn für
verborgene Wunder eigen, »oft unbekannten Menschen,
die irgend etwas Verwunderliches in Gang, Kleidung,
Ton, Blick haben, tagelang nachläuft«[373]. Ganz ähnlich
verhält sich Fortunat, als er sich in Rom umschaut, wobei er einen Plan, den er sich für eine sightseeing tour
beste Führer durch Rom und der Plan der Stadt lagen
zurechtgelegt hat, selber ständig durchkreuzt: »Der
auf dem Tisch aufgeschlagen, jeden Morgen ging er mit
dem festen Vorsatz aus, seinen regelmäßigen, auf dem
Plane im voraus rot punktierten Umlauf zu beginnen,
aber eine überraschende Aussicht zog ihn an, ein Bän-
kelsänger, der einen Kreis von Lumpengesindel um
sich versammelte, lenkte ihn von seinem Wege ab und
hielt ihn lange auf, oft folgte er durch ganze Straßen
ein paar seltsamen Männergestalten, deren römische
Nasen und ausdrucksvolle Gebärden ihm aber besonders auffielen, und wenn er dann ermüdet von dem

371 Ebd. 512.
372 Ebd. 513.
373 Hoffmann, Werke I 460.

müßigen Umherschlendern zurückkehrte, mußte er sich dennoch eingestehen, daß er in der kurzen Zeit mehr gesehen und erfahren hatte, als sein gedruckter Führer sich träumen ließ.«[374]

Dieses Fazit läßt erkennen, wie wenig das Verfehlen der ›Lernziele‹ fruchtlos ist. Und es ist für den romantischen Helden von um so größerer Bedeutung, als er erst durch das planlose Umherschweifen jene Personen trifft, die er un- oder halbbewußt sucht, und in jenes Netz von Beziehungen gerät, zu dem sich im romantischen Roman alle Einzelschicksale verknüpfen und das die Isolation des Einzelnen aufhebt. Dieses Beziehungsgeflecht ist auch eine Ordnung, aber eine andere als der nach Zwecken und den Gesetzen größtmöglicher Ökonomie konstruierte Plan. Sie erwächst, wie Friedrich nach der Ankunft in der Residenz im Rückblick erkennt, aus tieferen Gründen und der freien unberechenbaren Entfaltung des »Lebens« und ist erst im Nachhinein als Ordnung zu erkennen: »Es rührte ihn, wie da alle Wege so genau vorausbestimmt waren, und wie nachher alles anders gekommen war, wie das innere Leben überall durchdringt und, sich an keine vorberechneten Pläne kehrend, gleich einem Baume aus freier, geheimnisvoller Werkstatt seine Äste nach allen Richtungen hinstreckt und treibt, und erst als Ganzes einen Plan und Ordnung erweist.«[375]

c) Erzähltechnische Aspekte

Bei der Wahl der Beispiele zur Illustration des romantischen Wanderns mußten wir E. T. A. Hoffmann zwangsläufig übergehen. Wie die räumliche Ferne, so ist auch das Wandern durch den Raum bei Hoffmann kaum vertreten. Selbst die Reise des Medardus in den *Elixieren* ist kein nennenswertes Beispiel, da von ihr

374 Eichendorff, Werke II 617.
375 Ebd. 126.

404

weniger der Verlauf als solcher als die einzelnen Stationen geschildert werden. Im ganzen bevorzugt Hoffmann eine andere Figurenstellung und -führung als Tieck im *Sternbald* und Eichendorff. Bei Eichendorff und Tieck bewegen sich die Figuren vom gewöhnlichen Leben weg in unbekannte Gegenden hinein, um hier irgendwo auf Sonderbares und Geheimnisvolles zu stoßen. Bei Hoffmann laufen die »Seher«, wie das Zitat aus dem *Öden Haus* zeigt, zwar auch gern dem Unbekannten nach, aber im Vergleich zu Tieck und Eichendorff verhält es sich hier fast eher so, daß Sonderbares und Geheimnisvolles aus der Dunkelzone auf den Helden zutritt, während dieser selbst, relativ bodenständig, wenn auch nicht statisch, im Kreis des Gewöhnlichen verharrt. Eichendorffs und Tiecks Gestalten vollziehen immer einen Ausbruch aus dem Gewöhnlichen und werden draußen zu Schweifenden und Suchenden. Hoffmanns Gestalten erleben den Einbruch einer fremden Macht ins Gewöhnliche und bleiben im Bannkreis des Ereignisses. Bezeichnend für diesen Sachverhalt ist die von Hoffmann in diesem (allerdings auch in anderem) Zusammenhang gern gebrauchte Formel »ins Leben treten«. Sogar der »reisende Enthusiast« aus den *Fantasiestücken* scheint weniger die Erfahrung zu machen, daß er sich auf das Ungewöhnliche, als daß das Ungewöhnliche sich auf ihn zubewegt. Er gesteht, »daß nur zu oft eine fremde dunkle Macht sichtbarlich in mein Leben tritt, und (...) mir gar seltsame Gestalten in den Weg schiebt.«[376] Oder Nathanael im *Sandmann* nach dem ersten Besuch Coppolas: »Etwas Entsetzliches ist in mein Leben getreten!«[377]
Dennoch ist Hoffmann an der unregelmäßigen Bewegung, die das romantische Wandern ausmacht, nicht ganz unbeteiligt. Denn wenn solch ein Umherschweifen durch den Raum bei ihm auch kaum als inhaltliches Motiv vorkommt, so doch als erzähltechnischer Vor-

376 Hoffmann, Werke I 283.
377 Ebd. 331.

gang. Erzählerisch spiegelt sich das Wandern generell in romantischer Dichtung, zumal insofern, als romantisches Erzählen alles andere als ein Vorgehen geraden Weges ist.

Erzählen ist ein Prozeß in der Zeit, und das zeitliche Äquivalent des geraden Weges von einem Ort zum anderen ist das lineare und sukzessive Durchmessen einer Zeitstrecke vom frühesten Zeitpunkt zum spätesten. Erzähltechnisch bedingt das die Konzentration auf eine einsträngige und zusammenhängende Folge von Ereignissen, und es bedeutet ein chronologisches Erzählen, das heißt, die zu berichtenden Ereignisse werden genau in der Reihenfolge erzählt, in der sie geschehen sind, ohne Umkehrungen der Zeitfolge und, im Idealfall, ohne Auslassungen und Sprünge.

Es kann nun selbst dem oberflächlichsten Leser nicht entgehen, daß von einem solchen Erzählen in romantischer Dichtung im allgemeinen nicht die Rede sein kann. Von den meisten romantischen Romanen und Erzählungen gilt, daß sie die normale Zeitfolge umkehren, indem sie die frühesten Ereignisse der Fabel erst zu einem späteren Zeitpunkt oder gar erst in der letzten Phase der Erzählung wiedergeben. Diese Umkehrung beruht auf der schon erwähnten analytischen Geheimnisstruktur[378].

Viele romantische Erzählwerke sind ferner geeignet, den Leser zu verwirren, indem sie sich, wie ebenfalls schon früher ausgeführt, den Anschein der Zusammenhanglosigkeit, temporal wie kausal, geben, ja indem der Erzähler so tut, als folge er willenlos jedem Einfall, so daß er mal dahin, mal dorthin getrieben wird. Fingiert er die Herausgabe vorliegenden Materials, erhält der Leser gleichermaßen den Eindruck, als irre der Erzähler planlos in den Stoffmassen umher.

Das bekannteste Beispiel in dieser Hinsicht dürfte Hoff-

---

378 Vgl. Alewyn: Ursprung des Detektivromans, aaO. S. 354 f.; Ders.: Brentanos ›Geschichte vom braven Kasperl und dem schönen Annerl‹, aaO. S. 163 ff.

manns *Kater Murr* sein. Dieser ineinandergeschobene
Doppelroman ist zudem deshalb besonders bemerkenswert, weil hier die romantische Erzählweise mit der
sozusagen normalen kontrastiert wird. Die Autobio-
graphie Murrs ist nur äußerlich von »zufälligen Maku-
laturblättern«, wie es im Untertitel heißt, zerstückt.
Erzählerisch ist sie lückenlos, zusammenhängend und
chronologisch, die einzelnen Teile schließen durchaus
aneinander an. Die Kreisler-Biographie dagegen gibt
sich als in zweifacher Hinsicht »fragmentarisch« (Untertitel): es wird erstens fingiert, daß sie nur stückweise
erhalten sei, zweitens daß sie auch dann noch lückenhaft
wäre, wenn man sie unversehrt in der Hand hielte;
denn ihr Erzähler gesteht, daß ihm »nur mündlich,
brockenweis mitgeteilte Nachrichten zu Gebote stehen«[379]. Und dies wiederum macht er dafür verantwortlich, daß er »wie auf einem wilden Füllen reitend
hin und her sprengen muß, über Stock und Stein, über
Äcker und Wiesen, immer nach gebahnten Wegen trach-
tend, niemals sie erreichend.«[380] Freilich scheint ihm
andererseits daran gelegen, den Leser nicht zu ver-
schrecken. Der Leser wird darauf hingewiesen, daß
– und dies gilt vom romantischen Erzählen überhaupt – das »rhapsodische Wesen des Ganzen« nur
scheinbar sei und daß »trotz des Anscheins der Abgeris-
senheit, doch ein fester durchlaufender Faden alle Teile
zusammenhalte.«[381]
Wenn besonders ein Element des romantischen Erzählens an das romantische Reisen erinnert, so ist es die
Abschweifung ins Episodische. Dabei kann es sich um
eingelegte Erzählungen, Unterhaltungen, Anekdoten,
Anmerkungen und dergleichen handeln oder um ein
längeres Verweilen bei Randfiguren und Randschick-
salen oder um das Abbiegen in Nebenhandlungen, das
Verfolgen von Seitentrieben der Handlung und ähn-

379 Hoffmann, Werke II 336.
380 Ebd.
381 Ebd.

liches. Es kann sogar sein, daß ein Hauptstrang gar nicht recht auszumachen ist, daß die Erzählung, wie zum Beispiel Eichendorffs *Dichter und ihre Gesellen*, durchaus in verschiedene Handlungen und Schicksale zerfasert ist, die wechselweise berührt, verfolgt, miteinander verknüpft, wieder getrennt und fallengelassen werden, so daß sich die Geschichte überhaupt nicht anders als im Episodischen bewegt.

Weit entfernt, bloß Nebensache zu sein, kann sich wie beim romantischen Reisen eine solche Abschweifung als der eigentliche Weg zum Wesentlichen erweisen. Bevor in *Prinzessin Brambilla* die *Geschichte von dem Könige Ophioch und der Königin Liris* eingeschaltet wird, wendet sich der Erzähler mit folgender Anrede an den Leser: »Hier mußt du, sehr geneigter Leser! es dir also gefallen lassen, eine Geschichte zu hören, die ganz aus dem Gebiet derjenigen Begebenheiten zu liegen scheint, die ich dir zu erzählen unternommen, mithin als verwerfliche Episode dasteht. Wie es manchmal aber zu geschehen pflegt, daß man den Weg, der scheinbar irreleitete, rüstig verfolgend plötzlich zum Ziel gelangt, das man aus den Augen verlor, so möcht es vielleicht auch sein, daß diese Episode, nur scheinbarer Irrweg, recht hineinleitet in den Kern der Hauptgeschichte.«[382]

Das Abweichen vom geraden Erzählweg, das dem Erzählen den Charakter der Arabeske verleiht[383], ist freilich eine Erfindung nicht erst der Romantik, sondern des humoristischen Romans. Der bekannte Einspruch im *Tristram Shandy* (1760 ff.) gegen das Erzählen in »a straight line« zeigt, daß bereits Laurence Sterne die Analogie zwischen dem Erzählen und der Bewegung

382 Hoffmann, Werke IV 249 f.
383 Zum Motiv der Arabeske vgl. Karl Konrad Polheim: Die Arabeske. Ansichten und Ideen aus Friedrich Schlegels Poetik, München/Paderborn/Wien 1966; Erwin Rotermund: Musikalische und dichterische ›Arabeske‹ bei E. T. A. Hoffmann, in: Poetica 2, 1968, S. 48-69; Immerwahr, aaO. S. 130 ff.

durch den Raum vollkommen gegenwärtig war: »Could a historiographer drive on his history, as a muleteer drives on his mule, – straight forward; – for instance, from Rome all the way to Loretto, without ever once turning his head aside either to the right hand or to the left, – he might venture to foretell you to an hour when he should get to his journey's end; – but the thing is, morally speaking, impossible: For, if he is a man of the least spirit, he will have fifty deviations from a straight line to make with this or that party as he goes along, which he can no ways avoid. He will have views and prospects to himself perpetually soliciting his eye, which he can no more help standing still to look at than he can fly«[384].

Nehmen wir noch die aus dem Jahre 1759 stammende und nicht nur auf das Erzählen, sondern überhaupt auf das literarische Schaffen gemünzte Erkenntnis von Sternes Landsmann und Zeitgenossen Edward Young hinzu, daß »All eminence, and distinction, lies out of the beaten road; excursion and deviation are necessary to find it; and the more remote your path from the highway, the more reputable«[385], so erweist sich, wie früh schon die Abweichung vom geraden und ausgetretenen Weg zum Leitbild und Strukturprinzip künstlerischer Betätigung wird.

Nicht weniger als das Wandern im Raum erhält in diesem Zusammenhang das Erzählen wie überhaupt das Dichten Selbstzweckcharakter. Es dient nicht mehr nur der Vermittlung von Stoff oder der Erreichung irgendwelcher Endzwecke und ›Lernziele‹, sondern man erzählt jetzt auch um des Erzählens willen, so wie man reist um des Reisens willen. Mit der Formel l'art pour

384 Laurence Sterne: Tristram Shandy, London/New York 1961 (= Everyman's Library 617), S. 28.
385 Edward Young: Conjectures on Original Composition, in: English Critical Essays (Sixteenth, Seventeenth and Eighteenth Centuries), ed. by Edmund D. Jones, London 1959 (= The World's Classics 240), S. 277 f.

l'art ist dieser Sachverhalt allerdings nicht erklärt oder definiert, eher verfehlt. Denn da er sich, gewiß auch schon bei Sterne und Young, aus dem Ungenügen an der Normalität herleitet, hat er ebensosehr einen »Sitz im Leben« wie einen der Kunst übergeordneten Sinn: dieses Ungenügen zu kompensieren.

5. Wunderbares – Wunderliches

Romantische Haltungen und Aktionen wie Sehnsucht und Wandern gehen schon deshalb nicht völlig im Selbstzweckcharakter auf, weil sie trotz aller Richtungslosigkeit objekt- und zielbezogen sind, nicht nur in dem vagen Sinne, daß sie auf die Ferne zielen, sondern daß es ihnen um die Entdeckung einer neuen Welt geht. Im folgenden fragt unsere Untersuchung, in welchen über die Ferne hinausgehenden (d. h. konkreteren) Motiven sich diese neue Welt bemerkbar macht, freilich immer unter dem Gesichtspunkt, inwieweit solche Motive einen spezifischen Gegensatz zum Normalen bilden.
Wir wenden uns zunächst den miteinander eng verbundenen Motiven des Wunderbaren und Wunderlichen zu.

a) Zum Wunderbaren

Wunder ist in der Romantik, wie wir sahen, häufig mit Ferne gekoppelt. Die Bestimmung, daß das Wunderbare fern ist, bleibt in gewissem Sinne auch dann gültig, wenn es nicht außerhalb sondern innerhalb der Normalität lokalisiert ist, denn dann besitzt es zwar keine räumliche, aber doch eine innere Ferne. Seelisch entsprechen dieser Ferne auf seiten des Subjekts, genau wie beim Wanderer, Ahnung und Sehnsucht, freilich nur beim Künstler. Für den Philister ist das Wunderbare nicht fern, es ist für ihn überhaupt nicht existent.

Die innere Ferne beruht auf dem Umstand, daß sich der Mensch dem Wunderbaren entfremdet hat und daß es in den Stand der Verborgenheit übergegangen ist, in die Verborgenheit der »Nacht«, wie Novalis in seinen berühmten Hymnen singt, und in die Verborgenheit des Unbewußten. Hier ruht es nicht so, als sei es nur mit einem einzigen Schlüssel zu erschließen oder als sei dazu bloß eine einzige Tür zu öffnen. Der Weg geht prinzipiell durch viele Türen und über viele Stufen, auch wenn er nicht in die Weite des Raumes, sondern in die Tiefe der Zeit oder in das Innere der Erde oder in den Grund der Seele führt. Tiefe und Ferne gleichen sich darin, daß sie dem Suchenden möglichst lange oder gar ewig das Ende des Weges vorenthalten. Insofern ist die Tiefe im vertikalen Sinn, was die Ferne im horizontalen Sinn ist. Selbst aber wo die Dimension der Tiefe nur andeutungsweise ausgebildet ist, wie im *Goldnen Topf*[1], bleibt es dem Helden nicht erspart, sich stufenweise durchzukämpfen. Anselmus werden die höheren Weihen nicht mit einem Schlage zuteil. Er muß lernen und streben, und er muß es auch in Kauf nehmen, daß die Kommunikation mit der höheren Welt zeitweilig völlig abbricht.

So häufig das Wunderbare in der Ferne oder in der Tiefe oder hinter einer Fassade, einem Schleier oder einer Maske angesiedelt ist, so selten findet es sich an der Oberfläche der alltäglichen Wirklichkeit. Die Außenseite der Normalität ist nicht sein Ort, und selbst wenn es, wie bei Hoffmann, dennoch plötzlich in der Normalität auftaucht, bedarf es dann immer noch besonderer seherischer Begabung, wenn es überhaupt wahrgenommen werden soll. Wie von der Nähe in die Ferne und von der Oberfläche in die Tiefe zieht es sich auch gern vom Zentrum an den Rand des Gewöhnlichen zurück, sogar im *Goldnen Topf*. Das Erlebnis unter dem Holunderbaum spielt sich abseits von der bürgerlichen Gesellschaft ab, welche im Linkischen Bad versammelt

1 Siehe dazu Pikulik: Anselmus in der Flasche, aaO. S. 362.

ist, auf einem Weg an der Elbe, »der gerade ganz einsam war«[2]. Der Archivarius Lindhorst lebt »einsam« in einem »entlegenen alten Hause«[3]. Die Rauerin wohnt vor dem Seetor in einer »abgelegenen engen Straße«[4]. Abgelegen scheint auch die Wohnung des Ritter Gluck zu sein. In einer »entlegenen Straße« begegnet Erasmus Spikher dem Doktor Dapertutto (*Geschichte vom verlorenen Spiegelbild*[5]) – um nur einige Beispiele zu nennen.

Es trifft mit diesem Umstand zusammen, daß das Wunderbare kaum jemals direkt und plötzlich eingeführt wird. Immer geht ihm ein präludierendes Element voraus, wird zunächst eine Spur oder sonst ein Zeichen entdeckt, tauchen Boten und Führer auf, werden Türen, Schleier, Vorhänge gesichtet, erfolgen atmosphärische Einstimmungen oder Änderungen der Beleuchtung, melden sich Ahnungen und Erinnerungen, Träume und Wünsche. Wäre dies nicht so, würde sich die Romantik selber Lügen strafen. Sie geht ja von der Erfahrung aus, daß das Wunderbare durch das Gewöhnliche vertrieben oder verdeckt wurde. So können die Wunder nicht unvermittelt zur Stelle sein. Der Prozeß der Verdrängung kann nur durch einen Prozeß der Vermittlung rückgängig gemacht werden.

Dabei verlangt das kompensatorische Bedürfnis nicht, daß die Vermittlung auch zu Ende, bis zum Stadium der Offenbarung, geführt wird. Primär geht es nicht darum, Wunder zu sehen, sondern an Wunder zu glauben. Daher genügt es im Prinzip, wenn das Wunderbare seine Existenz durch Winke und Andeutungen bekundet. In der Tat kommt es in vielen romantischen Romanen und Erzählungen zu keiner weitergehenden Konkretisierung. Die Freiheit zur Ausmalung übernatürlicher Erscheinungen nehmen sich hauptsächlich

2 Hoffmann, Werke I 180.
3 Ebd. 189.
4 Ebd. 208.
5 Ebd. 272.

die Märchen. Und für diese Gattung ist solches Verfahren aus Tradition sowohl legitim wie obligatorisch.

Nicht genug, daß es der Konkretisierung nicht überall bedarf, ist sie auch heikel und problematisch. Enthüllung und genaue Erfassung machen das Wunderbare nah und gegenwärtig, Nähe und Gegenwart aber töten, mit den ersten Anzeichen der Gewöhnung, seine Besonderheit und entwerten es zum Normalen. Die Normalität ist ein Verhängnis, das, wie wir am Beispiel der »Waldeinsamkeit« gesehen haben, auch die Erfahrung des Numinosen nicht verschont. Zumindest müßte diese Erfahrung, um frisch zu bleiben, auf seltene Augenblicke beschränkt sein.

Schon Lessing hat in seiner Abhandlung über die Fabel gegenüber Breitinger geltend gemacht, daß die Wirkung des Wunderbaren stumpf wird, wenn sie den Grad der Seltenheit überschreitet: »Das Wunderbare, sagt Breitinger an mehr als einem Orte, sey der höchste Grad des Neuen. Diese Neuheit aber muß das Wunderbare, wenn es seine gehörige Wirkung auf uns thun soll, nicht allein bloß in Ansehung seiner selbst, sondern auch in Ansehung unsrer Vorstellungen haben. Nur *das* ist wunderbar, was sich sehr selten in der Reihe der natürlichen Dinge eräugnet. Und nur *das* Wunderbare behält seinen Eindruck auf uns, dessen Vorstellung in der Reihe unsrer Vorstellungen eben so selten vorkömmt. Auf einen fleißigen Bibelleser wird das größte Wunder, das in der Schrift aufgezeichnet ist, den Eindruck bey weitem nicht mehr machen, den es das erstemal auf ihn gemacht hat. Er lieset es endlich mit eben so wenigem Erstaunen, daß die Sonne einmal stille gestanden, als er sie täglich auf und niedergehen sieht. Das Wunder bleibt immer dasselbe; aber nicht unsre Gemüthsverfassung, wenn wir es zu oft denken.«[6]

Lessing wußte auch bereits, daß man Wunder wie z. B. Gespenster nicht ins helle Licht stellen darf, um ihnen

6 Lessings sämtliche Schriften, aaO., Bd. VII, S. 449 f.

nicht ihre Wirkung zu nehmen. Dem Dichter der *Semi-ramis*, Voltaire, wirft er in der *Hamburgischen Dramaturgie* vor, einen krassen Mißgriff zu begehen, wenn dieser den Geist des Ninus »am hellen Tage, mitten in der Versamlung der Stände des Reichs« auftreten lasse[7]. Wie anders dagegen das Gespenst in Shakespeares *Hamlet*, das dem Zuschauer wirklich die Haare zu Berge richte, denn es komme zu einer feierlichen Stunde, in der schaudernden Stille der Nacht und in düsteres Geheimnis gehüllt[8].

Die Romantiker wissen noch mehr. Sie wissen, daß für taube und lähmende Wirkungen angesichts übernatürlicher Phänomene nicht nur die Darstellung des Dichters und die Gewöhnung des Betrachters (Held/Leser), sondern auch die ontologische Qualität des Wunderbaren selber verantwortlich zeichnet, zumindest soweit das Wunderbare mythisch ist. Denn der Mythos vollzieht sich außerhalb des Wechsels der Zeiten, in der ewigen Wiederkehr des Gleichen. Er ist zwar nicht geradezu unzeitlich[9], und er ist auch nicht mechanisch, aber verglichen etwa mit der lebendigen wechselvollen Zeitlichkeit des geschichtlichen Seins, besitzt er den Charakter des stehenden Jetzt[10] und trifft sich in dieser Be-

7 Lessings sämtliche Schriften, aaO., Bd. IX, S. 229.
8 Ebd.
9 Vgl. Ernst Cassirer: Philosophie der symbolischen Formen, Zweiter Teil: Das mythische Denken, 6. Aufl., Darmstadt 1973. Cassirer rechnet die Zeit sogar zum Wesen des Mythos (S. 129).
10 Das sieht und sagt auch Cassirer, ebd. S. 131: »In diesem Sinne ist es verständlich, wenn man das mythische Bewußtsein – trotz der fundamentalen und wahrhaft konstitutiven Bedeutung, die die allgemeine Anschauung der Zeit für dasselbe besitzt – bisweilen geradezu als ein ›zeitloses‹ Bewußtsein bezeichnet hat. Denn verglichen mit der objektiv-kosmischen und der objektiv-historischen Zeit besteht hier in der Tat eine solche Zeitlosigkeit. Gegenüber dem Unterschied der relativen Zeitstufen verharrt das mythische Bewußtsein in seinen frühen Phasen noch in der gleichen Undifferenziertheit, wie sie für bestimmte Phasen des sprachlichen Bewußtseins charakteristisch ist. Es herrscht in ihm – mit Schelling zu reden (Einleitung in die Philosophie der Mythologie) – noch eine ›schlechthin vorgeschichtliche Zeit‹, eine ›ihrer Natur nach un-

ziehung mit dem Normalen. Das durch Wiederholung geprägte Leben in Tiecks »Waldeinsamkeit« braucht insofern keineswegs nur als Alltag verstanden zu werden. Es trägt auch die Züge des Mythos (oder wenn man will: es trägt sie primär), besonders in dem Lied, das der Vogel immer wieder singt, ja das Mythische und Normale bilden hier die ambivalenten Seiten ein und derselben Sache.

Nicht zufällig, sondern auf Grund eben dieser seltsamen, unpassenden Verwandtschaft werden für das Mythische und Normale auch häufig dieselben Attribute und Bilder verwendet. Das sieht man besonders bei Eichendorff. Das von ihm so vielgebrauchte Bild der Stille zum Beispiel bezeichnet zum einen den Zustand der Öde und Leere, wie er für das Gewöhnliche charakteristisch ist, man denke an die Meeresstille in Eichendorffs *Meerfahrt* oder an die zahlreichen Erlebnisse von Stille im Sinne drückender und baldigen Sturm ankündigender Schwüle; zum anderen das heimliche Walten der untergründigen oder überirdischen Kräfte, wie sie der Mythos kennt. Es handelt sich in dieser letzteren Hinsicht, wie J. Kunz treffend bemerkt hat, um »Stille als Einverständnis mit den kosmischen Mächten, als Teilnahme an ihrem sich immer wiederholenden und gleichbleibenden Gang.«[11] Allerdings wirkt die Stille des Mythos nicht weniger lähmend auf das romantische Gemüt als die Stille des Normalen. In seinen vom Bild der Venus beherrschten Träumen schifft Florio wie auf stillem, mondbeglänztem Meer[12],

teilbare, absolut identische Zeit, die daher, welche Dauer man ihr zuschreibe, doch nur als *Moment* zu betrachten ist, d. h. als Zeit, in der das Ende wie der Anfang und der Anfang wie das Ende ist, eine Art von Ewigkeit, weil sie selbst nicht eine Folge von Zeiten, sondern nur Eine Zeit ist, die nicht in sich eine wirkliche Zeit, d. h. eine Folge von Zeiten ist, sondern nur relativ gegen die ihr folgende zur Zeit (nämlich zur Vergangenheit) wird‹.«

11 Josef Kunz: Eichendorff. Höhepunkt und Krise der Spätromantik, Oberursel 1951, S. 158.
12 Eichendorff, Werke II 316.

in seinem der stillen Gewalt des Wunderbaren hingege-
benen Herzen ziehen selbst am Morgen »die Sterne
noch immerfort ihre magischen Kreise«[13] – und wie
könnte das Einverständnis mit den kosmischen Mächten deutlicher angezeigt werden! –, aber: so weit er
damit von der gehaßten und gemiedenen Alltagswelt
des Bürgers entfernt scheint, er ist doch auf dem besten
Wege, sich in den zwar nicht substantiell, aber struk-
turell gleichen Kreisen des Immerwiederkehrenden zu
verfangen.

Ob sich der romantische Held nächtlicherweise vom
mythischen Anblick »weißglänzender Schlösser« faszi-
nieren läßt, die in einer Landschaft »wie eingeschlafene
Schwäne unten in dem Meer von Stille« ruhen[14], oder
ob er sich bei Tage von der verschlafenen Zufriedenheitsidylle des Philisters vereinnahmen läßt, die gegensätzlichen Erfahrungen münden kurioserweise in denselben Existenzverfall, in die Stille des Grabes. Das ist
ja, was jeden Eichendorff-Leser immer wieder erstaunen
muß: Wenn bei Eichendorff ein Mensch lebendig begraben ist, so kann er es auf zweierlei Art sein: indem er
im Alltag oder indem er in einem Sirenenzauber ver-
sinkt, man denke an das Gedicht *Die zwei Gesellen*.
Dabei besteht zwar ein Unterschied: in dem einen Fall
ist er an die Oberfläche, in dem anderen in die Tiefe
gebannt. Aber beide Fälle führen gleichermaßen den
Verlust von Zeit und Leben sowohl wie den Selbstverlust vor, und so hat auch die Eichendorffsche Grab-
symbolik und -metaphorik den zweifach modrigen
Geruch von Mythos und Normalität.

Ähnliches gilt von dem Attribut »einförmig«. Wir
haben es bisher als Kategorie des Normalen kennen-
gelernt. Es begegnet aber nicht weniger im mythischen
Zusammenhang. So heißt es zum Beispiel an einer
Stelle in *Ahnung und Gegenwart*: »Draußen über das
Land jagten zerrissene Wolken, die Melusina sang an

13 Ebd. 320.
14 Ebd. 317.

seufzenden Wäldern, Gärten und Zäunen ihr unergründlich einförmiges Lied, die Dörfer lagen selig verschneit.«[15] Daß das Lied unergründlich ist, hat es dem Normalen freilich voraus. Einförmige Wiederholung ist auch auf dem Grunde des »wunderbaren, dunklen Reichs« zu vernehmen, das in des Menschen Brust wohnt und auf das in Eichendorffs erster Erzählung *Die Zauberei im Herbste* verwiesen wird: »die unsichtbaren Quellen rauschen wehmütig lockend *in einem fort* und es zieht dich ewig hinunter – hinunter!«[16] Überhaupt signalisiert das unaufhörlich einförmige Rauschen und Plätschern von Wasser sowohl Ewigkeit wie Langeweile. Und die Brunnen, aus denen das Wasser kommt, stehen in einem Typ von Garten, der nicht weniger das Reich der Venus als das Reich des Rationalismus und des Philisters veranschaulicht.

Eine der häufigsten Formeln Eichendorffs ist der Ausdruck »wie damals«. Diese Formel bezeichnet Kontinuität, und Kontinuität begegnet bei Eichendorff nicht selten als mythisches Fascinosum. Der geschichtliche Wandel hat die Ritter und Burgen der guten alten Zeit untergehen lassen, aber »Wälder und Berge« haben den Wandel überdauert und stehen noch immer da »wie damals«[17]. Das Jagdschloß des Fürsten in *Dichter und ihre Gesellen* ist verlassen, der Garten verfallen, aber: »In der alten Pracht funkeln die Sommernächte wieder über den stillen Grund«, und »die getreuen Nachtigallen schlagen wie damals«[18]. Vater und Mutter sind lange tot, die Heimat und Kindheit verloren, aber im alten Garten blühen geheimnisvoll noch immer die Päonien und Kaiserkronen[19].

Indes signalisiert die Formel doch auch die Stagnation der Alltagswelt. Wenn der Taugenichts nach langer

15 Ebd. 161.
16 Ebd. 983. Hervorhebung von mir.
17 Ebd. 18.
18 Ebd. 648.
19 Ebd. 870.

Reise wieder in die Zolleinnehmerstube blickt, so sieht er, daß sich nichts geändert hat: »die Wanduhr pickte noch immer ruhig fort, der Schreibtisch stand am Fenster und die lange Pfeife in einem Winkel wie damals.«[20] Bezeichnenderweise nimmt er bald vor Schrekken Reißaus. Der Schrecken naht sich in Gestalt des derzeitigen Inhabers der Stelle, offensichtlich eines eingefleischten Philisters, da er in dem Garten, wo der Taugenichts Blumen gepflanzt hatte, Kartoffeln angebaut hat. Wenn Fortunat in *Dichter und ihre Gesellen* von seiner Italienreise wieder bei dem Haus des Amtmanns anlangt, so trifft er im wahrsten Sinne des Wortes auf ein Stilleben: »Unter den Bäumen aber stand noch der große runde Tisch mit den Stühlen umher, wie in der alten Zeit, der Amtmann hatte seine Pfeife draußen vergessen, auch Florentinens Gitarre hing wieder über dem Stuhl.«[21] Wiederum ist es bezeichnend, daß dieses Bild, ein Bild der stehengebliebenen Zeit, nicht unbedingt zum Bleiben einlädt: »Da überkam Fortunat unwiderstehlich seine alte Reiselustigkeit«[22].

Die Affinität zwischen dem Normalen und dem Mythischen könnte zu verwegenen Gedankenkombinationen verleiten. Hat die Entmythisierung der Welt durch deren Normalisierung nicht gerade der romantischen Mythenrezeption den Boden bereitet? Denn erweist sich die Vertreibung des Wunderbaren und die Reduzierung der Wirklichkeit auf die Wiederkehr des Gleichen nicht gerade als Rückfall in die mythische Denkweise? Horkheimer/Adorno haben sich genau in diesem Sinne geäußert. Sie meinen, das »Prinzip der Immanenz«, der Erklärung jedes Geschehens als Wiederholung, das die Aufklärung wider die mythische Einbildungskraft ins Feld führt, sei das des Mythos selbst. »Die trockene Weisheit, die nichts Neues unter der

20 Ebd. 426.
21 Ebd. 702.
22 Ebd.

Sonne gelten läßt, weil die Steine des sinnlosen Spiels ausgespielt, die großen Gedanken alle schon gedacht, die möglichen Entdeckungen vorweg konstruierbar, die Menschen auf Selbsterhaltung durch Anpassung festgelegt seien – diese trockene Weisheit reproduziert bloß die phantastische, die sie verwirft«[23]. Hat nicht umgekehrt die romantische Mythenrezeption dem Normalitätsdenken in die Hände gearbeitet? Jedenfalls gerät die Romantik in eine kuriose Situation, wenn sie den Rationalisten und Philister mit einer Waffe bekämpft, die bei Licht besehen beider Position nur stärkt statt schwächt. So könnte man die Frage aufwerfen, ob das Wunderbare als Mittel der Kompensation nicht eigentlich untauglich sei, – bestünde nicht für den romantischen Dichter doch auch die Möglichkeit, beim Gebrauch dieses Mittels Vorkehrungen zu treffen, die das Moment der mythischen Wiederholung ausschalten.

In der Tat läßt sich bei Tieck und Hoffmann – bei Tieck trotz des Beispiels aus dem *Blonden Eckbert* – die Tendenz beobachten, dem Wunderbaren die Farbigkeit und Lebendigkeit zu verleihen, die es vor dem Umschlag ins Gewöhnliche bewahren. Schon in der frühen, zum Teil bereits hochromantisch anmutenden Erzählung Tiecks *Die Freunde* eröffnet sich mit dem Reich der Feen eine Welt, in der sich ständig alles verändert, alles in der buntesten Bewegung ist: »In der Mitte strahlte ein Pallast mit tausend und tausend Farben, wie aus lauter beweglichen Regenbogen und Gold und Edelsteinen zusammengesetzt; ein vorübergehender Fluß warf spielend die mannichfaltigen Schimmer zurück, und eine weiche röthliche Luft umfing das Zauberschloß. Da flogen fremde, niegesehene Vögel umher, und scherzten mit ihren rothen und grünen Flügeln gegen einander, größere Nachtigallen sangen mit lauteren Tönen durch die wiederklingende Natur; Flammen schossen durch das grüne Gras hin, und flatterten bald

23 Dialektik der Aufklärung, aaO. S. 18.

hier, bald dort, und fuhren dann in Kreisen um das Schloß herum.«[24]

Die Romantik erbt diese spielerische Bewegungsfreude vom Rokoko[25], insbesondere vom Rokokomärchen. Freilich hat die Übernahme von regellosen Bewegungsformen wie Umherfliegen, Scherzen, Flattern und von leichten und leichtbeweglichen Bewegungskörpern wie luftigen Scheinen, Vögeln und Flämmchen einen guten romantischen Grund. Spielerische Beweglichkeit ist eine Äußerungsform der Phantasie, und so ist es auch keine bloße Äußerlichkeit, wenn in Tiecks programmatischem *Phantasus*-Gedicht die Phantasie als frisches munteres Rokoko-Knäblein erscheint[26].

In Tiecks späterem Märchen *Die Elfen* bietet schon das zentrale Elfen-Motiv die Handhabe, die Szene in rokokohafte Verspieltheit aufzulösen. Ein bunter Blumengarten tut sich auf, in dem blondgelockte Kinder in weißen kurzen Röckchen umherspringen, mit Lämmern spielen, Vögel füttern und Blumen sammeln, Schmetterlinge sich in Blüten wiegen und bunte Vögel in glänzenden Käfigen schöne Lieder singen. Dazu werden Vorgänge des Werdens und Vergehens inszeniert. Die kleine Zerina streut Samenkörner auf den Boden, und alsbald sprießt Gras empor, entwickeln sich Rosenbüsche, kommen Lilien und Nelken hervor, die auf einen Wink ebenso schnell wieder verschwinden, um anderen Blumen Platz zu machen. Aus zwei Pinienkörnern wachsen in größter Schnelligkeit zwei Bäume empor und sinken wieder herab. Tieck setzt sodann die Mittel der Verlebendigung und Verwandlung ein. Im Saal des Elfenpalastes finden sich an der Decke

---

24 Tieck, Schriften XIV 150.

25 Siehe dazu besonders III, 6 dieser Arbeit.

26 Tieck, Schriften IV 130 ff. In dem in den ›Sternbald‹ eingelegten Gedicht ›Die Phantasie‹ erscheint sie als »wunderlicher Alter«, aber auch diesem stets närrisch gelaunten Alten ist der Spieltrieb eigen: »Denn der Alte hat nie was Kluges im Sinn,/ Immer tändelt er mit dem Spielzeug/ Und kramt es aus, und lärmt damit/ So wie nur keiner auf ihn sieht und achtet.« Tieck, Schriften XVI 366.

Bildnisse, die in den brennendsten Farben glühen und sich ständig verändern: »bald war das Grüne und Blaue wie helles Licht funkelnd, dann sank die Farbe erblassend zurück, der Purpur flammte auf und das Gold entzündete sich; dann schienen die nackten Kinder in den Blumengewinden zu leben, und mit den rubinrothen Lippen den Athem einzuziehn und auszuhauchen«[27].

Was sich bei Tieck nicht überall, aber an sehr vielen Stellen geltend macht, das beherrscht Hoffmanns Märchen durchaus: die Intention, dem Wunderbaren den Nimbus des stets Ungewöhnlichen, immer Wechselvollen, niemals Langweiligen, nie Stagnierenden zu verleihen. Erzählungen wie *Der goldne Topf, Nußknacker und Mausekönig, Klein Zaches, Prinzessin Brambilla, Meister Floh* stellen die Welt der Feen und Magier, Salamander und Kobolde, Unholde und Untiere, Prinzen und Prinzessinnen entweder von einer hellen und freundlichen oder düsteren und drohenden Seite dar, aber immer lebendig und farbig und immer als Offenbarung, die den Helden, den Leser »dem dürftigen, alltäglichen Leben entrückt«[28]. Nie verfällt Hoffmann in die raunende Beschwörung des mythischen Immer und Ewig im Stile etwa der »Waldeinsamkeit«, obwohl seine Darstellungen doch von mythologischem Bombast überquellen. Aus dem aufwendigen Apparat schlägt immer ein sprühendes Feuerwerk von phantastischen Einfällen. Mit pausenlosen Kapriolen und Konvulsionen, Fratzen und Grimassen, Verkleidungen und Verwandlungen zeigen sich die mythologischen Akteure und Aktionen über jeden Verdacht der »Einförmigkeit« erhaben. Dabei ist Bewegung bei Hoffmann nicht immer nur spielerisch, sondern auch dynamisch. Und statt Spiel herrscht häufig Kampf, Kampf zwischen polaren Kräften.

Bemerkenswert ist besonders das Element der Verwand-

27 Tieck, Schriften IV 372.
28 Hoffmann, Werke III 83.

lung, ein Element, das immer die Identität der Dinge in Frage stellt[29]. Die Blüten, die Anselmus im Feengarten des Archivarius gesehen hatte, erscheinen ihm später als Insekten, die einstigen Vögel dagegen als Blumen. An der Decke des Palastes Pistoja in *Prinzessin Brambilla* verwirrt sich die Identität von Pflanzlichem, Tierischem, Menschlichem, von Lebendigem und Leblosem: »das seltsame Laubwerk der Decke, man wußte nicht, waren es bald buntgefiederte Vögel, bald anmutige Kinder, bald wunderbare Tiergestalten, die darin verflochten, schien sich lebendig zu regen«[30]. Wie dies an barocke Illusionsmalerei und -stukkatur gemahnt, so haben die Verwandlungen häufig szenischen Charakter und erinnern an Theatergaukeleien der Opernbühne und des Märchendramas à la Gozzi. Der Palast Pistoja ist ja in Wirklichkeit ein Theater. Der tiefere Sinn gerade der Identitätsverwirrung freilich liegt in der Wiederherstellung der ursprünglichen Zusammengehörigkeit aller Dinge, des »heiligen Einklangs aller Wesen«, wie es in der Darstellung von Atlantis im *Goldnen Topf* heißt[31]. Und da in diese Harmonie insbesondere die Einheit des Menschen mit der Natur eingeschlossen ist, so ist die Szene nicht nur in Bewegung, sondern auch in ein synästhetisches Säuseln, Duften, Leuchten aufgelöst, welches das in ewiger Liebe vereinte Paar Anselmus–Serpentina als verständliche Spra-Sprache der Natur umspielt.

Gewährt das Wunderbare ein Höchstmaß an Entrückung, so ergibt sich die Analogie zum Theater nicht von ungefähr. Auf der Höhe seiner Möglichkeiten ist das Theater eine Welt, die den Zuschauer der alltäglichen Wirklichkeit enthebt und die, selbst wenn sie die

---

29 Vgl. Michael von Albrecht: Die Verwandlung bei E. T. A. Hoffmann und Ovid, in: Antike und Abendland 10, 1961, S. 161-180. Von Albrecht weist u. a. darauf hin, daß Hoffmann mit seinen Verwandlungen »stets bemüht ist, die Dinge im Fluß zu halten« (S. 177).
30 Hoffmann, Werke IV 319.
31 Hoffmann, Werke I 254.

Alltagswirklichkeit zum Gegenstand der Darstellung macht, alles Normale in ein neues, verfremdendes Licht setzt. Erst recht konstituiert es den Gegensatz zum Gewöhnlichen, wenn es außerordentliche oder gar übernatürliche Vorgänge auf die Bühne bringt. Das Wunderbare seinerseits gewinnt dabei eine Suggestivkraft wie in keinem anderen Medium, das die Romantik kannte. Denn der Zauber des Dargestellten wird durch die verzaubernde theatralische Illusion noch potenziert. So schwebt den Romantikern für die Darstellung des Wunderbaren als Ideal eigentlich eine theatermäßige Inszenierung vor, eine Wunschvorstellung, die sich in ihren epischen Texten in der Tat in zahlreichen Stellen szenischen, ja opernhaften Charakters niederschlägt[32]. Sie zeigen ja auch sonst ein starkes Faible für das Theater, zumal für das Märchen- und metaphysische Theater, wenn sie nicht sogar selbst Stücke und gerade Stücke in dieser Art geschrieben haben.

Wie Hoffmann für seine eigenen Märchen hauptsächlich von Gozzi und der Zauberoper lernt, der er in *Der Dichter und der Komponist* eine rühmende Besprechung widmet, schult Tieck sich insbesondere an Shakespeare. Tiecks Studie *Über Shakespeares Behandlung des Wunderbaren* (bereits 1793 entstanden, 1796 veröffentlicht) liefert hierüber auch einen theoretischen, vor allem an Dramen wie *Der Sturm* und *Ein Sommernachtstraum* gewonnenen Nachweis. Bezeichnenderweise führt der Autor Shakespeares Meisterschaft in der Darstellung des Wunderbaren unter anderem auf die Fähigkeit zurück, beim Zuschauer die Phantasie zu spannen und in Spannung zu halten, dagegen »den richtenden Verstand einzuschläfern«[33] und ihm den Maßstab zu rauben, mit dem er sonst die Wahrheit zu messen pflegt.

32 Diese Tendenz ist auch bei Eichendorff zu beobachten. Vgl. Köhler, aaO. bes. S. 34 ff.; vor allem Norbert Siara: Szenische Bauweise des Erzählers Eichendorff nach dem Opernvorbild Glucks und Mozarts, Diss. Frankfurt am Main 1973.
33 Deutsche Literatur in Entwicklungsreihen, Reihe Romantik, Bd. II, S. 122.

Ein solcher Schachzug wirkt ja nur zu gut der Versuchung entgegen, das Dargestellte mit dem gewöhnlichen Leben zu vergleichen und also aus der Illusion in die Normalität zurückzufallen. Vielmehr gerät der Zuschauer in einen »traumähnlichen Rausch«[34], wie die Stücke ihrerseits als heitere Träume erscheinen, oder auch in eine »Stimmung (...) die das auf wenige Stunden ist, was Don Quichotes Wahnsinn auf mehrere Jahre und in einem höheren Grade ist.«[35] Bedenken, wie Eichendorff sie gegen das Versinken in traumhafte Zustände geltend macht, meldet Tieck nicht an, und er hat auch keine Veranlassung dazu, da das Theater als vorübergehende Veranstaltung etwas ganz anderes ist als die anhaltende Bezauberung durch den Mythos. Nicht nur aber daß Shakespeare den Zuschauer keineswegs in einen Kreis bannt, aus dem er nicht mehr heraus kann, Tieck betont gerade, daß in den Darstellungen des *Sturm* und des *Sommernachtstraum* nirgendwo Wiederholung eintritt und ein Gewöhnungseffekt zustande kommt. Gewisse Züge sind zwar aus dem gewöhnlichen Leben genommen, um uns das Ganze näher zu bringen, auch sonst läßt der Dichter den Zuschauer mit den magischen Gestalten in eine vertrauliche Bekanntschaft treten, aber immer beläßt er ihnen das Seltsame und Abenteuerliche, »ohne welches die Geisterwelt dem gewöhnlichen Leben zu nahe kommen würde«[36]. Er bewerkstelligt dies zum Beispiel dadurch, daß er unerschöpflich immer wieder neue Gestalten hervorbringt, unaufhörlich Verwirrung stiftet, mit ständiger Abwechslung und Mannigfaltigkeit aufwartet. Und er bringt es auf diese Weise fertig, die Aufmerksamkeit beständig zu zerstreuen, damit der Zuschauer »nie auf irgendeinen Gegenstand einen festen und bleibenden Blick heftet«[37].

34 Ebd. 129.
35 Ebd. 131.
36 Ebd. 123.
37 Ebd. 135.

Man sieht, daß das Problem, wie sich das Wunderbare verderblicher Nähe und Gewöhnung entziehen läßt, auch bei diesen Überlegungen eine Rolle spielt, und keine geringe. Nur wenig später, im Zweiten Teil des *Peter Lebrecht* (1795) bringt Tieck an einer nüchternen Betrachtung der trivialen Schauerliteratur sich ja auch zu Bewußtsein, daß man es mit dem Wunderbaren gerade nicht so machen sollte wie die Produzenten des Interessanten, die keinerlei Bedenklichkeit kennen und es in aufdringlicher Körperlichkeit, schamlos aufgedonnert und wahllos gehäuft einer unersättlichen Konsumgier preisgeben. »Bei dieser Lektüre muß die Erschlaffung immer zunehmen, und die Spannung des Schriftstellers muß immer erzwungener werden; die größten Wunder werden am Ende gewöhnlich, die ungeheuersten Karaktere alltäglich, es müssen daher neue, noch unsinnigere erfunden werden.«[38]
Mit der über Shakespeare getroffenen Bestimmung, daß der Dichter die Aufmerksamkeit zerstreut, »damit seine Phantome nicht zu viele körperliche Konsistenz erhalten«[39], berührt Tieck, wie Müller-Dyes bemerkt[40], eines der wesentlichen Momente seiner eigenen Produktion. Die Liquidität der Erscheinungen, der Wechsel und die Unschärfe der Stimmungen und Eindrücke sei auch für Märchen wie den *Blonden Eckbert* und den *Runenberg* typisch. Zwar muß man gegen diese Kennzeichnung einwenden, daß sie, gerade was den *Blonden Eckbert* angeht, allzu summarisch urteilt. Im ganzen und der Tendenz nach aber ist die Auflösung des Anschaulichen und Festkonturierten in der Tat für Tieck charakteristisch.
Das Verflüssigen des Festen zum Losen-Lebendigen, ein Vorgang, der auch als inhaltliches Motiv in romanti-

38 Tieck, Schriften XV 21.
39 Tieck: Über Shakespeares Behandlung des Wunderbaren, aaO. S. 135.
40 AaO. S. 171 f.

schen Mythen eine Rolle spielt (man denke an das Zer-
fließen des Kristalls zum Urdarsee in *Prinzessin Brambilla*), ist Kennzeichen eines »musikalischen« Stils. Angeregt schon durch Herders Hinweise auf die Wirkungen der Musik, angeregt aber vor allem durch Wackenroders Musikenthusiasmus, in den sein Freund Tieck
durchaus einstimmt, faßten die Zeitgenossen selber
diese Stilart unter dem Begriff des Musikalischen[41].
Was Tieck etwa in dem Aufsatz *Die Töne* zum Lob der
Musik sagt, ist darum nicht minder auf die Sprachtöne
der Dichtkunst gemünzt, sofern sie musikalisch verfährt: »Die Musiktöne gleichen oft einem feinen flüssi-
gen Elemente, einem klaren, spiegelhellen Bache, wo
das Auge sogar oft in den schimmernden Tönen wahrzunehmen glaubt, wie sich reizende, ätherische und er-
habene Gestalten eben zusammenfügen wollen, wie sie
sich von unten auf emporarbeiten, und klarer und immer klarer in den fließenden Tönen werden. Aber die
Musik hat eben daran ihre rechte Freude, daß sie nichts
zur wahren Wirklichkeit gelangen läßt, denn mit einem
hellen Klange zerspringt dann alles wieder, und neue
Schöpfungen sind in der Zubereitung.«[42] Ein solches
das Wunderbare ins Unfaßbare transponierendes Verfahren trifft mit der von Tieck gelegentlich geäußerten
Ansicht zusammen, daß der verloren gegangene Zauber
der Welt auch inhaltlich ein schwebendes, fließendes
Reich der Töne war. Im *Sternbald* meint der Maler
Rustici, daß die Töne der Musik ihn in melancholischer
Weise so ansprechen, als seien sie »abgebrochene Laute
aus einer ehemaligen verlornen Welt, die ganz und
durchaus nur Musik war«[43].
Lobpreisungen der Tonkunst, die in dieselbe Richtung
zielen, lassen sich – kein Wunder – nicht minder von
dem Tonkünstler E. T. A. Hoffmann in großer Zahl
beibringen. Erinnert sei nur an die Hoffmannsche Cha-

41 Ebd.
42 Wackenroder, Werke 246 f.
43 Tieck, Schriften XVI 401.

rakteristik von Beethovens Instrumentalmusik als Offenbarung eines Geisterreichs, das sich im Modus der Unbestimmtheit äußert und daher nicht gefaßt, sondern nur geahnt und ersehnt werden kann[44].

Indes ließen sich Tiecks und Hoffmanns Darstellungen des Wunderbaren auch als Ausdruck eines »malerischen« Stils verstehen, malerisch insofern, als sie die körperliche Greifbarkeit der Dinge nicht nur in ein Gesäusel oder, je nachdem, Gebraus von Tönen, sondern auch, vergleichbar den späten Gemälden William Turners, in ein lebendiges Spiel von Farben und Lichtscheinen auflösen[45].

Welcher Mittel aber der romantische Dichter sich auch immer bedient, unbestreitbar vorherrschend jedenfalls ist die Absicht, das Wunderbare vor der trivialisierenden Verfestigung bzw. den Helden und Leser vor der Gewöhnung an das Ungewöhnliche zu bewahren. Das gelingt freilich am ehesten, wenn sich das Wunderbare erst gar nicht direkt zeigt, sondern nur durch Andeutungen und Ahnungen auf die Phantasie wirkt. Entrückt in die Ferne, verborgen in der Tiefe, umhüllt von Geheimnis, ist es eine sicherere Therapie gegen die Langeweile als nah und unverhüllt. Eichendorff scheint dies besser gewußt zu haben als andere Romantiker, da er sich den Griff hinter den Schleier verhältnismäßig selten gestattet und sich bei der Vermittlung übernatürlicher Phänomene äußerste Zurückhaltung auferlegt. Er war ja auch kein ausgesprochener Märchendichter, sondern, bezeichnenderweise, ein Dichter der Ferne.

Es geht allerdings noch an und macht sogar eine besondere Wirkung, wenn übernatürliche Phänomene wie Geister oder Gespenster so in Erscheinung treten, daß der ganze Apparat, überhaupt die ganze Welt des Wunderbaren, im Hintergrund und unbekannt bleibt. Aus

44 Hoffmann, Werke I 41 ff.
45 Vgl. dazu auch den von Tieck stammenden Abschnitt ›Die Farben‹ in den ›Phantasien über die Kunst‹, Wackenroder, Werke 186 ff.

dem Dunkel tauchen sie auf, und ins Dunkel sinken sie wieder zurück. Sie werden uns auf diese Weise niemals vertraut, sondern bleiben fremd und rätselhaft. Dieses Verfahren beobachtet Tieck an Shakespeares Tragödien, etwa im *Hamlet* oder in *Macbeth*. Es ist das Verfahren, das vor allem in Hoffmanns Schauergeschichten zur Geltung kommt. Tieck führt die Fremdheit solcher Erscheinungen insbesondere auf ihre Unbegreiflichkeit, das Unbegreifliche aber auf den Umstand zurück, daß sie wie Wirkungen ohne Ursachen auftreten. Wir können hinzufügen: auch in diesem Fall scheint der formallogische Satz vom zureichenden Grunde außer Kraft gesetzt. »Alles Unbegreifliche, alles, wo wir eine Wirkung ohne eine Ursache wahrnehmen, ist es vorzüglich, was uns mit Schrecken und Grauen erfüllt: – ein Schatten, von dem wir keinen Körper sehen, eine Hand, die aus der Mauer tritt und unverständliche Charaktere an die Wand schreibt, ein unbekanntes Wesen, das plötzlich vor mir steht und ebenso plötzlich wieder verschwindet. (...) Auf diese Art entsteht der Schauder und jenes heimliche Grausen, das uns im Macbeth und Hamlet befällt: ein Schauder, den ich einen Schwindel der Seele nennen möchte, so wie der körperliche Schwindel durch eine schnelle Betrachtung von vielen Gegenständen entstehen kann, indem das Auge auf keinem verweilt und ausruht. – Wären wir mit Hamlets oder Banquos Geist so vertraut, wie mit Ariel oder Caliban, so würden sie uns wenig erschrecken; nur in dem Dunkel, womit der Dichter hier seine wunderbare Welt umhüllt, liegt das Furchtbare«[46].

Die Welt des Wunderbaren aus dem Dunkel zu heben, muß sich der Romantiker um so weniger gedrungen fühlen, als es für ihn, wie noch einmal zu betonen ist, nicht so sehr darauf ankommt, zu wissen und zu zeigen, was das Wunderbare eigentlich ist, wie darauf, zu glauben und den Glauben daran zu entzünden, daß es

46 Tieck: Über Shakespeares Behandlung des Wunderbaren, aaO. S. 143.

das Wunderbare überhaupt gibt. Nicht sein Inhalt, sondern seine Existenz ist das Wesentliche. Deshalb erschiene es wenig sinnvoll, etwa die mythologischen Einlagen in Hoffmanns Märchen als große Weltanschauungsmythen deuten zu wollen[47]. Es genügt aus romantischer Sicht, das Wunderbare als das ganz Andere, schlechthin Inkommensurable, als den äußersten Gegensatz zum Normalen zu fassen, und es ist darum auch wenig daran gelegen, mit welchen Namen man es versieht, ob mit Begriffen wie »fremde Macht«, »Schicksal«, »das Göttliche«, »das Unendliche«, oder ob mit Chiffren wie »Italien«, »Ägypten«, »Atlantis« und ähnlichem.

Als Gegenstand des Glaubens nimmt die Romantik das Wunderbare allerdings ernst. Im Unterschied zu Bodmer und Breitinger und ihren Nachfolgern, die es nur als höchsten Grad des Neuen und als ästhetischen Reiz verstanden hatten, im Unterschied zum empfindsamen Schwärmer, der es bloß als illusionäres Phantasiegebilde genießt, im Unterschied zum vorromantischen Schauerroman, der es als bloßen Effekt ausbeutet, erkennt die Romantik dem Wunderbaren den Charakter der objektiven Wirklichkeit zu. Sie tut dies freilich in ständiger Auseinandersetzung mit der inneren Stimme der Vernunft, die nicht aufhört, diesen Glauben in Frage zu stellen.

b) Das Wunderliche[48]

Das Wunderbare bildet den äußersten, aber nicht den einzigen Gegensatz zum Normalen. Dem Gewöhnlichen

47 Dies bemerkt mit Recht Nehring: E. T. A. Hoffmanns Erzählwerk, aaO. S. 16, Fußnote.
48 Die folgenden Ausführungen sind eine in den Zusammenhang dieser Untersuchung eingepaßte und daher teils geraffte, teils erweiterte Fassung eines bereits in Aufsatzform veröffentlichten Beitrags: Das Wunderliche bei E. T. A. Hoffmann. Zum romantischen Ungenügen an der Normalität, in: Euphorion 69, 1975, S. 294-319.

entgegengesetzt ist, wie gezeigt, auch die Ferne. Im Gegensatz zur Normalität steht sodann das vom Wunderbaren zu differenzierende Wunderliche.

Da diese von der Romantikforschung bisher viel zu wenig beachtete allgemeinromantische Kategorie[49] sich am augenscheinlichsten und vielfältigsten im Werk E. T. A. Hoffmanns auswirkt und hier eine ähnlich zentrale Rolle spielt wie die Ferne bei Eichendorff, lehnen sich die folgenden Ausführungen in der Wahl und in der Deutung der Beispiele hauptsächlich an Hoffmanns Erzählungen an.

Beginnen wir mit einem Modellfall. Hoffmanns Erzählungen haben ihr erstes erregendes Moment sehr oft darin, daß irgendeine Einzelheit, die zwar örtlich ›innerhalb‹ des Gewöhnlichen vorkommt, aber ihrem Wesen nach doch aus dem Rahmen des Gewöhnlichen fällt, den Helden wie den Leser in ihren Bann zieht. So ist es in dem Nachtstück *Das öde Haus* ein seltsames Gebäude, das gleich am Anfang die Aufmerksamkeit auf sich lenkt. Der Erzähler Theodor schildert, wie ihm in einer mit Prachtbauten ausgestatteten Allee der Residenz (kein Zweifel, daß hier auf Berlin und die Straße Unter den Linden angespielt wird) eines Tages ein Haus aufgefallen sei, »das auf ganz wunderliche seltsame Weise von allen übrigen abstach. Denkt euch

---

49 Außer der wenig überzeugenden Behandlung des Wunderlichen bei Christel Schütz: Studien zur Erzählkunst E. T. A. Hoffmanns, (masch.) Diss. Göttingen 1955, vgl. die gute Analyse von G. Vitt-Maucher, aaO. Benachbart ist ferner die ungedruckte Dissertation von Dietrich Pregel: Das Kuriose als Kategorie dichterischer Gestaltung, Göttingen 1957, mit einer materialreichen Wortgeschichte und wichtigen Ausführungen über Brentano. Nicht ganz überzeugend ist die Aufteilung des Kuriosen in drei »Bedeutungsbereiche«: »das Seltsam-Wunderliche, das Selten-Sonderbare und das Fremd-Merkwürdige« (S. 67 ff.). Eine bloß verbale Verschiedenheit, bei im wesentlichen gleichbleibender Sache, wird hier offenbar als begriffliche Verschiedenheit gedeutet. Vgl. von Pregel auch: Das Kuriose in den Märchen Clemens Brentanos, in: Wirkendes Wort 10, 1960, S. 286-297; Das Kuriose, Komische und Groteske in Kellers Novelle ›Die drei gerechten Kammacher‹, in: Wirkendes Wort 13, 1963, S. 331-345.

ein niedriges, vier Fenster breites, von zwei hohen schönen Gebäuden eingeklemmtes Haus, dessen Stock über dem Erdgeschoß und wenig über die Fenster im Erdgeschoß des nachbarlichen Hauses hervorragt, dessen schlecht verwahrtes Dach, dessen zum Teil mit Papier verklebte Fenster, dessen farblose Mauern von gänzlicher Verwahrlosung des Eigentümers zeugen. Denkt euch, wie solch ein Haus zwischen mit geschmackvollem Luxus ausstaffierten Prachtgebäuden sich ausnehmen muß.«[50] Da überdies alle Anzeichen darauf deuten, daß das Haus unbewohnt sei, ist die Verwunderung Theodors vollkommen, denn gerade dieser Teil der Stadt ist belebter als jeder andere.

Seine seltsame Entdeckung läßt ihn nicht mehr los. Eine innere Stimme sagt ihm, daß es mit dem Gebäude eine besondere Bewandtnis haben müsse. Er sammelt Anhaltspunkte dafür, findet Spuren, geht diesen nach, und in der Tat: das Haus erweist sich nicht nur als bewohnt, es enthüllt sich hinter seiner Fassade auch eine Hintergründigkeit, die, wenn nicht märchenhaft, so doch zumindest »romanhaft« anmutet und die im Unterschied zum »wunderlichen« Charakter der äußeren Erscheinung als »wunderbar« angesprochen werden kann.

Ein angemessenes Vorverständnis dieses Unterschiedes erschließt sich bereits, wenn man bedenkt, daß das Wunderbare, ontologisch verstanden, nicht nur etwas Ungewöhnliches, sondern auch etwas Übernatürliches ist. Dies nämlich läßt sich vom Wunderlichen nicht ohne weiteres behaupten. Viele Phänomene, die in romantischer Dichtung vorkommen, handele es sich um Personen oder Dinge, Orte oder Begebenheiten, können als wunderlich begriffen werden, weil sie in irgendeiner Weise aus dem Rahmen des Üblichen fallen, ohne daß sie doch darum gleich als übernatürlich aufgefaßt werden könnten. Dies gilt vom »öden Haus« so gut wie von dessen merkwürdigem Verwalter, den der Erzähler im weiteren Verlauf kennenlernt; das gilt, um andere

50 Hoffmann, Werke I 461.

Gestalten Hoffmanns zu nennen, von Kreisler so gut
wie von Rat Krespel. Außer »wunderlich« würde man
diese Personen auch, wie Hoffmann das selber tut,
»seltsam«, »sonderbar«, »eigentümlich« oder »außerordentlich« nennen können, denn diese und noch eine
ganze Reihe anderer Ausdrücke sind ähnlich gelagert.
Die Vokabel »wunderbar« müßte man ihnen aber ver-
weigern, sofern damit Übernatürliches gemeint ist. Mag
also alles Wunderbare zugleich wunderlich sein, so ist
doch längst nicht alles Wunderliche auch wunderbar. Bemerkenswert ist gleichwohl, daß der allgemeine Sprachgebrauch dieser Teilabgrenzung erst um 1700 zu entsprechen beginnt. Bis dahin waren »wunderlich« und
»wunderbar« offensichtlich noch zur Gänze austausch-
bar[51], und noch bis weit ins 18. Jahrhundert hinein
läßt sich diese ältere Sprachgewohnheit verfolgen[52].
Weiter läßt sich bei Hoffmann wie bei anderen Romantikern deutlich erkennen, daß das Wunderliche im romantischen Weltbild einen anderen Stellenwert besitzt

51 Vgl. Deutsches Wörterbuch von Jacob und Wilhelm Grimm, Bd. 14,
II. Abt., Sp. 1903 ff., bes. Sp. 1909 (Abschnitt 4).
52 Auf den identischen Gebrauch stößt man beispielsweise noch in Johann Gottfried Schnabels ›Insel Felsenburg‹ (1731 ff.). Die lateinische
Inschrift auf einer der Tafeln, die Albertus Julius in einer Höhle findet,
beginnt mit den Worten: »ADvena!/ quisquis es/ si mira fata te in
meum mirum domicilium/ forsitan mirum in modum ducent« (hg.
von Wilhelm Vosskamp, Reinbek bei Hamburg 1969, Rowohlts Klassiker 522/23, S. 103). Das wird deutsch wie folgt wiedergegeben: »ANkom-
mender Freund!/ wer du auch bist/ Wenn dich vielleicht das wunderliche
Schicksal in/ diese wunderbare Behausung wunderbarerweise führen
wird« (S. 105). »Wunderlich« und »wunderbar« stehen hier beide für
lateinisch »mirus«. – In Lessings ›Freigeist‹ sagt Theophan: »Wunderbarer Mensch! Muß man sich Ihnen gleich stellen, muß man eben so stolz,
eben so argwöhnisch, eben so grob seyn, als Sie, um Ihr elendes Vertrauen zu gewinnen?« (Lessings sämtliche Schriften, aaO., Bd. II, S. 115)
Hier steht »wunderbar« für »wunderlich«. Der Hinweis auf diese
Stelle bei Wolfgang Beutin: Das Weiterleben alter Wortbedeutungen in
der neueren deutschen Literatur bis gegen 1800, Hamburg 1972, S. 101.
Beutin weist darauf hin, daß auch »seltsam« einen Bedeutungswandel
durchmacht und sich zu ›eigenartig, verwunderlich‹ verengt, während es
früher häufig noch für ›wunderbar‹ stand (S. 260).

als das Wunderbare. Aus dem Rahmen des Gewöhnlichen fallend, aber der Sphäre des gewöhnlichen Lebens
keineswegs entrückt, bildet es zwischen den beiden
extremen Polen, d. h. zwischen nahem Alltag und fer-
nem bzw. tiefem Wunder, eine Art Übergang. Gewiß
ist seine Stellung nicht neutral. Vom Gewöhnlichen
hebt es sich ab, dem Wunderbaren hingegen ist es verwandt. Die Verwandtschaft schließt einen Unterschied
in der Lokalisierung aber nicht aus. Vielmehr scheint
das Wunderliche dem Wunderbaren vorgeschaltet.

Das kann man bereits an Tiecks Märchen aus dem
Phantasus ablesen. Bertha im *Blonden Eckbert* entflieht
der alltäglichen Wirklichkeit bei ihren Eltern und findet
in der zauberhaften Gegenwelt, der »Waldeinsamkeit«,
eine neue Heimstatt. Aber auf ihrem Weg dahin durch-
irrt sie zunächst ein unwegsames Gebirge, das ihr nicht
nur schrecklich erscheint, sondern auch »seltsam«. »Die
Felsen um mich her gewannen jetzt eine andre, weit
seltsamere Gestalt«[53], erzählt sie. In der Nacht hört
sie die »seltsamsten Töne«[54], ohne daß sie zu sagen
wüßte, woher sie stammen. Dann gelangt sie in eine
freundlichere Gegend und in die unmittelbare Nähe
der »Waldeinsamkeit«. Indes noch bevor sie in diese
eintritt und das Wunderbare hier kennenlernt, begegnet ihr eine alte Frau, die auf Bertha den merkwürdig-
sten Eindruck macht. Denn während sich die Erschöpfte
an Brot und Wein, den Gaben der Alten, erquickt,
singt diese »mit kreischendem Ton ein geistliches Lied«[55].
Danach fordert sie das Mädchen auf, ihr zu folgen.
»Ich war über diesen Antrag sehr erfreut«, erzählt
Bertha, »so wunderlich mir auch die Stimme und das
Wesen der Alten vorkam.«[56]
Ähnlich kündigt sich in den *Elfen* Wunderbares unter
dem Vorzeichen des Wunderlichen an. Wenn die Eltern

53 Tieck, Schriften IV 149.
54 Ebd.
55 Ebd. 151.
56 Ebd.

der kleinen Marie sich freuen, in einer schönen und fruchtbaren Gegend zu leben, so sind sie doch beunruhigt von einer Vertiefung, die jenseits eines Baches inmitten der heiteren Umwelt »den sonderbarsten Abstich«[57] macht. Denn sie ist von düsteren Tannen umgeben, hinter denen eine rauchige Hütte und verfallene Ställe sichtbar sind. Neugierige, die näher herangegangen waren, hatten auf der Bank vor der Hütte sogar »einige abscheuliche Weiber in zerlumptem Anzuge« und auf deren Schoß »eben so häßliche und schmuzige Kinder«[58] wahrgenommen. Später erfahren Marie und der Leser dagegen, daß dies nur die schreckende Maske ist, welche die schöne Elfenwelt den dem Wunderbaren entfremdeten Menschen entgegenhält.

Es fiele nicht schwer, gleichartige Belege aus weiteren Dichtungen der Romantik anzuführen. Dabei wäre auch der zahlreichen Fälle zu gedenken, in denen die Stellung des Wunderlichen zwischen dem Gewöhnlichen und dem Wunderbaren von gewissen Mittlerfiguren repräsentiert wird. Erinnert sei hier nur an den wunderlichen Fremden in Novalis' Märchen *Hyazinth und Rosenblüte,* welcher Hyazinth »von erstaunlich wunderbaren Sachen« erzählt[59], an den seltsamen Ritter Donati in Eichendorffs *Marmorbild,* der die Verbindung zur wunderbaren »Dame« vermittelt, oder an die drei wunderlichen Alten, den Kohlenjockel, den Kautzenveitel und den Grubenhansel, denen der Müller Radlauf in Brentanos *Rheinmärchen* auf dem Weg zu seinen wunderbaren Ureltern begegnet. Indes wollen wir zu Hoffmanns *Ödem Haus* wieder zurückkehren.

Wir haben diese Erzählung als Ausgangsbeispiel gewählt, nicht nur weil sie exemplarischen Charakter besitzt, sondern weil Hoffmann im Einleitungsteil dem Erzähler auch eine Definition des Wunderlichen in den Mund legt. Dabei kann es nach allem Gesagten kaum

57 Ebd. 368.
58 Ebd. 367.
59 Novalis, Schriften I 93.

erstaunen, daß hier das Wunderliche ausdrücklich vom Wunderbaren abgegrenzt wird. Um auf seine Geschichte vorzubereiten, erteilt Theodor nach einer vorausgegangenen Diskussion einem seiner Zuhörer folgende Belehrung: »Aus Eberhards Synonymik mußt du wissen, daß *wunderlich* alle Äußerungen der Erkenntnis und des Begehrens genannt werden, die sich durch keinen vernünftigen Grund rechtfertigen lassen, *wunderbar* aber dasjenige heißt, was man für unmöglich, für unbegreiflich hält, was die bekannten Kräfte der Natur zu übersteigen, oder wie ich hinzufüge, ihrem gewöhnlichen Gange entgegen zu sein scheint. Daraus wirst du entnehmen, daß du vorhin (. . .) das Wunderliche mit dem Wunderbaren verwechseltest.«[60]

Das ist allerdings, wie man zugeben wird, und selbst wenn man Johann August Eberhards *Versuch einer allgemeinen deutschen Synonymik* konsultiert, aus dem Hoffmann geschöpft hat, keine sehr erhellende Definition[61]. Das vom Erzähler Gemeinte wird allenfalls klar, wenn man sie zu dem dargestellten Phänomen, dem »öden Haus«, in Bezug setzt, zunächst aber einmal im Wortlaut einer genaueren Betrachtung unterzieht.

Am plausibelsten erscheint noch die Erklärung des

60 Hoffmann, Werke I 460.
61 Johann August Eberhard: Versuch einer allgemeinen deutschen Synonymik in einem kritisch-philosophischen Wörterbuche der sinnverwandten Wörter der hochdeutschen Mundart, 6 Teile, Halle und Leipzig 1795–1802. Die entsprechende Stelle lautet hier: »Wunderlich sind zunächst bloß menschliche Meynungen, Handlungen, Wünsche, Verlangen, Zumuthungen, kurz alle Äußerungen des Erkenntniß- und Begehrungsvermögens, die sich durch keinen vernünftigen Grund rechtfertigen lassen. Sie können daher nur in den besondern Launen, in den Leidenschaften, die einen Menschen beherrschen, in seinem augenblicklichen und immer wechselnden Eigensinne ihren Grund haben. Denn die Urtheile der Vernunft über unsre Handlungen richten sich nach der Natur und Beschaffenheit der Dinge, und sind daher allgemein und unveränderlich« (Teil 6, S. 92). – »Wunderbar nennt man das, dessen Möglichkeit man nicht einsieht, und was man daher für unbegreiflich hält. Eigentlich wird es von dem Großen gesagt, das über die bekannten Kräfte der Natur ist, was wenigstens nicht nach dem gewöhnlichen Maaßstabe dieser Kräfte kann gemessen werden« (ebd. S. 93).

Wunderbaren, eine Erklärung offenbar aus aufgeklärter Sicht. Denn das Wunderbare wird zunächst mit dem »Unmöglichen« ineins gesetzt, aus dieser Sicht mit Recht, denn da übernatürliche Phänomene den Naturgesetzen widerstreiten, Naturgesetze aber, wie die aufgeklärte Vernunft weiß, absolut gelten, ist das Wunderbare nicht möglich und insofern auch »unbegreiflich«.

Weniger eindeutig ist der Sinn der weiteren Bestimmungen zu erklären: »was die bekannten Kräfte der Natur zu übersteigen, oder wie ich hinzufüge, ihrem gewöhnlichen Gange entgegen zu sein scheint«. Den Ausdruck »bekannte Kräfte der Natur« hat Hoffmann (wie das Vorausgehende) von Eberhard übernommen, was nicht heißt, daß er ihm denselben Sinn unterlegt, während er die Hinzufügung, die bei Eberhard zumindest vorgeprägt ist[62], als seine eigene bzw. die des Erzählers deklariert.

Der Sinn dieser Äußerungen ist eher zweideutig. Im Munde oder aus der Feder eines Romantikers erhält das Attribut »bekannt« zweifellos jenen faden Beigeschmack von Nüchternheit und Alltäglichkeit, der in der Romantik auch Begriffen wie »gemein« oder »prosaisch« anhaftet. Und wenn nun also die aufgeklärte Sicht von einer romantischen Perspektive überlagert wird, so stellt sich das Bekannte überdies als etwas Beschränktes dar. Denn es wird durch den Hintergedanken relativiert, daß es daneben, besser gesagt: ›dahinter‹, auch noch Unbekanntes gibt. Insofern kommt der Eberhardsche Wortlaut der Definition der Auslegung durch die romantische Phantasie entgegen. Hieße es bei Eberhard nur: »*die* Kräfte der Natur«, so wären schlechthin alle gemeint. Hoffmann wird jedoch gerade die einschränkende, allerdings von Eberhard nicht einschränkend gemeinte, Formulierung begrüßt haben, da sie, aus romantischer Sicht, einen Unterschied zwischen bekannten und unbekannten Kräften impliziert und es offenläßt, ja geradezu insinuiert, daß nicht alles, was

62 Siehe das zweite Zitat in Anm. 61.

uns unmöglich dünkt, es tatsächlich ist. Es könnte ja sein, daß gewisse noch unentdeckte Kräfte das Unmöglichscheinende möglich machen.

Damit nicht genug, wird mit dem Zusatz (»ihrem gewöhnlichen Gange entgegen zu sein scheint«) sogar die absolute Geltung der bereits bekannten Naturgesetze implizit in Zweifel gezogen. Denn nicht nur nimmt das Attribut »gewöhnlich« den gleichen fragwürdigen Beigeschmack an wie das Attribut »bekannt«, und nicht nur wird auf die gleiche unausgesprochene Weise die Möglichkeit angedeutet, daß das Naturgeschehen auch eines ungewöhnlichen Verlaufs fähig sei. Der Begriff des Gewöhnlichen, den die Romantik in seiner Bedingtheit und bloß relativen Geltung bis auf den Grund durchschaut, gemahnt darüber hinaus auch an die menschliche Gewohnheit, und so wird unter der Hand suggeriert, daß wir den Gang der Natur nur deshalb für absolut gesetzmäßig und damit unabänderlich halten, weil wir ihn so gewohnt sind. Da Gewohnheiten ihrerseits gar nicht von allem Anfang an bestehen, sondern sich erst bilden, und da sie zwar beständig, aber nicht unabänderlich sind, erscheinen die Naturgesetze in diesem Licht plötzlich als bloße Konventionen. Die Formulierung »was *man* für unmöglich, für unbegreiflich *hält*« deutet von hier aus in der Tat auf Übereinkunft. »Man« ist die Gesellschaft der Vernünftigen, Vernunft aber, zumal wenn sie keine Wunder gestattet, so hält der Romantiker dagegen, schließt Täuschung nicht aus. Es ist anzunehmen, daß Hoffmann die folgende Notiz von Novalis vorbehaltlos unterschrieben hätte: »Sollten die unabänderlichen Gesetze der Natur nicht Täuschung – nicht höchst unnatürlich seyn. Alles geht nach Gesetzen und nichts geht nach Gesetzen. Ein Gesetz ist ein einfaches, leicht zu übersehendes Verhältniß – Aus Bequemlichkeit suchen wir nach Gesetzen.«[63]

Auf das Motiv der Bequemlichkeit hat auch Hoffmann

63 Novalis, Schriften III 601.

gelegentlich verwiesen, zumal um jene Voreingenom-
menheit für das Gewöhnliche zu erklären, die den Philister kennzeichnet[64]. Was aber im besonderen die
Überzeugung von der absoluten Gültigkeit der Naturgesetze anlangt, eine Überzeugung, die die Existenz
des Wunderbaren ausschließt, so hat er diese nicht selten
als Ausdruck innerer Verstocktheit gewertet: »Man
sagt, das Wunderbare sei von der Erde verschwunden.
Ich glaube nicht daran. Die Wunder sind geblieben,
denn wenn wir selbst das Wunderbarste von dem wir
täglich umgeben, deshalb nicht mehr so nennen wollen,
weil wir einer Reihe von Erscheinungen die Regel der
zyklischen Wiederkehr abgelauert haben, so fährt doch
oft durch jenen Kreis ein Phänomen, das all unsere
Klugheit zuschanden macht, und an das wir, weil wir
es nicht zu erfassen vermögen, in stumpfsinniger Verstocktheit nicht glauben.«[65]
Allerdings besteht in der Romantik weitgehender Konsensus darüber, an dem auch Hoffmann mit vielen seiner Erzählungen teil hat, daß die Möglichkeit einer
Ergänzung oder Einschränkung der »bekannten« Naturgesetzlichkeit nicht schlechthin überall gegeben ist.
Wie schon mehrfach in dieser Untersuchung bemerkt,
kennt das romantische Weltbild den Unterschied zwischen einer Oberflächen- und Tiefensphäre, einen Un-

---

64 In dem Gespräch aus der ›Nachricht von den neuesten Schicksalen
des Hundes Berganza‹ heißt es: »Ich kann die Musiker (...) nur lieben,
und da überhaupt ihr Reich nicht von dieser Welt ist, erscheinen sie,
wie Bürger einer unbekannten fernen Stadt, in ihrem äußern Tun und
Treiben seltsam, ja lächerlich, denn Hans lacht den Peter aus, weil er
die Gabel in der linken Hand hält, da er, Hans, seine Lebtage hindurch sie in der rechten Hand gehalten. *Ich*: Aber warum lachen gemeine Menschen über alles, was ihnen ungewöhnlich ist? *Berganza*: Weil
das Gewöhnliche ihnen so bequem geworden, daß sie glauben, der,
welcher es anders treibt und hantiert, sei ein Narr, der sich deshalb mit
der ihnen fremden Weise so abquäle und abmartere, weil er *ihre* alte
bequeme Weise nicht wisse; da freuen sie sich denn, daß der Fremde
so dumm ist, und sie so klug sind, und lachen recht herzlich, welches ich
ihnen denn auch von Herzen gönne« (I 106).
65 Hoffmann, Werke II 225.

terschied, der im Verhältnis zwischen Vorder- und Hintergründigkeit in Erzählungen wie dem *Öden Haus* ohne weiteres wiederzuerkennen ist. Die Tiefe nun ist nicht nur der Ort, der dem Verborgenheitscharakter des Wunderbaren entspricht. Sie ist auch der Ort, wo das Wunderbare allein noch möglich ist[66]. An der Oberfläche hingegen besitzen die bekannten Naturgesetze uneingeschränkte Gültigkeit.

(Es verhält sich damit etwa so wie mit der Gesetzlichkeit in der modernen gegenüber der traditionellen Physik. Im Bereich der Makrophysik, der auch gewissermaßen nur die Oberfläche der Welt umfaßt, gelten die Gesetze der klassischen Mechanik nach wie vor. Im Bereich der Mikrophysik hingegen, innerhalb der atomaren Struktur der Dinge und somit in ihrer Tiefe, sind diese Gesetze eingeschränkt. Die Elektronen bewegen sich nicht in deterministisch zu berechnenden Bahnen, statt Kausalität herrscht Komplementarität.

Wenn nun nicht das Wunderbare auf der Oberfläche möglich ist, so doch etwas anderes: das Wunderliche. Auch das Wunderliche ist etwas, was dem Gewöhnlichen »entgegen« steht. Das Gewöhnliche in der Allee, in der Theodor das »öde Haus« entdeckt, manifestiert sich darin, daß die übrigen Gebäude hoch, prächtig, gepflegt und bewohnt sind. Demgegenüber ist das »öde Haus«, da es niedrig und verwahrlost ist sowie unbewohnt scheint, ungewöhnlich. Oder, um auf ein anderes Beispiel zurückzugreifen: Wenn die Alte im *Blonden Eckbert* in kreischendem Ton ein geistliches Lied singt, so ist dies etwas, wofür Bertha in ihrer Alltagserfahrung keine Parallele weiß, einmal wegen des Tons, zum anderen wegen der Situation.

Indes ist nicht zu übersehen, daß der Maßstab, der an

---

66 Die Gattung des Märchens ist an solche Einschränkungen nicht gebunden, und deshalb gestattet Hoffmann dem Wunderbaren in seinen Märchendichtungen eine gleichsam ubiquitäre Erscheinungsweise. Dennoch liebt er es selbst hier, das Wunderbare im Hintergründigen zu verbergen, hinter Mauern, Masken, Schleiern usw.

diese Phänomene gelegt wird, um sie als ungewöhnlich erkennen zu lassen, ein ganz anderer ist als im Falle des Wunderbaren. Daß geistliche Lieder anders und bei anderen Gelegenheiten gesungen werden oder daß die Allee in der beschriebenen Weise bebaut ist, hat nichts mit Naturgesetzen zu tun, sondern ist bloß eine Regel bzw. Regelmäßigkeit. Das gleiche gilt, wenn eine Einzelheit der Landschaft, wie der Tannengrund in den *Elfen,* auffallend hervortritt. Der düstere Ort mutet sonderbar an, weil Freundlichkeit der Landschaft und anderes mehr im weiteren Rahmen die Regel ist. Ebenso wenn Bertha die Formen des Hochgebirges seltsam vorkommen: sie hat dergleichen nie gesehen, ihr Leben hat sich zudem in einer besiedelten Gegend abgespielt. Kein Wunder, daß sie befremdet ist. Nur: die gewöhnliche Erfahrung eines Menschen konstituiert niemals ein Gesetz, immer nur eine Regel.

Dementsprechend ist das Wunderliche in anderem Sinne eine Normwidrigkeit als das Wunderbare: keine Aufhebung oder Durchbrechung der Naturgesetze, sondern eine – naturgesetzlich mögliche – Ausnahme von der Regel. Zur Regel gehört es, daß sie im Unterschied zum Naturgesetz Ausnahmen zuläßt oder daß sie mißachtet werden kann. Sie ist nur relativ gültig und also weniger normativ als das Gesetz, ja sie gibt in vielen Fällen nur das statistisch Häufige an: den Durchschnitt, das Mittelmaß, das typisch und allgemein Vorherrschende. So beruht sie, wenn es sich um eine Landschaft handelt, wie in den *Elfen,* auf der bloßen Mehrheit der Eindrücke, die man von den einzelnen Partien des Betrachteten erhält. Hinter der statistischen Häufigkeit, die für Hoffmanns Wunderlichkeiten in den meisten Fällen die bestimmende Folie abgibt, steckt innerhalb der gesellschaftlichen Umwelt aber meist auch Normdruck und Anpassung. So geht selbst die Regel, von der das »öde Haus« eine Ausnahme ist, auf königlich-preußische Bauverordnungen und Nivellierung zurück[67],

67 Siehe I, 3, a dieser Arbeit.

nämlich auf das Ausrichten der Alleegebäude auf dasselbe Niveau, denselben Geschmack und dieselbe Funktion.

Daß das Wunderliche an der ›Oberfläche‹ der Welt vorkommt, bedeutet nicht, daß es auf ihr auch beheimatet ist. Es ist ein Ausnahmefall, nicht eigentlich aber ein Bestandteil der Alltagswelt. Das hängt damit zusammen, daß es sich gegen eine rationale Erklärung sträubt. Wie Theodor sich gegenüber dem »öden Haus« zunächst nur wundern kann, wie Bertha nicht weiß, was es mit den seltsamen Tönen auf sich hat, die sie im Gebirge hört, oder wie sie sich keinen Vers darauf machen kann, warum sich die Alte so merkwürdig aufführt, so verhält es sich meistens mit dem romantisch Wunderlichen: es ist zwar in der gewöhnlichen Wirklichkeit anzutreffen, oft mitten in bekannten und belebten Gegenden, aber man weiß nicht, woher es kommt oder worauf es beruht. Es läßt sich, wie Hoffmann im Anschluß an Eberhard bemerkt, »durch keinen vernünftigen Grund rechtfertigen«, und es hat daher einen Zug an sich, den es mit dem Wunderbaren teilt: es ist genauso »unbegreiflich«.

Damit trägt es zum einen dazu bei, dem Satz vom zureichenden Grunde den Boden zu entziehen, zum anderen ergibt sich aus dieser Konstellation seine zwitterhafte Stellung zwischen dem Gewöhnlichen und dem Wunderbaren. Denn wenn es wie andere Oberflächenphänomene und anders als das immer übersinnliche Wunderbare der gewöhnlichen Sinneswahrnehmung zugänglich ist, entzieht es sich doch auf der anderen Seite genau wie das Wunderbare und anders als das bloß Gewöhnliche der rationalen Erklärung. Es ist sinnlich faßbar, aber nicht vernünftig deutbar. Es teilt mit dem Gewöhnlichen den Ort, aber nicht den Grund. Und es teilt mit dem Wunderbaren die Unbegründetheit, aber nicht den Ort[68].

68 Das Wunderliche in dem hier definierten Sinne kommt nicht nur in der Romantik vor. Wie zahlreiche romantische Erzählungen, zumal E. T.

Nach diesem Definitionsversuch kommen wir nun zu weiteren Erscheinungsformen des Wunderlichen, die Hoffmanns Welt prägen.

Wunderlich, sagt Hoffmann, im Anschluß an Eberhard, seien »alle Äußerungen der Erkenntnis und des Begehrens«, wozu Eberhard »menschliche Meynungen, Handlungen, Wünsche, Verlangen, Zumuthungen«[69] rechnet. Nun ist es zwar merkwürdig, daß der Dichter diese Erklärung einer Geschichte voranstellt, in der ein Haus die Hauptrolle spielt. Ein Haus ist keine »Äußerung der Erkenntnis und des Begehrens« oder wenn, dann im allerweitesten und indirektesten Sinne. Sie könnte aber sehr gut vielen anderen Erzählungen und überhaupt einem Großteil des Gesamtwerks voranstehen, denn aufs Ganze gesehen sind es bei Hoffmann gerade Menschen, an denen Wunderliches sichtbar oder hörbar wird und deren »Äußerungen« einen aufmerksamen Beobachter wie Signale ansprechen.[70]

Solche Winke gehen vor allem von der Physiognomie und Mimik gewisser Personen aus. Der Mann, der sich am Ende der gleichnamigen Erzählung als »Ritter Gluck« zu erkennen gibt, schlägt den Erzähler bei der ersten Begegnung sofort durch seinen starr auf ihn gerichteten Blick sowie andere Eigentümlichkeiten des Gesichts in Bann: »Nie sah ich einen Kopf, nie eine

A. Hoffmanns, Ähnlichkeiten mit dem vorromantischen Geheimnisroman und dem nachromantischen Detektivroman aufweisen, so spielt das Wunderliche auch in diesen Gattungen eine Rolle. Es ist beispielsweise mit dem sogenannten »Clue« des Detektivromans verwandt. Vgl. dazu Alewyn: Anatomie des Detektivromans, aaO. S. 377 ff.

69 Siehe Anm. 61.

70 Wie Wolfgang Nehring in seinem wichtigen Aufsatz ›Die Gebärdensprache E. T. A. Hoffmanns‹, in: Zeitschrift für deutsche Philologie 89, 1970, S. 207-221, bemerkt, sind Hoffmanns Erzählungen bisher »vorwiegend nach ihrem geistigen Gehalt befragt und auf ihre Quellen und Beziehungen untersucht worden«. Die äußeren Erscheinungsformen seiner Gestalten habe man dagegen vernachlässigt (S. 211 f.). Dieser Vorwurf ist berechtigt, um so mehr, als in der scheinbar unwesentlichen Vordergründigkeit der Welt Hoffmanns der Schlüssel zu ihrer Hintergründigkeit liegt.

Gestalt, die so schnell einen so tiefen Eindruck auf mich gemacht hätten. Eine sanft gebogene Nase schloß sich an eine breite, offene Stirn, mit merklichen Erhöhungen über den buschigen, halbgrauen Augenbraunen, unter denen die Augen mit beinahe wildem, jugendlichem Feuer (der Mann mochte über funfzig sein) hervorblitzten. Das weich geformte Kinn stand in seltsamem Kontrast mit dem geschlossenen Munde, und ein skurriles Lächeln, hervorgebracht durch das sonderbare Muskelspiel in den eingefallenen Wangen, schien sich aufzulehnen gegen den tiefen, melancholischen Ernst, der auf der Stirn ruhte.«[71]

Diese physiognomisch-mimische Studie vereinigt alle wesentlichen Elemente, die bei Hoffmann, entweder kombiniert oder jedes für sich, ein Gesicht merkwürdig zu machen vermögen.

Da ist zunächst die Besonderheit der Augen und des Blicks. Dem Archivarius Lindhorst kann Anselmus »kaum in die starren ernsten Augen sehen, ohne innerlich auf eine ihm selbst unbegreifliche Weise zu erbeben.«[72] Der Magnetiseur Alban entsendet »aus großen schwarzen Augen einen brennenden Blick, den man kaum ertragen konnte«[73]. Coppelius im *Sandmann* hat wie Gluck buschige graue Augenbraunen, unter denen aber »ein Paar grünliche Katzenaugen stechend hervorfunkeln«[74]. In den Augen des Nasias im *Kampf der Sänger* funkelt »ein ungewöhnliches Feuer«[75], und »mit düstren gespenstischen Augen«[76] schaut Menars in *Spielerglück* unverwandt sein Gegenüber an.

Wenn der Blick seltsam ist oder das Auge, so oft auch das Lächeln oder das Lachen. »Ein seltsames, furchtbares Lächeln durchflog Albans Gesicht«[77] im *Magneti-*

71 Hoffmann, Werke I 15.
72 Ebd. 195.
73 Ebd. 143.
74 Ebd. 334.
75 Werke III 287.
76 Ebd. 714.
77 Werke I 160.

seur. In *Die Abenteuer der Silvester-Nacht* heißt es: »Giulietta lächelte seltsam bei diesen Worten, und ihn traf jener sonderbare Blick, der ihm jederzeit innern Schauder erregte.«[78] Der Archivarius Lindhorst »ging sonderbar lächelnd an den Tisch, Anselmus stand schweigend auf, der Archivarius sah ihn noch immer so wie in höhnendem Spott lächelnd an, kaum hatte er aber in die Abschrift geblickt, als das Lächeln in dem tiefen feierlichen Ernst unterging, zu dem sich alle Muskeln des Gesichts verzogen.«[79] Das Muskelspiel kann sich bei einer wunderlichen Person aber auch zu einer »skurrilen Larve«[80], zu einer »schauerlichen Maske«[81] oder zu einer »tollen Fratze«[82] formen bzw. deformieren.

Erheblich bekräftigt wird das Wunderliche der Außenseite, wenn dazu die Kleidung beiträgt. Auf diesen Aspekt verwendet Hoffmann nicht viel weniger Aufmerksamkeit als auf das Gesicht. Viele seiner Gestalten fallen dadurch auf, daß sie altmodisch, wo nicht gar in der Mode einer längst vergangenen Zeit gekleidet gehen. Analog zu manchen Physiognomien, in denen sich, wie beim Ritter Gluck, heterogene Züge voneinander abheben, kommt es dabei vor, daß die alte mit der neuesten Mode kontrastiert, etwa beim Goldschmied Leonhard in der *Brautwahl*: »während aber Rock und Unterkleid nach Art der neuesten Zeit zugeschnitten waren, gehörten Kragen, Mantel und Barett dem Ende des sechzehnten Jahrhunderts an«[83]. Zur grellen Buntheit wiederum steigert sich die altmodische Tracht bei Pickard Leberfink in *Meister Johannes Wacht*: »Täglich ging er nach einer verjährten französischen Mode, hochfrisiert und gepudert; an Sonntagen war aber sein An-

78 Ebd. 274.
79 Ebd. 217. Ein seltsames Lachen besonders in den ›Elixieren‹: Werke II 155, 157, 158, 250; und im ›Kampf der Sänger‹: III 285, 286, 287.
80 Werke II 343.
81 Werke III 34.
82 Werke I 155.
83 Werke III 535.

zug durchaus merkwürdig. So trug er z. B. einen lila und kanariengelb gestreiften seidenen Rock mit ungeheuren silberbesponnenen Knöpfen, eine buntgestickte Weste, zeisiggrüne Atlashosen, weiß und himmelblau fein gestreifte seidene Strümpfe und glänzend schwarz lackierte Schuhe, auf denen große Steinschnallen blitzten.«[84] Auch das andere Extrem, die totale Einfarbigkeit aller Kleidungsstücke, ist vertreten. Bei Dapsul von Zabelthau in der *Königsbraut*, dessen »seltsamer Aufzug« dem Erzähler auch in diesem Fall Anlaß zu einer ausführlichen Beschreibung bietet, ist alles grau, vom Filzhut bis zu den Schuhen, »ja selbst der sehr hohe Stock ist grau lackiert.«[85] Er könnte damit ein Sinnbild der Normalität sein, wenn dieses Übermaß an Grau, Zeichen einer Manie, nicht doch wieder aus dem Rahmen fiele.

Wo eine sonderbare Physiognomie oder eine wunderliche Tracht ins Auge fällt oder wo beides zusammenkommt, tritt oft ein seltsames Verhalten hinzu. Ritter Gluck »stand auf, schritt langsam und bedächtig nach den Musikanten hin, indem er öfters, den Blick in die Höhe gerichtet, mit flacher Hand an die Stirn klopfte, wie jemand, der irgend eine Erinnerung wecken will.«[86] Ein andermal führt er ein »sonderbares Selbstgespräch«[87].

Es gibt bei Hoffmann noch eine Unzahl anderer Seltsamkeiten. So etwa sonderbare Aussprüche wie den Fluch der Rauerin »ins Kristall bald dein Fall«[88] im *Goldnen Topf* oder die »mit heulender Stimme und widrigem Kichern« geäußerte Warnung der alten Margarete in *Doge und Dogaresse*: »Bleib weg vom Fontego!«[89] Weiter kann es kaum verwundern, daß sich

84 Werke IV 571 f.
85 Werke III 945.
86 Werke I 15 f.
87 Ebd. 21. Zahlreiche Beispiele auch bei Nehring: Die Gebärdensprache
E. T. A. Hoffmanns, aaO.
88 Hoffmann, Werke I 179.
89 Werke III 368 f.

in den Erzählungen eines Dichters, der Musiker war, Wunderliches auch akustisch geltend macht. Im *Sanctus* zum Beispiel befremdet die »sonderbare ganz eigentümliche Art des Gesanges«[90] von Zulema, im *Kampf der Sänger* werden »seltsam gellende Laute«, ein »seltsames Singen«, ein »wunderliches halb wohllautendes, halb widrigklingendes Getön«[91] vernommen. Selbst der Geruchssinn wird einige Male angesprochen, so im Haus des Archivarius Lindhorst, »in dessen Zimmer es noch überdem so sonderbar betäubend« duftet[92].

Wie schon *Das öde Haus* zeigt, zählen zu den Erscheinungen des Wunderlichen nicht nur Menschen, sondern auch Gegenstände, größere sowohl wie kleinere. Parallelen zum »öden Haus« finden sich im *Majorat* und in den *Doppeltgängern*, jeweils in Gestalt eines alten verfallenen Schlosses. Zu den wunderlichen Gegenständen kleineren Ausmaßes gehören beispielsweise Musikinstrumente, etwa eine Violine im Besitz Krespels, »ein sehr merkwürdiges, wunderbares Stück eines unbekannten Meisters«[93], oder »eine Laute von wunderlichem Bau, beinahe anzusehen wie ein erstarrtes unheimliches Tier«[94] im *Kampf der Sänger*. Eine »sonderbar geformte Flasche«[95] enthält das Elixier des Teufels in Hoffmanns erstem Roman, auf einer Fensterbank des »öden Hauses« erscheint einmal »eine hohe seltsam geformte Kristallflasche«[96]. Wenn der Archivarius Lindhorst den Studenten Anselmus in das Kopieren der Hieroglyphen einweiht, so holt er »erst eine flüssige schwarze Masse, die einen ganz eigentümlichen Geruch verbreitete, sonderbar gefärbte scharf zugespitzte Federn und ein Blatt von besonderer Weiße und Glätte«[97].

90 Werke I 446.
91 Werke III 278, 304, 314.
92 Werke I 234.
93 Werke III 37.
94 Ebd. 278.
95 Werke II 35.
96 Werke I 464.
97 Ebd. 215.

Nicht zuletzt wirken Dinge sowohl sonderbar wie unheimlich, die auf tote und doch schaurig lebendige Weise Menschen verkörpern: Automaten, wie die Puppe Olimpia im *Sandmann*.

Generell unterscheiden sich die Darstellungen des Wunderlichen bei Hoffmann sowohl in der Quantität wie in der Intensität. Die breite Skala der Möglichkeiten ist durch zwei extreme Fälle begrenzt. Auf der einen Seite gibt es Erzählungen, in denen das Wunderliche nur in wenigen und kleinen Details und mit einem verhältnismäßig geringen Auffälligkeitsgrad hervortritt. Da ist zum Beispiel bei Ignaz Denner, der sich als Kaufmann ausgibt und in einer »grauen schlichten Kleidung«[98] erscheint, wenig mehr an Ungewöhnlichem wahrzunehmen als ein seltsames Lächeln[99], ein sonderbarer Blick[100] und gewisse verfängliche Reden[101]. In der Erzählung *Spielerglück* fällt sogar nur ein sonderbarer Blick aus sonderbaren Augen auf.

Auf der anderen Seite fehlt es nicht an Erzählungen, die das Wunderliche sowohl in greller Wirkung wie in massiver Häufung zur Geltung bringen. Dazu gehört beispielsweise *Das Majorat*, ein Werk, in dem Hoffmann den gesamten Apparat des Schauerromans aufbietet. Wenn die Gäste, der Erzähler Theodor und sein Großonkel, der Justitiarius, sich dem »wunderlichen Schloß«[102] nähern, fällt sofort die düstere und öde Gegend auf, in der es liegt. Eben noch waren sie durch »blühende Felder, üppige Äcker und Wiesen«[103] und durch ein Dorf voll fröhlichen Jubels gefahren. Jetzt heult ihnen der Seewind in »schneidenden Jammertönen« entgegen und, »als habe er sie aus tiefem Zauberschlaf geweckt, stöhnten die düstern Föhren ihm

98 Ebd. 377.
99 Ebd. 367, 372.
100 Ebd. 366, 368, 374.
101 Ebd. 371.
102 Ebd. 495.
103 Ebd. 489.

nach in dumpfer Klage.«[104] Am Tor begrüßt sie der
alte Diener Franz, eine »seltsame, in eine altmodische,
weite, mit vielen Schnüren wunderlich ausstaffierte
Jägerlivrei gehüllte Gestalt«, zu der ein »verschrumpf-
tes, zum freundlichen Lachen sonderbar verzogenes Gesicht«[105] gehört. Außer diesem »wunderlichen Kauz«[106]
und den Herrschaften beherbergt der alte Bau noch
zwei »alte, nach längst verjährter Mode abenteuerlich
geputzte Damen« mit »seltsam hochaufgetürmten Fri-
suren«[107]. Vor allem merkwürdig aber ist einer der
Räume des Schlosses, der alte Rittersaal: »So wie man
es wohl in alten Schlössern antrifft, waren auf seltsame
altertümliche Weise Wände und Decke des Saals ver-
ziert, diese mit schwerem Getäfel, jene mit fantastischer
Bilderei und buntbemaltem, vergoldetem Schnitzwerk.
(...) Alles, Malerei und Schnitzwerk, trug die dunkle
Farbe langverjährter Zeit; um so mehr fiel der helle
kahle Fleck an derselben Wand, durch die zwei Türen
in Nebengemächer führten, auf; bald erkannte ich, daß
dort auch eine Tür gewesen sein mußte, die später
zugemauert worden, und daß eben dies neue, nicht
einmal der übrigen Wand gleich gemalte, oder mit
Schnitzwerk verzierte Gemäuer auf jene Art abste-
che.«[108] Kommt hinzu, daß der Herr des Hauses sich
über den Aufenthalt der Gäste in dieser Umgebung
»auf seltsame Weise befremdet« zeigt und »einen düstern Blick auf die zugemauerte Tür« wirft, ja sich mit
der Hand über die Stirn fährt, »als wolle er irgend eine
böse Erinnerung verscheuchen«[109], so kann es nicht
fehlen, daß der Betrachter innerhalb der Erzählung
wie der Leser nicht nur die Ungewöhnlichkeit des Flecks
zur Kenntnis nimmt, sondern dahinter noch mehr vermutet.

104 Ebd. 492.
105 Ebd.
106 Ebd. 494.
107 Ebd. 497, 498.
108 Ebd. 495.
109 Ebd. 501.

In der Regel benötigt eine Normwidrigkeit keinen so imposanten Aufwand, um sich bemerkbar zu machen. Entscheidend ist, daß eine Relation zum Normalen hergestellt wird. Dazu genügt bereits eine rein verbale Kennzeichnung durch Wörter wie »wunderlich«, »sonderbar«, »außerordentlich« usw., die alle eine Negation des Normalen bedeuten und somit den Begriff der Normalität mitsetzen (besonders in Zusammensetzungen wie außer-ordentlich, un-gewöhnlich). Weit eindrücklicher wirken allerdings Normwidrigkeiten, bei denen die Relation nicht nur verbal, sondern anschaulich zum Ausdruck kommt. Das ist der Fall beim »öden Haus«, das aus der Reihe der übrigen Häuser hervorsticht. Das ist auch der Fall beim hellen kahlen Fleck, der auffällt, weil die übrige Wand vom Alter gedunkelt und bemalt oder mit Schnitzwerk versehen ist. Eine Normwidrigkeit kenntlich zu machen, hilft im übrigen auch die Reaktion des Betrachters innerhalb der Erzählung. Da bei Hoffmann immer ein solcher »Seher« vorhanden ist, sei es auch nur der persönlich auftretende Erzähler, fehlt es nicht an Bekundungen von Verwunderung oder Verwirrung, Ergötzen oder Grauen, in denen sich fast immer etwas Wunderliches spiegelt.

Die Sonderbarkeit von Personen ist subjektiv verschieden motiviert. Da sind einmal die vorwiegend komischen und gutmütigen Sonderlinge wie Tusmann in der *Brautwahl* oder Leberfink in *Meister Johannes Wacht*, bei denen beispielsweise eine seltsame Kleidung oder ein linkisches oder possierliches Betragen Ausdruck eines seltsamen Charakters und einer Neigung zur Marottenhaftigkeit ist.

Ihnen nahe kommen die kindlich gearteten Jünglinge vom Schlage eines Anselmus oder Giglio Fava, die sich sonderbar benehmen, auch ständig mit der Tücke des Objekts zu kämpfen haben, weil sie meist mit ihren Träumen und Sehnsüchten beschäftigt sind: »in solcher träumerischer Stimmung stößt man sich wohl die Füße wund an spitzen Steinen, vergißt den Hut abzunehmen vor vornehmen Leuten, bietet den Freunden einen guten Morgen in später Mitternacht, rennt mit dem Kopf gegen die erste beste Haustür, weil man vergaß sie aufzumachen«[110].

Im Unterschied zu diesen Gestalten, die sowohl unbewußt wie auch häufig gegen ihren Willen ins Fettnäpfchen treten, pflegt Kreisler einen eher absichtsvollen Nonkonformismus. Er gehört zu den »exzentrischen Männern, d. h. solchen, die aus dem enge gezogenen Kreise des gewöhnlichen Treibens hinausspringen«[111] und die sich ihrer Eskapaden durchaus bewußt sind. Er sucht damit allerdings nicht nur der Gewöhnlichkeit zu entfliehen. Seine Skurrilität dient ihm zugleich als Schutz gegen die Gesellschaft wie auch als Mittel, den Philister zu provozieren.

Wenn »einige Narrheit (...) tief in der menschlichen Natur bedingt ist«[112], wie Hoffmann meint, dann ist eigentlich jeder eines närrischen Betragens fähig, und Narrheit wäre die allgemeine Norm, wenn sie bei den meisten Menschen, um aus der Tiefe an die Oberfläche zu gelangen, nicht so viele Widerstände zu überwinden hätte. Nur einige gibt es, wie den Rat Krespel, »denen die Natur oder ein besonderes Verhängnis die Decke wegzog, unter der wir andern unser tolles Wesen unbemerkter treiben. Sie gleichen dünngehäuteten Insekten, die im regen sichtbaren Muskelspiel mißgestaltet erscheinen, ungeachtet sich alles bald wieder in die gehörige Form fügt. Was bei uns Gedanke bleibt, wird dem Krespel alles zur Tat«[113]. Ein zweites kommt hinzu. Krespel leidet wie die meisten Gestalten Hoffmanns, die nicht zur Gesellschaft der Philister gehören, an der Eingeengtheit des Geistes im Alltagsleben, das Leiden erzeugt häufig bittere Ironie oder »bittern Hohn«, die-

110 Werke IV 230.
111 Ebd. 185.
112 Werke III 764.
113 Ebd. 43.

sen wiederum »führt Krespel aus in tollen Gebärden und geschickten Hasensprüngen. Das ist aber sein Blitzableiter.«[114]

Ein seltsames Lächeln und ein sonderbarer Blick aus merkwürdigen Augen finden sich in der Regel einerseits bei den wohlmeinenden Magiern wie Lindhorst, Prosper Alpan oder Celionati, andererseits bei den Teufelsgestalten wie Ignaz Denner, Coppelius oder Nasias, zu denen auch die Magnetiseure gehören. Bei den einen drücken sich darin geistige Überlegenheit und verborgenes Wissen aus, bei den anderen vor allem böse Gelüste und geheime Verführungsabsichten. Freilich soll die böse Absicht keineswegs sichtbar werden und den Erfolg gefährden. Wenn sich dennoch ein diabolisches Lächeln über die Züge stiehlt oder den stechenden Augen ein funkelnder Blick entfährt, so handelt es sich um eher unkontrollierte Äußerungen und Ansätze zu einer unfreiwilligen Selbstentlarvung.

Als Objekt für den Betrachter (Held/Leser) kommt das Wunderliche wie die Ferne und andere Motive offensichtlich dem Bedürfnis entgegen, das Ungenügen an der Normalität zu kompensieren. Wo und wann immer in Hoffmanns Werk die am Normalen Leidenden einen jener Winke erhalten, die in Gestalt gewisser Zeichen etwas Ungewöhnliches signalisieren, geraten sie in freudige Erwartung: »mich durchflog die frohe Ahnung, es könne mir wohl etwas ganz Besonderes begegnen, was in diesem ordinären hausbacknen Leben immer mein Wunsch und mein Gebet ist«[115]. »Das Herz bebte mir vor Freude«, heißt es ein andermal, »denn ich hoffte, selbst wußte ich nicht warum, Außerordentliches, Unerhörtes zu erfahren.«[116]

Inwieweit ist das Wunderliche aber fähig, das Bild der alltäglichen Wirklichkeit zu verändern? Zweifellos gehört es zu den Mitteln, die die Normalität verfremden.

114 Ebd.
115 Werke I 79.
116 Werke III 745.

Dabei beruht die Verfremdung nicht auf der bloßen Sehkraft, die am Normalen ›Kehrseiten‹ aufdeckt, sondern darauf, daß sich in den Kreis der gewöhnlichen und vertrauten Dinge ein Fremdkörper eingeschlichen hat. Dieser Fremdkörper brauchte nun freilich gar nicht verfremdend zu wirken. Von der Ausnahme könnte ja auch gelten, daß sie die Regel bestätigt. Wenn dies im romantischen Kontext nicht zutrifft, wenn vielmehr hier die Regel immer von der Ausnahme in Frage gestellt wird, so beruht das auf dem Umstand, daß das Wunderliche, wie schon früher angedeutet, eine Beziehung zum Wunderbaren hat und somit über sich hinaus auf die Welt des ganz Anderen, Unbekannten verweist.

So erweckt das Ungewöhnliche des »öden Hauses« in Theodor die Ahnung, daß hier ein Geheimnis verborgen sein müsse. Um einen solchen Verdacht aufkommen zu lassen, muß das Wunderliche im allgemeinen zwei Bedingungen erfüllen: es muß erstens verhüllenden Charakter besitzen, zweitens die Absicht des Verhüllens erkennen lassen. Diese beiden Bedingungen erfüllt das »öde Haus« auf exemplarische Weise. Zum einen ist es ein Gegenstand, der die Dimension des ›Dahinter‹ besitzt, in Gestalt einer Fassade, deren Fenster zudem mit Vorhängen versehen sind. Zum anderen erscheint das Haus so unzugänglich, als solle Unberufenen sowohl der Zutritt wie der Einblick verwehrt werden. Der Erzähler bemerkt »bei näherer Betrachtung, daß alle Fenster dicht verzogen waren, ja daß vor die Fenster des Erdgeschosses eine Mauer aufgeführt schien, daß die gewöhnliche Glocke an dem Torwege, der, an der Seite angebracht, zugleich zur Haustüre diente, fehlte, und daß an dem Torwege selbst nirgends ein Schloß, ein Drücker zu entdecken war.«[117] Allerdings bliebe umgekehrt wiederum die Existenz des Geheimnisses unerkannt, wenn es nicht mit einer Ungewöhnlichkeit verbunden wäre. Das Ungewöhnliche wirkt wie ein Signal.

117 Werke I 461 f.

Es macht, daß das Haus auffällt. Wohl weiß der Betrachter noch nichts. Aber er weiß oder vielmehr ahnt er jetzt zumindest, daß er nichts weiß, daß ihm Wissen vorenthalten wird. Wäre nicht das Signal des Normwidrigen, wüßte er nicht einmal dies.[118]
Den prinzipiell gleichen Sachverhalt wie im *Öden Haus* trifft man überall bei Hoffmann an. Einige wenige Werke ausgenommen – und sie stammen fast alle aus der Spätzeit – kommen allenthalben Normwidrigkeiten vor, die sich als geheimnisvoll erweisen bzw. Geheimnisse, die durch eine Normwidrigkeit auffallen. Mehrfach sind die Hinweise auf den Geheimnischarakter so deutlich wie im *Öden Haus,* etwa im Fall der zugemauerten Tür im *Majorat* oder im *Gelübde,* wo die Erscheinung einer fremden Dame, deren Auftreten in sehr merklicher Weise den Alltag einer bürgerlichen Familie unterbricht, gleich zwei Dinge an sich hat, die verbergenden Charakter besitzen, einen Schleier und darunter eine Maske. Wo sie aber weniger deutlich sind, hilft das Ahnungsvermögen nach. Das Verfängliche im Lächeln, im Blick und in gewissen Reden des Ignaz Denner könnte einem oberflächlichen Betrachter entgehen. Dem feinfühligen Andres ist es aber, »als liege allerlei schwarzes Unheil im Hintergrunde«[119].
Das besagt allerdings auch, daß es mit der Sinneswahrnehmung allein nicht getan ist, wenn der Geheimnischarakter aufgespürt werden soll. Die Ausnahme von der Regel zu erkennen, ist auch der Philister fähig. Die tiefere Bedeutung der Ausnahme zu erahnen, bedarf es dagegen romantisch-künstlerischer Seherqualitäten.
Ist es typisch für das romantisch Wunderliche, daß es auf Hintergründiges oder Tieferes verweist, so verdankt es diese Verweisungsfunktion seiner eigentümlichen Zwitterhaftigkeit. Es ist auf der Oberfläche der

118 Zum Begriff Geheimnis vgl. Alewyn: Anatomie des Detektivromans, aaO. S. 369 ff.
119 Hoffmann, Werke I 374.

Welt möglich und doch unbegreiflich. Man kann es wahrnehmen, aber kaum erklären. Es ist in greifbarer Nähe, mitten im gewöhnlichen Leben, anzutreffen, aber es scheint viel weiter herzukommen. Es ist wie ein Meteor, der von einem anderen Stern auf die Erde gefallen ist.

Diese Eigenschaft hat dem romantischen Dichter den Gedanken eingegeben, daß das Wunderliche im Grunde eine geheime Botschaft des Wunderbaren sei, mehr noch: daß es mit diesem einen Zusammenhang habe wie der sichtbare Teil einer Pflanze mit ihrem unsichtbaren. In einer späten Erzählung Tiecks, in *Das Alte Buch und die Reise ins Blaue hinein,* wo noch einmal ein Feenreich beschworen wird, heißt es von diesem, daß es die »edlere Wurzel jener sonderbaren Welt dort oben«[120] sei. Und ähnlich meint Hoffmann im Anschluß an seine Definition im *Öden Haus*: »Aber gewiß ist es, daß das anscheinend Wunderliche aus dem Wunderbaren sproßt, und daß wir nur oft den wunderbaren Stamm nicht sehen, aus dem die wunderlichen Zweige mit Blättern und Blüten hervorsprossen.«[121] Mit anderen Worten: das Wunderliche ist ein Symbol des Wunderbaren. Als »mystisches Symbol des Wunderbaren, das uns im Leben überall entgegentritt«[122], wird es denn auch einmal von Hoffmann selber gekennzeichnet.

Unter diesem Aspekt erklärt sich die Vermittlungsfunktion des Wunderlichen, auf die bereits zu Anfang des Abschnitts angespielt wurde. Und diese Funktion übt es nicht nur im Sinne eines Übergangs, einer Brücke oder Schwelle, aus. Als Wirkung ohne greifbare Ur-

---

120 Tieck, Schriften XXIV 106.
121 Hoffmann, Werke I 460. Das Bild der Pflanze spielt in ähnlicher Bedeutung auch bei Novalis eine Rolle: »Ich bin nicht müde geworden, besonders die verschiedene Pflanzennatur auf das sorgfältigste zu betrachten. Die Gewächse sind so die unmittelbarste Sprache des Bodens; jedes neue Blatt, jede sonderbare Blume ist irgend ein Geheimnis, was sich hervordrängt.« Schriften I 329.
122 Hoffmann, Werke III 865.

sache, d. h. als Element, zu dem ein Glied in der Kau-
salitätskette fehlt, mutet es ebensogut als Riß in der
rational gefügten Welt an, durch den eine andere Welt
hindurchschimmert: »immer glaubt ich, daß die Natur
gerade beim Abnormen Blicke vergönne in ihre schauer-
lichste Tiefe«[123]. Oder es kann als Überbleibsel eines
voraufklärerischen Wunderreichs verstanden werden.
Wenn Hoffmann im Einleitungsteil von *Klein Zaches*
erzählt, daß das Wunderbare von der Aufklärung aus
der Welt vertrieben wurde, so tröstet er sich hier und
anderwärts mit dem Gedanken, daß das in die Verborgenheit entrückte höhere Reich Spuren oder, in sakraler
Sprache ausgedrückt, Reliquien hinterlassen hat: »Vielleicht war es ein herrliches Land, dessen Reichtümer die
Sündflut wegspülte, aber in der sandigen Ebene blinken
noch manche Goldkörner und lassen uns ein körperliches
Eldorado ahnen.«[124] »Goldkorn«, Spur, ist im weitesten
Sinn alles, was aus dem Rahmen des Normalen fällt,
sei es auffällig und gewichtig wie das »öde Haus« oder
unscheinbar wie ein seltsames Lächeln.
Die Funktionen des Verbergens, Verweisens und Vermittelns verdichten sich sodann in dem bei Hoffmann,
aber auch bei anderen Romantikern beliebten Motiv
der Hieroglyphe. Hieroglyphen sind »sonderbare Zeichen, die keiner bekannten Sprache angehören«[125]. Sie
sind einesteils sonderbar, weil sie nicht den gewöhnlichen Schriftzeichen entsprechen, und damit eine Erscheinungsform des Wunderlichen. Sie enthalten andernteils einen Sinn, auf den sie verweisen, den sie jedoch
auch verbergen, weil die Bezugssprache unbekannt ist.
Sie geben freilich auch Kunde von der Existenz dieser
Sprache und stellen den verschlossenen Zugang zu ihr
dar.
Da das Wunderliche als Botschaft einer unbekannten
Welt anmutet, gilt für seine Eignung als kompensato-

123 Ebd. 29.
124 Werke I 641.
125 Ebd. 189.

risches Mittel dasselbe, was im Zusammenhang mit dem Wunderbaren im vorigen Abschnitt von solchen Geistererscheinungen zu sagen war, wie sie Tieck im *Hamlet* und in *Macbeth* beobachtete. Auch das Wunderliche kann, solange über seine Abkunft Dunkel waltet, nicht vertraut und damit langweilig werden, sondern es bewahrt seine Fremdheit. Und wenn es auch nah und an der Oberfläche der alltäglichen Wirklichkeit angesiedelt ist, so entzieht es sich doch dem Zugriff.

Auch das Wunderliche unterscheidet sich also vom Interessanten, denn obwohl neu und anziehend, ist es so unverbrauchbar wie die Eichendorffsche Ferne. Es weicht zwar nicht wie die Ferne zurück, aber es weist Zudringliche ab. Ja es hat mit der Ferne, trotz seines gänzlich anderen Ortes, gemeinsam, daß es ebenfalls ein Grenzphänomen ist und genau das leistet, was Eichendorff geradezu als Zentralaufgabe der romantischen Dichtung angesehen hat: »Die Vermittlung zwischen der sichtbaren Natur (...) und der Welt des Unsichtbaren«[126].

Freilich bleibt sein Geheimnischarakter nicht immer unangefochten. Denn überall in Hoffmanns Werk lauert der »prosaische Dämon«[127] darauf, das Geheimnis mit einer Erklärung des Verstandes hinwegzuleugnen. Es verhält sich beispielsweise im *Öden Haus* nicht so, als komme Theodors Ahnungsvermögen ungebrochen zum Zuge. Es meldet sich da auch nüchterne Überlegung mit dem Gedanken, ob »das Ding« nicht darin seinen »natürlichen einfachen Grund«[128] habe, daß der Besitzer, auf Reisen begriffen oder auf fernen Gütern hausend, das Haus weder vermieten noch veräußern mochte, um für den Fall eines Besuchs in der Stadt über ein Quartier zu verfügen. Der Verstand reagiert hier wie auch sonst gegenüber Ungereimtheiten: in der Annahme, daß es im rationalen System der Welt keine Lücke

126 Eichendorff, Werke IV 242.
127 Hoffmann, Werke I 464.
128 Ebd. 462.

gebe, setzt er voraus, daß das Unerklärliche uns nur so vorkommt, weil der zureichende Grund noch nicht bekannt ist. Später erfährt Theodor sogar vom Grafen P., daß das Haus nichts anderes enthalte als die Zuk-kerbäckerei des benachbarten Konditors, eine Aufklä-rung, die auf ihn die Wirkung eines Sturzbades hat. Dennoch läßt sich die Stimme der Ahnung von der Stimme des Verstandes nicht zum Schweigen bringen. Als weitere Zeichen zum Vorschein kommen, als Theo-dor durch einen Besuch in der Konditorei zumal heraus-bringt, daß die Information des Grafen nicht stimmt, ist der Verdacht, daß es sich um ein Geheimnis handelt, besiegelt.

Das bedeutet nicht, daß die Geschichte auf jede Aufklä-rung verzichtet. So wie die meisten Erzählungen Hoff-manns mit einer geheimnisträchtigen Wunderlichkeit beginnen, so wird, im analytischen Verfahren, der Schleier allmählich gelüftet. Aber, wie schon früher ausgeführt, diese Art von Aufklärung hat nicht die Funktion einer »natürlichen« Erklärung. Sie soll nicht die Welt des Rationalismus wiederherstellen, sondern sie trägt im Gegenteil zur Vertiefung der Wirklichkeit bei.

Das Wunderliche löst nicht nur die Ahnung von Ge-heimnis aus. In zahlreichen Fällen bewirkt es bei Ge-stalten mit empfänglichem Gemüt auch Grauen oder das Gefühl des Unheimlichen. Diese Wirkung ist teil-weise in der Normwidrigkeit als solcher angelegt. Was normwidrig erscheint, mutet unvertraut an, die Emp-findung des Unvertrauten kann selbst schon ein, wenn auch noch so schwaches, Gruselgefühl sein, oder es kann sich leicht zu einem solchen steigern. Brentano meint im *Godwi* sogar, daß »uns *immer* schaudert, wenn wir etwas Ungewöhnliches sehen, ohne daß wir deswegen an Geister zu glauben brauchen.«[129]

Zur Unvertrautheit tritt die Unbegreiflichkeit, das Feh-len eines zureichenden Grundes. Besonders darin liegt

129 Brentano, Werke II 171 f. Hervorhebung von mir.

ein Anstoß zum Grauen. »Alles Unbegreifliche, alles,
wo wir eine Wirkung ohne eine Ursache wahrnehmen,
ist es vorzüglich, was uns mit Schrecken und Grauen
erfüllt«, sagt Tieck in seiner Studie *Über Shakespeares
Behandlung des Wunderbaren*[130]. Der Satz ist auf übernatürliche Phänomene gemünzt, jedoch, da Unbegreiflichkeit in diesem Sinne ebenso dem Wunderlichen zukommt, auch auf dieses anwendbar.
Indes ist das Normwidrige, für sich genommen, zwar
geeignet, aber doch kein unfehlbares Mittel, Grauen zu
erzeugen. Es kann auch bloß befremdlich, es kann auch,
unter bestimmten Umständen, bloß komisch wirken.
Unfehlbar stellt sich das Gefühl des Unheimlichen erst
ein, wenn zum Ungewöhnlichen die Abgründigkeit des
Geheimnisvollen tritt und wenn das Geheimnisvolle
durch das Element der Gefahr angereichert wird. »Das
Unheimliche ist eine geheimnisvolle Gefahr«, wie R.
Alewyn definiert hat[131].
Entscheidend ist dabei, daß die Gefahr nicht greifbar
wird[132]. Ein böser Blick, ein diabolisches Lächeln deuten
sie nur an. Zuweilen ist sie, wie zu Beginn der Erzählung *Der unheimliche Gast,* zunächst nur atmosphärisch
gegenwärtig: in der Stimmung der Nacht, im Brausen
des Sturms, im Zischen und Prasseln von Regen und
Hagel, in den »wunderlichen Stimmen, die der Sturm
in den Rauchfängen aufgestört hatte«, ja in dem »Liedchen, was die Teemaschine so tiefklagend absingt«[133].
Auch in solch unheimlicher Gestalt erfüllt das Wunderliche die Funktion des Vermittelns, denn immer kündigt sich damit eine Geistererscheinung oder das Auftreten einer Person mit verderblichen Absichten an. Zusätzlich kommt Hoffmann hier aber noch einem Bedürfnis entgegen, dem sich auch schon der vorroman-

---

130 AaO. S. 143.
131 Alewyn: Die Lust an der Angst, aaO. S. 325.
132 Ebd. S. 325 f. Vgl. zum Unheimlichen auch die ausführlichen
Analysen von Zacharias-Langhans, aaO.
133 Hoffmann, Werke III 601, 604.

tische Schauerroman widmet, dem Bedürfnis nach der »Lust an der Angst«[134]. Es ist dies die spezifische Antwort auf das langweilige Gefühl der Sicherheit, das die Normalität gewährt.

Die Anspielungen in dem jeweiligen Kontext sind deutlich genug. Da wird den Schauern, die das Unheimliche erregt, attestiert, daß sie »gar angenehm sind«[135]. Da ist die Rede von einem »angenehmen Frösteln«[136] oder von dem »Frösteln, das man bei einer lebhaft dargestellten Gespenstergeschichte empfindet und das man so gern hat.«[137] Oder es wird in einer Gesellschaft eine Erzählung »vielleicht gar graulichen Inhalts« angesagt, worauf »vier blutjunge Fräuleins« wie aus einem Munde rufen: »O graulich! nur recht graulich, o was ich mich gar zu gern graue!«[138]

Allerdings wertet Hoffmann nicht alle Angstzustände bzw. den Angstzustand nicht in allen Phasen als vergnüglich. Im *Unheimlichen Gast* jedenfalls, wo das Problem auch gesprächsweise behandelt wird, heißt es, daß der Anteil der Lust von dem der Unlust völlig aufgezehrt werden könne: »Es bleibt (...), sind nur die Umstände darnach, niemals bei jenen angenehmen träumerischen Schauern, die der erste Anfall herbeigeführt. Ihnen folgt bald Todesangst, haarsträubendes Entsetzen und so scheint jenes angenehme Gefühl nur die Verlockung zu sein, mit der uns die unheimliche Geisterwelt bestrickt.«[139]

Dies ist wohl der Grund dafür, daß sich bei Hoffmann zugleich mit dem Bedürfnis nach dem Unheimlichen dasjenige nach einem Palliativ bemerkbar macht. So läßt Vinzenz an seine Serapions-Mitbrüder die Mahnung ergehen, »daß das Schauerliche mit dem Heitern

---

134 Vgl. Alewyns gleichnamigen Aufsatz, aaO.
135 Hoffmann, Werke III 601.
136 Ebd.
137 Werke I 496.
138 Werke III 894.
139 Ebd. 606.

wechsle«[140]. So wird in der Tat, wie an mehreren anderen Stellen auch, nach dem Grauenhaften, hier der Erzählung *Vampirismus,* bewußt Komisches eingeschaltet. Vor allem aber wird von den Serapions-Brüdern eine Maßnahme gelobt, die aus dem Wechsel ein Zugleich macht: die Vermischung des Grauenhaften und Komischen, eine Maßnahme, die eine weitere Erscheinungsform des Wunderlichen, das Groteske, konstituiert[141]. Im Anschluß an die Erzählung *Nachricht aus dem Leben eines bekannten Mannes* rühmt der Kreis der Zuhörer die Darstellung des Teufels in alten deutschen Schwänken, denn »der Charakter des teutschen Satans hat eine wunderbare Beimischung des Burlesken, durch die das eigentlich sinnverstörende Grauen, das Entsetzen, das die Seele zermalmt, aufgelöst, verquickt wird.«[142]

Diese das Groteske bestimmende Vermischung hat Hoffmann selbst ausgiebig praktiziert. Es gibt zwar Erzählungen bei ihm, die durchaus düster und beklemmend wirken (z. B. *Spielerglück, Der Kampf der Sänger*) sowie andere, die umgekehrt vorwiegend komisch sind (z. B. *Signor Formica, Meister Johannes Wacht*), aber in den meisten seiner Werke kommt das eine nicht ohne das andere vor. Sogar den *Elixieren des Teufels,* der unheimlichsten seiner Geschichten, ist in Gestalt des skurrilen Peter Schönfeld ein komisches Ingrediens beigemengt. Schönfeld oder »Pietro Belcampo« ist zum einen selber eine Mischung des Unheimlichen und Komischen: ein »entsetzlicher Witzling«, ein »grauenhafter Narr«[143]. Zum anderen bringt er das »Possenhafte als eine angenehme Beimischung«[144] zum Grauenhaften der erzählten Schicksale zur Geltung.

140 Ebd. 753.
141 Vgl. Thomas Cramer: Das Groteske bei E. T. A. Hoffmann, München 1966 (= Zur Erkenntnis der Dichtung 4).
142 Hoffmann, Werke III 530.
143 Werke II 217, 252.
144 Ebd. 219.

Ein Meisterstück in dieser Technik liefert der Autor im *Öden Haus,* in der Beschreibung des Hausverwalters, den Theodor, wie er erzählt, im benachbarten Konditorladen zu beobachten Gelegenheit hatte. Es kann hier nur der Anfang der Stelle zitiert werden: »Die Glastüre des Ladens knarrte, der Konditor eilte hinein und warf mir, nach der hineingetretenen Figur hinnickend, einen bedeutenden Blick zu. – Ich verstand ihn vollkommen. Konnte denn die sonderbare Gestalt jemand anders sein als der Verwalter des geheimnisvollen Hauses? – Denkt euch einen kleinen dürren Mann mit einem mumienfarbnen Gesichte, spitzer Nase, zusammengekniffenen Lippen, grün funkelnden Katzenaugen, stetem wahnsinnigem Lächeln, altmodig mit aufgetürmtem Toupet und Klebelöckchen frisiertem stark gepudertem Haar, großem Haarbeutel, Postillon d'Amour, kaffeebraunem altem verbleichtem, doch wohlgeschontem, gebürstetem Kleide, grauen Strümpfen, großen abgestumpften Schuhen mit Steinschnällchen. Denkt euch, daß diese kleine dürre Figur doch, vorzüglich, was die übergroßen Fäuste mit langen starken Fingern betrifft, robust geformt ist, und kräftig nach dem Ladentisch hinschreitet, dann aber stets lächelnd und starr hinschauend nach den in Kristallgläsern aufbewahrten Süßigkeiten mit ohnmächtiger klagender Stimme herausweint: ›Ein paar eingemachte Pomeranzen – ein paar Makronen – ein paar Zuckerkastanien etc.‹ Denkt euch das und urteilt selbst, ob hier Grund war, Seltsames zu ahnen oder nicht.«[145]

Das Groteske ist, wie hier, oftmals mißgestaltet und häßlich. Man denke auch an einige der Masken in *Prinzessin Brambilla,* an die Gestalt des Klein Zaches, an den Magister Tinte im *Fremden Kind* oder an Coppelius im *Sandmann,* der dem Verwalter im *Öden Haus* in einigen Zügen ähnelt. Wo aber das Wunderliche häßlich ist, hat es in gewissen Fällen die Funktion des Verhüllens von Nichthäßlichem.

145 Werke I 466.

Verhüllend ist das Wunderliche, soweit es Geheimnis darstellt, immer. Jedoch ist die Verhüllung von Fall zu Fall graduell verschieden. Den geringsten Grad hat sie, wenn Verhüllendes und Verhülltes analog sind, zum Beispiel: häßliche Gestalt – böse Gesinnung. Den höchsten, wenn zwischen beiden ein Gegensatz besteht, wenn etwa das Mißgestaltete eine Maske ist, hinter der sich die Herrlichkeit des Wunderbaren verbirgt, wie in Tiecks *Elfen*.

Häßlichkeit kann desgleichen deformierte oder verloren gegangene Schönheit bedeuten, wie bei dem alten »seltsamen Bettelweib«[146] in *Doge und Dogaresse*. Hexenhaftes Aussehen und Gebaren: ein abscheuliches Lachen, greuliche Grimassen, widrige Bewegungen, täuschen Antonio darüber, daß es sich um seine längst vergessene, einst schöne Amme handelt, die ihn als Kind wie eine Mutter gehegt und gepflegt hatte. Die Schönheit ist infolge Mißhandlungen zerstört, die Muttergestalt zur Mumie verschrumpft – Sinnbild der Veränderung, die die Heimat, die Kindheit, das Paradies, die Goldene Zeit erfahren haben. Durch Verschrumpfen und Erstarren verschwindet ebenso die Schönheit der Prinzessin Pirlipat und des jungen Droßelmeier in *Nußknacker und Mausekönig* hinter einer Larve von Häßlichkeit, gewisse Parallelen ließen sich ferner zur Gestalt der alten Aline in *Meister Floh* ziehen, die »von solch seltener Häßlichkeit war, daß sie (...) vielen für eine naturhistorische Merkwürdigkeit galt.«[147]

Es ist oft gesagt worden, daß Hoffmann mit einigen seiner späten Erzählungen einen Wandel von der Romantik zum Realismus vollzog. Wenn dabei mit dem Begriff realistisch die Darstellung »alltäglicher Wirklichkeit« gemeint sein soll[148], hieße das zugleich, daß

---

146 Werke III 361.
147 Werke IV 680.
148 So schreibt noch Nehring: Die Gebärdensprache E. T. A. Hoffmanns, aaO. S. 207: »Die Erzählung ›Des Vetters Eckfenster‹ (...) ist das realistischste Zeugnis unter seinen Dichtungen. Keine Arbeit ent-

Hoffmann auch von der Vorliebe für das Wunderliche
Abschied genommen habe. Er wäre dann ein Dichter
der Normalität geworden.

Sehen wir uns darauf hin die in diesem Zusammenhang
immer wieder genannte Erzählung *Des Vetters Eckfenster* an, die der Dichter kurz vor seinem Tode
schrieb und in der er noch einmal einen Begriff von
der schon in den *Serapions-Brüdern* gefeierten Kunst
des Schauens vermittelt. In Form eines Gesprächs zwischen dem Erzähler und seinem kranken Vetter und
aus der Perspektive einer hochgelegenen Eckhauswoh-
nung werden Eindrücke festgehalten, die ein belebter
Wochenmarkt in Berlin bietet. Dem Vetter ist dieser
Markt »ein treues Abbild des ewig wechselnden Lebens«[149]. Ein anderes Mal, zu Beginn der Erzählung,
meint er, daß sich ihm aus dem Anblick »die mannig-
fachste Szenerie des bürgerlichen Lebens«[150] entwik-
kele.

Was nun nehmen die beiden Beobachter wahr, besser
gesagt: worauf richten sie ihr Augenmerk? Denn vor
allem der eine von ihnen, der kranke Vetter, nimmt
nicht die Haltung des passiven und unparteiischen Rezi-
pienten ein. Die Wirklichkeit des Marktlebens wird
vielmehr zielgerichtet in gewissen Einzelheiten erfaßt,
deren Auswahl ein bestimmtes, wenn auch nicht ganz
einheitliches Interesse verrät. Daß den Beobachtern an
ausgesuchten Details und nicht an einem allgemeinen
oder Gesamteindruck gelegen ist, wird durch die Tatsache unterstrichen, daß sie sich zum »Fixieren des
Blicks«[151] eines Fernglases bedienen.

Als erstes betrachten sie eine »etwas fremdartig geklei-
dete Person«[152], bei der sie sich aber nicht lange auf-

hält so viel alltägliche Wirklichkeit wie diese Beschreibung des Markt-
platzes.«
149 Hoffmann, Werke IV 620.
150 Ebd. 600.
151 Ebd.
152 Ebd.

halten, da deren Beobachtung nicht weiter anregend zu sein scheint. Vielmehr verspricht der Vetter dem Erzähler, statt ihm die Kunst des Schauens »auf langweilige Weise« beizubringen, ihn lieber auf »allerlei Ergötzliches«[152a] hinzuweisen.

Da fällt die Wahl zunächst auf ein Frauenzimmer, das, wütende Blicke um sich werfend, mit Heftigkeit überall ins dickste Marktgewühl eindringt und schon durch ihren Aufputz ins Auge sticht: »Was für eine tolle Figur – ein seidner Hut, der in kapriziöser Formlosigkeit stets jeder Mode Trotz geboten, mit bunten in den Lüften wehenden Federn – ein kurzer seidner Überwurf, dessen Farbe in das ursprüngliche Nichts zurückgekehrt«[153]. Sodann kommen zwei alte Weiber an die Reihe, die sich unter anderem durch »auffallende Physiognomien« auszeichnen und geradezu an die Hexengestalten früherer Erzählungen Hoffmanns gemahnen: »welches dämonische Lächeln – welche Gestikulation mit den dürren Knochenärmen!«[154] Obwohl sonst eher feindselig gegeneinander gesinnt, wie der Vetter zu berichten weiß, zischeln sie sich im Augenblick gegenseitig offenbar boshaften Klatsch ins Ohr, vermutlich »eine skandalöse Chronik von Leichtsinn und vielleicht gar Verbrechen«[155].

Die anschließend anvisierte gemütliche Marktfrau, die gleichmütig dasitzt und ruhig und besonnen ihre Geschäfte macht, scheint endlich einen alltäglichen Typus zu repräsentieren. Bezeichnend für die ganze Art der Wahrnehmung ist aber, daß der Vetter dieses alltägliche Bild nicht auf sich beruhen lassen kann. Ihm kommt plötzlich die ebenso phantastische wie »skurrile Idee« in den Sinn, daß gerade in diesem Augenblick ein »kleines schadenfrohes Teufelchen« unter dem Stuhl der Krämerfrau sitzt und die Stuhlbeine wegsägt:

152a Ebd.
153 Ebd. 601.
154 Ebd. 602.
155 Ebd.

»Plump! fällt sie in ihr Glas und Porzellän, und mit dem ganzen Handel ist es aus.«[156]
Im folgenden werden wieder eher ausgefallene Erscheinungen registriert: Mädchen, die ihrer Kleidung und ihrem Verhalten nach »vornehmen bürgerlichen Standes« zu sein scheinen und von denen sich der Erzähler fragt, wie sie überhaupt auf den Markt kommen[157]; eine junge Mamsell, die adrett gekleidet ist, aber zum Erstaunen des Betrachters ausrangierte weiße Ballschuhe an den Füßen trägt und auch sonst durch eine »gewisse Eigentümlichkeit«[158] auffällt; ferner ein Blumenmädchen, das den Vetter deshalb fasziniert, weil es in den Verkaufspausen mitten unter seinen Blumen emsig in Büchern liest.
Als wahrhaft fesselnd aber erweist sich ein Mann, der einen Kasten unter dem Arm trägt und wie für ein ganzes Gastmahl einkauft. Auch diese Gestalt scheint aus Hoffmanns früheren Erzählungen entsprungen: »Wes Geisteskind ist die tolle abenteuerliche Figur? Ein wenigstens sechs Fuß hoher, winddürrer Mann, der noch dazu kerzengerade mit eingebogenem Rücken dasteht! Unter dem kleinen dreieckigen, zusammengequetschten Hütchen starrt hinten die Kokarde eines Haarbeutels hervor, der sich dann in voller Breite dem Rücken sanft anschmiegt. Der graue, nach längst verjährter Sitte zugeschnittene Rock, schließt sich, vorne von oben bis unten zugeknöpft, enge an den Leib an, ohne eine einzige Falte zu werfen, und schon erst, als er an den Wagen schritt, konnte ich bemerken, daß er schwarze Beinkleider, schwarze Strümpfe, und mächtige zinnerne Schnallen an den Schuhen trägt.«[159] Da auch die Physiognomie merkwürdig ist (»Was für ein originelles, ausdrucksvolles Gesicht«[160]), versteht man, daß

156 Ebd. 603.
157 Ebd.
158 Ebd. 605.
159 Ebd. 609 f.
160 Ebd. 610.

es »diese exotische Figur«[161] dem Vetter besonders angetan hat.

Gefangengenommen wird sein Blick allerdings auch von einem um Almosen bettelnden Blinden, dessen Beobachtung sich zu einer längeren eindrucksvollen Sozialstudie entfaltet[162], und sicher ist Hoffmann nirgends der Schilderung alltäglichen, zumal gesellschaftlichen, Lebens so nahe wie hier. Indes richtet sich die Betrachtung zum Schluß doch wieder auf das Tolle und Abenteuerliche[163], Possierliche und nicht ganz Geheure[164], nämlich in Gestalt eines kleinen, scheinbar buckligen, dabei aber offenbar mit Riesenkräften ausgestatteten Kohlenbrenners, in dem unschwer Züge des Verwalters aus dem *Öden Haus* wiederzuerkennen sind.

So hat Hoffmann die beobachteten Gestalten keineswegs bloß dem ›Leben‹, sondern zu einem guten Teil seinem eigenen literarischen Repertoire entnommen. Alle diese Beispiele zeigen aber vor allem, daß er dem Prinzip des Wunderlichen und damit der kompensatorischen Funktion seiner Dichtung bis an sein Ende treu geblieben ist. Auch was er in *Des Vetters Eckfenster* schildert, ist im ganzen gesehen nicht das Gewöhnliche und Alltägliche. Gewiß, er stellt Wirklichkeit dar. Er tut dies aber in Einzelheiten, die sich vom Üblichen abheben und daher, summiert, nicht ein Bild gerade der ›alltäglichen‹ Wirklichkeit ergeben. Dabei fallen diese Besonderheiten einesteils aus dem engeren Rahmen der Markt-Normalität (etwa im Fall der vornehmen Bürgermädchen), andernteils aus dem weiteren des gesamtgesellschaftlich Normalen: eine Gestalt wie der dürre Mann mit dem Kasten würde nicht nur auf dem Markt, sondern auch anderswo auffallen.

Das Wunderliche dieser Figur vermag die Phantasie sogar in einer Weise anzuregen, die an die geheimnis-

161 Ebd. 611.
162 Ebd. 613-616.
163 Ebd. 618.
164 Ebd. 617.

volle Wirkung des »öden Hauses« oder des Verwalters erinnert: Der Mann sei ihm ein »unauflösbares Rätsel«[165], gesteht der Vetter, und er bewege sich »mit solchem ganz seltsamen Anstand und Wesen, daß er aus irgendeinem fremden Lande hinabgeschneit zu sein scheint.«[166] Und wie in seinen früheren Geschichten knüpft der Dichter an etliche der wahrgenommenen Wunderlichkeiten auch hier eine phantasievolle story, die in einigen Fällen[167] so etwas wie eine Erklärung der wunderlichen Erscheinungen bietet. Nur daß jetzt diese ›Aufklärung‹ des Rätselhaften in der Tat eine aufklärerische ist – daß sie nicht die Tiefe eines dunklen Verhängnisses aufdeckt oder sonst Wunderbares zutage fördert, sondern das zunächst unbegreiflich Scheinende mit einem plausiblen, im weitesten Sinne ›vernünftigen‹, Grund versieht. Damit hört Hoffmann nicht auf, um es noch einmal zu betonen, der Exzentriker zu sein, der er zeitlebens war, aber seine Exzentrik begnügt sich jetzt, romantisch gesprochen, mit einer ›oberflächlichen‹, das Metaphysische nicht mehr berührenden, Motivation. So versöhnt er sich mit dem geltenden Wirklichkeitsbegriff auf eine entschiedenere Weise, als er es allein durch die Schilderung des bloß Gewöhnlichen hätte tun können.

6. Verwirrung

Normalität ist Ordnung, eine statische Ordnung, und Erscheinungen wie das Wunderliche, die das Ordnungsgefüge durchbrechen, ja sogar unterminieren, sind darum nicht nur einfach Norm-, sondern auch Ordnungswidrigkeiten.
Einen noch gezielteren Angriff auf die statische Ordnung des Normalen bedeutet das Element der Verwir-

165 Ebd. 609.
166 Ebd. 611.
167 Ebd. 601, 602, 605 f., 611 f.

rung. Dieses Element unterscheidet sich vom Wunderlichen dadurch, daß es kein einzelner Gegenstand oder sonst eine punktuelle Einzelheit, sondern ein Zustand oder Vorgang ist. Es ist somit nicht eine Ausnahme von der Regel, sondern Regellosigkeit als vorherrschende oder zur Herrschaft gelangende Verfassung. Es ist nicht eine einzelne Abweichung von der geraden Linie und eine einzelne Ungleichheit bei sonstiger Symmetrie, sondern Geradheit und Symmetrie im ganzen aufgelöst in ein Rankenwerk.

Insofern hängt es mit Strukturen und Motiven zusammen, die in früheren Kapiteln bereits zur Sprache kamen: mit der scheinbaren Zusammenhanglosigkeit des romantischen Erzählens, dem arabeskenhaften Umherirren beim romantischen Wandern, der Liquidität und Turbulenz der Erscheinungen bei Darstellungen des Wunderbaren in Tiecks und Hoffmanns Märchen.

Es geht im folgenden aber nicht um Verwirrungen im Bereich des Wunderbaren, und weniger bei Tieck und Hoffmann als bei Eichendorff, der von diesem Motiv den sowohl ausschweifendsten wie vielfältigsten Gebrauch macht.

Das zeigt sich schon an einem verbalen Indiz. Formen und Ableitungen vom Stamme wirr-, also Wörter wie »wirr«, »wirren«, »verwirren«, »verwirrt«, »verworren«, »Wirrung«, »Verwirrung« kommen bei Eichendorff, wie jeder seiner Leser weiß, auf nahezu jeder Seite vor. Und wenn nicht diese, so ein Äquivalent wie etwa das ebenfalls sehr häufige »durcheinander«, zum Beispiel: »unzählige Vögel sangen lustig im Walde durcheinander«[168]. Oder: »Unzählige Waldvögel zwitscherten in lustiger Verwirrung durcheinander.«[169] In solchen, teilweise pleonastischen Wendungen kann sich der Dichter kaum genug tun.

168 Eichendorff, Werke II 321.
169 Ebd. 17.

a) Als Zustand

Im zuständlichen Sinne genommen, kann der Eindruck
der Verwirrung sowohl von ruhenden wie von bewegten
Gegenständen ausgehen, stärkeren wie geringeren Grades sein, anziehend oder abstoßend wirken. Mustern
wir aus der Vielfalt der Möglichkeiten zunächst verschiedene Fälle durch, um die Betrachtung dann auf
einen der wichtigsten Typen zu konzentrieren, einen
Typus, der durch Bewegung gekennzeichnet ist.
Darüber, ob eine Szene als Alternative zur statischen
Normalität gelten kann, entscheidet allerdings nicht
unbedingt, ob die Dinge ruhen oder in Bewegung sind.
Auch wenn sie ruhen, kann von ihnen der Eindruck der
Lebendigkeit ausgehen:

Da lagen Jacken, Hüte, Federbüsche, Tabakspfeifen und blanke
Schwerter in der buntesten Verwirrung umher[170].

Oder:

Oben aber in der Stube saß Leontine mit untergeschlagenen Beinen
fröhlich plaudernd auf dem glänzenden Getäfel des Fußbodens
vor ihrem Koffer, Kleider und Schuhe und Schals in reizender
Verwirrung um sie her[171].

Allerdings: Leontine plaudert, der Fußboden glänzt;
damit kommt bereits Bewegung ins Spiel.
Einen toten, abgelebten Eindruck macht die Unordnung
ruhender Gegenstände jedoch, wenn sie das Ergebnis
einer Zerstörung oder sonst eines wüsten Treibens ist,
wie etwa nach einer Orgie auf dem Stammschloß der
Gräfin Romana:

Sie führte ihn [Friedrich] durch die hohen, gewölbten Gemächer.
In dem einen Zimmer lag alles vom Feste noch unordentlich umher, zerbrochene Weinflaschen und umgeworfene Stühle; durch
das zerschlagene Fenster pfiff der Wind herein und flackerte mit
dem einzigen Lichte, das, fast schon bis an den Leuchter herabge-

170 Ebd. 12.
171 Ebd. 882.

brannt, in der Mitte auf einem Tische stand und spielende
Scheine auf eine Reihe altväterischer Ahnenbilder warf, die rings
an den Wänden umherhingen.[172]

Es ist bemerkenswert, daß der Eindruck der Abgelebtheit durch einige Bewegungsmomente (das flackernde
Licht, die spielenden Scheine) nicht gemindert wird. Im
Gegenteil: das Flackern der abgebrannten Kerze wirkt
wie die letzte Zuckung einer sterbenden Welt, der Welt
der Ahnen.

Kein günstigeres Bild bietet ein Durcheinander, das auf
Schlamperei, Geschmack- und Gefühllosigkeit oder auf
Affektiertheit beruht. Der Taugenichts erblickt sich
einmal mit Unbehagen in einem »liederlichen« Garten,
wo unter anderem auf einigen zerbrochenen Statuen
Wäsche aufgehängt, hier und da Kohl angebaut und
»ordinäre Blumen« angepflanzt sind, »alles unordentlich durcheinander«[173]. Friedrich konstatiert in den
Räumen einer Dame der höheren Gesellschaft mißbil-
ligend »einige auffallende Besonderheiten und Nachlässigkeiten, unsymmetrische Spiegel, Gitarren, aufgeschlagene Musikalien und Bücher, die auf den Otto-
manen zerstreut umherlagen«, und ihm vorkommen,
»als hätte es der Frau vom Hause vorher einige Stunden mühsamen Studiums gekostet, um in das Ganze
eine gewisse unordentliche Genialität hineinzubringen«.[174]

Relativ unlebendig und nicht geheuer, wenn auch geheimnisvoll und faszinierend wirkt die häufig verworren anmutende mythische Verwandlung der Szene durch
den Anblick der Nacht:

Die Gegend lag in der abendroten Dämmerung wie ein verwor-
renes Zaubermeer von Bäumen, Strömen, Gärten und Bergen,
auf dem Nachtigallenlieder, gleich Sirenen, schifften.[175]

172 Ebd. 222.
173 Ebd. 390 f.
174 Ebd. 130.
175 Ebd. 97.

Und das ist die nämliche Verworrenheit, die den Traum kennzeichnet:

> Am Ausgang des Gebirges schien ein großes Dorf zu liegen, zerstreute Hügel, dunkle Baumgruppen und ein hohes prächtiges Schloß hoben sich nach und nach aus der verworrenen Dämmerung, alles noch unkenntlich und rätselhaft, wie in Träumen.[176]

Es ist zudem nicht ganz unerheblich, welchen Intensitätsgrad eine Verwirrung besitzt, ob sie beispielsweise als bloß »reizend«, wie in dem zweiten Zitat, oder ob sie etwa als »Chaos« qualifiziert wird, wie die Gegend um den Landsitz der Gräfin Romana:

> Es [das Schloß] stand wie eine Zauberei hoch über einem weiten, unbeschreiblichen Chaos von Gärten, Weinbergen, Bäumen und Flüssen, der Schloßberg selber war ein großer Garten, wo unzählige Wasserkünste aus dem Grün hervorsprangen. Die Sonne ging eben hinter dem Berge unter und bedeckte das prächtige Bild mit Glanz und Schimmer, so daß man nichts deutlich unterscheiden konnte.[177]

Berücksichtigt man, daß von Romana ein Venuszauber ausgeht und dieser trügerisch und zerstörerisch ist, so scheint der Begriff »Chaos« trotz der einnehmenden Pracht des ganzen Bildes hier mit kritischem Bedacht gewählt. Was die Wertung des Verwirrungszaubers und des Zaubers überhaupt angeht, kann man bei Eichendorff freilich nie ganz sicher sein, fehlt es doch auch nicht an Stellen, wo »Chaos« mit positivem Vorzeichen versehen ist:

> Gegen Abend erblickten sie das Schloß des Herrn v. A., das aus einem freundlichreichen Chaos von Gärten und hohen Bäumen friedlich hervorragte.[178]

Auch das dem Chaos verwandte Bild des Labyrinths taucht nicht etwa nur in negativem Sinne auf. Zwar gebraucht Eichendorff es verschiedene Male zur Cha-

176 Ebd. 514.
177 Ebd. 155.
178 Ebd. 69.

rakteristik des Innern von Wäldern und Hochgebirgs-
landschaften, Bereichen also, wo seine Helden der ge-
schätzten Weite und Übersicht und der freien Bewegung entbehren; so spricht er vom »Labyrinth der
Wälder«,[179] vom »Labyrinth des Gebirges«[180] oder vom
»Labyrinth der Klippen«[181]. Aber dann ist doch auch
wieder, in gewiß positiver Wertung, die Rede vom
»taufrischen Labyrinth« eines Parks[182].
Trotz solcher Ambivalenz und schon auf Grund der
vorher zitierten Beispiele wird man sagen können, daß
Eichendorff mit den Bildern der Unordnung nicht
einfach wahllos und beliebig schaltet und daß ihm nicht
jeder Typ von Unordnung gleich genehm ist. Seine
Vorliebe gehört vielmehr einer bestimmten Art von
zuständlicher Verwirrung, und dieser Verwirrungsty-
pus, der, wie bereits angedeutet, weniger durch ruhende
als durch bewegte Gegenstände charakterisiert ist, macht
einen wichtigen und konstanten Bestandteil seines Weltbildes aus.
Sämtliche Konstituentien dieses Typs, der sich sowohl
in Landschaftsszenen wie in Szenen der Geselligkeit
findet, vereinigen sich in einem Beispiel aus dem *Marmorbild*, der Festszene zu Beginn der Erzählung, die
übrigens ein recht genaues Vorbild in Tiecks *Sternbald*
besitzt[183]:

sie waren soeben, statt zu dem Tore, unvermerkt dem Zuge der
Spaziergänger folgend, an einen weiten grünen Platz gekommen,
auf dem sich ein fröhlich schallendes Reich von Musik, bunten
Zelten, Reitern und Spaziergehenden in den letzten Abendglu-
ten schimmernd hin und her bewegte.
(. . .)
Versteckte Musikchöre erschallten da von allen Seiten aus den
blühenden Gebüschen, unter den hohen Bäumen wandelten sittige
Frauen auf und nieder und ließen die schönen Augen musternd

179 Ebd. 514, 606.
180 Ebd. 764.
181 Ebd. 770.
182 Ebd. 441.
183 Tieck, Schriften XVI 292-295.

ergehen über die glänzende Wiese, lachend und plaudernd und mit den bunten Federn nickend im lauen Abendgolde wie ein Blumenbeet, das sich im Winde wiegt. Weiterhin auf einem heitergrünen Plan vergnügten sich mehrere Mädchen mit Ballspielen. Die buntgefiederten Bälle flatterten wie Schmetterlinge, glänzende Bogen hin und her beschreibend, durch die blaue Luft, während die unten im Grünen auf und nieder schwebenden Mädchenbilder den lieblichsten Anblick gewährten. Besonders zog die eine durch ihre zierliche, fast noch kindliche Gestalt und die Anmut aller ihrer Bewegungen Florios Augen auf sich. Sie hatte einen vollen, bunten Blumenkranz in den Haaren und war recht wie ein fröhliches Bild des Frühlings anzuschauen, wie sie so überaus frisch bald über den Rasen dahinflog, bald sich neigte, bald wieder mit ihren anmutigen Gliedern in die heitere Luft hinauflangte. (...)
Der größere, funkelnde Strom von Wagen und Reitern, der sich in der Hauptallee langsam und prächtig fortbewegte, wendete indes auch Florio von jenem reizenden Spiele wieder ab, und er schweifte wohl eine Stunde lang allein zwischen den ewig wechselnden Bildern umher. (...)
Es war ausgemacht worden, daß jeder in der Runde seinem Liebchen mit einem kleinen, improvisierten Liedchen zutrinken solle. Der leichte Gesang, der nur gaukelnd wie ein Frühlingswind die Oberfläche des Lebens berührte, ohne es in sich selbst zu versenken, bewegte fröhlich den Kranz heiterer Bilder um die Tafel. (...)
So hatte ein jeder der Glücklichen sein Liebchen in dem Kreise sich heiter erkoren. Nur Fortunato allein gehörte allen oder keiner an und erschien fast einsam in dieser anmutigen Verwirrung. Er war ausgelassen lustig, und mancher hätte ihn wohl übermütig genannt, wie er so wild-wechselnd in Witz, Ernst und Scherz sich ganz und gar losließ, hätte er dabei nicht wieder mit so frommklaren Augen beinahe wunderbar dreingeschaut.[184]

Leicht wird der Eichendorff-Leser in dieser »anmutigen Verwirrung« Bewegungsformen wiedererkennen, die sich allenthalben im Werk des Dichters finden.
Da sind zunächst die für Eichendorff so charakteristischen Bewegungen des Lichts, die sich hier in einem

184 Eichendorff, Werke II 308-311.

»Schimmern«, »Glänzen« und »Funkeln«, an anderen
Stellen in einem »Blitzen«, »Blinken« und »Glitzern«
sowie – seltener – in einem »Flimmern« und »Schillern« äußern. Wie Alewyn bemerkt, liebt Eichendorff
die Spiegelungen des Lichts auf Gewässern, Metallen,
edlen Steinen und Gläsern[185]. Wie man an dem hier
zitierten Beispiel sieht, ist Eichendorff aber nicht einmal
auf natürlich reflektierende Gegenstände angewiesen,
sondern schimmern können auch Zelte, Reiter, Spazie-
rengehende, glänzen kann auch eine Wiese, funkeln
kann auch ein Strom von Wagen und Reitern, ebenso
wie bei Eichendorff häufig der Wald funkelt. Daher
trifft sicher H. Meyers Behauptung zu, daß schlechthin jeder Gegenstand »potentiell ein Lichtreflektor«
sei.[186]
Dabei handelt es sich nicht um Spiegelungen im Sinne
eines gleichmäßigen und stetigen Widerscheins, sondern eines »Spiels von Reflexen«[187]. Den spielerischen
Charakter des Lichts formuliert Eichendorff auch in
direkten Wendungen. Während die Festgesellschaft im
Marmorbild sich in einem Zelt an Früchten und Wein
erquickt, »spielten die letzten Abendlichter golden auf
dem Rasen und dem Flusse«[188]. An anderen Stellen
heißt es etwa: »Sonnenschein spielt' vor dem Haus«[189],
oder: »der Abend sank schon hernieder und spielte mit
seinen letzten Strahlen lustig in dem lichten Grün des
Berges vor ihnen.«[190]
Das zeigt, daß diese Bewegungsform »richtungsindiffe-
rent«[191] und regellos ist, daß sie damit auch nicht jene

185 Alewyn: Eine Landschaft Eichendorffs, aaO. S. 208.
186 Hermann Meyer: Raumgestaltung und Raumsymbolik in der Erzählkunst, in: Zarte Empirie. Studien zur Literaturgeschichte, Stuttgart
1963, S. 33-56, S. 49.
187 Alewyn: Eine Landschaft Eichendorffs, aaO. S. 208.
188 Eichendorff, Werke II 310.
189 Ebd. 69.
190 Ebd. 250.
191 Meyer: Raumgestaltung und Raumsymbolik in der Erzählkunst, aaO.
S. 49.

Gestrecktheit und Zielgerichtetheit besitzt, die bei Eichendorff den »Herauf-«, »Herüber-« oder »Entgegen-« Bewegungen zukommen. Bei diesen präpositional bestimmten Bewegungen handelt es sich um einen anderen Bewegungstypus. Wie Alewyn nachgewiesen hat und worauf wir bereits kurz im Zusammenhang mit der Ferne eingingen, ist zum Beispiel ein »Herauf-« oder »Herüberklingen« eine Bewegung, die – relativ richtungsbestimmt – aus der Ferne auf den Betrachter zustrebt, also auf einer Projektionsebene, die sich, vom Betrachter aus gesehen, längs in die Tiefe des Raums erstreckt. Bei einem Schimmern, Blitzen, Glitzern hat man hingegen den Eindruck, daß es sich eher auf einer Projektionsebene quer zur Blickrichtung des Betrachters abspielt. Die Verschiedenheit der beiden Bewegungsarten bemerkt man besonders dann, wenn sie sich an ein und demselben Phänomen äußert:

Bei Sonnenaufgang sah ich die Unsrigen in dem weiten Tale bunt und blitzend zerstreut wieder, und das Herz ging mir auf bei dem Anblick. Die lustige Bewegung, die mir von weitem so mutig entgegenblitzte, war aber nichts anderes als eine verworrene, grenzenlose Flucht.[192]

Wenn es sich auch in beiden Sätzen um dasselbe Lichtphänomen, das Blitzen von Waffen und Uniformen, handelt, so doch nicht um dieselbe Bewegung. Das Blitzen im ersten Satz ist man geneigt als regelloses Bewegungsspiel in die Quere oder Breite aufzufassen, und zwar schon auf Grund der Vorstellung, die sich mit dem Partizip »zerstreut« assoziiert. Im zweiten Satz dagegen wird aus dem Blitzen ein richtungsbestimmtes »Entgegenblitzen«, das Blitzen wendet sich zum Betrachter hin, die Quererstreckung wird durch eine Längserstreckung ergänzt. Freilich hat man sich dies nicht im Sinne eines Nacheinander, sondern eines Zugleich zu denken. Ebenso hat man es bei einem »Herüberfunkeln« immer mit dem Zugleich zweier verschie-

192 Eichendorff, Werke II 237.

dener Bewegungsarten zu tun, dem Funkeln als solchem und der Bewegung zum Betrachter hin, die sich in der Präposition kundtut.

Zum Typ der richtungsindifferenten, regellos spielerischen Bewegung gehören in unserem Ausgangsbeispiel aus dem *Marmorbild* auch die »Hin und Her-« und »Auf und Nieder-«Bewegungen: die ganze Festszene bewegt sich schimmernd hin und her; die sittigen Frauen wandeln auf und nieder; die Bälle fliegen, glänzende Bogen hin und her beschreibend, durch die Luft; die Mädchenbilder schweben auf und nieder. Durch A. Angers Untersuchung *Landschaftsstil des Rokoko* wissen wir, daß solche Bewegungen aus der Dichtung des Rokoko stammen, wo sie in extenso kultiviert wurden. Nach Angers Typologie gehören sie zur »Bewegung ›am Ort‹, zu der wir (. . .) die rückläufigen, pendelförmigen Bewegungen rechnen dürfen, welche, horizontal als ›hin und her‹, vertikal als ›auf und ab‹, regelmäßig zu ihren Ausgangspunkten zurückkehren«[193]. Derartig örtlich fixierte, pendelförmig gleichmäßige Bewegungen sind das von Eichendorff auch sonst sehr häufig gebrauchte »hin und her« und das nicht so häufig verwendete »auf und ab« in der Regel jedoch nicht. Sie sind es bei Eichendorff nur ausnahmsweise, und dann jeweils mit negativem Akzent, da sie in solchem Fall, genau wie das fatale »Schillern«, eher die Wiederkehr des Gleichen als Unregelmäßigkeit signalisieren[194].

In den meisten Fällen dagegen, so auch in der Szene aus dem *Marmorbild*, lockert sich ihre Fixiertheit und rela-

---

193 Alfred Anger: Landschaftsstil des Rokoko, in: Euphorion 51, 1957, S. 151-191, S. 155.

194 Vgl. Stellen wie diese: »es war so still und einsam auf den Gängen und in der ganzen Gegend umher, als ob die Natur ihren Atem an sich hielte. Er versuchte einzuschlummern. Aber wie über ihm die Gräser zwischen dem unaufhörlichen, einförmigen Gesumme der Bienen sich hin und wieder neigten, (. . .) preßte eine solche Bangigkeit sein Herz zusammen, daß er schnell wieder aufsprang.« (Werke II 102) Zum Schillern: »Die heißen Sonnenstrahlen schillerten über dem Tale, die ganze Gegend lag unten in schwüler Ruhe.« (Ebd. 16)

tiviert sich auch ihr Pendelcharakter dadurch, daß sie in die Weite des Raums (»einen weiten grünen Platz«) versetzt und auf irgendeine Weise mit dem Moment der Regellosigkeit assoziiert werden (zum Beispiel durch die Kombination mit »schimmern« oder »glänzen«). Bezeichnend für Eichendorffs Tendenz, diese Bewegungsform von der örtlichen Fixiertheit und von jedem Anklang an Regelmäßigkeit zu emanzipieren, sind auch folgende Beispiele:

Ich erinnere mich, wie frei mir zumute wurde, als ich endlich die ersten Soldaten unten über die Hügel kommen und hin und wieder reiten, wirren und blitzen sah.[195]

Hier erhält das »hin und wieder« durch die Assoziation mit »wirren« und »blitzen« einen unmißverständlichen Sinn: den des Irregulären.

> Ich hör' die Bächlein rauschen
> Im Walde her und hin,
> Im Walde in dem Rauschen
> Ich weiß nicht, wo ich bin.[196]

»Genial falsch« nannte Adorno das Bild von den Bächlein, die »her und hin« rauschen, denn die Bewegung der Bäche sei einsinnig[197]. Es geht Eichendorff offenbar um die Auflösung jeder Richtungsbestimmtheit, und, weit entfernt, lokal fixiert zu sein, suggeriert das »her und hin« vielmehr eine Desorientierung bewirkende Unbestimmtheit. Es gleicht damit der Form des »bald hier – bald dort«, die in der Szene aus dem *Marmorbild* nicht nur Orts-, sondern auch Verhaltensänderung anzeigt (»bald über den Rasen dahinflog, bald sich neigte, bald wieder mit ihren anmutigen Gliedern in die heitere Luft hinauflangte«)[198].

195 Ebd. 230.
196 Eichendorff, Werke I 34.
197 Theodor W. Adorno: Zum Gedächtnis Eichendorffs, in: Th. W. A.: Noten zur Literatur I, Frankfurt am Main 1971 (= Bibliothek Suhrkamp 47), S. 105-145, S. 122.
198 Vgl. auch Stellen wie: »einzelne Jäger erschienen bald da, bald

Die »hin und her«-Bewegung kann sogar ausgesprochen raumgreifend werden:

einzelne Schüsse fielen bis in die tiefste Ferne hin und her im Walde.[199]

Sie gehört dann eher zu dem zweiten von Anger benannten Bewegungstypus, der »Fortbewegung durch den Raum«[200], und kommt damit den ebenfalls bereits vom Rokoko kultivierten »umher«-Bewegungen nahe: dem bei Eichendorff so häufigen Umherirren, -schweifen, -streifen, durch das schon das Wandern gekennzeichnet ist. Ans Rokoko erinnern nicht minder Bewegungen wie das Flattern (der buntgefiederten Bälle) und das Gaukeln (des leichten Gesangs), Bewegungen, die noch mit einer ganzen Reihe anderer Formen, die an vielen anderen Stellen in Eichendorffs Werk vorkommen, verwandt sind: etwa dem Wirbeln und Schwirren, dem Sichtummeln und Sichjagen, dem Wallen, Wogen und Schwärmen und nicht zuletzt dem Tanzen, insbesondere dem aller Konvention guten Benehmens spottenden »verrückten Herumwalzen«[201].

dort im Morgenglanz an den Klippen hängend und wieder verschwindend« (Werke II 467). Oder: »Dann hörte ich ihr liebliches Lachen herüberschallen, sie winkte mir und rief mich, immerfort neckend, bald da, bald dort, bald unter mir, bald über mir.« (Ebd. 485) Oder: »Im Walde neben ihm aber war ein großes Gefunkel und Zwitschern und Hämmern von den Spechten, bald da bald dort, als wollten sie ihn necken« (ebd. 891).

199 Ebd. 267.

200 Anger, aaO. S. 155.

201 Einige Beispiele: »Vögel wirbelten schon hin und her hoch in der Luft« (Werke II 161). – »Da wallte und wogte alles im Sonntagsputze in der warmen Luft zwischen den lichten Häusern und wandernden Leierkästen schwärmend hin und zurück.« (Ebd. 355) – »bald darauf sah ich zwischen den letzten Bäumen hindurch einen schönen grünen Platz, auf dem viele Kinder lärmten und sich um eine große Linde herumtummelten« (ebd. 372). – »in den ausgetrockneten Becken der Wasserkünste jagten sich jubelnd bunte Vögel« (ebd. 614). – »unzählige geputzte Herren und Damen, wie in einem Schattenspiele, wogten und walzten und wirrten da bunt und unkenntlich durcheinander« (ebd.

Allen diesen Bewegungen ist gemeinsam, daß sie, regellos und örtlich unfixiert, die Statik der Dinge auflösen und dabei nicht nur, wie es H. Meyer mit Recht von den spielenden Lichtscheinen behauptet, »verräumlichend«[202], sondern auch verzeitlichend wirken. Nicht jedoch, daß sich die Statik etwa in ›Dynamik‹ verwandelte. Trotz einiger Momente von Unbändigkeit bleibt doch Kraftaufwand, wie er für die dynamische Bewegung charakteristisch ist[203], fast immer aus dem Spiel, aus einem Bewegungsspiel, das meist durch Lebhaftigkeit und daher häufig durch Adjektive wie »fröhlich«, »lustig«, »munter« gekennzeichnet ist. Kraftaufwand wäre auch nicht nötig, da nicht irgendwelche schweren oder schwerbeweglichen Körper zu bewegen sind. Lichtscheine und Klänge entbehren sogar des Körpers und der Masse. Wo sich bei Eichendorff andererseits Körper bewegen wie in unserem Beispiel etwa die jungen Mädchen und die Bälle, mit denen sie spielen, oder die Spaziergänger, Wagen und Reiter, so handelt es sich um Dinge, »denen Bewegung natürlich ist. Sie bewegen sich daher leicht und ohne Widerstand und stehen der gänzlich von jeder Masse befreiten Bewegung der Klänge und Lichter nicht mehr fern.«[204]
So kann es nicht fehlen, daß die lebensvolle Unordnung, die sich auf diese Weise zu Beginn des *Marmorbildes* konstituiert, von Eichendorff gerade »anmutige« Verwirrung genannt wird; denn in der Tat treffen alle Voraussetzungen ein, um den Dichter als Erben des vom Rokoko entwickelten Grazienideals[205] erscheinen zu lassen. Diese Erbschaft ist um so leichter zu identifizieren, als Anmut bei Eichendorff auch in der Gestalt begegnet, die sie am reizendsten zur Anschauung bringt:

364). Zum verrückten oder auch wahnsinnigen oder auch nur tüchtigen Herumwalzen siehe z. B. ebd. 87, 236, 291, 378, 395, 510.
202 Raumgestaltung und Raumsymbolik in der Erzählkunst, aaO. S. 49.
203 Siehe Anger, aaO. S. 178 f.
204 Alewyn: Eine Landschaft Eichendorffs, aaO. S. 219.
205 Zu diesem Ideal vgl. Anger, aaO. bes. S. 153 f.

in der Gestalt der Frau. Nicht freilich in der Gestalt der Venusfigurationen, die von einer eher strengen oder üppigen Schönheit sind, obwohl auch sie sich gelegentlich von einer anmutigen Seite zeigen. Sondern vornehmlich in den jungen, noch kindlichen Mädchengestalten, die so anzuschauen sind wie das »fröhliche Bild des Frühlings« oder wie der frische Morgen: etwa Bianka im *Marmorbild*, einer der Ballspielerinnen, Marie in *Ahnung und Gegenwart*, Kordelchen und Fiametta in *Dichter und ihre Gesellen*, Aurora in *Viel Lärmen um Nichts* oder Leontine in der *Entführung*. Unverkennbar kehren in ihnen die graziösen Eigenschaften wieder, die das Mädchenideal schon bei Dichtern wie Geßner und Gleim ausgezeichnet hatten: Leichtigkeit und Beweglichkeit, Verspieltheit und Zierlichkeit. Unverkennbar erblüht aus solchen Eigenschaften aber auch ein Zauber, der die Vorliebe des Romantikers Eichendorff für diese Gestalten doppelt erklärlich macht, der Zauber des Elfen- oder Feenhaften. Die »reizende Gauklerin« Bianka umschwebt Florio auf dem späteren Ball in Pietros Haus »gleich den Zaubergestalten auf den alten fabelhaften Schildereien«[206]. Von der kleinen Marie heißt es im Ersten Buch von *Ahnung und Gegenwart*, ihre erwachende Sinnlichkeit spuke »wie ein reizender Kobold« überall herum und mache (zusammen mit anderem) Leontins Haushalt »zu einer wahren Feenburg«[207].

Sinnlichkeit macht diesen Reiz aber, wie das spätere Schicksal Maries zeigt, zunichte. Jede Art von Genuß, ja jede Art von Berührung, wenn diese mehr als flüchtig ist, hebt das Bewegungsspiel zwangsläufig auf: »ihre bewegliche Lebhaftigkeit schien wie gebrochen, als er ihre Hand berührte und festhielt.«[208] In *Viel Lärmen um Nichts* erzählt der Dichter Willibald von einer Begegnung mit der Gräfin Aurora, die einen sehr

206 Eichendorff, Werke II 328.
207 Ebd. 35.
208 Ebd. 328.

bezeichnenden Ausgang nimmt. Aurora, mit ihrer zierlichen Gestalt und ihren wunderschönen Locken von ebensolcher Anmut wie Bianka, übt auf ihn einen bezaubernden Reiz aus. Als er aber der Verlockung nachgibt und eine günstige Gelegenheit ausnutzt, um sie fest zu umschlingen und ihr einen brennenden Kuß auf den schönen Mund zu drücken, da reagiert sie ärgerlich: »›Pfui!‹ rief sie, sich hastig losmachend und den Mund wischend; ›siehst du, mit deinen dummen Flausen hast du den rechten Weg verfehlt!‹« Darauf entschwindet sie und läßt sich, ihn neckend und täuschend, »bald da, bald dort«[209] nur noch aus der Distanz sehen und hören.

Den »rechten Weg« verfehlt Willibald, weil er sich in den Besitz des Zaubers zu setzen versucht. Und er verstößt damit gegen ein allgemeinromantisches Prinzip, das uns schon häufiger bei unseren Beobachtungen aufgefallen ist und das die Dichter der Romantik, zumal Eichendorff, nicht müde werden, immer wieder zu verstehen zu geben: Hüte dich vor der Annäherung, vor dem Zugreifen, vor dem Kennenlernen. Versuche nicht, die Ferne in Nähe, das Nichthaben in Haben, das Unbekannte in Bekanntes zu verwandeln. Trachte nicht danach, das Leben, das sich vor dir in freiem Bewegungsspiel ausbreitet, in irgendeiner Weise festzuhalten:

Doch wolle nie dir halten
Der Bilder Wunder fest,
Tot wird ihr freies Walten,
Hältst du es weltlich fest.[210]

Es ist dies ein Grundsatz, der mit der Genußfreudigkeit und der »carpe diem«-Mentalität des Rokoko zweifellos wenig zu tun hat. Und natürlich haben wir nie behaupten wollen, daß das Erbe des Rokoko ungebrochen und unverändert in die Romantik eingeht; eine

209 Ebd. 485.
210 Ebd. 91.

solche Behauptung wäre absurd. Selbstverständlich ist davon auszugehen, daß die vom Rokoko übernommenen Bewegungsformen und Ausdruckswerte im System der Romantik zum Teil eine andere Färbung, zum Teil einen anderen Stellenwert erhalten.

Das erkennt man schon daran, daß Eichendorff den erfreulichen Anblick verwirrenden Bewegungsspiels nur ungern mit einem umgrenzten und intimen Schauplatz, wie er für Rokokodarstellungen charakteristisch ist[211], verbindet, sondern statt dessen, wie in unserem Ausgangsbeispiel, offene und weite Plätze bevorzugt. Ebensowenig würde er sich eine Verniedlichung der Natur gestatten. Sodann ist es charakteristisch, daß die anmutigen Ballspielerinnen nicht hüpfen wie die Schäfer und Schäferinnen Geßners, sondern daß sie auf und nieder »schweben«. Auch das Wandeln der »sittigen Frauen« erinnert nicht an das galante Zeitalter. Andererseits ist Eichendorffs Welt viel farbenfroher als die gepuderte und in blassen Pastelltönen nicht gerade vital sich ausnehmende Zopfzeit. Fast kaum jemals versäumt er bei den Szenen mit lebhafter regelloser Bewegung auch das Adjektiv »bunt« oder »farbig« anzubringen[212].

Vor allem versieht Eichendorff das so schwerelose Spiel der fröhlichen Bilder mit einem tiefergehenden Sinn. Zwar in einer Sinnbeziehung trifft er sich mit einem

211 Vgl. Anger, aaO.
212 Einige Beispiele: »Nach allen Richtungen hin zogen unzählige bunte Schwärme zu den dunklen Toren hinaus und zerstreuten sich lustig in die neue, warme, schallende Welt.« (Werke II 175) – »Die Gegend unten, so weit die Blicke reichten, war mit bunten Zelten, unermeßlich blitzenden Reihen, und Lust und Schallen überdeckt. Einzelne bunte Reiter flogen in allen Richtungen über den grünen Anger« (ebd. 267). – »Pferde, Hunde, Jäger und Waldhornsklänge stürzten auf einmal mit einem verworrenen Getöse aus dem Walde heraus und verbreiteten sich bunt über die Wiese.« (Ebd. 25) – »Da sah er noch, wie von der einen Seite Faber zwischen Strömen, Weinbergen und blühenden Gärten in das blitzende, buntbewegte Leben hinauszog« (ebd. 303). Vgl. auch G. Jahn, aaO. S. 50; Bollnow: Das romantische Weltbild bei Eichendorff, aaO. S. 228 f.

Geßner oder Gleim: auch die Rokokolandschaft ist bereits eine spielerische Auflösung der Symmetrie und Geradlinigkeit, wie sie im System des Klassizismus zum Ausdruck kommen. Weiter aber geht das Rokoko nicht. Seine Tendenz ist damit erschöpft. Die Bewegung verweist hier auf nichts anderes, schon gar nicht auf Tieferes. Das Spiel bleibt Spiel um seiner selbst willen, und es will nicht mehr bewirken als Belustigung.

Freilich, auch das heitere Festvergnügen im *Marmorbild* erweckt zunächst den Anschein harmlos oberflächlicher Tändelei: »Der leichte Gesang, der nur gaukelnd wie ein Frühlingswind die Oberfläche des Lebens berührte, ohne es in sich selbst zu versenken, bewegte fröhlich den Kranz heiterer Bilder um die Tafel.« Für Eichendorff, der das In-sich-selbst-versenkt-Sein nicht liebt und eher als Gefahr darstellt, besitzt solches Spiel darum sogar einen besonderen Wert. Aber daß es nur die Oberfläche berührt, und dann nur gaukelnd, besagt nicht, daß es zur Tiefe keinerlei Beziehung hätte. Schon das Bild der »Oberfläche« setzt die Dimension der Tiefe voraus, und wenn man die Novelle weiterliest, so erkennt man, daß das muntere, scheinbar harmlose Festtreiben zwar Ausdruck entbundenen und frischen Lebens ist, zugleich aber auch das geheime, kaum deutbare Signal von »Erdengeistern«[213], die aus ihrem Todesschlaf aufzuwachen beginnen und nach oben langen. Der einzige, der das zu wissen scheint, ist Fortunato. Denn er ist zwar nicht weniger lustig als die anderen, eher mehr, aber er wahrt zu dem Treiben eine auffällige Distanz und »erschien fast einsam in der anmutigen Verwirrung.«

So ist das, was Eichendorffs Welt in so charakteristischer Weise auszeichnet, das verwirrende Spiel farbenfroher und »ewig wechselnder Bilder«, im Prinzip nichts anderes als das Hoffmannsche Wunderliche: eine Botschaft und ein Symbol des Wunderbaren. Insofern kommt diese bunte Wechselhaftigkeit auch keineswegs

213 Eichendorff, Werke II 344.

nur durch das Wandern, d. h. durch den permanenten Wechsel der subjektiven Perspektive, zustande, sondern sie ist eine ›objektive‹ Eigenschaft der Eichendorffschen Welt, aber eben, wie das Wunderliche, Ausläufer, Sproß einer Pflanze mit tiefen verborgenen Wurzeln. Das Wunderbare seinerseits umfaßt nicht nur das Dämonische, sondern auch das Göttliche. Das Verwirrungsspiel des Schimmerns und Blitzens, Schwärmens und Schweifens, des »hin und her«, »bald hier, bald dort« signalisiert und symbolisiert nicht nur Dämonenzauber, sondern auch die Wunder Gottes.

Als Friedrich kurzfristig etwas von dem paradiesischen Glück beim Herrn v. A. genießt, wandelt ihn »jenes ewige Gefühl« an, »das uns wie in den Mittelpunkt alles Lebens versenkt, wo alle die Farbenstrahlen, gleich Radien, ausgehn und sich an der wechselnden Oberfläche zu dem schmerzlich-schönen Spiele der Erscheinung gestalten.«[214] Hier haben wir das Gleichnis, das den Sinn aller Bewegungsspiele in Eichendorffs Welt genauestens ausdrückt. Buntheit und Wechsel sind nur die Brechung von Farbenstrahlen an der Oberfläche, die von einer verborgenen Lichtquelle stammen. Eichendorff hat dieses Gleichnis, wenn nicht aus der Tradition der Mystik[215], aus der Anschauung des Morgens gewonnen; denn das »wechselnde Morgenrot«[216] oder eine Beobachtung wie »Endlich flogen hin und wieder schon lange rötliche Scheine über den Himmel«[217] beschwört die Vorstellung der hinter dem Horizont verborgenen und strahlenden Sonne herauf. Als religiöses Gleichnis verwendet Eichendorff das Bild in seiner Schrift *Die Aufhebung der Landeshoheit ...*: »Es ist ein ewig unwandelbarer Mittelpunkt notwendig, der wie die Sonne in unserem Planeten-System in Gottes Hand fest ruhend, mit seinen Strahlen, so mannigfaltig sie sich

214 Ebd. 75.
215 Vgl. Schwarz, aaO. S. 40 ff.
216 Eichendorff, Werke II 479.
217 Ebd. 377.

auch am Irdischen zum bunten Farbenspiele brechen mögen, alles gleichmäßig durchdringt, alles Feindselige und Auseinanderstrebende, wie mit unsichtbaren Armen in gleicher Liebe und Sehnsucht ewig zu dem Born des Lichtes hinzieht.«[218]

Allerdings hat die Oberfläche auch eine verhüllende Funktion. Sie gibt nur die Erscheinung, nicht das Wesen, und in der Erscheinung ist das Wesen nur zu ahnen. Vielleicht liegt hier der Grund für die Empfindung »schmerzlich-schön«. Das erhellende und wärmende Zentrum bleibt jenseits, und – so könnte es bei Eichendorff heißen – nur am farbigen Wechsel haben wir das Leben.

Geht die Verhüllung nicht geradezu so weit, daß Held und Leser, statt zu ahnen, ahnungslos bleiben? Bei aller Verwandtschaft mit dem Wunderlichen tut sich auch ein erheblicher Unterschied auf. Das Wunderliche hebt sich vom Gewöhnlichen ab, es sticht hervor. So zieht es ganz punktuell die Aufmerksamkeit des Betrachters auf sich, – Hoffmann sagt im *Öden Haus*: es »fällt ins Auge«[219]. Das Eichendorffsche Bewegungsspiel dagegen zerstreut. Es lenkt die Aufmerksamkeit hierhin und dorthin.

Um so schwerer ist die Existenz von Geheimnis wahrzunehmen. Während die Geheimnisse Hoffmanns stets deiktischen Charakter besitzen, immer auf sich hinweisen, neigen diejenigen Eichendorffs dazu, sich mit dem Schein der Geheimnislosigkeit zu umkleiden. Ohnehin ist man nicht geneigt, Tiefe zu vermuten, wenn die Erscheinungen der Oberfläche nicht seltsam winken oder finster drohen, sondern wenn sie schlicht und einfach durch Anmut erfreuen. Ihr Signalwert wird nur dann etwas deutlicher, wenn sie sich direkt auf den Betrachter richten, wenn etwa aus einem Blitzen ein »Entgegenblitzen« oder aus einem Funkeln ein »Herüberfunkeln« wird.

218 Werke IV 1093.
219 Hoffmann, Werke I 461.

Ihre graziöse Verhaltenheit mag den Ausschlag dafür gegeben haben, daß Eichendorffs »bunte Bilder«[220] in ihrem wahren Charakter so lange verkannt wurden. Erst die Forschungen vor allem R. Alewyns und O. Seidlins haben ihren Symbolcharakter aufgedeckt[221]. Man muß aber nicht unbedingt befürchten, daß sie darum ebenso lange auch wirkungslos geblieben seien. Von ihrem symbolischen Gehalt ist bisher zweifellos noch jeder einigermaßen sensible Leser berührt worden, nur daß dieser Gehalt sich fast so unmerklich geltend macht wie die Symbole des Volksliedes und des Volksmärchens.

Die bunten Bilder Eichendorffs sind für den Leser darum auch weniger ›fesselnd‹ als die Geheimnisse Hoffmanns, und nicht unbedingt zu seinem Nachteil. Einer fesselnden Lektüre kann auch etwas Zwanghaftes eignen. Bei Hoffmann wird die Phantasie gleichsam immer ›gefangen‹ genommen. Es handelt sich um eine ähnliche Erfahrung, wie sie jeder bei der Lektüre eines Detektivromans macht. Der Leser gerät nicht nur in Spannung, sondern auch in einen gewissen Bann, der ihn nicht losläßt, bis das Geheimnis aufgeklärt ist. Im Prinzip ergeht es ihm dabei nicht anders als Theodor im Öden Haus, der, »bei dem öden Hause vorüberschreitend (...) jedesmal wie festgebannt stehen bleiben« und sich »in ganz verwunderliche Gedanken nicht sowohl vertiefen, als verstricken mußte.«[222]

Kommt bei Eichendorff eine Person vor, die in eine ähnlich zwanghafte Verstrickung gerät, so wird sie immer als gefährdet angesehen, und immer steht sie in Gefahr, den Kontakt zum Leben zu verlieren. Es ist bezeichnend für Eichendorffs Einstellung, daß dem von der Begegnung mit der Venus tief beeindruckten Florio von Fortunato bedeutet wird, er solle nur heraus in den

---

220 Eichendorff, Werke II 30.
221 Vgl. von Alewyn besonders: Eichendorffs Symbolismus, aaO.; von Seidlin: Die symbolische Landschaft, aaO.
222 Hoffmann, Werke I 462.

frischen Morgen und sich da draußen recht abschütteln[223]. Und wie Eichendorffs Helden selber vor dunklen Fragen und Verhältnissen gern in die befreiende
Weite der Landschaft ausweichen, obwohl sie sich andererseits von ihnen angezogen fühlen, so läßt Eichendorff auch der Phantasie des Lesers einen gewissen
Spielraum, – man ist versucht, dies ganz wörtlich zu
nehmen: als Raum zum Spielen oder Schweifen.
So ist Eichendorff ein Dichter, der die Anmut des Rokoko mit dem Zauber und der Tiefe der Romantik
verbindet, eine der glücklichsten Verbindungen, die in
der deutschen Literatur je zustande gekommen sind.

b) Als Vorgang

Wir behandeln nun eine Form von Verwirrung, bei
der der Begriff genau das bezeichnet, was er als Verbal-
substantiv ursprünglich meint: ein Verworrenmachen
oder -werden, Verwirrung in statu nascendi. Die Vorliebe Eichendorffs für diese Art von »Konfusion«, wie
er auch gern sagt, ist außerordentlich, doch gehört sie
ihm nicht allein. Er teilt sie mit Hoffmann, der dafür
etwa mit der berühmten Punschszene im *Goldnen
Topf*[224] oder mit der »tollen Verwirrung«, in die sich
das höfische Fest zu Beginn des Kreisler-Romans auflöst[225], unübertreffliche Beispiele geliefert hat. Hoffmann scheint sich dabei an einem Modell, der italienischen Opera buffa, orientiert zu haben, denn was er in
Der Dichter und der Komponist vom Wesen dieser
Gattung sagt, trifft genau für seine eigenen Erzählungen zu: »Hier ist es nun das Fantastische, das zum Teil
aus dem abenteuerlichen Schwunge einzelner Charaktere, zum Teil aus dem bizarren Spiel des Zufalls entsteht, und das keck in das Alltagsleben hineinfährt, und

223 Eichendorff, Werke II 320.
224 Hoffmann, Werke I 235 ff.
225 Werke II 310 ff.

alles zu oberst und unterst dreht. (. . .) Denke dir eine ehrbare Gesellschaft von Vettern und Muhmen mit dem schmachtenden Töchterlein, und einige Studenten dazu, die die Augen der Cousine besingen, und vor den Fenstern auf der Gitarre spielen. Unter diese fährt der Geist Droll in neckhaftem Spuk, und nun bewegt in tollen Einbildungen, in allerlei seltsamen Sprüngen und abenteuerlichen Grimassen sich alles durcheinander.«[226] Der Geist der Phantasie, der ein Geist des »Wirrwarrs« ist[227], lenkt das Verwirrspiel auch bei Eichendorff, doch werden wir sehen, daß er hier seinerseits von einer höheren Instanz gelenkt wird.

Verwirrung in dem hier gemeinten Sinn begegnet bei Eichendorff zunächst häufig als szenischer Vorgang, wie in dem folgenden Beispiel aus *Dichter und ihre Gesellen*:

Während sie noch so sprachen, hörten sie hinter sich im Hause heftig gehen und die Türen zuschlagen. Es war Guido, der, in der ungebärdigsten Laune zurückgekehrt, nach Licht rief und im Finstern mit den Stühlen umherwarf. – ›Heraus, du verstörter Poltergeist mit deinem dummen Künstlerunglück!‹ rief Grundling in das Haus hinein. – ›Laßt mich jetzt ungeschoren, das rat' ich euch‹, erwiderte Guido zornig von innen, ›wem sein Himmel über dem Haupte zusammenbrach, dem kommt's auf ein paar Scherben mehr oder weniger nicht an.‹ – Hier aber verwickelte er sich unter dem alten Gerümpel des Hausflurs mit den Füßen in umherliegende Schläuche, er zuckte ungeduldig, darüber geriet ein übereinander geschichteter Turm von leeren Weintonnen ins Wanken und Fallen, bis auf einmal Schaff, Tonnen und Maler, unaufhaltsam übereinander kollernd, zum Hause herausgestürzt kamen. Grundling, der sich vorwitzig der Tür genähert hatte, konnte nicht so schnell entspringen, eine Tonne hüpfte ihm zwischen die Beine, er wollte sich an Otto festhalten, erwischte aber nur seine Laute, mit der er krachend niederfiel. Otto schalt auf Grundling, Grundling auf Guido, Guido auf mehrere alte Weiber, die über dem Lärm keifend aus allen Dachfenstern herausfuhren. Mitten

226 Werke III 90.
227 Vgl. auch Tiecks in den ›Sternbald‹ eingelegtes Gedicht ›Die Phantasie‹, Schriften XVI 365 ff., bes. 369.

aus dieser Verwirrung brach endlich das tiefe, weitschallende Lachen Grundlings mit solcher vehementen Herzlichkeit, daß es bald Handelnde und Zuschauer unaufhaltsam mit fortriß.[228]

Der Vorgang, der ein völliges Tohuwabohu schafft, erzeugt zugleich Situationskomik, an der Eichendorff eine ursprüngliche und herzliche Freude bekundet, hier wie an zahlreichen anderen Stellen und vor allem in der dieser Szene folgenden tollen Geschichte desselben Grundling, der schon bei der Verwirrung Guidos in Mitleidenschaft gezogen wird[229].

Indes hat diese Verwirrung noch eine weitere Funktion: sie soll Guido für seinen philiströsen Griesgram und Grundling für seinen Vorwitz bestrafen. Solche und ähnliche Spitzen stecken hinter den meisten Vorgängen dieser Art. Und in der Mehrzahl der Fälle ist es nicht einmal schwer zu erkennen, worin die Spitze liegt.

Ein weiteres Beispiel:

Wer es weiß, was es heißt, ein so schwerfälliges Haus flott zu machen, der wird sich von dem Rumpelmorgen einen Begriff machen können, der nun begann. Wie auf einem Schiffe, das sich zu einer nahen Schlacht bereitet, verbreitete sich langsam wachsend ein dunkles Getöse von Eile und Geschäftigkeit durchs ganze Schloß, Betten, Koffer und Schachteln flogen aus einer Ecke in die andere, nur noch selten hörte man die Kommandotrompete der Tante dazwischentönen. Für Leontin waren diese feierlichen Vorbereitungen, die Wichtigkeit, mit der jeder sein Geschäft betrieb, ein wahres Fest. Unermüdlich befand er sich überall mitten im Gewühle und suchte unter dem Scheine der Hülfeleistung die Verwirrung immer größer zu machen[230].

Was man hier beobachtet, ist ganz nach Eichendorffs Geschmack: die Verwandlung eines statischen Zustandes in einen bewegten im Zeichen wachsender Verwirrung. Dabei wird die entstehende Unordnung von Leontin potenziert und gleichzeitig der Versuch der

228 Eichendorff, Werke II 621 f.
229 Ebd. 622-629.
230 Ebd. 79.

Tante, Ordnung zu schaffen, untergraben. Und auch hier ist eine bestimmte Absicht nicht zu verkennen. Leontins verwirrende Aktivität richtet sich gegen die Feierlichkeit der Vorbereitungen und die Wichtigtuerei der Beteiligten.

Feierliche Zurüstungen und wichtigtuerisches Gebaren arten auch an mehreren anderen Stellen in Konfusion aus, zum Beispiel in *Dichter und ihre Gesellen,* wo der Baron von Eberstein erlauchten Gästen einen herrschaftlichen Empfang zu bereiten versucht und völlig überrumpelt wird[231], oder in *Viel Lärmen um Nichts,* wo die Ehrungen, die Herr Publikum der Gräfin Aurora zugedacht hatte, darunter ein Feuerwerk und Böllerschüsse, durch die unzeitige Dazwischenkunft des Prinzen Romano in den größten Wirrwarr umschlagen[232].

Allgemeiner gesprochen, treten Verwirrungen in Eichendorffs Werk häufig dann in Funktion, wenn es gilt, einem konventionellen Gehabe, insbesondere einer gesellschaftlichen Ambition, sei sie bürgerlichen oder vornehmen Charakters, einen Strich durch die Rechnung zu machen. Dieselbe Tante, die in jenem Zitat aus *Ahnung und Gegenwart* die »Kommandotrompete« bläst, versucht bei anderer Gelegenheit, ihren Geist mit Tiraden über »Aufklärung, Bildung, feine Sitten usw.« glänzen zu lassen; aber sie wird durch einen Verrückten, der sich ins Gespräch mischt, heillos gestört, und zwar »als sie sich in ihren Redensarten eben am wohlsten gefiel«[233]. Kordelchen in *Dichter und ihre Gesellen* »wollte (...) ihre Gäste auf nordische Weise mit Tee bewirten; aber da waren die Teelöffel verlegt, die Tassen voll Farbenkleckse, zudem war es schon finster, und je mehr man suchte, je größer wurde die Verwirrung«[234]. Herr Publikum, obwohl alles andere als ein

231 Ebd. 574 ff.
232 Ebd. 438 ff.
233 Ebd. 72.
234 Ebd. 620.

Reiter und Jäger, reitet mit der angeblichen Gräfin Aurora und großem Gepränge auf die Jagd; da fährt ein wütender Eber wie ein Wirbelwind unter die ganze Gesellschaft, daß alles auseinanderstiebt[235]. Ein vagabundierender Student, den Fortuna in bessere Umstände hat geraten lassen, spielt sich bei Tisch als galanter Kavalier auf und versucht, einen Handkuß anzubringen; aber er verwickelt sich mit Sporen und Degenspitze unversehens ins Tischtuch, so daß alles herabstürzt[236].

Es erscheint natürlich, daß gerade gesellschaftliche Außenseiter mit gesellschaftlichem Ehrgeiz Schiffbruch erleiden. Ein besonderes Exempel statuiert Eichendorff an dem ebenso närrischen wie phantasievollen Dryander in *Dichter und ihre Gesellen*. Der vagabundierende Poet erliegt durch eine Anstellung bei Hofe der Versuchung, sich in der Gesellschaft zu etablieren. Er hält sich einen Bedienten, kleidet sich sorgfältig nach der neuesten Mode und spricht zu seinen ehemaligen Freunden nur noch Französisch. Aber eine schmeichelhafte Einflüsterung, Eitelkeit, seine angeborene Narrheit lassen ihn stolpern und in eine so tolle Verwirrung geraten, daß ihm die Rolle des feinen Mannes verleidet wird. »Es kann ein Mensch lange Zeit in den besten Grundsätzen wie ein Schneemann eingefroren sitzen, aber die lustigen Frühlingsbäche unterwaschen schon heimlich plaudernd und neckend den Sitz unter ihm – ein Laut, der leise Flug eines Vogels: und er stürzt kopfüber und verschüttet alle guten Vorsätze wieder. – So erging es Dryander.«[237]

Zu den Verwirrungen in statu nascendi gehört eine, die insbesondere den Dichter und sein Metier trifft. Einige Male kehrt folgende Situation wieder, die Eichendorff wahrscheinlich der *Gräfin Dolores* von Arnim entlehnt hat: Ein Poet sucht seine Einfälle aufzuschreiben, aber

235 Ebd. 467 f.
236 Ebd. 916.
237 Ebd. 597; die Verwirrung 598 f.

der Wind fährt ihm in die Blätter und verwirrt alles. So setzt sich beispielsweise Fortunat zurecht,

um einige Novellen, die er in glücklichen Reisestunden auf seinem Pferde ersonnen, endlich einmal recht in Ruhe zu Papier zu bringen. Aber da geht es ihm wunderlich. Der lustige Morgenwind wirft ihm die Blätter ins Gras, wo sich die Hühner drum raufen, hinter ihm aber stimmen die Wipfel ihr uraltes Lied wieder an, das in keine Novelle paßt, die Waldvögel singen ganz fremde Noten dazwischen und Wolken fliegen über das Land und rufen ihm zu: Menschenkind, sei doch kein Narr![238]

So wie der Poet nicht in Grundsätzen einfrieren soll, so soll er das bewegliche Element der Poesie nicht mit buchhalterischer Pedanterie im geschriebenen Wort erstarren lassen. Ein ständig schreibender Dichter wie Faber in *Ahnung und Gegenwart* stellt denn auch, »weil er immer mit der Feder hinterm Ohre so erbärmlich aussah«[239], eine permanente Herausforderung an den Geist der Verwirrung dar. Es fährt ihm nicht nur der Wind in seine Blätter[240], es verwirrt ihn auch ein Waldhorn[241], oder er wird von Leontin geneckt[242]. In *Viel Lärmen um Nichts,* wo er wieder auftritt, führt Florentin ihn »unablässig in die Kreuz und Quer«[243]. Es bleibe dahingestellt, ob Eichendorff mit dieser Figur nicht seine eigene Schriftstellerei ironisierte.

Was er jedenfalls gegeneinander ausspielt, sind »Geist« und »Buchstabe«, so wie dies schon Novalis mit seiner Kritik am protestantischen Bibelglauben getan[244] und ähnlich wie Adam Müller »Idee« und »Begriff« entgegengesetzt hatte[245]. Der Buchstabe ist dem Geist zu-

238 Ebd. 527. Vgl. auch ebd. 25, 500, 725. Manchmal blättert der Wind auch in Büchern, z. B. 98, 563. In ›Libertas und ihre Freier‹ greift der Wind in die Papiere des Baron Pinkus (939).

239 Ebd. 29.

240 Ebd. 25.

241 Ebd. 29.

242 Ebd. bes. 152.

243 Ebd. 442.

244 In ›Die Christenheit oder Europa‹. Novalis, Schriften III 512.

245 Siehe III, 1-4, Anm. 334.

wider, denn wenn der Geist lebendig und beweglich ist, so hat der Buchstabe den statischen Charakter der Norm. Der Buchstabe raubt dem Geist somit den Lebensnerv. Das flüssige Element des Geistes in Lettern zu verfestigen, bedeutet eben jenes tödliche Festhalten, vor dem Eichendorff an einer früher zitierten Stelle warnt und das stets immer nur den einen öden Zustand herbeiführt: den der Normalität. Sehr kritisch hat sich Eichendorff in seiner *Geschichte der poetischen Literatur Deutschlands* deshalb auch über den Buchdruck geäußert: »Das gedruckte Buch hat, wie der Rechenknecht für das Gedächtnis, für den Geist etwas Mumienhaftes, Stationäres und Abgemachtes, worauf sich zu jeder Zeit bequem ausruhen läßt, während die lebendige Tradition, solange sie wirklich lebendig, notwendig in einer beständigen Fortbildung begriffen ist.«[246] Bemerkenswerterweise verwirrt der Wind den Poeten nicht nur beim Schreiben, sondern auch beim Lesen, beim Lesen im Buche der Natur:

Das Leben (...) mit seinen bunten Bildern verhält sich zum Dichter wie ein unübersehbar weitläufiges Hieroglyphenbuch von einer unbekannten, lange untergegangenen Ursprache zum Leser. Da sitzen von Ewigkeit zu Ewigkeit die redlichsten, gutmütigsten Weltnarren, die Dichter, und lesen und lesen. Aber die alten, wunderbaren Worte der Zeichen sind unbekannt, und der Wind weht die Blätter des großen Buches so schnell und verworren durcheinander, daß einem die Augen übergehn.[247]

Die Stelle besagt, was wir in einem früheren Kapitel (›Ferne‹) bereits als romantische Ansicht erörtert haben: der Sinn des Lebens ist fern oder unzugänglich verschlüsselt. Aber wäre es denn auch gut, ihn zu kennen? Der Geist der Verwirrung ist vielleicht auch hier ein guter Geist, er hält die Deutung offen. Es ist allerdings gar nicht das Geschäft des Dichters, des Geheimnisses durch einen Bewußtseinsakt (Lesen) habhaft zu werden.

246 Eichendorff, Werke IV 90.
247 Werke II 30.

Wenn er, wie es an anderer Stelle heißt, dazu da ist, die im Irdischen bemerkbaren Zeichen des Göttlichen, »des Herren Spur«, durch »Liebeskraft (zu) erlösen«[248], so tut er gut daran, sich an die Devise zu halten, die in den Versen ausgesprochen ist:

> Den lieben Gott laß in dir walten,
> Aus frischer Brust nur treulich sing'!
> Was wahr in dir, wird sich gestalten,
> Das andre ist erbärmlich Ding.[249]

Ist dies die Idealvorstellung, an der der Dichter zu messen ist, so wird sie von keiner Gestalt Eichendorffs perfekter verwirklicht als vom Taugenichts, nicht nur in der Poesie, sondern auch im Leben. Der Taugenichts kennt weder Schreibutensilien und Druckerpresse für seine Lieder noch Reiseführer und Aktionspläne für sein Leben. Seine Aktionen – denn er ist ja keineswegs passiv – sind spontan, und statt reiflich überlegten Entschlüssen und vorgegebenen Mustern gehorcht er dabei den Launen seiner Phantasie, dem Zug seines Herzens und den Lockungen der Ferne. Aber gerade darum macht er sein Glück. »Eichendorffs Figuren tun gut daran, sich dem, was ohne ihre Einsicht mit ihnen geschieht, auszuliefern. Das Maß ihres Glücks richtet sich geradezu nach dem Maß ihrer Bereitschaft zum Verzicht auf eigene Pläne, nach dem Maß ihrer Willfährigkeit gegenüber dem Unvorhergesehenen«[250]. Jede Art von Planung, Vorausberechnung, zumal wenn sie mit dem anmaßenden Stolz auf die eigene Kraft verbunden ist, wird bei Eichendorff dagegen bestraft, vor allem durch Verwirrung.

In der Novelle *Die Entführung* erfährt Leontine in dem einen der beiden Handlungsstränge eine Variante des Taugenichts-Schicksals: Sie gibt sich dem Geschehen

248 Ebd. 298.
249 Ebd. 299.
250 Ernst Nef: Der Zufall in der Erzählkunst, Bern und München 1970, S. 34.

hin und wird aus Unkenntnis der Zusammenhänge ein am Ende glückliches Opfer einer Verwechslung. Als Gegenstück dazu versuchen in dem anderen Handlungsstrang Gaston und Diana, indes sie einer wechselseitigen erotischen Faszination erliegen, die hier außer acht bleiben kann, in Spiel und Gegenspiel ihre Kräfte zu messen. Beide sind stolz, beide suchen ihren Stolz zu befriedigen. Zu diesem Zweck wie auch zur Erprobung seiner Männlichkeit wird Gaston von Diana herausgefordert:

> Und wer mich wollt erwerben,
> Ein Jäger müßt's sein zu Roß,
> Und müßt' auf Leben und Sterben
> Entführen mich auf sein Schloß![251]

Gaston seinerseits, von Diana verächtlich behandelt, »verschwor sich innerlich, die Stolze zu demütigen, und sollt' er auf den Zinnen von Notre-Dame mit ihr den Tanz wagen!«[252]
Auf dem vom Hofe veranstalteten Jagdvergnügen umschleicht der Jäger sein Wild, die Gejagte, die sich auf eines ihrer Schlösser zurückgezogen hat, erspäht den Jäger und sucht ihn mit folgendem Anschlag zu überlisten: Ein Kammermädchen muß ihre Kleidung anlegen, so daß es für die Gräfin Diana gehalten werden kann. Diana selbst hüllt sich in Männerkleidung. Zugleich läßt sie ein Fest richten und bestellt durch reitende Boten die ganze Hofgesellschaft zu sich. Die Hofleute werden von ihr in den Plan eingeweiht und müssen sich am Wege im Gebüsch verstecken. Sie rechnet: Gaston weiß, daß sie sich auf dem Schloß befindet, er wird kommen, um sie zu entführen. Er wird in den Garten eindringen, auf ein Zeichen wird die Kammerjungfer heraustreten. Die Dunkelheit wird helfen, die Maskerade zu vertuschen. Gaston, in der Meinung, Diana vor sich zu haben, wird sich ihrer bemächtigen

251 Eichendorff, Werke II 866.
252 Ebd. 865.

und sie wegzubringen suchen. Im selben Augenblick wird aus dem Hinterhalt die Schar der Hofleute hervorbrechen. Gaston wird dem Gelächter preisgegeben und doppelt beschämt werden.

Aber es kommt alles anders. Womit Diana nicht rechnet, weil sie es nicht weiß, ist dies: Ein Liebhaber der Kammerjungfer, der im Garten zufällig auf ein Schäferstündchen wartet, beobachtet die Verkleidung, merkt, da er einer von Gastons Leuten ist, was gespielt wird, und hinterbringt die Entdeckung seinem Herrn. So vorbereitet, gelingt es Gaston, nicht die falsche, sondern die echte Diana zu entführen. Die erhoffte Verwirrung und Bloßstellung Gastons verkehrt sich in eine Verwirrung Dianas und der Hofleute.

Fügen wir gleich hinzu, daß es Gaston, der nun scheinbar freie Bahn hat, im Endeffekt nicht besser ergeht, daß er zwar Diana auf sein Schloß entführt, ihr aber nicht die zugedachte Demütigung erteilen kann, weil auch hier alles anders eintrifft als zuvor berechnet, so sind neben dem geschlagenen Stolz gleich dreierlei Zurüstungen gescheitert; denn zu den Anschlägen der beiden Hauptakteure muß man noch den der Hofleute rechnen, die sich »wie durch eine unbegreifliche Verzauberung auf einmal in allen Plänen gekreuzt sahen« und ihre »auf Gaston geladenen Witze verzweifelt gegeneinander selbst abschossen.«[253]

Pläne werden vom Verstand gemacht, sie sind, zumal im Zuschnitt des Anschlages der Gräfin, Ergebnis eines Kalküls. Der Verstand aber scheitert nicht nur an Nichtwissen, sondern auch an mangelndem Unterscheidungsvermögen. Diesen Mangel bescheinigt ihm Eichendorff in gewissen Verwechslungen, die jeweils auf eine Düpierung hinauslaufen. So verwechseln in *Viel Lärmen um Nichts* Romano und Publikum die ehemalige Kammerjungfer der Gräfin Aurora mit ihrer Herrin; in den *Glücksrittern* verwechselt die tolle Sinka den Siglhupfer mit dem Rittmeister von Klarinett; in *Libertas und ihre*

253 Ebd. 876.

Freier verwechselt der Doktor Magog die ehemalige
Marketenderin Marzebille mit Libertas; der Taugenichts wird von den Verfolgern der beiden Liebhaber
mit Flora verwechselt, Fortunat in *Dichter und ihre
Gesellen* mit dem Grafen Victor. Vorsicht und Überlegung werden sodann durch »Unvorsichtigkeit«[254],
»Unbesonnenheit«[255] oder gar »Übermut«[256] untergraben. Häufig regiert bei Verwechslungen und Verwirrungen auch der »Zufall«[257], eben jener Macht, die die
Aufklärung in ihrem Weltbild ausgeschaltet hatte.
Hinter den menschlichen Fehlleistungen und den Zu-
fälligkeiten des Daseins steht aber eine höhere Gewalt.
Woher der Wind weht, der die Dichter beim Schreiben
stört, und woher der Geist stammt, der in Dinge und
Menschen fährt, um sich wie ein Kobold zu gebärden
und alles drunter und drüber zu stellen, sagen die folgenden Verse aus *Dichter und ihre Gesellen*:

> Und aus den Wolken langt es sacht,
> Stellt alles durcheinander.
> Wie sich's kein Autor hat gedacht:
> Volk, Fürsten und Dryander.
>
> Da gehn die einen müde fort,
> Die andern nahn behende,
> Das alte Stück, man spielt's so fort
> Und kriegt es nie zu Ende.
>
> Und keiner kennt den letzten Akt
> Von allen, die da spielen,
> Nur der da droben schlägt den Takt,
> Weiß, wo das hin will zielen.[258]

Die Welt eine Bühne, auf der die Menschen versuchen,
ein planvolles ordentliches Spiel aufzuführen, das aber
von Gott als dem obersten Spielleiter heimlich in Kon-

---

254 Ebd. 653.
255 Ebd. 876.
256 Ebd. 875.
257 Vgl. Nef, aaO. S. 29 ff.
258 Eichendorff, Werke II 553.

fusion gebracht wird – dies etwa ist Eichendorffs Version des Großen Welttheaters.

7. Verwilderung

Eine Abart der Verwirrung ist die Verwilderung. Jedoch ist dieses Motiv ein Thema für sich – schon deshalb, weil die Verwilderung nicht nur Zeichen und Wirkung verborgener Kräfte, sondern deren sichtbare Entbindung darstellt.

a) Gebirge und Garten

Formen wilder oder verwildernder Natur dringen bekanntlich bereits vorromantisch in die Literatur ein, um sich sehr rasch mit dem Begriff des Romantischen zu verbinden. Das Element des »Wildromantischen« bildet jedoch zunächst nur die stimmungshafte Aufmachung einer Vulgär- und Schauerromantik, die mit der eigentlichen Romantik nicht ohne weiteres gleichgesetzt werden kann. Wenn der spätere Tieck, etwa im *Runenberg,* oder wenn Eichendorff zu diesem Motiv greift, so gestaltet es sich vielschichtiger und tiefgründiger.

Dies schon insofern, als es neben dem noch zu behandelnden Typ des verwildernden Gartens insbesondere das Hochgebirge war, das die Phantasie der Romantiker entzündete, in Schilderungen des Gebirges aber ein Großteil des Symbolgehalts einfloß, den sie dem Reich der Steine und Metalle, d. h. dem Reich des Anorganischen, abgewannen[259]. Das Gebirge, genauso wie die Unterwelt des Bergwerks bei Hoffmann (*Die Bergwerke zu Falun*), erscheint bei Tieck und Eichendorff fast immer als schrecklich und schaurig. Gleichwohl fas-

---

259 Vgl. Klaus Weber: Das Reich der Steine und Metalle in der Dichtung deutscher Romantiker. Ein Beitrag zur Deutung des romantischen Symbolismus, (masch.) Diss. Köln 1953.

ziniert es durch die Ahnung, daß Urgeheimnisse der Welt in ihm verborgen liegen.

In gleichem Maße bietet es mit seinen unregelmäßigen, ins Bizarre gehenden Formen, mit seiner Stimmung, mit seiner Einsamkeit und Gefährlichkeit seiner Abgründe und Wunder eine schrecklich-schöne Alternative zur Regelmäßigkeit, Wunderlosigkeit und Harmlosigkeit der Alltagswelt. Wenn in Tiecks *Runenberg* Christian unwiderstehlich vom Gebirge angezogen wird, so treibt ihn unter anderem der Wunsch, »sich aus dem Kreise der wiederkehrenden Gewöhnlichkeit zu entfernen«[260].

Bei Eichendorff ist der Eindruck des Seltsamen und Wunderbaren, den die »Klippen« des Gebirges bieten, am ausführlichsten in der *Meerfahrt* festgehalten. Die Felsen der Insel, zu denen die Abenteurer gelangen, wirken »wunderbar zerklüftet« oder »seltsam zerrissen und gezackt gleich Türmen und Zinnen«[261]. Sie ziehen den Blick mit ihren »seltsamen Schluften und Spitzen« in die Tiefe und Höhe, sie formen sich in »wunderlichen Bogen, Zacken und Spitzen, von Bächen zerrissen, die sich durch die Einsamkeit herabstürzten«[262]. Auch hier bildet diese Welt einen Gegensatz zu einer ganz anderen, in der das Leben stagniert: zum Meer, das anläßlich einer Windstille zum Bild der tötenden Langeweile erstarrt[263].

Weil das Gebirge mit der Unregelmäßigkeit seiner Formen im Gegensatz zum stillen Meer bewegt anmutet, was es bei Eichendorff sonst selten tut, vermag es zugleich die Wechselhaftigkeit der Erscheinungen, wie Eichendorff sie immer wieder zur Anschauung bringt, zu demonstrieren, und zwar als Spiegelbild der wilden, ebenso wechselhaften Königin, die über die Insel herrscht. Diese Königin »war wie das Gebirge, in lau-

260 Tieck, Schriften IV 214.
261 Eichendorff, Werke II 757, 764.
262 Ebd. 770, 766.
263 Ebd. 751 f.

nenhaftem Wechsel bald scharf gezackt, bald sammet-
grün, jetzt hell und glühend bis in den fernsten, tiefsten Grund, dann alles wieder grauenhaft verdun-
kelt.«[264] Ihre eigenen Verse wiederholen das Thema:

> Bin ein Feuer hell, das lodert
> Von dem grünen Felsenkranz,
> Seewind ist mein Buhl' und fordert
> Mich zum lust'gen Wirbeltanz,
> Kommt und wechselt unbeständig.
> Steigend wild,
> Neigend mild
> Meine schlanken Lohen wend' ich,
> Komm' nicht nah mir, ich verbrenn' dich![265]

Auch diese Bewegungen sind spielerisch, allerdings wie
das zerstörerische Spiel des Feuers.

Eigentliche Verwilderung, d. h. in statu nascendi, begegnet nicht im anorganischen, sondern im organischen
Bereich und setzt hier immer kultivierte Landschaft,
zumeist einen Garten voraus. Da bei Eichendorff hauptsächlich der französische Gartentyp betroffen ist, dieser
aber die Normalität repräsentiert, ist das Normale in
diesem Falle nicht nur Gegensatz, sondern Opfer der
Wildnis und die Verwilderung ihrerseits nicht nur
Alternative, sondern auch Verfremdung des Normalen.

Wiederum scheint Eichendorff damit dem Rokoko verwandt, freilich nicht in dem Sinne, wie er selbst – frü-
hestens 1847 – den Begriff gebraucht[266]. Offensichtlich
verbindet er mit diesem Begriff nicht die heutige engere
und präzise, sondern die weite und vage Vorstellung,
die man damals allgemein noch vom Rokoko besaß und
in der auch Barock und Klassizismus Platz hatten. In
dem Gedicht *Prinz Rokoko* aus dem Jahre 1854 ist

---

264 Ebd. 797.
265 Ebd. 798.
266 Rehm: Prinz Rokoko im alten Garten, aaO. S. 126. Belege bei
Rehm 126 f.

der Titelheld offensichtlich Bauherr eines Gartens à la Versailles:

> Prinz Rokoko, hast die Gassen
> Abgezirkelt fein von Bäumen,
> Und die Bäume scheren lassen,
> Daß sie nicht vom Wald mehr träumen.[267]

Und wenn Eichendorff die »Nachahmung der Versailler Gartenpracht«[268] im Deutschland des 18. Jahrhunderts rügt und in einem Analogieschluß an die gleichzeitigen Verhältnisse in der Literatur denkt, so sieht er auf jenen Stätten der Nachahmung »als Prinz Rokoko mit seinem Gefolge« keinen anderen als den alten Gottsched wandeln[269]. Hier setzt er Rokoko also geradezu mit Rationalismus gleich.

Was bei Eichendorffs Verwilderungen, wenigstens zum Teil, rokokohaft anmutet, ist gerade nicht deren Objekt und Opfer, der regelmäßige Garten, sondern das handelnde Subjekt: die Wildnis selber. Und was diese Wildnis mit dem Reiz der Grazie ausstattet, ist dasselbe Element, das auch die Festszene im *Marmorbild* anmutig macht: die spielerisch regellose Bewegung.

Indes ist noch eine weitergehende Präzisierung nötig. Wenn in Brentanos *Godwi* der Vater des Helden die »Verunstaltung« vernachlässigter Gärten »zu einer zierlichen Verwilderung erhob«[270], so haben wir es mit einem Werk der Kunst zu tun, einer künstlichen Wildnis, wie das Rokoko sie liebt[271]. Nicht so bei Eichendorff. Die Verwilderungen von Gärten sind hier stets ein Werk der Natur, wobei die Äußerungen der Natur, wie im Fall der anmutigen Verwirrung, Zeichen magischer Kräfte sind.

Die Ordnung des regelmäßigen Gartens spiegelt Bewegungs- und Leblosigkeit. Die Natur ist unterdrückt,

267 Eichendorff, Werke II 1043.
268 Ebd. 1030.
269 Ebd.
270 Brentano, Werke II 230.
271 Vgl. Anger, aaO. S. 168 f., 173.

da Hecken und Bäume geometrisch, d. h. widernatürlich beschnitten sind. Und sie ist ausgesperrt, wobei der französische Garten zu allem, was freie und wilde Natur bedeutet, eine klare Grenze zieht. Entsprechend erfolgt die Verwilderung auf zweierlei Art, von innen und von außen. Die »Taxusbäume recken / Sehnend sich aus Reih und Glied«[272], es geht »ein seltsames Knistern und Flüstern durch die Buchsbäume und Spaliere«[273], überall sprießt und treibt es und macht das Werk der Schere zunichte. In einem Fall sorgt für die Verwandlung schon der Herbst mit seiner Färbung: »der Wald, der alte Schloßgesell, war wunderlich verschnitten und zerquält, aber der Herbst ließ sich sein Recht nicht nehmen und hatte alles phantastisch gelb und rot gefärbt«[274].

Ebenso überwindet die Natur die Außengrenzen des Gartens. Sie kommt »rings aus den Tälern«[275] und klettert »von allen Seiten lustig über die Gartenmauer«[276] oder »über die Hecken und Gitter«[277]. In den *Glücksrittern* fällt diesem Angriff nicht nur ein alter Garten, sondern auch das einst zum Schloß gehörende Dorf zum Opfer: »Es war seit dem letzten Durchzug der Schweden zerstört und verlassen, nun rückte der Wald, den die Bauern so lange tapfer zurückgedrängt, über die verrasten Beete unter Vogelschall mit Stacheln, Disteln und Dornen wieder ein«[278].

Hauptautor der Verwilderung ist der Frühling, neben dem Morgen das für Eichendorff wichtigste Symbol des Aufbruchs und der Erneuerung. Der Frühling entbindet das organische Leben, tritt aber auch selbst quasi als Akteur auf. Wenn es nun heißt: »rings aus den Tälern ging der Frühling, mit Waldblumen funkelnd, lustig

272 Eichendorff, Werke II 1044.
273 Ebd. 942.
274 Ebd. 824.
275 Ebd. 853.
276 Ebd. 834.
277 Ebd. 942.
278 Ebd. 920.

über die gezirkelten Beete und Gänge, alles prächtig verwildernd«[279], so ist das Verwildern keineswegs als allmählicher Wachstumsprozeß verstanden, sondern als Überraschung, als Überrumpelung: »der Lenz kommt über Nacht«[280]. Und diese Überrumpelung erfolgt nicht gewaltsam oder auch nur ›dynamisch‹, sondern leicht und heiter, spielerisch und beschwingt. Der Frühling geht »lustig«, er »funkelt« mit Waldblumen, ja die Verwilderung erinnert in ihrer Grazie um so mehr ans Rokoko, als sie stellenweise zur erotischen Umarmung wird:

Der schönste Frühlingsmorgen funkelte vor dem Palast über den Garten, da grünte und sang schon alles in der reizenden Verwirrung, in den ausgetrockneten Becken der Wasserkünste jagten sich jubelnd bunte Vögel, üppig blühende Ranken umschlangen mutwillig die Marmorstatuen, als wollte der Frühling sie mit Küssen ersticken.[281]

In der Umschlingung[282] liegt allerdings schon etwas Beängstigendes, und in der Tat gestaltet sich die Entbindung der natürlichen Triebe nicht ohne einen unheimlichen Aspekt. Wenn es »fast grauenhaft«[283] in den Buchsbäumen und Spalieren knistert und flüstert oder sich »die künstlich verschnittenen Laubwände und Baumfiguren aus ihrer langen Verzauberung phantastisch mit seltsamen Fühlhörnern, Kamelhälsen und Drachenflügeln in die neue Freiheit hinaus« recken und dehnen[284], so muß es dem Menschen vor dieser Befreiung bange werden.

Der verwildernde Garten ist daher nicht einheitlich zu deuten und zu werten. Doppeldeutigkeit und Ambivalenz sind das Kennzeichen solch vegetativen Treibens. Sie sind es um so mehr, wenn man bedenkt, daß in

279 Ebd. 853.
280 Ebd. 1044.
281 Ebd. 614.
282 Vgl. auch ebd. 834 f., 1021.
283 Ebd. 942.
284 Ebd. 912.

jeder Verwilderung neben dem befreienden ein destruktives Element enthalten ist, denn was einerseits wie eine Belebung der alten Ordnung aussieht, bedeutet ja andererseits deren Zerstörung. So ergibt sich hier ein merkwürdiges Zugleich von Erneuerung und Verfall, Werden und Vergehen, Frühling und Herbst, Leben und Sterben, Zukunft und Vergangenheit[285].

Es wäre eine Frage wert, ob dieses Paradox, als Einheit verstanden, nicht das Bild der erfüllten Zeit und damit vollkommener Ausdruck der romantischen Utopie ist.

b) Revolution

Niemand wird ernsthaft bestreiten, daß der alte Garten Eichendorffs in der Bedeutungsvielfalt seiner Symbolik unter anderem auch eine soziale und politische Dimension besitzt und die in Konventionen erstarrte Ordnung des Ancien Régime repräsentiert. In der Erzählung *Das Schloß Dürande* etwa ist der Bezug deutlich genug. Zum Schloß, in dem der alte Adel tagtäglich dem Ritual eines streng formalisierten Lebensstils obliegt, gehört der formalisierte geometrische Garten, und wie der Adel verknöchert ist, so liegt der Garten »versteinert«[286].

Konsequenterweise muß man dann auch zugeben, daß die soziale und politische Dimension nicht minder dem Akt der Verwilderung zukommt und daß die Verwilderung des alten Gartens, zumal sie rasch und überraschend erfolgt, unter anderem Empörung gegen das überkommene soziale und politische System bedeutet. Wenn der versteinerte Garten der Dürandes vom »jungen Grün« heimgesucht wird, »das in der warmen Nacht schon von allen Seiten lustig über die Gartenmauer kletterte und sich um die Säulen der halbverfallenen Lusthäuser schlang, als wollt' nun der Frühling

---

285 Vgl. Rehm: Prinz Rokoko im alten Garten, aaO. S. 184 f.
286 Eichendorff, Werke II 834.

alles erobern«[287], so ist das eine symbolische Vorwegnahme der kurz vor dem Ausbruch stehenden Revolution.

Und doch auch wieder nicht. Die Eroberung des Gartens durch den Frühling ist eine Revolution, wie Eichendorff sie sich wünscht: gewaltlos und spielerisch und
bloß zum Zweck der Erneuerung des Lebens; nicht wie
sie dann auf der politischen und gesellschaftlichen Ebene
tatsächlich erfolgt: gewalttätig und dynamisch und um
des Umsturzes aller Verhältnisse willen. Bezeichnend
für diese ganz anders geartete Form der Verwilderung
ist, daß sie wie die Entladung eines Gewitters[288] einher-
kommt, schlimmer noch: daß sie Züge des Animalischen
annimmt. Der Jäger Renald, Exekutive der gärenden
Gewalten, wird mit einem reißenden Tier, mit einem
»gefesselten Löwen«, einem »Tiger«[289] verglichen. Der
junge Graf Dürande sieht einem Kampf wie mit »Wölfen«[290] entgegen.

Läßt schon dies nicht auf eine positive Bewertung schließen, so erscheint vollends der Aufruhr selbst als Auf-
stand der Unterwelt. Von einem Verräter eingelassen,
nehmen die Rebellen den Weg durch den Keller, um
plötzlich im Innenhof wie eine Drachenbrut aus der
Tiefe an die Oberfläche zu quellen: »soeben begann
auch unten der Hof sich schon grauenhaft zu beleben;
unbekannte Gesichter erschienen überall an den Keller-
fenstern, die Kecksten arbeiteten sich gewaltsam hervor
und sanken, ehe sie sich draußen noch aufrichten konnten, von den Kugeln der wachsamen Jäger wieder zu
Boden, aber über ihre Leichen weg kroch und rang
und hob es sich immer wieder von neuen unaufhaltsam
empor, braune verwilderte Gestalten, mit langen Vo-
gelflinten, Stangen und Brecheisen, als wühlte die Hölle

287 Ebd. 834 f.
288 Ebd. 836 u. ö.
289 Ebd. 836, 824, 845.
290 Ebd. 840.

unter dem Schlosse sich auf.«[291] In der Folge entbrennt die Anarchie. Die Eindringlinge hauen im Marstall die Stränge entzwei, mit denen die Pferde angebunden sind, die entfesselten Tiere reißen sich los und stürzen »in wilder Freiheit in den Hof; dort, mit zornig-funkelnden Augen und fliegender Mähne, sah man sie bäumend aus der Menge steigen und Roß und Mann verzweifelnd durcheinander ringen beim wirren Wetterleuchten der Fackeln, Jubel und Todesschrei und die dumpfen Klänge der Sturmglocken dazwischen.«[292] Soweit fällt Eichendorff über diese Vorgänge ein unmißverständliches Urteil. Es reicht jedoch nicht aus, nur zu sagen, daß der Dichter diese Art von Revolution verabscheut[293]. Man sollte auch sehen, daß er sie zu den Verführungen rechnet, denen auch ein friedlich gesinntes Gemüt zu erliegen vermag.

Die Revolution ist ein Fascinosum, weil sie erstarrte Formen aufbricht. Und sie macht sich als solches dann geltend, wenn Leiden an der Erstarrung, vor allem Langeweile, eine Erlösung herbeisehnt. Nicht als ob der Sichlangweilende immer gleich auf dieses Mittel verfiele. Die gewaltsame Aktion ist vielmehr die ultima ratio. Auf diesen letzten Ausweg aber richtet sich

291 Ebd. 842.

292 Ebd.

293 So Helmut Koopmann: Eichendorff, das Schloß Dürande und die Revolution, in: Zeitschrift für deutsche Philologie 89, 1970, S. 180-207. So auch Klaus Lindemann: Verdrängte Revolutionen? Eichendorffs ›Schloß Dürande‹ und Karl Mays Klekih-Petra-Episode im ›Winnetou‹-Roman, in: Aurora 34, 1974, S. 24-38, wobei Lindemann genauer die Bezüge zur Zeitgeschichte herausarbeitet und zu dem bemerkenswerten Ergebnis kommt, daß »die Ursachen wie die Anlässe für den Ausbruch der Revolution von 1789 in Eichendorffs ›Schloß Dürande‹ ausschließlich in den subjektiven Motiven der Revolutionäre und nicht in nennenswerten objektiv feststellbaren Konflikten« liegen (S. 26). Vgl. ferner Heidrun Frießem: Tradition und Revolution im Werk Joseph von Eichendorffs, Diss. Marburg 1972. Allerdings macht die Verf. die Einschränkung, wobei sie Lukács zitiert, daß sich in der Novelle »gegen die bewußte Weltanschauung des Dichters« eine ungewollte Rechtfertigung des »Reagierens der unterdrückten Massen« finde (S. 206).

der Blick, wenn alle anderen Kompensationsversuche versagt haben oder erschöpft sind. Schon Karl Wilmont in Tiecks *William Lovell* kokettiert mit der Lust an der Gewalt. Von der Langeweile zur Trägheit und Teilnahmslosigkeit gegenüber allen Dingen des Alltags verdammt, könnte er einen Tumult auf der Straße wieder als Stimulans zu lebendigem Interesse empfinden: »Mein Blut war so träge und phlegmatisch, daß ich manchmal meine Finger gegen die Tischecke schlug, um mir nur Schmerz zu machen, mich zu ärgern und zu erhitzen, denn nichts ist widriger, als wenn in der Sanduhr unsers Körpers so recht gemach ein Tropfen nach dem andern langsam und zögernd unser Leben abmißt, je mehr die Ströme des Bluts durcheinander rauschen, und freilich die Maschine etwas mehr abnutzen, um so heller und deutlicher lebt der Mensch – Ich wünschte oft (...) mit Sehnsucht, daß ein Gezänk oder Schlägerei auf der Gasse vorfallen möchte, damit ich nur etwas hätte, wofür ich mich interessiren könnte«[294]. Selbst bei Novalis schwelt der untergründige Gedanke, das erstarrte Leben unter Umständen gewaltsam aufzubrechen. Das denkwürdige Wort aus den Paralipomena zum *Ofterdingen*: »Auf Erden ist der Krieg zu Hause – Krieg muß auf Erden sein«[295], deutet in diese Richtung, und wie Tieck berichtet, sollte der Roman im II. Teil »Alle Elemente des Krieges (...) in poetischen Farben« schildern[296].

Daß Gestalten wie Friedrich, Leontin oder Rudolf (*Ahnung und Gegenwart*) einen Hang zum Soldatenleben und eine Lust an kriegerischer Aktion bekunden, ist gewiß nicht nur durch den aktuellen zeitgeschichtlichen Bezug zu den Freiheitskriegen gegen Napoleon bedingt und hat wahrscheinlich viel weniger mit Patriotismus zu tun, als man auf den ersten Blick anzunehmen geneigt ist. Viel eher besitzt der Aufruhr der

294 Tieck, Schriften VI 232.
295 Novalis, Schriften I 346.
296 Ebd. 365. Vgl. dazu Mähl, aaO. S. 320 ff.

geschichtlichen Kräfte für den, der unter der Schwüle der stagnierenden Welt leidet, etwas von einem Seelenbalsam: »Wir aber stürzen uns lieber in die Wirbel der Geschichte, denn es wird der Seele wohler und weiter im Sturm und Blitzen, als in dieser feindlich lauernden Stille.«[297] In der Tat stellt Eichendorff in seinem Essay *Der Adel und die Revolution* selber den direkten Bezug zwischen Langeweile und Kriegstrunkenheit her. Von den Freiheitskriegen sagt er hier: »Die damalige Aufregung hatte die frappanteste Ähnlichkeit mit [18]48, nur mit dem Unterschiede, daß damals das Volk mit der Regierung oder vielmehr die Regierung mit dem Volke ging – die Welt war trunken und wollte sich nicht bloß an Napoleon, sondern zugleich auch an aller miserabelen Philisterei rächen, die sich bis dahin auf das tödlichste gelangweilt hatte. Es war die lebendig gewordene Romantik, die schon in den Zügen des Herzogs von Braunschweig, Schills und im Tiroler Volkskrieg vorspukte.«[298] Allerdings drückt sich Eichendorff insofern mißverständlich aus, als die Philister – aus Gründen, die wir früher erörtert haben – nicht eigentlich Langeweile erlitten, sondern bloß verursachten.

Schließlich sei noch auf einen wichtigen Beleg aus Eichendorffs Novelle *Die Entführung* verwiesen. Zu Beginn kommt hier die Rede auf das Treiben einer Räuberbande, die die ganze Gegend in Furcht und Schrecken setzt, worauf es heißt, »das komme von der langen Friedenszeit, da spiele der Krieg, der sich sein Recht nicht nehmen lasse, auf seine eigne Hand im Lande. Der Mensch verlange immer etwas Außerordentliches, und wenn es das Entsetzlichste wäre, um nur dem unerträglichsten Übel, der Langenweile, zu entkommen.«[299]

Ein lebendiges Beispiel für dieses ins Extrem gehende

297 Eichendorff, Werke II 175.
298 Ebd. 1090.
299 Ebd. 854.

Verlangen zeichnet Eichendorff im *Schloß Dürande* in dem jungen Grafen. Der Graf hat alle Möglichkeiten seines Standes, die Öde der bestehenden Verhältnisse und seine innere Leere zu vergessen, wahrgenommen: er verbringt den Winter in Paris und stürzt sich von einem Festvergnügen in das andere. Es geht ihm aber wie allen, die die Überwindung des horror vacui im Amüsement suchen. Er verfällt dem sich jagenden Wechsel von Genuß und Ernüchterung, der die Langeweile nicht mindert, sondern steigert. So erwacht der Drang nach einer Radikalkur. Angesichts der feurigen Zeichen der Revolution wird ihm daher nicht bang, sondern es heißt im Gegenteil, »daß ihm das Herz schwoll wie im nahenden Gewitterwinde«[300]. Und als ihn nach der Rückkehr vom Ball in seinem Hotel nur eine öde Stille empfängt, entringt sich ihm schließlich ein Seufzer, der ihn zu einem heimlichen Befürworter des drohenden Unheils macht: »Ich bin so müde, (...) so müde von Lust und immer Lust, langweilige Lust! ich wollt', es wäre Krieg!«[301]

Geboren aus der Langeweile, genährt und gestärkt von Stolz und Trotz (»Trotz gegen Trotz!«[302]), hat dieser Wunsch mit politischen oder sozialen Erwägungen wenig zu tun. Und so wenig wie ein politisches Motiv hat er ein politisches Ziel. Was der Graf prinzipiell will, ist die gewaltsame Aktion um ihrer selbst willen. Daher ist es auch gleichgültig, ob man sie »Revolution« oder »Krieg« nennt. Ob das eine oder das andere, wenn die Enthemmung der Gewalt nur dazu dient, die quälende Stagnation des Lebens zu überwinden, sei es um den Preis des Lebens selbst. Als etwa ein dreiviertel Jahrhundert später der Expressionist Georg Heym die Langeweile des Wilhelminischen Zeitalters verfluchte und sich dem gleichen und gleichartig motivierten Verlangen nach einer gewaltsamen Lösung der Lage hin-

300 Ebd. 827.
301 Ebd.
302 Ebd. 840.

gab, war es ihm ebenfalls egal, ob er seinen Traum als Revolutionär oder als Soldat erfüllen könne: »Ach, es ist furchtbar. (...) Es ist immer das gleiche, so langweilig, langweilig, langweilig. Es geschieht nichts, nichts, nichts. Wenn doch einmal etwas geschehen wollte, was nicht diesen faden Geschmack von Alltäglichkeit hinterläßt. (...) Würden einmal wieder Barrikaden gebaut. Ich wäre der erste, der sich darauf stellte, ich wollte noch mit der Kugel im Herzen den Rausch der Begeisterung spüren. Oder sei es auch nur, daß man einen Krieg begänne, er kann ungerecht sein. Dieser Frieden ist so faul ölig und schmierig wie eine Leimpolitur auf alten Möbeln.«[303]

Aus der Perspektive solcher Motivation bedeutet der Aufruhr im *Schloß Dürande* nicht so sehr eine Empörung gegen eine bestimmte Klasse innerhalb einer bestimmten Nation, sondern er ist im weiteren Sinne, um ein Wort Thomas Manns zu gebrauchen, eine »Revolution gegen die Welterstarrung«[304]. Man könnte freilich geradesogut sagen: er bedeutet den ›Umschlag‹ der Erstarrung, der Normalität, in ihr krasses Gegenteil: die Anarchie, einen Umschlag, der auf der Verdrängung der lebendigen Kräfte beruht. Diesen plötzlichen Sprung von einem Extrem ins andere beobachtet man auch bei Renald, dem autoritären Bruder, der das Leben der Schwester abschnürt und der mit der Hartnäckigkeit eines Kohlhaas sein »Recht« sucht. Renald handelt nun nicht aus Langeweile, sondern aus Prinzipientreue. Aber gerade weil er sich als rigorosen Anwalt der Norm aufspielt und weil er sich in vermessener Rechthaberei daran macht, die Erfüllung der Norm eigenmächtig einzutreiben, rächt sich das unterdrückte Leben: Gabriele empört sich gegen den Bruder und

303 Georg Heym: Dichtungen und Schriften. Gesamtausgabe, hg. von Karl Ludwig Schneider, Hamburg und München 1960 ff., Bd. III: Tagebücher, Träume, Briefe, S. 138 f.
304 Thomas Mann: Gesammelte Werke in dreizehn Bänden, Frankfurt am Main 1974, Bd. XIII, S. 588.

verschwindet aus dem Kloster – eine Revolte im kleinen –, der Bruder selbst stürzt in den Abgrund sowohl schrecklicher Mißdeutungen wie Fehlhandlungen.

Das ist das Makabre der Revolution, daß sie Menschen erfaßt, die ihr ganz fern standen, sie gar nicht gewollt haben und gar nicht hätten wollen dürfen. Und die Revolution erfaßt sie nicht nur äußerlich, sondern im Innersten, indem sie Triebe weckt, die auf dem Grund der Seele schlummern. Der berühmte Schlußsatz der Novelle: »Du aber hüte dich, das wilde Tier zu wecken in der Brust, daß es nicht plötzlich ausbricht und dich selbst zerreißt«[305], hat nicht nur das Beispiel Renalds zum Hintergrund. Wenn der junge Graf Dürande sich zum Kampf stellt, dann mit ähnlichen Aggressionsgelüsten wie Renald. »›Hallo, nun gilt's, die Gäste kommen, spielt auf zum Hochzeitstanze!‹ rief der Graf, in nie gefühlter Mordlust aufschauernd.«[306] Selbst der alte Dürande, vor dessen visionärem Blick Renald wie ein fressendes Feuer und wie ein reißendes Tier erscheint, ist nicht frei von der Lust, wo nicht zu morden, so doch gemordet zu werden. In seinen irren Reden vibriert eine perverse Faszination: »Ein schöner Löwe, wie er die Mähnen schüttelt – wenn sie nur nicht so blutig wären!«[307]

So ist die Verwilderung der Sitten, der Gefühle, der Humanität genau wie die Verwilderung der Gärten ein Vorgang, der sowohl von innen wie von außen kommt, sowohl aus der wie über die Zivilisation. Und die im Schlußsatz ausgedrückte Mahnung Eichendorffs richtet sich keineswegs nur an geborene Rebellen und Radikale, sondern auch an von Haus aus friedfertige Gemüter, sofern sie an romantischem Ungenügen leiden. Denn: Jeder unter dem Druck der Normalität Leidende ist ein potentieller Revolutionär.

305 Eichendorff, Werke II 849.
306 Ebd. 841.
307 Ebd. 836.

Daß Eichendorff den gewaltsamen Umsturz verurteilt, bedeutet nicht, daß er die Beibehaltung oder gar Wiederherstellung des Alten bejaht[308]. Daß er die Verkrustungen des Hergebrachten kritisiert, bedeutet nicht, daß er alles Hergebrachte um jeden Preis durch Neues ersetzt wissen möchte. Sowohl gegen die Restauration wie gegen die Revolution eingestellt, konnte er weder ein Parteigänger des damaligen Konservativismus noch des damaligen Liberalismus werden. Beide Richtungen waren ihm suspekt, denn trotz ihrer extremen Verschiedenheit hatten sie etwas gemeinsam: die normative Gesinnung.

Die Vertreter der Restauration wollten, wie Eichendorff es sah, den lebendigen Strom der Geschichte einfrieren und den überlieferten historischen Zustand »als Norm für ewige Zeiten festhalten«[309]. Die Liberalen wollten »alles Positive niederreißen«[310], an dessen Stelle aber konstitutionell verbriefte Rechte setzen.

Die schriftliche Verfassung ist für Eichendorff eine ebenso lebentötende Festlegung wie das Stillstehen beim Alten. Sie ist dies schon deshalb, weil sie schriftlich ist, denn »Der Buchstabe tötet immer und überall«[311], sodann, weil sie den »pedantischen Götzendienst mit allgemeinen Begriffen«[312] bedeutet, Begriffe aber die Mumien sind, »worin der lebendige Sinn künstlich ausgetrocknet worden«[313]. Damit nicht genug, scheinen die Verfechter der Konstitution unter Mißachtung histo-

---

308 Insofern ist er nicht einfach als ›konservativ‹ oder ›restaurativ‹ einzustufen, wie H. Frießem, aaO. S. 32 f., richtig bemerkt. Sie schließt sich hier dem wichtigen Aufsatz Adornos ›Zum Gedächtnis Eichendorffs‹, aaO., an.
309 In ›Preußen und die Konstitutionen‹, Werke IV 1294.
310 Ebd. 1295.
311 Ebd. 1315.
312 Ebd.
313 ›Die Aufhebung der geistlichen Landeshoheit . . .‹, ebd. 1095.

risch gewachsener individueller Unterschiede allen Staaten das gleiche Verfassungsschema verordnen zu wollen. Aber: »Nimmermehr werden z. B. Tiroler und Friesen, oder Ostpreußen und Rheinländer in Affekten, Gewohnheiten, Neigungen und Abneigungen miteinander sympathisieren. Es sind nicht bloß die Alpen dort und die Sandflächen hier, nicht hier der Schnaps und dort der Wein, nicht die Verschiedenheit des Dialekts, des Klimas, der Religion, oder der historischen Erinnerungen allein, sondern eben alles zusammen in seiner geheimnisvollen, jahrhundertelangen Wechselwirkung. Welcher also ist nun hier der Normaldeutsche, dem sich alle anderen akkomodieren müssen? – Ich meine: keiner, oder jeder in seiner Art; denn die deutsche Natur ist, Dank sei dem Schöpfer, nicht so arm, daß sie in der Eigentümlichkeit eines Stammes rein aufgehen sollte. Auch wäre das an sich ebenso langweilig als überflüssig, denn Einerleiheit ist keine Einheit.«[314] Stehen sich in den Vertretern der Restauration und in den Verfechtern der Konstitution nur Norm und Gegennorm gegenüber, so sucht Eichendorff seinen Standpunkt jenseits dieser Konstellation. Er ist für die Freiheit und daher auch nicht ohne Sympathie für die Freiheitsbewegungen seiner Zeit[315], aber nicht für den »stereotypen Begriff der Freiheit«[316] und für die konstitutionell verbrieften Freiheiten, die er in seinen Satiren verspottet[317]. Er ist für das Recht, aber nicht gemäß einer Verfassung, sondern er hält dafür, daß es auch »ein Recht und Unrecht außer dem Gesetz« gebe[318]. Er tritt für die Ehre ein, aber nach seiner Ansicht gibt es »eine höhere Ehre (. . .), als die vor Gericht

314 ›Preußen und die Konstitutionen‹, ebd. 1317.
315 Vgl. dazu das differenzierte Urteil von Franz Uhlendorff: Eichendorff, der Freiheitsgedanke und die Freiheitsbewegung, in: Aurora 16, 1956, S. 35-44.
316 Eichendorff, Werke IV 1320.
317 Siehe besonders Werke II 745, 961.
318 Werke IV 1090.

verhandelt und gutgetan wird«[319]. Mit einem Wort: Eichendorffs Denken orientiert sich durchaus an Werten, auch an einem so modernen Wert wie Freiheit, aber er lehnt ihre normative Fassung, in welcher Form sie auch immer auftritt, ab. Er versteht den Wert, um wieder mit Adam Müller zu sprechen, als lebendige Idee, nicht als starren Begriff. Er bejaht den Geist, aber er verneint den Buchstaben. Eichendorffs politisches Denken ist insofern nicht anders als sein Dichten. Vertritt er in seiner Poesie die Ansicht

> Doch wolle nie dir halten
> Der Bilder Wunder fest,
> Tot wird ihr freies Walten,
> Hältst du es weltlich fest! (s. o. S. 481)

so sagt er in seinen programmatischen politischen Schriften im Prinzip nicht viel anderes.

Aus Eichendorffs Antipathie gegen jede normative Festlegung rührt das Vage seiner Ideen von Freiheit, Recht, Treue usw. Nirgendwo sagt er, was er mit ihnen genauer meint, aber nicht aus intellektueller Schwäche, sondern aus Furcht und Widerwillen, sie durch den Begriff, d. h. durch den fixierenden Zugriff, zu schädigen. Typisch ist es, wie er Leontin die echte Freiheit charakterisieren läßt: »Ich meine jene uralte, lebendige Freiheit, die uns in großen Wäldern wie mit wehmütigen Erinnerungen anweht oder bei alten Burgen sich wie ein Geist auf die zerfallene Zinne stellt, der das Menschenschifflein unten wohl zufahren heißt, jene frische, ewig junge Waldesbraut, nach welcher der Jäger frühmorgens aus den Dörfern und Städten hinauszieht und sie mit seinem Horne lockt und ruft, jener reine, kühle Lebensatem, den die Gebirgsvölker auf ihren Alpen einsaugen, daß sie nicht anders leben können, als wie es der Ehre geziemt.«[320] Diese Darstellung läßt die Freiheit in dem gleichen frischen Ansehen erscheinen,

319 Ebd.
320 Werke II 292.

in dem Eichendorffs Landschaften erglänzen, sie besitzt aber auch die gleiche Unfaßlichkeit. Und kann man noch länger den Schluß hinauszögern, daß Eichendorffs politisches Denken die gleichen ›Leer- und Unbestimmtheitsstellen‹ aufweist wie sein Dichten?[321] Haben »das alte Recht, die alte Freiheit, Ehre und Ruhm«[322] nicht sogar den Status des Geheimnisvollen, den Status von Hieroglyphen, die nur recht zu lesen versteht, wer sich ihnen sowohl in Hingabe wie in dem Bewußtsein nähert, daß jede Annäherung unzulänglich ist und daß der letzte Sinn doch nicht zu fassen ist? Es mutet höchst seltsam an, daß die Anweisung zum »rechten Tun und Lieben« ausgerechnet dem Anblick des Waldes entnommen werden soll:

> Da steht im Wald geschrieben
> Ein stilles, ernstes Wort,
> Vom rechten Tun und Lieben,
> Und was des Menschen Hort.[323]

Aber dieser Gedanke leuchtet insofern ein, als er nur bestätigt, was Eichendorff auch sonst immer wieder sagt oder zeigt: daß das »rechte Tun und Lieben« nicht durch normative Handlungsanweisungen, sondern nur als »Kryptogramm«[324] vermittelt wird. Wie Seidlin bemerkt, steckt in diesen einfachen Worten der Kern

---

321 Auch Peter Krüger muß in seiner Untersuchung ›Eichendorffs politisches Denken‹, in: Aurora 28, 1968, S. 7-32 und 29, 1969, S. 50-69, eingestehen, daß Eichendorffs politische Vorstellungen wenig konkret sind, ja daß man häufig sogar zweifeln könne, »ob er überhaupt Politisches betrachtet« (S. 66). Krügers Ergebnisse berühren sich auch sonst mit den unsrigen, so wenn er immer wieder feststellt, daß Eichendorff sich gegen jede Art von politischem Denken und Handeln wendet, das mechanisch, formalistisch, schematisch anmutet. Jedoch sieht Krüger Eichendorffs politisches Denken aus primär moralisch-religiösen Motiven erwachsen, während die vorliegende Untersuchung für Eichendorffs gesamtes Denken und Dichten ein bestimmtes Lebensgefühl verantwortlich macht.
322 Eichendorff, Werke II 297.
323 Ebd. 111.
324 Seidlin: Die symbolische Landschaft, aaO. S. 33.

von Eichendorffs Naturbegriff[325]. Man kann aber auch so weit gehen zu behaupten, daß in ihnen nicht minder der Kern seiner Auffassung von Politik enthalten ist. Denn was ihm auch als politisches Ideal vorschwebt, ist eine Staatskunst, die, wie die Poesie dem Rätsel der Natur, dem Rätsel der Zeit nachgeht, sich aber nicht anmaßt, zu endgültigen Lösungen in Gestalt starrer Formeln zu kommen, sondern das Leben in seiner Lebendigkeit beläßt und sich stets der Vorläufigkeit aller politischen Regelungen bewußt bleibt:

Das ist ja eben die Aufgabe der Staatskunst, die Rätsel der Zeit zu lösen und den blöden Willen und die dunkele Sehnsucht der Völker zur klaren Erscheinung zu bringen. Sie ist kein abstraktes Spiel mit feststehenden, algebraischen Formeln, sondern eben eine lebendige Kunst, welche das frische wechselnde Leben, nach seinen über allen Wechsel erhabenen, höchsten Beziehungen, in jedem Moment lebendig aufzufassen und schön und tüchtig zu gestalten hat. Ja selbst ihre, durch alle Jahrhunderte gefühlte Unzulänglichkeit, das Beste vollkommen darzustellen, ist nur eine Bürgschaft mehr, daß sie, wie alles Große, vom irdischen Boden vermittelnd in ein höheres Gottesreich hinüberlangt, und daß mithin, in solchem höheren Sinne, alle Gesetzgebung nur provisorisch ist.[326]

Mit dem Vorbehalt gegenüber geschriebenen Gesetzen, mit der Abneigung überhaupt gegen jede Art von ›Setzung‹ steht Eichendorff nicht allein. Es ist dies ein gemeinromantischer Zug, auf den insbesondere K. Mannheim hingewiesen hat[327]. Man vergleiche nur etwa, wie auch der späte Friedrich Schlegel in der *Signatur des Zeitalters,* wohl einer der für Eichendorff vorbildlichen Schriften, die »Gesetzesmaschine«[328] kritisiert und gegen den »Buchstabendienst« und die »starre Gesetzesreligion«[329] die vage Idee des »lebendig Positiven«[330] ausspielt.

325 Ebd.
326 Eichendorff, Werke IV 1296.
327 AaO. S. 485 ff.
328 KA VII 546.
329 Ebd. 522.
330 Ebd. 522 ff.

FAZIT

Wir sind am Ende unserer Untersuchung angelangt. Zu überlegen bleibt, welche Punkte im Sinne eines Memorandums noch einmal besonders hervorgehoben werden sollten, sodann, welche Schlußfolgerungen sich aus dem Dargestellten ziehen lassen:

– Mit der Einschränkung, daß wir nur ein begrenztes Feld untersucht und uns nur an den deutschen Verhältnissen orientiert haben, läßt sich behaupten, daß die literarische Romantik aus einem bestimmten Lebensgefühl erwächst. Dieses Lebensgefühl (Ungenügen) beruht seinerseits auf einer bestimmten Wirklichkeitserfahrung (Normalität), diese wiederum ist sowohl subjektiv wie objektiv bedingt. Zu den subjektiven Bedingungen gehört ein bestimmtes Bewußtsein, zu den objektiven u. a. Alltags-, Umwelt-, Gesellschaftserfahrungen. Die Romantik geht also nicht primär aus ästhetischen Ideen, philosophischen Spekulationen, ethischen Postulaten oder gar religiösen Überzeugungen hervor. Sie ist vielmehr die ästhetische Kompensation einer von außen wie von innen erfahrenen Verödung, und wo religiöser oder sonst ein Glaube in ihr eine Rolle spielt, ist er nicht Ausgangspunkt des romantischen Denkens und Dichtens, sondern das, was der horror vacui als Rettungsanker ergreift.

– Daß die Romantik die Erfahrung des öden und toten »Einerlei« zu kompensieren versucht, hat die Vorliebe für Individualität und Mannigfaltigkeit, Abwechslung und Unregelmäßigkeit, Bewegung und »Leben« (im Sinne von ständiger Veränderung und Erneuerung) zur Folge. Mit Genugtuung stellen wir fest, daß R. Immerwahr, der die Genese der Denkform »Romantisch« auf der Grundlage nicht nur deutschen, sondern auch englischen und französischen Materials untersucht hat, zu einem ähnlichen Ergebnis gelangt[1], d. h. es scheint sich doch um eine Vorliebe zu handeln, die die Romantik als europäische Bewegung kennzeichnet. Zustimmen möchten wir Immerwahr, wenn er den romantischen Enthusiasmus für alles Lebendige »Universal-Vitalismus« nennt[2], doch sollte dabei noch besonders betont werden, daß dies nicht ein Vitalismus ist, der aus dem Gefühl der Kraft und der Lebensfreude stammt, sondern aus der frustrierenden Erfahrung lebentötender Wiederholung durch das ewig Gestrige, den Alltag, die Norm. Der romantische »Lebens«-Gedanke ist denn auch, anders als der Organismus-Begriff der Klassik, entschieden antinormativ[3], ja »Leben« versteht sich in der Romantik überhaupt aus dem Gegensatz zum Normalen.

– Das ästhetische Vergnügen, das romantische Texte gewähren, sollte nicht darüber täuschen, daß der Romantik das genaue Gegenteil von Vergnügen zugrunde liegt. Romantik ist im Grunde kein fröhlicher Spaß oder bloße Gefühlsduselei, wie das die Verballhornungen und Trivialisierungen des Begriffs suggerieren, sondern eine zehrende Qual, eine Leidenserfahrung, aus der statt Fernweh und Wanderlust auch der Wunsch nach Krieg und Revolution hervorgehen kann.

– Normalität (als bestimmendes Wirklichkeitserlebnis) wird von der Romantik aber nicht nur erlitten, son-

---

1 AaO. S. 197: »Zu den bevorzugten [romantischen] Werten gehörten unendliche Mannigfaltigkeit, grenzenlose Ausdehnung, ständiger Wechsel, Unregelmäßigkeit und frappierende Kontraste in den betrachteten Objekten, aber auch die damit verbundenen Stimmungen und Seelenlagen des betrachtenden Subjekts: Verlangen, Sehnsucht, Überraschung, Staunen, Entsetzen, Bezauberung und Träumerei.«
2 Ebd. S. 202.
3 Vgl. ebd. S. 204, Fußnote.

dern auch durchschaut. Zugleich mit dem Ungenügen an der Normalität wird die Fragwürdigkeit des Normalen, wird die Fragwürdigkeit überhaupt jeder Norm erfahren. Das Problem ist hierbei nicht, ob es Normalität überhaupt gibt – die gibt es in bedrückendem Maße, schon weil es Menschen gibt, die sie verkörpern und vertreten (Philister) –, sondern ob ihr die Legitimität zukommt, die sie sich selbst zuschreibt, und ob sie, wie sie selbst vorgibt, die einzig sinnvolle Möglichkeit des Welterlebens und der Lebensgestaltung darstellt. D. h. während die Wirklichkeit als normal und die Normalität als bedrückend wirklich erlebt wird, wird sie nicht auch im selben Maße als wahr, sondern umgekehrt proportional als zweifelhaft erfahren.

– Die Naivität, mit der sich viele romantische Texte ganz oder stellenweise präsentieren, sollte auch nicht darüber täuschen, daß Romantik ursprünglich mit Naivität nicht das geringste zu tun hat. Die Romantiker waren hochbewußte, reflektierende Zeitgenossen[4], die denn auch mit ihrer Dichtung ein Produkt nicht der bloßen Intuition und Improvisation, sondern der äußersten Raffinesse vorlegen. Die romantische Dichtung ist ein wohlüberlegtes, um nicht zu sagen ausgeklügeltes, System der Kompensation, das auf das Bedürfnis, das Ungenügen an der Normalität zu überwinden und fehlerhafte Problemlösungen (z. B. das Interessante) zu korrigieren, genauestens abgestimmt ist. Allerdings ist dieses Bedürfnis paradoxerweise mit dem Bedauern vermischt, das Genügen am Gewöhnlichen verloren zu haben, ein Paradox, das sich u. a. in dem doppelten Drang nach Zeitlichkeit und nach Rückkehr in den Zustand der Zeitlosigkeit oder Ewigkeit niederschlägt.

4 Hierauf ist schon häufig hingewiesen worden. Vgl. besonders Arthur Henkel: Was ist eigentlich romantisch? in: Festschrift für Richard

– Die Romantik hat, wie die meisten wichtigen modernen Bewegungen, ihre geistigen und seelischen Wurzeln im 18. Jahrhundert. Das romantische Bewußtsein ist von der Aufklärung auf der einen, von Empfindsamkeit/empfindsamem Subjektivismus auf der anderen Seite geprägt. Junge Intellektuelle, Vertreter dieses ursprünglich aufgeklärt-empfindsamen Bewußtseins, erfinden die Romantik, um über ihren eigenen Schatten zu springen. Zugespitzt ausgedrückt: Die Romantiker sind frustrierte Aufgeklärte und Empfindsame, die auf einer Bühne, genannt »Poesie«, das Schauspiel *Romantik* aufführen. Sie sind aber keine Rollenspieler gewöhnlichen Stils. Sie nehmen das Spiel existentiell ernst. Und während des Spiels versuchen sie – mit mehr oder weniger Konsequenz und Erfolg –, ihre Rolle für die eigene Überzeugung und die Fiktion des Spiels für Wahrheit zu halten.

– Es liegt in der Natur dieses Spiels, daß es nicht lange währen konnte. Romantik besteht hauptsächlich in der Weigerung, erreichte Positionen für endgültig, Bekanntes für bekannt, Gewöhnliches für verpflichtend und nachahmenswert zu halten und sich überhaupt auf irgendein normatives Element, sei es einen festen Grundsatz, eine Regel oder auch nur einen Begriff fixieren zu lassen. Sie stellt zwar keineswegs einen wertfreien Raum dar, aber Werte nehmen in der Romantik nie die Form eines festen Umrisses und konkreter Handlungsanweisungen (eben Normen) an, im ästhetischen so wenig wie im ethischen, im politischen so wenig wie im religiösen Bereich. So bietet sie zu den handgreiflichen und praktikablen Plänen und Programmen der aufgeklärten Vernunft keine Alternative und erschöpft sich in der bloßen

Alewyn, hg. von Herbert Singer und Benno von Wiese, Köln/Graz 1967, S. 292-308.

Unfestgelegtheit und Latenz. Böte sie eine, die ebenso handgreiflich und praktikabel wäre, gäbe sie sich selber auf.

– Für eine Umsetzung ins praktische Leben ist die Romantik somit weitgehend unbrauchbar, wenn nicht gar gefährlich. Die Romantiker selber haben sich in der Mehrzahl gehütet, nach ihren eigenen Idealen zu leben, wohl wissend, daß sie dann nichts hätten tun dürfen, was einer Verfestigung, einer bleibenden Form, einer Wiederholung des Gleichen ähnlich sähe. Sie hätten keinen Beruf ausüben, nirgendwo länger bleiben, niemandes nähere Bekanntschaft machen, schon gar nicht eine Ehe führen, ja sie hätten nicht einmal ihre Dichtungen niederschreiben, geschweige drucken lassen dürfen, um nicht den »Geist« durch den »Buchstaben« zu verderben. Die Romantik ist daher im strengeren und radikaleren Sinne ein ästhetisches Phänomen, als es irgendeine Literaturepoche vor ihr war. Ihre Ideale sind allein auf der ästhetischen Ebene und nicht auch in der Praxis realisierbar, oder in der Praxis nur soweit, wie Nonkonformität mit dem lebensnotwendigen Zwang zur Anpassung und zu geregelter Ordnung noch vereinbar ist.

– Dennoch – und das mag wie ein Widerspruch klingen – vermag die Romantik einen hohen Begriff von ›Lebenskunst‹ zu vermitteln. Ausgehend von der schmerzlichen Erfahrung, daß das Paradies der Zufriedenheit, des Genügens am Gewöhnlichen, verloren und verschlossen ist, und ausgehend von der Schopenhauerisch pessimistischen Erkenntnis, »daß alles Glück nur negativer, nicht positiver Natur ist, daß es eben deshalb nicht dauernde Befriedigung und Beglückung seyn kann, sondern immer nur von einem Schmerz oder Mangel erlöst, auf welchen entweder ein neuer Schmerz, oder auch *languor,* leeres Sehnen und Langeweile folgen muß«[5], kommt die Romantik zu der Einsicht, daß es zwecklos ist, den Sinn des Lebens in Genuß, Besitz, Erfüllung, überhaupt in der Befriedigung von Wünschen finden zu wollen, sondern daß die Kunst des Lebens nur im Offensein nach allen Richtungen und in der Spannung und Hoffnung bestehen kann. Im Suchen, nicht im Gefundenhaben liegt die Lösung der Frage, wie der Rückfall in den Stillstand, die Erstarrung, die Leere zu vermeiden ist. »Viele suchen schon gar nicht mehr, und diese sind die Unglücklichsten, denn sie haben die Kunst zu leben verlernt, da das Leben nur darin besteht, immer wieder zu hoffen, immer zu suchen; der Augenblick, wenn wir dies aufgeben, sollte der Augenblick unsers Todes seyn.«[6]

– Zum zweiten bedeutet jeder romantische Text eine Aufforderung an den Leser, sich über die abgestumpfte Alltagswahrnehmung zu erheben und die Welt mit neuen Augen zu sehen. Aktiviert werden soll die Fähigkeit des Sichwunderns, des Sichwunderns zumal über das Alltägliche und Gewöhnliche, einer Haltung gegenüber der Welt, von der Schopenhauer – ganz in romantischem Sinne – gesagt hat, daß sie den Menschen vor allen übrigen Lebewesen auszeichne und Äußerung eines metaphysischen Bedürfnisses sei[7]. Es ist dies eine Haltung, die der Ahnung und Zuversicht entspricht, wie sie in der Frage Peter Handkes, eines späten Nachfahren der Romantik, zum Ausdruck kommen: »Wer sagt denn, daß die Welt schon entdeckt ist?«[8]

5 Schopenhauer: Die Welt als Wille und Vorstellung, aaO., Bd. II, S. 400 f.
6 Tieck, Schriften XVI 74 (›Sternbald‹).
7 Schopenhauer: Die Welt als Wille und Vorstellung, aaO., Bd. III, S. 186 f.
8 Siehe das Motto dieser Arbeit.

LITERATUR

A. Quellen

(Verzeichnet werden nur Werke bzw. Werkausgaben, aus denen in der Darstellung oder in den Anmerkungen zitiert wird. Zitate aus den häufiger herangezogenen Romantiker-Ausgaben werden in verkürzter Form nachgewiesen. Römische Ziffer = Bandzahl, arabische Ziffer = Seitenzahl.)

Arnim, Achim von: Sämtliche Romane und Erzählungen, hg. von Walther Migge, 3 Bde., Darmstadt: Wiss. Buchges. 1962-65, Lizenz: Hanser München. (Zitiert: Romane und Erzählungen)

Athenaeum 1798-1800, hg. von August Wilhelm Schlegel und Friedrich Schlegel, fotomech. Nachdr., mit einem Nachwort von Ernst Behler, Stuttgart 1960

Bonaventura (Pseudon.): Nachtwachen, hg. von Wolfgang Paulsen, Stuttgart 1964 (= Reclam 8926/27)

Breitinger, Johann Jacob: Critische Dichtkunst, Faksimiledr. nach der Ausgabe von 1740, mit einem Nachwort von Wolfgang Bender, 2 Bde., Stuttgart 1966 (= Deutsche Neudrucke. Reihe Texte des 18. Jahrhunderts)

Brentano, Clemens: Werke, 4 Bde., hg. von Friedhelm Kemp (Bd. I-IV), Wolfgang Frühwald und Bernhard Gajek (Bd. I), Darmstadt: Wiss. Buchges. 1963-68, Lizenz: Hanser München. (Zitiert: Werke)

Coleridge, Samuel Taylor: Biographia Literaria or Biographical Sketches of my Literary Life and Opinions, ed. by J. Shawcross, 2 Bde., London 1907

Eberhard, Johann August: Versuch einer allgemeinen deutschen Synonymik in einem kritisch-philosophischen Wörterbuche der sinnverwandten Wörter der hochdeutschen Mundart, 6 Teile, Halle und Leipzig 1795-1802

Eichendorff, Joseph von: Neue Gesamtausgabe der Werke und Schriften in vier Bänden, hg. von Gerhart Baumann in Verb. mit Siegfried Grosse, Stuttgart 1957-58. (Zitiert: Werke)

Eichendorff, Joseph von: Sämtliche Werke. Historisch-kritische Ausgabe, begr. von Wilhelm Kosch und August Sauer, fortgef. u. hg. von Hermann Kunisch, Regensburg 1908 ff., Bd. XII: Briefe von Eichendorff. (Zitiert: HKA XII)

Briefe Eichendorffs an Otto Heinrich Graf von Loeben, hg. von Karl von Eichendorff, in: Aurora 1, 1929, S. 55-76

Gessner, Salomon: Sämtliche Werke, Teil III, Wien 1789 (= Sammlung der vorzüglichsten Werke deutscher Dichter und Prosaisten VI)

Goethe: Werke. Hamburger Ausgabe, 14 Bde., Hamburg 1948 ff.

Heine, Heinrich: Sämtliche Schriften in zwölf Bänden, hg. von Klaus Briegleb, München 1976 (Reihe Hanser Werkausgabe)

Heym, Georg: Dichtungen und Schriften. Gesamtausgabe, hg. von Karl Ludwig Schneider, Hamburg und München 1960 ff.

Hoffmann, E. T. A.: (Sämtliche Werke in 5 Einzelbänden), mit Nachworten von Walter Müller-Seidel und Friedrich Schnapp und Anmerkungen von Wolfgang Kron, Wulf Segebrecht und Friedrich Schnapp, Darmstadt: Wiss. Buchges. 1967, Lizenz: Winkler München. Die — fehlende — Bandbezifferung nach Jürgen Voerster: 160 Jahre E. T. A. Hoffmann-Forschung 1805-1965, Stuttgart 1967, S. 139: Bd. I: Fantasie- und Nachtstücke; Bd. II: Die Elixiere des Teufels, Lebens-Ansichten des Katers Murr; Bd. III: Die Serapions-Brüder; Bd. IV: Späte Werke; Bd. V: Schriften zur Musik, Nachlese. (Zitiert: Werke)

E. T. A. Hoffmanns Briefwechsel, hg. von Friedrich Schnapp, 3 Bde., Darmstadt: Wiss. Buchges. 1967-69, Lizenz: Winkler München

E. T. A. Hoffmanns Tagebücher und literarische Entwürfe. Mit Erläuterungen und ausführlichen Verzeichnissen, hg. von Hans von Müller. Erster Band, enthaltend die Texte der Tagebücher und ein Verzeichnis der darin genannten Werke Hoffmanns, Berlin 1915

Hoffmann, Johann Adolf: Zwey Bücher Von der Zufriedenheit, 5. Aufl., Hamburg 1731

Hölderlin, Friedrich: Sämtliche Werke. Große Stuttgarter Ausgabe, hg. von Friedrich Beissner, Stuttgart 1943 ff.

Immermann, Karl: Werke, hg. von Harry Maync, 5 Bde., Leipzig und Wien 1906

Kant, Immanuel: Werke in zehn Bänden, hg. von Wilhelm Weischedel, Darmstadt 1968 (3. repr. Nachdr. der Ausgabe Darmstadt 1960)

Kierkegaard, Sören: Entweder — Oder, hg. von Hermann Diem und Walter Rest, 2. Aufl., Köln und Olten 1968

Krisenjahre der Frühromantik. Briefe aus dem Schlegelkreis, hg. von Josef Körner, Bd. I-II Brünn/Wien/Leipzig 1936/37, Bd. III Bern 1958

Lavater, Johann Caspar: Physiognomische Fragmente, zur Beförderung der Menschenkenntnis und Menschenliebe, 1.-4. Versuch, Leipzig und Winterthur 1775-78

Lessing, Gotthold Ephraim: Sämtliche Schriften, hg. von Karl Lachmann, 3. Aufl. durch Franz Muncker, 23 Bde., Stuttgart und Leipzig 1886-1924

Mann, Thomas: Gesammelte Werke in zwölf Bänden, 3. Aufl., Berlin und Weimar 1965

Mann, Thomas: Gesammelte Werke in dreizehn Bänden, Frankfurt am Main 1974, Bd. XIII

Mörike, Eduard: Werke, mit einem Nachwort von Benno von Wiese sowie Anmerkungen, Zeittafel und Bibliographie von Helga Unger, 2 Bde., München 1967-70

Moritz, Karl Philipp: Anton Reiser, Heilbronn 1886 (= Deutsche Litteraturdenkmale des 18. und 19. Jahrhunderts 23)

Müller, Adam H.: Die Elemente der Staatskunst, hg. von Jakob Baxa, 2 Halbbde., Wien/Leipzig 1922 (= Die Herdflamme 1)

Nestroy, Johann: Gesammelte Werke, Ausgabe in 6 Bänden, hg. von Otto Rommel, Wien 1962 (fotostat. Nachdr. der Ausgabe 1948-49)

Nicolai, Friedrich: Beschreibung der Königlichen Residenzstädte Berlin und Potsdam, 2 Bde., neue, völlig neugearbeitete Aufl., Berlin 1779

Nicolai, Friedrich: Beschreibung einer Reise durch Deutschland und die Schweiz, im Jahre 1781, Bd. I, 3. Aufl., Berlin und Stettin 1788

Novalis: Schriften. Die Werke Friedrich von Hardenbergs, hg. von Paul Kluckhohn und Richard Samuel, 2. Aufl., 4 Bde., Darmstadt: Wiss. Buchges. 1960-75, Lizenz: Kohlhammer Stuttgart. (Zitiert: Schriften)

Schiller: Werke. Nationalausgabe, begr. von Julius Petersen, hg. von Lieselotte Blumenthal und Benno von Wiese, Weimar 1943 ff.

Schlegel, Friedrich: Kritische Ausgabe, hg. von Ernst Behler, 35 Bde. (noch nicht alle erschienen), München/Paderborn/Wien 1958 ff. (Zitiert: KA)

Schlegel, Friedrich: Kritische Schriften, hg. von Wolfdietrich Rasch, 3. Aufl., Darmstadt: Wiss. Buchges. 1971, Lizenz: Hanser München

Friedrich Schlegels Briefe an seinen Bruder August Wilhelm, hg. von Oskar F. Walzel, Berlin 1890

Schleiermacher, Friedrich: Über die Religion. Reden an die Gebildeten unter ihren Verächtern, hg. von Carl Heinz Ratschow, Stuttgart 1969 (= Reclam 8313-15)

Schleiermacher, Friedrich: Vertraute Briefe über Friedrich Schlegels Lucinde, in: Deutsche Literatur in Entwicklungsreihen, Reihe Romantik, Bd. IV

Schnabel: Johann Gottfried: Insel Felsenburg, hg. von Wilhelm Vosskamp, Reinbek bei Hamburg 1969 (= Rowohlts Klassiker 522/23)

Schopenhauer, Arthur: Werke in zehn Bänden. Zürcher Ausgabe, nach der historisch-kritischen Ausgabe von Arthur Hübscher, Zürich 1977 (= detebe 140/I-X)

Sterne, Laurence: Tristram Shandy, London/New York 1961 (= Everyman's Library 617)

Sturm und Drang. Kritische Schriften, hg. von Erich Loewenthal, Heidelberg 1949

Tieck, Ludwig: Schriften, 28 Bde., Berlin 1828-54. (Zitiert: Schriften)

Ein Fragment der Fortsetzung von Tiecks ›Sternbald‹, hg. von Richard Alewyn, in: Jahrbuch des Freien Deutschen Hochstifts 1962, S. 58-68

Tieck, Ludwig: Über Shakespeares Behandlung des Wunderbaren, in: Deutsche Literatur in Entwicklungsreihen, Reihe Romantik, Bd. II

Wackenroder, Wilhelm Heinrich: Werke und Briefe, hg. von Lambert Schneider, Heidelberg 1967. (Zitiert: Werke)

Weise, Christian: Die unvergnügte Seele, in: Deutsche Literatur in Entwicklungsreihen, Reihe Aufklärung, Bd. I

Wieland, Christoph Martin: Werke, hg. von Fritz Martini und Werner Seiffert, 5 Bde., München 1964-68

Wolff, Christian: Philosophia prima sive ontologia. Gesammelte Werke, hg. von Jean Ecole und H. W. Arndt, II. Abt.: Lateinische Schriften, Bd. 3, Hildesheim 1962

Wolff, Christian: Vernünfftige Gedanken von den Absichten der natürlichen Dinge, 2. Aufl., Frankfurt und Leipzig 1726

Young, Edward: Conjectures on Original Composition, in: English Critical Essays (Sixteenth, Seventeenth and Eighteenth Centuries), ed. by Edmund D. Jones, London 1959 (= The World's Classics 240)

B. Sekundärliteratur

Adorno, Theodor W.: Zum Gedächtnis Eichendorffs, in: Th. W. A.: Noten zur Literatur I, Frankfurt am Main 1971 (= Bibliothek Suhrkamp 47), S. 105-145

Albrecht, Michael von: Die Verwandlung bei E. T. A. Hoffmann und Ovid, in: Antike und Abendland 10, 1961, S. 161-180

Alewyn, Richard: Ein Fragment der Fortsetzung von Tiecks ›Sternbald‹, in: Jahrbuch des Freien Deutschen Hochstifts 1962, S. 58-68

Alewyn, Richard: Probleme und Gestalten. Essays, Frankfurt am Main 1974 (besonders die Beiträge: Brentanos ›Geschichte vom braven Kasperl und dem schönen Annerl‹, S. 133-197; Eine Landschaft Eichendorffs, S. 203-231; Eichendorffs Symbolismus, S. 232-244; Die Lust an der Angst, S. 307-330; Ursprung des Detektivromans, S. 341-360; Anatomie des Detektivromans, S. 361-394)

Anger, Alfred: Landschaftsstil des Rokoko, in: Euphorion 51, 1957, S. 151-191

Arendt, Dieter: Der ›poetische Nihilismus‹ in der Romantik. Studien zum Verhältnis von Dichtung und Wirklichkeit in der Frühromantik, 2 Bde., Tübingen 1972 (= Studien zur deutschen Literatur 29/30)

Arendt, Dieter: Das Philistertum des 19. Jahrhunderts, in: Der Monat H. 248, 1969, S. 33-49

Auerbach, Erich: Mimesis. Dargestellte Wirklichkeit in der abendländischen Literatur, 4. Aufl., Bern und München 1967 (= Sammlung Dalp 90)

Der Aufgeklärte Absolutismus, hg. von Karl Otmar Freiherr von Aretin, Köln 1974 (= Neue Wissenschaftliche Bibliothek 67)

Baumgart, Reinhard: Die Jünger des Interessanten, in: Merkur 11, 1957, S. 599-604

Begriffsbestimmung der Romantik, hg. von Helmut Prang, Darmstadt 1968 (= Wege der Forschung 150)

Béguin, Albert: Traumwelt und Romantik. Versuch über die romantische Seele in Deutschland und in der Dichtung Frankreichs, aus dem Franz. von Jürg Peter Walser, hg. von Peter Grotzer, Bern und München 1972

Behler, Ernst: Friedrich Schlegel in Selbstzeugnissen und Bilddokumenten, Reinbek bei Hamburg 1966 (= rowohlts monographien 123)

Behler, Ernst: Klassische Ironie, romantische Ironie, tragische

Ironie. Zum Ursprung dieser Begriffe, Darmstadt 1972 (= Libelli 328)

Beutin, Wolfgang: Das Weiterleben alter Wortbedeutungen in der neueren deutschen Literatur bis gegen 1800, Hamburg 1972

Birk, Heinz: Bürgerliche und empfindsame Moral im Familiendrama des 18. Jahrhunderts, Diss. Bonn 1967

Birtsch, Günter: Zur sozialen und politischen Rolle des deutschen, vornehmlich preußischen Adels am Ende des 18. Jahrhunderts, in: Der Adel vor der Revolution. Zur sozialen und politischen Funktion des Adels im vorrevolutionären Europa, eingel. u. hg. von Rudolf Vierhaus, Göttingen 1971 (= Kleine Vandenhoeck-Reihe 340/341/342), S. 77-95

Bloch, Ernst: Das Prinzip Hoffnung, 3 Bde., Frankfurt am Main 1973 (= suhrkamp taschenbuch wissenschaft 3)

Bloch, Ernst: Verfremdungen I, Frankfurt am Main 1962 (= Bibliothek Suhrkamp 85)

Boehn, Max von (Text) – Fischel, Oskar (Bildauswahl): Die Mode. Menschen und Moden im 19. Jahrhundert, 3 Bde., München 1907/08

Bollnow, Otto Friedrich: Mensch und Raum, Stuttgart 1963

Bollnow, Otto Friedrich: Das romantische Weltbild bei Eichendorff, in: O. F. B.: Unruhe und Geborgenheit im Weltbild neuerer Dichter, 3. Aufl., Stuttgart 1953, S. 227-259

Bormann, Alexander von: Philister und Taugenichts. Zur Tragweite des romantischen Antikapitalismus, in: Aurora 30, 1970, S. 94-112

Brie, Friedrich: Exotismus der Sinne. Eine Studie zur Psychologie der Romantik, Heidelberg 1920 (= Sitzungsberichte der Heidelberger Akademie der Wissenschaften, Philosophisch-historische Klasse 3)

Bruford, Walter Horace: Deutsche Kultur der Goethezeit, Konstanz 1965 (= Handbuch der Kulturgeschichte)

Brüggemann, Fritz: Die Ironie als entwicklungsgeschichtliches Moment. Ein Beitrag zur Vorgeschichte der deutschen Romantik, Darmstadt 1976 (repr. Nachdr. der Ausgabe Jena 1909)

Brunschwig, Henri: Gesellschaft und Romantik in Preußen im 18. Jahrhundert. Die Krise des preußischen Staates am Ende des 18. Jahrhunderts und die Entstehung der romantischen Mentalität, aus dem Franz. von Marie-Luise Schultheis, Frankfurt am Main/Berlin/Wien 1976 (= Ullstein 3500)

Burger, Heinz Otto: Die Geschichte der unvergnügten Seele. Ein Entwurf, in: H. O. B.: ›Dasein heißt eine Rolle spielen‹.

Studien zur deutschen Literaturgeschichte, München 1963, S. 120-143

Cassirer, Ernst: Die Philosophie der Aufklärung, 2. Aufl., Tübingen 1932

Cassirer, Ernst: Philosophie der symbolischen Formen, II. Teil: Das mythische Denken, 6. Aufl., Darmstadt 1973

Cohen, Percy S.: Moderne soziologische Theorie. Erklärungsmodelle zwischenmenschlichen Verhaltens, aus dem Engl. von E. Entlicher, Wien/Köln/Graz 1972

Coulmas, Peter: Bürgertum und Unbürgerlichkeit in der Romantik, in: Universitas 2, 1947, S. 529-542

Cramer, Thomas: Das Groteske bei E. T. A. Hoffmann, München 1966 (= Zur Erkenntnis der Dichtung 4)

Curtius, Ernst Robert: Europäische Literatur und lateinisches Mittelalter, 3. Aufl., Bern und München 1961

Deutsche Dichter der Romantik. Ihr Leben und Werk, hg. von Benno von Wiese, Berlin 1971

A Dictionary of the Social Sciences, ed. by Julius Gould / William L. Kolb, New York 1964

Die deutsche Romantik. Poetik, Formen und Motive, hg. von Hans Steffen, Göttingen 1967 (= Kleine Vandenhoeck-Reihe 250 S)

Die europäische Romantik, mit Beiträgen von Ernst Behler, Heinrich Fauteck, Clemens Heselhaus, Wolfram Krömer, Wilhelm Lettenbauer, Hans Sckommodau, Helmut Viebrock, Kurt Wais, Frankfurt am Main 1972

Dischner, Gisela: Ursprünge der Rheinromantik in England. Zur Geschichte der romantischen Ästhetik (= Studien zur Philosophie und Literatur des 19. Jahrhunderts 17)

Eichendorff heute. Stimmen der Forschung mit einer Bibliographie, hg. von Paul Stöcklein, 2. Aufl., Darmstadt 1966

Frank, Manfred: Das Problem ›Zeit‹ in der deutschen Romantik. Zeitbewußtsein und Bewußtsein von Zeitlichkeit in der frühromantischen Philosophie und in Tiecks Dichtung, München 1972

Friedell, Egon: Kulturgeschichte der Neuzeit, ungekürzte Ausgabe in einem Band, München 1960

Frießem, Heidrun: Tradition und Revolution im Werk Joseph von Eichendorffs, Diss. Marburg 1972

Frühwald, Wolfgang: Der Philister als Dilettant. Zu den satirischen Texten Joseph von Eichendorffs, in: Aurora 36, 1976, S. 7-26

Frühwald, Wolfgang: »Ruhe und Ordnung«. Literatursprache –
Sprache der politischen Werbung. Texte, Materialien, Kom-
mentar, München/Wien 1976 (= Reihe Hanser 204, Literatur-
Kommentare 3)

Frühwald, Wolfgang: »Ruhe« – »Ordnung« – »Sicherheit«. Zur
literatursprachlichen Verwendung politischer Schlagwörter in
der deutschen Sprache von der Klassik bis zur Moderne, in:
Beiträge zu den Fortbildungskursen des Goethe-Instituts 1973,
München 1974, S. 135-148

Funke, Gerhard: Gewohnheit, 2. Aufl., Bonn 1961 (= Archiv
für Begriffsgeschichte 3)

Gehlen, Arnold: Über Kultur, Natur und Natürlichkeit, in: A. G.:
Anthropologische Forschung, Reinbek bei Hamburg 1961
(= rowohlts deutsche enzyklopädie 138), S. 78-92

Geiger, Theodor: Vorstudien zu einer Soziologie des Rechts,
Neuwied und Berlin 1970 (= Soziologische Texte 20)

Gish, Theodore: ›Wanderlust‹ and ›Wanderleid‹: The Motif of
the Wandering Hero in German Romanticism, in: Studies in
Romanticism 3, 1963/64, S. 225-239

Gottrau, André: Die Zeit im Werk des jungen Tieck, Diss. Zürich 1947

Grimm, Reinhold: Verfremdung. Beiträge zu Wesen und Ursprung
eines Begriffs, in: Revue de la littérature comparée 35, 1961,
S. 207-236

Guthke, Karl S.: Die Mythologie der entgötterten Welt, Göttingen 1971

Habermas, Jürgen: Strukturwandel der Öffentlichkeit. Untersuchungen zu einer Kategorie der bürgerlichen Gesellschaft, 5.
Aufl., Neuwied und Berlin 1971 (= Sammlung Luchterhand
25)

Harich, Walther: E. T. A. Hoffmann. Das Leben eines Künstlers,
2 Bde., Berlin 1921

Hauser, Arnold: Sozialgeschichte der Kunst und Literatur, 2 Bde.,
2. Aufl., München 1953

Haym, Rudolf: Die romantische Schule. Ein Beitrag zur Geschichte des deutschen Geistes, Darmstadt 1972 (fotomech.
Nachdr. der 1. Aufl. Berlin 1870)

Hegemann, Werner: Das steinerne Berlin. Geschichte der größten
Mietskasernenstadt der Welt, Lugano 1930, Neudruck Berlin/
Frankfurt am Main/Wien 1963 (= Bauwelt Fundamente 3)

Helmers, Hermann: Verfremdung als poetische Kategorie, in:
Deutschunterricht 20, 1968, S. 86-103

Henkel, Arthur: Was ist eigentlich romantisch? in: Festschrift für Richard Alewyn, hg. von Herbert Singer und Benno von Wiese, Köln/Graz 1967, S. 292-308

Hennebo, Dieter – Hoffmann, Alfred: Geschichte der deutschen Gartenkunst, 3 Bde., Hamburg 1962/63

Hering, Christoph: Die Poetisierung des Alltäglichen in Tiecks ›Peter Lebrecht‹, in: Monatshefte 49, 1957, S. 361-370

Hessen, Johannes: Lehrbuch der Philosophie, 3 Bde., München/ Basel 1947-50

Hillmann, Heinz: Bildlichkeit der deutschen Romantik, Frankfurt am Main 1971

Hoche, A.: Langeweile, in: Psychologische Forschungen 3, 1923, S. 258-271

Hocke, Gustav René: Manierismus in der Literatur. Sprach-Alchimie und Esoterische Kombinationskunst. Beiträge zur Vergleichenden Europäischen Literaturgeschichte, Hamburg 1959 (= rowohlts deutsche enzyklopädie 82/83)

E. T. A. Hoffmann, hg. von Helmut Prang, Darmstadt 1976 (= Wege der Forschung 486)

Holbeche, Yvonne J. K.: Optical Motifs in the Works of E. T. A. Hoffmann, Göppingen 1975 (= Göppinger Arbeiten zur Germanistik 141)

Horkheimer, Max und Adorno, Theodor W.: Dialektik der Aufklärung. Philosophische Fragmente, Frankfurt am Main 1969

Immerwahr, Raymond: Romantisch. Genese und Tradition einer Denkform, Frankfurt am Main 1972 (= Respublica Literaria 7)

Jäger, Georg: Empfindsamkeit und Roman. Wortgeschichte, Theorie und Kritik im 18. und frühen 19. Jahrhundert, Stuttgart/ Berlin/Köln/Mainz 1969 (= Studien zur Poetik und Geschichte der Literatur 11)

Jahn, Gisela: Studien zu Eichendorffs Prosastil, Leipzig 1937 (= Palaestra 206)

Jauß, Hans Robert: Literarische Tradition und gegenwärtiges Bewußtsein der Modernität, in: H. R. J.: Literaturgeschichte als Provokation, Frankfurt am Main 1970 (= edition suhrkamp 418), S. 11-66

Jost, Walter: Von Ludwig Tieck zu E. T. A. Hoffmann. Studien zur Entwicklungsgeschichte des romantischen Subjektivismus, Darmstadt 1969 (repr. Nachdr. der Ausgabe Frankfurt am Main 1921)

Just, Klaus G.: Die Blickführung in den Märchennovellen E. T. A.

Hoffmanns, in: Wirkendes Wort 14, 1964, S. 389-397. Auch in: E. T. A. Hoffmann, Wege der Forschung 486

Klibansky, Raimund — Panofsky, Erwin — Saxl, Fritz: Saturn and Melancholy, London 1964

Knabe, Peter-Eckhard: Schlüsselbegriffe des kunsttheoretischen Denkens in Frankreich von der Spätklassik bis zum Ende der Aufklärung, Düsseldorf 1972

Knopf, Jan: Bertolt Brecht. Ein kritischer Forschungsbericht, Frankfurt am Main 1974 (= Fischer Athenäum TB 2028)

Köhler, Dietmar: Wiederholung und Variation. Zu einem Grundphänomen der Eichendorffschen Erzählkunst, in: Aurora 27, 1967, S. 26-43

Kohlschmidt, Werner: Die symbolische Formelhaftigkeit von Eichendorffs Prosastil, in: W. K.: Form und Innerlichkeit. Beiträge zur Geschichte und Wirkung der deutschen Klassik und Romantik, Bern 1955 (= Sammlung Dalp 81), S. 177-209

Köhn, Lothar: Vieldeutige Welt. Studien zur Struktur der Erzählungen E. T. A. Hoffmanns und zur Entwicklung seines Werkes, Tübingen 1966 (= Studien zur deutschen Literatur 6)

Koopmann, Helmut: Eichendorff, das Schloß Dürande und die Revolution, in: Zeitschrift für deutsche Philologie 89, 1970, S. 180-207

Köpke, Rudolf: Ludwig Tieck. Erinnerungen aus dem Leben des Dichters nach dessen mündlichen und schriftlichen Mitteilungen, 2 Teile, Darmstadt 1970 (repr. Nachdr. der Ausgabe Leipzig 1855)

Korff, Hermann August: Geist der Goethezeit, Teil III: Frühromantik, 2. Aufl., Leipzig 1949; Teil IV: Hochromantik, 8. Aufl., Darmstadt 1974 (repr. Nachdr. der 7. Aufl. Leipzig 1966)

Krabiel, Klaus-Dieter: Tradition und Bewegung. Zum sprachlichen Verfahren Eichendorffs, Stuttgart/Berlin/Köln/Mainz 1973 (= Studien zur Poetik und Geschichte der Literatur 28)

Kreuzer, Helmut: Die Bohème. Beiträge zu ihrer Beschreibung, Stuttgart 1968

Krüger, Peter: Eichendorffs politisches Denken, in: Aurora 28, 1968, S. 7-32, und 29, 1969, S. 50-69

Küfner, Hans K.: Der Mißvergnügte in der Literatur der deutschen Aufklärung 1688-1759, (masch.) Diss. Würzburg 1959

Kunz, Josef: Eichendorff. Höhepunkt und Krise der Spätromantik, Oberursel 1951

Küpper, Peter: Die Zeit als Erlebnis des Novalis, Köln/Graz 1959 (= Literatur und Leben N. F. 5)

Lachmann, Renate: Die ›Verfremdung‹ und das ›Neue Sehen‹ bei Viktor Šklovskij, in: Poetica 3, 1970, S. 226-249

Lautmann, Rüdiger: Wert und Norm. Begriffsanalysen für die Soziologie, 2. Aufl., Opladen 1971 (= Beiträge zur soziologischen Forschung 5)

Lepenies, Wolf: Melancholie und Gesellschaft, Frankfurt am Main 1972 (= suhrkamp taschenbuch 63)

Lindemann, Karin: Das verschlossene Ich und seine Gegenwelt. Studien zu Thomas Mann, Sören Kierkegaard und E. T. A. Hoffmann, Diss. Erlangen 1964

Lindemann, Klaus: Verdrängte Revolutionen? Eichendorffs ›Schloß Dürande‹ und Karl Mays Klekih-Petra-Episode im ›Winnetou‹-Roman, in: Aurora 34, 1974, S. 24-38

Lüthi, Hans-Jürg: Joseph von Eichendorff und die Aufklärung, in: Aurora 35, 1975, S. 7-20

Mähl, Hans-Joachim: Die Idee des goldenen Zeitalters im Werk des Novalis. Studien zur Wesensbestimmung der frühromantischen Utopie und zu ihren ideengeschichtlichen Voraussetzungen, Heidelberg 1965 (= Probleme der Dichtung 7)

Mann, Golo: Deutsche Geschichte des 19. und 20. Jahrhunderts, Frankfurt am Main 1958

Mannheim, Karl: Das konservative Denken, in: K. M.: Wissenssoziologie. Auswahl aus dem Werk, hg. von Kurt H. Wolff, 2. Aufl., Neuwied und Berlin 1970 (= Soziologische Texte 28), S. 408-508

Marcuse, Ludwig: Heinrich Heine in Selbstzeugnissen und Bilddokumenten, Reinbek bei Hamburg 1960 (= rowohlts monographien 41)

Matt, Peter von: Die Augen der Automaten. E. T. A. Hoffmanns Imaginationslehre als Prinzip seiner Erzählkunst, Tübingen 1971 (= Studien zur deutschen Literatur 24)

Mattenklott, Gert: Melancholie in der Dramatik des Sturm und Drang, Stuttgart 1968 (= Studien zur Allgemeinen und Vergleichenden Literaturwissenschaft 1)

Meyer, Hermann: Raumgestaltung und Raumsymbolik in der Erzählkunst, in: Zarte Empirie. Studien zur Literaturgeschichte, Stuttgart 1963, S. 33-56

Meyer, Hermann: Der Sonderling in der deutschen Dichtung, München 1963 (= Literatur als Kunst)

Minder, Robert: Un poète romantique allemand: Ludwig Tieck,

Paris 1936 (= Publications de la Faculté des Lettres de l'Université de Strasbourg, Fascicule 72)

Minkowski, Eugène: Le temps vécu. Etudes phénoménologiques et psychopathologiques, Paris 1933

Möller, Horst: Aufklärung in Preussen. Der Verleger, Publizist und Geschichtsschreiber Friedrich Nicolai, Berlin 1974 (= Einzelveröffentlichungen der Historischen Kommission zu Berlin 15)

Mosler, Peter: Georg Büchners ›Leonce und Lena‹. Langeweile als gesellschaftliche Bewußtseinsform, Bonn 1974

Motekat, Helmut: Vom Sehen und Erkennen bei E. T. A. Hoffmann, in: Mitteilungen der E. T. A. Hoffmann-Gesellschaft 19, 1973, S. 17-27

Müller, Helmut: Untersuchungen zum Problem der Formelhaftigkeit bei E. T. A. Hoffmann, Diss. Bern 1964

Müller-Dyes, Klaus: Der Schauerroman und Ludwig Tieck. Über die dichterische Fiktion im ›Blonden Eckbert‹ und ›Runenberg‹. Ein Beitrag zur Wechselwirkung von Trivialliteratur und Dichtung, (masch.) Diss. Göttingen 1965

Nef, Ernst: Der Zufall in der Erzählkunst, Bern und München 1970

Nehring, Wolfgang: Eichendorff und der Leser, in: Aurora 37, 1977, S. 51-65

Nehring, Wolfgang: Die Gebärdensprache E. T. A. Hoffmanns, in: Zeitschrift für deutsche Philologie 89, 1970, S. 207-221

Nehring, Wolfgang: E. T. A. Hoffmanns Erzählwerk: Ein Modell und seine Variationen, in: Zeitschrift für deutsche Philologie 95, 1976, S. 3-24

Nündel, Ernst: Das Prinzip der Verfremdung in der Dichtung, in: Deutschunterricht 23, 1971, S. 68-85

Pieper, Annemarie: Norm, in: Handbuch philosophischer Grundbegriffe, hg. von Hermann Krings, Hans Michael Baumgartner und Christoph Wild, Studienausgabe in 6 Bänden, München 1973, Bd. 4, S. 1009-1021

Pikulik, Lothar: »Bürgerliches Trauerspiel« und Empfindsamkeit, Köln/Graz 1966 (= Literatur und Leben N. F. 9)

Polheim, Karl Konrad: Die Arabeske. Ansichten und Ideen aus Friedrich Schlegels Poetik, München/Paderborn/Wien 1966

Poulet, Georges: Timelessness and Romanticism, in: Journal of the History of Ideas XV, 1954, S. 3-22

Praz, Mario: Liebe, Tod und Teufel. Die schwarze Romantik, aus dem Ital. von Lisa Rüdiger, 2 Bde., München 1970 (= dtv 4051/52)

Pregel, Dietrich: Das Kuriose als Kategorie dichterischer Gestaltung, (masch.) Diss. Göttingen 1957

Pregel, Dietrich: Das Kuriose in den Märchen Clemens Brentanos, in: Wirkendes Wort 10, 1960, S. 286-297

Pregel, Dietrich: Das Kuriose, Komische und Groteske in Kellers Novelle ›Die drei gerechten Kammacher‹, in: Wirkendes Wort 13, 1963, S. 331-345

Preisendanz, Wolfgang: Humor als dichterische Einbildungskraft. Studien zur Erzählkunst des poetischen Realismus, München 1963 (= Theorie und Geschichte der Literatur und der schönen Künste 1)

Promies, Wolfgang: Der Bürger und der Narr oder das Risiko der Phantasie. Sechs Kapitel über das Irrationale in der Literatur des Rationalismus, München 1966 (= Literatur als Kunst)

Pütz, Peter: Die deutsche Aufklärung, Darmstadt 1978 (= Erträge der Forschung 81)

Rave, Paul Ortwin: Berlin in der Geschichte seiner Bauten, 2. Aufl., o. O. 1966

Rehm, Walther: Experimentum medietatis. Studien zur Geistes- und Literaturgeschichte des 19. Jahrhunderts, München 1947

Rehm, Walther: Gontscharow und Jacobsen oder Langeweile und Schwermut, Göttingen 1963 (= Kleine Vandenhoeck-Reihe 154-156)

Rehm, Walther: Kierkegaard und der Verführer, München 1949

Rehm, Walther: Prinz Rokoko im alten Garten. Eine Eichendorffstudie, in: W. R.: Späte Studien, Bern 1964, S. 122-214

Revers, Wilhelm Josef: Die Psychologie der Langeweile, Meisenheim am Glan 1949

Riemen, Alfred: Eichendorffs Garten und seine Besucher, in: Aurora 30/31, 1970/71, S. 23-33

Riemen, Alfred: Die reaktionären Revolutionäre? oder romantischer Antikapitalismus? in: Aurora 33, 1973, S. 77-86

›Romantic‹ and Its Cognates. The European History of a Word, ed. by Hans Eichner, Toronto 1972

Rosteutscher, Joachim: Das ästhetische Idol im Werke von Winckelmann, Novalis, Hoffmann, Goethe, George und Rilke, Bern 1956

Rotermund, Erwin: Musikalische und dichterische ›Arabeske‹ bei E. T. A. Hoffmann, in: Poetica 2, 1968, S. 48-69

Sauder, Gerhard: Empfindsamkeit, Bd. I: Voraussetzungen und Elemente, Stuttgart 1974

Schanze, Helmut: Romantik und Aufklärung. Untersuchungen zu Friedrich Schlegel und Novalis, Nürnberg 1966 (= Erlanger Beiträge zur Sprach- und Kunstwissenschaft 27)

Schaub, Gerhard: Le Génie Enfant. Die Kategorie des Kindlichen bei Clemens Brentano, Berlin — New York 1973 (= Quellen und Forschungen zur Sprach- und Kulturgeschichte der germanischen Völker N. F. 55)

Scheibe, Friedrich Carl: Aspekte des Zeitproblems in Tiecks frühromantischer Dichtung, in: Germanisch-romanische Monatsschrift N. F. 15, 1965, S. 50-63

Schenck, Ernst von: E. T. A. Hoffmann. Ein Kampf um das Bild des Menschen, Berlin 1939

Schmitt, Carl: Politische Romantik, 3. Aufl., Berlin 1968

Schoppe, Georg: Philister. Eine Wortgeschichte, in: Germanisch-romanische Monatsschrift 10, 1922, S. 193-203

Schumann, Detlev W.: Betrachtungen über zwei Eichendorffsche Novellen. ›Das Schloß Dürande‹ – ›Die Entführung‹, in: Jahrbuch der deutschen Schiller-Gesellschaft 18, 1974, S. 466-481

Schütz, Christel: Studien zur Erzählkunst E. T. A. Hoffmanns, (masch.) Diss. Göttingen 1955

Schwarz, Peter Paul: Aurora. Zur romantischen Zeitstruktur bei Eichendorff, Bad Homburg v. d. H./Berlin/Zürich 1970 (= Ars poetica, Studien 12)

Sedlmayr, Hans: Die Revolution der modernen Kunst, Hamburg 1955 (= rowohlts deutsche enzyklopädie 1)

Seidlin, Oskar: Eichendorff und das Problem der Innerlichkeit, in: Festschrift für Bernhard Blume. Aufsätze zur deutschen und europäischen Literatur, hg. von Egon Schwarz, Hunter G. Hannum und Edgar Lohner, Göttingen 1967, S. 126-145

Seidlin, Oskar: Versuche über Eichendorff, Göttingen 1965

Siara, Norbert: Szenische Bauweise des Erzählers Eichendorff nach dem Opernvorbild Glucks und Mozarts, Diss. Frankfurt am Main 1973

Skorna, Hans Jürgen: Das Wanderermotiv im Roman der Goethezeit, München 1961 (Diss. Köln)

Slessarev, Helga: Bedeutungsanreicherung des Wortes: Auge. Betrachtungen zum Werk E. T. A. Hoffmanns, in: Monatshefte 63, 1971, S. 358-371

Stahl, Karl-Heinz: Das Wunderbare als Problem und Gegenstand der deutschen Poetik des 17. und 18. Jahrhunderts, Frankfurt am Main 1975

Staiger, Emil: Ludwig Tieck und der Ursprung der deutschen Romantik, in: E. St.: Stilwandel. Studien zur Vorgeschichte der Goethezeit, Zürich und Freiburg i. Br. 1963, S. 175-204. Auch in: Ludwig Tieck, Wege der Forschung 386

Staiger, Emil: Die Zeit als Einbildungskraft des Dichters. Untersuchungen zu Gedichten von Brentano, Goethe und Keller, 2. Aufl., Zürich 1953

Starobinski, Jean: Geschichte der Melancholiebehandlung von den Anfängen bis 1900, Basel 1960 (= Documenta Geigy, Acta Psychosomatica 4)

Stöcklein, Paul: Joseph von Eichendorff in Selbstzeugnissen und Bilddokumenten, Reinbek bei Hamburg 1963 (= rowohlts monographien 84)

Strenzke, Günter: Die Problematik der Langeweile bei Joseph von Eichendorff, Diss. Hamburg 1973 (= Geistes- und sozialwissenschaftliche Dissertationen 28)

Strohschneider-Kohrs, Ingrid: Die romantische Ironie in Theorie und Gestaltung, Tübingen 1960 (= Hermaea. Germanistische Forschungen N. F. 6)

Thalmann, Marianne: Ludwig Tieck der romantische Weltmann aus Berlin, München/Bern 1955 (= Dalp-Taschenbücher 318)

Thalmann, Marianne: Romantik in kritischer Perspektive. Zehn Studien, Heidelberg 1976 (= Poesie und Wissenschaft XX)

Thalmann, Marianne: Romantik und Manierismus, Stuttgart 1963 (= Sprache und Literatur 7)

Thalmann, Marianne: Der Trivialroman des 18. Jahrhunderts und der romantische Roman. Ein Beitrag zur Entwicklungsgeschichte der Geheimbundmystik, Berlin 1923 (= Germanistische Studien 24)

Thiele, Wolfgang: Die Langweile, das Nichts und die Neurose, in: Materia Medica Nordmark 18, 1966, S. 17-24

Ludwig Tieck, hg. von Wulf Segebrecht, Darmstadt 1976 (= Wege der Forschung 386)

Tönnies, Ferdinand: Gemeinschaft und Gesellschaft. Grundbegriffe der reinen Soziologie, Darmstadt 1963 (fotomech. Nachdr. der 8. Aufl. Leipzig 1935)

Tönnies, Ferdinand: Die Sitte, Frankfurt am Main 1909 (= Die Gesellschaft 25)

Trainer, James: William Lovell: Tieck's World of Chaos, in: Etudes Germaniques 23, 1968, S. 191-201

Trainer, James: Ludwig Tieck. From Gothic to Romantic, The Hague 1964 (= Anglica Germanica VIII)

Uhlendorff, Franz: Eichendorff, der Freiheitsgedanke und die Freiheitsbewegung, in: Aurora 16, 1956, S. 35-44

Ulbrich, Arnold Hermann: Manieristische Züge in E. T. A. Hoffmanns ›Der goldne Topf‹, ›Prinzessin Brambilla‹, ›Der Sandmann‹, ›Rat Krespel‹ und ›Die Abenteuer der Silvesternacht‹, Univ. of. Massachusetts 1969

Ullmann, Richard und Gotthard, Helene: Geschichte des Begriffs »Romantisch« in Deutschland, Berlin 1927

Urbach, Reinhard: Zufriedenheit bei Ferdinand Raimund, in: Austriaca. Beiträge zur österreichischen Literatur. Festschrift für Heinz Politzer zum 65. Geburtstag, hg. von Winfried Kudszus und Hinrich C. Seeba, Tübingen 1975, S. 107-126

Viering, Jürgen: Schwärmerische Erwartung bei Wieland, im trivialen Geheimnisroman und bei Jean Paul, Köln/Wien 1976 (= Literatur und Leben N. F. 18)

Vitt-Maucher, Gisela: Die wunderlich wunderbare Welt E. T. A. Hoffmanns, in: Journal of English and Germanic Philology 1976, S. 515-530

Völker, Ludwig: Langeweile. Untersuchungen zur Vorgeschichte eines literarischen Motivs, München 1975

Weber, Klaus: Das Reich der Steine und Metalle in der Dichtung deutscher Romantiker. Ein Beitrag zur Deutung des romantischen Symbolismus, (masch.) Diss. Köln 1953

Weigand, Karlheinz: Tiecks ›William Lovell‹. Studie zur frühromantischen Antithese, Heidelberg 1975 (= Beiträge zur neueren Literaturgeschichte, Dritte Folge 23)

Werner, Hans-Georg: E. T. A. Hoffmann. Darstellung und Deutung der Wirklichkeit im dichterischen Werk, Weimar 1962 (= Beiträge zur deutschen Klassik 13)

Werturteilsstreit, hg. von Hans Albert und Ernst Topitsch, Darmstadt 1971 (= Wege der Forschung 175)

Westerkamp, Ulrich: Beitrag zur Geschichte des literarischen Philistertypus mit besonderer Berücksichtigung von Brentanos Philisterabhandlung, (masch.) Diss. München 1912

Wettstein, Martin: Die Prosasprache Joseph von Eichendorffs – Form und Sinn, Zürich und München 1975 (= Zürcher Beiträge zur deutschen Literatur- und Geistesgeschichte 43)

Whorf, Benjamin Lee: Sprache Denken Wirklichkeit. Beiträge zur Metalinguistik und Sprachphilosophie, hg. und übers. von

Peter Krausser, Reinbek bei Hamburg 1963 (= rowohlts deutsche enzyklopädie 174)

Wille, Klaus: Die Signatur der Melancholie im Werk Clemens Brentanos, Bern 1970 (= Europäische Hochschulschriften. Reihe I: Deutsche Literatur und Germanistik 36)

Wittkop-Ménardeau, Gabrielle: E. T. A. Hoffmann in Selbstzeugnissen und Bilddokumenten, Reinbek bei Hamburg 1966 (= rowohlts monographien 113)

Wolff, Hans M.: Die Weltanschauung der deutschen Aufklärung in geschichtlicher Entwicklung, 2. Aufl. durchges. und eingel. von Karl S. Guthke, Bern/München 1963

Worringer, Wilhelm: Formprobleme der Gotik, 3. Aufl., München 1912

Wörterbuch der Soziologie, hg. von Wilhelm Bernsdorf, Taschenbuchausgabe in 3 Bänden, Frankfurt am Main 1972 (= Fischer 6131-33)

Zacharias-Langhans, Garleff: Der unheimliche Roman um 1800, Bonn 1968 (Diss. von 1967)

Zaehle, Barbara: Knigges Umgang mit Menschen und seine Vorläufer. Ein Beitrag zur Geschichte der Gesellschaftsethik, Heidelberg 1933 (= Beiträge zur neueren Literaturgeschichte N. F. 22)

SACHREGISTER

(bearbeitet von Hajo Kurzenberger und Josef Zierden)

(bearbeitet von Angelika Castritius)